# Sachsen

Mit Dresden, Leipzig, Erzgebirge,
Sächsischer Schweiz

Bernd Wurlitzer, Kerstin Sucher

Trescher Verlag

1. Auflage 2011

Trescher Verlag
Reinhardtstr. 9
10117 Berlin
www.trescher-verlag.de

ISBN 978-3-89794-187-8

Herausgegeben von Bernd Schwenkros und
Detlev von Oppeln

Reihenentwurf und
Gesamtgestaltung: Bernd Chill
Satz: Annette Zidek
Lektorat: Corinna Grulich
Karten: Johann Maria Just, Martin Kapp

Das Werk einschließlich seiner Teile ist urheberrechtlich geschützt. Jede Verwertung ist ohne Zustimmung des Verlages unzulässig. Dies gilt insbesondere für den Aushang, Vervielfältigungen, Übersetzungen, Nachahmungen, Mikroverfilmung und die Einspeicherung und Verarbeitung in elektronischen Systemen.
Alle Angaben in diesem Buch wurden sorgfältig recherchiert und überprüft, trotzdem kann für die Richtigkeit keine Gewähr übernommen werden. Hinweise und Informationen unserer Leserinnen und Leser nimmt der Verlag gerne entgegen. Bitte schreiben oder mailen Sie unter obiger Adresse.

Gedruckt auf chlorfrei gebleichtem Papier

Printed in Germany

Land und Leute

Leipzig und das Heide- und Burgenland

Das Vogtland

Das Erzgebirge

Von Dresden aus die Elbe entlang

Oberlausitz und Zittauer Gebirge

Reisetipps von A bis Z

Anhang

Inhalt [ 5 ]

| | |
|---|---|
| **Vorwort** | 13 |
| Zeichenlegende | 14 |
| Das Wichtigste in Kürze | 14 |
| Sehenswürdigkeiten | 15 |

## Land und Leute 18
Sachsen im Überblick 20

**Geographie** 21
Gewässer 23
Geschützte Landschaften 24

Bevölkerung 25
Sport 26

**Wirtschaft und Gesellschaft** 28
Bergbau 31
Maschinenbau und Textilindustrie 32
Autobau 33
Mit Dampf durchs Land 34
Kunsthandwerk 35
Tourismus 40
Landwirtschaft 41

**Geschichte** 41
Frühzeit bis Mittelalter 41
Von der Reformation bis zur
 Reichsgründung 44
Das 20. und 21. Jahrhundert 45

**Kunst und Kultur** 49
Musik und Theater 49
Architektur 51
Bildende Kunst 54
Berühmte Persönlichkeiten 55
Essen und Trinken 64
Feste, Traditionen und Events 70

## Leipzig und das Heide- und Burgenland 76

**Leipzig** 78
Die Innenstadt 79
Außerhalb des Rings 89

[ 6 ] Inhalt

| | |
|---|---|
| **Leipziger Neuseenland** | 98 |
| Delitzsch | 98 |
| Kulkwitzer See | 100 |
| Altranstädt | 100 |
| Markleeberg | 100 |
| Markkleeberger See | 102 |
| Cospudener See | 102 |
| Belantis | 103 |
| Borna | 104 |
| | |
| **Heide und Wald** | 108 |
| Bad Düben | 109 |
| Eilenburg | 110 |
| Wurzen | 112 |
| Nischwitz | 112 |
| Machern | 114 |
| Gneisenaustadt Schildau | 114 |
| Oschatz | 115 |
| Wermsdorf | 116 |
| | |
| **Kohrener Land** | 118 |
| Kohren-Sahlis | 118 |
| Gnandstein | 118 |
| Frohburg | 120 |
| Bad Lausick | 120 |
| | |
| **Burgen- und Schlösserland** | 122 |
| Grimma | 122 |
| Höfgen | 123 |
| Großbothen | 124 |
| Colditz | 125 |
| Rochlitz | 126 |
| Wechselburg | 127 |
| Lunzenau | 128 |
| Rochsburg | 129 |
| Penig | 131 |
| Wolkenburg-Kauffungen | 131 |
| Mittweida | 134 |
| Burg und Talsperre Kriebstein | 135 |
| Hainichen | 136 |
| Nossen | 137 |
| Altzella | 137 |
| Döbeln | 137 |
| Leisnig | 138 |

Inhalt [ 7 ]

## Das Vogtland 142

### Das Vogtland-Zentrum 144
Plauen 144
Pausa 148
Syrau 148
Oelsnitz/Vogtl. 149
Talsperre Pirk 149

### Vogtländische Schweiz 152
Talsperre Pöhl 152
Naturschutzgebiet Triebtal 152
Elsterberg 153

### Im Tal der Göltzsch 154
Auerbach 154
Falkenstein 157
Rodewisch 157
Lengenfeld 159
Reichenbach 160
Mylau 161
Göltzschtalbrücke 162

### Im Musikwinkel 164
Klingenthal 164
Mühlleithen 165
Schneckenstein 165
Morgenröthe-Rautenkranz 166
Schöneck 166
Markneukirchen 166
Adorf 169

### Das Bäderdreieck 173
Bad Elster 173
Landwüst 174
Bad Brambach 174
Schönberg 176

## Das Erzgebirge 178

### Chemnitz 180
Hohenstein-Ernstthal 187
Zschopau 187
Augustusburg 189
Lichtenwalde 190

[ 8 ] Inhalt

| **Zwickau** | 194 |
|---|---|
| Glauchau | 198 |
| Waldenburg | 198 |
| Blankenhain | 199 |
| Lichtenstein | 199 |
| Oelsnitz (Erzg.) | 200 |

| **Freiberg** | 202 |
|---|---|
| Oederan | 208 |

| **Westerzgebirge** | 210 |
|---|---|
| Schneeberg | 210 |
| Bad Schlema | 213 |
| Hartenstein | 215 |
| Schwarzenberg | 217 |
| Pöhla | 219 |
| Rittersgrün | 219 |
| Johanngeorgenstadt | 219 |
| Carlsfeld | 220 |
| Eibenstock | 220 |

| **Mittleres Erzgebirge** | 223 |
|---|---|
| Annaberg-Buchholz | 223 |
| Frohnau | 227 |
| Schlettau | 228 |
| Ehrenfriedersdorf | 228 |
| Greifensteingebiet | 229 |
| Geyer | 229 |
| Drebach | 230 |
| Kurort Oberwiesenthal | 232 |
| Marienberg | 237 |
| Wolkenstein | 238 |
| Scharfenstein | 238 |
| Pobershau | 239 |
| Lengefeld | 239 |
| Kurort Seiffen | 241 |
| Olbernhau | 243 |
| Neuhausen | 244 |

| **Osterzgebirge** | 246 |
|---|---|
| Dippoldiswalde | 246 |
| Talsperre Malter | 250 |
| Glashütte | 250 |
| Liebstadt | 250 |

| | |
|---|---|
| Frauenstein | 252 |
| Altenberg | 253 |
| Geising | 255 |
| Lauenstein | 255 |
| Zinnwald-Georgenfeld | 257 |

## Dresden und das Elbland 260

**Dresden** 262
Die Altstadt 263
Rund um die Altstadt 278
Rechtes Elbufer 282
Dresdens Vororte 286

**Dresdens Umgebung** 296
Tharandter Wald 296
Moritzburg 297
Radebeul 299
Stolpen 303

**Elbaufwärts in die Sächsische Schweiz** 306
Pirna 306
Graupa 311
Großsedlitz 312
Weesenstein 312
Stadt Wehlen 313
Kurort Rathen 315
Basteifelsen 317
Königstein 317
Bad Schandau 320
Schmilka 323
Kirnitzschtal 323
Hinterhermsdorf 323
Sebnitz 324
Hohnstein 325

**Elbabwärts nach Meißen und Torgau** 327
Meißen 329
Diesbar-Seußlitz 335
Riesa 337
Strehla 339
Torgau 342
Belgern 345

[ 10 ] Inhalt

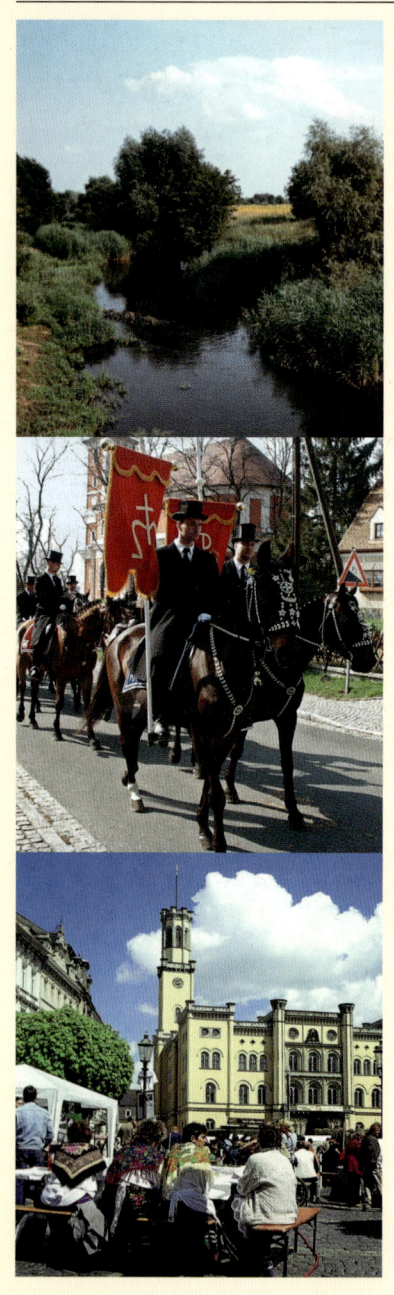

## Oberlausitz und Zittauer Gebirge 346

### Lausitzer Seenland 348
Hoyerswerda 349
Knappenrode 350
Knappensee 351
Bärwalder See 351
Nochten 351

### Oberlausitzer Heide- und Teichlandschaft 353
Bad Muskau 354
Kromlau 356
Weißwasser 356
Schleife 357
Rietschen 357
Niesky 358
Kamenz 361
Rosenthal 364
Kloster St. Marienstern 364
Neschwitz 364
Rammenau 365
Pulsnitz 365

### Oberlausitzer Bergland 368
Bautzen 368
Kleinwelka 376
Weißenberg 376
Löbau 379
Cunewalde 382
Obercunnersdorf 382
Herrnhut 382
Neusalza-Spremberg 383
Görlitz 385
Landeskrone 391
Berzdorfer See 391
Markersdorf 393
Reichenbach 393
Ostritz 393
Kulturinsel Einsiedel 394

### Zittauer Gebirge 397
Zittau 397
Olbersdorfer See 405

| | |
|---|---|
| Oderwitz | 405 |
| Eibau | 405 |
| Großschönau | 405 |
| Kurort Oybin | 408 |
| Wanderungen in die Umgebung | 409 |
| Luftkurort Jonsdorf | 409 |
| Waltersdorf | 410 |

## Reisetipps von A bis Z 413

| | |
|---|---|
| Glossar | 425 |
| Literaturhinweise | 427 |
| Sachsen im Internet | 429 |
| Die Autoren, Danksagung | 430 |
| Ortsregister | 431 |
| Personen- und Sachregister | 436 |
| Bildnachweis | 441 |
| Kartenlegende und -register | 444 |

## Essays

| | |
|---|---|
| Buchstadt Leipzig | 30 |
| Das ›Weiße Gold‹ | 39 |
| Regierungszeiten der wettinischen Herrscher | 43 |
| Weine von den Elbhängen | 68 |
| Die Mutter aller Messen | 86 |
| Die Sachsen sprechen Säggssch | 130 |
| Pech aus Pfannen | 156 |
| ›Klangholz‹-Künstler | 168 |
| Die knatternde Gehhilfe | 197 |
| Tragödien unter Tage | 214 |
| Filigrane Kostbarkeiten | 226 |
| Fichtelbergbahn – mit Dampf in die Berge | 233 |
| Weißeritztalbahn – mit dem Oldtimer ins Osterzgebirge | 248 |
| Der schönste Milchlade der Welt | 285 |
| Lößnitzgrundbahn – gemächlich durch die Landschaft | 301 |
| Begegnung an der Elbe | 340 |
| Sorbische Bräuche | 375 |
| Steinerne Hinweisschilder | 381 |
| Zittauer Schmalspurbahn - auf schmalen Gleisen bergauf | 403 |

# Vorwort

An attraktiven Sehenswürdigkeiten herrscht in Sachsen kein Mangel. Denn es ist ein Land mit imponierender Kunst und Kultur, mit großer Geschichte und jahrhundertealten Traditionen. Zu Wohlstand hat Sachsen frühzeitig der Bergbau verholfen, die pompösen Hallenkirchen sind Zeugen dieser Zeit. Mit August dem Starken, dem berühmtesten Wettiner, zog Pracht ins Sachsenland ein. August und nach ihm sein Sohn August III. jagten ganze Heerscharen von Aufkäufern durch halb Europa, um Kunstschätze zu erwerben. Hüter des sächsischen Staatsschatzes und Ziel von Millionen Gästen aus aller Welt sind solch berühmte Dresdner Museen wie die Gemäldegalerie Alte Meister, das Grüne Gewölbe, die Porzellan- und die Skulpturensammlung. Bereits 1749 schwärmte der berühmte Kunstgelehrte Johann Joachim Winckelmann: »Wer Dresden nicht siehet, hat nichts Schönes gesehen« und der Schriftsteller Erich Kästner meinte gar, »dort liegt Europa«. Dresden mit dem Zwinger und der wieder aufgebauten Frauenkirche ist zweifelsohne eine der schönsten Kunst- und Kulturstädte Europas, aber Sachsen ist mehr. Dazu gehören auch Leipzig und Meißen, Bautzen und Görlitz, wo Künstler aus ganz Europa Bauten von der Renaissance bis zum Jugendstil errichtet haben. Sitzt man mit einem Sachsen bei einem Schälchen Heeßen (einer Tasse Kaffee), einer Eierschecke, Leipziger Lerche oder zur Weihnachtszeit einem Stück Stollen zusammen, wird der die Aufzählung ins Unendliche weiterführen: Semperoper, Gewandhausorchester, Sächsische Staatskapelle, Thomanerchor, Kreuzchor … Und er wird mehr als drei Dutzend renommierte Musikfestivals nennen sowie auf die rund 1000 Schlösser, Burgen und Gärten verweisen. Das alles hat Sachsen zum Kulturreiseziel Nummer 1 in Deutschland gemacht.

Sachsen, das sind aber auch reizvolle Landschaften, allen voran das Sächsische Schweiz genannte Elbsandsteingebirge, das Künstler wie Caspar David Friedrich, Carl Maria von Weber und Richard Wagner inspirierte. Von Dresden aus lässt man sich auf der Elbe mit einem historischen Schaufelraddampfer zu der wildromantischen Felsenwelt tragen. Wer nicht radeln oder wandern möchte, setzt sich in einen dampflokgezogenen Zug und zuckelt damit durchs Zittauer Gebirge, die Moritzburger Teichlandschaft oder das Erzgebirge, das sich zur Weihnachtszeit in ein einziges Lichtermeer verwandelt. Gegenwärtig sind die seit jeher als ›fischelant‹ geltenden Sachsen dabei, ganze Landschaften zu verändern. Die tiefen Krater, die der Braunkohletagebau um Leipzig und in der Oberlausitz hinterlassen hat, gestalten sie zu Wasserparadiesen, mit Sandstränden und Feriensiedlungen, mit Surfern und Seglern auf dem Wasser. Bei soviel kulturellen und landschaftlichen Glanzlichtern dürfte sich niemand mehr wundern, dass Sachsen zu einem der beliebtesten Reiseziele in Deutschland wurde.

Bernd Wurlitzer und Kerstin Sucher

*Im Park von Schloss Wackerbarth in Radebeul*

## Zeichenlegende

- 🛈 Tourist-Informationen
- 🚆 Schmalspur- und Bergbahnen
- 🚌 Buslinien
- 🏨 Hotels
- 🏠 Bauden
- ⛺ Campingplätze
- 🍴 Restaurants
- ☕ Cafés
- 🍸 Bars, Clubs, Nachtleben
- 🏛 Museen
- 🎭 Theater, Oper, Veranstaltungen, Feste
- 🛍 Einkaufsmöglichkeiten, regionale Spezialitäten
- 🧭 Wanderwege
- 🚲 Radverleih, Radwege
- 🐎 Reiterhöfe
- 🏖 Badestrand, Strandbad
- 🏄 Surfstationen, Wassersportmöglichkeiten
- ⛴ Schifffahrten, Bootsverleih, Fähren
- 🏊 Schwimm- und Erlebnisbäder, Thermen
- 🤿 Tauchschulen
- ⛷ Skigebiete
- 🎣 Angelmöglichkeiten
- 🏅 Sonstige Sportmöglichkeiten

## Das Wichtigste in Kürze

### Anreise
Das Straßennetz ist dicht, Autobahnen führen von West nach Ost (A4, A14, A72) und von Nord nach Süd (A13, A17) durch den Freistaat.
Internationale Flughäfen befinden sich in Dresden und Leipzig.

### Auskunft
Informationen erteilt die Tourismus Marketing Gesellschaft Sachsen mbH, Bautzner Str. 45–47, 01099 Dresden, Tel. 03 51/49 17 00, Fax 4 96 93 06, info@sachsen-tour.de, www.sachsen-tour.de.

### Internet
Alle wichtigen touristischen Informationen sind unter www.sachsen-tourismus.de zu erfahren, wer mehr vom Land wissen möchte, ist auf der Website www.sachsen.de richtig.
Über das aktuelle Reisewetter informiert www.wetteronline.de/Sachsen.htm.

### Unterkünfte
Das Angebot reicht von Jugendherbergen und Privatzimmern über Ferienwohnungen und schlichte Pensionen bis zu Luxushotels. Im Reiseführer werden bei

den praktischen Hinweisen einige Empfehlungen für Unterkünfte gegeben, weitere Angebote gibt es auf den Webseiten der einzelnen Orte.
Buchungen sind meist auch auch über die Tourist-Informationen der jeweiligen Orte möglich.

## Preisniveau

Wer in den Zentren der großen Städte wohnen möchte, muss tiefer in die Geldbörse greifen, bei Autoreisenden kommt fast immer noch der nicht gerade preiswerte Parkplatz dazu. Günstiger ist es, sich ein Zimmer am Stadtrand zu nehmen und mit öffentlichen Verkehrsmitteln zu fahren.
Preisgünstig wohnt man in den oftmals familiengeführten Hotels und Pensionen der kleinen Orte im Vogtland, Erzgebirge und der Oberlausitz.

## Klima und Reisezeit

Die Unterschiede bei den mittleren Jahrestemperaturen sind groß. Das Leipziger Tiefland erreicht einen Durchschnittswert von 9 Grad Celsius, auf dem Fichtelberg sind es hingegen nur 3 Grad.
Das Elbtal gehört zu den klimatisch begünstigten Regionen, deshalb wurde die höchste Tagestemperatur Sachsens in Dresden mit 39 Grad (20. August 1943) gemessen, die tiefste im erzgebirgischen Marienberg mit minus 35,5 Grad (1. Februar 1956). Viele Regionen wie das Vogtland, das Erzgebirge und die Lausitz mit dem Zittauer Gebirge sind ganzjährig beliebte Reiseziele, Städtereisen werden vorwiegend im Frühjahr und Herbst unternommen.
Die Niederschläge sind sehr unterschiedlich, auf dem Fichtelberg fallen im Jahresdurchschnitt 1200 Millimeter, im Leipziger Tiefland dagegen nur rund 530 Millimeter.

# Herausragende Sehenswürdigkeiten

■ **Leipzig**

Als Messestadt ist Leipzig bekannt, aber auch als Stadt von Kunst und Kultur. Gegenwärtig verwandelt sich Leipzig in eine Wasserstadt. Vom neuen Stadthafen wird man mit dem Boot über wieder freigelegte Flüsschen und Kanäle ins Leipziger Neuseenland fahren. Das entsteht vor den Toren der Stadt – die Restlöcher stillgelegter Braunkohlegruben verwandeln sich in Seen mit Badestränden, Feriendörfern und Segelbooten auf dem Wasser (→ S. 76).

■ **Lichtenstein**

Das Daetz-Zentrum führt mit mehr als 700 überlebensgroßen Schnitzereien und filigranen Meisterwerken in die faszinierende Welt der internationalen Holzbildhauerkunst. In der ›Miniwelt Lichtenstein‹ marschiert man durch alle Bundesländer und Kontinente und kennt

*Renaissanceportal in Pirna*

hinterher alle bedeutenden Sehenswürdigkeiten – im Maßstab 1:25. Das Museumsensemble des Städtchens runden das Stadtmuseum, das Puppen- und Spielzeugmuseum sowie die Motorradausstellung ›Die schnellsten Zweitakter der Welt‹ ab (→ S. 199).

### ■ Dresden

Der Reichtum an Kunst ist unvorstellbar! Raffaels ›Sixtinische Madonna‹ in der Gemäldegalerie Alte Meister und die Juwelengarnituren Augusts des Starken und seines Sohnes im Grünen Gewölbe des Residenzschlosses sind die Prachtstücke der Kunstsammlungen. Zu den Touristenmagneten der sächsischen Landeshauptstadt gehören aber auch die Brühlsche Terrasse, Albertinum, Frauenkirche, Semperoper und Zwinger (→ S. 261).

### ■ Sächsische Schweiz

Elbsandsteingebirge heißt das Märchen aus Stein offiziell, als Sächsische Schweiz wurde der deutsche Teil des Gebirges bekannt: Felstürme, Schluchten, Fichtenwald, und dazwischen eingebettet die Elbe. Die Natur hat hier ein Meisterwerk geschaffen, das zu den beliebtesten Ferien- und Wanderdestinationen Deutschlands gehört. Wer es ein wenig romantisch mag, der reist von Dresden mit einem der historischen Schaufelraddampfer elbaufwärts (→ S. 306).

### ■ Meißen

Die Albrechtsburg als die Keimzelle Sachsens und der Dom mit seiner hervorragenden Ausstattung beherrschen die Silhouette Meißens. Am bekanntesten jedoch ist das Meissner Porzellan, das seit 1710 in der Elbestadt gefertigt wird. Auf der Albrechtsburg oberhalb der Elbe gründete August der Starke die Manufaktur, die wenige Jahre später ins Triebischtal zog (→ S. 329).

### ■ Muskauer Park

Das Naturkunstwerk an der Lausitzer Neiße hat Hermann Fürst von Pückler-Muskau ab 1815 als eine ›zusammengezogene idealisierte Natur‹ geschaffen. Die UNESCO hat den Park im englischen Landschaftsstil mit Altem und Neuem Schloss sowie vielen Denkmälern auf die Welterbeliste gesetzt (→ S. 354).

### ■ Bautzen

17 Türme und Bastionen prägen das Gesicht von Bautzen. Zu dem Zeugnis mittelalterlicher Stadtbaukunst gehören aber auch der Dom St. Peter und die Ortenburg mit dem Sorbischen Museum und dem Deutsch-Sorbischen-Volkstheater, denn die Stadt ist das kulturelle Zentrum der sorbischen Minderheit (→ S. 368).

### ■ Görlitz

Das größte Flächendenkmal Deutschlands: Görlitz besitzt mit der Altstadt die bedeutendste Renaissanceanlage nördlich der Alpen sowie um den Stadtpark Deutschlands größtes erhalten gebliebenes Gründerzeitviertel. Fast 4000 Gebäude stehen unter Denkmalschutz (→ S. 385).

*Wanderweg im Obererzgebirge*

Großartige Schöpfungen barocker Baukunst, Kunstwerke von Weltgeltung, zauberhafte Parks und Schlösser, international berühmte Orchester, dazu Landschaften zum Wandern, Radeln, Klettern, zum Segeln und Windsurfen – das zieht die Gäste nach Sachsen. Viele kommen aber auch, um sich auf die Spuren von Johann Sebastian Bach, Robert Schumann, Richard Wagner, Karl May, August Horch und nicht zuletzt von Kurfürst August dem Starken zu begeben.

# Land und Leute

# Sachsen im Überblick

*Das sächsische Landeswappen*

**Lage und Größe:** Mit 18 420 Quadratkilometern ist Sachsen das viertkleinste Flächenland Deutschlands, bevölkerungsmäßig liegt es mit 4,2 Millionen Einwohnern an sechster Stelle. In Ost-West-Richtung misst der Freistaat etwa 210 Kilometer, von Nord nach Süd rund 170 Kilometer. Sachsen hat gemeinsame Grenzen mit Brandenburg, Sachsen-Anhalt, Thüringen und Bayern sowie mit Tschechien (454 Kilometer) und mit Polen (123 Kilometer).

**Natur:** Das nordsächsische Flachland steigt von 100 Meter über NN auf etwa 160 Meter an, Sachsens Hügelland kommt auf etwa 280 Meter. Zu den Mittelgebirgen gehören Vogtland, Erzgebirge, Elbsandsteingebirge, Oberlausitzer Bergland und Zittauer Gebirge. Der Fichtelberg ist mit 1215 Metern Sachsens höchste Erhebung. Die höchstgelegene Stadt ist Kurort Oberwiesenthal auf 920 Metern Höhe.

**Klima:** Sachsen liegt in der Übergangszone zwischen maritimem westeuropäischem und kontinentalem osteuropäischem Klima. Das Elbtal zwischen Pirna und Meißen sowie die Leipziger Tieflandsbucht sind klimatisch begünstigt. Im Bergland überwiegt raue Witterung mit höheren Niederschlagsmengen.

**Religion:** Etwa 75 Prozent der Sachsen gehören keiner Kirche an, 18 Prozent sind protestantisch, 4 Prozent katholisch.

**Die größten Städte:** Leipzig (519 000 Einwohner), Dresden (516 000), Chemnitz (243 000).

**Verwaltung:** Seit 2008 bestehen die drei kreisfreien Städte Dresden, Leipzig, Chemnitz und die zehn Landkreise Bautzen, Görlitz, Leipzig, Meißen, Zwickau, Mittelsachsen, Nordsachsen, der Vogtlandkreis und der Landkreis Sächsische Schweiz-Osterzgebirge. Seit 2009 regiert eine Koalition aus CDU und FDP.

**Wappen:** Der Rautenkranz stammt von den Askaniern, die Wettiner fügten ihn ihrem schwarz-goldenen Schild hinzu. Der Freistaat Sachsen übernahm 1918 das Wappen, der 1990 wieder entstandene Freistaat setzt die Tradition fort.

**Wirtschaft:** Sachsen gehört seit jeher zu den wirtschaftlich dominanten Gebieten Deutschlands. Gegenwärtig sind die Mikroelektronik, die Elektrotechnik, der Maschinen- und Fahrzeugbau sowie die Metallerzeugung und -bearbeitung bedeutend. Aber auch Manufakturen wie die Uhrenbetriebe in Glashütte, die Porzellanmanufaktur Meissen sowie das Kunsthandwerk gehören dazu.

**Tourismus:** In den reichlich 2000 Hotels, Pensionen und Jugendherbergen buchen jährlich rund 6 Millionen Gäste etwa 16 Millionen Übernachtungen, auf den rund 100 Campingplätzen übernachten etwa 160 000 Gäste. Jeder zehnte Gast kommt aus dem Ausland, die meisten aus den USA.

# Geographie

Sachsens Landschaft steigt von Nordwesten nach Südosten hin an, der tiefste Punkt liegt mit 73 Metern über NN bei Torgau, der höchste ist der Fichtelberg mit 1215 Metern. Im Nordwesten Sachsens dehnt sich die Leipziger Tieflandsbucht aus, in der bereits im Mittelalter der Wald weitgehend gerodet wurde. Reste verblieben in den Flusstälern der Weißen Elster und der Pleiße. Große Teile des Leipziger Landes hat der zu DDR-Zeiten in großem Stil betriebene Braunkohleabbau verwüstet. Die Braunkohle war in der DDR der wichtigste Energielieferant. Gegenwärtig verändert sich das Land um Leipzig zum Teil völlig. Die vom Braunkohlebergbau hinterlassene geschundene Landschaft verwandelt sich in ein Wasserparadies, Leipziger Neuseenland sagen die Touristiker dazu. Der Kulkwitzer See, schon zu DDR-Zeiten entstanden, war das erste Badegewässer. Ihm folgte der Cospudener See mit dem längsten Sandstrand Sachsens. Ein Kanal wird ihn in Zukunft mit dem benachbarten Zwenkauer See verbinden. Insgesamt wird es im Leipziger Neuseenland in einigen Jahren 20 Seen geben, nicht alle sind jedoch für Wassersportfreunde gedacht. So sind der Bockwitzer, der Kahnsdorfer und der Grabschützer See zum überwiegenden Teil Natur- und Landschaftsschutzgebiet, das sich schon heute mehr als 270 Vogelarten als Heimat auserkoren haben. Entstanden sind Naturlehrpfade, Wander- und Radwege. Die sich östlich des Leipziger Neuseenlands ausdehnende Dahlener sowie die Dübener Heide mit ihren großen Kiefernwäldern sind von Sandböden geprägt. Pilz- und Beerensammler schwärmen von dieser Region.

Sachsen, Verwaltungsgliederung

Die Landschaft im Osten Sachsens heißt Oberlausitz, im Westen begrenzt von den Städten Sebnitz, Großröhrsdorf und Pulsnitz, im Norden von der Landesgrenze zu Brandenburg. Wie im Leipziger Gebiet fraßen sich auch hier die Braunkohlebagger ins Erdreich, Straßen und Flüsse wurden verlegt, Dörfer verschwanden, die Rekultivierung blieb hinter dem Neuabbau weit zurück. Gegenwärtig vollzieht sich auch hier ein gravierender Wandel. Die Mondlandschaften verwandeln sich in Europas größte von Menschenhand geschaffene Wasserlandschaft, insgesamt 31 Seen entstehen. Im sich anschließenden Oberlausitzer Heide- und Teichgebiet, der Name bringt es zum Ausdruck, sind viele bereits im Mittelalter angelegte Teiche vorhanden. Der südliche Teil der Region mit weitgeschwungenen Höhen und nicht sonderlich tief eingeschnittenen Tälern heißt Oberlausitzer Bergland. Im östlichen Teil gibt es Reste vulkanischer Durchbrüche, die Landeskrone am Stadtrand von Görlitz ist der nördlichste davon. Die höchsten Erhebungen des Berglandes sind der Valtenberg mit 587 Metern und der Kottmar mit 583 Metern. Der Name Lausitz – die Niederlausitz liegt im Bundesland Brandenburg – ist eine historisch entstandene Landschaftsbezeichnung. Der Name kommt aus dem Slawischen und bedeutet in etwa Wasserloch, Wasserpfütze, was auf eine wasserreiche Gegend hinweist. In der südöstlichsten Spitze, begrenzt von Polen und Tschechien, erhebt sich etwa 500 bis 600 Meter über dem Zittauer Becken das Zittauer Gebirge. Deutschlands kleinstes Mittelgebirge, das vorwiegend aus hellem Sand- und dunklem Vulkangestein besteht, besitzt tiefe Täler und Berge. Die sind oft skurril geformt und tragen deshalb eigenartige Namen. Der größte Teil des knapp 50 Quadratkilometer großen formenreichen Gebirges gehört zu Tschechien, wo es Luzicke hory (Lausitzer Gebirge) heißt.

*Am Zwenkauer See, einem ehemaligen Braunkohlerestloch*

Eine ähnliche Gesteinszusammensetzung weist das ebenfalls nach Tschechien reichende Elbsandsteingebirge auf, dessen deutscher Teil seit dem 19. Jahrhundert Sächsische Schweiz genannt wird. In der Kreidezeit vor rund 100 Millionen Jahren bedeckte ein riesiges Meer fast ganz Mitteleuropa, das Sand ablagerte, der sich langsam zu einer gewaltigen Steinplatte verfestigte. Bewegungen der Erdkruste führten zu Rissen, Spalten und Kluften, einzelne Steine wurden vom Massiv abgetrennt. Die folgende Eiszeit sowie Sturm, Regen und Eis nagen bis in die Gegenwart an dem porösen Sandstein und gaben ihm jenes faszinierend bizarre Aussehen. Heinrich von Kleist, einer der prominentesten Besucher des Gebirges, notierte 1801, dass die Felsen »wie ein bewegtes Meer von Erde aussehen und in den schönsten Linien geformt sind, als hätten da die Engel im Sande gespielt.« Das Gestein des Gebirges wurde vor allem als Baumaterial geschätzt, auf der Elbe transportierte man die Sandsteinquader nach Dresden und Meißen. Höchster Felsen ist der Große Zschirnstein (562 Meter).

Sachsen und Böhmen verbindet das Erzgebirge. Der Name leitet sich her von den unterirdischen Schätzen Silber, Zinn, Kupfer und Eisen, später kamen Zink und Uran dazu. 130 Kilometer lang und durchschnittlich 35 Kilometer breit zieht sich der deutsche Teil des Erzgebirges vom Auersberg im Westen bis zum Geisingberg im Osten hin. Chemnitz, Zwickau und Freiberg gelten als die Eingangstore. Der in Tschechien liegende Teil trägt den Namen Krusné hory. Typisch für das Erzgebirge sind tiefeingeschnittene Täler und Felsklippen, etwa 70 Prozent der Fläche sind von Wald bedeckt. Auf deutschem Gebiet hat das Erzgebirge mit dem Fichtelberg (1215 Meter) seine höchste Erhebung. Westlich an das Erzgebirge schließt sich das bis in den Freistaat Thüringen reichende Vogtland, eine hügelige, waldreiche Landschaft mit dem Großen Rammelsberg (963 Meter) als höchstem Berg. Zu ihrem Namen kam die Region durch die einzigartige Machtfülle kaiserlicher Reichsvögte. Das war vor mehr als sieben Jahrhunderten.

## Gewässer

Durch Sachsen fließen zahlreiche Flüsse, insgesamt haben die Fließgewässer eine Länge von 15389 Kilometern. Der bedeutendste und bekannteste ist die aus dem tschechischen Riesengebirge kommende Elbe, die 179 Kilometer durch den Freistaat fließt. Im Osten bildet die Neiße die Grenze zu Polen. Die im östlichen Erzgebirge entspringende Freiberger Mulde vereinigt sich südlich von Grimma mit der Zwickauer Mulde zur Mulde, die bei Dessau (Bundesland Sachsen-Anhalt) in die Elbe mündet. Die Weiße Elster kommt aus dem Elstergebirge, in Leipzig nimmt sie die Pleiße auf. Die Spree – vor allem im Zusammenhang mit der Hauptstadt Berlin weithin ein Begriff – entspringt in der Oberlausitz. Drei Quellen hat der Fluss, die höchstgelegene sprudelt am Berg Kottmar, eine weitere in Ebersbach und die dritte im Volksbad von Neugersdorf. Mit natürlichen Seen wurde Sachsen jedoch schlecht bedacht, hier halfen die Menschen nach und schufen zahlreiche künstliche Standgewässer. Sie entstanden durch den Anstau von Flüssen und in jüngster Zeit durch die Flutung von Tagebaurestlöchern.

# Geschützte Landschaften

Die DDR ging mit der Natur mehr als sorglos um. So pusteten die Schlote der Kraftwerke Thierbach, Lippendorf, Hirschfelde, Berzdorf und Hagenwerder jährlich rund 590 000 Tonnen Staub in die Welt, der Dörfer und Städte, Wälder und Wiesen überzog. Zu Staub und Asche kamen noch 1,5 Millionen Tonnen Schwefeldioxid und 635 000 Tonnen Kohlenmonoxid. So steht es im Umweltbericht 1991 des damals noch jungen Freistaates Sachsen. Im Erzgebirge erstickten die Wälder an den Industrieabgasen, die der Wind auch vom Nachbarn, dem heutigen Tschechien, herüberwehte, und den Boden schädigte der saure Regen. Um die Schönheiten vieler Landschaften weitestgehend zu erhalten beziehungsweise wiederherzustellen, wurden in Sachsen vier große Gebiete unter Schutz gestellt. So bekam ein Viertel des Elbsandsteingebirges mit seinen bizarren Felsen, wuchtigen Tafelbergen und wilden Schluchten 1990 den höchsten Schutzstatus: 93,5 Quadratkilometer erklärte man zum Nationalpark Sächsische Schweiz, der sich in zwei Teilen über die rechtselbischen Kerngebiete des Elbsandsteingebirges erstreckt. In der oft schwer zugänglichen Felsenlandschaft fühlen sich Fischotter, Luchs, Schwarzstorch, Wanderfalke und Uhu wohl.

Südlich von Hoyerswerda erstreckt sich in östlicher Richtung das 301 Quadratkilometer große Biosphärenreservat Oberlausitzer Heide- und Teichlandschaft, mit 315 Teichen die größte derartige Landschaft Deutschlands. Zusammen mit Dünen, Mooren, Auwäldern und Heiden bilden die Teiche ein einzigartiges Landschaftsmosaik. Weltweit gibt es mehr als 300 solcher Biosphärenreservate, die Bestandteil des UNESCO-Forschungsprogramms ›Der Mensch und die Biosphäre‹ sind. In ihnen wird eine von Menschenhand geprägte Kulturlandschaft geschützt, gepflegt und entwickelt, im Gegensatz zu den Nationalparks, in denen sich die Natur – zumindest in den Kernzonen – ohne menschliches Zutun nach ihren eigenen Gesetzen entwickeln darf. Heimisch geworden ist in dieser Region auch wieder der Wolf, der 1998 erstmals beobachtet wurde. Zwei Jahre später wurden erstmals wieder Wolfswelpen im Freien geboren, gegenwärtig leben im Nordosten Sachsens fünf Wolfsrudel mit rund 40 Tieren.

Der länderübergreifende 750 Quadratkilometer große Naturpark Dübener Heide, von dem 360 Quadratkilometer zu Sachsen gehören, schützt eine von der Saaleeiszeit geprägte, abwechslungsreiche hügelige Heidelandschaft. Der Park liegt zwischen den Flussauen der Elbe und Mulde und etwa zu gleichen Teilen im Freistaat Sachsen und im Bundesland Sachsen-Anhalt. Die Landschaft besteht überwiegend aus Nadel- und Mischwald, aus Seen,

*In der Dübener Heide leben Biber*

*In der Oberlausitzer Heide- und Teichlandschaft*

Moor und Grünland. Die Kiefer ist die dominierende Baumart. Über den Wäldern und Wiesen kreisen Kraniche und Seeadler, an den Ufern der Flussläufe haben sich Biber eingerichtet.

Der Naturpark Erzgebirge/Vogtland führt entlang der Grenze zu Tschechien und umfasst eine Fläche von 1495 Quadratkilometern, die zu fast Dreiviertel Wald bedeckt. Er beginnt im Westen im vogtländischen Bad Elster und endet 120 Kilometer weiter im osterzgebirgischen Holzhau. Durch den Naturpark führen rund 5000 Kilometer ausgeschilderte Wanderwege sowie die Ferienstraße Silberstraße. 2008 wurde das Zittauer Gebirge im Ländereieck Deutschland/Tschechien/Polen zum Naturpark erklärt. Er hat eine Größe von lediglich 133 Quadratkilometern.

## Bevölkerung

Die Sachsen gelten als fleißig und beharrlich, als ideenreich und redegewandt. Ihre Gemütlichkeit, aber auch ihre Reiselust sind berühmt. Selbst bezeichnen sie sich gern als ›fischelante‹ Leute, anspielend auf das, was sie alles so erfunden und geschaffen haben. Doch nicht alle, die in Sachsen wohnen, sind auch Sachsen, was man vor allem an der Sprache merkt. Es gibt die Vogtländer, die Erzgebirgler und die Sorben. In der gesamten Lausitz leben etwa 60 000 Sorben. Ihre Heimat ist an den in Deutschland nur in dieser Gegend vorkommenden zweisprachigen Orts- und Straßenschildern zu erkennen. Die Sorben, auch Wenden genannt, sind Nachfahren des slawischen Stammes der Milzener, die ab dem 6. Jahrhundert dieses Gebiet besiedelten. Sorbe ist die wissenschaftlich exakte Bezeichnung, in ihrer eigenen Muttersprache sagen sie Serb – Sorbe. Wenden nannten einst die

Deutschen alle slawischen Stämme zwischen Elbe und Oder, vermutlich geht die Bezeichnung auf die römischen Geschichtsschreiber Plinius und Tacitus zurück, die von Venedi und Venethi berichteten. Das kleine slawische Volk konnte in der bäuerlichen Familie und der dörflichen Gemeinschaft seine Kultur über die Jahrhunderte hinweg bewahren und weitergeben. Die sächsische Landesverfassung garantiert den Sorben den Schutz ihres Siedlungsgebietes und die »Bewahrung ihrer Identität sowie Pflege ihrer Sprache, Religion, Kultur und Überlieferung«. Die Zweisprachigkeit konnten die Sorben in ihrer Heimat, der Lausitz, bis heute bewahren. Die deutsche und die sorbische Ortsbezeichnung sind gleichberechtigt, beispielsweise Bautzen und Budyšin. Doch das Bundesfinanzministerium scherte dieses verbriefte Recht nicht. Die Bautzener Stadtverwaltung konnte im Jahr 2002 nicht erreichen, dass auf der Sonderbriefmarke zum 1000-jährigen Stadtjubiläum auch der Name Budyšin erschien.

Zu DDR-Zeiten verließen bis zum Bau der Berliner Mauer 1961 jährlich tausende Sachsen das Land. Bei der friedlichen Revolution 1989 erwiesen sich die Sachsen als der Motor. In Leipzig, Dresden, Plauen haben Zehntausende den Ruf nach Freiheit und Demokratie erschallen lassen. Nach den politischen Veränderungen in der DDR und dem fast völligen Zusammenbruch der Wirtschaft setzte sich die Auswanderungswelle fort, erneut strömten viele in Richtung Westen, dorthin, wo es Arbeit gab. Seit dem 3. Oktober 1990 verlor Sachsen mehr als zehn Prozent seiner Bevölkerung. Der Einwohnerrückgang vieler Orte ist gravierend, als Beispiel sei Leipzig genannt. 1930 lebten in der Stadt rund 718 000 Menschen, 1950 waren es 617 000 und 2009 verzeichnete die Stadt noch 519 000 Einwohner – trotz großzügiger Eingemeindungen. Problematisch ist, dass vor allem junge Menschen Sachsen verlassen, die Alterspyramide verändert sich sehr nachteilig.

## Sport

Die Sachsen können auf viele sportliche Erfolge verweisen, von Weltmeisterschaften und Olympischen Spielen brachten sie manche Medaille mit in die Heimat. 1936 bei den Olympischen Spielen hat der Leipziger Lutz Long mit dem legendären Jesse Owens seine Kräfte gemessen, bei der der Leipziger die Silbermedaille im Weitsprung erkämpfte. Rudolf Harbig, nach dem das größte Stadion in Dresden benannt wurde, konnte mit der deutschen 4 x 400 Meter Staffel 1936 eine Bronzemedaille erringen. Beide Sportler verloren wenige Jahre später im Zweiten Weltkrieg ihr junges Leben. In Erinnerung bleibt auch die Dresdnerin Ingrid Krämer, die für die DDR bei den Olympischen Sommerspielen 1960 und 1964 drei Goldmedaillen und eine Silbermedaille gewann und damit die Siegesserie der USA-Springerinnen durchbrach, die bis dahin sämtliche Olympiasiege seit 1924 geholt hatten. Die Kugelstoßerin Margitta Gummel gewann bei den Olympischen Spielen 1968 in Mexiko die Goldmedaille, und Christoph Höhne, in den 1960er- und 1970er Jahren einer der weltbesten 50-Kilometer-Geher, wurde in Mexiko 1968 Olympiasieger, dazu kommen zwei Europameistertitel. Die in Leipzig geborene Schwimmerin Kristin Otto kam 1988 von den Olympischen

*Wintersportler in Altenberg*

Spielen aus Seoul mit sechs Goldmedaillen zurück und der in Zwickau geborene Diskuswerfer Lars Riedel gewann Olympisches Gold, ferner fünf Weltmeistertitel und einen Europameistertitel. Bergab ging es jedoch mit dem einstmals bekannten sächsischen Fußball. Vorbei sind die Zeiten, als 1903 der erste deutsche Fußballmeister VfB Leipzig hieß, der diesen Erfolg 1906 und 1913 wiederholen konnte. Die Dresdner holten diesen Titel 1943 und 1944 in die Elbestadt. Zu DDR-Zeiten spielten manchmal vier sächsische Vereine in der DDR-Oberliga (Leipzig, Dresden, Zwickau, Aue), heute sind alle nur noch Mittelmaß.

Die Ruhmesliste der Wintersportler beginnt mit dem Klingenthaler Harry Glaß, der 1956 mit einer Bronzemedaille von Olympischen Winterspielen zurückkehrte. Ulrich Wehling, für den SC Traktor Oberwiesenthal startend, vollbrachte als einziger nordischer Kombinierter eine sensationelle Leistung: Gold bei den Olympischen Spielen 1972, 1976 und 1980. Der Oberwiesenthaler Jens Weißflog, der erfolgreichste Skispringer aller Zeiten, errang drei olympische Goldmedaillen und vier Gesamtsiege bei der Vierschanzentournee. Die in Karl-Marx-Stadt geborene Sylke Otto, die in Oberwiesenthal die Sportschule besuchte, ist die erfolgreichste Rennrodlerin in ihrer Disziplin: zweifache Olympiasiegerin, sechsfache Weltmeisterin sowie fünffache Europameisterin.

Nicht zu vergessen Katharina Witt, der mit zweimal Olympiagold, vier Weltmeister- und sechs Europameistertitel erfolgreichsten Eiskunstläuferin. Zuvor machten Gaby Seifert und Anett Pötzsch-Rauschenbach Furore, die beide in vielen Ländern auf dem Siegerpodest standen. Trainiert hat diese Sportler in Karl-Marx-Stadt die hochangesehene Jutta Müller, deren Schützlinge insgesamt 73 Olympia-, Welt-, Europameister und DDR-Meisterschaftstitel errangen. Gegenwärtig dominiert im Eiskunstlauf das Chemnitzer Paar Aljona Savchenko

[ 28 ] Bevölkerung

*Auch das Odol-Mundwasser ist eine sächsische Erfindung (Werbung von 1895)*

und Robin Szolkowy, trainiert von dem in Karl-Marx-Stadt geborenen einstigen Eiskunstläufer Ingo Steuer. Er gehörte zu jenen, die als inoffizielle Mitarbeiter, IM genannt, mit der Stasi zusammenarbeiteten. In deren Visier standen alle Spitzensportler, denn unbedingt sollte verhindert werden, dass einer von ihnen bei Wettkämpfen im Westen der DDR den Rücken kehrte. Die Stasi zog auch beim Doping die Strippen. Leistungsfördernde Substanzen wurden als ›Entmüdungsgetränk‹ oder Vitaminpillen getarnt verabreicht, spätere Gesundheitsschäden waren oftmals die Folge.

## Wirtschaft und Gesellschaft

Der Einfallsreichtum der Sachsen ist beachtlich, kluge Köpfe hatte das Land seit jeher. 1708/09 erfand Johann Friedrich Böttger mit Ehrenfried Walther von Tschirnhaus das weiße europäische Hartporzellan, 1785 warf man in Sachsen die erste deutsche Dampfmaschine an, 1837 schnaufte die erste von ihnen gebaute deutsche Lokomotive ›Saxonia‹ los, 1839 nahmen sie die erste Eisenbahn-Fernstrecke Deutschlands zwischen Leipzig und Dresden in Betrieb, 1850 ließ man den in Chemnitz entwickelten ersten mechanischen Tuchwebstuhl patentrechtlich schützen, die erste industriell produzierte Rechenmaschine erblickte 1878 in Glashütte das Licht der Welt. 1895 wurde in Dresden ein ›Leibchen, das die Brust in Form hält‹ als erster Büstenhalter der Welt als Patent angemeldet. Sachsen konstruierten den ersten mechanischen Tuchwebstuhl, hier wurden das Mundwasser, die Reiseschreibmaschine, die Spiegelreflexkamera und der Teebeutel erfunden. 1850 war Sachsen das einzige Land in Deutschland, in dem mehr

## Wirtschaft und Gesellschaft [ 29 ]

als die Hälfte der Bevölkerung von Gewerbe und Industrie lebte; in Preußen war es nur etwa ein Viertel. Chemnitz, ein Zentrum des Maschinenbaus in Europa, hieß einst ›Sächsisches Manchester‹. Leipzig war nicht nur Messestadt, sondern auch die Stadt des Buches. Zu DDR-Zeiten druckte man von den jährlich mehr als 6000 erschienenen Titeln ein Drittel in Leipzig.

Auch heute genießen Produkte aus Sachsen hohes Ansehen. Das Land verbessert sich seit Jahren im Ranking der Wirtschaftsstandorte, es ist ein international wettbewerbsfähiger Hochtechnologiestandort. Im mittelsächsischen Ballungsraum um Chemnitz und Zwickau konzentrieren sich traditionell der Maschinen- und Fahrzeugbau, Mikroelektronik und Elektrotechnik sind zwischen Dresden und Freiberg beheimatet. Beispielsweise kommt jeder fünfte weltweit verkaufte Mikrochip aus Sachsen.

Auch viele der traditionsreichen Produkte besitzen nach wie vor über die Landesgrenzen hinaus einen hervorragenden Ruf. An erster Stelle dürfte das Meissner Porzellan stehen, dazu gehören auch Plauener Spitze, Instrumente aus dem vogtländischen Musikwinkel und Uhren aus Glashütte. 1845 begann in dem kleinen Ort im Osterzgebirge die Uhrenproduktion, die bald Weltruhm erlangte, Kaiser Wilhelm II. überreichte 1898 bei seinem Staatsbesuch in Konstantinopel eine prunkvolle Taschenuhr aus Glashütte als Gastgeschenk, die heute noch dort im Museum aufbewahrt wird. In Glashütte entstehen nicht mehr wie zu DDR-Zeiten Massenprodukte; was heute Glashütte verlässt, sind wieder Luxusuhren, noble Erzeugnisse, höchstens 8000 Stück im Jahr. Deren Preis liegt zwischen rund 13 000 und 390 000 Euro. Doch alle diese Erfolgsmeldungen ändern nichts an der Tatsache, dass es noch viel zu wenig Arbeitsplätze gibt und die Arbeitslosenzahl immer noch bedeutend höher als in den Ländern der alten Bundesrepublik ist.

Hochqualifizierte Zentren der Ausbildung und Forschung sind die Hochschulen. Nach der Einheit wurden sie neu strukturiert, es entstanden die vier Universitäten Technische Universität Dresden, Universität Leipzig, Technische Universität Chemnitz, Technische Universität Bergakademie Freiberg, fünf Kunsthochschulen und fünf Fachhochschulen. Die meisten Studenten hat die Technische Universität Dresden, die größte ihrer Art in Deutschland, mit rund 34 000, gefolgt von der Universität Leipzig mit etwa 25 000 Studierenden. Aufbewahrt wird das über Jahrhunderte erworbene Wissen in Büchern und Archiven. Die umfangreichste ist die Deutsche Bücherei in Leipzig, der größte Standort der Deutschen Nationalbibliothek, in dem derzeit 13,5 Millionen Einheiten stehen.

Sachsen ist der älteste Freistaat in Deutschland. Mit Freistaat betont man, dass das Land nicht von einem Souverän, sondern von freien Bürgern regiert wird. Der Sächsische Landtag ist das Parlament des Freistaates, der vom ihm gewählte Ministerpräsident und die Staatsminister bilden die Staatsregierung als oberste exekutive Gewalt des Landes. Der Landtag wird für fünf Jahre gewählt und zählt in der aktuellen fünften Wahlperiode (2009 – 2014) insgesamt 132 Abgeordnete, darunter auch acht von der NPD. Seit den letzten Landtagswahlen bilden CDU und FDP mit insgesamt 87 Sitzen eine Regierungskoalition. Ministerpräsident Stanislaw Tillich, ein Sorbe, hat die Richtlinienkompetenz.

## Buchstadt Leipzig

Leipzig war und ist nicht nur Messestadt, als zweiten Beinamen trug es den Namen Buchstadt. Seit dem 18. Jahrhundert nahm Leipzig eine führende Stellung auf dem Buchmarkt ein. 1825 wurde in der Stadt der Börsenverein des Deutschen Buchhandels gegründet. Das Ende dieser Ära kam 1945, als die US-Amerikaner im Juni und Juli die Stadt räumten und vereinbarungsgemäß der östlichen Siegermacht des Zweiten Weltkrieges übergaben. Sie stellten Lkw bereit, damit Verleger Maschinen und vieles von dem geistigen Gut in die amerikanische Besatzungszone bringen konnten. Den Kommunisten sollte nichts in die Hände fallen. Langsam ging es aber trotzdem wieder aufwärts. Seemann, Insel, Reclam, Bibliographisches Institut, Brockhaus und Musikverlage arbeiteten wieder, dazu kamen neue Verlage. Leipzig war wieder eine angesehene Buchstadt geworden. 38 Verlage gab es zu DDR-Zeiten in Leipzig, das waren rund 50 Prozent aller staatseigenen DDR-Verlage. Sie produzierten hervorragend lektorierte, gut ausgestattete und in großen Auflagen gedruckte preiswerte Bücher, von denen westliche Verlage oftmals große Teile in Lizenz übernahmen.

Nach der Einheit begann der Niedergang, die Treuhand vereinte, verhökerte und liquidierte, so sagen es Insider. Viele größere Verlage lösten entgegen ihren Versprechungen ihre Leipziger Dependancen auf. Die waren entstanden, weil man Ostverlage wie Reclam oder Brockhaus mit gleichnamigen Westverlagen zusammengeführt hatte. Selbst die Buchmesse war nach der Einheit in Gefahr. Siegfried Unseld, der legendäre Leiter des Suhrkamp Verlags, sprach aus, was viele im Westen meinten: »Die Leipziger Buchmesse wird nicht gebraucht. Wir haben Frankfurt!« Die großen Verlagsnamen verschwanden nach und nach aus Leipzig, einige wie Brockhaus haben wenigstens in Straßennamen überlebt. Mittlerweile gibt es aber in Leipzig wieder eine Verlagsszene, etwa 30 Verlage, darunter Hörbuch- und Internet-Verlage, am bekanntesten dürfte der von Berlin in die Pleißestadt gezogene Verlag Faber & Faber sein.

*Buchmesse in Leipzig*

Es gibt ein Ranking der Verlagsstädte, gemessen an den produzierten Titeln und da rangiert die alte Buchstadt Leipzig mit etwa 1100 Titeln nur auf dem 13. Platz, noch hinter Norderstedt auf dem 5. Platz und dem kleinen Herzogenrath auf dem 11. Platz.

Leipzig ist aber trotz alledem noch Buchstadt, denn die Buchmesse gibt es nach wie vor, die sich mit ›Leipzig liest‹ bestens platzierte. Es gibt die Deutsche Bücherei, die seit 2006 offiziell als Deutsche Nationalbibliothek in Leipzig firmiert, mit dem Deutschen Buch- und Schriftmuseum, ferner eine bedeutende Universitätsbibliothek sowie im Stadtteil Plagwitz ein Museum für Druckkunst.

# Bergbau

Der Bergbau hat die Grundlagen für Sachsens wirtschaftliche Entwicklung gelegt. Begonnen hat es ab 1168 mit dem ›großen Bergkgeschrey‹, vergleichbar mit der Goldgräberstimmung in den Vereinigten Staaten. Tausende strömten in die abgelegene Landschaft, die man später Erzgebirge nannte, um nach Silber zu graben. Berg- und Hüttenwerke entstanden, Städte wie Freiberg kamen zu Wohlstand. Vom 12. Jahrhundert an wühlten Menschen in der sächsischen Erde wie Maulwürfe, über Tage hinterließen sie die vielfach das Landschaftsbild prägenden pyramidenhaften Halden. Rigoros wurden die ausgedehnten Wälder des Erzgebirges geschlagen, aufgeforstet wurde in Monokultur mit der schnell wachsenden Fichte.

Der Steinkohlebergbau im Zwickau-Oelsnitzer Revier begann 1846, nachdem zwei Jahre zuvor Bohrungen nach dem schwarzen Gold erfolgreich waren. Die Bergleute drangen in immer tiefere Schichten, zuletzt arbeitete man in 900 Metern Tiefe. 1971 war Schluss, der Steinkohlebergbau war nicht mehr ergiebig. Die Braunkohlevorkommen bei Borna und Delitzsch wurden bereits im 18. Jahrhundert entdeckt, doch der wirtschaftliche Abbau begann erst Mitte des 19. Jahrhunderts. Ein weiteres riesiges Braunkohleabbaugebiet entstand in der Lausitz.

In der DDR war die Braunkohle der mit Abstand wichtigste Energierohstoff und somit unentbehrlich, 1989 verbuchte die DDR ein Sechstel der Welt-Braunkohleförderung. Der Bergbau veränderte die über Jahrhunderte gewachsenen Landschaftsstrukturen erheblich, nicht wenige Siedlungen und Straßen mussten der Kohle weichen, Wälder und Felder verschwanden. Zurück blieb eine Mondlandschaft. Die Wiederurbarmachung der Abraumhalden und Tagebaurestlöcher hinkte zu DDR-Zeiten wegen des hohen finanziellen Aufwands den Neuaufschlüssen hinterher. Seit der Wiedervereinigung ist der Braunkohlebergbau drastisch zurückgegangen.

Nach 1945 begann man im Erzgebirge nach Uran zu suchen, die Sowjetunion brauchte es für den Bau von Atombomben. Häuser, Felder und Sanatorien walzten sie nieder, dafür entstanden Fördertürme, Baracken als Unterkünfte, Halden. Die Kumpel bekamen doppelten Lohn, reichlich zu essen, ein Dach über dem Kopf, fast kostenlosen Schnaps und bunte Orden als Auszeichnung. Unzählige Propagandisten hämmerten ihnen ein, Uran sei das ›Erz des Friedens‹. Es war die Zeit des Kalten Krieges, aber auch die Not nach dem eben verlorengegangenen Weltkrieg. Wer aus dem unversehrt zurückgekommen war, fragte nicht nach gesundheitlichen Schäden. Die zeigen sich bei vielen erst heute, Jahrzehnte nach der großen Zeit des Uranbergbaus. ›Sowjetische Aktiengesellschaft Wismut‹ hieß das Unternehmen, das zeitweise mehr als 100 000 Menschen beschäftigte und viele Gegenden des Erzgebirges durchbohrte.

1954 durfte auch die DDR in die Wismut einsteigen, das Unternehmen wurde zur ›Sowjetisch-Deutschen Aktiengesellschaft‹, an der Spitze stand ein aus Moskau eingeflogener Generaldirektor. Die Wismut war ein Staat im Staate, sie hatte ihr eigenes Handelsunternehmen, ihr eigenes Gesundheitswesen, eigene

Parteischulen. Die Wismut war nach den USA und Kanada der drittgrößte Uran-Produzent der Welt. Rund 231 000 Tonnen Uran holte man im Erzgebirge aus dem Boden. Der bis 1990 betriebene Uranbergbau hat zu erheblichen Umweltschäden geführt, von denen aber die meisten schon nicht mehr erkennbar sind, so tragen die Halden fast alle ein grünes Kleid. Nach dem DDR-Ende trugen Bagger die Halden ab, begradigten Böschungen, deckten die verstrahlten Kippen ab. Schächte und Stollen wurden verfüllt und geflutet, viele Werksgebäude abgerissen. Bis zum Ende der Sanierung, etwa im Jahr 2015, wird das 6,4 Milliarden Euro gekostet haben.

Das ›Bergkgeschrey‹ im Erzgebirge ist verhallt, erhalten blieben zahlreiche Zeugen jener Zeit, die heute vielfach touristisch genutzt werden. Erhalten hat sich auch der alte Bergmannsgruß ›Glück auf!‹, der wortwörtlich gemeint war. Der Bergmann brauchte Glück, um täglich gesund wieder aus der Tiefe zurückzukehren.

## Maschinenbau und Textilindustrie

Große wirtschaftliche Bedeutung besaßen der Maschinenbau und die Textilindustrie. Bereits 1791 wurde in Lößnitz die erste vollmechanisierte Spinnerei eröffnet, und 1818 ratterte in Zschopau der erste durch Pferdegöpel angetriebene Baumwollwebstuhl.

Der Textilindustrie folgte der Maschinenbau, der vor allem Textilmaschinen herstellte. In der ersten Hälfte des 19. Jahrhunderts war Sachsen das größte Industriegebiet Deutschlands. 38 Prozent aller deutschen Spinnereien und 32 Prozent aller deutschen Webereien arbeiteten hier. Das erste deutsche Erzeugnis, das auf einer Weltausstellung eine Goldmedaille erhielt, kam aus Chemnitz: Die gab es 1862 in Paris für eine Maschine zur Metallbearbeitung der Firma Zimmermann. Sachsen gilt als die Wiege des deutschen Maschinen- und Werkzeugmaschinenbaus.

Nach dem Zweiten Weltkrieg waren die Startbedingungen in Sachsen wie auch in den anderen von der Sowjetunion besetzten Gebieten wesentlich ungünstiger als im Westen, wo der Marshallplan eine großartige Hilfe darstellte. Die Sowjets demontierten alle großen Industriebetriebe als Reparationsleistungen, selbst Eisenbahnschienen wurden abgebaut, weitere Reparationen in Milliardenhöhe flossen in den folgenden Jahren in Richtung Moskau. Dazu kam der Flüchtlingsstrom in Richtung Westen, viele gut ausgebildete Fachleute verließen das Land.

Nach der Wende ging es mit der Textilindustrie bergab, die meisten der vielen kleinen Unternehmen waren der westlichen Konkurrenz unterlegen und mussten schließen. Im Maschinenbau jedoch ging es wieder aufwärts. Ein Beweis dafür ist die Nachricht, die im Sommer 2010 durch die Medien ging: Die Radebeuler Planetawerke haben die bisher größte Druckmaschine der Welt hergestellt. Sie wiegt 220 Tonnen und wurde, in ihre Einzelteile zerlegt, nach Saudi-Arabien verschifft.

# Autobau

Ein bedeutendes Kapitel der deutschen Automobil- und Motorradindustrie hat Sachsen mitgeschrieben. 1904 begannen Horch und 1909 Audi in Zwickau mit der Produktion. Wer in den 1930er Jahren etwas auf sich hielt, fuhr einen ›Horch‹. 1932 schlossen sich Audi, DKW, Horch und Wanderer zur Auto Union AG zusammen, zum damals zweitgrößten Automobilhersteller in Deutschland. Vor dem Zweiten Weltkrieg kam fast ein Viertel aller deutschen Autos aus Sachsen. Nach dem Zweiten Weltkrieg führte das Zwickauer Sachsenring-Werk die Tradition fort, das unter anderem den Trabant produzierte. Heute sind es Volkswagen in Zwickau, Chemnitz und Dresden sowie BMW und Porsche in Leipzig. In Zschopau waren die Motorrad-Werke nach 1925 weltgrößter Motorradproduzent. Zu DDR-Zeiten fuhren die legendären MZ-Maschinen aus Zschopau auf vielen Straßen der Welt. Nach der Einheit hatte die Treuhand aber offensichtlich keine glückliche Hand bei der Auswahl der Käufer. Nach unzähligen Managementfehlern und Produktirrtümern diverser Geschäftemacher kam 2008 das Aus für die DDR-Traditionsmarke. Nach fast neun Jahrzehnten verschwanden die Motorräder aus Zschopau vom Markt.

Kultstatus hatten in der DDR Diamant-Fahrräder. Der sächsische Fahrradhersteller wurde 1885 gegründet und gilt deshalb als ältester deutscher Fahrradproduzent. Zu seinem Ruhm hat wesentlich Gustav-Adolf (›Täve‹) Schur beigetragen, die Radsportlegende der DDR, der auf Diamant 1958 und 1959 Straßen-Weltmeister wurde. Jährlich haben die Fabrikhallen in Karl-Marx-Stadt (heute Chemnitz) bis zu 150 000 Fahrräder verlassen, gegenwärtig sind es am neuen Standort Hartmannsdorf fast ebensoviele, die Marken Trek und Villiger mitgerechnet.

*Ein Wanderer W25 von 1936 im Industriemuseum Chemnitz*

## Mit Dampf durchs Land

Sachsen und die Eisenbahn – das gehört unweigerlich zusammen. Die erste funktionstüchtige in Deutschland produzierte Lokomotive, die Saxonia, hat ein Vogtländer gebaut, der in Wernesgrün geborene Johann Andreas Schubert (1808–1870). Als über die Elster und die Göltzsch Eisenbahnbrücken gebaut werden sollten, hatte Schubert im Auftrag der Sächsisch-Bayerischen Eisenbahngesellschaft die eingereichten Entwürfe zu begutachten. Keiner fand seine Zustimmung, für eine zweite Ausschreibung forderte er einen ›soliden Steinbau‹ und einen ›Etagenbau‹, um Reparaturen besser ausführen zu können. Doch zu dieser zweiten Ausschreibung kam es nicht, Schubert musste den Bau der beiden Brücken selbst ausführen. Eisenbahngeschichte geschrieben hat auch der Chemnitzer Unternehmer Richard Hartmann, der ›sächsische Lokomotivkönig‹. 1848 verließ die erste Dampflok sein Werk, insgesamt 4699 Lokomotiven rollten bis 1928 von Chemnitz aus hinaus auf die Gleise.

Einige kleine Schwestern der mächtigen Dampfrosse schnaufen noch in mancher Gegend Sachsens. Dampflokgezogene Schmalspurzüge zuckeln gemächlich durch Täler und Dörfer, die Fahrgäste können bequem die landschaftlichen Reize genießen. Sachsen besaß einst 30 Schmalspurstrecken mit der einheitlichen Spurweite von 750 Millimetern und einer Länge von 541 Kilometern. Das war das größte staatliche Schmalspurbahnnetz Deutschlands. Schmalspurstrecken waren schneller und billiger zu errichten als die mit Normalspur. Sie haben einen geringen Bogenradius und sind somit besser in das Gelände einzufügen, was oft half, kostenaufwendige Bauten wie Brücken und Tunnel zu vermeiden. Durch den Bau von Schmalspurbahnen erfolgte der wirtschaftliche Anschluss zahlreicher Randgebiete an die Zentren Sachsens.

*Die Preßnitztalbahn*

Mit Dampf durchs Land [ 35 ]

*Spielzeugherstellung im Erzgebirge*

Viele der Strecken wurden in den letzten Jahrzehnten stillgelegt, weil sie unrentabel geworden waren. Die Döllnitzbahn (Oschatz–Glossen) war die letzte Schmalspurbahn mit öffentlichem Güterverkehr in Sachsen, 2001 erst wurde er eingestellt. Heute verkehren hier nur noch Schülerzüge und an bestimmten Tagen dampfbespannte Sonderzüge. Sachsen kann sich jedoch rühmen, noch fünf Schmalspurstrecken mit fast 100 Kilometern Länge täglich in Betrieb zu haben. Ansonsten hat aber die Deutsche Bahn den Freistaat weitgehend vom modernen Verkehrsnetz abgekoppelt.

## Kunsthandwerk

Viele Erzeugnisse aus Sachsen besitzen eine lange Tradition: Pyramiden, Nussknacker und Räuchermännchen aus dem Erzgebirge ebenso wie Meissner Porzellan. Das Erzgebirge ist mit dem Thüringer Wald eines der beiden historisch gewachsenen Spielzeugzentren im Osten Deutschlands. In dem 1796 herausgegebenen ›Handbuch für Reisende durch die Sächsischen Lande‹ ist zu lesen: »Gegenwärtig werden hier viele hölzerne Spielwaren gefertigt, die man bis nach Ost- und Westindien versendet.« Heute sind es überwiegend gedrechselte kunstgewerbliche Gegenstände, die die Werkstätten verlassen.

## Porzellan

In Meißen produziert die älteste Porzellanmanufaktur Europas. August der Starke gründete sie 1710. Die Manufaktur besitzt an die 10 000 Farbrezepturen, die nicht veröffentlicht werden. Sie ist in der Lage, alle Stücke aus ihrem reichhaltigen Fundus zu reproduzieren. Das echte Meissner ist nach wie vor an dem Markenzeichen zu erkennen, den Blauen Schwertern. Die gegenwärtige Krise verschont aber auch das berühmte Porzellan nicht, Auftragseinbrüche wie noch nie sind zu verzeichnen. Im 300. Jahr ihres Bestehens hat die Manufaktur 180 Beschäftigten gekündigt, somit wurde fast jede vierte Stelle gestrichen. Neben Meißen hat sich auch die Sächsische Porzellan-Manufaktur Dresden über die Landesgrenzen hinweg einen guten Namen gemacht. Das 1872 in Freital bei Dresden gegründete Unternehmen überraschte überwiegend mit Formen des Spätbarocks und Rokokos. Auch in unseren Tagen werden die Vasen, Teller, Schalen, Figuren in Handarbeit ausgeformt, mit plastischen Blüten belegt und vielfältig bemalt. Das Zentrum der Glasherstellung war Weißwasser, an der Wende vom 19. zum 20. Jahrhundert gab es hier mehr als 40 Schmelzöfen. Heute sind in Weißwasser und Umgebung nicht einmal mehr eine Handvoll kleiner Unternehmen tätig.

*Porzellanmalerin in Meißen*

## Musikinstrumente

Im Vogtland gibt es den Musikwinkel, zu dem etwa anderthalb Dutzend Ortschaften gehören wie Klingenthal, Markneukirchen oder Schöneck. Musikinstrumente von dort schätzen namhafte Solisten vieler Länder. Die Kunst des Geigenbaus brachten böhmische Einwanderer ins Vogtland. Zwölf von ihnen schlossen sich 1677 zur ›ehrbaren Zunft der Geigenmacher zu Neukirchen‹ zusammen. Der von der kurfürstlich-sächsischen Kanzlei zu Moritzburg bestätigte Artikelbrief gilt als die Geburtsstunde des vogtländischen Musikinstrumentenbaus. Die Vogtländer waren auf den Weltausstellungen in London 1851 und 1862, in Wien 1873 und in Philadelphia 1876 vertreten. Rund 20 Millionäre brachte der Musikinstrumenten-Exporthandel hervor, Markneukirchen war zu Beginn des 20. Jahrhundert eine reiche Stadt. Damals kam mehr als die Hälfte aller auf der Erde gehandelten Musikinstrumente aus dem vogtländischen Musikwinkel. Die USA erachteten Markneukirchen für so bedeutsam, dass ihr Konsulat in der Stadt von 1893 bis 1916 eine Zweigstelle unterhielt. Heute hat Markneukirchen nicht einmal mehr ein Postamt. Die goldenen Zeiten sind vorbei, geblieben aber ist das Können der Musikinstrumentenbauer, die wieder volle Auftragsbücher haben.

## Plauener Spitzen

Die Erfindung der maschinengestickten Tüllspitze 1881 verhalf der Vogtlandstadt Plauen zu Weltruf. Wer seinerzeit etwas auf sich hielt, trug Spitze aus Plauen. Unter den Marken ›Dentelles de Saxe‹, ›Saxon Lace‹, ›Plauen Lace‹ oder ›Dentelles de Plauen‹ wurde dieses Erzeugnis auf den internationalen Märkten bekannt und konnte das Schweizer Marktmonopol brechen. Am 18. August 1900 erhielten Plauener Stickereifabrikanten den Grand Prix auf der Weltausstellung in Paris. Zu DDR-Zeiten wurde Plauener Spitze in über 40 Länder exportiert, 1989 produzierte man sie auf 1400 Stickmaschinen. Von 1963 bis 1989 wurde Plauener Spitze mit 33 Goldmedaillen der Leipziger Messe für ihr Design und technologische Meisterschaft ausgezeichnet. Heute hat die Spitze an Bedeutung verloren, dennoch sind in Plauen und Umgebung noch rund drei Dutzend überwiegend kleine Familienbetriebe tätig.

## Spitze und Posamenten aus dem Erzgebirge

Die erzgebirgische Volkskunst ist eng mit dem Bergbau verbunden. Der Niedergang des Bergbaus vor 300 Jahren war es, der im mittleren Erzgebirge viele zwang, sich nach einem neuen Broterwerb umzuschauen. Neben dem Schnitzen und Drechseln gehörte dazu auch das Klöppeln. Erzgebirgische Handklöppelspitze lag bald in jedem guten Textilgeschäft vieler europäischer Länder. An der Wende vom 17. zum 18. Jahrhundert saßen zehntausende Frauen, Mädchen und Kinder, aber auch Männer am Klöppelsack. Die älteste Nachricht, die auf die Spitzenherstellung im Erzgebirge hindeutet, stammt aus dem Jahr 1550. In den Aufzeichnungen des Annaberger Chronisten Paulus Jenisius ist zu lesen: »Im

Jahre 1561 hat man begonnen, weißen, gedrehten Faden in phrygischer Arbeit in verschiedene Formen zu bringen, was, soweit es zu mäßigem Schmuck verarbeitet wird, keinesfalls getadelt werden kann, besonders da der Bergwerksertrag sich rasch erschöpft hat.« Heute lässt man die Klöppel nur noch aus Freude tanzen.

Zum Erzgebirge gehören ferner die Posamenten. Unter dem Begriff Posamenten werden Borten, Quasten, Litzen und Fransen zusammengefasst, die seit Jahrhunderten vor allem als modisches Beiwerk für die Kleidung unentbehrlich sind. Wann die ersten im Erzgebirge gefertigt wurden, verzeichnet keine Chronik. Es dürfte aber vor 1525 gewesen sein, denn in jenem Jahr malte Hans Hesse für den Annaberger Bergaltar ein Bild, auf dem ein mit zweifarbiger Borte besetzter Mantel zu sehen ist. Um 1870 war Annaberg einer der Posamentenhandelsplätze der Welt, es gab mehr als 100 Manufakturen, die die begehrten Artikel bis in die USA verkauften. Sie richteten in Annaberg von 1879 bis 1908 sogar ein eigenes Konsulat ein, Firmen aus Annaberg und Buchholz hatten Vertretungen in Paris, London und Mailand. Heute werden die feinen Textilerzeugnisse noch von einigen kleinen Unternehmen produziert.

## Kunstblumen

Den Weltmarkt eroberten ab Mitte des 19. Jahrhunderts Kunstblumen aus Sebnitz. Auch zu DDR-Zeiten wurden sie in alle Welt exportiert, nach der Einheit Deutschlands machte ihnen die billige Konkurrenz aus Südostasien zu schaffen. Die Herstellung von künstlichen Blumen begann in Sebnitz und Umgebung ab 1834, Blumenmacher aus dem benachbarten Böhmen hatten die Produktion begründet. Um 1900 gab es hier über 200 Betriebe, die Kunstblumen oder Blumenbestandteile herstellten. 1907 kamen drei Viertel aller aus Deutschland exportierten Kunstblumen aus Sebnitz, Hauptabnehmer waren die USA und Großbritannien.

Zu DDR-Zeiten waren in Sebnitz etwa 3000 Blümlerinnen tätig, wie die Kunstblumenherstellerinnen genannt werden, jetzt sind es gerade mal noch ein Dutzend. Zu den textilen Erzeugnissen mit Tradition zählt auch der Blaudruck. In Pulsnitz arbeitet die älteste Blaudruckwerkstatt Sachsens noch mit Modeln (Druckstöcken) aus dem 19. Jahrhundert.

## Töpferwaren

Tradition besitzt in Sachsen ebenfalls die Töpferei. In Frohburg, Kohren-Sahlis, Waldenburg, Pulsnitz, Neukirch und anderen Orten rotieren in unseren Tagen wie vor Jahrhunderten die Töpferscheiben. In Kohren-Sahlis wurde 1656 die erste Töpferinnung gegründet, seine Blütezeit erlebte hier das Töpferhandwerk im 18. und Anfang des 19. Jahrhunderts. 1809 gab es 14 Meister, die 40 Gesellen und 17 Lehrlinge beschäftigten. In der Oberlausitz ist die Töpferei heute mit etwa 30 Betrieben vertreten, eine von ihnen, die Töpferei Jürgel in Pulsnitz, wurde bereits im 14. Jahrhundert in den Chroniken der Stadt erwähnt. Ein Jürgel übernahm 1828 die Werkstatt, seitdem wird sie in der sechsten Generation geführt.

## Das ›Weiße Gold‹

Weltweit ist Meissner Porzellan begehrt. Bis heute haben die zeitlosen Meisterwerke nichts von ihrer Strahlkraft eingebüßt, auch wenn gegenwärtig ein scharfer Wind durch das Unternehmen weht. Die Zeiten haben sich gewandelt, man lädt nicht mehr zu großen Feierlichkeiten nach Hause ein, bei denen mit dem Meissner geprotzt wird. Meissner wird in Vitrinen gestellt und als Einzelstück verschenkt, das führt zu weniger Verkäufen.

Die Geschichte des ›weißen Goldes‹ begann in Sachsen vor mehr als 300 Jahren. In den Katakomben der Dresdner Jungfernbastei war es dem Apothekergehilfen Johann Friedrich Böttger gemeinsam mit dem Naturwissenschaftler Ehrenfried Walther von Tschirnhaus gelungen, das weiße europäische Hartporzellan herzustellen. Am 23. Januar 1710 verkündete August der Starke die Erfindung des europäischen Porzellans und die Gründung einer Porzellanmanufaktur. Seit 1722 sind die gekreuzten ›Blauen Schwerter‹ das Markenzeichen. Etwa 200 000 Modelle und Arbeitsformen aus der gesamten Schaffensperiode bewahrt das Unternehmen auf, das Zwiebelmuster, das erfolgreichste Dekor, gehört seit mehr als 250 Jahren ununterbrochen zum Produktionsprogramm, 740 verschiedene Artikel gibt es mittlerweile davon. Als einziges Unternehmen seiner Art leistet sich die Manufaktur ein eigenes Bergwerk, das kleinste Deutschlands. Im zwölf Kilometer entfernten Seilitz fördern zwei Bergleute das für die Porzellanherstellung so wichtige Kaolin. Die 10 000 verschiedenen feuerfesten Farben werden im eigenen Labor gemischt, die Rezepturen wie ein Staatsschatz gehütet. Doch das wichtigste in der Manufaktur ist die menschliche Hand: Meissner Porzellan entsteht in Handarbeit.

Aufmerksame Leser werden sich über die unterschiedliche Schreibweise wundern, mal ›Meißen‹ und ein andernmal ›Meissen‹. Die Erklärung ist einfach: Der Name der Manufaktur wird mit Doppel-ss geschrieben (Meissner Porzellan), die Stadt Meißen dagegen schreibt sich mit ›ß‹. Beide gehören aber untrennbar zusammen. Ohne die Meissner Manufaktur würde wohl kaum einer in der Welt die Stadt Meißen kennen.

*Meissner Porzellan wird in Handarbeit erschaffen*

## Tourismus

Als Wirtschaftsfaktur hat der Tourismus seit der Einheit an Bedeutung gewonnen. Rund sechs Millionen Gäste kommen jedes Jahr in den Freistaat. Sachsen wurde Kulturreiseland Nr. 1 in Deutschland. Kunst hat in Sachsen spätestens seit der Regierungszeit von August dem Starken einen besonderen Stellenwert. Die Wettiner haben unermessliche Kunstschätze zusammengetragen, die so umfangreich waren, dass man eigene Museen einrichtete. Weltbekannt sind die Gemäldegalerie Alte Meister im Dresdner Semperbau und das Residenzschloss mit dem Grünen Gewölbe.

Musikfreunde ziehen die großen Namen an, mit denen Sachsens Musikgeschichte verbunden ist, das sind Johann Sebastian Bach, Robert Schumann, Richard Wagner, das sind der Dresdner Kreuzchor und der Leipziger Thomanerchor, das Gewandhausorchester in Leipzig, die Sächsische Staatskapelle in Dresden und die Semperoper. Aber auch die rund 100 Schlösser, Burgen und Gärten aller Epochen haben Sachsen zu einer der reichsten und vielfältigsten Kulturlandschaften Europas gemacht. Rund 50 dieser Anlagen gehören dem Freistaat.

Aber nicht nur Kultur- und Studienreisen nach Dresden und Leipzig stehen hoch im Kurs, immer mehr Touristen entscheiden sich für Wandern in der Sächsischen Schweiz und im Erzgebirge oder für Radfahren entlang der Elbe. Der Bergbau spielte in Sachsen Jahrhunderte eine dominante Rolle, nirgendwo anders stehen Denkmale der Bergbaugeschichte in solcher Dichte beieinander wie im Erzgebirge. Das Durchschnittsalter der Sachsenreisenden liegt bei 51 Jahren, damit ist es um etwa vier Jahre höher als in Deutschland insgesamt.

*Die Sächsische Staatskapelle Dresden*

## Landwirtschaft

Die Landwirtschaft betreibt man in Sachsen seit jeher intensiv. Mehr als die Hälfte der Landesfläche wurde in den letzten DDR-Jahren agrarisch genutzt, daran hat sich bis heute nichts geändert. Der überwiegend größte Teil dieser Flächen liegt in der Oberlausitz, in Mittelsachsen und in der Leipziger Tieflandsbucht. Angebaut werden vorwiegend Getreide und Raps. Eine lange Tradition besitzt der Weinbau im Elbtal zwischen Pirna und dem Raum Meißen. Die erste urkundliche Erwähnung erfolgte bereits im Jahr 1161. Die Rebfläche ist besonders stark nach der Einheit gewachsen, charakteristisch sind die Steil- und Terrassenlagen im Elbtal. Etwa zwei Drittel der Gesamterlöse der Landwirtschaft stammen aus der Tierhaltung. In Sachsens Ställen stehen vor allem Rinder, aber auch Schweine, Schafe und Legehennen werden gehalten.

Schon seit dem Mittelalter ist die Karpfenzucht in Sachsen verbürgt. Mönche haben Teiche angelegt, um nahrhafte Speisen in ihrer Nähe zu haben. Einen wahren Boom erlebte die Karpfenzucht im 15. und 16. Jahrhundert, als die Wettiner sich für Karpfen begeisterten. Kurfürst Moritz, der den Grundstein für Schloss Moritzburg legte, ließ Karpfen in seine Teiche setzen, und von August dem Starken ist überliefert, dass er Karpfen in Honigsauce liebte. Heute tummeln sich Karpfen in Teichen auf mehr als 8000 Hektar Fläche.

## Geschichte

Die vor mehr als 1000 Jahren gegründete Albrechtsburg in Meißen gilt als die Wiege Sachsens, das rund 800 Jahre von dem Geschlecht der Wettiner regiert wurde. Der Bergbau sorgte im Mittelalter für einen Aufschwung von Handel und Handwerk und machte Sachsen zu einem der reichsten deutschen Länder. Nach dem Dreißigjährigen Krieg gab es einen Niedergang, einen erneuten wirtschaftlichen und kulturellen Aufschwung erlebte das Land unter August dem Starken und danach unter seinem Sohn August III. Von 1952 bis zum DDR-Ende war Sachsen von den Landkarten verschwunden, man hatte es in die Bezirke Dresden, Leipzig und Chemnitz aufgegliedert. 1990 erfolgte eine Neugründung.

## Frühzeit und Mittelalter

Eroberungszüge führten ab dem 5. Jahrhundert vor Christus einen großen Stammesverband der Germanen von der Nordseeküste ins heutige Niedersachsen. Ihre Hauptwaffe war ein einschneidiges, kurzes Hiebschwert, Sax genannt. Der Waffenname gab dem Stamm den Namen, das behauptet zumindest eine Überlieferung aus dem 9. Jahrhundert. Die Saxones zogen weiter ins Land zwischen der mittleren Elbe und der Saale. Dort muss es ihnen gefallen haben, denn sie blieben, und aus den Saxones wurden die Sachsen. Bei kriegerischen Auseinandersetzungen wählten sie einen aus ihrer Mitte, der ›vor ihrem Heer zog‹,

*Das Wappen der Wettiner*

das war der Herzog. Um 600 begann die Besiedlung des Landes durch die slawischen Sorben, die aus dem Gebiet des heutigen Polen und Tschechien kamen. 929 ließ König Heinrich I. inmitten der slawischen Region die Burg Meißen bauen, um die beginnende deutsche Besiedlung zu sichern. Die Burg entwickelte sich zum Zentrum der Markgrafschaft Meißen und Kern der wettinischen Besitzungen. Seit 968 saß hier ein dem Erzbistum Magdeburg unterstellter Bischof, der die Sorben des Landes zu missionieren und die deutsche Herrschaft zu sichern hatte.

1089 wurde Heinrich I., Graf von Eilenburg aus dem Hause Wettin, mit der Mark Meißen belehnt. Die Adelsdynastie der Wettiner nannte sich nach der Burg Wettin an der Saale. Fast 800 Jahre wurde Sachsen von den Wettinern regiert, die somit länger als jede andere deutsche Dynastie an der Macht waren. 1127 bekam Konrad von Wettin vom König bestätigt, die Markgrafschaft Meißen dürfe vererbt werden. 1168 setzte mit dem Silberbergbau in Freiberg das ›Bergkgeschrey‹ ein, unter Markgraf Otto dem Reichen erlebte das Land seine erste wirtschaftliche Blüte. Viele neue Dörfer und Städte entstanden.

1346 schlossen sich die Städte Kamenz, Bautzen, Görlitz, Löbau, Zittau und Lauban (heute Luban, Republik Polen) zum Sechsstädtebund zusammen, um gemeinsam die Handelswege vor räuberischen Rittern zu schützen und die politische Macht gegenüber dem Adel auszubauen. 1355 sanktionierte Karl IV. diesen Bund, dessen Ende gekommen war, als Görlitz und Lauban 1815 an Preußen fielen. 1409 wurde die Universität in Leipzig gegründet, die somit zu den ältesten Europas gehört. 1423 erwarb Markgraf Friedrich der Streitbare das bisher askanische Herzogtum Sachsen-Wittenberg und die Kurwürde, von da an wurden alle Besitzungen mit dem Namen Kursachsen bezeichnet. Der 1459 in Eger unterzeichnete Vertrag bestimmte den Erzgebirgskamm als böhmisch-sächsische Grenze. 1481 druckte Marcus Brandis in Leipzig das erste Buch und begründete damit den Ruf Leipzigs als Stadt des Buches.

1485 teilte man das Haus Wettin in zwei Linien: Die ernestinische erhielt das Gebiet Wittenberg mit Torgau und Gräfenhainichen sowie Thüringen, das Leipziger Gebiet und das nördliche Thüringen. Den Albertinern fiel der südöstliche Teil des Besitztums zu. Sie wählten Dresden als ihre Residenz. 1491 kam es im oberen Erzgebirge zu großen Silberfunden und dadurch zu einem Zuzug tausender von Menschen. Nachdem Kaiser Maximilian I. Leipzig 1497 das Messeprivileg und 1507 das Stapelrecht verliehen hatte, stieg Leipzig zur führenden Messe- und Handelsstadt Mitteldeutschlands auf.

# Regierungszeiten der wettinischen Herrscher

**1123–1156** Konrad, Markgraf von Meißen (um 1098–1157)
**1156–1190** Otto (der Reiche), Markgraf von Meißen (1125–1190)
**1190–1195** Albrecht (der Stolze), Markgraf von Meißen (1158–1195)
**1197–1221** Dietrich (der Bedrängte), Markgraf von Meißen (1162–1221)
**1221–1288** Heinrich (der Erlauchte), Markgraf von Meißen (1215/16–1288)
**1288–1307** Albrecht II. (der Entartete), Markgraf von Meißen (1240–1315)
**1307–1323** Friedrich (der Gebissene oder der Freidige),
Markgraf von Meißen (1257–1323)
**1324–1349** Friedrich II. (der Ernsthafte), Markgraf von Meißen (1310–1349)
**1349–1381** Friedrich III. (der Strenge), Markgraf von Meißen (1332–1381)
**1381–1428** Friedrich (der Streitbare), Markgraf von Meißen, Herzog und Kurfürst von Sachsen seit 1423 (1370–1428)
**1428–1464** Friedrich II. (der Sanftmütige), Kurfürst von Sachsen (1412–1464)
**1464–1486** Ernst, Kurfürst von Sachsen (1441–1486)
**1486–1500** Albrecht (der Beherzte), Herzog zu Sachsen und Markgraf von Meißen (1443–1500)
**1500–1539** Georg (der Bärtige), Herzog von Sachsen (1471–1539)
**1539–1541** Heinrich (der Fromme), Herzog, von Sachsen (1473–1541)
**1541–1553** Moritz, Herzog von Sachsen, ab 1547 Kurfürst von Sachsen (1521–1553)
**1553–1586** August, Kurfürst von Sachsen (1526–1586)
**1586–1591** Christian I., Kurfürst von Sachsen (1560–1591)
**1591–1611** Christian II., Kurfürst von Sachsen (1583–1611)
**1611–1656** Johann Georg I., Kurfürst von Sachsen (1585–1656)
**1656–1680** Johann Georg II., Kurfürst von Sachsen (1613–1680)
**1680–1691** Johann Georg III., Kurfürst von Sachsen (1647–1691)
**1691–1694** Johann Georg IV., Kurfürst von Sachsen (1668–1694)
**1694–1733** Friedrich August I. (der Starke), Kurfürst von Sachsen, als König von Polen seit 1697 August II. (1670–1733)
**1733–1763** Friedrich August II. (der Dicke), Kurfürst von Sachsen, als König von Polen seit 1733 August III. (1696–1763)
**1763** Friedrich Christian, Kurfürst von Sachsen (1722–1763)
**1763–1827** Friedrich August III. (der Gerechte), Kurfürst von Sachsen, als König von Sachsen seit 1806 Friedrich August I. (1750–1827)
**1827–1836** Anton (der Gütige), König von Sachsen (1755–1836)
**1836–1854** Friedrich August II., König von Sachsen (1797–1854)
**1854–1873** Johann, König von Sachsen (1801–1873)
**1873–1902** Albert, König von Sachsen (1828–1902)
**1902–1904** Georg, König von Sachsen (1832–1904)
**1904–1918** Friedrich August III., König von Sachsen (1865–1932)

Die in Klammern angegebenen Zahlen sind die Lebensdaten der Herrscher.

## Von der Reformation bis zur Reichsgründung

Martin Luther, der 1517 mit dem Anschlag seiner 95 Thesen an die Schlosskirche in Wittenberg (damals zu Sachsen gehörend) die Reformation auslöste, traf sich im Sommer 1519 in Leipzig zu dem später berühmt gewordenen Streitgespräch mit dem Ingolstädter Theologieprofessor Johannes Eck. Mit einem feierlichen Gottesdienst in der Dresdner Kreuzkirche wurde 1539 die Reformation im albertinischen Sachsen eingeführt.

1553 kam August auf den Thron, der als Kurfürst Sachsen zu beachtlicher wirtschaftlicher Blüte führt. 1635 erhielt Kursachsen durch den Prager Frieden die Ober- und die Niederlausitz zugesprochen, nach dem Westfälischen Frieden 1648 verlor Sachsen zunehmend an politischer Bedeutung im Reich. Am 1. Juli 1650 konnte man in Leipzig die erste Tageszeitung der Welt lesen, die ohne Unterbrechung bis 1921 erschien.

1694 begann die Regierungszeit von Friedrich August I. (der Starke), 1697 erlangte er durch Vermittlung seines persönliches Freundes Kaiser Joseph von Österreich die polnische Königskrone, die er als Ergebnis des Nordischen Krieges 1706 verlor, in deren Besitz er sich aber 1709 wieder brachte. Sein Sohn und Nachfolger, Kurfürst Friedrich August II., der 1733 auf den Thron stieg, erwarb mit Unterstützung Russlands und Österreichs gleichfalls die polnische Königskrone. 1754 traf Raffaels Bild ›Sixtinische Madonna‹ in Dresden ein und wurde rasch die Attraktion der Gemäldegalerie. 1756 begann Friedrich II., der Alte Fritz, wie er in Preußen genannt wurde, mit seinem Einmarsch in Sachsen einen Krieg, der als Siebenjähriger Krieg in die Geschichte einging.

Das Königreich Sachsen nach 1815

Von der Reformation bis zur Reichsgründung [ 45 ]

1805 wurde die allgemeine Schulpflicht eingeführt. Nach der Niederlage Preußens gegen Napoleon schloss Sachsen mit Frankreich 1806 den Frieden von Posen und wurde Königreich von Napoleons Gnaden. 1811 erhellen die ersten Gaslaternen in Europa die Fischergasse in Freiberg, nachdem die erste Gasanstalt auf dem europäischen Festland entstanden war.

In der Völkerschlacht bei Leipzig 1813, der ersten Massenschlacht der Neuzeit, standen die Sachsen mit ihren grün-weißen Fahnen auf der falschen Seite, sie kämpften mit Kaiser Napoleon Bonaparte und verloren, was sie als Strafe rund die Hälfte ihres Territoriums kostete. Auf dem Wiener Kongress 1815, an dem ihr König Friedrich August I. nicht teilnehmen durfte, mussten die östliche Oberlausitz, die Niederlausitz, die Gebiete um Wittenberg, Torgau, Merseburg, Naumburg und Nordthüringen abgetreten werden. Von da an war Sachsen das kleinste Königreich in Deutschland.

1826 begann die Firma Brockhaus in Leipzig mit der industriellen Herstellung von Büchern, 1828 gründete Anton Philipp Reclam in Leipzig die erste Leihbibliothek, später einen Verlag. Die revolutionären Unruhen im September 1830 und im April 1831 führten zur konstitutionellen Monarchie und dem Erlass einer Verfassung. 1838 baute der Vogtländer Johann Andreas Schubert in der ›1. Maschinenbauanstalt Dresden-Übigau‹ die berühmte ›Saxonia‹-Lokomotive, die 1839 auf der ersten deutschen Eisenbahnfernverbindung von Leipzig nach Dresden fuhr. Am Dresdner Maiaufstand 1849 beteiligten sich Richard Wagner und Gottfried Semper, beide mussten nach dessen Niederschlagung die Stadt verlassen.

Die frühe Industrialisierung brachte Sachsen Wohlstand, aber auch soziale Spannungen. 1863 gründete Ferdinand Lassalle in Leipzig den Allgemeinen Deutschen Arbeiterverein. 1871 riefen die deutschen Fürsten im Spiegelsaal von Versailles den preußischen König Wilhelm zum deutschen Kaiser aus, Sachsen als fünftgrößter Staat ging im Kaiserreich auf. Die deutsche Mark wurde 1873 eingeführt, die Landeswährungen abgeschafft. Münzeinheit und das metrische System vereinheitlichten Handel und Gewerbe in Deutschland. Die Leipziger Warenmesse fand 1895 erstmals als Mustermesse statt.

## Das 20. und 21. Jahrhundert

1903, bei den ersten Reichstagswahlen nach der Jahrhundertwende, gewannen die Sozialdemokraten 22 von 23 sächsischen Wahlkreisen. Von da an wurde vom ›roten Königreich‹ gesprochen. Am 13. Oktober 1912 trafen sich 60 Delegierte aus 31 Vereinen in Hoyerswerda und gründeten die Domowina, den politisch unabhängigen Dachverband der Sorben. Der Name Domowina (Heimat) stammt vom Mitbegründer, dem Pfarrer Gotthold Schwela.

1918, am Ende des Ersten Weltkrieges, hatte Sachsen 210 000 Tote und etwa 20 000 vermisste Soldaten zu beklagen. Am 10. November 1918 erfolgte die Ausrufung der Republik, die Sachsen schickten ihren ›Geenich‹ Friedrich August III. ins Exil. Der dankte am 13. November ab, angeblich mit den Worten: ›Na, da machd Eiern Dregg alleene!‹ Am 25. Februar 1919 traten die sächsischen Ab-

*Das zerstörte Dresdner Schloss 1945*

geordneten als ›Volkskammer‹ zusammen und proklamierten Sachsen als Freistaat. 1920 gab sich Sachsen eine demokratische Verfassung. Im Landtag war die SPD die führende Kraft, die bis 1929 den Ministerpräsidenten stellte, danach regierten bis 1933 Kabinette konservativer Parteien.

Bei den Reichstagswahlen 1933 erhielten die Nationalsozialisten 45 Prozent der Stimmen, sie setzten den Ministerpräsidenten ab und einen Reichskommissar ein. Sachsen wurde gleichgeschaltet, die Verfolgung politischer Gegner und Juden begann. 1937 verboten die Nationalsozialisten den Dachverband der Sorben, Domowina, sorbisch zu sprechen war verboten. Im Zweiten Weltkrieg richteten anglo-amerikanische Bombenangriffe in Dresden, Chemnitz, Plauen und Leipzig schwere Zerstörungen an. Leipzig erlebte den schwersten Bombenangriff 1943, Dresden im Februar 1945. »Wer das Weinen verlernt hat, der lernt es wieder beim Untergang Dresdens«, notierte der greise Schriftsteller Gerhart Hauptmann, der von den Loschwitzer Höhen in Dresden die Luftangriffe erlebte. Im April 1945 trafen sich Vorauskommandos amerikanischer und sowjetischer Truppen an der Elbe südlich von Torgau. Die Amerikaner zogen sich bis zum Juli aus großen Gebieten Sachsens zurück und übergaben sie, wie auf der Konferenz von Jalta beschlossen, der Sowjetunion. Im Ergebnis des Krieges wurden die 1815 abgetrennten Gebiete um Görlitz und Hoyerswerda wieder Sachsen angegliedert.

Nach der Bodenreform im Herbst 1945 entstanden 20 000 neue Bauernwirtschaften, das enteignete Land erhielten Landarbeiter, Kleinbauern und Vertriebene aus den ehemaligen deutschen Ostgebieten. Am 30. Juni 1946 waren die Sachsen zu einem Volksentscheid aufgerufen. 77,8 Prozent von ihnen sprachen sich für eine entschädigungslose Enteignung von Nazi- und Kriegsverbrechern aus.

Am 13. Oktober 1948 überbot der Bergmann Adolf Hennecke im Zwickau-Oelsnitzer-Steinkohlenrevier in einer vorbereiteten propagandistischen Aktion die Norm um 387 Prozent. Von vielen seiner Kumpels wurde er als ›Arbeiterverräter‹ beschimpft, weil seine Leistung im normalen Arbeitsbetrieb nicht zu erreichen war. Hennecke, später Volkskammerabgeordneter und Mitglied des Zentralkomitees der SED, war fortan der ›Pionier‹ der Aktivistenbewegung in der DDR. 1949 wurde Sachsen ein Land der am 7. Oktober gegründeten DDR. 1952 beschloss der Landtag auf der Grundlage einer Volkskammerverfügung in einer nur 80 Minuten dauernden Sitzung, Sachsen aufzulösen, es wurde in die Bezirke Leipzig, Chemnitz und Dresden gegliedert. 1953 erhielt Chemnitz den Namen Karl-Marx-Stadt. Aus Protest gegen verordnete Leistungs- und Preiserhöhungen kam es im Juni 1953 auch in Industriegebieten Sachsens zu Streiks und Demonstrationen, Görlitz und Niesky waren die Zentren. 1954 erlebte Sachsen die größten Überschwemmungen seit Jahrhunderten, so stand auf dem Zwickauer Hauptmarkt das Wasser 2,10 Meter hoch, nachdem am 10. Juli ein Muldendamm gebrochen war. Die Förderung von Steinkohle im Zwickau-Oelsnitzer-Revier endete am 30. Oktober 1977. Am 26. August 1978 startete der Sachse Sigmund Jähn als erster Deutscher an Bord der sowjetischen Raumstation Salut 6 zu einem Flug ins Weltall.

Am 25. September 1989 fand in Leipzig die erste Montagsdemonstration mit mehreren tausend Teilnehmern statt. In Dresden wurden vom 4. bis 8. Oktober bei Auseinandersetzungen zwischen ausreisewilligen Demonstranten und Sicherheitskräften über 1300 Personen festgenommen. Am 9. Oktober wurde der Aufruf der ›Sechs von Leipzig‹, darunter der Dirigent Kurt Masur, zu friedlichen Veränderungen veröffentlicht. Bei der Demonstration am gleichen Tag zog die Staatsmacht die bereitstehenden Einsatzkräfte zurück. Es erschallte der Ruf ›Wir sind das Volk!‹ Auf den folgenden Montagsdemonstrationen in Leipzig, an denen bis zu 300 000 Menschen teilnahmen, häuften sich die Forderungen nach der Einheit Deutschlands.

Am 18. März 1990 fanden die ersten freien Wahlen in der 40-jährigen Geschichte der DDR statt, am 3. Oktober trat die DDR der Bundesrepublik Deutschland bei, der Freistaat Sachsen entstand wieder mit Dresden als Landeshauptstadt. Die Landtagswahl im Oktober 1990 brachte folgendes Ergebnis: CDU 92, SPD 32, PDS (heute Die Linke) 17, Neues Forum 10, FDP 9 Sitze. Am 6. Juni 1992 trat die neue sächsische Verfassung in Kraft. Nach den Landtagswahlen am 11. September 1994 sah die Sitzverteilung im verkleinerten Landtag so aus: CDU 77, SPD 22, PDS 21. Kurt Biedenkopf wurde erneut Regierungschef. Im April 1996 eröffnete der Bundespräsident das neue supermoderne Messegelände in Leipzig. Die Landtagswahlen am 19. September 1999 bestätigten die CDU-Alleinregierung unter Kurt Biedenkopf, denn die CDU konnte 76 Sitze erringen, die SPD 14 und die PDS 30. Am 16. Januar 2002 erklärte Kurt Biedenkopf seinen Rücktritt als Ministerpräsident zum 18. April, am gleichen Tag wurde Georg Milbradt (CDU) zum Ministerpräsidenten gewählt.

*Messehostessen in Leipzig 1973*

*Demonstration in Plauen im Herbst 1989*

Im August 2002 waren weite Teile des Freistaates Sachsen von einer Hochwasserkatastrophe bisher nicht gekannten Ausmaßes betroffen. Am 17. August betrug der Höchststand der Elbe 9,40 Meter, normal ist ein Pegelstand von 1,26 Meter. 30 000 Gebäude vernichtete oder beschädigte das Wasser, 750 Kilometer Straße, 540 Kilometer Bahngleise und 180 Brücken zerstörte es, 20 Menschen verloren ihr Leben. Durch eine beachtenswerte Welle der Unterstützung und Hilfsbereitschaft aus ganz Deutschland konnten weitere Schäden vermieden werden und der Wiederaufbau erfolgen.

Die UNESCO nahm 2004 das Dresdner Elbtal zwischen Söbrigen bei Pillnitz im Südosten und Übigau im Westen sowie den Muskauer Park in die Welterbeliste auf, 2009 erfolgte die Streichung des Elbtals wegen des Baus der umstrittenen Waldschlösschenbrücke in Dresden. Bei den Landtagswahlen am 19. September 2004 verlor die CDU erstmals ihre absolute Mehrheit. Es kam zur Koalition mit der SPD, erstmals zog die NPD in den Landtag ein. Die Sitzverteilung: CDU 55, PDS 31, SPD 13, NPD 12, FDP 7, Grüne 6. Georg Milbradt wurde im Amt des Ministerpräsidenten bestätigt. Am 14. April 2008 kündigte Georg Milbradt die Übergabe seiner Ämter als Regierungschef und Parteivorsitzender der sächsischen CDU an, die Stanislaw Tillich übernahm. Die Landtagswahlen am 30. September 2009 führten zu folgender Sitzverteilung: CDU 58, Die Linke 29, FDP und SPD jeweils 14, Grüne 8, NPD 7. Es kam zur Koalition aus CDU und FDP, Stanislaw Tillich (CDU) wurde erneut zum Ministerpräsident gewählt. Im August 2010 ließen starker Regen und der Bruch eines Staudamms in Polen die Neiße und weitere kleine Flüsse gewaltig anschwellen, im Südosten Sachsens wurde Katastrophenalarm ausgelöst.

Unter dem Motto ›800 Jahre Bewegung und Begegnung‹ findet 2011 in Görlitz die 3. Sächsische Landesausstellung satt, die die Via Regia thematisiert, die bedeutendste und längste Ost-West-Verbindung Europas, auch als Hohe Straße bekannt.

## Kunst und Kultur

Die Kunst- und Kulturlandschaft des Freistaates ist einzigartig. Kein anderes Bundesland kann mit einer solchen Fülle an Konzerthäusern und Bühnen aufwarten. Der wirtschaftliche und kulturelle Reichtum der Vergangenheit ist besonders an vielen historischen Stadtkernen sichtbar, beispielsweise in Bautzen, Freiberg und Görlitz, Meißen und Pirna. Dafür stehen aber auch die großen spätgotischen Hallenkirchen wie in Annaberg, Schwarzenberg oder Görlitz, die vor allem ab Ende des 15. Jahrhunderts errichtet wurden. Vielfältig sind ebenfalls die Zeugnisse ländlicher Bauweise, unter denen die Umgebindehäuser in der Oberlausitz herausragen.

## Musik und Theater

Sachsen ist ein Mekka der Musik. In Sachsen komponierte Heinrich Schütz mit ›Daphne‹ die erste deutsche Oper, weitere von Richard Wagner und Carl Maria von Weber folgten. Johann Sebastian Bach hatte in Leipzig seine schaffensreichsten Jahre, in den 27 Jahren seiner Tätigkeit an der Thomaskirche brachte er hunderte von Kantaten, Motetten und die Johannespassion zu Papier. Musikgeschichte geschrieben haben in Sachsen ebenfalls Felix Mendelssohn Bartholdy und Robert Schumann.

Fast 800 Jahre singen die berühmten Knabenchöre, die Kruzianer in der Dresdner Kreuzkirche und die Thomaner in der Leipziger Thomaskirche. Der Kreuzchor gehört zur Identität von Dresden, er ist eine Institution. Ähnlich verhält es sich mit dem Thomanerchor in Leipzig, dem berühmte Kantoren wie Johann Sebastian Bach, Johannes Kuhnau und Johann Adam Hiller zu Weltruhm verhalfen. Weltruf besitzen auch die Dresdner Philharmonie sowie

*Boris-Godunow-Inszenierung in der Semperoper Dresden*

[ 50 ] Kunst und Kultur

*Der Thomanerchor Leipzig*

die 1550 gegründete Sächsische Staatskapelle, die seit etwa 300 Jahren auch in der Sächsischen Staatsoper Dresden, der berühmten Semperoper, spielt. Die Semperoper zählt wiederum zu den führenden Theatern der Welt. Nach den schweren Zerstörungen im Zweiten Weltkrieg wurde sie 1985 mit Webers ›Freischütz‹ wiedereröffnet. Zu den europäischen Spitzenorchestern gehört das Leipziger Gewandhausorchester, das älteste bürgerliche Konzertorchester der Welt. Robert Schumann wird in seiner Geburtsstadt Zwickau geehrt, aber auch in Leipzig, wo er viele Jahre tätig war. Johann Sebastian Bach und Felix Mendelssohn Bartholdy kann man ebenfalls in Leipzig besuchen. Bachs Denkmal steht vor der Thomaskirche, in der sich sein Grab befindet, nur wenige Schritte davon entfernt lädt das Bachmuseum ein. Die ehemaligen Wohnräume von Mendelssohn Bartholdy in der Goldschmidtstraße wurden zum Museum, sein Denkmal steht am Ring nahe der Thomaskirche.

Die Sächsin Friederike Caroline Neuber erneuerte mit ihrer Truppe im 18. Jahrhundert das Theater in den deutschen Ländern, ›Mutter des deutschen Schauspiels‹ wird sie genannt. Der Sachse Gotthold Ephraim Lessing schrieb die Erfolgsstücke ›Emilia Galotti‹, ›Nathan der Weise‹ und ›Minna von Barnhelm‹, Heinrich von Kleist hat in Dresden das ›Käthchen von Heilbronn‹ und die Meisternovelle ›Michael Kohlhaas‹ verfasst. »Ich bin ein Deutscher aus Dresden in Sachsen«, bekannte Erich Kästner in seinem Buch ›Als ich ein kleiner Junge war‹. Kästner, von den Nationalsozialisten mit Schreibverbot belegt, wuchs in der Dresdner Neustadt auf. Erich Loest, im sächsischen Mittweida geboren, vom DDR-Regime in Bautzen eingesperrt, bekam 1996 von seiner Heimatstadt

Leipzig die Ehrenbürgerschaft verliehen. Der erfolgreichste sächsische Autor war jedoch Karl May. Der Erfinder von Old Shatterhand und Winnetou wurde in Hohenstein-Ernstthal geboren, jahrelang lebte und arbeitete er in Radebeul bei Dresden, wo er auch verstarb. Fast 100 Millionen Exemplare beträgt allein die deutschsprachige Gesamtauflage seiner Bücher. Auf der Freilichtbühne in Rathen, umrahmt von den Felsen der Sächsischen Schweiz, agieren in den Sommermonaten die Helden von Karl May.

Eine Besonderheit hat Sachsen mit dem Deutsch-Sorbischen Volkstheater in Bautzen zu bieten, das Stücke sowohl in deutscher als auch in sorbischer Sprache auf die Bühne bringt.

## Architektur

Höhepunkte in der Baukunst gibt es viele in Sachsen. An erster Stelle rangiert wohl der Dresdner Zwinger, eins der berühmtesten Bauwerke Europas. ›Römische Schauburg‹ nannte der Baumeister Matthäus Daniel Pöppelmann sein prachtvolles Werk. Ein wenig in den Schatten stellt ihn die Frauenkirche. Die steinerne Kuppel des im Zweiten Weltkrieg zerbombten und nach der Einheit wiederaufgebauten Gotteshauses prägt erneut die Silhouette der Elbestadt.

Zahlreiche Baumeister haben sich mit ihren Werken einen bleibenden Platz in der Geschichte der deutschen Baukunst gesichert: Arnold von Westphalen mit dem Großen Wendelstein an der Meißner Albrechtsburg, Nickel Grohmann

*Vestibül der Semperoper in Dresden*

**Architektur** [ 53 ]

mit der Schlosskirche von Torgau, Hieronymus Lotter mit dem Alten Rathaus in Leipzig und Schloss Augustusburg. Aus der Reihe der namhaftesten Baumeister sei noch Gottfried Semper erwähnt, von dem in Dresden das Opernhaus und das Gebäude der Gemäldegalerie Alte Meister stammen. Semperoper und Semperbau heißen beide kurz in der Kunstgeschichte. Die Hallenkirchen in Freiberg, Zwickau, Pirna, Annaberg, Schneeberg und anderen Städten mit kostbarer Innenausstattung bilden den Höhepunkt spätgotischen Bauens.

Der Zweite Weltkrieg hat manches an historischer Bausubstanz vernichtet, anderes verkam durch Vernachlässigung zu DDR-Zeiten. Aber trotz fehlenden Geldes und permanenten Materialmangels hat die DDR-Regierung manche der Sehenswürdigkeiten wieder errichten lassen, so den Zwinger und die Semperoper in Dresden. Vieles konnte jedoch erst nach der Einheit in Angriff genommen werden, darunter die größte baukünstlerische Leistung der jüngsten Vergangenheit, der Wiederaufbau der Frauenkirche in Dresden.

Blickpunkt in vielen Dörfern im mittleren Erzgebirge bilden wehrhafte Kirchen, in denen die Menschen Schutz vor brandschatzenden Soldaten suchten. In Dörnthal, Lauterbach und Großrückerswalde sind solche alten Wehrkirchen erhalten, die ab dem 16. Jahrhundert ihre Bedeutung als dörfliche Zufluchtsstätte verloren. In zahlreichen Kirchen erklingen Orgeln des berühmtesten sächsischen Orgelbaumeisters Gottfried Silbermann, deren Klang schon Johann Sebastian Bach rühmte. Die größte Silbermannorgel steht im Freiberger Dom.

Wie aus einer Spielzeugschachtel muten die für die Oberlausitz typischen Umgebindehäuser an, eine regionale Sonderform der Holzbauweise. Der in Blockbauweise errichteten Wohnstube aus Holz im Erdgeschoss ist ein Balkengefüge als tragendes Gerüst für das meist in Fachwerk errichtete Obergeschoss und die Dachkonstruktion wie eine Blendarkade vorgelegt. Ein Rundbogen verbindet je zwei Ständer miteinander, diese Bögen umrahmen die oft mehrfach unterteilten Fenster. Aufwendig gestaltete Türstöcke aus Granit oder Sandstein, hölzerne Verzierungen oder die gegen die Witterung nützlichen Schieferplatten verschönern die Häuser. Nur in wenigen Regionen der Erde befinden sich auf einer solch eng begrenzten Fläche wie in der Oberlausitz so viele Zeugnisse einer Volksarchitektur. Die Häuser stammen überwiegend aus dem 18. und 19. Jahrhundert. Das letzte Umgebindehaus – insgesamt soll es in der Oberlausitz noch etwa 3000 geben – wurde 1907 in Sohland gebaut.

Kleinode der Landschaftsgestaltung sind oftmals die Schlossgärten. Was Hermann Fürst von Pückler-Muskau in der ersten Hälfte des 19. Jahrhunderts in Bad Muskau geschaffen hat, gehört zu den vollendetsten Meisterwerken der Gartenkunst. Johann Wolfgang von Goethe soll es gewesen sein, der Pückler in Weimar durch den Park an der Ilm führte und ihm den Rat gab: »Verfolgen Sie diese Richtung, Sie scheinen Talent dafür zu haben.« Nach dem Tod des Vaters ging der junge Graf – gefürstet wurde er erst 1822 – daran, seine große Vision in Muskau umzusetzen. Es schuf eine gestaltete Landschaft, die ihresgleichen sucht.

*Die Frauenkirche in Dresden*

*Harlekin mit Deckelkanne von Johann Joachim Kaendler, 1764*

## Bildende Kunst

Zu den eindrucksvollsten Leistungen der bildenden Kunst zählen das im 13. Jahrhundert entstandene Skulpturenportal ›Goldene Pforte‹ des Freiberger Doms und die Skulpturen von Balthasar Permoser am Dresdner Zwinger. Zu den großen bildenden Künstlern gehört der Leipziger Bildhauer, Maler und Grafiker Max Klinger, dessen bedeutendstes bildhauerisches Werk, das Beethoven-Denkmal, im Leipziger Gewandhaus seinen Platz bekam. Bemerkenswerte Leistungen auf dem Gebiet der Malerei haben zu DDR-Zeiten die Leipziger Werner Tübke, Wolfgang Mattheuer und Bernhard Heisig erzielt.

Der Italiener Bernardo Bellotto, genannt Canaletto, malte zur Zeit Augusts II. in Dresden, später Anton Graff, der bedeutendste Porträtmaler Deutschlands in der Zeit der Aufklärung. Caspar David Friedrich, der sein Kunstprogramm mit den Worten »Ein Bild muß nicht erfunden, sondern empfunden sein« umriss, verbrachte 48 Jahre seines Lebens in Dresden. Durch seine Bilder erwarb sich Adrian Ludwig Richter den Ruf eines Entdeckers der Umgebung von Dresden. Kunstgeschichte schrieb Anfang des 20. Jahrhunderts die expressionistische ›Brücke‹, mit der der Aufbruch in die Moderne in Deutschland begann. Zu der Künstlergruppe hatten sich die aus Chemnitz stammenden Architekturstudenten Erich Heckel, Ernst Ludwig Kirchner, Karl Schmidt-Rottluff und der aus Zwickau stammende Fritz Bleyl 1905 zusammengeschlossen. Arbeiten von ›Brücke‹-

Künstlern, die in der Zeit der Nationalsozialisten verfemt waren und die man aus den deutschen Museen entfernte, besitzen die Galerie Neue Meister im Dresdner Albertinum, das Museum der bildenden Künste in Leipzig, die Städtischen Kunstsammlungen Zwickau und in Chemnitz die Städtischen Kunstsammlungen und das Museum Gunzenhauser.

Künstlerische Glanzleistungen vollbrachte der Dresdner Hofgoldschmied Johann Melchior Dinglinger. Seine schönsten Arbeiten sind im Grünen Gewölbe zu bewundern, auch das Schaustück ›Der Hofstaat zu Delhi am Geburtstag des Großmoguls Aureng-Zeb‹. Sieben Jahre lang arbeitete Dinglinger mit seinen beiden Brüdern und 14 Gehilfen an dem aus 137 goldenen, farbig emaillierten Figuren bestehenden Werk. Über 5000 Diamanten, Smaragde, Perlen und Rubine haben sie verarbeitet. Zum Weltruhm der Meissner Porzellanmanufaktur trugen wesentlich die Leistungen von Johann Gregorius Höroldt (1696–1775) bei, dem bedeutenden Dekorgestalter des 18. Jahrhunderts, der als Schöpfer der europäischen Porzellanmalerei gilt, und von Johann Joachim Kaendler (1706–1775), dem großen Porzellanmodelleur zur Zeit August des Starken.

## Berühmte Persönlichkeiten

Nicht wenige Menschen aus Sachsen gelangten zu Ruhm, weil sie Herausragendes schufen. Einige wurden hier geboren, andere ließen sich hier nieder. Etliche der Wohn- und Wirkungsstätten dieser Persönlichkeiten aus Kunst und Technik sind heute Museen. Hier sind einige dieser berühmten Leute in der Reihenfolge ihres Geburtsjahres:

### Adam Ries – der große Rechenmeister

Der Silberbergbau hat Ries (1492–1559) vermutlich in das sächsische Städtchen Annaberg gelockt. In den aufstrebenden und reichen Bergstädten fand er ein reiches Betätigungsfeld auf mathematischem Gebiet. Wie zuvor in Erfurt, wo er von 1518 bis 1522 gelebt hatte, gründete Ries auch in Annaberg eine private Rechenschule. Seine Schüler – Kinder und Erwachsene gleichermaßen – benutzten die von ihm verfassten methodischen Rechenbücher. Vor allem sein Buch ›Rechnung auf der Linien und Federn‹ war weit verbreitet und teilweise noch im 18. Jahrhundert in Gebrauch, es erlebte 108 Auflagen. Adam Ries hat die Rechenkunst vereinfacht, er wollte mithelfen, dass ›der arme gemeyne man nicht übersetzt (betrogen) wurde.‹ Ries schrieb seine Rechenbücher in deutscher Sprache,

*Adam Ries*

damit sie jeder verstehen konnte, denn das damals weithin verbreite Latein beherrschten die einfachen Menschen nicht. Er ersetzte auch die bis dahin gebräuchlichen römischen Ziffern durch die heute üblichen arabischen.
→ Adam-Ries-Museum, Annaberg-Buchholz, S. 227.

## August der Starke – der Hufeisenverbieger

*August der Starke*

Um den berühmtesten Kurfürst aus dem Hause Wettin ranken sich unzählige Sagen, er wird als Draufgänger bezeichnet, seine Leibeskräfte werden in den schillerndsten Farben gepriesen, was Friedrich August I. (1670–1733) den Beinamen der Starke einbrachte. Als Kind habe er Löwenmilch getrunken, wussten die einen zu berichten, andere wollen dabei gewesen sein, als er silberne Teller wie Papier zusammengerollt und mit bloßen Händen Hufeisen zerbrochen habe. Auch im Bett soll der Monarch ein Kraftprotz gewesen sein, 354 Kinder werden ihm angedichtet. Wissenschaftler haben in den Archiven gewühlt, Chroniken und andere Urkunden zur Hand genommen und festgestellt: Neun legitimierte Kinder hatte August der Starke, darunter einen ehelichen Sohn. Für den Thron war der 1670 geborene Prinz nicht bestimmt, denn er war nur der zweitgeborene Sohn von Kurfürst Johann Georg III. Als sein älterer Bruder sechsundzwanzigjährig an den Blattern starb, hinterließ der keinen rechtmäßigen Erben, nur eine unehelich geborene Tochter. Das war die Stunde für Friedrich August. Mit 24 Jahren wurde er unerwartet Kurfürst von Sachsen, in wenigen Jahren machte er Sachsen zu einem der bedeutendsten Länder Europas. 1727 starb seine Gemahlin Christiane Eberhardine mit 55 Jahren, sechs Jahre später vollendete sich das Leben Augusts des Starken in Warschau. Beigesetzt wurde er im Dom zu Krakau, sein Herz kam in einer silbernen, innen vergoldeten Kapsel nach Dresden und befindet sich in der Kathedrale St. Trinitatis.
→ Residenzschloss Dresden, S. 265.

## Gräfin Cosel – machtbesessene Mätresse

Die kluge und schöne Anna Constantia von Brockdorff (1680–1765) war 1703 als 23-Jährige nach Dresden gekommen. August der Starke wählte sie zur Mätresse, als solche wurde sie zur Reichsgräfin von Cosel und rasch zur ersten Dame des Dresdner Hofes. Die Cosel war, so Zeitberichte, eine Frau voller Schönheit, Anmut und Charme. Der Kurfürst vermachte ihr pompöse Geschenke, ließ für sie unweit des Schlosses das Taschenbergpalais errichten und schenkte ihr

## Berühmte Persönlichkeiten

*Gräfin Cosel*

Schloss Pillnitz. Drei Kinder gebar sie dem Kurfürsten, für die er stets sorgte: 1708 Auguste Constantine Gräfin von Friesen, 1709 Friederike Alexandrine von Cosel, 1712 Friedrich August von Cosel. Als die Reichsgräfin mit dem Kurfürsten nicht mehr nur das Bett teilen wollte, als sie zu intrigant und ehrgeizig geworden war, fiel sie 1713 in Ungnade. Die Cosel ließ sich aber nicht abservieren, sie bestand auf ihren Rechten, wollte das schriftliche Eheversprechen nicht herausgeben. Verzweifelt floh sie nach Preußen. In Halle ergriffen sie schließlich die Häscher Augusts des Starken und brachten sie auf Schloss Nossen. Weihnachten 1716 kam die Cosel auf die Burg Stolpen.
Auch nach dem Tod Augusts des Starken erlangte sie nicht die Freiheit, lediglich die Haftbedingungen lockerten sich. 49 Jahre, bis zu ihrem Tod, verbrachte die Cosel auf der Burg.
→ Burg Stolpen, S. 303.

### Johann Friedrich Böttger – der Porzellanerfinder

»Tu mir zurecht Böttger, sonst ...« drohte August der Starke dem Alchimisten Johann Friedrich Böttger (1682–1719), als dieser ihm immer noch kein Gold präsentieren konnte. Ob aus Angst vor seinem Kurfürsten oder aus Freude am Experimentieren – der Apothekergehilfe gönnte sich fast keine Pause. Schließlich konnte Böttger mit Graf Ehrenfried Walther von Tschirnhaus an der Seite glückstrahlend eine Formel notieren. Es war allerdings nicht die von August dem Starken erhoffte, sondern die für das ›weiße Gold‹, für das europäische Porzellan. Der Alchimist Böttger war über Nacht zur bestbewachten Person Sachsens geworden, niemand sollte die Porzellanformel erfahren. Auf der Albrechtsburg wurde eine Porzellanmanufaktur eingerichtet, die erste in Europa, Böttger unter strenger Bewachung dorthin gebracht. 1713 reiste das erste Porzellan von Meißen aus zur

*Johann Friedrich Böttger*

*Johann Sebastian Bach*

Leipziger Ostermesse, ein Jahr später bekam Böttger seine Freiheit zurück. Vorher musste er seinem Monarchen schriftlich versichern, das Produktionsgeheimnis nicht zu verraten. Nur wenige Jahre konnte Böttger seinen Ruhm genießen, er starb, durch Gefangenschaft und Laboratorium gesundheitlich stark angegriffen, im Alter von nur 37 Jahren. Zehn Tage später wurde er ›ohne jeden Aufhebens‹ bestattet, sein Grab hat sich nicht erhalten.
→ Porzellanmanufaktur Meißen, S. 333.

## Johann Sebastian Bach – der geniale Musiker

»Nicht Bach, sondern Meer sollte er heißen, wegen seines unendlichen, unerschöpflichen Reichtums von Tonkombinationen und Harmonien!« urteilte Ludwig van Beethoven über seinen Komponisten-Kollegen. Seine bedeutendsten Werke – die Johannespassion, die Matthäuspassion und das Weihnachtsoratorium – schrieb er in Leipzig. Dort wirkte Bach (1685–1750) seit 1723 als Thomaskantor. 27 Jahre lang bewohnte er mit seiner Familie die Kantorenwohnung in der nur wenige Schritte entfernten nicht mehr vorhandenen Thomasschule. Bach war nicht nur ein herausragender Komponist und exzellenter Kantor, sondern auch ein Orgelexperte. Seine Werke waren ursprünglich nur einem Kreis von Kennern vorbehalten. Das musikalische Erbe bewahrten Bachs Söhne und seine Schüler. Mit der Aufführung der Matthäuspassion durch Felix Mendelssohn Bartholdy 1829 fand die Wiederentdeckung Bachs statt. Neun seiner 20 Kinder aus zwei Ehen überlebten den Vater, die Söhne Wilhelm Friedemann, Carl Philipp Emmanuel, Johann Christoph Friedrich und Johann Christian wurden ebenfalls erfolgreiche Komponisten. Am Ende seines Lebens war Bach erblindet, verstorben ist er nach einem Schlaganfall.
→ Bachmuseum Leipzig, S. 88.

## Karl Stülpner – Robin Hood des Erzgebirges

Die Obrigkeit konnte Karl Stülpner (1762–1841), den Robin Hood des Erzgebirges, trotz hoher Kopfprämien nicht fassen, die einfachen Menschen schützten und verbargen ihn. Stülpner, der als siebtes Kind eines armen Mahlburschen zur Welt kam, wurde mit 16 Jahren Soldat. Nach 1794 lehnte er sich gegen die Obrigkeit auf, vor allem gegen die feudalen Jagdgesetze. Er wurde zum Raub-

schütz, wie die Adligen es nannten, denen das Jagdrecht allein gehörte. Die Bauern im Erzgebirge litten damals sehr unter dem Wildreichtum, so war es ihnen recht, wenn Stülpner Wildschweine, Hirsche und Hasen schoss und ihnen sogar noch Fleisch und Felle vor die Haustür legte. 1795 belagerte er mit Gleichgesinnten die Burg Scharfenstein, danach wurde er steckbrieflich gesucht. Verarmt und fast erblindet nahm ihn 1839 seine Heimatgemeinde auf. Der Gemeinderat beschloss, ihn »alle acht Tage von Hauß zu Hauß zu schicken, wo ein jeder Hauswirth verbunten ist, Stilpner acht Tage lang behalten muß«. Stülpners Abenteuer dienten Generationen von Schreibenden als Stoff für legendenhaft verklärte Erzählungen, Romane und Theaterstücke. Bereits 1835, also noch zu Lebzeiten des Wildschützen, erschien ein Stülpner-Buch des Zschopauer Lehrers Carl Schönberg. Fast die gesamte Auflage beschlagnahmten die königlichen Behörden. Den erfolgreichsten Stülpner-Roman ›Der Sohn der Wälder‹ schrieb 1922 Kurt Arnold Findeisen.
→ Museum sächsisch-böhmisches Erzgebirge, Marienberg, S. 237.

*Karl Stülpner*

## Fürst Pückler-Muskau – kreativer Gartengestalter

Hermann Fürst von Pückler-Muskau (1785–1871) war einer der bedeutendsten Gartenarchitekten des 19. Jahrhunderts, aber auch eine der schillerndsten Persönlichkeiten seiner Zeit. Um Lucie, der wohlhabenden Tochter des Staatskanzlers Karl August von Hardenberg zu imponieren, paradierte er in Berlin in einer von vier Hirschen gezogenen Kutsche die Straße Unter den Linden entlang. Mit Erfolg: Lucie vertraute ihm ihr Geld an, das Pückler mit leichter Hand ausgab. In England kaufte er Stühle, in Paris antike Gipsabdrücke, »so daß wir künftig etwas hier in Muskau haben werden, was auf dem Land einzig ist,« schrieb er seiner späteren Frau. 1826 war er finanziell am Ende, Lucie, seine ›Schnucke‹, hatte die geniale Idee, ihr Hermann solle nach England reisen und sich dort eine Millionärin angeln. Das Paar ließ sich pro forma scheiden. In England absolvierte Pückler nach eigenen Angaben 1400 Morgenvisiten in acht Monaten, ausführlich davon berichtete er in Briefen an Lucie. Der Ruf als ›toller Pückler‹, den er seit seiner Leipziger Studienzeit inne hatte, war dem Fürsten vorausgeeilt, die englische Damenwelt amüsierte sich über den Hasardeur. Als er 1829 unverrichteter Dinge nach Muskau zurückkehrte, lagen seine aus England geschickten Briefe

[ 60 ] Berühmte Persönlichkeiten

*Hermann Fürst von Pückler-Muskau*

als Buch da, Lucie hatte sie unter dem Titel ›Briefe eines Verstorbenen‹ drucken lassen. Zahlreiche weitere Bücher folgen. Keine reiche Frau, sondern die Schriftstellerei verhalfen dem Fürsten wieder zu Geld.
→ Neues Schloss, Bad Muskau, S. 355.

## Robert Schumann – der Schöpfer der ›Träumerei‹

»Ich bin in Zwickau geboren am 8ten Juni 1810… Ich war fromm, kindisch und hübsch, lernte fleißig …«, das schrieb Robert Schumann (1810–1856) als 15-Jähriger. Das Manuskript wird im Robert-Schumann-Haus in Zwickau aufbewahrt, das das Werk des Tondichters pflegt. Schumann gilt als eine der Musikerpersönlichkeiten des 19. Jahrhunderts. Nach dem Jurastudium wandte er sich ganz der Musik zu. Eine Fingerlähmung bereitete jedoch der Pianistenlaufbahn ein Ende.

Bis 1839 komponierte Schumann ausschließlich Klavierwerke, darunter die berühmte ›Träumerei‹. Danach schuf er vor allem Lieder, ein Drittel seiner Kompositionen entstand in Dresden, darunter die große C-Dur-Sinfonie. In der Vertonung von Heines Gedicht ›Die beiden Grenadiere‹ lässt er, beeindruckt von den Revolutionsereignissen 1848/49, Motive der Marseillaise anklingen. 1850 folgt Schumann, seit 1840 mit der bekannten Pianistin Clara Wieck verheiratet, dem Ruf Düsseldorfs als Städtischer Musikdirektor, sechs Jahre später stirbt er an einer Nervenkrankheit. Sein großer Kollege Franz Liszt äußerte über ihn: »Als Mensch fühlte er den Drang, Schriftstellertum und Musik zu verbinden – als Musiker das Bedürfnis, die Geschichte der Musik mit denen der Poesie und Literatur in immer engere Verbindungen zu bringen.«
→ Robert-Schumann-Haus, Zwickau, S. 195.

*Robert Schumann*

## Karl May – der Bestsellerautor

Die rund 80 Bücher von Karl May (1842–1912) wurden in 43 Sprachen übersetzt. Die Helden heißen Winnetou und Old Shatterhand. Abenteuerwelt oder historische Wahrheit? »Ich bin wirklich Old Shatterhand«, schrieb May 1887 in einem Brief, »und ich habe erlebt, was ich erzähle«. Schon lange ist jedoch erwiesen: Mays Beschreibungen des Wilden Westens sind frei erfunden und ein Produkt seiner Phantasie. Erst 1908 besuchte er Nordamerika, als seine Helden schon weithin bekannt waren. Viele Prozesse musste May durchstehen, den letzten gewann er ein Jahr vor seinem Tod. Vielfach ging es um den Vorwurf des Schreibens ›abgrundtiefer unsittlicher‹ Dinge und meist wurde auch in Mays Leben gekramt. Das war in den ersten Jahrzehnten nicht besonders geradlinig verlaufen, mehrfach wurde er als Hochstapler und Betrüger verhaftet und verurteilt. Zu seiner Beerdigung kam auch eine Indianerdelegation. Der Sioux-Häuptling Susetscha Tanka sagte am Grab von Karl May: »Uns steht keiner so nahe wie du, dessen Lebenswerk eine einzige Verherrlichung der Tugenden des roten Mannes ist.«

*Karl May*

→ Karl-May-Haus Hohenstein-Ernstthal, S. 187, Karl-May-Museum Radebeul, S. 300.


## Wilhelm Ostwald – Sachsens Nobelpreisträger

»Ostwald wird ein Stern erster Größe auf dem Grenzgebiet zwischen Chemie und Physik«, prophezeite 1881 der Chemieprofessor Schmidt von der Universität Dorpat (heute Tartu, Estland). Im selben Jahr wurde der erst 28-jährige Wilhelm Ostwald (1853–1932) als Professor nach Riga berufen. Nach der Rückkehr aus den USA, wo er an der Harvard-Universität lehrte, siedelte er nach Großbothen über, um sich freier Forschungstätigkeit zu widmen. 1909 wurde ihm der Nobelpreis für Chemie verliehen. Georg Bredig, einer seiner Schüler, hatte im Vorschlag an das Nobelpreiskomitee geschrieben: »Ostwalds Bedeutung besteht weniger in einer wichtigen Einzelentdeckung, sondern dem ungeheuren allgemeinen Einfluss, den er auf die Entwicklung der modernen Chemie gehabt hat …« Dennoch gab es eine herausragende wissenschaftliche Einzelleistung: die naturgesetzliche Klärung des Katalysebegriffes. Ostwald verfasste 45 Lehr- und Handbücher und etwa 10 000 fachliche Kurzreferate und Buchbesprechungen.

*Wilhelm Ostwald*                   *August Horch 1905*

Das von ihm aufgebaute Farbsystem lehrte man an den sächsischen Volksschulen, die Porzellanmanufaktur Meissen sowie Textilunternehmen kennzeichneten die Farben ihrer Muster mit ›Wilhelm-Ostwald-Normen‹.
→ Wilhelm-Ostwald-Park Großbothen, S. 124.

## August Horch – Automobilpionier

Bereits als Zehnjähriger soll August Horch ein Dreirad gebaut haben, wird erzählt. 28 Jahre später ließ der Name August Horch (1868–1951) zum ersten Mal aufhorchen. Der Horch Phaeton der August Horch&Cie. Motorwagenwerke AG aus Zwickau errang bei der 2. Herkomer-Fahrt den Sieg. Das Rennen führte über 1647 Kilometer von Frankfurt über Wien nach München. Wegen Differenzen mit dem Vorstand gründete Horch ein neues Unternehmen. Ein neuer Name musste her. Der Sohn eines Freundes soll vorgeschlagen haben, den Imperativ von Hören (horch) ins Lateinische zu übersetzen und der lautet: Audi. So entstanden in Zwickau die Audi Automobilwerke GmbH, später dann AG Zwickau. 1932 wurde die Auto-Union AG gegründet, das Unternehmen mit den vier Ringen. Audi, DKW, Horch und Wanderer schlossen sich zusammen. August Horch, der sich aus dem aktiven Ingenieursleben zurückgezogen hatte und als freiberuflicher Kraftfahrzeug-Sachverständiger wirkte, wurde in den Aufsichtsrat berufen. 1937 kam seine Autobiographie ›Ich baute Autos‹ auf den Markt. Er ist Ehrenbürger Zwickaus sowie seiner Geburtsstadt Winningen an der Mosel und Ehrendoktor der Technischen Hochschule Braunschweig. In Sachsen wird August Horch als ›Vater des sächsischen Automobilsbaus‹ verehrt.
→ August-Horch-Museum Zwickau, S. 196.

## Jens Weißflog – der Skiflugkönig

Nur ein Springer konnte bislang die Internationale Vierschanzentournee viermal gewinnen: Jens Weißflog (geboren 1964) aus Oberwiesenthal. »Er ist der Paradespringer meiner Trainerzeit«, äußerte nach dem Gesamtsieg in Bischofshofen 1996 der damalige Bundestrainer glücklich. Und der Cheftrainer der Österreicher fügte hinzu: »Jens ist der größte Skispringer aller Zeiten. Sensationell, wie er sich immer wieder aus Tiefs herausgearbeitet hat.« Geboren wurde Weißflog im erzgebirgischen Pöhla, nicht weit von seinem heutigen Wohnort Oberwiesenthal entfernt, der ihn zum Ehrenbürger ernannte. 1977, im Alter von 15 Jahren, war Jens in Oberhof bereits 113 Meter weit geflogen. Zwischen 1989 und 1991, als sich die Springer der Welt vom Parallel- auf den V-Stil umstellten, schien die sportliche Karriere des von Verletzungen geplagten Weißflog am Ende zu sein. Doch er schaffte mit einer beispielhaften Zähigkeit nicht nur den Anschluss an die Weltelite, sondern er setzte sich sogar wieder an deren Spitze. Auf dem Höhepunkt seiner Karriere trat er 1996 ab, den Abschluss bildete sein 31. Weltcupsieg in seinem 31. Lebensjahr. Am 15. Juni 1996 stieg der weltbeste Skispringer nochmals die Fichtelbergschanze hoch, um sich von seinen Fans zu verabschieden, die Skisprungelite von einst und jetzt nahm an dem Riesenspektakel am Fichtelberg teil.

*Jens Weißflog*

# Essen und Trinken

Sachsen hat keine einheitliche Küche, jeder Landstrich weist Besonderheiten auf, die Vielfalt reicht von herzhaft-deftig bis zu zuckersüß. Die Vogtländer warten mit vorzüglichen Klößen auf, die Leipziger mit ihrem berühmten Allerlei, die Lausitzer mit Plinsen. Und Dresden wurde mit dem Christstollen weithin bekannt.

## Getränke

Eins mögen alle Sachsen, frischgebrühten Kaffee, ihr Nationalgetränk, das ihnen zum Spitznamen ›Kaffeesachsen‹ verhalf. ›Heeß‹ muss er sein und süß, so lieben sie ihn. Ist er schwach, schlecht gebrüht, wird er als Muckefuck, Lorke oder Plempe bezeichnet. Wer das Gerücht vom ›Bliemchengaffee‹ aufgebracht hat – der so dünn sei, dass man das Blümchenmuster am Tassengrund erkennen könne – konnte bis heute nicht geklärt werden. Zugeschoben wird es den Preußen, die neidvoll zu den kaffeeschlürfenden Sachsen schauten, weil ihnen ihr König Friedrich II. den Kaffeegenuss strikt untersagt hatte. Bereits Johann Sebastian Bach widmete dem Kaffee, der ›lieblicher als tausend Küsse‹ schmecke, seine berühmte Kaffeekantate.

Beliebt ist auch Bier, bekannte Marken sind Wernesgrüner und Radeberger. Die Radeberger Brauerei war ab 1905 sogar königlich-sächsischer Hoflieferant, verbürgt ist auch, dass die nachfolgenden Regierungen bis zur letzten DDR-Regierung das Radeberger bevorzugten. Aber auch das in Görlitz gebraute Landskron-Bier hat Liebhaber und ebenso das Eibauer Schwarzbier, das hinter den Landesgrenzen Sachsens allerdings kaum bekannt ist. In Eibau begann das Bierbrauen 1810, als Sachsenkönig Friedrich August I. Eibau als Standort für die erste Landbrauerei im Raum Zittau bestätigte.

Ein spezielles regionales Getränk ist die Gose, ein obergäriges, leicht säuerliches Weißbier, das in Leipzig gebraut und ausgeschenkt wird. Ursprünglich kam dieses Bier aus Goslar nach Leipzig, benannt ist es nach dem dortigen Flüsschen Gose. Auch regionale Weine gibt es, was viele nicht wissen: An der Elbe von Pirna über Meißen bis Diesbar-Seußlitz erstreckt sich das Weinanbaugebiet, die hier gekelterten trockenen Weine sind begehrt, die Anbauflächen aber klein. Meißner Weine sind deshalb Raritäten und gehören zu den teuersten Weinen Deutschlands. Wer den Abschied von Sachsen stilvoll begehen möchte, greift zum Sekt aus Radebeul, dem ›Schloss Wackerbarth‹, der schon seit 1836 hergestellt wird.

## Regionale Spezialitäten

Wer nach Sachsen reist, sollte wissen, was sich hinter den regionalen Spezialitäten verbirgt, beispielsweise, dass das Leipziger Allerlei kein Eintopf ist, sondern eine aus vielen zarten Frischgemüsen bestehende Beilage, die zum Hauptgericht gereicht wird, traditionell zu Schnitzel mit Kartoffeln. Das echte

*Teichfischer in der Oberlausitz*

Leipziger Allerlei besteht nur aus frischem gegarten Gemüse der Jahreszeiten und einem Flusskrebs obenauf. Und die Plinsen in der Lausitz? Die bestehen aus Eierkuchenteig, der in die heiße Pfanne gegossen und beidseitig goldgelb gebacken wird. Serviert werden die Plinsen mit Apfelmus und einem Sahnehäubchen, mit Marmelade, zerlassener Butter oder mit Zucker und Zimt.

Die Kartoffel – von den Vogtländern Erdäpfel genannt – spielt in der Küche Sachsens eine große Rolle, denn die Sachsen haben sie um 1647 als erste in Deutschland angebaut, behaupten sie. Im Erzgebirge und Vogtland, wo der dürftige Boden und das raue Klima nicht viel hergaben, wurde sie rasch zum Hauptnahrungsmittel. Ein Hans Wolf aus Würschnitz soll die ersten Knollen aus Amsterdam mitgebracht und in seinem Hausgarten angepflanzt haben. Die Klöße, der Vogtländer sagt mundartlich Griegeniffte dazu, bestehen aus geriebenen rohen Kartoffeln, deshalb werden sie auch als grüne oder rohe Klöße bezeichnet; nur selten werden etwas gekochte Kartoffeln beigemischt. Dazu reicht man viel Brieh (Soße) und Sauerbraten, aber auch Rouladen, Hasenbraten oder Geflügel. Gute Köche orientieren sich bei der Kloßqualität noch heute an dem, was am 16. Januar 1898 in der Zeitung ›Vogtländischer Anzeiger und Tageblatt‹ zu lesen war: »Ein richtiger Kloß muß so groß sein wie ein kleiner Kindskopf, hellgrau aussehen und was die Hauptsache ist, er muß in der Schüssel zittern.« Grüne Klöße sollen 20 Minuten in Salzwasser köcheln und »dann gleich auf den Tisch kommen und gegessen werden, denn durch das Stehen werden sie hart.« Wird der Kloßteig in der Pfanne gebacken, ergibt das Glitscher, der Vogtländer sagt Bambes dazu.

Wenn der Sachse zum Senf greift, dann meist zu dem aus Bautzen. An der Rezeptur des Mittelscharfen hat sich seit DDR-Zeiten nichts geändert, mittlerweile hat er in den neuen Bundesländern einen Marktanteil von 70 Prozent. In Bautzen gehört er heutzutage sogar zum Tourismus, während man beispielsweise das Erzgebirge mit einem Nussknacker oder Räuchermännchen als Souvenir verlässt, sind es in Bautzen Gläser voller Senf. Gekauft in den beiden Senfläden in der Heringstraße und am Fleischmarkt, die ein breites Sortiment anbieten.

Suppen mit viel Gemüse rangieren in Sachsen ganz vorn, sämig macht man sie durch die Beigabe pürierter Kartoffeln. Mit zahlreichen Zutaten wie Äpfel, Gemüse, Eier, Gurke oder Fisch wird der Kartoffelsalat zubereitet. Beliebt sind saure Eier in Specksoße, aber auch die sauren Flecke, ein süßsaures Gericht aus kleingeschnittenen Rindsmagen und Kartoffelstückchen, das mit Äpfeln gekocht und mit Speckgrieben abgeschmeckt wird.

Im Vogtland sollte man Karpfen probieren, der hier mit viel Gemüse in Bier gedünstet wird, dazu werden Rotkraut und Kartoffeln gereicht. Wer frischen Fisch mag, Karpfen, Zander, Hecht, Wels und Stör, fährt von Ende September bis Ende Oktober zu den Lausitzer Fischwochen. Die Oberlausitz ist mit rund 1000 Teichen Deutschlands größtes bewirtschaftetes Teichgebiet. Man darf beim Einholen der ›Ernte des Jahres‹, dem Abfischen, zuschauen und die sich an den Fischwochen beteiligten Restaurants haben in dieser Zeit mindestens drei Gerichte aus einheimischem Fisch auf der Speisekarte stehen.

## Süßes

Eine beliebte sächsische Süßspeise sind die Quarkkeulchen, die aus zwei Drittel geriebenen Pellkartoffeln und einem Drittel Magerquark, Eiern und Mehl bestehen. Verfeinert werden sie mit Zucker, Zimt, Vanillezucker sowie abgeriebener Zitronenschale, oftmals kommen auch Rosinen dazu. Die Quarkkeulchen, in

*Dresdner Stollen*

Form und Größe den Kartoffelpuffern ähnelnd, werden in Butterschmalz goldbraun gebraten und mit Zucker oder Apfelmus serviert. Köstlich schmeckt im Vogtland der mit Zucker und Zimt bestreute Aardäppelkuchn, vor allem, wenn er noch warm ist. Zum Nachtisch empfiehlt sich in der Heimat von Hermann Fürst von Pückler-Muskau das nach ihm benannte Eis aus fruchtigen Schichten halbgefrorener Sahne. Der Fürst war zwar sehr kreativ, doch das Eis geht nicht auf sein Konto. Ein pfiffiger Konditor benannte es aus Werbegründen nach dem Fürsten, der gegen diesen unverhofften Popularitätsstoß nichts einzuwenden hatte.

*Fürst-Pückler-Parfait*

Sitzen Sachsen am Nachmittag gemütlich zusammen, greifen sie gern zu Dresdner Eierschecke oder Leipziger Lerchen. Die Eierschecke ist ein Hefeblechkuchen, der mit einem dicken Quarkbelag und einer dicksämigen, unter anderem aus saurer Sahne, Eiern und Vanillezucker bestehenden Mischung bestrichen wird. Leipziger Lerchen sind eine Variante des Makronentörtchens aus Mürbeteig, die man mit einer Masse aus geriebenen Mandeln, Nüssen und Erdbeerkonfitüre füllt. Verziert sind die Lerchen mit zwei überkreuzten Teigstreifen.

Zur Weihnachtszeit wird zum Kaffee Stollen gegessen, das ist in allen sächsischen Gebieten so. Vielerorts wird der Teig noch heute in der Wohnung nach alten Familienrezepten mit viel Mandeln und Rosinen zubereitet, backen lässt man ihn allerdings beim Bäcker. Kleinlich sind die Hausfrauen auch bei der Quantität nicht – der letzte Stollen wird oft zu Ostern angeschnitten. Der Dresdner Christstollen wird gut verpackt in alle Welt verschickt. Historiker haben herausgefunden, dass in einer im Ratsarchiv aufgefundenen Akte von 1530 Christstollen genannt werden, andere behaupten, seine Geschichte lasse sich bis um das Jahr 1400 zurückverfolgen. Seine Form, so meint man, weise auf ein in Windeln gewickeltes und in einer Krippe liegendes Christkind hin. Der echte Dresdner Stollen kommt natürlich nur aus Dresden, um das kenntlich zu machen, haben sich 1991 über 100 Backwarenbetriebe zum Schutzverband ›Dresdner Stollen‹ zusammengeschlossen. Die von ihnen hergestellten Stollen tragen als Gütesiegel den Goldenen Reiter auf dem Etikett – nur die so markierten sind also echte Dresdner Stollen.

Zwischen den Hauptmahlzeiten greift der Sachse zur ›Bemme‹ oder dem ›Bemmchen‹. Das sind zwei mit Butter oder Margarine bestrichene Brotscheiben, die mit Wurst oder Käse belegt und zusammengeklappt werden. Habt man zuviel gegessen, sollte man zur Verdauung einen Kräuterlikör trinken, vielleicht den aus Altenberg, der aus 33 verschiedenen Blüten, Blättern und Wurzeln entsteht.

## Weine von den Elbhängen

Seit rund 1000 Jahren baut man an den Hängen des Elbtales zwischen Pillnitz und Diesbar-Seußlitz Wein an. Die Böden sind hier fruchtbar, die Sonne verwöhnt die Gegend mit einer durchschnittlichen Sonnenscheindauer von 1500 bis 1700 Stunden im Jahr, und das Klima ist bis in den Herbst hinein mild – alles ideale Bedingungen für den Anbau von Wein. Die Elbe und einer der schönsten Radwege Deutschlands an ihren Ufern verbinden die idyllischen Weindörfer.

Die Meißner Bischöfe sollen die ersten gewesen sein, die Wein von den Elbängen genossen haben. Um 1250 stand der Weinbau, wenn man den Annalen glauben darf, bei dem Dorf Zadel in voller Blüte und breitete sich von hier rasch aus. Der Dresdner Hof schenkte dem Weinanbau große Aufmerksamkeit, doch selbst trank man keine sächsischen Weine. Das war nicht standesgemäß. Einheimische Weine standen bei den höheren Bediensteten und dem Bürgertum auf dem Tisch. 1588 erließ man sogar eine für ganz Sachsen geltende Weinbergsordnung. Die bestimmte unter anderen, dass Steine aus den Weinbergen gelesen werden mussten. Das erklärt die kleinen Steinhalden, die noch heute vielfach an den Weinbergrändern zu sehen sind.

Ende des 19. Jahrhunderts endete der Weinbau schlagartig, als die bis dahin völlig unbekannte Reblaus die Rebstöcke massenhaft befiel. In den folgenden Jahrzehnten wurden viele Weinberge verkauft, als Bauland genutzt oder mit Obstbäumen bepflanzt. Als es reblausresistente Pfropfreben gab, begann in den 1920er Jahren eine Wiederaufrebung, die sich ab etwa 1970 fortsetzte. Vor allem nach der Einheit wuchsen die Rebflächen. Dennoch ist das Anbaugebiet vergleichsweise klein, Weine von den Elbhängen sind deshalb rar und wegen ihrer Qualität begehrt. Die Weine vom Elbtal gelten als trocken, durchgegoren, ohne Restzucker mit fruchtiger Säure.

Entlang der Sächsischen Weinstraße werden von den Winzern bevorzugt angebaut:

**Müller-Thurgau**: Die Rebe ist nach dem Schweizer Müller-Thurgau benannt, der sie 1882 aus einer Kreuzung zwischen Riesling und Silvaner gewann. Sie wird früh reif, besitzt eine feine dezente Muskatnote und rangiert im Elbtal an erster Stelle.

**Riesling**: Eine der ältesten Rebsorten, die sich besonders für die steilen Hänge des Elbtals eignet, wo sie auf Platz 2 rangiert. Sie reift spät, nimmt also die sonnigen Herbsttage mit auf. Der Riesling zeichnet sich durch eine feine Säure aus, das zarte blumige Bukett erinnert an Pfirsich.

**Weißburgunder**: Ein fülliger, abgerundeter Qualitätswein mit voller Geschmacksnote und zartblumigem Bukett, der zu jeder Gelegenheit passt. Die Rebsorte französischer Herkunft wird nachweisbar seit über 200 Jahren an den Elbhängen angebaut, heute rangiert sie hier auf Platz 3.

**Goldriesling**: Die Rebsorte wird nur im Elbtal angebaut. Der Goldriesling treibt spät aus und wird früh reif, wodurch er sich gut für Randlagen eignet. Der leicht fruchtige Wein besitzt ein neutrales Bukett und kleine Säure. Er gilt als hervorragender Kneipwein, wie leichte, süffige Schoppenweine bezeichnet werden, von denen man dank ihres niedrigen Alkoholgehalts auch größere Mengen konsumieren kann.

**Traminer**: Eine der Spezialitäten im Weinanbaugebiet an der Elbe, würzig, an Rosenduft erinnernd. Nach dem italienischen Ort Tramin benannt, spätreif, anspruchsvoll.

**Ruländer**: Wenig säurebetonter, kräftiger Wein mit einem an Honig erinnernden vollen Bukett, der vor allem zu kalten Speisen gereicht wird. Die Reben beanspruchen beste Lagen.

Etwa 2500 Weinbauern und Hobbywinzer bewirtschaften die Rebflächen in steiler, terrassenförmiger Lage. Das größte private Weingut ist ›Schloss Proschwitz‹ von Georg Prinz zur Lippe. 87 Hektar bewirtschaftet er und stellt jährlich 450 000 Flaschen Wein und Sekt her, andere haben nur fünf Hektar, doch was sie darauf ernten, reicht immerhin für jährlich rund 30 000 Flaschen. Für nicht wenige jedoch ist der Weinanbau Freizeitbeschäftigung, Spalier-Winzer werden sie oft genannt, weil sie vielfach nur eine Handvoll Rebenstöcke ihr eigen nennen. Sitzt man mit ihnen zusammen, erfährt man viel Wissenswertes, beispielsweise: Meißner Weine sollten jung getrunken werden, sie länger als vier bis fünf Jahre zu lagern, wird nicht empfohlen, weil sich die Qualität in den Flaschen verändert. Der Wein soll dunkel und kühl aufbewahrt werden, Weißwein bei einer Temperatur von 8 bis 12 Grad Celsius. Den Wein sollte man nicht zu kalt, aber auch nicht zu warm servieren. Kälte bindet die Duft- und Geschmacksstoffe, Wärme nimmt dem Wein die Frische und betont den Alkohol. Weißweine sollten so viele Wärmegrade haben als sie Prozente Alkoholvolumen enthalten, also zwischen 10 und 12 Grad Celsius.

Im Herbst herrscht in den idyllischen Weindörfern Weinseeligkeit, man lädt zu Weinfesten, die Einheimische und Touristen gleichermaßen anziehen. Als das stimmungsvollste gilt das Ende September auf dem Dorfanger von Altkötzschenbroda. Traditionell beginnt es mit dem Einzug der Sächsischen Weinkönigin und dem Weingott Bacchus, die das erste Fass vom Federweißen anstechen, einen milchig-trüben Traubenmost aus der jüngsten Lese, der sich zum Wein entwickelt. Sein Aussehen erinnert an tausend wirbelnde Federchen, daher der Name Federweißer; am besten schmeckt er, wenn die Gärung zur Hälfte abgelaufen ist. Federweißer, das behaupten Kenner, sei ein Gesundheitsgetränk, er förderte wegen seines hohen Hefezellenanteils die Verdauung und reinige das Blut. Doch Vorsicht ist trotzdem geboten, manch einer soll nach mehreren Gläschen Federweißem schon sein Hotel nicht mehr gefunden haben.

*Elbhänge mit Weinreben*

## Feste, Traditionen und Events

Die Sachsen feiern gern. Kein Wochenende dürfte vergehen, an dem nicht irgendwo ein Volks- oder Heimatfest stattfindet. Zu erleben gibt es in Sachsen viel, oft sind die Einheimischen nicht mehr allein, Tausende kommen zum Mitfeiern angereist, beispielsweise wenn im Erzgebirge die Bergbrüderschaften in ihren schmuck en Uniformen aufmarschieren. Den Jahresreigen der Feste eröffnen die Sorben am 25. Januar mit der Vogelhochzeit, und den Abschluss bilden die Weihnachtsmärkte, zu denen vielfach Bergparaden gehören. Nicht wenige Events sind über die Landesgrenzen hinaus bekannt, vor allem hochkarätige Musikveranstaltungen. Oftmals muss man sich rechtzeitig bemühen, um eine Eintrittskarte zu ergattern.

### Musikfeste

Sachsen ist ein Musikland par excellence, entsprechend vielseitig sind die Musikfeste. Im Mai wird in Dresden gejazzt. Zum **Internationalen Dixieland Festival Dresden** kommen die Jazzbands von weither angereist und erfüllen eine Woche lang die Stadt mit ihren Rhythmen. Gespielt wird in Konzertsälen und Clubs, auf Straßen und Plätzen und auf Schaufelraddampfern auf der Elbe. Aber auch Leipzig hat sich zu einer bedeutenden Stätte der europäischen Jazzlandschaft entwickelt. Ende September treffen sich bei den **Leipziger Jazztagen** etablierte und Nachwuchskünstler, um vor allem zeitgenössischen Jazz zu spielen. In **Görlitz** findet man sich Ende Mai, Anfang Juni zu den **Jazztagen** ein, einem multi-

*Konzert auf Schloss Wackerbarth in Radebeul*

medialen Projekt, das Tanz, Film, Literatur und Pantomime verbindet. Gespielt wird vor allem in Räumen mit außergewöhnlichem Ambiente wie Fabrikhallen, Kellergewölben, Höfen, Dachböden oder Villen.

Fast das ganze Jahr über finden die hochkarätigen Veranstaltungen des **Festivals Sandstein & Musik** in Schlössern, Burgen, Gärten, Kirchen und Steinbrüchen der Sächsischen Schweiz statt. Als eines der angesehensten Festivals der Kammermusik gilt weltweit das **Moritzburg Festival** im August. Gespielt wird in den Schlössern Moritzburg und Proschwitz, der Kirche in Moritzburg, aber auch in Dresden. Der **MDR-Musiksommer** lässt Musik, Architektur und Landschaft miteinander verschmelzen – die schönsten Orte Sachsens (sowie Sachsen-Anhalts und Thüringens) bilden eine eindrucksvolle Kulisse.

Jedes Jahr zwischen Mai und Juni bringen die **Dresdner Musikfestspiele** Kunstgenuss, sie stehen stets unter einem bestimmten Motto. Die Veranstaltungen des **Mittelsächsischen Kultursommers** von Mitte Juni bis Mitte September sollen die Menschen für die Kultur Mittelsachsens begeistern, und im Juni machen die Zwingerkonzerte den Innenhof des pompösen Dresdner Bauwerks zum Festsaal unter freiem Himmel. Im Juni kommen Bach-Freunde aus aller Welt zum **Bachfest Leipzig**, um an originalen Wirkungsstätten Bachs oder ungewöhnlichen Aufführungsorten der Musik des Meisters zu lauschen.

Seit 1987 finden Anfang Oktober die **Dresdner Tage der zeitgenössischen Musik** statt. Das Programm des Festivals der Gegenwartsmusik reicht von Musiktheater, Sinfonik, Tanz- und Filmmusik über Kammer- und elektronische Musik bis hin zu multimedialen Performances. Mit ungewöhnlichen Veranstaltungen an ebenso ungewöhnlichen Orten warten die **artmontan-Kulturtage** auf: Untertage-Räume im Erzgebirge sowie Produktionsstätten von Industriebetrieben. Ein Feuerwerk der europäischen Blasmusik ist jährlich im September im Kurbad Schlema zu erleben. Rund 800 Musiker, die in einem Dutzend Spitzenorchestern spielen, treffen sich zum **Europäischen Blasmusikfestival der Bergmannsblasorchester**. An einem einzigen Wochenende finden nonstop mehr als 60 Konzerte statt.

Zu den über Deutschlands Grenzen hinaus bekannten Musikwettbewerben gehört der **Internationale Instrumentalwettbewerb Markneukirchen** im Mai, der im jährlichen Wechsel von Streich- und Blasinstrumenten durchgeführt wird. Als der größte internationale Treffpunkt der Mundharmonikaspieler gilt das Festival **Mundharmonika-live** am dritten Septemberwochenende in Klingenthal und Umgebung.

### Historische Feste

Mit großem Spektakel werden historische Bräuche und Traditionen gepflegt, viele sind mit dem Bergbau verknüpft. Höhepunkt der Feste im Erzgebirge sind die **Aufzüge der Bergbrüderschaften** in schmucken Uniformen. Den größten Bergaufzug erlebt am Tag Maria Magdalena (22. Juli) Schneeberg, er geht auf das Jahr 1494 zurück, als die Bergleute mit einem Aufzug – Protestmarsch würden wir heute dazu sagen – gegen die Kürzung ihres Wochenlohnes protestierten.

## [ 72 ] Feste, Traditionen und Events

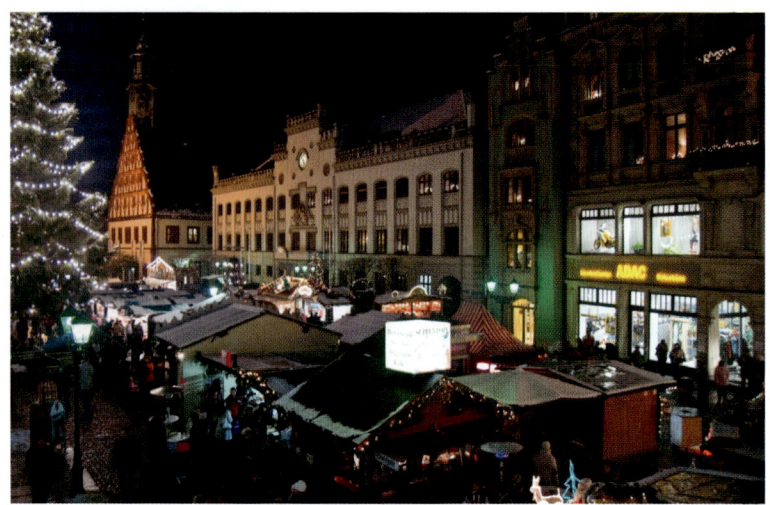

*Weihnachtsmarkt in Zwickau*

In der Chronik steht dazu: »Man wollte ihnen einen Groschen an ihrem Häuerlohn abbrechen, und dies erbitterte sie so, dass die Autorität aller Behörden auf dem Schneeberg gänzlich verschwand.« Später machten die Schneeberger ihren ›Streittag‹ alljährlich zum arbeitsfreien Feiertag und begingen ihn mit Berggottesdiensten und Aufzügen, Kurfürst Johann Georg II. sanktionierte das 1665. Das größte Volksfest im Erzgebirge, das schon seit 1520 gefeiert wird, ist die **Annaberger Kät**.

Am Himmelfahrtstag trifft man sich in Diesbar-Seußlitz zum **Heiratsmarkt** – zur größten Vatertagsparty, wie es heißt. Das Fest hat seinen Ursprung in einer Legende aus dem Jahr 1541. Damals sollen die Nonnen eines aufgelösten Klosters zum Jahrmarkt geeilt seien, der am Himmelfahrtstag in Seußlitz stattfand. Das sprach sich unter den Männern der Umgebung herum, die wegen der großen Auswahl an unverheirateten Frauen in Scharen nach Seußlitz zogen.

In Dresden ist das traditionsreichste Volksfest die im Juli stattfindende **Vogelwiese**. Um 1465 ging die Vogelwiese aus dem Pfingstschießen der Bogenschützen hervor, die das Schießen auf Vögel praktizierten. Das **Forstfest** in Kamenz wurde bereits 1521 urkundlich erwähnt. Das heutige Schul- und Heimatfest findet in der Woche um den Bartholomäustag (24. August) statt und endet mit dem festlichen Fackeleinzug der Kamenzer Schüler und Lehrer in die hell erleuchtete Stadt.

Reich an Sitten und Bräuchen ist die Oberlausitz, die besonders um Bautzen und Kamenz – dem Herzland der katholischen Sorben – gepflegt werden. Der Festkalender der Sorben beginnt bereits mit der **Vogelhochzeit** am 25. Januar, dem das **Zampern** vor der Fastenzeit folgt. Höhepunkt ist zweifelsohne das **Osterreiten**.

## Historische Feste [ 73 ]

Wie die Osterbräuche zur Lausitz gehören, so gehört die Kirmes zum Vogtland. Einmal im Jahr brachte sie Abwechslung in die anstrengende Tagesarbeit der vogtländischen Bauernfamilien. Die **Kirwe** – wie der Obervogtländer sagt – war ursprünglich das Fest der Kirchweihe. Doch bald wurde aus dem Jahrestag der Kirchweihe ein weltliches Fest, dominierten der sich anschließende Markt und das Volksfest. Der Dichter Julius Mosen (1803–1867) erinnert sich: »Da wurden Sägeböcke und ausgehobene Türen herbeigeschafft, welche darauf gelegt wurden, um mit Pfefferkuchen befrachtet zu werden; ja, es fehlte auch nicht an Glücksbuden, wo um Kleinigkeiten gewürfelt wurde und wo man im glücklichsten Falle etwas Unnützes gewinne, auf jeden Fall seinen Kupferdreier loswerden konnte.« Einst dauerte die Kirwe von Sonntag bis Dienstag, und der Montag war natürlich schulfrei. Die Kirmes wird auch heute noch gefeiert, das Volksfest dauert aber meist nur noch einen Tag, hier und dort aber auch ein Wochenende.

Besonders aufwendig wird im Erzgebirge der **Schulbeginn** begangen, er ist ein riesiges Familienfest, das der Hochzeit nicht nachsteht. Da die Wohnungen die vielen Gäste nicht aufnehmen können, werden die Feiern in die Gaststätten verlegt. Für Touristen sind das keine guten Tage, weil sie oft vor verschlossenen Türen stehen, an denen man liest: ›Heute geschlossene Gesellschaft‹.

In Sachsen, so sagt man, habe **Weihnachten** seine Heimat. Das Erzgebirge gilt als das Weihnachtsland Deutschlands schlechthin, es wird in dieser Region regelrecht zelebriert, was mit der Geschichte zusammenhängt. Das Licht ist für den Bergmann seit jeher ein Zeichen für Leben und Hoffnung, für Geborgenheit und Glück. Er verließ das Haus im Dunkeln und fuhr ins Dunkle ein, bevor die Sonne die Nacht zum Tag machte und wenn er heimkehrte, war es meist schon wieder dunkel. Deshalb erstrahlen zu Weihnachten die Städte und Dörfer im

*Forstfest in Kamenz*

Lichterglanz. Sie verkörpern die Sehnsucht der Bergleute nach dem Licht, von dem sie unter Tage so wenig zu sehen bekamen. In den Wohnstuben halten Dutzende von Bergmannsfiguren, Nussknacker, Räuchermännchen und Pyramiden Einzug, Tausende von Kerzen leuchten aus den Fenstern in die Dunkelheit. Die Pyramiden, meterhohe Meisterwerke der Schnitzkunst, werden auf die Markt- und Gemeindeplätze gerückt. Auch die kerzenbestückten Schwibbögen leuchten überall, die ihren Ursprung ebenfalls im Bergbau haben. Zur **Mettenschicht**, der letzten vor dem Weihnachtsfest, hängten die Bergleute im Huthaus ihr Geleucht in einem Bogen auf, der das Stollenmundloch symbolisieren sollte. Ein Bergschmied namens Teller aus Johanngeorgenstadt fertigte daraufhin 1740 erstmals bogenförmige Eisenleuchter, Schwibbogen genannt. Bis in die 1930er Jahre waren Schwibbögen fast nur im Gebiet um Johanngeorgenstadt bekannt. 1937 wurde ein Schwibbogen als Signum für eine Volkskunstschau in Schwarzenberg ausgewählt, danach begann seine Verbreitung.

Im Vogtland stellt man in der Weihnachtszeit den Moosmann auf, der neben dem obligaten Stock eine Kerze trägt. ›Der Mousma‹ ist ein gütiger Waldgeist, der in allen Sagen den armen Menschen hilft. Um 1840 tauchten zum ersten Mal in Falkenstein Moosmänner als Weihnachtsfiguren auf.

Wer dem Duft von Lebkuchen, Bratäpfeln und Tannengrün folgt, gelangt zu einem der vielen Weihnachtsmärkte, die im Erzgebirge eine ganz besondere Atmosphäre ausstrahlen. Am berühmtesten jedoch ist der traditionsreiche **Dresdner Striezelmarkt**, dessen Geburtsstunde anno 1484 schlug, als Bäcker der Stadt das Recht bekamen, ihre Backwaren auf dem Markt feilzubieten. ›Rück mer weng' zsamm!‹ sagen die Schneeberger am 2. Advent, wenn Tausende sich in den Gas-

*Schlossfest in Delitzsch*

sen zum **Lichtelfest** drängen, wenn vom Rathausturm Bläser Weihnachtslieder erklingen lassen. Höhepunkt der weihnachtlichen Festlichkeit ist der Heiligabend, es findet die Bescherung mit Geschenken für die Lieben statt, das Abendessen ist Treff der gesamten Familie. Wer am nächsten Morgen zur **Christmette** geht, legt sich beizeiten schlafen, denn es heißt früh in die kalte Winternacht zu treten, die Mette beginnt meist um 5 oder 6 Uhr. Die Christmette mit dem Krippenspiel wird schon lange nicht mehr nur von Gläubigen besucht, sie gehört traditionell zum Weihnachtsfest wie der Stollen und die Räuchermännchen.

## Sonstige Feste und Festivals

Das größte Volks- und Heimatfest im Freistaat ist der **Tag der Sachsen** an jedem ersten Septemberwochenende. Jährlich findet der Sachsentag in einem anderen Ort statt. Zum **Skifasching** am Fichtelberghang am Sonntag vor Rosenmontag sind in Oberwiesenthal die Narren los. Dazu gehört ein Gaudi-Programm am Skihang, mit Narrenspringen.

Eine der größten Veranstaltungen der neo-romantischen Schwarzen Szene ist das **Wave-Gotik-Treffen**, das jährlich am Pfingstwochenende in Leipzig stattfindet. Vier Tage lang stehen Dutzende von Konzerten sowie Filmvorführungen, Club-Partys, Ausstellungen und Mittelaltermärkte auf dem Programm. Ebenfalls in Leipzig trifft sich Anfang November die europäische Szene zum **Festival des zeitgenössischen europäischen Theaters**. Geboten werden Tanz- und Sprechtheater sowie die Zwischenbereiche der Performance-Kunst und musikalische Bühnenformen.

Dresden ist Mitte April Gastgeber für das **Dresdner Filmfest**, eines der bedeutendsten Kurzfilmfestivals in Deutschland. Wenig später, am 1. Mai, zieht die **Dampferparade** jährlich Tausende in die Elbestadt. Alle Schiffe legen gemeinsam am Vormittag am Terrassenufer ab, auf jedem Dampfer sorgt eine Kapelle für schwungvolle Unterhaltung.

Am dritten Juni-Wochenende geht es dann in der Äußeren Neustadt in Dresden hoch her, wenn das Fest **Bunte Republik Neustadt** gefeiert wird. Theatergruppen treten auf, Gaukler und Musikanten zeigen ihr Können, Trödelmarkte laden zum Stöbern. Neben dem **Elbhangfest**, das am letzten Wochenende im Juni entlang der Elbe von Loschwitz bis Pillnitz stattfindet, ist das Fest Bunte Republik Neustadt das Lieblingsfest der Dresdner. Genau eine Woche vor dem Einzug der West-Mark 1990 in die DDR proklamierten Alternative in der Inneren Neustadt eine eigene Republik, sie bildeten eine provisorische Regierung und brachten eigenes Geld in Umlauf. Die Grenzen der Republik, das Karree Bautzener Straße, Königsbrücker Straße, Bischofsweg und Prießnitzstraße, markierte man mit weißen Streifen auf dem Straßenpflaster. Übriggeblieben von der Bunten Republik ist das alternative Fest als beliebtes Nachbarschafts-, Kunst- und Kulturfest.

An einem Augustwochenende scheinen alle Görlitzer auf den Beinen zu sein. Das Internationale **Straßentheaterfestival Via Thea** verwandelt das gesamte Stadtzentrum in eine riesige Bühne. Mehr als 100 Künstler nicht nur aus Europa reisen an.

Leipzig ist Anziehungspunkt für Freunde von Kunst und Kultur, neuerdings aber auch für Wassersportbegeisterte. Denn die von der Braunkohle hinterlassene Mondkraterlandschaft verwandelt sich in ein Seenparadies. Mit viel Romantik warten das Heideland und die Täler von Mulde und Zschopau auf. In den Burgen und Schlössern im sanften Hügelland oder auf steilen Felsvorsprüngen gibt es viel zu entdecken.

# Leipzig und das Heide- und Burgenland

# Leipzig

»Mein Leipzig lob' ich mir, es ist ein Klein-Paris und bildet seine Leute.« Goethes Worte haben bis heute ihren tieferen Sinn nicht verloren. In der Blütezeit von Sachsens zweitgrößter Stadt ließen sich reiche Kaufleute und Bankiers prunkvolle Häuser errichten, von denen nicht wenige heute noch das Stadtbild prägen. Leipzig (519 000 Einwohner) erlangte weithin Bedeutung als Messe- und Buchstadt. Die Messehäuser beeindrucken auch in unseren Tagen mit ihrer Pracht und Monumentalität. 1927, zur Blütezeit der Leipziger Mustermesse, gab es 50 Messehäuser mit Aufzügen und viel Licht.

Gebaut wird auch heute, so entsteht gegenwärtig der vier Kilometer lange **City Tunnel**. Ab Ende 2013 verbindet er den Hauptbahnhof mit dem Bayerischen Bahnhof. Die Züge werden durch eine im Durchmesser neun Meter große Tunnelröhre rollen. Es wurde errechnet, dass dadurch rund 300 000 Pkw-Kilometer pro Tag gespart werden können und somit der Innenstadtverkehr verringert wird. Ähnliche Pläne gab es schon in der Vergangenheit. So sollten im 19. Jahrhundert der Hauptbahnhof und der Bayerische Bahnhof mit einer vielgleisigen Hochbahn verbunden werden. Anfang des 20. Jahrhunderts war eine U-Bahn in Planung, ein 600 Meter langes Teilstück eines Tunnels wurde sogar fertiggestellt.

Leipzig ist auch Wasserstadt, eine Feststellung, die allgemein überrascht. Nur die wenigsten wissen, dass ungefähr 300 Kilometer große und kleine Flussläufe die Stadt durchziehen, denn in den vergangenen Jahrzehnten hatte man Flüsschen und Kanäle verrohrt und somit unsichtbar gemacht. Nach der Einheit wurde vieles wieder freigelegt. Auf einer Industriebrache am neu ausgebauten Elstermühlgraben an der Käthe-Kollwitz-Straße entstand der im August 2010 eingeweihte **Stadthafen**. Künftig kann man von Leipzigs Innenstadt mit dem Boot hinaus ins Leipziger Neuseenland fahren. Im Westen Leipzigs, fünf Kilometer von der City entfernt, wird der **Sportboothafen Lindenau** gebaut, von dem man vermutlich ab 2015 über den **Karl-Heine-Kanal** (1856–1893) in das Leipziger Gewässernetz schippern oder tuckern kann. Visionen sind vorhanden, und die lauten: Mit dem Boot von der Elster in Leipzig an die Alster in Hamburg. Völlig unrealistisch ist das nicht, denn mit einem nur 75 Meter langen Durchstich wäre die Verbindung zum Elster-Saale-Kanal hergestellt, dann würden lediglich noch 7,8 Kilometer bis zur Saale fehlen.

Leipzig war bereits im 13. Jahrhundert ein bedeutender Handelsplatz. Die Oster- und Michaelismärkte zogen Händler und Kunden von weither an. Aus diesen Märkten und der erstmals 1485 durchgeführten Neujahrsmesse ging die Leipziger Messe hervor. Im 16. und 17. Jahrhundert sprach man vom ›Marktplatz Europas‹. Industriestadt wurde Leipzig in der zweiten Hälfte des 19. Jahrhunderts, den Ruf als Stadt der Kunst und Kultur haben wesentlich Johann Sebastian Bach und Felix Mendelssohn Bartholdy mitbegründet.

Als Beginn der Buchdrucker- und Buchhandelstradition kann das Jahr 1785 gelten, in dem sich Georg Joachim Göschen hier niederließ und in seiner Verlagsbuchhandlung unter anderem die Werke von Goethe, Schiller und

*Die alte Börse am Naschmarkt*

Wieland herausgab. Zwei Daten ragen in der Geschichte Leipzigs heraus: die Völkerschlacht im Oktober 1813, die für die damalige Entwicklung Europas bedeutsam war, und die Montagsdemonstrationen im Herbst 1989. Mit dem Ruf ›Wir sind das Volk‹ haben die Leipziger entscheidend zum Sturz des SED-Regimes beigetragen.

## Die Innenstadt

Die City von Leipzig konzentriert sich auf reichlich einem Quadratkilometer. Ein Verlaufen ist nahezu ausgeschlossen, denn es gibt eine gut sichtbare Grenze, den aus Grünanlagen und mehrspurigen Straßen bestehenden Ring, der solch einprägsame Namen wie Tröndlinring, Goerdelerring, Georgiring trägt. Durch die Innenstadt fahren keine Straßenbahnen und Linienbusse, die braucht man auch nicht, denn alle Sehenswürdigkeiten sind fußläufig erreichbar. Leipzig hat den Vorteil, dass man selbst bei Regen trockenen Fußes bummeln kann. Einem Labyrinth gleich verbindet ein Passagensystem Plätze und Straßen miteinander. Gebaut wurden sie einst, um während der Leipziger Messen die Waren rasch zum Zielort bringen zu können, ohne die Wagen mühselig wenden zu müssen.

### ■ Hauptbahnhof

Schon längst ist er nicht mehr nur das Ziel von Bahnreisenden, zum Hauptbahnhof kommt man heutzutage auch zum Shoppen und Schlemmen. Auf drei Ebenen entstand ein **Einkaufs- und Dienstleistungszentrum** mit rund 140 Geschäften und Restaurants. Trotz erheblicher Proteste von Einwohnern, Bürgerinitiativen und Parteien wurde der gewaltige, in beträchtlichen Teilen unter Denkmalschutz stehende Komplex in den 1990er Jahren zu einem soge-

[ 80 ] Leipzig

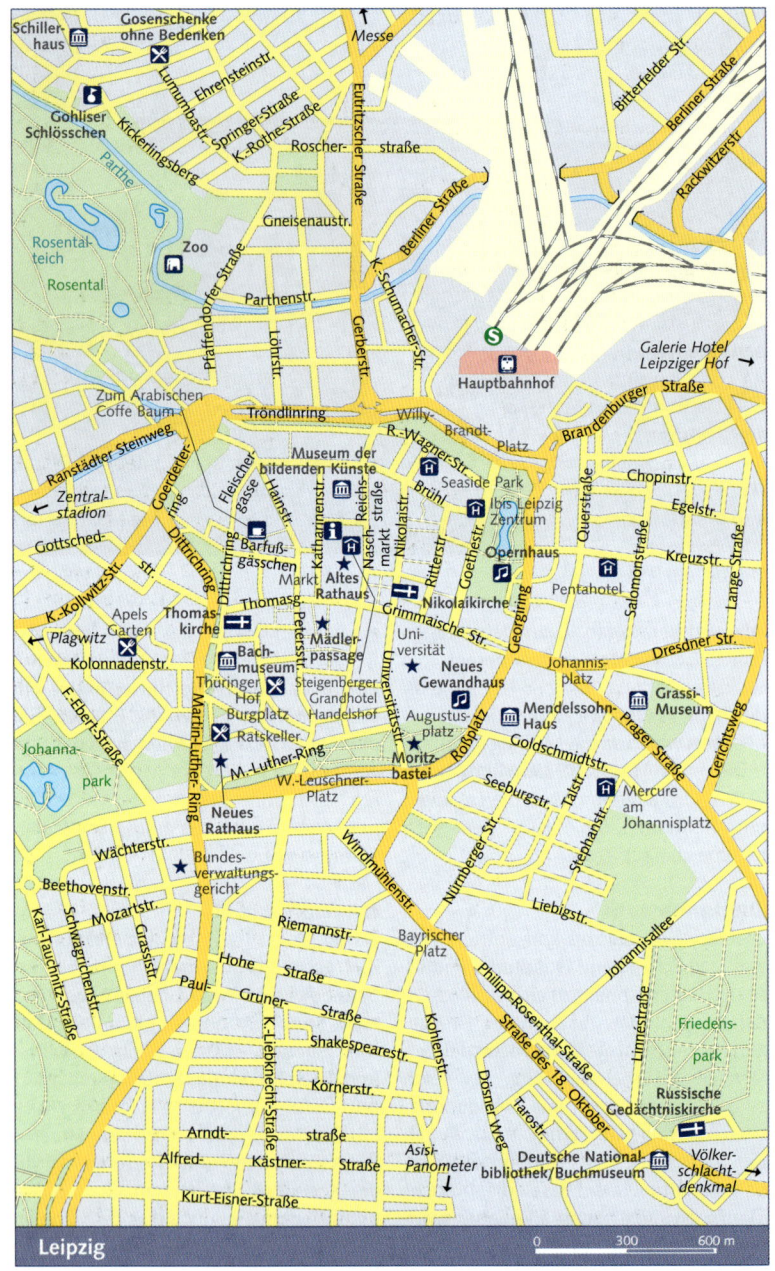

nannten Erlebnisbahnhof mit Autoparkdeck umgestaltet.
Als der Bahnhof am 15. Dezember 1915 eröffnet wurde, war er einer der größten Personenbahnhöfe der Welt und der größte Kopfbahnhof Europas. Von 24 Bahnsteigen fuhren täglich etwa 150000 Menschen in die umliegenden Ortschaften oder hinaus in die Welt. Auf einem Bahnhofsteil kamen einst die preußischen Linien an, auf dem anderen die sächsischen, was die beiden Eingangshallen erklärt, die so hoch wie Kathedralen sind.

*Das Opernhaus mit Mendebrunnen*

### ■ Am Augustusplatz

Am Augustusplatz, einem der größten städtischen Plätze Deutschlands, erhebt sich in der Südwestecke mit 142,5 Meter Höhe und 34 Stockwerken das **City-Hochhaus** (1968–1973), das als aufgeschlagenes Buch gedeutet werden soll. ›Weisheitszahn‹ sagen die Leipziger zu dem Bauwerk, aber auch ›Uniriese‹, weil es als Hauptgebäude der Universität entstand. Heute ist es ein Bürogebäude.
Das eindrucksvolle **Neue Gewandhaus** (1977–1981) an der Südseite des Platzes ist die Heimstatt des Gewandhausorchesters, der große Saal mit der für einen Musiksaal ungewöhnlichen Form eines Amphitheaters bietet fast 2000 Besuchern Platz und gilt als einer der akustisch gelungensten Konzertsäle weltweit. Der moderne Bau ist dem renommierten Dirigenten Kurt Masur zu danken, der sich intensiv für einen Konzerthausneubau einsetzte, nachdem das Vorgängerhaus 1944 Opfer eines Luftangriffs geworden war. Das Gewandhausorchester zählt zu den bekanntesten Klangkörpern, Felix Mendelssohn Bartholdy führte es ab 1835 zu Weltruhm. Es ging aus der ›Musikausübenden Gesellschaft‹ hervor, die ab 1781 im Saal der Tuchhändler spielte, dem ›Gewandhaus‹, das dem Orchester und seiner Spielstätte den noch heute gültigen Namen gab.
Der vor dem Gewandhaus aufgestellte **Mendebrunnen** (1883–1886) mit einem 18 Meter hohen Obelisk trägt den Namen der Stifterin, der Kaufmannswitwe Pauline Mende. Testamentarisch hatte sie 150000 Goldmark ›zum Bau eines die Stadt verschönernden Brunnens von monumentaler Architektur auf einem freien Platz in der Nähe der inneren Promenade, vielleicht zwischen dem Museum und dem Neuen Theater‹ gestiftet.
Das heutige mit Elbsandstein verkleidete **Opernhaus** auf der nördlichen Seite des Platzes entstand 1956 bis 1960 als erster Opernbau der DDR. Erstes Hochhaus in Leipzig war das **Krochhaus** (1927/28) an der Westseite. Der elfgeschossige kalksteinverkleidete Stahlbetonbau mit den beiden Glockenmännern wurde in Anlehnung an den Uhrturm am Marcusplatz in Venedig entworfen. Die lateinische Giebelinschrift ›Omnia vincit labor‹ bedeutet: ›Arbeit überwindet alles.‹ Völlig neu ent-

*Das Gewandhaus*

standen ist der **Universitätscampus**, der dort gebaut wurde, wo sich das im Zweiten Weltkrieg schwer beschädigte Augusteum neben der Universitätskirche St. Pauli befand. Das **Paulinum** als Nachfolgebau der Paulinerkirche hält die Erinnerung an das 1968 gesprengte Gotteshaus wach. Die über 600 Jahre alte Universität Leipzig, an der sich rund 25 000 Studenten eingeschrieben haben, ist nach Heidelberg die zweitälteste Uni Deutschlands mit durchgängigem Studienbetrieb.

Hinter dem neuen Gewandhaus und dem City-Hochhaus amüsieren sich jährlich mehr als 350 000 Besucher in den unterirdischen Gewölben der **Moritzbastei**. Einen Teil der 450 Jahre alten Kasematten legten Studenten in den 1970er Jahren frei und verwandelten sie in einen immer gut besuchten Studentenclub.

### ■ Um die Nikolaikirche

Die dreischiffige **Nikolaikirche**, die man vom Augustusplatz über die Grimmaische Straße erreicht, besitzt seit Ende der 1980er Jahre einen über Europa hinausgehenden Ruf. Hier versammelten sich Regimekritiker der DDR zu Montagsgebeten, hier formierte sich 1989 der Widerstand gegen die SED-Diktatur. Der Schriftsteller Erich Loest hat viel davon in seinem Roman ›Nikolaikirche‹ festgehalten, in dem er auch vom Verfall Leipzigs schreibt. Während in der Innenstadt die Messehäuser und die Bauten um den Markt in einem halbwegs guten Zustand erhalten wurden, fielen am Stadtrand manche Straßenzüge regelrecht zusammen, denn es fehlte in der DDR an Material, Technik und Bauarbeitern. Erstmals wurde die Nikolaikirche in der zweiten Hälfte des 12. Jahrhunderts erwähnt. Mit einer Gesamtlänge von 63 Metern und einer Gesamtbreite von 46 Metern ist sie Leipzigs größtes Gotteshaus. Die Innenausstattung gestaltete man 1784 bis 1797 klassizistisch um, besonders beeindrucken die als Palmbäume gestalteten Säulen. Die **Friedrich-Laubegast-Orgel** (1858–1862), die Wilhelm Sauer 1902 erneuerte und erweiterte, gehört mit 85 Registern und 6314 Pfeifen zu den größten im Osten

*In der Nikolaikirche*

*Die Mädler-Passage lädt zum Einkaufen und Bummeln ein*

Deutschlands. Die benachbarte, zu DDR-Zeiten marode gewordene **Alte Nikolaischule** (1568) zeigt sich nach aufwendiger Sanierung seit 1994 wieder in alter Schönheit. Die Replik einer Säule der Nikolaikirche daneben erinnert an die Ereignisse 1989.

Das Messehaus **Specks Hof** gegenüber dem Haupteingang der Nikolaikirche, einst Ausstellungsort für Leder- und Schmuckwaren, entstand in drei Bauabschnitten bis 1929 mit plastisch reich ausgebildeten Fassaden und viel Skulpturenschmuck. Das zu DDR-Zeiten arg heruntergekommene Gebäude dient seit der originalgetreuen Restaurierung und Modernisierung als Geschäftshaus. Im Erdgeschoss gibt es Läden, in den oberen Etagen Büros, dazu drei glasüberdachte Lichthöfe.

Schräg gegenüber erfreut das **Riquethaus** (1908/09) das Auge, eins der zahlreichen nach dem Zusammenbruch der DDR wiederhergestellten historischen Bauwerke. Mit seinem der chinesischen Baukunst entlehnten geschweiften Dachtürmchen, zwei kupfergetriebenen Elefantenköpfen und anderen ostasiatischen Motiven gehört es zu den sehenswerten Häusern Leipzigs und das darin befindliche Café zu den beliebtesten.

■ **Mädler-Passage**

28 Passagen laden zum Einkaufen und Schlemmen ein. Leipzigs Innenstadt erhält durch sein einzigartiges System an Passagen und Durchgangshöfen ein besonderes Flair. Am bekanntesten ist die Mädler-Passage. Der Lederfabrikant Anton Mädler hatte sie in den Jahren 1912 bis 1914 in Auftrag gegeben. In der Mädler-Passage gelangte **Auerbachs Keller** durch Johann Wolfgang von Goethe zu Weltruhm, der die Kellerszene in seinem ›Faust‹ in dieser Gaststätte spielen lässt. »Ich muß dich nun vor allen Dingen, in lustige Gesellschaft bringen. Damit du siehst, wie leicht sich's leben läßt«, sagt Mephisto zu Faust. Den Namen kreierte Ratsherr Heinrich Stromer, der das Kellerrestaurant 1530 bis 1538

erbauen ließ und nach seiner Geburtsstadt Auerbach in Baden benannte. Goethe, 1765 in Leipzig immatrikuliert, war Stammgast in diesem Lokal. 1827 kehrte er nochmals in ›Auerbachs Keller‹ ein, wie eine Champagnerquittung beweist.

■ **Naschmarkt**
Am Naschmarkt zeigt sich die **Alte Handelsbörse** (1678–1687) mit einer zweiarmigen Freitreppe als architektonische Barockkostbarkeit. Das Bauwerk entstand als Versammlungshaus für die Leipziger Kaufmannsgilde, später tagten in ihm die Stadtverordneten. Heute wird zu Ausstellungen und Konzerten geladen. Vor dem Bauwerk zeigt das **Goethedenkmal** (1903) von Carl Seffner den weltberühmten Dichter als Studenten. Als solcher weilte er von 1765 bis 1768 in Leipzig. An der Ostseite des Naschmarktes steht der **Handelshof** (1908/09), einst der drittgrößte Messepalast, in dem zuletzt Rundfunk- und Fernsehgeräte zu sehen waren. Das Gebäude gehört zu jenen, die bereits einer neuen Funktion zugeführt werden konnten, die Hotelkette Steigenberger hat das Haus in ein modernes Hotel verwandelt, das im April 2011 öffnete.

■ **Markt**
Der Markt ist das Herz Leipzigs, jahrhundertelang war er Mittelpunkt städtischen Lebens. Beherrscht wird er vom **Alten Rathaus** (1556) an der Ostseite, einem zweigeschossiges Langhaus mit beachtlichem Satteldach. Leipzigs Bürgermeister Hieronymus Lotter entwarf sich seinen Amtssitz selbst und ließ ihn unter seiner Leitung in nur neun Monaten bauen – Lotter war seinerzeit auch einer der angesehensten Baumeister. Was er vor mehr als 400 Jahren errichten ließ, ist heute Deutschlands ältestes Renaissancerathaus. Ein beliebtes Fotoobjekt ist der Turm mit der barocken Haube, vor allem wegen der Rathausuhr: Das zum Markt gerichtete Zifferblatt misst etwa 18 Quadratmeter, die großen Zeiger sind einen Meter lang. Eine Zugabe des 20. Jahrhunderts ist der Arkadengang mit Geschäften und Restaurants. Das Alte Rathaus beherbergt seit 1909 das **Stadtmuseum** mit der **Ratsstube**. Der 43 Meter lange Festsaal beeindruckt mit seiner einmaligen Galerie von Stadtrichterporträts vom 17. bis 19. Jahrhundert sowie den großformatigen Bildnissen wettinischer Landesfürsten.

Von der ebenfalls von Lotter erbauten **Alten Waage** (1553–1555) an der Südseite des Platzes, in deren großer ebenerdigen Halle der Zoll die Waren wog, entstand nach der Zerstörung im Zweiten Weltkrieg die Renaissancefassade wieder originalgetreu, auch die Sonnenuhr im Staffelgiebel vergaß man nicht. Das **Königshaus** (1610) an der Nordseite ist das einzige erhaltene Barockgebäude am Markt. Es diente vor allem der sächsischen Königsfamilie als Stadtquartier, so logierte August der Starke hier, aber auch Russlands Zar Peter der Große und Preußens Friedrich der Große quartierten sich in dem Haus ein. Gegenüber dem Alten Rathaus endet oder beginnt Leipzigs **Kneipenmeile Drallewatsch**, die durch das Barfußgässchen bis zum Neuen Rathaus führt. Hier geht es oft bis in die frühen Morgenstunden hoch her, denn eine Sperrstunde kennt Leipzig nicht.

*Das Alte Rathaus in Leipzig*

## Die Mutter aller Messen

Auf freiem Feld entstand im Norden Leipzigs, etwa sieben Kilometer vom Zentrum entfernt, ein modernes Messegelände. Die imposante Eingangshalle mit einer Kuppel aus 20 000 Quadratmeter Glas wurde ihr Wahrzeichen, entworfen hat sie der englische Star-Architekt Ian Ritchie. Der damalige Bundespräsident Roman Herzog sah in dem neuen Leipziger Messeplatz zur Eröffnung 1996 ›ein umfassendes Dienstleistungsnetzwerk für Mittel- und Osteuropa‹.

Leipzig und die Messe gehören untrennbar zusammen, vermutlich deshalb, weil die Messe seit Jahrhunderten den Puls der Stadt bestimmt. Im Mittelalter fanden sich dreimal jährlich Kaufleute zu Messen ein. 1497 bekam die Stadt das kaiserliche Messeprivileg verliehen. Dadurch war es allen anderen Städten im Umkreis von 15 deutschen Meilen (etwa 115 Kilometer) untersagt, ebenfalls Messen abzuhalten. Das ließ die Leipziger Messe aufblühen. Von hier aus nahm die Mustermesse ihren Anfang. 1870 waren bereits mehr als 100 Firmen nur mit Mustern auf der Messe vertreten, im Frühjahr 1895 fand die erste reine Mustermesse statt. Leipzig gilt als die ›Mutter aller Messen‹. Zur Präsentation der Waren entstanden prachtvolle Gebäude im Zentrum, das 1904 vollendete Städtische Kaufhaus war das erste. Das Logo der Leipziger Messe mit zwei übereinandergestellten M, die für Muster-Messe stehen, wurde für die Herbstmesse 1917 entworfen und rasch populär. Von der Herbstmesse 1964 an war das Messemännchen das Maskottchen der Leipziger Messe, es zeigt einen Handelsreisenden mit einem übergroßem Globuskopf.

1920 eröffnete man im Süden der Stadt große Hallen für eine Technische Mustermesse. Nach dem Zweiten Weltkrieg wurde die erste Messe bereits im Frühjahr 1946 durchgeführt, Friedenmesse genannt. Danach entwickelte sich die jeweils im Frühjahr und Herbst stattfindende Messe zu einem wichtigen Faktor im Ost-West-Handel, etwa 10 000 Aussteller aus aller Welt präsentierten ihre Produkte. Die Messe brachte internationales Flair nach Leipzig, die Geschäfte füllten sich zu Messezeiten oft mit Waren, die es sonst in der DDR gar nicht oder nur unter dem Ladentisch gab. Deshalb liebten die Leipziger ihre Messe. Die DDR-Oberen nutzten sie als wirtschaftliches und politisches Schaufenster. Westdeutsche Politiker aller Parteien gaben sich die Klinke in die Hand, drängten sich nach einem Foto mit Honecker und der SED-Spitze. Heute ist das den meisten peinlich.

1990 endete die Ära der branchenübergreifenden Universalmessen, an ihre Stelle traten Fachmessen auf dem neuen Messegelände. Die Bezeichnung ›Messestadt‹ steht also weiterhin als Synonym für die Stadt an der Pleiße.

*Das Zeichen der Leipziger Messe*

### ■ Museum der bildenden Künste

3500 Gemälde, 750 Plastiken und mehr als 60 000 Zeichnungen und Grafiken von internationalem Rang besitzt das Kunstmuseum. 2004 konnte es in einen Neubau einziehen, den Kunst-Kubus zwischen Hauptbahnhof und Markt, der wegen seiner äußerlichen Nüchternheit lange umstritten war. Nach dem Zweiten Weltkrieg entwickelte sich Leipzig, vor allem durch die Hochschule für Grafik und Buchkunst, zu einem Zentrum der bildenden Kunst. Das Museum bietet logischerweise auch einen Überblick über die Kunstentwicklung in der DDR, vor allem der **Leipziger Schule**, zu deren hervorragendsten Vertretern Bernhard Heisig, Wolfgang Mattheuer und Werner Tübke gehören. Zum kostbarsten Besitz des Museums zählen **altdeutsche und altniederländische Meister** des 15. und 16. Jahrhunderts, aber auch Werke von Lucas Cranach d. Ä. sowie von Caspar David Friedrich, Karl Blechen, Adrian Ludwig Richter, Max Liebermann und Lovis Corinth. Breiten Raum haben die in Leipzig geborenen Künstler Max Klinger (1857–1920) sowie Max Beckmann (1884–1950) erhalten.

### ■ Zum Arabischen Coffe Baum

Im ›Coffe Baum‹ wird seit 1711 Kaffee ausgeschenkt, es ist eins der ältesten durchgängig betriebenen Café-Restaurants Europas. Seinen Namen bekam das Haus von dem vor rund 250 Jahren über dem Portal angebrachten Sandsteinrelief. Es zeigt einen früchtetragenden Kaffeebaum und einen darunter sitzenden Türken, dem ein Knabe ein Schälchen Kaffee reicht. Künstler und gekrönte Häupter gaben sich im ›Coffe Baum‹ die Klinke in die Hand, der allerdings nie ein typisches Kaffeehaus war,

*Portal des Arabischen Coffe Baums*

sondern immer eine renommierte Gaststätte. Felix Mendelssohn Bartholdy kehrte hier ebenso ein wie Richard Wagner und Franz Liszt. Robert Schumann traf sich hier acht Jahre lang mit Freunden zum Stammtisch. August der Starke soll von dem getrunkenen Kaffee so entzückt gewesen sein, dass er dem Wirt überschwänglich das Privileg eines ›sächsischen Hofchocolatiers‹ verlieh. Dass der Kurfürst hier Kaffee getrunken hat, konnte jedoch bis heute nicht belegt werden.

Im **Museum** im dritten Stock des Hauses sind über 500 Ausstellungsstücke zu bewundern wie Kaffeemühlen, Meissner Kaffeeporzellan, Kaffeetassen.

### ■ An der Thomaskirche

Johann Sebastian Bach und der Thomanerchor haben die Thomaskirche westlich vom Markt berühmt gemacht. Der international renommierte Knabenchor feiert 2012 sein 800-jähriges Bestehen, zweimal wöchentlich singt er in der Kirche. Im Chorraum des Gotteshauses

*Weithin bekannt – Leipzigs Thomaskirche*

fand Bach seine letzte Ruhestätte, die Gebeine wurden 1950 aus der im Zweiten Weltkrieg zerstörten Johanniskirche hierher überführt. Aus der von den SED-Machthabern 1968 gesprengten Universitätskirche (Paulinerkirche) kamen der Taufstein (1644) und der Flügelaltar (Ende 15. Jahrhundert) in die Thomaskirche. Seine spätgotische Form erhielt das Gotteshaus, das beispielgebend für die obersächsischen Hallenkirchen ist, 1482 bis 1496. Als architektonische Meisterleistung der damaligen Zeit gilt das Dach über den drei Schiffen, mit einer Neigung von 62 Grad ist es das steilste Dach Leipzigs und mit einer Fläche von 2520 Quadratmeter das größte Kirchendach Sachsens. Die Ausstattung wurde immer dem jeweiligen Zeitgeschmack angepasst, deshalb ist von der barocken Ausstattung aus der Zeit von Johann Sebastian Bachs nichts mehr vorhanden. Heute zeigt sich das Innere im neogotischen Stil.

■ **Bachmuseum**
Johann Sebastian Bach steht 2,45 Meter groß vor der Thomaskirche. Carl Seffner hat Bach 1908 symbolisch mit nach außen gestülpter Rocktasche dargestellt. Die sich bis heute hartnäckig haltende Mär vom armen Mann stimmt jedoch nicht. Der geniale Musiker, von 1723 bis zu seinem Tod 1750 Thomaskantor, erhielt von der Stadt ein ansehnliches Salär, sein Jahreseinkommen soll 700 Taler betragen haben, umgerechnet auf heute sind das etwa 28 000 Euro. Wer mehr über den Komponisten wissen möchte, geht in das gegenüberliegende **Bosehaus**, eines der ältesten Kaufmannshäuser der Stadt mit einer geschlossenen symmetrischen Hofanlage. Benannt ist das Haus nach dem früheren Besitzer Georg Heinrich Bose, einem Freund der Familie Bach. Es war also naheliegend, in dem Haus das Bachmuseum einzurichten. Höhepunkt der Ausstellung ist die **Schatzkammer** mit originalen Bach-Handschriften und anderen Raritäten. Fast überall in dem Haus erklingt Bachs Musik, besonders im **Hörkabinett** kann man, auf gemütlichen Sofas sitzend, in die Musik des Komponisten eintauchen.

■ **Neues Rathaus**
›Unser Neuschwanstein‹ sagen die Leipziger scherzhaft zu ihrem Neuen Rathaus (1899–1905) am Martin-Luther-Ring. Der wahrlich monumentale Bau mit Giebeln und Türmchen und einer Fassade aus hellgrauem Kalkstein wurde auf den Grundmauern der ehemaligen Pleißenburg erbaut. Eine doppelstöckige Brücke, im Volksmund ironisch ›Beamtenlaufbahn‹ genannt, verbindet das Neue Rathaus mit dem angrenzenden **Stadthaus** (1908–1912). Beide Gebäude haben mehr als 800 Räume.

## Außerhalb des Rings

Leipzig hat sich ab Mitte des 19. Jahrhunderts rasch ausgedehnt, so vervierfachte sich die Einwohnerzahl in den Jahren von 1871 bis 1900. Manches am Stadtrand liegende Dorf wurde eingemeindet wie beispielsweise **Gohlis** 1890 und **Plagwitz** 1891. Zu den Sehenswürdigkeiten außerhalb der Innenstadt gelangt man bequem mit Straßenbahn oder Bus. Manches lässt sich sogar gut zu Fuß erreichen, so das **Mendelssohn-Haus** und das **Grassi-Museum** vom Augustusplatz und der Zoologische Garten vom Hauptbahnhof.

### ■ Bundesverwaltungsgericht

Das ehemalige Reichsgericht gehört neben dem Reichstag (Bundestag) in Berlin zu den wichtigsten Monumentalbauten des wilhelminischen Kaiserreiches. Kaiser Wilhelm II. legte 1888 im Beisein des sächsischen Königs persönlich den Grundstein. International bekannt wurde das Reichsgericht 1933 durch den Reichstagsbrandprozess der Nationalsozialisten. Zu den damals Angeklagten gehörte der bulgarische Kommunistenführer Georgi Dimitroff, deshalb gab es zu DDR-Zeiten in dem Haus das Georgi-Dimitroff-Museum, das sich die Räumlichkeiten mit dem Museum der bildenden Künste teilte. Heute informiert das **Reichsgerichtsmuseum**, das zu den Öffnungszeiten des Gerichts kostenlos besucht werden kann, über die interessante Geschichte des Gebäudes, das jetzt das Bundesverwaltungsgericht beherbergt.

Vor dem Gericht erscheint die jahrzehntelang überbaute **Pleiße** wieder freigelegt. Hier ist der Eingang zum **Musikviertel**, einem auf dem Reißbrett konzipierten Wohngebiet. Allein um 1900 entstanden hier 71 Villen. Seinen Namen bekam es von den frühesten Bauten, dem Konzerthaus des Gewandhausorchesters und dem Musikkonservatorium. In dem Viertel liegen heute die **Hochschule für Musik und Theater ›Felix Mendelssohn Bartholdy‹** (1887) sowie die **Hochschule für Grafik und Buchkunst**, die 1764 als erste Hochschule für Buchwesen weltweit eröffnete.

### ■ Mendelssohn-Haus

Hier, in der Goldschmidtstraße 12, starb am 4. November 1847 im Alter von nur 38 Jahren Felix Mendelssohn Bartholdy. Ihm ist zum großen Teil der Aufstieg Leipzigs zur Musikmetropole zu danken. Mendelssohn Bartholdy entdeckte Johann Sebastian Bach wieder und war von 1835 bis zu seinem Tode 1847 Leiter des Gewandhausorchesters. Die Wohnung des Künstlers in dem spätklassizistischen Haus konnte authentisch hergestellt werden.

Am Martin-Luther-Ring, in Höhe der Thomaskirche, steht seit 2008 das **Standbild von Mendelssohn Bartholdy**. Es ist eine originalgetreue Kopie des Bronzedenkmals, das bis 1936 vor dem

*Im Mendelssohn-Haus*

Gewandhaus stand. Die Nationalsozialisten ließen es entfernen, weil der Künstler Jude war.

### ■ Grassi-Museum

Östlich der Altstadt befindet sich Leipzigs Museumsinsel: ein Gebäudekomplex im Art-Déco-Stil (1925–1929) mit roter Görlitzer Porphyrverkleidung und markant-zackigen Pfeilern. Das Grassi-Museum vereint drei namhafte Sammlungen unter einem Dach.

**Museum für Angewandte Kunst**: Das 1874 als Vorbildersammlung zur ›Hebung des Geschmacks‹ gegründete Museum sammelt wertvolles Kulturgut von der Antike bis zur Gegenwart, besonders Keramik und Porzellan, Glas der verschiedensten Techniken, Gold- und Silberschmiedearbeiten, Zier- und Gebrauchszinn, Schmiedeeisen, Plastik, Möbel und Textilien.

**Museum für Völkerkunde**: Der Besucher unternimmt auf 4200 Quadratmetern eine Reise um die Welt. Kleidung, Waffen, Schmuck, Werkzeuge und anderes führen ihn zu anderen Völkern. Rund 185 000 Exponate besitzt das 1869 gegründete Museum, und obwohl es im Zweiten Weltkrieg einen großen Teil seiner Objekte verlor, gehört es heute zu den namhaftesten Völkerkunde-Museen Europas.

**Musikinstrumentenmuseum**: Rund 5000 zum Teil einmalige Musikinstrumente bewahrt das zur Universität Leipzig gehörende Museum auf. Besonders zahlreich sind italienische, deutsche und französische Instrumente aus der Zeit vom 16. bis zum 19. Jahrhundert vertreten.

### ■ Russische Gedächtniskirche

Weithin leuchtet die vergoldete Zwiebelkuppel der Kirche. Ikonen und Standarten, die russische Soldaten während der Völkerschlacht bei sich führten, werden in der Russischen Gedächtniskirche (1912–1913) in der Philipp-Rosenthal-Straße aufbewahrt. Offiziell lautet der Name: **St.-Alexej-Gedächtniskirche**. Die 18 Meter hohe Ikonostase – die Bilderwand mit der Darstellung von Heiligen – stifteten Donkosaken. Die Gedenkstätte für die 22 000 in der Völkerschlacht 1813 gefallenen russischen Soldaten befindet sich an der Rückseite der Kirche.

### ■ Deutsche Nationalbibliothek

Aufgabe der Bibliothek ist es, alle deutschen und deutschsprachigem Publikationen ab 1913 zu sammeln und dauerhaft zu archivieren. Bei der Eröffnung des repräsentativen Gebäudes 1916 meinte man, die Magazine könnten in den kommenden 200 Jahren alle Neuzugänge an deutschsprachigen Schrifttum aufnehmen. Da hatte man aber die rasante Entwicklung völlig falsch einge-

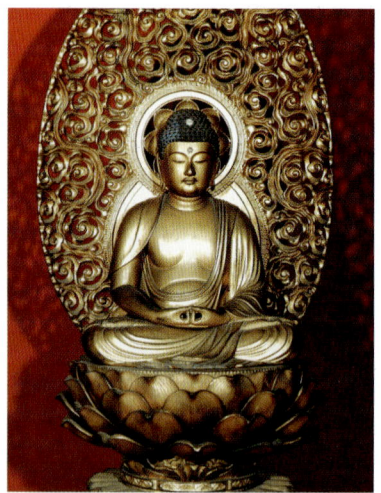

*Japanische Buddhafigur im Museum für Völkerkunde*

*Lesesaal der Deutschen Nationalbibliothek*

schätzt, denn schon nach 50 Jahren musste zum ersten Mal vergrößert werden, mittlerweile gibt es den vierten Erweiterungsbau. Bedingt durch die deutsche Teilung war 1947 in Frankfurt am Main eine gleichartige Einrichtung unter dem Namen Deutsche Bibliothek entstanden, nach der Einheit vereinte man beide, und 2006 erhielten sie den Namen Deutsche Nationalbibliothek. In dem Gebäude der einstigen Deutschen Bücherei befindet sich das 1884 gegründete **Deutsche Buch- und Schriftmuseum**, das sich rühmt, weltweit das älteste Museum dieser Art zu sein.

### ■ Asisi-Panometer

In den großen Gasometer integrierte der Berliner Künstler Yadegar Asisi ein gewaltiges 100 Meter langes und 30 Meter hohes Panorama. Von einer sechs Meter hohen Plattform öffnet sich der Blick weit in die Landschaft Amazoniens. Man blickt auf gigantische Urwaldbäume, faszinierende Pflanzen, auf Tiere und Menschen. Die Tag- und Nachtsimulation mit Sonnenauf- und untergang, mit prasselndem Tropenregen und dunkler Nacht mit geheimnisvollen Geräuschen lässt die Besucher einen Tag im Regenwald erleben. Eine begleitende Ausstellung gibt Antwort auf viele Fragen. Im 360-Grad-Format werden die Besucher ab 2013 die Völkerschlacht 1813 miterleben. Der nebenstehende kleinere Gasometer soll Veranstaltungsort werden. Die beiden denkmalgeschützten Gasometer speicherten bis 1977 Stadtgas.

### ■ Völkerschlachtdenkmal

Die Einweihung des gigantischen Denkmals am 18. Oktober 1913 war eine pompöse Feierlichkeit. Der deutsche Kaiser sowie fast alle Landesfürsten waren gekommen. Das 91 Meter hohe Monument wurde zum Wahrzeichen von Leipzig. An die Gefallenen erinnern

das 60 Meter lange **Relief** an der Vorderfront des Denkmals und die **Ruhmeshalle** (Krypta).
Die entscheidende Schlacht fand am 17. und 18. Oktober 1813 statt, zu der die verbündeten Monarchen Napoleon zwangen. Das Ergebnis am 18. Oktober: rund 100 000 Tote, darunter 22 000 Russen, 16 000 Preußen, 12 000 Österreicher und 300 Schweden, sowie 59 000 Verletzte. Durch die Völkerschlacht 1813 – sie gilt als die erste Massenschlacht der Neuzeit – erlangte Leipzig weltgeschichtliche Bedeutung. Von der oberen Plattform des Denkmals hat man bei gutem Wetter eine herrliche Aussicht.

### ■ Zoo

Der Leipziger Zoo befindet sich gegenwärtig im Wandel. Bis 2015 wird es mitten in der Stadt sechs Themen- und Tierwelten geben: Die **Faszinierenden Unterwasserwelten** im Aquarium mit den exotischen Bewohnern unserer Weltmeere, die **Expedition in die Tropen** mit **Pongoland**, der weltgrößten Menschenaffenanlage, **Wildnis, soweit das Auge reicht** mit der rund 25 000 Quadratmeter großen Kiwara-Savanne und Abenteuer im **Reich der Mitte** mit der Tiger-Taiga. Im Juli 2011 öffnete die Riesentropenhalle **Gondwanaland**, die ›Eine Reise in die Urzeit‹ möglich macht. In Gondwanaland, dem Urkontinent, der vor Jahrmillionen alle heutigen Erdteile der Südhalbkugel und Teile Asiens vereinte, kann man unter Wasser, auf verborgenen Pfaden, über Hängebrücken oder per Bootsfahrt auf Erkundungsreise gehen und 40 Tier- und 500 Pflanzenarten der Regenwälder Afrikas, Südamerikas und Asiens kennenlernen. Die Themen- und Tierwelt **Vom Hochland in den Regenwald**, die die Besucher den Kontinent Südamerika erleben lässt, wird ab 2012 geschaffen.
Der Leipziger Zoo gehört zu den artenreichsten der Welt. Am 9. Juni 1878 empfing er seine ersten Besucher. In der

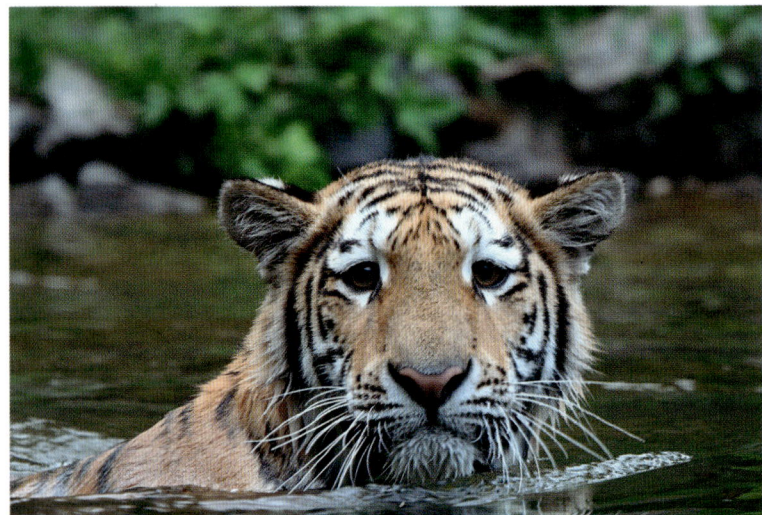

▲ *Amurtiger im Leipziger Zoo*

Welt berühmt ist die Löwenzucht, selbst nach Afrika hat der Leipziger Zoo schon Tiere ›exportiert‹. Für die vom Aussterben bedrohten Sumatra- und Sibirischen Tiger führt der Leipziger Zoo das internationale Zuchtbuch.

### ■ Gohliser Schlösschen

Beim Spaziergang durch Leipzigs Stadtteil Gohlis kann man das spätbarocke Gohliser Schlösschen (1755/56) bestaunen, einst Sommerpalais reicher Leipziger Rats- und Kaufherrn. Das sich im städtischen Besitz befindliche Bauwerk mit Stilelementen des Barocks und Rokokos wird für musikalisch-literarische Veranstaltungen genutzt.

### ■ Schillerhaus

1840, 35 Jahre nach Schillers Tod, fand in dem 1717 erbauten Bauernhaus in Gohlis zum ersten Mal eine Schiller-Feier statt. 1856 eröffnete das Museum, damit ist es Deutschlands älteste Literaturgedenkstätte. Das Bauernhaus dürfte sich nur deshalb erhalten haben, weil in ihm im Sommer 1785 Friedrich Schiller bei seinem Verleger Georg Joachim Göschen wohnte. Schiller schrieb in dem Haus die erste Fassung des Liedes ›An die Freude‹, das Ludwig van Beethoven später für den Schlusschor seiner 9. Sinfonie vertonte. Er arbeitete hier auch am zweiten Akt des ›Don Carlos‹.

### ■ Plagwitz

Kein Leipziger Stadtteil hat sich seit der Einheit wohl so verändert wie Plagwitz: vom tristen Industriestandort zur begehrten Wohnadresse. Ab den 1880er Jahren begannen sich in Plagwitz viele Industriebetriebe anzusiedeln, die auch zu DDR-Zeiten zu den größten Arbeitgebern gehörten. Nach der Einheit wurde Plagwitz ein gespenstischer Stadtteil,

*Das Schillerhaus in Gohlis*

Betriebe schlossen, viele Bewohner zogen weg, zurück blieben leerstehende Gebäude und Wohnungen, die zunehmend verkamen. Rund 12000 Arbeitsplätze gingen ab 1990 verloren. Als Außenstandort der EXPO 2000 bekam Plagwitz einen wohltuenden Entwicklungsschub – Geld wurde bereitgestellt, viele denkmalgeschützte Bauwerke erhielten eine neue Funktion und ein ansprechendes Aussehen. Gaststätten zogen in historische Bauwerke, Loftwohnungen und Arztpraxen entstanden, auch Gewerbe zog ein. Alles ist auf dem 2,6 Kilometer langen **Karl-Heine-Kanal** mit dem Boot zu erkunden oder auf dem Radweg, der den Kanal begleitet. Ein pfiffiger Italiener bietet Gondelfahrten wie in Venedig an, viel preiswerter ist es jedoch, sich ein Boot auszuleihen. Man paddelt vorbei an sanierter Industriearchitektur und noch verkommenen Bauten, vorbei an einladenden Gaststätten und durch zahlreiche Brücken. 284 hat man in Leipzig gezählt, aber mit Venedig – den Vergleich ziehen die Leipziger gern – kann es nicht mithalten, dort sind es über 400 Brücken.

## Leipzig

**Vorwahl:** 0341.
**Postleitzahl:** 04109 (Zentrum).
**Tourist-Information Leipzig,** Katharinenstr. 8 (im Katharinum), Tel. 71042-65, Fax -76, info@ltm-leipzig.de, www.ltm-leipzig.de, www.leipzig.de.
Die **Leipzig-Card** bietet freie Fahrt mit öffentlichen Verkehrsmitteln und Preisvorteile bei vielen touristischen Leistungen wie Stadtrundgängen, Museumsbesuchen, im Zoo und weiteren Freizeiteinrichtungen sowie in ausgewählten Geschäften. Die Tageskarte und 3-Tageskarte gelten jeweils für eine Person und kosten 8,90 bzw. 18,50 Euro. Die 3-Tagesgruppenkarte für 34 Euro ist für Familien mit 2 Erwachsenen und 3 Kindern bis 14 Jahren attraktiv.

**Steigenberger Grandhotel Handelshof,** Salzgässchen 6 (am Naschmarkt), Tel. 0800/78 46 83 57, www.steigenberger.com/Leipzig; 177 Zimmer und Suiten, DZ ab 148 Euro. Wer sich einmal etwas Besonderes leisten möchte, quartiert sich in diesem schicken, erst im April 2011 eröffneten Hotel in der City ein, Spa-Bereich auf zwei Etagen.
**Seaside Park Hotel,** Richard-Wagner-Str. 7, Tel. 98520, www.park-hotel-leipzig.de; 288 Zi., DZ ab 125 Euro. Gegenüber dem Hauptbahnhof, Innenausstattung in Art Déco, ruhigere Zimmer zum Innenhof.
**Pentahotel Leipzig,** Großer Brockhaus 3, Tel. 129 20, www.pentahotels.com/de/leipzig; 356 Zi., DZ ab 85 Euro. Modern gestyltes (von Matteo Thun) und wohltuend anderes Hotel. Mit Schwimmbad und Fitness-Center.
**Galerie Hotel Leipziger Hof,** Hedwigstr. 1-3, Tel. 697 40, www.leipziger-hof.de; 73 Zi., DZ ab 75 Euro. Privat- und Kunsthotel östlich vom Hauptbahnhof. In allen Zimmer hängen Originalbilder der Neuen Leipziger Schule. Wechselnde Kunstausstellungen.
**Mercure am Johannisplatz,** Stephanstr. 6, Tel. 977 60, www.mercure.com; 174 Zi., DZ ab 70 Euro. Angenehme Zimmer, Stadtzentrum in 10 Minuten zu Fuß zu erreichen.
**Hotel Ibis Leipzig Zentrum,** Brühl 69, Tel. 218 60, www.ibishotel.de; 126 Zi., DZ ab 53 Euro. Wie alle Ibis-Hotels: einfach und preiswert. Dazu günstige Lage direkt im Zentrum.

**Campingplatz und Motel Auensee,** Gustav-Esche-Str. 5, PLZ 04159, Tel. 465 16 00, www.camping-auensee.de. 5 Kilometer nordwestlich vom Stadtzentrum im Stadtteil Wahren, auch Finn- und Blockhütten vorhanden.

**Auerbachs Keller,** Grimmaische Str. 2-4, in der Mädlerpassage, Tel. 216 100, www.auerbachs-keller-leipzig.de; So geschl. Goethes Faust machte das Lokal bekannt, auch heute sollte jeder Tourist wenigstens hineingeschaut haben. Sächsische bodenständige Küche im Großen Keller (Hauptgerichte 12-20 Euro), gehobene französisch orientierte Gerichte im Historischen Weinkeller (Hauptgerichte 30-33 Euro).
**Stelzenhaus,** Weißenfelser Str. 65H, Tel. 92 44 45, www.restaurant-stelzenhaus.de; tägl. geöffnet, Hauptgerichte 13-25 Euro. Fast wie am Canale Grande in Venedig, dabei ›nur‹ Ausblick auf den Canale Plagwitz. Überra-

schend ambitionierte saisonale Küche, die aber ihren Preis hat.

**Gosenschenke ohne Bedenken**, Menckestr. 5/Poetenweg 6, OT Gohlis, Tel. 56 62 3 60, www.gosenschenke.de; tägl. geöffnet, Hauptgerichte 10–18 Euro. Die einzige noch existierende Schenke an historischer Stelle, in der die Gose, ein leicht säuerliches obergäriges Bier, ausgeschenkt wird. Dazu Alt-Leipziger Küche und viele Veranstaltungen. Im Sommer großer Biergarten und immer gute Stimmung.

**Apels Garten**, Kolonnadenstr. 2, Tel. 96 07 7 77, www.apels-garten.de; tägl. geöffnet, Hauptgerichte 8–16 Euro. Traditionsreiches Restaurant mit regionaler und internationaler Küche nach alten Rezepten.

**Thüringer Hof**, Burgstr. 19, Tel. 99 44 90, www.thueringer-hof.eu; tägl. geöffnet, Hauptgerichte 10–15 Euro. Absolut kein Widerspruch: Thüringer Gastlichkeit mitten in Sachsen. Deftige Thüringer Küche, einige vegetarische Gerichte. Thüringer Wurstspezialitäten im Glas zum Mitnehmen.

**Ratskeller**, Lotterstr. 1, Tel. 123 45 67, www.ratskeller-leipzig.de; Hauptgerichte 8–20 Euro. Gastlichkeit im historischen Kellergewölbe mit sächsischer Küche.

**Alte Nikolaischule**, Nikolaikirchhof 2, Tel. 211 85 11, www.alte-nikolaischule.de; tägl. geöffnet, Hauptgerichte 10–17 Euro. Legere studentische Atmosphäre, Mo–Fr preiswerte Mittagsangebote.

**Coffe Baum**, Fleischergasse 4, Tel. 96 10 0 61, www.coffe-baum.de; So geschl. Eines der ältesten Kaffeehäuser Deutschlands, viele Kaffee- und Teespezialitäten, eigene Konditorei.

**Café Kandler**, Thomaskirchhof 11, Tel. 213 21 81; tägl. geöffnet. Teehaus mit einer großen Auswahl, Kaffeespezialitäten und feine Patisserien.

**Kaffeehaus Riquet**, Schuhmachergässchen 1, Tel. 961 00 00; tägl. geöffnet. Auf zwei Etagen in einem schönen Jugendstilgebäude locken hausgemachte Torten und Kuchen. Erkennungszeichen am Eingang: zwei Elefantenköpfe.

Nachtschwärmer kommen in Leipzig voll auf ihre Kosten. Vielgestaltig, schillernd und bunt geht es in den Bars, Kneipen und Szene-Locations zu.

Ein absolutes Muss: ein Bummel über die **Kneipenmeile Drallewatsch**. Im Barfußgässchen, Fleischergasse und Klostergasse reihen sich Kneipen und Restaurants mit den unterschiedlichsten Angeboten aneinander.

**Stadtgeschichtliches Museum**, Markt 1, im Alten Rathaus, Tel. 96 51 30, www.stadtgeschichtliches-museum-leipzig.de; Di–So 10–18 Uhr.

**Museum der Bildenden Künste**, Katharinenstr. 10, Tel. 21 69 90, www.mdbk.de; Di, Do–So 10–18, Mi 12–20 Uhr.

**Museum zum Arabischen Coffee Baum**, Kleine Fleischergasse 4, Tel. 96 1 00 60, www.coffee-baum.de; tägl. 11–19 Uhr.

**Bachmuseum**, Thomaskirchhof 16, Tel. 973 12 02, www.bach-leipzig.de; tägl. 10–17 Uhr, Führungen 11 und 15 Uhr.

**Reichsgerichtsmuseum**, im Bundesverwaltungsgericht, Simsonplatz 1, Tel. 20 07 16 21, www.bundesverwaltungsgericht.de; Mo–Fr 8–16 Uhr.

**Mendelssohn-Museum**, Goldschmidtstr. 12, Tel. 12 70 2 94, www.mendelssohn-stiftung.de; tägl. 10–18 Uhr. Jeden So 11 Uhr Konzerte im Musiksaal.
**Grassi-Museum**, Johannisplatz 5–11, www.grassimuseum.de; Di–So 10–18 Uhr. Hier sind untergebracht das **Museum für Völkerkunde**, Tel. 973 19 00, das **Museum für Angewandte Kunst**, Tel. 22 29 1 00, sowie das **Museum für Musikinstrumente**, Tel. 973 07 50.
**Russische Gedächtniskirche**, Philipp-Rosenthal-Str. 51a, Tel. 878 14 53, www.russische-kirche-L.de; täglich 10–17 Uhr, 13.15–14 Uhr Pause.
**Deutsches Buch- und Schriftmuseum**, Deutscher Platz 1, Tel. 227 13 24, www.d-nb.de; Mo–Fr 8–16, Sa 9–18 Uhr.
**Asisi-Panometer**, Richard-Lehmann-Str. 114, Tel. 355 53 40, www.asisi.de; Di–Fr 9–19, Sa/So 10–20 Uhr, Führungen 11, 14 und 15 Uhr.
**Völkerschlachtdenkmal und Forum 1813**, Prager Straße, Tel. 878 04 71; tägl. April–Okt. 10–18, Nov.–März 10–16 Uhr.
**Zoologischer Garten**, Pfaffendorferstr. 29, Tel. 593 33 85 (Safaribüro), www.zoo-leipzig.de; tägl. Mai–Sept. 9–19, Okt. 9–18, Nov.–März 9–17 Uhr.
**Gohliser Schlösschen**, Menckestr. 23, Tel. 58 96 90, www.gohliser-schloss.de, öffentliche Führungen laut Terminkalender, regelmäßig Veranstaltungen, Ausstellungen, Konzerte.
**Schillerhaus**, Menckestr. 42, Tel. 566 21 70, www.stadtgeschichtliches-museum-leipzig.de; April–Okt. Di–So 10–17, Nov.–März Mi–So 11–16 Uhr.
**Gedenkstätte Museum in der Runden Ecke**, Dittrichring 24, Tel. 961 24 43, www.runde-ecke-leipzig.de; tägl. 10–18 Uhr.
**Museum für Druckkunst**, Nonnenstr. 38, Tel. 23 16 20, www.druckkunst-museum.de; Mo–Fr 10–17, So 11–17 Uhr.

**Neues Gewandhaus**, Augustusplatz 8, Tel. 127 02 80, www.gewandhaus.de. Spielstätte des Gewandhausorchesters. Es musiziert ebenfalls mit dem Thomanerchor in der Thomaskirche sowie zu Opernaufführungen in der Leipziger Oper.
**Oper Leipzig**, Augustusplatz 12, Tel. 126 12 61, www.oper-leipzig.de. Oper, Operette und Ballett.
**Thomaskirche**, Thomaskirchhof 18, 22 22 4 2 00, www.thomaskirche.org. Jeden Fr 18 und Sa 15 Uhr Motettensingen (meist) mit dem weltberühmten Thomanerchor.
**Nikolaikirche**, Nikolaikirchhof 3, Tel. 960 52 70, www.nikolaikirche-leipzig.de. Mi und Fr 17 Uhr Orgelvesper auf der größten Orgel Sachsens.
**Krystallpalast Variete**, Münzgasse 4, Tel. 140 6 60, www.krystallpalast.de. Variete-Theater.
**Leipziger Pfeffermühle**, Katharinenstr. 17, Tel. 960 31 96, www.kabarett-leipziger-pfeffermuehle.de. Politisch-satirisches Kabaretttheater.
**Academixer**, Kupfergasse 2, Tel. 21 78 78 78, www.academixer.com. Aktuell-politische Programme, sächsische Mundartprogramme, literarisch-musikalische Kabarett.
**Moritzbastei**, Universitätsstr. 9, Tel. 70 25 90, www.moritzbastei.de. Diskos, Ausstellungen, Lesungen, Performances.
**Wagner-Festtage**, im Mai, www.wagner-festtage.com. Veranstaltungen rund um den großen Komponisten, Konzerte, Vorträge.

**Bachfest**, im Juni, www.bach-leipzig.de. Rund 100 Konzerte, Vorträge, Open-Airs in und um Leipzig, die den großen Komponisten ehren.

**Mendelssohn-Festtage**, Aug./Sept. Musikfestival zu Ehren von Felix Mendelssohn-Bartholdy, zahlreiche große und kleinere Konzerte.

**Leipziger Wasserfest**, im August, www.wasserfest-leipzig.de. Aktivitäten und Veranstaltungen im Hafen Lindenau, am Palmengartenwehr, am Bootshaus Klingerwehr, im Stadtteilpark Plagwitz und an den Leipziger Seen.

**Weihnachtsmarkt**, in der Adventszeit. Weihnachtliche Stimmung auf dem Marktplatz und den angrenzenden Straßen und Plätzen, mit Turmblasen vom Turm des Alten Rathauses und großem freistehenden Weihnachts-Erlebnis-Kalender.

Zum Shoppen ist Leipzig bestens geeignet, in den zahlreichen Passagen fanden Boutiquen und Fachgeschäfte ihr Domizil: **Hauptbahnhof-Promenaden**, www.promenaden-hauptbahnhof-leipzig.de, **Mädlerpassage**, www.maedler-passage-leipzig.de, **Königshaus-Passage**, **Messehof-Passage**, **Specks Hof**, www.speckshof.de, **Barthels Hof**, **Marktgalerie und Breuninger**, www.leipzig-marktgalerie.de.

**Antik- und Trödelmarkt**, auf dem alten Messegelände, Halle 13.

**Frischmarkt**, jeden Sa auf der Festwiese beim Zentralstadion. Erzeuger und Händler aus der Region verkaufen ihre landwirtschaftlichen Produkte.

Viele Infos und Tipps zum Radfahren in der Stadt und in der Umgebung finden sich auf der Website www.radfahren-in-leipzig.de.

**Bootsverleih Herold**, Antonienstr. 2, 04229 Leipzig, Tel. 401 10 59, www.bootsbau-herold.de. Verleih von Ruderbooten, Kajaks, Kanadier, Motorbooten, Wassersportschule.

**Motorbootfahrten** auf den Wasserstraßen Leipzigs mit Motorboot ›Sturmvogel‹, Tel. 480 65 45, www.kanu-leipzig.de; April–Okt.

*Gondoliere auf dem Karl-Heine-Kanal*

# Leipziger Neuseenland

Leipzigs Umgebung ist im Wandel. Die vom Braunkohleabbau stark geschundene Landschaft verwandelt sich in ein Seenparadies, gegenwärtig entsteht eine der größten Seenplatten Deutschlands. Die Braunkohlebagger hatten sich bis an die Stadtgrenzen herangefressen, zurück blieb eine Mondlandschaft. Die verschandelte Landschaft ist bereits heute nicht wiederzuerkennen: 20 Seen mit einer Gesamtwasserfläche von mehr als 70 Quadratkilometern entstehen zwischen Bitterfeld im Norden, zum Bundesland Sachsen-Anhalt gehörend, und Borna im Süden. Zahlreiche ehemalige Braunkohlelöcher sind bereits geflutet und begrünt. Leipziger Neuseenland sagen die Touristiker zu dieser von Menschenhand geschaffenen Landschaft. Badefreunde und Wassersportler zieht die Region mit ihren feinsandigen Stränden, Marinas, Uferpromenaden und einer der modernsten Wildwasseranlagen schon heute an.

## Delitzsch

An Sehenswürdigkeiten bietet Delitzsch (27 500 Einwohner) eine gut erhaltene **Stadtbefestigung**, das spätklassizistische **Rathaus**, das **Schloss** und die mittelalterliche **Stadtkirche St. Peter und Paul**. Der dreischiffige Backsteinbau, der zu den südlichsten Beispielen norddeutscher Backsteingotik zählt, prägt mit seinen beiden Turmspitzen das Stadtbild. Die Kirche wurde 1496 nach rund 90-jähriger Bauzeit, allerdings mit mehrjährigen Unterbrechungen, fertiggestellt. Wer es einrichten kann, sollte am Peter-und-Paul-Tag, also dem 29. Juni, Punkt 12 Uhr vor der Kirche stehen und zur Turmuhr schauen. Denn nur an diesem Tag reicht Eva Adam beim Glockenschlag den Apfel.

Im Haus Kreuzgasse 10 wurde eine **Gedenkstätte** für den Genossenschaftsbegründer Dr. Franz Hermann Schulze-Delitzsch eingerichtet, der 1808 in Delitzsch geboren wurde und bis 1862 mit Unterbrechungen in der Stadt lebte und wirkte. Auf dem Marienplatz wird er mit einem Denkmal gewürdigt.

Der **Hallesche Turm** (1394–96) und der **Breite Turm** (14. Jahrhundert) sind Bestandteil der Reste der mittelalterlichen Stadtmauer.

Höhepunkt eines Delitzsch-Besuches dürfte aber zweifelsohne das schöne **Barockschloss** sein, das im 16. Jahrhundert aus einer alten slawischen Burg als Witwensitz der Fürsten von Sachsen-Merseburg entstanden ist. Zu DDR-Zeiten war es wegen Baufälligkeit gesperrt und aus dem Gedächtnis vieler verschwunden. Seit Jahren präsentiert es sich wunderschön restauriert, eine Augenweide ist auch der wiederhergestellte barocke **Schlosspark**.

Im Süden von Delitzsch entstand ein Seengebiet. Dort, wo sich ab 1980 Braunkohlebagger in die Landschaft fraßen, leuchten heute Seen. Der **Werbelinsee** ist mit 4,4 Quadratkilometern der größte, benannt nach dem gleichnamigen Dorf, das dem Braunkohleabbau weichen musste. Südlich von **Grabschützer** und **Zwochauer See**, bei Gerbisdorf, erinnert ein 17 Meter hohes **Schaufelrad** an den Bagger SRs 6300, der als größter in diesem Kohlerevier die Landschaft durchfurchte. Die Baggerschaufel wiegt 2,1 Tonnen und kann 3300 Liter fassen. Aus dem ehemaligen Tagebau Breitenfeld wurde der **Schladitzer See**, der voraussichtlich 2012 seine geplante Wasserfläche von 2,2 Quadratkilometer erreichen wird. Aber bereits seit 2003

# Leipziger Neuseenland [ 99 ]

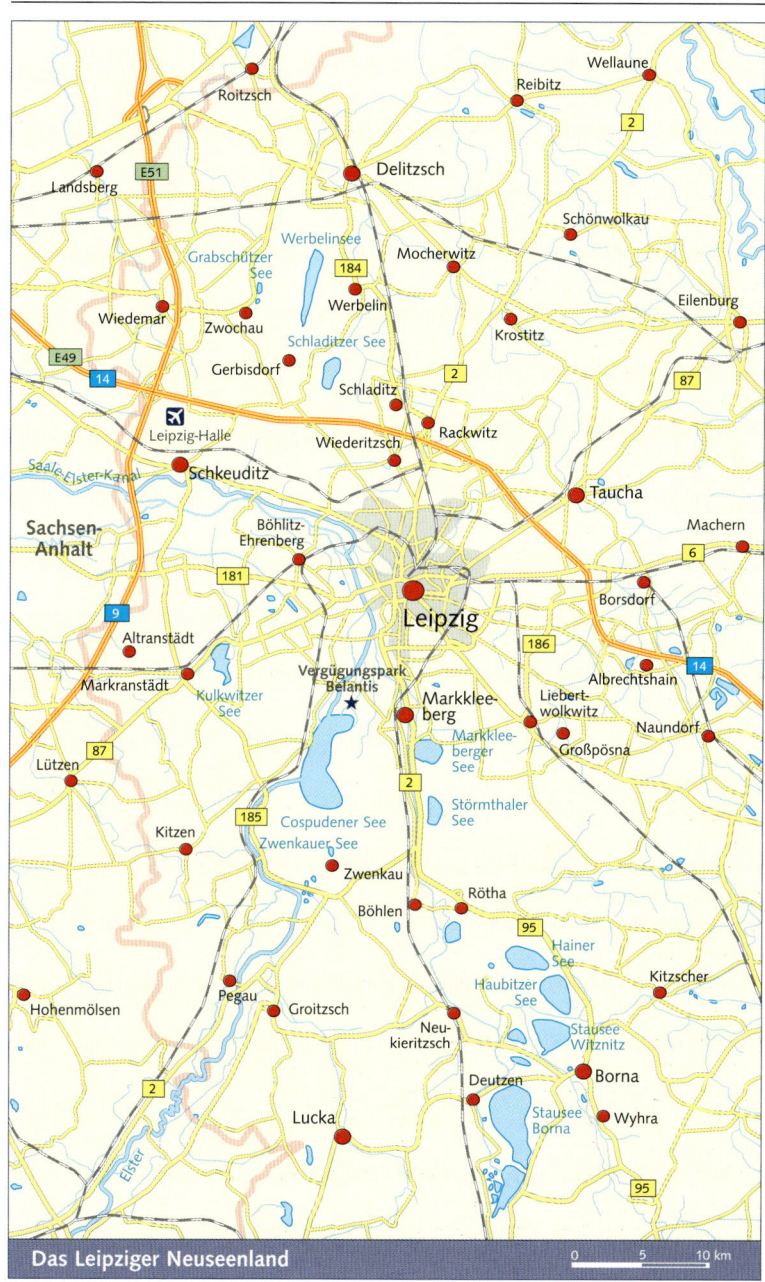

Das Leipziger Neuseenland

ist er für die touristische Nutzung freigegeben, darf in ihm gebadet werden und wurde er zum Treff von Kitesurfern und Seglern.

## Kulkwitzer See

Westlich von Leipzig, am Stadtrand von **Markranstädt**, wird bereits seit 1973 gebadet. Am breiten Sandstrand des 1,7 Quadratkilometer großen Sees stehen Strandkörbe, Ruderboote und Wassertreter zum Mieten bereit. Mit seinem glasklaren Wasser gehört der Kulkwitzer See nicht nur zu den beliebtesten Badeseen der Region, sondern auch zu den besten Tauchgewässern Mitteldeutschlands. Eigens für Taucher entsteht ein **Unterwasser-Technik-Park**. Bislang wurden auf dem Grund des Sees ein Flugzeugrumpf und ein Schiffskörper versenkt.

Wahrzeichen des Sees, der aus zwei Braunkohlegruben entstand, aus denen man von 1864 bis 1963 das braune Gold förderte, ist **Frieda**, ein ausgedienter Saalelastkahn. In Teile zersägt kam er 1972 ans Seeufer, zusammengebaut empfing er viele Jahre als Schiffsgaststätte ›MS Leipzig‹ Gäste. Heute dient ›Frieda‹ unter dem Namen ›Santa Anna‹ als Piratenschiff mit Restaurant und Veranstaltungen.

## Altranstädt

Das **Schloss** in Altranstädt, sechs Kilometer westlich vom Kulkwitzer See, hat architektonisch nichts zu bieten. Aber in die europäische Geschichte ist es eingegangen: Der junge schwedische König Karl XII. wählte vom 21. September 1706 bis zum 1. September 1707 das Schloss, das sein heutiges Aussehen um 1620 erhielt, zu seinem Hauptquartier. Viele Diplomaten und Vertreter von Königs- und Fürstenhäusern machten ihm hier ihre Aufwartung. Am 24. September 1706 saß der schwedische Monarch Kurfürst August dem Starken gegenüber, und beide besiegelten den Frieden im Nordischen Krieg. Der Wettiner musste den Frieden mit dem Verzicht auf die polnische Königskrone erkaufen. Fast ein Jahr später, am 1. September 1707, unterzeichneten im selben Raum, der seitdem **Friedenszimmer** heißt, Karl XII. und Kaiser Joseph I. die Altranstädter Konvention. Die versprach den schlesischen Protestanten Glaubensfreiheit und den Bau von sechs Gnadenkirchen.

Der Raum ist fast original erhalten, darunter der kunstvolle Tisch mit einer großen Schieferplatte und der barocke Sessel, in dem der schwedische König gesessen haben soll. Zum 200-jährigen Jubiläum 1907 wurde im Schlossinnenhof ein fünf Meter hoher Obelisk errichtet.

## Markkleeberg

Durch die ›agra‹, die großen Gartenbau- und Landwirtschaftsausstellungen von 1948 bis 2003, ist der Name Markkleeberg (23900 Einwohner) im Osten Deutschlands bekannt. Den **agra-Landschaftspark** im englischen Stil mit dem Haupteingang an der Raschwitzer Straße ziert die neoklassizistische **Villa Weißes Haus** (1896/97), für die das Lustschloss Petit Trianon im Versailler Schlosspark als Vorbild diente. Der Park, durch den die Stadtgrenze zwischen Markkleeberg und Leipzig verläuft und in den sich nach antikem Vorbild Musen- und Antikentempel sowie die Nach-

*Das Delitzscher Schloss*

bildungen barocker Plastiken kunstvoll einfügen, hält für die Besucher immer neue Bilder bereit.

Am nördlichen Rand des Cospudener Sees erstreckt sich der kleine **Kees'sche Park** mit dem imposanten neobarocken **Adlertor** (1885–1895). Bemerkenswert ist noch die **Martin-Luther-Kirche** (1717), eine barocke Saalkirche mit umlaufenden Emporen auf toskanischen Säulen. Von Wachau aus, einem Stadtteil Markkleebergs, zieht sich in südlicher Richtung nach Liebertwolkwitz und Großpösna das **Flächendenkmal Südliches Schlachtfeld Völkerschlacht 1813** mit mehreren Erinnerungsstätten hin.

## Markkleeberger See

Bis an die südöstliche Stadtgrenze von Markkleeberg hatten sich die Braunkohlebagger geschoben, 1996 war Schluss mit der Kohleförderung. In rund 60 Jahren förderte man aus dem Tagebau Espenhain 570 Millionen Tonnen Rohbraunkohle und bewegte 1,7 Milliarden Kubikmeter Abraum. Der ehemalige Tagebau Espenhain verwandelte sich in den 2,5 Quadratkilometer großen Markkleeberger See. Am 15. Juli 2006 nahm die Öffentlichkeit den See in Besitz. Hauptattraktion ist der **Kanupark**, Europas modernste künstliche Wildwassersportanlage mit einer 130 Meter langen Trainings- und einer 270 Meter langen Wettkampfstrecke. Von Mai bis Oktober kann man zuschauen, wie die Kanuslalom-Elite im strudelnden Wasser trainiert, sich aber auch Freizeitsportler in die Fluten stürzen, begleitet von einem erfahrenen Guide im Schlauchboot. Ein Förderband zwischen Ziel- und Startbecken transportiert die Boote, so dass nicht ausgestiegen werden muss.

Dem Markkleeberger See mit Sandstränden und einem Ferienresort schließt sich südöstlich der 7,3 Quadratkilometer große **Störmthaler See** an, einst ebenfalls zum Tagebau Espenhain gehörend. Beide Seen werden durch einen Kanal miteinander verbunden. In der Nähe entsteht auf dem Innenkippengelände des ehemaligen Tagebaus Espenhain der **Bergbau-Technik-Park** (BTP). Kernstücke des Parks, lediglich 100 Meter von der Autobahn 38 entfernt, bilden die beiden Tagebaugroßgeräte Schaufelradbagger 1547 (etwa 1300 Tonnen, Baujahr 1985) und der Bandabsetzer 1115 (etwa 2400 Tonnen, Baujahr 1986).

Der Stopp des Braunkohleabbaus rettete auch **Schloss Güldengossa**. Das spätbarocke, von einem Park umgebene Herrenhaus (1720) verwandelte sich nach der detailgetreuen Restaurierung in ein wahres Barockjuwel, genutzt wird es für kulturelle Veranstaltungen und Events.

## Cospudener See

›Cossi‹ sagen die Einheimischen zum Cospudener See am westlichen Stadtrand von Markkleeberg. Am 5. August 1993 begann die Flutung, am 1. Juni

▲ *Im Kanupark von Markkleeberg*

*Hafen am Cospudener See*

2000, anlässlich der EXPO, erfolgte die Freigabe. Aus dem Tagebaurestloch Cospude war ein See mit einer Wasserfläche von 4,4 Quadratkilometern entstanden. In den Cafés an seinem Ufer erholt man sich bei Kaffee und Kuchen, am Strand spielen Kinder. Auf dem Wasser ziehen Segelboote ihre Bahn, und Surfer nutzen die guten Winde. Der 10,4 Kilometer lange asphaltierte Rundweg um den See ist bei Radfahrern und Inlineskatern beliebt.

Wer sich die Cospudener Küste lieber vom Wasser her anschauen möchte, begibt sich an Bord des MS ›Cospuden‹ auf Rundfahrt. Der Name Cospuden kommt von der kleinen Ortschaft, die dem Braunkohletagebau zum Opfer fiel. 1990 endete der 1981 begonnene Abbau, zurückgeblieben war ein 60 Meter tiefer Krater, eine Mondlandschaft ohne Baum und Strauch. Vom 35 Meter hohen **Aussichtsturm** auf der Bistumshöhe am südwestlichen Seenzipfel bietet sich ein fantastischer Blick über das Gewässer auf die **Neue Harth** genannte Landschaft. Der Aussichtsturm ist ganzjährig bei freiem Eintritt zugänglich. Allerdings sind 180 Stufen zu bewältigen.

Das südlich des Cospudener Sees gelegene Zwenkauer Tagebaurestloch wird voraussichtlich 2014 der letzte neue See der Region sein. Hier wurden von 1981 bis 1999 rund 32 Millionen Tonnen Braunkohle abgebaut. Mit einer Größe von knapp zehn Quadratkilometern wird der **Zwenkauer See** zum Flutungsende das größte Gewässer im südlichen Bereich des Leipziger Neuseenlandes sein. Bereits heute kann man auf dem Fahrgastschiff ›Santa Barbara‹ auf Entdeckungsreise gehen. Geplant ist, den Zwenkauer See und den Cospudener See mit einem Kanal zu verbinden.

## Belantis

Die meisten Besucher kreischen ausgelassen, wenn der Wagen nach einem senkrechten Anstieg vom Liftturm auf über 32 Meter im freien Fall in die Tiefe saust. Die Achterbahn ›Hurrican‹ ist seit Sommer 2010 die neueste Attraktion im größten Vergnügungspark in den neuen Bundesländern. Mit einer

Höchstgeschwindigkeit von 85 Stundenkilometern jagen die Wagen die gut einen halben Kilometer lange Strecke entlang, fünf Überschläge lassen den Puls schneller schlagen. Zwischen Cospudener See, Elsterstausee und Zwenkauer See gehen die Besucher im Vergnügungspark auf Zeitreise. Sieben Themenwelten mit mehr als 60 Attraktionen und Shows sind auf gut 25 Hektar Fläche mit vier Kilometer Spazierwegen und rund 60 000 Quadratmeter Wasser entstanden. Der Eingang zum Park führt durch das himmelblaue Schloss Belantis, in dessen Innenhof die Gäste von Gauklern und Straßenkünstlern empfangen werden. Danach folgt im ›Tal der Pharaonen‹ die 38 Meter hohe Pyramide, und am ›Strand der Götter‹ flitzen Boote mit rasanter Geschwindigkeit im Kreis, um den Gott der Meere zu bezwingen. Im ›Land der Grafen‹ sorgen vier Riesenrutschen für Gaudi, und auf der ›Insel der Ritter‹ ist das ›Verlies des Grauens‹ zu erleben. An der ›Küste der Entdecker‹ liegt die berühmte ›Santa Maria‹, deren Schaukel bis zu 20 Meter hoch schwingt. Das ›Reich der Sonnentempel‹, die achte Erlebniswelt, die in die südamerikanische Mythologie entführt, entsteht in den nächsten Jahren.

## Borna

Nach Borna reiste im Jahr 2007 eine Kirche, die schon rund 750 Jahre alt ist. Auf Rädern kam sie im Schneckentempo angefahren, zehn Tage war sie von dem kleinen Ort Heuersdorf in das zwölf Kilometer entfernte Borna unterwegs. Die Straßen waren abgesichert wie bei einem hohen Staatsgast, nichts durfte im Weg stehen. Immerhin wurden rund 1000 Tonnen Gewicht transportiert, mit einer Länge von 14,5 Metern und einer

*Das Reichstor in Borna*

Höhe von 19,6 Metern – eine komplette Kirche hockte auf dem Schwerlasttransporter mit 160 Rädern.
1258 wurde die kleine **Emmauskirche** erbaut, Jahrhunderte stand sie mitten in dem kleinen Heuersdorf, unter sich tausende Tonnen Braunkohle. Die Menschen in Heuersdorf kämpften mehr als ein Dutzend Jahre verzweifelt um ihren Besitz, bis zum sächsischen Verfassungsgericht klagten sie sich durch, erfolglos. Ihr Dorf ist weg, von Braunkohlenbaggern verschlungen, doch dem Gotteshaus ermöglichte man die Flucht ins benachbarte Borna. Dort steht das Kirchlein jetzt als Denkmal für alle dem Braunkohleabbau zum Opfer gefallenen Orte und Kirchen in der Region. Ostern 2008 fand am neuen Standort der erste Gottesdienst statt.
Aus dem von der Kohleförderung geprägten Borna (22 600 Einwohner) –

um 1800 begann die Braunkohleförderung, um 1910 ging man verstärkt zum Tagebau über – wurde nach der Einheit ein freundliches Städtchen, das zum Besuch einlädt. Vergessen sind die Zeiten, als das nahe Espenhainer Braunkohleverarbeitungswerk, eine der größten Dreckschleudern Europas, täglich mehr als vier Tonnen Schwefelwasserstoff in die Luft blies, die ungefiltert niedergingen.

Als Rest der Stadtbefestigung blieb das barocke vierstöckige **Reichstor** (1723) stehen, heute Domizil des **Stadtmuseums**. Original erhalten hat sich in dem Tor die Wachstube für die ehemalige Bürgerfeuerwehr. Die 1456 geweihte **Stadtkirche St. Marien** am Martin-Luther-Platz besitzt mit dem großen Schnitzaltar (1511/12) eine Kostbarkeit der Spätgotik. In der Kunstgeschichte wird er als Bornaer Altar bezeichnet, die Figuren im Mittelschrein stellen eine Meisterleistung der Bildhauerkunst dar. Wer sich den 36 Meter hohen Kirchturm genau anschaut, wird feststellen, dass er aus dem Lot geraten ist. Rund 70 Zentimeter beträgt die Schiefstellung, entstanden durch vom Bergbau verursachte Grundwasserabsenkung. Doch niemand braucht Angst zu haben, der Turm könnte ihm auf den Kopf fallen. Aufwendige Baugrundverfestigungen in den Jahren 2006 bis 2008 garantieren die Standsicherheit.

Im Ortsteil Wyhra, fünf Kilometer südlich des Stadtzentrums, lässt das **Volkskundemuseum Wyhra** das dörfliche Leben um 1900 wieder lebendig werden. In einem mehr als 250 Jahre alten, für diese Region typischen Dreiseithof am Benndorfer Weg 3 wird gezeigt, wie die Menschen auf einem Bauernhof in Nordwestsachsen lebten, auf dem Feld und im Stall arbeiteten und wie der Alltag verlief.

### Leipziger Neuseenland

**Tourist-Information Delitzsch**, im Barockschloss, Schlossstr. 31, 04509 Delitzsch, Tel. 03 42 02/67 23 7, info@delitzsch.de, www.delitzsch.de.

**Markkleeberg-Information**, Rathausplatz 1 (im Rathaus), 04416 Markkleeberg, Tel. 03 41/353 32 14, Fax -62, www.markkleeberg.de, www.markkleeberger-see.info.

**Tourist- und Stadtinformation Borna/Leipziger Neuseenland**, Markt 2, 04552 Borna, Tel. 034 33/87 31 95, Fax 87 31 99, tourist-info@leipzigerneuseenland.de, www.borna.de, www.leipzigerneuseenland.de.

**Zum weißen Roß**, Rossplatz 2–3, Delitzsch, Tel. 03 42 02/79 90, www.hotel-zumweissenross.de; 59 Zi., DZ ab 84 Euro. Geschmackvolle Zimmer, gelungene Mischung aus Alt und Neu.

**Atlanta Hotel**, Südring 21, Markkleeberg, Tel. 0341/41 46 00, www.atlanta-hotel.de; 197 Zi., 70 App., DZ ab 82,50 Euro. Südlich von Leipzig und nahe den neuen Seen. Mitten im Einkaufs- und Gewerbepark, dennoch angenehmes Ambiente.

**Seepark Auenhain**, Am Feriendorf 2, Markkleeberg, Tel. 03 42 97/986 80, www.seepark-auenhain.de; 35 Ferienhäuser unterschiedlicher Größe (ab 55 Euro), 12 Appartements. Am Markkleeberger See, breites Freizeitangebot.

**Hotel ›Drei Rosen‹**, Bahnhofstr. 67, Borna, Tel. 034 33/20 44 96, www.hotel-drei-rosen.de; 17 Zi., 2 App., DZ ab 67 Euro. Gründerzeitbau mit Flair in Zentrumsnähe.

**Campingplatz Kulkwitzer See**, Seestr. 1, Tel. 03 41/71 07 70, www.leipzigseen.de. Zelt- und Caravanstellplätze zwölf Kilometer westlich vom Stadtzentrum an einem ehemaligen Tagebausee. Auch Finnhütten, Bungalows und Ferienwohnungen werden vermietet.
**Campingpark am Markkleeberger See**, Kirschallee 1, Markkleeberg, Tel. 03 42 97/14 30 53, www.neuseenland-camping.de. Campen am Wasser, oberhalb des Markkleeberger Sees.

**Zur Schlosswache**, Schlossstr. 28, Delitzsch, Tel. 03 42 02/355 00, www.schlosswache-delitzsch.de; Di geschlossen, Hauptgerichte 8–16 Euro. Stilvolles Ambiente, internationale Küche, auch Pastagerichte.
**Fischrestaurant Markkleeberger Seeblick**, Hauptstr. 113a, Markkleeberg, Tel. 03 41/350 32 06, www.markkleeberger-seeblick.de; tägl. geöffnet, Hauptgerichte 11–20 Euro. Restaurant mit maritimer Atmosphäre, der Fisch wird gegrillt, gedünstet oder gebraten serviert.

**Museum im Barockschloss Delitzsch**, Schlossstr. 31, Tel. 03 42 02/672 06, Di–So 10–17 Uhr.
**Schulze-Delitzsch-Gedenkhaus**, Kreuzgasse 10, Tel. 03 42 02/638 64, Di–Do 10–12 und 14–17 Uhr.
**Schloss Altranstädt**, Am Schloss 2, Altranstädt, Tel. 03 42 05/41 77 99, www.schloss-altranstaedt.de; Sa/So 14–17 Uhr.
**Torhaus Markkleeberg**, Kirchstr. 40, Markkleeberg, Tel. 03 41/338 57 76, www.torhaus-markkleeberg.de; Mo–Do 9–15, Fr 9–14, So 14–17 Uhr.
**Bergbau-Technik-Park**, Großpösna, aktuelle Termine und Buchung von Führungen Tel. 034 33/87 31 97 oder www.leipzigerneuseenland.de.
**Schloss Güldengossa**, Schulstr. 11, Güldengossa, Tel. 03 42 97/986 90, www.schloss-gueldengossa.de; Führungen Mai–Okt. jeden So 14 und 15 Uhr.
**Belantis Vergnügungspark**, 10 km südlich der Leipziger Innenstadt, an der A38, Zum weißen Markt 1, Leipzig, Tel. 01 378/40 30 30 (kostenpflichtig!), www.belantis.de; Ostern–Okt. tägl. 10–18 Uhr.
**Museum der Stadt Borna**, An der Mauer 2–4, Borna, Tel. 034 33/27 86 30, www.museum-borna.de; Di–Fr 9–17, Sa/So 14–17 Uhr.
**Volkskundemuseum Wyhra**, Benndorfer Weg 3, Borna OT Wyhra, Tel. 034 33/85 10 71, www.volkskundemuseum-wyhra.de; April–Okt. Di–Fr 9–17, Sa/So 10–17 Uhr, Nov.–März Di–Fr 10–16 Uhr.

**Stadtfest – Historischer Peter-und-Paul-Markt**, Delitzsch, Tel. 03 42 02/671 13, www.peterundpaul-delitzsch.de. Am Wochenende um den 29. Juni, dem Peter-und-Paul-Tag. Historisches Fest, das seit 1400 stattfindet, Höhepunkt ist der Festumzug in historischen Kostümen zur Delitzscher Geschichte.

**Markranstädter Musiksommer**, www.musiksommer-markranstaedt.de. In den Sommermonaten Konzerte in der St. Laurentius-Kirche.
**Westphalsches Haus**, Dölitzer Str. 2, Markkleeberg, Tel. 03 41/391 11 17; Di, Do 10–17, Mi 10–16 Uhr. Kultu-

reller Treffpunkt und Veranstaltungsort für Konzerte, Lesungen und anderes.
**Pfarrscheune Schenkenberg**, Vierzehner Reihe 2, Delitzsch OT Schenkenberg, Tel. 03 42 02/565 24, www.pfarrscheune-schenkenberg.de. Alternatives Gemeindezentrum, regelmäßige Veranstaltungen wie Konzerte verschiedenster Genres, Kabarett, Kino und Märkte.

Radwege wurden um die Seen angelegt, so kann man bequem von einem zum anderen radeln, Fahrradvermietungen gibt es an jedem See, www.leipzigseen.de.

Infos zum Baden, Segeln, Surfen, Kanu- oder Wildwasserfahren im Leipziger Neuseenland: www.leipzigerneuseenland.de.

**Wasserski- und Wakeboard-Anlage** Kulkwitzer See, Seestr. 7, Tel. 03 41/225 69 52, www.wasserski-leipzig.de; April–Okt. tägl. Auch für Anfänger und alle Altersstufen.
**Kanupark Markkleeberg**, Wildwasserkehre 1, Tel. 03 42 97/14 12 91, www.kanupark-markkleeberg.com; tägl. ab 10 Uhr geöffnet. Wildwassersport und -spaß auf Deutschlands modernster künstlicher Wildwasseranlage. Es gibt Angebote für Wildwasser-Rafting, Power- und Nacht-Rafting, Wildwasser-Kajakfahren und Hydrospeed-Kurse. Und natürlich kann man der Kanu-Elite zuschauen.
**Surfcenter Leipzig**, Hafen am Cospudener See, Markkleeberg, Tel. 03 41/354 23 55, www.surfcenterleipzig.de; Mai/Sept. 14–19, Juni–Aug. 10–19 Uhr. Windsurfgrundkurse und Wochenendkurse, Verleih von Material.

**Bootfahren** mit der ›Solaria‹ auf dem Markkleeberger See, April–Okt., www.lsb-leipzig.de.
**Rundfahrten auf dem Cospudener See** mit der ›MS Cospuden‹, April–Dez., www.lsb-leipzig.de.
**Pier 1 am Cospudener See**, Hafenstr. 23, Markkleeberg, Tel. 03 41/35 65 10, www.cospuden.de; tägl. Mai–Okt. Segelbootverleih, Verleih von Kanus und Ruderbooten, Dampferfahrten.

**Tauchschule Delphin**, Einstieg am Ostufer des Kulkwitzer Sees, Tel. 03 41/480 38 26, www.leipzigseen.de, Schnuppertauchen, Tauchausbildung, Ausrüstungsverleih.
**Tauchschule Lutz Kamski**, Hafen am Cospudener See, Markkleeberg, Tel. 03 41/590 64 56, www.tauchschule-kamski.de. Tauchkurse für Anfänger und Fortgeschrittene, Verleih von Tauchausrüstung, auch Kauf ist möglich.

**Kletterwald Leipzig**, Am See 1, Albrechtshain, Tel. 03 42 93/442 00, www.kletterwald-leipzig.de; April–Okt. tägl. 10–19 Uhr. Mut und Geschicklichkeit sind gefragt: Acht Parcours mit 56 Elementen über den Baumwipfeln.
**Hochseilgarten Leipzig**, am Kulkwitzer See, Markranstädt, Tel. 03 42 05/442 48, www.twid-leipzig.de; Öffnungszeiten nach Absprache, 17 Elemente in 8 bis 12 Meter Höhe sind zu überwinden.

# Heide und Wald

Die Dübener und die Dahlener Heide sowie der Wermsdorfer Wald sind stille Gegenden. Die **Dübener Heide**, ein verträumtes Fleckchen Erde, erstreckt sich zwischen dem sächsischen Bad Düben und Bad Schmiedeberg in Sachsen-Anhalt, zwischen der unteren Mulde und der mittleren Elbe. Die Tier- und Pflanzenwelt in der rund 780 Quadratkilometer großen Landschaft mit herrlichen Kiefern-, Misch- und Laubwäldern, Wiesen, kleinen Bächen und versteckten Seen ist vielgestaltig. An vielen Stellen hat der scheue Elbebiber sein Zuhause, kegelförmig abgenagte Baumstämme und Biberburgen zeigen, wo die nachtaktiven Tiere sich niedergelassen haben. Mehr als 500 Kilometer lange Wander-, Fahrrad- und Reitwege sind in der Heide ausgeschildert. Die 180 Quadratkilometer große **Dahlener Heide** mit bewaldeten Höhen, Auenwiesen und Teichen, einst königlich-sächsisches Jagdgebiet, zieht sich südlich der Gneisenaustadt Schildau hin. Der in dem Waldgebiet entspringende kleine Bach Dahle gab dem Gebiet den Namen. Die von Wurzen nach Oschatz führende B6

Dübener und Dahlener Heide

*Burg Düben*

trennt die Dahlener Heide im Norden vom **Wermsdorfer Wald** im Süden. Aus diesem ragt mit 314 Metern der **Collm** heraus, den ein weithin sichtbarer Richtfunkturm (1958–1562) sowie der **Albertturm** (1854) bekrönen, von dem man bei klarer Sicht sogar das Leipziger Völkerschlachtdenkmal sieht.

## Bad Düben

Ihren Namen bekam die Dübener Heide von dem Städtchen Bad Düben (8500 Einwohner), das sich seit 2004 ›staatlich anerkanntes Moorheilbad‹ nennen darf.

Vermutlich schon in der Bronzezeit entstand auf einem Hügel inmitten dreier Bachläufe eine Befestigung, aus der sich die **Burg Düben** entwickelte. Im Jahr 981 ist sie erstmals nachgewiesen. In die Geschichtsbücher hielt sie 1532 Einzug, als auf ihr der Prozess zwischen dem Junker Günther von Zaschwitz und dem Pferdehändler Kohlhaas stattfand. Heinrich von Kleist nahm die Lebensgeschichte des Pferdehändlers, dem der Junker zwei Pferde geraubt hatte, und gestaltete sie literarisch in seiner Novelle ›Michael Kohlhaas‹. Gerichtsraum soll der mittlere Teil des Wartturms gewesen sein. 1631 weilte Schwedenkönig Gustav II. Adolf vor der Schlacht bei Breitenfeld auf der Dübener Burg, 1813 war sie Hauptquartier der vereinigten preußischen und russischen Truppen unter General Blücher, später kam Frankreichs Kaiser Napoleon Bonaparte und bereitete in der Burg die Völkerschlacht bei Leipzig vor.

### ■ Mühlensammlung

In der Burg kann das **Landschaftsmuseum** der Dübener Heide besucht werden. Unweit des Burgeingangs am ehemaligen Wallgraben steht als technisches Denkmal eine **Schiffsmühle**, die einst einige Kilometer entfernt am Ufer der Mulde verankert war. Vermutlich schon vor dem Dreißigjährigen Krieg hat sie Mehl gemahlen, ihr heutiges Aussehen bekam sie 1905, 1954 stellte sie als letzte erhaltene Schiffsmühle auf deutschen Flüssen den Betrieb ein.

Bad Düben könnte sich gut und gerne Mühlenstadt nennen, denn es gibt noch vier weitere Mühlen: Die **Obermühle**, eine erstmals 1434 erwähnte Wassermühle, die den Mühlbetrieb Ende der 1940er Jahre einstellte und in der Nachbarschaft, also ebenfalls unmittelbar an

*Die Schiffsmühle in Bad Düben*

der Parkstraße beim Kurpark, die **Dübener Bockwindmühle**. Die wurde 1840 nördlich von Leipzig erbaut, musste aber dort der Erweiterung des Flughafens Leipzig-Halle weichen und steht seit 2006 in Düben. Im Ortsteil Tiefensee empfängt die **Bockwindmühle Sommerfeld** Besucher. 1847 wurde sie in der Gegend von Delitzsch erbaut und um 1900 an den jetzigen Standort versetzt. 1993 stillgelegt, dient sie heute als Schaumühle. Einzig die 1651/52 erbaute kurfürstliche Amtsschneidemühle, die heutige **Stadtmühle Schüßler**, Am Lauch 1, wird noch gewerblich genutzt.

■ **Weitere Sehenswürdigkeiten**
In der Stadt haben sich Fachwerkhäuser aus dem 18. und 19. Jahrhundert erhalten. Einen Blickfang bildet die **Rathausuhr** am Markt. Um 9, 12, 15 und 18 Uhr kann man unterhalb des Zifferblattes einem ›Tierkampf‹ zuschauen – zwei Ziegenböcke schlagen ihre Köpfe gegeneinander. Ein geschichtlicher Hintergrund ist in der Stadt nicht bekannt, also ist es offensichtlich nur ein PR-Gag. Vom Markt führt der Weg über die Mühlenstraße zur Ecke Gustav-Adolf-Straße/Friedhofstraße. Hier erinnert der **Gustav-Adolf-Stein** an das Zusammentreffen von Gustav II. Adolf von Schweden und Kurfürst Johann Georg I. von Sachsen im Dreißigjährigen Krieg am 15. September 1631. Von hier rückte die verbündete schwedisch-sächsische Armee zu ihrem Sieg bei Breitenfeld nördlich von Leipzig vor.
Die Friedhofsmauer führt zum **Pesttor**. 1577 hatte die Pest in der Stadt gewütet, es musste ein neuer Friedhof angelegt werden, und dieser bekam ein im Renaissancestil errichtetes Eingangstor aus Sandstein mit der Jahreszahl 1577, durch das die Toten getragen wurden.
Weiter nördlich kommt man zum ab 1846 angelegten **Kurpark** mit schönen alten Bäumen. Dort versteckt sich der **Moorerlebnispfad**, und im Moortretbecken kann jeder die anregende Wirkung des Moores ausprobieren.

## Eilenburg

Der 16 Meter hohe **Sorbenturm** auf dem Burgberg ist das älteste Bauwerk der Stadt (17 000 Einwohner), er stammt von der einstigen Burg, auf der Martin Luther mehrfach weilte. In der **Bergkirche St. Marien** hat der Reformator nachweislich dreimal gepredigt.
Das am südwestlichen Rand der Dübener Heide liegende Eilenburg erlitt am Ende des Zweiten Weltkriegs starke Zerstörungen, die das Stadtbild bis heute prägen. Das **Rathaus** mit Volutengiebeln (1544/45) wurde nach der Zerstörung im Zweiten Weltkrieg wieder aufgebaut. Dahinter erhebt sich die 1404 geweihte wuchtige **Nikolaikirche**. Der niedliche **Heinzelmännchenbrunnen** (2000) auf dem Markt wurde zum beliebten Fotomotiv. Am nahen Kornmarkt, im geschichtsträchtigen ehemaligen **Gasthof Zum roten Hirsch**, logierten fast alle sächsischen Markgrafen, Kurfürsten und Könige. Im November 1632 war in dem stattlichen Renaissancebau der im Dreißigjährigen Krieg in Lützen gefallene Schwedenkönig Gustav II. Adolf für eine Nacht aufgebahrt. Heute befindet sich in dem Haus unter anderem das **Stadtmuseum**. Elf Museumswegweiser, **Camera Historica** genannt, zeigen an verschiedenen Stellen historische Aufnahmen von verlorengegangenen Baudenkmalen. Gewiss eine hübsche Idee, doch richtig gelöst wurde das Projekt nicht. Durch einen äußerst schmalen Spalt ist nur mühevoll zu erkennen, wie es an der jeweiligen Stelle vor dem Zweiten Weltkrieg ausgesehen hat.

**Bad Düben und Umgebung**

**Vorwahl**: 03 42 43.
**Postleitzahl**: 04849.
**Touristinformation Bad Düben**, Paradeplatz, Tel./Fax 528 86, touristinformation@t-online.de, www.bad-dueben.de.

**Hotel National**, Ritterstr. 16, Bad Düben, Tel. 28 69 90 0, www.hotelnational.net; 34 Zi., DZ ab 69 Euro. Wohnen mitten im Stadtkern, unweit der Burg, zweckmäßige Zimmer.

**Goldener Löwe**, Leipziger Str. 5, Bad Düben, Tel. 03 42 43/28 60, www.burgschaenke-goldenerloewe.de; tägl. geöffnet, Hauptgerichte 9–14 Euro. Im historischen Gasthaus nahe der Burg wird rustikale sächsische Küche serviert.

**Kohlhaasenkrug**, Dorfstr. 7, Bad Düben, OT Wellaune, Tel. 03 42 43/248 77, www.kohlhaasenkrug.de; Mo geschl., Hauptgerichte 9–14 Euro. Historisches Gasthaus, deutsche Küche, vor allem Wild- und Fischspezialitäten.

**Zum Roten Hirsch**, Torgauer Str. 40, Eilenburg, Tel. 03 42 3/70 96 11, www.zum-roten-hirsch.de; Mo geschl., Hauptgerichte 6–12 Euro. Historisches Haus mit klassischer und moderner deutscher Küche. Wiener Kaffeehaus-Atmosphäre beim ›Café Klassik‹ (jeden 2. Mi im Monat): Umrahmt von leichter Klassik gibt es selbstgemachte Torten, Kuchen und Kaffeespezialitäten.

**Landschaftsmuseum Dübener Heide**, Neuhofer Str. 3, Burg Düben, Tel. 03 42 43/236 91, www.museumburgdueben.de; Di–Do 9.30–16, Fr 9.30–12, Sa 13–17, So 10–17 Uhr (Nov.–Febr. bis 16 Uhr), Turmbesteigung möglich.

**Bergschiffmühle Bad Düben**, Burg Düben, Neuhofstr. 3, Tel. 03 42 43/227 48, www.heimatverein-bad-dueben.de; April–Okt. jeden 1. Sa im Monat 14–17 Uhr.

**Stadtmuseum Eilenburg**, Torgauer Str. 40, Eingang Hirschgasse, Eilenburg, Tel. 034 23/65 22 22, www.kulturunternehmung.de; Di–Fr 9–12, 13–17, So 10–12, 13–17 Uhr.

**Kurhauskonzerte**, Mai bis Sept. im Kurpark Bad Düben, Termine in der Tourist-Information.

**Windmühlenfest**, 2. Wochenende im Juli in Bad Düben. Die Mühlen stehen bei diesem Volksfest im Mittelpunkt.

**Open Air Burgnächte**, 3. Wochenende im August, Bad Düben.

**Heide-Strauß**, Bitterfelder Str. 51, Bad Düben, Tel. 499 60, www.heide-strauss.de; Hofladen ganzjährig Fr 18–20, Mai–3. Okt. Sa 10–17, 4. Okt.–April Sa 10–15 Uhr. Individuelle Geschenke, Fleisch- und Wurstwaren von Strauß und Skudde, Hofcafé mit selbstgebackenem Kuchen 1. Mai –3. Okt. So 14.30–17 Uhr.

**Heidebrand Brennereispezialitäten**, Mühldorfer Str. 1, Bad Düben OT Alaunwerk, Tel. 223 75, www.heidebrand.de. Präsente, Verkauf und Verkostung des feinen Kräuterbrandes nach einem alten Rezept.

Zahlreiche gut markierte **Wander- und Rundwanderwege** von 3 bis 24 Kilometer Länge laden zum Wandern und Entdecken des Naturparks Dübener Heide ein, z.B. der **Lutherweg** von Bad Düben nach Kemberg über 24 Kilometer oder der **Kohlhaasweg**, ein Rundweg über 16 Kilometer. Infos unter www.bad-dueben.de und www.naturpark-duebener-heide.de.

**Rad-Tourist Dübener Heide**, Obermühle, Parkstr. 1, Bad Düben, Tel. 23053, www.heidetour.de. Begleitete Fahrradtouren, Mühlen- und Thementouren sowie Fahrradverleih.

**Heidespa**, Bitterfelder Str. 42, Bad Düben, Tel. 33660, www.heidespa.de; täglich geöffnet. Badelandschaft mit 25-Meter-Becken und verschiedenen Saunen mit Innen- und Außenbereich, Wellness- und Beauty-Anwendungen.

## Wurzen

1883 kam in dem Haus Crostigall 14 (1678) ein Hans Gustav Bötticher zur Welt (gest. 1934), der unter dem Namen Joachim Ringelnatz zu Ruhm gelangte. Die Ausstellung über den dichterischen Vater des Seemanns Kuddel Daddeldu zeigt das **Stadtmuseum** im repräsentativen Renaissancehaus (17. Jahrhundert) Domgasse 2. Zu seinem 125. Geburtstag im Jahr 2008 erfüllte man Ringelnatz den Wunsch, den er in seinem Gedicht ›Ehrgeiz‹ geäußert hat: Nach seinem Tode möge man ein Gässchen in Wurzen nach ihm benennen. Doch ob die unscheinbare, gesichtslose Verbindungsgasse zwischen Badergraben und Badergasse nahe dem Markt den Vorstellungen des Schriftstellers und Kabarettisten entsprochen hätte, kann bezweifelt werden. Mit dem **Ringelnatzbrunnen** (1983) auf dem Markt dagegen dürfte er zufrieden sein, sicherlich auch mit den aufgestellten Ringelnatzstelen in der Stadt (17000 Einwohner). Der um 1500 erbaute **Dom St. Marien**, der auf eine romanische Kollegiatsstiftkirche zurückgeht, birgt bemerkenswerte Kunstwerke, so das Grabdenkmal (1503) für Bischof Johann VI. von Saalhausen, der 1489 seine Residenz von Meißen nach Wurzen (bis 1581) verlegt hatte, sowie die Kanzel und Kreuzigungsgruppe (1928–1933) von Georg Wrba. Da die Bischöfe standesgemäß residieren wollten, entstand für sie von 1491 bis 1497 nördlich des Doms das **Schloss**, in dem sich heute Restaurant und Hotel befinden.

Ein Zeugnis der Verkehrsgeschichte ist das mit sächsisch-polnischem Doppelwappen (1734) geschmückte **Posttor** in der Straße Crostigall. Einst standen in den Pferdeställen der Poststation für die täglich sechs bis acht ankommenden und abfahrenden Kutschen etwa 20 Pferde bereit. Wurzen war nach Leipzig bis 1837/38 der erste Etappenort auf der nach Dresden führenden Poststraße.

Auf dem 149 Meter hohen **Wachtelberg** lädt der **Bismarckturm** (1908/09) ein, den weiten Blick ins Muldetal zu genießen.

## Nischwitz

**Schloss Nischwitz**, drei Kilometer nordwestlich von Wurzen, ließ sich der kursächsische Minister Heinrich Graf von

*Das Wurzener Schloss*

*Schloss Machern umgibt ein herrlicher Landschaftsgarten*

Brühl ab 1745 errichten, die Pläne dafür lieferte Oberlandesbaumeister Johann Christoph Knöffel. Er plante eine kleine Residenz für den Herrn Minister vor den Toren der Messestadt, entstanden ist eines der schönsten sächsischen Rokokoschlösser. Zu DDR-Zeiten nutzte man das Gebäude als Pflege- und Altenheim, heute befindet sich das Schloss in privatem Besitz und wird schrittweise saniert, in den Nebengebäuden entstanden Wohnungen. Der großzügige **Schlosspark**, der betreten werden darf, erfreut mit wunderschönen alten Bäumen.

## Machern

Die B6 führt von Wurzen in westlicher Richtung in das zehn Kilometer entfernte Machern (6700 Einwohner) mit einem der ältesten und schönsten Landschaftsgärten (1782–1799) Sachsens. Das dreiflügelige **Schloss** mit einem interessanten Treppenturm verlor durch mehrmalige Umbauten viel von seinem ursprünglichen Aussehen (16. Jahrhundert). Den romantischen **Landschaftsgarten** nach englischem Vorbild mit Ginkgo- und Tulpenbäumen schmücken verschiedene Bauwerke. Schöpfer des Landschaftsgartens, der in vielem der berühmten Anlage von Wörlitz ähnelt, ist Carl Heinrich August Graf von Lindenau (1755–1842). Das Schloss wird heute für kulturelle Zwecke genutzt, im Kavalierhaus befinden sich ein Hotel und Restaurant. Hübsch hergerichtet wurde der **Schlossplatz** von Machern mit dem modernen **Historischen Brunnen** (2002) vor dem Rathaus. Eine der 31 bronzenen Ortsgeschichtstafeln auf 18 Sandsteinblöcken zeigt Graf von Lindenau, und der Text verrät, dass er ›1782 den Landschaftsgarten zu Machern anzulegen‹ begann.

## Gneisenaustadt Schildau

Der Stadtname sagt's: Das kleine Landstädtchen (3800 Einwohner) muss eine Beziehung zum berühmten Heerführer haben. Und so ist es auch. In Schildau, in einem Bauernhaus aus dem 17. Jahrhundert, kam 1760 August Neidhardt Graf von Gneisenau zur Welt, einer der bedeutendsten Militärhistoriker Deutschlands und einer der namhaftesten Feldherrn der Befreiungskriege. Auf dem Marktplatz steht seine

*Bildtafel am Schildbürgerwanderweg*

Büste, am Sockel sind Episoden aus seinem Leben dargestellt. Den Beinamen Gneisenaustadt darf Schildau seit 1952 führen.

Die vielzitierten Schildbürgerstreiche beruhen auf dem 1598 erschienenen Buch ›Die Schildbürger‹, beispielsweise der von der Kuh, die man mit einem Strick um den Hals auf eine Mauer ziehen wollte, damit sie das Gras abfressen solle. Die zwölf bekanntesten Streiche kann man auf dem Schildbürgerwanderweg auf **Bildtafeln** nachlesen. Von dem aus Natursteinen erbauten 26 Meter hohen Aussichtsturm (1936) auf dem **Schildberg** hat man einen weiten Blick über die Landschaft.

## Oschatz

Der fast quadratische Neumarkt gehört zu den schönsten Marktplätzen Sachsens. Ein Schmuckstück ist der **Marktbrunnen** (1589) mit vier toskanischen Säulen, die das Postament mit einem schwarzen Löwen tragen. Das **Rathaus** (1538–1546) verdankt seine heutige Gestalt mit dem schlanken Turm und der prachtvollen Freitreppe um 1842 den Plänen des berühmten Gottfried Semper. Das **Alte Amtshaus**, 1616/17 im Auftrag des Kurfürsten Johann Georg I. entstanden, steht an der Nordseite. Die breite Freitreppe rechts neben dem Rathaus führt zum Kirchplatz mit der **St.-Aegidien-Kirche** (15. Jahrhundert). Ihre beiden Türme, die nach einem Stadtbrand zwischen 1846 und 1849 im neogotischen Stil errichtet wurden, haben eine Höhe von 75 Meter. In der Kirche finden 1100 Besucher Platz. Die **Türmerwohnung** war bis 1970 von der Türmerfamilie Quietzsch bewohnt. Das war für sie wahrlich kein einfaches Leben, denn alles, Wasser ebenso wie Heizmaterial und Nahrungsmittel, musste 199 Stufen nach oben transportiert werden. Von den vierzehn Kindern kamen neun in der Wohnung in luftiger Höhe zur Welt. Die Touristen heutzutage lässt der Besuch der eingerichteten Türmerwohnung und der Blick zur Dahlener Heide im Norden und zum Wermsdorfer Wald im Süden die Mühe des Aufstiegs rasch vergessen.

*Das Rathaus von Oschatz*

Von der St.-Aegidien-Kirche, vorbei am Altmarkt und dem Archidiakonat mit der Elisabethkapelle (1410) wird die **Klosterkirche** (13. Jahrhundert) erreicht, das einzige stehengebliebene Bauwerk des ehemaligen Franziskanerklosters. Von der Stadtbefestigung haben sich zwei **Rundtürme** (1377, 1497) erhalten. In einen von ihnen sowie in die ehemalige **Fronfeste** (16. Jahrhundert) zog das **Stadt- und Waagenmuseum** mit einer in Sachsen einmaligen Waagensammlung. Denn Oschatz (16 000 Einwohner) hat Tradition im Waagenbau, 1845 entstand hier eine der ersten Waagenfabriken Deutschlands.

## Wermsdorf

›Zur besserer Bequemlichkeit Unseres Königlichen Prinzen‹ ließ August der Starke zwischen 1721 und 1724 bei Wermsdorf (5700 Einwohner) das **Jagdschloss Hubertusburg** errichten. 1743 wurde es zu einer prächtigen vierflügeligen Residenz für rauschende Feste ausgebaut, die nach den Hofjagden stattfanden. Heute ist es Sachsens größtes Schloss, der einstige Prunk ist allerdings abhanden gekommen. Im Siebenjährigen Krieg plünderten die Preußen die reiche Innenausstattung. Preußenkönig Friedrich II. gab im Frühjahr 1761 höchstpersönlich den Befehl dazu, als Vergeltungsmaßnahme für die teilweise Verwüstung von Schloss Charlottenburg in Berlin durch sächsische Truppen. Verschont blieb auf Bitten des Kaplans lediglich die dreigeschossige katholische **Schlosskapelle**, die die gesamte linke Hälfte des Hauptflügels einnimmt. Das Schloss, später als Gefängnis, Lazarett und Klinik genutzt, hielt in die europäische Geschichte Einzug: 1763 fanden hier die sechswöchigen Friedensverhandlungen zwischen Sachsen, Preußen und Österreich statt, in deren Ergebnis der Siebenjährige Krieg sein Ende fand. Über die Geschichte des interessanten Bauwerkes informiert das **Schlossmuseum**.

*Jagdschloss Hubertusburg*

**Wurzen, Oschatz und Umgebung**

**Tourist-Information Wurzen**, Domgasse 2 (im Museum Wurzen), 04808 Wurzen, Tel. 03425/856040-0, Fax -1, info@kultur-wurzen.de, www.wurzen.de, www.kultur-wurzen.de.
**Oschatz-Information**, Markt 2, 04758 Oschatz, Tel. 03435/9702-42, Fax -042, oschatz-info@oschatz.org, www.oschatz-erleben.de, www.stadt-oschatz.de.

**Schloss Wurzen**, Amtshof 2, Wurzen, Tel. 03425/853590, www.schloss-wurzen.de; 14 Zi., DZ ab 70 Euro. Restaurant tägl., Hauptgerichte 10–16 Euro. Historisches Ambiente, Speisen vom Mittelalter bis zur Gegenwart.
**Schlosshotel im Kavalierhaus**, Schlossplatz 1, Machern, Tel. 034292/72079, www.schlossmachern.de; 43 Zi., DZ ab 89 Euro, Hauptgerichte 10–12 Euro. Eine kleine Idylle neben Schloss und Park. Restaurants und Café im Schloss und im Kavalierhaus.
**Zum Schwan**, Sporerstr. 2, Oschatz, Tel. 03435/975300, www.hotel-schwan-oschatz.de; 41 Zi., DZ ab 78 Euro. Gemütliche Gästezimmer am Markt, bodenständige Küche (tägl., Hauptgerichte 10–16 Euro).

**Gasthof und Eiscafé Zum alten Zollhaus**, Schlossplatz 2a, 04827 Machern, Tel. 034292/79491, www.machern-zollhaus.de; tägl. geöffnet, Hauptgerichte 8–13 Euro. Frisch zubereitete Gerichte, hauseigene Eisherstellung.

**Stadtmuseum Wurzen**, Domgasse 2, Tel. 03425/8560405; Mo–Fr 10–13, 14–18, Sa/So 11–16 Uhr.
**Schloss Wurzen**, Amtshof 2, Tel. 03425/853590, www.schloss-wurzen.de. Jeden letzten So im Monat 11 Uhr historische Schlossführung (Dauer 1,5 Stunden).
**Türmerwohnung der St. Ägidienkirche**, Oschatz, Tel. 03435/930936, www.rettet-st-aegidien.de; Di–Fr 10–12, 13–17 Uhr.
**Stadt- und Waagenmuseum Oschatz**, Frongasse 1, Tel. 03435/920285; Di–Do 10–17, Sa/So 14–17 Uhr.
**Museum der Schildbürger und Gneisenau-Museum**, Marktstr. 14, Schildau, Tel. 034221/62231, www.schildbuerger.de; Di–Fr 10–12, 13–16, So 13.30–16 Uhr.
**Jagdschloss Hubertusburg, Museum**, Wermsdorf, Tel. 034364/51588, www.wermsdorf.de; Di–So April–Okt. 10–17, Nov.–März 11–16 Uhr.

**Schloss Machern**, Schlossplatz 1, Machern, Tel. 034292/72079, www.schlossmachern.de. Theateraufführungen, Konzerte, Ausstellungen.

Gute Möglichkeiten für Radfahren und Wandern durch die **Dahlener Heide** und den **Wermsdorfer Wald**. Auskünfte und Karten bei den örtlichen **Tourist-Informationen** und auf www.dahlenerheide-wermsdorferwald.de.

**Freizeit- und Erlebnisbad Dreibrücke**, Leipziger Str. 1a, Wurzen, Tel. 03425/856 0350; Mai–Sept. tägl. geöffnet. Freibad mit sechs Beckenbereichen.
**Platsch Erlebnisbad Oschatz**, Berufsschulstr. 20, Tel. 03435/97620, www.platsch-erlebnisbad.de; tägl. geöffnet. Bade-, Rutschen- und Wellness.

# Kohrener Land

Im Kohrener Land, in dem es Flüsschen mit den putzigen Namen Katze, Maus, Ratte und Wyhra gibt, laden Wiesen, Wälder und Teiche zur Erholung ein. Bereits Anfang des 20. Jahrhunderts hatten die Leipziger und Chemnitzer diesen Landstrich entdeckt, in dem auch kulturhistorisch bedeutende Baudenkmäler stehen. Aber nach wie vor ist es eine stille Landschaft.

## Kohren-Sahlis

›Seit 1500 vierzig u. acht Jahre werden hier Töpfe und Schüsseln gemacht.‹ Dieser Spruch steht groß am Giebel der Töpferei Arnold und ist Beweis dafür, dass Kohren-Sahlis (2800 Einwohner) eine 500-jährige Töpfertradition besitzt. Die Kohrener »versehnden ihr Geschirr, das im besten Rufe steht, auf alle Märkte der Gegend«, ist in Schumanns ›Postzeitungslexikon‹ von 1828 zu lesen und in der ›Beschreibung von Sachsen‹ (1797): »In Kohren werden vorzüglich gute Töpferarbeiten gemacht«. Auf das traditionsreiche Handwerk macht auf dem Marktplatz der kunstvolle **Töpferbrunnen** (1928) von Kurt Feuerriegel aufmerksam. Sechs Reliefs zeigen Arbeitsvorgänge aus dem Töpferhandwerk, auf dem achteckigen Brunnendach bietet eine Topffrau Tongeschirr feil. In einer ehemaligen Töpferwerkstatt in der Baumgartenstraße 14 entstand das **Töpfermuseum**. In der original erhaltenen Werkstatt reihen sich noch wie vor 200 Jahren die fußbetriebenen Töpferscheiben aneinander. Der Platz an der Wand gehörte dem Meister, denn von dort hatte er seine Gesellen und Lehrlinge stets im Blick. In der Ecke liegt der Ton, auf Brettern stehen zum Trocknen aufgereihte Teller, Töpfe und Schüsseln.

Im südlich gelegenen Ortsteil **Rüdigsdorf** verdient ein **Pavillon** Aufmerksamkeit, in dem in den Sommermonaten Konzertmusik erklingt. Moritz von Schwind, berühmt gewordenen durch seine Fresken auf der Wartburg, versah ihn gemeinsam mit seinem Wiener Studienfreund Leopold Schulz mit dem Fresken-Zyklus ›Amor und Psyche‹ (1838). Beide verstanden es, die flache Decke so geschickt zu bemalen, dass man glaubt, sie sei gewölbt. In dem im englischen Landschaftsstil gestalteten **Park** wachsen seltene Bäume, darunter Tulpenbaum und Sumpfzypresse.

## Gnandstein

Die Festung hoch über dem Flüsschen Wyhra ist eine **Burg** wie aus dem Bilderbuch. Sie gehört zu den am besten erhaltenen kleinen mittelalterlichen Wehr- und Wohnburgen zwischen Saale und mittlerer Elbe. Vermutlich entstand die Burg, die ihr heutiges Aussehen im

▲ *Töpferbrunnen in Kohren-Salis*

# Kohrener Land [ 119 ]

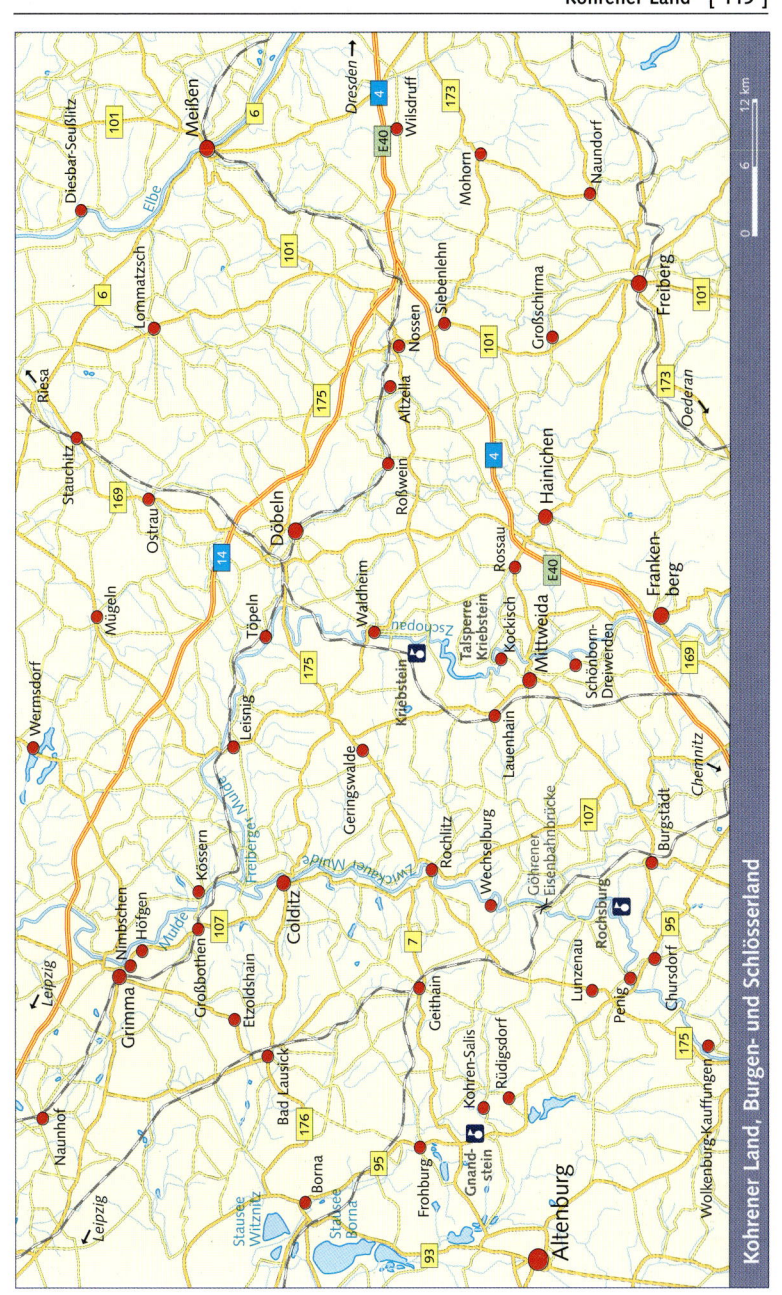

Leipzig und das Heide- und Burgenland

Kohrener Land, Burgen- und Schlösserland

# Kohrener Land

*Burg Gnandstein*

15./16. und 18./19. Jahrhundert bekam, schon vor 700 Jahren. Lange Zeit diente sie zum Schutz der von Leipzig nach Prag führenden Handelsstraße. Ein besonderes Juwel ist die spätgotische **Burgkapelle** (Ende 15. Jahrhundert) mit drei Altären (um 1501–1503) aus der Werkstatt des Riemenschneider-Schülers Peter Breuer (1472–1541). Die Fliesen des Fußbodens gelten als ältestes Zeugnis heimischer Töpferkunst. Beeindruckend sind die überwiegend in Sachsen gefertigten Waffen, die aus der Zeit des 15. bis 20. Jahrhunderts stammen. Die Besucher sind aufgefordert, in den ausliegenden Inventarbüchern zu stöbern und somit selbst auf Entdeckungsreise zu gehen. Die Bücher enthalten Informationen zu den einzelnen Exponaten. Vom mächtigen 33 Meter hohen **Bergfried** schaut man weit über das Kohrener Land bis nach Altenburg und Rochlitz. Der Blick in die spätgotische **Dorfkirche** von Gnandstein lohnt wegen der lebensgroßen, die einstigen Burgherren darstellenden Grabfiguren an der Chorwand, die zwischen 1461 und 1756 gefertigt wurden.

## Frohburg

Das **Schloss** in der alten Töpfer- und Weberstadt Frohburg (11 000 Einwohner) entstand im 16. Jahrhundert. Die Verzierungen am vierflügeligen Bau im Stil des Klassizismus wurden Anfang des 19. Jahrhundert vorgenommen. Das **Museum** in seinen Mauern besitzt von dem in dieser Region bekannten Keramiker Kurt Feuerriegel (1880–1961) etwa 800 Arbeiten, die durch ihre Vielfalt an Formen und Farben begeistern, ferner zeigt es eine Sammlung historischen Spielzeugs, Puppen ebenso wie Kaufmannsläden und Baukästen.

## Bad Lausick

Zwölf Kilometer sind es von Frohburg bis Bad Lausick (8500 Einwohner). 1820 entdeckte hier Gottlieb Friedrich Herrmann eine Mineralquelle, und der Badetrieb begann. Seit 1913 darf Lausick den Zusatz Bad führen, behandelt werden Herz- und Kreislauferkrankungen. Wunderschön ist ein Spazier-

*Das Rathaus von Bad Lausick*

gang in dem um 1880 angelegten **Landschaftspark** im englischen Stil. 1995 öffnete das große **Kur- und Freizeitbad**, das etwa 10 000 Quadratmeter Wasserfläche in tropischer Atmosphäre bietet. Das **Rathaus** datiert von 1897/98, nachdem das Vorgängergebäude abgebrannt war. Die romanische **Kilianskirche** mit dem ortsbildprägenden Turm gibt es schon seit dem 12. Jahrhundert. Aus der Erbauungszeit stammt der Taufstein, der spätgotische Flügelaltar kam aus dem Dorf Witznitz bei Borna, das 1920 dem Braunkohletagebau weichen musste. Eine interessante Geschichte hat die **Silbermannorgel** (1722). Das ursprünglich für die Johanniskirche in Chemnitz gebaute Instrument verkaufte die Lausicker Gemeinde 1879 nach Auligk bei Pegau, wo es Jahrzehnte in der Dorfkirche erklang. 1955 kauften die Lausicker die Orgel zurück, restaurierten sie und bauten sie auf der eigens dafür errichteten Westempore auf.

### Kohrener Land

**Fremdenverkehrsverband Kohrener Land**, Gnandsteiner Hauptstr. 14, 04655 Kohren-Sahlis, Tel. 03 43 44/ 612 58, Fax 616 13, info-kohrenerland @t-online.de, www.kohren-informa tion.de.

**Kur- und Tourist-Information Bad Lausick**, Straße der Einheit 17, 04651 Bad Lausick, Tel. 03 43 45/279 03, Fax 224 66, post@kurstadtinfo.de, www. bad-lausick.de, www.frohburg.de.

**Hotel Am Kurpark**, Badstr. 36, 04651 Bad Lausick, Tel. 03 43 45/70 70, www.hotel-am-kurpark.eu; 20 Zi., DZ ab 80 Euro, Restaurant tägl. geöffnet, Hauptgerichte 11–17 Euro. Angenehmes Haus und netter Service, Restaurant mit Anspruch.

**Hudelburg**, Kirschallee 1, Bad Lausick, Tel. 03 43 45/256 40, www.hudelburg.de; Do/Fr ab 17, Sa/So ab 12 Uhr geöffnet, Hauptgerichte 9–14 Euro. Mittelalterliches Essen im Ambiente einer herrschaftlichen Burg.

**Kastanienhof**, Landstraße 19, Bad Lausick OT Etzoldshain, Tel. 03 43 45/ 70 60, www.kastanienhof-etzolds hain.de; tägl. geöffnet, Hauptgerichte 8–14 Euro. Bürgerlich-sächsische Küche mit Wild- und Fischspezialitäten im Landgasthof. Auch 18 Zi., DZ ab 65 Euro.

**Töpfermuseum** Kohren-Sahlis, Tel. 03 43 44/615 47; März–Okt. Di–So 10.30–12, 13–17 Uhr, im Winter auf Anfrage.

**Schwind-Pavillon**, Kohren-Sahlis OT Rüdigsdorf; Mai–Okt. Mi, Do, Sa/So 13–17 Uhr oder Anmeldung im Töpfermuseum Tel. 03 43 44/615 47.

**Burg Gnandstein**, Burgstr. 3, Kohren-Sahlis OT Gnandstein, Tel. 03 43 44/ 613 09, www.burg-museum-gnand stein.com; Dez. Sa/So 13–16 Uhr, Jan./Nov. Sa/So 10–16, Febr.–April Di–So 10–17, Mai–Okt. Di–So 10–18, Burggarten Mitte Mai–Mitte Okt. Di–Fr 10–14, So 13–17 Uhr.

**Museum im Schloss Frohburg**, Tel. 03 43 48/515 63, www.schloss-frohburg.de; Mai–Okt. Di–Fr 9.30–12, 13.30–16, So 11–16, Okt.–April Di–Fr 9.30–12, 13.30–16 Uhr.

**Kur- und Stadtmuseum Bad Lausick**, Straße der Einheit 19, Tel. 03 43 45/ 529 71, www.museum-bad-lausick.de; Mi–Sa 13–17, So 14–17 Uhr.

**Traditionstöpferei Arnold,** Burggasse 9, Kohren-Sahlis, Tel. 03 43 44/613 25, www.toepferhaus-arnold.de, handgetöpferte Keramik, Besichtigung der Töpferei, Töpferkurse.

**Kur- und Freizeitbad Riff Bad Lausick,** Am Riff 3, Bad Lausick, Tel. 03 43 45/ 71 50, www.freizeitbad-riff.de. Freizeitbad, Sole-Außenbecken, Saunalandschaft, Wellnessangebote.

**Sommerrodelbahn Kohren-Sahlis,** Am Bahndamm, Tel. 01 79/467 32 30, www.sommerrodelbahn-kohren-sahlis. de; Febr.–Nov. tägl. 10–17 Uhr. Auf der Rodelbahn kann man mit Geschwindigkeiten bis 40 km/h rund 500 Meter ins Tal sausen.

# Burgen- und Schlösserland

Die Täler der Zwickauer und der Freiberger Mulde sowie der Zschopau gehören zu den malerischsten Landschaften, die Sachsen vorzuweisen hat. Auf steilen Felsvorsprüngen oder sanften Hügeln stehen zahlreiche Burgen und Schlösser, in denen es viel Geschichte und Geschichten zu entdecken gibt.

Die Zwickauer und die Freiberger Mulde vereinen sich bei Colditz – im Dreieck zwischen Chemnitz, Leipzig und Dresden – zur Mulde. Die Zwickauer Mulde entspringt in den Moorflächen bei Kottenheide im Vogtland, die Freiberger Mulde oberhalb von Moldava (Moldau) in Tschechien und erreicht nach etwa fünf Kilometern das Osterzgebirge. Bei Töpeln mündet die Zschopau in die Freiberger Mulde.

## Grimma

›Perle des Muldentals‹ nennt sich Grimma (18000 Einwohner) gern, und das nicht zu unrecht. Die malerische denkmalgeschützte Altstadt ist liebevoll saniert, so dass es Freude macht, darin herumzuspazieren. Frei auf dem Marktplatz steht das **Renaissance-Rathaus** mit einer hübschen Freitreppe. Die erste urkundliche Erwähnung des Rathauses datiert aus dem Jahre 1292. Etwa 1360 war das zweite Rathaus vollendet, 1440 das dritte. Im Laufe der Jahre veränderte sich das Antlitz des Bauwerkes, heute zeigt es sich nach erfolgter erneuter Renovierung wieder wie im 16. Jahrhundert.

Im Renaissancehaus Markt 11, heute **Seume-Haus** genannt, führte der Klassikerverleger Georg Joachim Göschen (1752–1828) ab 1797 seine Druckerei und seinen Verlag. Von Leipzig siedelte

*Das Rathaus von Grimma*

er in ›eine der schönsten Gegenden der Welt‹, so Göschen. Seume-Haus heißt das Gebäude deshalb, weil der weitgereiste Schriftsteller Johann Gottfried Seume (1763–1810) von 1797 bis 1801 als Korrektor bei Göschen arbeitete. Seume machte sich unter anderem mit ›Spaziergang nach Syrakus‹ einen Namen, der Schilderung seiner Fußwanderung von Grimma nach Sizilien. Sein **Sommerhaus** bewohnte Göschen im Stadtteil Hohnstädt, Schillerstraße 25, heute ist es eine Gedenkstätte.

Das aus einer Burg hervorgegangene **Schloss** am Muldeufer, in dem 1443 der Wettiner Albrecht der Beherzte zur Welt kam, dient heute als Verwaltungssitz. Vom einstigen Augustinerkloster ist die **Klosterkirche St. Augustin** erhalten geblieben, in der Kurfürst Moritz 1550 eine Sächsische Landesschule einrichten ließ. Heute ist es das Gymnasium St. Augustin.

Die **Lange Straße** verbindet als Hauptgeschäftsstraße den Marktplatz mit dem Leipziger Platz. Die Häuser schmücken sich vielfach mit Sitznischenportalen, Erkern und Handwerkszeichen. Am Leipziger Platz steht die **Frauenkirche** mit ihrer doppeltürmigen Westfront. Im Inneren beeindruckt ein spätgotischer Flügelaltar.

Die 149 Meter lange **Brücke über die Mulde** baute von 1716 bis 1719 Zwingerbaumeister Matthäus Daniel Pöppelmann. Das Hochwasser im August 2002 zerstörte zwei Pfeiler, daraufhin musste der Mittelteil der Brücke gesprengt werden. Ihr Wiederaufbau, der 6,4 Millionen Euro kosten soll, erfolgt gegenwärtig. Ebenfalls schwer beschädigt hatte das Hochwasser die 1924 erbaute Hängebrücke mit einer Spannweite von 80 Metern. Aber Sachsens längste Hängeseilbrücke beim Schloss Gattersburg

*Am Marktplatz von Grimma*

überspannte schon kurz darauf wieder die Mulde und verbindet wieder das Stadtzentrum mit dem Stadtpark am östlichen Muldeufer.

Ende des 18. Jahrhunderts ließ sich Landrichter Christian Gattert ein Wohnhaus mit Türmchen errichten, das die Grimmaer rasch Gattersburg nannten. Bis 1887 entstand ein neues Haus im Stil der Neorenaissance, das den Namen Gattersburg behielt. Weil es prächtig anzuschauen ist, setzte der Volksmund noch das Wörtchen Schloss vor den Namen. Heute ist **Schloss Gattersburg** ein Hotel und eines der Wahrzeichen von Grimma.

## Höfgen

Am Ufer der Mulde liegt eine **Schiffsmühle** vertäut, wie sie bis Ende des 19. Jahrhunderts an vielen deutschen Flüssen schaukelten. Die in Höfgen brannte 1871 ab, originalgetreu baute man sie Anfang der 1990er Jahre nach. Wie in früheren Jahrhunderten schwimmt sie auf der Mulde, nur dass in ihr nicht mehr wie einst Korn gemahlen wird,

*Schiffsmühle in Höfgen*

sondern sie heute die historischen Wasseranlagen im **Jutta-Park** speist. Dieses Kleinod der Landschaftsgestaltung hat um 1900 Jutta Ida Gleisberg, die Gattin eines Großmüllers, anlegen lassen.

Die **Wassermühle** in Höfgen klappert nur noch für Museumsbesucher. Sie besitzt ein oberschlächtiges Wasserrad: Das zum Drehen des Mühlrades notwendige Wasser wird von oben über ein Gerinne zugeführt. Die Mühle, im kursächsischen Mühlenverzeichnis von 1721 erstmals erwähnt, hat ihr Äußeres bis heute nicht verändert, im Inneren erfolgten nach 1870 Modernisierungen. Eine Kastanienallee führt zu dem seit 1993 wieder zugänglichen zwölf Meter hohen **Aussichtsturm** (1905).

Mit einer noch von Hand betriebenen Fähre setzt der Fährmann in Höfgen auf das linke Muldeufer über. Dort, im nahen **Nimbschen**, überraschen von Grün umwuchert die Reste des 1536 aufgehobenen Zisterzienser-Nonnenklosters Marienthron. Aus diesem Kloster war 1523 Luthers spätere Frau Katharina von Bora mit weiteren acht Nonnen nach Wittenberg geflohen.

## Großbothen

Sachsen hat auch einen Nobelpreisträger: den Chemiker Wilhelm Ostwald. In Großbothen (1300 Einwohner), acht Kilometer von Grimma entfernt, war der Mitbegründer der physikalischen Chemie zu Hause. Seine Wohn- und Wirkungsstätte, von ihm selbst ›Haus Energie‹ genannt, war jahrzehntelang Gedenkstätte. Nach der Einheit gab es mehrere Trägerwechsel. 2009 hat eine Stiftung das Anwesen übernommen, das nunmehr unter **Wilhelm-Ostwald-Park** firmiert. Wenn das Gartentor geöffnet ist, steht der romantisch-idyllische Park mit kleinen Teichen sowie der Grabstätte des Nobelpreisträgers von 1909 Besuchern offen.

Das gegenwärtig geschlossene **Haus Energie** soll ein Museum zu Leben und Werk Ostwald werden. Der hatte sich, nachdem er seine Professur in Leipzig niedergelegt hatte, zur Forschung nach Großbothen zurückgezogen. Erhalten blieben in dem Haus die Bibliothek mit 32 000 Bänden sowie die ›Farborgeln‹ mit 600 beziehungsweise 2700 Farbtönen, die Ostwald zur Systematisierung der Farben entwickelte. Nach seiner Farbenlehre wurde in den sächsischen Volksschulen unterrichtet, die Porzellanmanufaktur in Meißen, Textilfabrikanten und Blumenzüchter kennzeichneten die Farben in ihren Katalogen mit ›Wilhelm-Ostwald-Normen‹.

Ein barockes Kleinod im Muldental ist das **Jagdhaus Kössern**, zwei Kilometer von Großbothen entfernt. Um 1705 wurde es für höfische Jagdgesellschaften erbaut, vermutlich nach Plänen des berühmten Zwingerbaumeister Matthäus Daniel Pöppelmann. Heute finden unter dem prachtvollen Deckengemälde im Festsaal Konzerte und andere Kulturveranstaltungen statt.

## Colditz

Überschwänglich wird Colditz (5200 Einwohner) manchmal als ›Klein-Venedig‹ bezeichnet, weil es sich zauberhaft in einem Talkessel der unteren Zwickauer Mulde erstreckt. Anziehungspunkt, vor allem für Engländer, ist das 30 Meter hoch über der Stadt thronende **Renaissanceschloss**, kurz ›Fluchtmuseum‹ genannt. Das im 16. Jahrhundert errichtete Bauwerk gelangte zu zweifelhaftem Ruhm. Die Nationalsozialisten machten es 1933/34 zu einem ihrer ersten Konzentrationslager, und ab 1939 nutzten sie es als Kriegsgefangenenlager für hochrangige alliierte Offiziere, darunter der Neffe des britischen Premiers Winston Churchill. Einige von ihnen planten die Flucht. Rund 300 Versuche sind registriert, 31 waren erfolgreich. So gruben

*Schloss Colditz*

beispielsweise Franzosen einen 44 Meter langen Gang unter der Schlosskirche. Das **Museum** im Schloss zeigt Dokumente aus dieser Zeit und selbstgefertigte Fluchtgegenstände, darunter ein von britischen Gefangenen gebautes Segelflugzeug. Vor allem im englischsprachigen Raum besitzt Colditz Castle einen hohen Bekanntheitsgrad, da nach dem Zweiten Weltkrieg zahlreiche Publikationen und Filme über die Colditzer Ausbruchaktionen entstanden sind. Dadurch bildete sich ein regelrechter ›Colditz-Mythos‹ heraus, der bis heute anhält.

Das **Renaissance-Rathaus** (1650–1657) am langgestreckten Markt besitzt eine kleine Sehenswürdigkeit: Zwei Ziegenböcke über der Uhr, die zu jeder vollen Stunde ihre Hörner aneinander stoßen. Der Aussichtsturm auf dem Colditzer **Töpelberg** bietet einen Blick bis zum Leipziger Völkerschlachtdenkmal, vorausgesetzt, das Wetter spielt mit. Westlich der Stadt erstrecken sich der **Colditzer und der Glastener Forst**.

## Rochlitz

Weithin sind die beiden ›Jupen‹ genannten vierkantigen Türme des malerischen Schlosses hoch über dem Muldetal zu erkennen. **Schloss Rochlitz**, vielfach als Witwensitz genutzt, weist neben der Meißner Albrechtsburg die bemerkenswerteste spätgotische Profanarchitektur in Sachsen auf. Einer der beiden Türme, die **Lichte Jupe**, dient als Aussichtsturm. Wer die 142 Stufen geschafft hat, wird in 34 Meter Höhe nicht nur mit der rekonstruierten **Türmerwohnung**, sondern auch mit einem weiten Blick über die Zwickauer Mulde belohnt. Beim Rundgang faszinieren vor allem die prachtvollen Holzdecken und Wandvertäfelungen, die in das Spätmittelalter versetzen. Interessant ist auch der Blick in die fast 100 Quadratmeter große mittelalterliche **Schlossküche** mit riesigem Herd und gewaltigem Rauchfang aus dem 14. Jahrhundert. Die Attraktion bildet jedoch zweifelsohne seit 2007 die Dauerausstellung ›Der lebendige Fürstenzug‹ im Palas. In wechselnden Kompositionen werden die prachtvollen Roben der überlebensgroßen Teilnehmer des Fürstenzuges gezeigt, der auf Porzellanfliesen gemalt die Dresdner Auguststraße ziert.

Rochlitz (6400 Einwohner) im reizvollen Muldetal gehört zu den ältesten Städten Mittelsachsens. Das Wappen, das mit Mauer und Turm die mittelalterliche Stadt symbolisiert, besteht seit 1364 unverändert. Ungewöhnlich für eine Stadt dürfte sein, dass sich vier Plätze aneinanderreihen: Den großen, überwiegend klassizistisch bebauten **Marktplatz** mit dem **Rathaus** (1828) und dem Brunnen (1929) von Georg Wrba, der heute den Opfern beider Weltkriege gewidmet ist, verbindet die Hauptstraße mit dem **Topfmarkt**. Auf dem sprudelt seit 2007 der **Steinmetzbrunnen** aus heimischen Porphyr von Volker Beier. Es folgt der **Kunigundenplatz** mit der **Kunigundenkirche**, einer spätgotischen Hallenkirche mit einem riesigen dreiflügeligen Hochaltar (1513), dem sich der **Clemens-Pfau-Platz** anschließt mit dem

*Schloss Rochlitz*

## Wechselburg

Dem Flusslauf der Mulde folgend wird Wechselburg (2100 Einwohner) erreicht, neun Kilometer südlich von Rochlitz. Die katholische dreischiffige **Basilika** gehört zu den besterhaltenen romanischen Sakralbauten Deutschlands, der **Lettner** (um 1230–1235) in der dreischiffigen Pfeilerbasilika mit Skulpturen und Reliefplatten aus Rochlitzer Porphyrtuff zu den schönsten Kunstwerken des 13. Jahrhunderts im deutschsprachigen Raum. Bekrönt wird er von einer **Triumphkreuzgruppe** mit überlebensgroßen Figuren aus Eichenholz. Bedeutung besitzt auch das **Grabmal des Stifterpaares** Markgraf Dedo (gestorben 1190) und seiner Gemahlin Mechthild. Seit 1993 beherbergen die Räume in einem Seitenflügel des Schlosses, ›kleines Schloss‹ genannt, das einzige **Benediktinerkloster** in Sachsen. Die Mönche übernahmen die Betreuung der Gäste in dem hier untergebrachten Jugend- und Familienhaus.

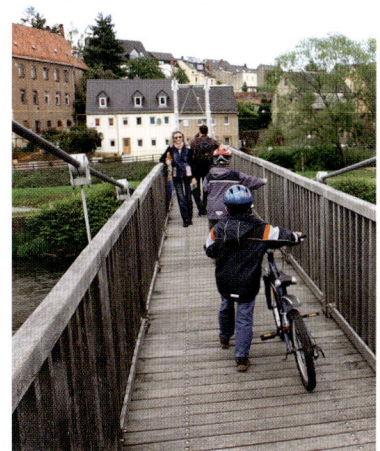

*Die Hängebrücke in Rochlitz*

**Porphyrbrunnen**, dem **Städtischen Hospital** (1854) am östlichen Ende, kleinen Geschäften, einem Eiscafé und gemütlichen Gaststätten.

Vom Marktplatz führt die Muldengasse zum Mühlgraben und weiter zur **Hängebrücke** über die Zwickauer Mulde. Zwei stählerne Tragseile sorgen für ein sicheres Überqueren des Steges, der die Altstadt mit dem Ortsteil Zaßnitz verbindet. Dass es ein wenig schaukelt, lässt sich allerdings nicht vermeiden.

Ein Wanderweg führt zu dem südwestlich der Stadt gelegenen **Rochlitzer Berg** (353 Meter) mit dem 27 Meter hohem **König-Friedrich-August-Turm** (1855–1859) und einer Gaststätte. Der Turm wurde vollständig aus heimischem roten Porphyrtuff erbaut, auch ›sächsischer Marmor‹ genannt, ein in Europa nur hier vorkommendes vulkanisches Gestein. Nicht nur in Rochlitz und Umgebung wurde er verarbeitet, sondern auch in Wien und Kopenhagen. In Leipzig entstand das Alte Rathaus aus Rochlitzer Porphyrtuff.

*Die Basilika von Wechselburg*

*Beeindruckend: die Göhrener Eisenbahnbrücke*

Auf den Grundmauern eines 1168 gegründeten Klosters entstand Mitte des 18. Jahrhunderts ein **Barockschloss**, das bis 1945 Wohnsitz der Schönburger Grafen war und später Krankenhaus. Den 18 Hektar großen Park ziert ein alter Baumbestand, die Wege führen bis ans Muldeufer. Vor allem im Frühling ist ein Spaziergang erlebnisreich, wenn tausende von Buschwindröschen ihre zarte Pracht entfalten.

Buchstäblich in den Schatten gestellt wird die katholische Basilika von der evangelischen **St. Ottokirche** – denn deren Turm überragt alles. Das barocke Gotteshaus (1730–1737) am Marktplatz überrascht seine Besucher mit einer kostbaren Marmorausstattung – zumindest meint man, eine solche zu sehen. Doch für Marmor hatte die Gemeinde seinerzeit kein Geld, und so ließ man das Holz der Säulen und Emporen so bemalen, dass der Eindruck von Marmor vorgetäuscht wird. Wertvolles Ausstattungsstück ist die **Schramm-Orgel** von 1780/81. Johann Jacob Schramm war ein Schüler von Sachsens berühmtestem Orgelbaumeister Gottfried Silbermann.

## Lunzenau

Die historische Innenstadt von Lunzenau (4900 Einwohner) mit ihren schmalen Gassen prägen vor allem Bürgerhäuser aus dem 18. und 19. Jahrhundert. Bekannt wurde die Lunzenauer Weberstocher Sophia Sabina Apitzsch (1692–1752), die in Männerkleidern verkleidet als sächsischer Kronprinz reiste. Sie gefiel sich in der Rolle als Sohn August des Starken, doch der sächsische Hof fand das gar nicht spaßig. Zur Strafe musste die junge Frau 1715 in die Haftanstalt Waldheim einziehen, doch nach zwei Jahren erfolgte die Begnadigung. August der Starke soll ihr den Beinamen ›Prinz Lieschen‹ gegeben haben. Am Geburtshaus der Apitzsch, Altenburger

Straße 5, hat man eine Gedenktafel angebracht, und bald wird den Brunnen auf dem Marktplatz ›Prinz Lieschen‹ als Brunnenfigur krönen.

Nördlich von Lunzenau überspannt die 512 Meter lange **Göhrener Eisenbahnbrücke** das Tal der Zwickauer Mulde. Durch Verfüllung der Bögen an den Brückenenden wurde der 68 Meter hohe Viadukt bei Sanierungsarbeiten (1982–1986) auf 381 Meter verkürzt. Die zweistöckige Brücke entstand von 1869 bis 1872 für die Eisenbahnstrecke Leipzig–Chemnitz. Zeitweise waren am Bau bis zu 5000 Arbeiter beteiligt.

## Rochsburg

Einer Märchenburg gleich thront die Rochsburg auf einem 50 Meter hohen Felssporn über dem Tal der Zwickauer Mulde.

*Hoch über der Hängebrücke: die Rochsburg*

Die 15 Kilometer von Rochlitz entfernte Wehranlage, einer der bedeutendsten Adelssitze Sachsens, wurde um 1170 errichtet und Ende des 15. Jahrhunderts von dem bekannten Baumeister Arnold von Westphalen zum Wohnschloss umgebaut. Eine spätere Zugabe, am barocken Stil erkennbar, ist der Helm des 50 Meter hohen **Bergfrieds**.

In mehreren Räumen sind Möbel verschiedener Stilepochen zu sehen sowie die Ahnengalerie der Grafen von Schönburg, zu deren Besitz die Rochsburg mehr als 400 Jahre gehörte. In der **Kleinen Galerie** sind wechselnde Ausstellungen zu Kunst, Kunsthandwerk und Geschichte zu besichtigen. Empfehlenswert ist auch ein Blick in die spätgotische **Schlosskapelle St. Anna** mit einem Renaissancealtar aus Sandstein.

Ein Besuchermagnet ist die Ausstellung ›Kleider machen Leute – Kostüme aus zehn Jahrhunderten‹. Anhand von 52 Bekleidungsstücken von Adel, Bürgertum, Handwerker und Bauern wird die Entwicklung der Mode in Europa in den vergangenen zehn Jahrhunderten gezeigt.

Bis zur Mitte des 19. Jahrhunderts fertigte man Kleidung ausschließlich in Handarbeit, erst danach erleichterte die Nähmaschine die Arbeit. Damit die Gewänder in der Ausstellung wie Originale aussehen, stellten sie mehr als 100 Frauen in Handarbeit her. Sieben Jahre haben sie dafür benötigt und rund 10000 Kilometer Nähfaden, drei Kilometer Stoff, 500 Meter Spitze und 800 Knöpfe verbraucht.

Unterhalb der Burg schaukelt es gewaltig – beim Hotel Muldenschlösschen in der Rochsburger Muldenstraße führt eine **Hängebrücke** über die Mulde. Bereits um 1480 erwähnten die Chroniken einen einfachen ›Bocksteg‹, und um 1878 ist von einem schwankenden Steg die Rede, im Volksmund Schaukelbrücke genannt.

## Die Sachsen sprechen Säggssch

Manche Wörter versteht außerhalb von Sachsen kein Mensch. Huddelei beispielsweise steht für Ärger haben und Dämmse für große Hitze. Eine Kuhbläke ist ein abgelegenes Dorf, ein Lulatsch ein langer Kerl, wenn einer druckst, dann möchte er nicht mit der Sprache heraus, wenn Kinder und Jugendliche sich zum Fußballspielen verabreden möchte, erkundigen sie sich, ob man zum Bebbl'n mitkommt, und wird etwas als babb'sch bezeichnet, dann ist es weich.

Die Sachsen gelten als gemütlich, reiselustig und redegewandt, selbst bezeichnen sie sich als fischelant, was man mit pfiffig und einfallsreich übersetzen könnte. Doch ihrer Sprache wegen werden sie oft verhöhnt. Mit Lautbildung, Wortschatz und Satzbau haben sie ihre Probleme und geben deshalb oft Anlass zu beißendem Spott. Der freundliche Singsang ihrer Mundart, das Säggssch, ist unverkennbar.

In Sachsen gibt es 21 Dialekte, am verbreitetsten sind der westerzgebirgische, der vogtländische und der Oberlausitzer Dialekt, die aber nicht mit dem verspotteten Sächsisch verwechselt werden dürfen. Das eigentliche sächsische Dialektgebiet erstreckt sich zwischen Leipzig, Chemnitz und Dresden. Hier verweichlicht man mit Vorliebe, aus dem P wird ein B, man sagt also nicht Papa sondern Babba, die Post wird zur Bost. Erkundigen sich Kinder bei den Eltern, wie man Post schreibt, wird die Antwort lauten: Mit einem harten B. Und Butter? Mit einem weichen B.

Das T weicht im Sächsischen dem D, aus der Türe wird eine Diere. Auch das K mag man nicht, man unterscheidet es nicht vom G, deshalb wird das Kopfkissen zum Gobbgissen. Gern verschluckt der Sachse auch Endungen, er sagt mei anstatt mein. Vokale dehnt er, und so wird aus glauben ein glooben.

Der exotische Dialekt bereitet den Gästen manchmal Probleme. Manches Wort verstehen wahrlich nur die Einheimischen. Wer weiß außerhalb von Sachsen schon, dass hierzulande eine Horns'che ein kleines, häßliches Zimmer ist und ein Dibbel eine große Tasse? Eine Doofe kann ein einfältiges Mädchen sein, aber auch die Taufe in der Kirche. Geld bezeichnen die Sachsen als Knete, den Säugling als Währchl und das kleine Kind ist ä Bohbl. Wer sich ungebührlich benimmt, ist ein Flähz oder Drambl, und wer etwas nicht versteht, der wird hinter der vorgehaltenen Hand als dusselig bezeichnet.

Doch solange der Gast noch mit ›mei Gudster‹ angesprochen wird, steht alles zum Besten. Wenn jemand aber absolut nichts versteht oder aus der Sicht eines Sachsen zu viel Zeit benötigt, werden sie schnell ungeduldig und laut. Dann kann man Worte wie Dussel, Nappsilze, Armleichter, Knallkopp, Nieselbriem oder gar Leckarsch zu hören bekommen. Das ist das Zeichen, dass die Geduld des Gesprächspartners am Ende ist. Anflaum'm, also beschimpfen, sollten man sich aber nicht lassen. Dazu wird es jedoch selten kommen, denn der Sachse wird aus Höflichkeit nicht sagen, was er von einem hält. Oder doch? Weil er den festen Glauben hat, man würde ihn ja doch nicht verstehen.

Sollte der Sachse mitbekommen, dass er sich getäuscht hat, wird man als Verwunderung bestimmt ›ei-verbibbch‹ hören. Das entspricht im Hochdeutschen etwa dem erstaunten ›guck'mal da!‹ Oder man bekommt zu hören, man sei ausgebuffd, das heißt soviel wie raffiniert sein.

## Penig

Seine Sehenswürdigkeit versteckt die Stadt (9700 Einwohner) unter den Häusern und Straßen. Es ist ein im 16. Jahrhundert in die Felsen gehauenes Gangsystem auf drei Ebenen und einer Länge von rund zwei Kilometern. Bei einer Temperatur von konstant acht bis zehn Grad wuden hier Bier und Lebensmittel gelagert. Heute bezeichnet man das System als **Kellerberggänge** und machte es zum zwar beliebten, aber doch etwas ungewöhnlichen Angebot für Touristen. Der Eingang befindet sich beim **Huthaus** in der Leipziger Straße 52a.

Aus dem Altstadtkern mit mittelalterlichem Grundriss ragt die spätgotische **Stadtkirche Zu unser Lieben Frauen auf dem Berge** (1476–1515) hervor, die sich mit einer farbenprächtigen Tafeldecke (1688) schmückt, die 70 Darstellungen aus dem Alten und Neuen Testament zeigt.

Zur spätromanischen Saalkirche **St. Aegidien**, die 1157 erstmals genannt wurde und somit Penigs ältestes Bauwerk ist, läuft man die Lunzenauer Straße entlang bis zur Dittmannsdorfer Straße. Das stattliche Gebäude am Ende des Schlossplatzes, in dem sich Stadtbibliothek und Polizei befinden, ist das **Neue Schloss**, das sein heutiges klassizistisches Aussehen um 1790 erhielt.

Zum beliebten Fotoobjekt avancierte der wahrlich **Große Topf zu Penig** am Rand der Altstadt in der kleinen Grünanlage Chemnitzer-/Ecke Tauchaer Straße, der an die einstige Töpfertradition erinnert.

*Der ›Große Topf zu Penig‹*

## Wolkenburg-Kauffungen

Den Namen des kleinen Doppelortes sollte man sich merken, denn er dürfte bald mit einem kulturhistorisch bedeutenden Ensemble aufwarten: dem **Schloss Wolkenburg** oberhalb der Zwickauer Mulde, das in den Jahren 1694 bis 1700 aus einer Burg hervorging, dem im englischen Stil angelegten **Schlosspark** sowie der **St. Mauritius-Kirche**, eine der schönsten und stilreinsten klassizistischen Dorfkirchen Sachsens. Wolkenburgs älteste Kirche, ein Rechteckbau aus der Zeit um 1400, befindet sich außerhalb des Ortes. Ende des 18. Jahrhunderts gefiel den Einwoh-

*Mulde und Penigs Stadtkirche*

nern plötzlich ihr Gotteshaus nicht mehr, dazu kam, dass es auch zu klein geworden war. Man sammelte fleißig Geld und ließ unterhalb des Schlosseingangs die Mauritius-Kirche erbauen. Schloss und Park zieren **Eisenkunstgussplastiken** aus dem 18. Jahrhundert, die aus der berühmten Lauchhammer Gießerei stammen. Sie stellen Meisterleistungen ihrer Zeit dar. Nach Wolkenburg sind sie gekommen, weil das Schloss bis ins 18. Jahrhundert den Lauchhammer Hüttenbesitzern gehörte.

Nach dem Zweiten Weltkrieg versank Schloss Wolkenburg in einen Dornröschenschlaf, es verschwand regelrecht aus dem Gedächtnis der Sachsen. Es wurde zu Wohnzwecken genutzt und nur notdürftig instandgehalten. Seit einigen Jahren ist man dabei, Schloss und Park wieder herzurichten. Als Kleinod wieder entstanden sind bereits der **Festsaal** sowie die zweigeschossige **Bibliothek** mit rundem Grundriss, beide aus der Zeit um 1780 stammend. In den Stilzimmern werden **Kabinettausstellungen** gezeigt, die Einblick geben in das Wirken der Grafen von Einsiedel, die im 18. Jahrhundert Schloss und Park prägten.

### Grimma und Umgebung

**Tourist-Information Grimma**, Markt 16/17, 04668 Grimma, Tel. 03437/98 58 28-5, Fax -8, stadtinformation@grimma.de, www.grimma.de.

**Tourist-Information Colditz**, Markt 1, 04680 Colditz, Tel./Fax 03 43 81/435 19, info@touristinfo-colditz.de, www.touristinfo-colditz.de.

**Tourist-Information Rochlitzer Muldental**, Markt 1, 09306 Rochlitz, Tel. 03737/783 22-2, Fax -4, info@rochlitzer-muldental.de, www.rochlitzer-muldental.de.

Eine **Fähre** für maximal 16 Personen verkehrt zwischen Höfgen und Nimbschen, Tel. 03437/91 51 58, April–Okt. tägl. 10–18 Uhr, am Wochenende bis 20 Uhr.

**Hotel Schloss Gattersburg**, Colditzer Str. 3, Grimma, Tel. 03437/92 46 80, www.gattersburg.de; 12 Zi., DZ ab 89 Euro. Hoch über der Mulde thront das Hotel. Sächsische Küche im Restaurant, toller Blick vom Turmcafé mit Kuchen und Torten aus der hauseigenen Konditorei.

**Hotel Kloster Nimbschen**, Nimbschener Landstr. 1, Grimma OT Nimbschen, Tel. 03437/99 50, www.klosternimbschen.de; 81 Zi., DZ ab 75 Euro. Übernachten auf historischem Boden in der restaurierten Klosteranlage, zeitgemäßer Komfort in den Gästezimmern. Preiswertere Zimmer stehen im Gästehaus zur Verfügung. Hauseigener Bootssteg.

**Erlebnishotel Zur Schiffsmühle**, Zur Schiffsmühle 2, Höfgen, Tel. 03437/760 20, www.hotel-zur-schiffsmuehle.de; 30 Zi., DZ ab 81 Euro. Absolut ruhig: romantisch an der Mulde gelegenes Hotel, rustikales Restaurant mit sächsischer Küche (tägl. geöffnet, Hauptgerichte 8–13 Euro).

**Zur Wassermühle**, Dorfstr. 10, Höfgen, Tel. 03437/917153, www.wassermuehle-hoefgen.de; tägl. geöffnet, Hauptgerichte 9–15 Euro. Traditionelle sächsische Gerichte in nostalgischem Ambiente, schöner Blick ins Muldenland.

**Waldhaus**, Lausicker Str. 60, Colditz, Tel. 034 38 1/433 71, www.waldhaus-colditz; Mo geschl., Hauptgerichte 8–13 Euro. Sächsische Gastlichkeit seit 1897, regionale Küche (auch 11 Zimmer, DZ ab 55 Euro).

**Muldenschlösschen Rochsburg**, Bahnhofstr. 2, Lunzenau OT Rochsburg, Tel. 03 73 83/86 10, www.muldenschloesschen.de; Mo geschl., Hauptgerichte 8–14 Euro. Idyllische ruhige Lage mit Blick auf die Rochsburg, sächsische Spezialitäten (auch 15 Zimmer, DZ ab 65 Euro).

**Seumehaus**, Markt 11, Grimma, Tel. 034 37/70 21 71; Di–Fr 13–17 Uhr.

**Göschen-Haus**, Schillerstr. 25, Grimma, Tel. 034 37/91 11 18, www.goeschenhaus.de; Di–Do, Sa/So 10–17 Uhr.

**Kreismuseum Grimma**, Paul-Gerhardt-Str. 43, Tel. 034 37/91 11 32, www.museum-grimma.de; Di–Fr, So 10–17 Uhr. Sammlungen von der Urgeschichte bis zur Gegenwart.

**Museum Schiffsmühle**, Zur Schiffsmühle, Höfgen, Tel. 034 37/987 70, www.hoefgen.de; April–Okt. Di–So 10–13, 14–17 Uhr.

**Technische Schauanlage Wassermühle Höfgen**, Dorfstr. 8, Höfgen, Tel. 034 37/70 75 72, www.wassermuehle-hoefgen.de; April–Okt. Di–So 11–17 Uhr.

**Wilhelm-Ostwald-Park**, Grimmaer Str. 25, Großbothen, Tel. 03 43 84/73 49 11, www.wilhelm-ostwald-park.de.

**Jagdhaus Kössern**, Dorfstr. 1, Kössern, Tel. 03 43 84/739 31, www.jagdhaus-koessern.de; Mo–Fr 9–15, Mai–Sept. auch Sa/So 10–17 Uhr.

**Schloss Colditz**, Schlossgasse 1, Colditz, Tel. 03 43 81/437 77, www.schloss-colditz.com; tägl. April–Okt. 10–17, Nov.–März 10–16 Uhr.

**Schloss Rochlitz**, Sörnziger Weg 2, Rochlitz, Tel. 037 37/49 23 10, www.schloss-rochlitz.de; Febr.–Okt. Di–Fr 11.30–17, Sa/So 10–17, Nov.–Dez. Sa/So 11–16 Uhr.

**Basilika und Kloster Wechselburg**, Markt 10, Wechselburg, Tel. 03 73 84/808 22, www.kloster-wechselburg.de; tägl. geöffnet außer zu den Gebetszeiten.

**Heimatmuseum Wechselburg**, Markt 17, Wechselburg, Tel. 03 73 84/381; Di–So 10–17 Uhr. Wissenswertes zur Wechselburger Geschichte.

**Schloss Rochsburg**, Schlossstr. 1, Lunzenau OT Rochsburg, Tel. 03 73 83/67 03, www.rochlitzer-muldental.de; Di–So April–Okt. 10–17, Nov.–März 10–16 Uhr.

**Kellerberge Penig/Huthaus**, Leipziger Str. 52a, Penig, Tel. 03 73 81/959 44; jedes 2. Wochenende im Monat und an Feiertagen 14–17 Uhr.

**Schloss Wolkenburg**, Schloss 3, Wolkenburg, Tel. 03 76 09/581 70, www.schloss-wolkenburg.de; Di–So 14–17 Uhr.

**Mittelsächsischer Kultursommer**, Ticket-Hotline 037 37/78 32 22, Infos auf www.mittelsachsen.de. Von Mitte Juni bis Mitte September präsentiert Mittelsachsen seine kulturelle Vielfalt mit über 50 Veranstaltungen an ungewöhnlichen Orten.

**Benediktinischer Klosterladen**, Markt 16, Wechselburg; Sa/So 13–16 Uhr. Klosterprodukte wie Kräuter und Gewürze, Tees, Liköre, Weine, Salben sowie Kunst von regionalen Künstlern.

**Hofladen des Landgutes Chursdorf**, Landgutweg 25, Penig OT Chursdorf, Tel. 03 73 81/52 52, www.landgut-chursdorf.de; Mo/Di geschl. Büffelprodukte wie Wurst, und Milchprodukte aus eigener Käserei, Verkostungen, Besichtigungen der Büffel und Führungen.

Radeln am Muldeufer entlang. Verschiedene Radwege auf wenig befahrenen Straßen und Wanderwegen sind ausgeschildert, informieren kann man sich auf der Internetseite www.muldentalradweg.de.

## Mittweida

Die Stadt hat sich zum wirtschaftlichen und kulturellen Zentrum (16 300 Einwohner) von Mittelsachsen aufgeschwungen. Großen Anteil daran hat gewiss die Hochschule mit mehr als 5000 Studenten. Das **Kunstwerk Reflect** (2007) des Chemnitzers Gregor-Torsten Kozik auf dem Marktplatz liefert einige Hochschul-Informationen. Mit Fotos werden 50 bekannte Absolventen der Bildungseinrichtung vorgestellt, die aus einem 1867 gegründeten privaten Technikum hervorging, darunter die Ingenieure Alfred Horch und Friedrich Opel.

Den Markt ziert noch der nach dem Ersten Weltkrieg eingeweihte **Marktbrunnen** (1918) aus Rochlitzer Porphyr mit dem goldenen Friedensengel. Alles überragt die auf dem Kirchberg stehende **Stadtkirche Unser Lieben Frauen**. Nach dem Stadtbrand von 1450 als spätgotische Hallenkirche erbaut, birgt sie einen Taufstein von 1555, eine Sandsteinkanzel von 1667 und einen barocken Flügelaltar von 1661.

Ebenfalls auf dem Kirchberg befindet sich das **Heimatmuseum**, das in den alten **Pfarrhäusern** (1625–1627) ein reizvolles Domizil fand. Zum Museum gehört das benachbarte **Johannes-Schilling-Haus**, das über den in Mittweida geborenen Bildhauer (1828–1910) informiert. Schilling schuf als Professor der Dresdner Kunstakademie das Rietschel-Denkmal und das Denkmal für Gottfried Semper auf der Brühlschen Terrasse in Dresden. Geboren wurde er in dem Haus Rochlitzer Straße 9, das

▲ *Heimatmuseum in den alten Pfarrhäusern von Mittweida*

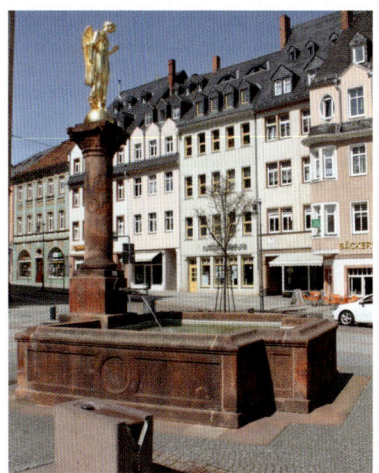

*Der Marktbrunnen in Mittweida*

eine Gedenktafel trägt. Nahe dem Heimatmuseum steht das Haus, in dem der Schriftsteller Erich Loest von 1933 bis 1948 gewohnt hat.

Nördlich von Mittweida zieht sich bis Waldheim das landschaftlich reizvolle **Zschopautal** hin. Der Fluss hat sich bis zu 70 Meter tief in die Hochfläche eingeschnitten und bildet eine wildromantische Landschaft. Die Zschopau entspringt am Nordhang des Fichtelberges und mündet nach 126 Kilometern in Töpeln bei Döbeln in die Freiberger Mulde. Vom Mittweidaer Ortsteil Kockisch führt eine 1909 erbaute und 1996 rekonstruierte **Hängebrücke** über die Zschopau in das am östlichen Ufer gelegene Liebenhain. Südöstlich von Mittweida, in Schönborn-Dreiwerden, wurde das ehemalige Silberbergwerk zum **Besucherbergwerk Alte Hoffnung Erbstollen**. 46 Meter unter Tage fährt ein Kahn durch die in Jahrhunderten entstanden Stollen von zwölf Kilometer Länge. Fast 300 Bergleute waren hier von 1831 bis 1885 waren tätig.

## Burg und Talsperre Kriebstein

Die Burg Kriebstein auf steilen Felsen über der Zschopau gilt als Sachsens schönste Ritterburg.

Das Bauwerk stammt aus dem 14. bis 16. Jahrhundert, wurde im 19. Jahrhundert jedoch verändert. Das **Burgmuseum** zeigt reich ausgestattete Stilzimmer von der Renaissance bis zur Neogotik. Sie demonstrieren, wie sich die Wohnkultur in den Jahrhunderten gewandelt hat.

Die spätromanische **Burgkapelle** weist kulturhistorisch bedeutende Wand- und Deckenmalereien aus der Zeit um 1410 auf, die sehr gut erhalten sind. Entdeckt hat man sie bei Sicherungsarbeiten 1933, nach und nach wurde ihr Zustand besorgniserregend. Die Museumsleitung setzte sich beharrlich für die Erhaltung der Arbeiten ein, zwei Diplomarbeiten beschäftigten sich mit dem Thema. Die Hartnäckigkeit hatte Erfolg – in fünfjähriger Arbeit wurden die wertvollen Wandmalereien restauriert.

Eine weitere Kostbarkeit besitzt die Burg mit dem **Kriebsteinzimmer**, einer farbig gefassten Bohlenstube aus dem

*An der Talsperre Kriebstein*

*Das Gellert-Museum in Hainichen*

15. Jahrhundert von nur 3 mal 4,5 Meter. Die Holzbalkendecke und die drei Bohlenwände sind reich mitRankenwerk bemalt. 1902 vermachte der damalige Burgbesitzer die drei Bohlenwände als Geschenk dem Königlichen Kunstgewerbemuseum Dresden. Glücklicherweise überstanden sie dort das Bombeninferno im Februar 1945 und konnten so 1997 unversehrt wieder auf die Burg Kriebstein zurückkehren.

Etwa zwei Kilometer sind es von der Burg bis zur Staumauer der **Talsperre Kriebstein**. Das landschaftlich besonders reizvolle Gewässer entstand zwischen 1927 bis 1930 zum Hochwasserschutz. Bewaldete Hügel betten das neun Kilometer lange und maximal 400 Meter breite Gewässer tief ein, das die Zschopau staut. Neuerdings wird von Juni bis August auf dem Stausee Theater gespielt. Die Bühne schwimmt auf dem Wasser, die Zuschauer sitzen sicher an Land. Vor dem Theaterbesuch kann man mit einem Motorbootausflug die Talsperre erkunden oder man lotet seinen Mut und sein Können im **Kletterwald** auf sechs verschiedenen Parcours aus.

## Hainichen

In der Stadt (9300 Einwohner) am Fuße des Erzgebirges und neun Kilometer von Mittweida entfernt, kam **Christian Fürchtegott Gellert** (1715–1769) zur Welt. Der Dichter wurde besonders durch Fabeln, Erzählungen, Lieder und Lustspiele bekannt. Auf dem Marktplatz wird er vor dem Rathaus mit einem **Denkmal** (1865) geehrt, der Entwurf der Bronzestatue stammt vom berühmten Ernst Rietschel, dem Schöpfer des Goethe-Schiller-Denkmals in Weimar und des Lutherdenkmals in Worms. Wer mehr über Gellert wissen möchte, besucht das **Gellert-Museum** im Parkschlösschen (1851–1895). In Hainichen kam auch Friedrich Gottlob Keller (1816–1895) zur Welt. Mit seiner genialen Idee, Papier aus zerfasertem Fichtenholz herzustellen, erlangte er Berühmtheit. In der wenige Meter vom Marktplatz entfernten Mühlenstraße steht der **Keller-Brunnen** mit einer Bronzebüste (1952) des Erfinders.

Jahrhundertelang war die Handweberei der Haupterwerb der Hainichener. An diese Zeit erinnert das alte **Meisterhaus der Tuchmacherinnung** in der Straße An der Mühle 5. In dem prachtvollen Fachwerkbau (1784) hält eine **Schauwerkstatt** die Tradition der Handweberei wach. Hainichens interessanteste Sehenswürdigkeit findet sich auf dem **Rahmenberg**: die **Camera obscura** (1883). Die ›dunkle Kammer‹, die nach dem Prinzip des primitiven Fotoapparates ›Box‹ arbeitet, spiegelt die Umgebung in lebendigen Bildern wider – allerdings nur bei guter Sicht! Eine zweite Einrichtung dieser Art befindet sich auf dem Berg Oybin im Zittauer Gebirge.

*Schloss Nossen*

## Nossen

Auf einem Felsvorsprung über der Freiberger Mulde thront das **Renaissanceschloss**, zusammen mit der **Kirche** prägt es das Bild der Stadt (6000 Einwohner). Lange Zeit war das Schloss im Besitz der Bischöfe von Meißen und danach des Klosters Altzella. Nach der Reformation übernahm der sächsische Hof das Bauwerk. Der wusste aber offensichtlich mit ihm nichts rechtes anzufangen, ließ es immer wieder umbauen, bis im 18. Jahrhundert das Interesse völlig erlosch. Zu besichtigen sind historische Räume mit Bemalungen aus der Zeit der Renaissance, besonders interessant ist ein Blick in die historische Bibliothek, aber auch in das Muldetal. Ein weiterer Teil des Schlosses wird für Wohnzwecke genutzt.

## Altzella

1175 zog Abt Heinrich mit zwölf Mönchen vom Mutterkloster Pforta bei Naumburg in das fünf Jahre zuvor gegründete Zisterzienserkloster Cella, 1540 wurde es mit der Reformation aufgelöst. Das Kloster verfiel, nachdem man die Gebäude zur Baustoffgewinnung freigegeben hatte. Kurfürst August III. erinnerte sich daran, dass das Kloster Altzella von 1190 bis 1381 Familiengrabstätte war. Er ließ nachforschen, und das Ergebnis, das man ihm vorlegte, überraschte: 26 Wettiner hatten in Altzella ihre letzte Ruhestätte gefunden. Daraufhin ließ er 1787 ein **Mausoleum** und einen romantischen **Landschaftspark** im englischen Stil anlegen, in die die Klosterruinen einbezogen wurden. Im **Konversenhaus** befinden sich eine Sammlung von Architekturfundstücken des nicht mehr vorhandenen Klosters und eine Ausstellung zur Klosterbibliothek.

## Döbeln

Am 29. März 2010 um 16.32 Uhr stand der **Döbelner Riesenstiefel** dort, wo er vorläufig bleiben wird: In der 2. Etage des Rathaus. Vorausgegangen war ein

[ 138 ] Burgen- und Schlösserland

*Döbelner Riesenstiefel*

von der regionalen Presse als ›Stiefelkrieg‹ bezeichneter Streit, der gerichtlich entschieden wurde. Der Döbelner Riesenstiefel galt mit einer Schafthöhe von 3,70 Meter und einer Sohlenlänge von 1,90 Meter lange als weltgrößter Stulpenstiefel. Gefertigt hatten ihn Döbelner Schuhmacher anlässlich des 600-jährigen Jubiläums ihrer Innung aus zehn Rinderhäuten. 1957 kam der Stiefel auf

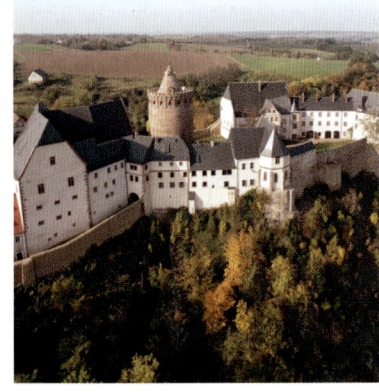

*Burg Mildenstein*

die Burg Mildenstein nach Leisnig, dort war er Besuchermagnet, und dort sollte er bleiben. Nach 53 Jahren kehrte er jedoch – gerichtlich erzwungen – nach Döbeln zurück.

Für eine Kleinstadt (27 000 Einwohner) ist das **Rathaus** mit seinem 59 Meter hohen Turm (1910–1912) etwas überdimensioniert. Die spätgotische **Nikolaikirche** (15.–19. Jahrhundert) birgt einen sechsflügeligen elf Meter hohen Schnitzaltar (1520) mit überlebensgroßen Heiligenfiguren im Mittelschrein.

## Leisnig

Hoch über dem Tal der Freiberger Mulde hockt auf einem 60 Meter hohen Porphyrfelsen die **Burg Mildenstein**, unweit des Leisniger Marktplatzes. Bis zum März 2010 konnte man hier den Döbelner Riesenstiefel bewundern. Jetzt hat – sehr zum Verdruss der Döbelner – Leisnig einen eigenen Riesenstiefel. Der schaffte es als größter Stulpenstiefel der Welt 1997 sogar ins ›Guinnessbuch der Rekorde‹, weil er mit einer Schafthöhe von 4,90 Meter und einer Sohlenlänge von 2,20 Meter den Döbelner Stiefel weit übertrifft. Gefertigt haben den Stiefel die beiden Leisniger Schuhmachermeister Gerthold und Neidhardt unter völliger Geheimhaltung. Damit das Unternehmen gelingen konnte, mussten sie sogar die Decke zum Obergeschoss ihrer Werkstatt durchbrechen. Einen Platz für die Stiefelpräsentation fand man auch, es ist das Haus am Burglehn 9, 2006 öffnete es als **Stiefelmuseum**. Und da in dem Haus der Heimatmaler Karl Wagler (1887–1875) gelebt hatte, kamen seine bislang auf der Burg Mildenstein aufbewahrten Arbeiten ebenfalls in dieses Haus.

Die mehrfach umgebaute **Burg Mildenstein** überrascht mit Baustilen von der

Romanik über Gotik und Renaissance bis zum Barock. Als Residenz wurde das Schloss jedoch nie genutzt, im 18. und 19. Jahrhundert beispielsweise befanden sich in der Burg Amtsgericht, Gefängnis und Beamtenwohnungen. Den ältesten Teil bildet der mitten im Burghof stehende 32 Meter hohe **Bergfried** (12. Jahrhundert), mit einem Durchmesser von 14 Metern und einer Mauerstärke von viereinhalb Metern ein stattliches Bauwerk. Bereits seit 1875 darf er bestiegen werden. Als ein Meisterwerk mittelalterlicher Zimmermannskunst gilt der **Kornhausboden** mit seiner tonnengewölbten hölzernen Dachkonstruktion. Im einstigen **Aktengewölbe** und in der romanischen **Burgkapelle** ist die Ausstellung ›Die Botschaft der Heiligen – sakrale Plastiken aus fünf Jahrhunderten‹ zu sehen, die sakrale Schnitzplastik (14.–18.Jahrhundert) aus Leisnig und Umgebung zeigt. Die Dauerausstellung des Museums ermöglicht Blicke in das Alltagsleben hinter den mächtigen Burgmauern.

Östlich von Schloss Mildenstein legte man ab 1798 den später mit qualitäts-

*Der Kornhausboden von Burg Mildenstein*

vollen künstlichen Ruinen (1866) ausgestatteten **Miruspark** an, der nach starkem Verfall wieder hergerichtet wird und deshalb gegenwärtig nicht zugänglich ist. Das Baumaterial kam von Gebäuden des 1192 gestifteten direkt an der Mulde liegenden Zisterzienserklosters Buch, von dem nur Reste erhalten blieben.

### Mittweida und Umgebung

**Vorwahl**: 03727, **Postleitzahl**: 09648.
**Mittweida-Information**, Rochlitzer Str. 3 (Eingang Frongasse, Postanschrift Markt 32), Tel. 967350, Fax 967185, fremdenverkehrsamt@mittweida.de, www.mittweida.de.
**Tourist-Information Leisnig**, Kirchstr. 15, 04703 Leisnig, Tel. 034321/63709-0, Fax -1, gaesteamt@leisnig.de, www.leisnig.de.

**Center Hotel Deutsches Haus**, Rochlitzer Str. 5, Mittweida, Tel. 961458, www.center-hotels.de; 23 Zi., DZ ab 76 Euro. Historisches Haus mit modernen Zimmern, W-LAN. Im Gewölberestaurant mediterrane Küche (Do geschl., Hauptgerichte 9–15 Euro).
**Waldhaus Lauenhain**, An der Talsperre 10, Mittweida OT Lauenhain, Tel. 626190, www.waldhaus-lauenhain.de; 24 Zi., DZ ab 66 Euro. Familienbetrieb, neuer Hotelanbau mit freundlichen Zimmern, im Restaurant saisonale Hausmannsküche (tägl. geöffnet, Hauptgerichte 8–14 Euro).

**Stadtmuseum** ›**Alte Pfarrhäuser**‹, Kirchberg 3, und **Johannes-Schilling-**

**Haus**, Kirchplatz 4, Mittweida, Tel. 3450; Di–So 10–17 Uhr.
**Besucherbergwerk Alte Hoffnung Erbstollen**, Feldstr. 15, Rossau OT Schönborn, Tel. 91845; Sa Führungen 10 und 13 Uhr, So–Fr nur nach Voranmeldung (mind. 6 Personen), Ostern, Pfingsten Führungen 10, 13, 15 Uhr (außer Mo).
**Burg Kriebstein**, Tel. 034327/9520, www.burg-kriebstein.de; Febr./März Di–So 10–16, April–Okt. Di–So 10–17.30, Nov. Sa/So 10–16 Uhr.
**Camera Obscura Hainichen**, Am Rahmenberg, Hainichen, Tel. 037207/600; Mai–Okt. tägl. 10–12, 13–16 Uhr, nur bei guter Sicht.
**Tuchmacherhaus, Schauwerkstatt und Handweberei**, An der Mühle 5, Hainichen, Tel. 037207/88855; Mo–Do 9–14, jeden 1. Sa und So im Monat 14–16 Uhr.
**Christian-Fürchtegott-Gellert-Museum Hainichen**, Oederaner Str. 10 (im Stadtpark), Hainichen, Tel. 037207/2498, www.gellert-museum.de; So–Do 13–17 Uhr.
**Schloss Nossen**, Am Schloss 3, Tel. 035242/50430, www.schloss-nossen.de; April–Okt. Di–Fr 10–17, Sa/So 10–18 Uhr, März/Nov./Dez. Di–Fr 10–16, Sa/So 12–17 Uhr.
**Kloster Altzella**, Zellaer Str. 10, Nossen, Tel. 035242/50432, www.kloster-altzella.de; April–Okt. Di–Fr 10–17, Sa/So 10–18 Uhr.
**Museum Burg Mildenstein**, Burglehn 6, Leisnig, Tel. 034321/62560, www.burg-mildenstein.de; April–Okt. Di–Fr 10–17, Sa/So 10–18, Nov./Dez. Sa/So 10–17, Febr.–März Di–Fr 10–16, Sa/So 10–17 Uhr.
**Stiefelmuseum mit Wagler-Galerie**, Burglehn 9, Leisnig, Tel. 034321/63 70 90 (Gästeamt); Di–Fr 10–17, Sa/So 10–18 Uhr.

**Sommertheater auf der Seebühne Kriebstein**, Mitte Mai–Aug., Tickets 03737/783222, www.mittelsachsen.de. Theater, Konzerte, Musicals, Aufführungen für Kinder.
**Mittelsächsischer Kultursommer**, Projektbüro Georgenstr. 19, Hainichen, Infos Tel. 037207/651240, Ticket-Hotline 03737/783222, www.mittelsachsen.de. Dreimonatiges Festival, das mit rund 40 Veranstaltungen die Region kulturell belebt.
**Burg- und Altstadtfest Leisnig**, Aug. Mittelalterfest in der ganzen Stadt.

**Wasserskianlage Rossau**, Heidelbeerweg 1, Rossau, Tel. 037207/88959, www.wasserskirossau.de; April–Okt. tägl. geöffnet. Wakeboarden und Wasserski, Kurse für Anfänger und Profis.

**Schiffsrundfahrten**, Tel. 034327/93153, www.kriebsteintalsperre.de; April–Okt. mehrmals tägl. einstündige Rundfahrten auf der Talsperre mit Abfahrt in Kriebstein Hafen.

**Kletterwald Kriebstein**, An der Talsperre, Tel. 0172/5855573, www.kletterwald-kriebstein. 7 verschiedene Parcours mit 85 Kletterelementen, über Netzbrücken, schwankende Bohlen. Mitten im Wald an der Talsperre.

*Der Stiefelbrunnen in Döbeln*

Tiefe Täler haben die Weiße Elster und etliche Nebenflüsse in die wellige Hochfläche des sächsischen Vogtlandes geschnitten, das sich zwischen Frankenwald, Fichtelgebirge und Erzgebirge erstreckt. Im Musikwinkel klingt es aus vielen Häusern und Museen. Wer sich beim Wandern oder Radeln übernommen hat, fährt weiter in den südlichsten Zipfel von Sachsen und holt sich in den dortigen Staatsbädern neue Kraft.

# Das Vogtland

# Das Vogtland-Zentrum

Muntere Bäche, liebliche Täler und dunkle Wälder, dazwischen kleine Städte mit romantischen Burgen und stille Dörfer mit schlichten Kirchen und Fachwerkhäusern: Das Vogtland gehört zu den unspektakulären Landstrichen Deutschlands. Doch es hat seinen eigenen Reiz, denn es bietet auf engem Raum eine Vielzahl von Eindrücken und geschichtlichen Zeugnissen.

Das Vogtland ist ein Gebiet mit wechselnden Grenzen. Für knapp 100 Jahre gehörten im 14. Jahrhundert auch das Regnitzland um Hof und die böhmische Region um Asch dazu. Seinen Namen erhielt die Region von königlichen Beamten, den Reichsvögten, die über umfangreiche Macht verfügten. Sie kamen aus dem heute zu Thüringen gehörenden Weida und wählten Plauen zu ihrem Hauptsitz. Seine politische Selbstständigkeit verlor es in der zweiten Hälfte des 16. Jahrhunderts. 1602 wurde der kursächsische ›Vogtländische Kreis‹ mit **Plauen** als Kreisstadt gebildet. Diese Region, die südwestlichste Ecke von Sachsen, gilt heute noch als das Kerngebiet des Vogtlandes. Als Landschaftsbezeichnung hat sich der Name aber auch für das schon lange zu Thüringen gehörende Gebiet um Greiz erhalten.

Die Vogtländer sind, fragt man sie danach, keine Sachsen, sondern eben Vogtländer. Zahlreiche Häuser ihrer Heimat sind mit Schiefer verkleidet. Fruchtschiefer nannten Bauern das blaugraue Gestein, das sie erstmals Ende des 18. Jahrhunderts auf ihren Wiesen bei Theuma brachen und für den eigenen Hausbau und Sockelverblendungen nutzten. Der Theumaer Fruchtschiefer mit seiner blaugrauen Farbe, dem silbrig seidenen Glanz und schwarzen Einlagerungen gehört zu den härtesten und auch zu den schönsten Vorkommen in Europa.

## Plauen

Zentrum des Vogtlandes ist das landschaftlich schön gelegene Plauen. Zu internationalem Ruf kam die Stadt an der Weißen Elster Ende des 19. Jahrhunderts durch die Spitzenproduktion. Auch heute noch sind Plauener Spitzen begehrt.

Stadtrecht besitzt Plauen seit mindestens 1224, damals war der Ort ein von einer Mauer umgebenes Geviert von etwa 300 mal 350 Meter. Durch die günstige Verkehrslage entwickelte sich die Stadt wirtschaftlich rasch, ab 1602 bildete sie das Zentrum des Vogtländischen Kreises. Im 18. Jahrhundert breitete sich von Plauen die Baumwollweberei im Vogtland aus. Die Erfindung der maschinengestickten Tüllspitzen um 1880 verschaffte Plauen Weltruf, die feine Qualität der Erzeugnisse sprach sich rasch herum. Durch die wirtschaftliche Entwicklung stieg die Einwohnerzahl rasant: Von 13 000 im Jahr 1850 erhöhte sie sich auf 128 000 im Jahr 1912. Doch die Zeiten, in denen Tausende in dieser Branche tätig waren, sind vorbei. Heute produzieren nur noch einige kleinere Betriebe, und die Einwohnerzahl beträgt gerade mal 66 000.

Vom Bahnhof zieht sich die Bahnhofstraße hinunter ins Syratal zum Altmarkt, vorbei am weißen, runden **Nonnenturm** (13. Jahrhundert), einem Rest der mittelalterlichen Stadtbefestigung. Von der Burg der Vögte am Hang des Elster- und Syratales ist nicht mehr viel zu sehen. Die Reste wurden teilweise in das barocke **Malzhaus** (1727–1730) einbezogen, das als Kultur- und Kommu-

## Das Vogtland-Zentrum [ 145 ]

*Der Rathausgiebel in Plauen*

nikationszentrum dient. Am südlichen Rand von Plauen erhebt sich der **Kemmler** (507 Meter) mit der 18 Meter hohen Bismarcksäule. Von deren Aussichtsplattform, zu der 84 Stufen führen, genießt man einen herrlichen Blick.

### ■ Altmarkt

Wahrzeichen Plauens ist das **Alte Rathaus** (16. Jahrhundert), dessen dekorativer Renaissancegiebel mit der Kunstuhr zu den schönsten in Sachsen zählt. Er entstand um 1550. Vor der **Kunstuhr** sollte man etwas verweilen: Zwischen den Löwen, die die Viertelstunde anschlagen, zeigt eine Kugel die Mondphasen. Beim Stundenschlag bewegen sich zwei Männer beiderseits des Hauptzifferblattes, der linke Mann hebt seinen Stab, der rechte wackelt mit dem Bart. Rings um den Markt drängen sich schöne alte Bürgerhäuser, neueren Datums ist lediglich der **König-Albert-Brunnen** vom Bildhauer Norbert Marten, der seit 2007 das Stadtbild bereichert. Neben dem Alten Rathaus steht das **Neue Rathaus** (1912–1922) mit einem 64 Meter hohen Turm.

### ■ Plauener Spitzenmuseum

In einen Teil des Alten Rathauses zog das Spitzenmuseum. Es zeigt textile Kostbarkeiten der Spitzen- und Stickereibranche aus Vergangenheit und Gegenwart. Zur Weltausstellung 1900 in Paris bekam Plauener Spitze den Grand Prix, das war sozusagen die Eintrittskarte für den Einzug auf den noblen Märkten der Welt. Wer seinerzeit etwas auf sich hielt und es sich leisten konnte, trug Produkte aus Plauener Spitze.

### ■ Vogtlandmuseum

Die drei stattlichen Patrizierhäuser (18. Jahrhundert) Nobelstraße 9–13 in der Nähe des Altmarktes zeugen noch heute von dem einstigen Wohlstand der Baumwollhändler. In diesen drei Häusern befindet sich das Vogtlandmuseum mit einem zauberhaften **Festsaal** (1887–1889) im Louis-seize-Stil. Er schmückt sich mit kostbarer Stuckornamentik und Wandfeldern mit sinnbildlicher Darstellung der zwölf Monate. Klassizistische **Stilzimmer** zeigen eindrucksvoll die Wohnarchitektur des Bürgertums um 1800. Sie kontrastieren mit den **Bauern-**

*Im Vogtlandmuseum*

**stuben**, in denen Möbel aus dem 17. bis 19. Jahrhundert stehen. In der **Kupferküche** sind überwiegend von einheimischen Meistern gefertigte Erzeugnisse des 18. und 19. Jahrhunderts zu sehen.

### ■ Unter der Erde

Mitten in Plauens Zentrum geht es ab in die Tiefe. In das **Alaunbergwerk Ewiges Leben** steigt man heute aus Wissbegierde und um zu erfahren, wie die Bergleute vor Jahrhunderten schuften mussten. Der Bergbau begann hier 1542, um 1826 war Schluss. Das ›Mundloch‹, wie der Einstieg bergmännisch genannt wird, befindet sich links vom Haupteingang der ›Kolonnaden‹ auf der Reichsstraße. Plauen hat noch ein weiteres Besichtigungsobjekt unter der Erde: den Luftschutzbunker in der Syrastraße. Zu dem hatte man ab 1940 die Bierkeller des Restaurants ›Meyerhof‹ umgebaut. Plauen war während des Zweiten Weltkrieges als Rüstungshochburg wiederholt das Ziel alliierter Bombenangriffe, die rund 75 Prozent der Gebäude der Stadt zerstörten. Heute ist der Bunker das **Luftschutzmuseum Meyerhof**.

*In der Schaustickerei*

### ■ Schaustickerei Plauener Spitze

In dem 1902 eingeweihten Stickereigebäude am Obstgartenweg 1 vermitteln Schauvorführungen auf historischen Stickmaschinen einen lebendigen Eindruck von der Herstellung Plauener Spitzen. Im **Museumsshop** gibt es aktuelle Spitzenerzeugnisse zu kaufen, aber auch schöne Repliken. Die handwerklichen Traditionen und auch das künstlerische Brauchtum pflegen die Plauener auch beim jährlich im Juni stattfindenden Spitzenfest.

### ■ Kirchen

Am Johanniskirchplatz ragt die spätgotische **St. Johanniskirche** mit ihren beiden 52 Meter hohen Türmen auf. 1122 hat sie der Naumburger Bischof Dietrich geweiht, somit zählt das Gotteshaus zu den ältesten Kirchen Sachsens. Die Kirche beherbergt beachtliche Schnitz- und Steinmetzarbeiten, darunter eine barocke Holzkanzel aus der Görlitzer Nikolaikirche, einen Taufstein (um 1520) und ein gotisches Kruzifix.

Mit dem Bau der **Lutherkirche** am Unteren Graben wurde 1693 begonnen. Doch es ging recht schleppend voran, denn auch damals gab es das heute zur Genüge bekannte Problem: Geldmangel. Deshalb konnte die Kirche erst nach 29 Jahren Bauzeit geweiht werden. Die Lutherkirche mit ihrem achteckigen Grundriss ist eine der ersten Zentralkirchen im sächsischen Raum. Der vierflügelige Schnitzaltar (1490) gehört zu den bedeutendsten Werken seiner Art in Sachsen, bis 1722 befand sich das reichgeschmückte Holzbildwerk in der Leipziger Thomaskirche.

Plauens größte Kirche ist mit 1200 Plätzen die von 1895 bis 1897 errichtete **Pauluskirche** an der Kaiserstraße mit einer schlichten Inneneinrichtung.

## ■ Brücken

Von der Johanniskirche läuft man zur Syrastraße, und schon gelangt man zur **Alten Elsterbrücke**, einer der ältesten steinernen Straßenbrücken Deutschlands. 1244 wurde sie erstmals erwähnt. Goethe fuhr über diese Brücke, als er 1795 in die böhmischen Bäder reiste, 1812 und 1813 rollte über sie die Kutsche von Kaiser Napoleon Bonaparte, der mit kleinem Gefolge in der Stadt logierte.

Noch eine Brücke in Plauen ist erwähnenswert: die das Syratal überspannende **Friedensbrücke**. Mit 90 Meter Spannweite, 21 Meter Höhe und einer Breite von 17 Metern galt sie in der Erbauungszeit als technische Meisterleistung. Zur Einweihung im August 1905 war sogar Sachsens König angereist. Als Baumaterial wurde Fruchtschiefer aus dem vogtländischen Theuma verwendet.

Unterhalb der Brücke, in der **Freizeitanlage im Syratal**, zuckelt eine Elektrolok mit bunten Wagen über einen 1000 Meter langen zweischleifigen Rundkurs. Der Fahrbetrieb der Parkeisenbahn mit einer Spurweite von 600 Millimetern wird außer dem Lokführer und dem Bahnhofsleiter von Kindern und Jugendlichen durchgeführt.

## Pausa

Durch das Städtchen (3700 Einwohner) verläuft die Erdachse – das behaupten die Einwohner von Pausa beharrlich. Wer es nicht glaubt, der kann zu den Öffnungszeiten in den Rathauskeller gehen, wo er durch den ›Schmiernippel‹ auf das Ende der rotierenden Erdachse schauen kann. Die Legende vom Mittelpunkt der Erde wurde verbreitet und lockt bis in unsere Tage Touristen an. PR-Arbeit beherrsch-ten die Stadtväter schon vor Jahrzehnten, denn bereits 1934 ließen sie auf dem Dach des Rathauses einen 1200 Kilogramm schweren **Riesenglobus** mit dem Text ›Mittelpunkt der Erde‹ anbringen.

## Syrau

Kalkstein in wunderlichen Formen bietet die **Syrauer Drachenhöhle**. Das un-

▲ *Die steinerne Elsterbrücke in Plauen*

terirdische Labyrinth wurde 1928 durch Zufall entdeckt: Einem Steinbrucharbeiter war der Meißel in eine Spalte gerutscht, als die erweitert wurde, sahen die Arbeiter staunend einen großen Hohlraum. Wasser löste vor über 500 Millionen Jahren entstanden Kalkstein auf, es bildeten sich Hohlräume mit wunderschön geformten Stalagmiten und Stalaktiten. Besonders sehenswert ist die sogenannte **Plauener Gardine**, ein 250 Zentimeter langer und 100 Zentimeter breiter zartgemusterter Sintervorhang in der ›Walhalla‹, dem größten Hohlraum der Höhle. In den Sommermonaten begeistert die Gäste zu den Führungen eine Lasershow. Wer die Höhle besucht, sollte gut zu Fuß sein, insgesamt sind bei dem 350 Meter langen Rundgang 398 Stufen zu steigen. Der unterirdische Ausflug dauert 40 Minuten.

Am Rand der Gemeinde Syrau (1600 Einwohner) steht die einzige erhalten gebliebene Windmühle im südwestlichen Sachsen. In der 1887 erbauten Holländerwindmühle wurde bis 1927 Getreide gemahlen, heute beherbergt sie das **Museum der Mühlenbautechnik**.

*Schloss Voigtsberg*

## Oelsnitz/Vogtl.

Die Stadt (11 500 Einwohner) in einem Talkessel der Weißen Elster trägt offiziell den abgekürzten Zusatz: Vogtl., um sie von der rund 100 Kilometer entfernten gleichnamigen sächsischen Stadt im Erzgebirge zu unterscheiden. Am Marktplatz dominiert das nach dem Stadtbrand 1859 erbaute **Rathaus**, nicht zu übersehen sind die beiden 70 Meter hohen Türme der nahen **Jakobikirche** (16. Jahrhundert). 1888 wurde die barocke Einrichtung durch eine neugotische ersetzt. Der Taufstein (1833) in dem Gotteshaus hat einen berühmten Schöpfer: Ernst Rietschel, von dem viele bedeutende Denkmale in deutschen Städten stammen.

Oelsnitz kam über die Vogtlandgrenzen hinaus zu Ruhm – einige Jahrzehnte war die Stadt der größte Teppichproduzent Deutschlands. 1880 begann es mit der Firma ›Koch & te Kock‹, zu DDR-Zeiten firmierten alle Teppichwebereien unter dem Namen ›VEB Halbmondteppich‹, nach der Einheit behielt man den eingeführten Namen bei, allerdings etwas abgeändert: ›Halbmond Teppichwerke GmbH‹. Über diese interessante Geschichte informiert das **Teppichmuseum im Schloss Voigtsberg**, einem steinernen Klotz am Stadtrand, dessen älteste Teile von Anfang des 13. Jahrhunderts stammen.

## Talsperre Pirk

Ein Schild weist in Oelsnitz/Vogtl. den Weg zur 152 Hektar großen Talsperre Pirk (1935–1939), einem vier Kilometer langen und etwa 500 Meter breiten Gewässer, das durch den Stau der Weißen Elster entstand.

Die 254 Kilometer lange Weiße Elster entspringt in Tschechien und mündet in

Halle in die Saale. Die Talsperre, die der Brauchwasserversorgung, der Energieerzeugung und dem Hochwasserschutz dient, wird vielseitig für die Erholung genutzt. Es wird gebadet, gesegelt, gesurft, gerudert und geangelt. Die Staumauer ist 257 Meter lang und 24,5 Meter hoch.

### Das Vogtland-Zentrum

**Tourist-Information Plauen**, Unterer Graben 1 (im Neuen Rathaus), 08523 Plauen, Tel. 03741/291 10 27, Fax 29 13 10 28, touristinfo@plauen.de, www.plauen.de.

**Stadtinformation Pausa**, Neumarkt 1, 07952 Pausa, Tel. 03 7432/603-0, Fax -55, info@stadt-pausa.de, www.stadt-pausa.de.

**Tourismusinformation Oelsnitz**, Grabenstr. 31 (im Zoepehlschen Haus), 08606 Oelsnitz/Vogtl., Tel. 03 74 21/207-85, Fax -94, info@oelsnitz.de, www.oelsnitz.de.

**Naherholung Talsperre Pirk GmbH**, Am Strand 4, 08606 Oelsnitz OT Taltitz, Tel. 03 74 21/235 47, Fax 25 98 63, info@naherholung-talsperre-pirk.de, www.naherholung-talsperre-pirk.de.

**Best Western Hotel Am Straßberger Tor**, Straßberger Str. 37–41, Plauen, Tel. 03741/287 00, www.strassberger-tor.bestwestern.de; 62 Zi., DZ ab 104 Euro. Moderne großzügige Zimmer, wechselnde Kunstausstellungen im Foyer. Im Restaurant mediterran-leichte und vogtländisch-deftige Küche.

**Parkhotel**, Rädelstr. 18, Plauen, Tel. 03741/200 60, www.parkhotel-plauen.de; 16 Zi., DZ ab 79 Euro. Sanierte Jugendstilvilla mit individuellen Zimmern, familiär geführt. Im Restaurant finden regionale Bio-Produkte Verwendung.

**Dormero am Theater**, Theaterstr. 7, Plauen, Tel. 03741/1210, www.dormero-plauen.de; 117 Zi., DZ ab 59 Euro zzgl. Frühstück. Hotelneubau in der Innenstadt, die Zimmer sind in modernem Design und mit warmen Farben gestaltet.

**Campingplatz Talsperre Pirk**, Am Strand 4, Oelsnitz OT Taltitz, Tel. 03 74 21/235 47, www.naherholung-talsperre-pirk.de; Mitte April–Mitte Okt. 60 Stellplätze für Zelte, Wohnwagen und Wohnmobile, 500 Dauercampingplätze. Viele Wassersportmöglichkeiten, Bootsverleih, Start- und Landeplatz für Motorgleitschirmflieger.

**Altes Handelshaus**, Straßberger Str. 17, Plauen, Tel. 03741/14 96 99, www.altes-handelshaus.de; tägl. geöffnet, Hauptgerichte 9–15 Euro. Essen im barocken Gewölbe des historischen Handelshauses (seit 1789), romantischer Hofgarten.

**Gastwirtschaft Matsch**, Nobelstr. 5–7, Plauen, Tel. 03741/20 48 07, www.matsch-plauen.com; tägl. geöffnet, Hauptgerichte 7–13 Euro. Plauens älteste Gastwirtschaft. Spezialität des Hauses sind vogtländische Bambes – frisch gebratene Kartoffel-Reibekuchen.

**Altdeutsche Bierstube**, Feldstr. 9, Oelsnitz, Tel. 03 74 21/222 48, www.altdeutschebierstube.de; tägl. geöffnet, Hauptgerichte 8–12 Euro. Urige Bierstube mit gutbürgerlicher Küche und vogtländischer Gemütlichkeit. Auch 21 Zimmer (DZ ab 55 Euro).

## Das Vogtland-Zentrum

**Café Heinz**, Jößnitzer Str. 112, Plauen, Tel. 03741/54770, www.hotel-heinz-gbr.de. Bäckerei, Konditorei und Eiscafé am Rand von Plauen, auch 12 Zimmer.

**Vogtlandmuseum Plauen**, Nobelstr. 9-13, Tel. 03741/2912 4010, www.plauen.de/vogtlandmuseum; Di-So 11-17 Uhr.
**Plauener Spitzenmuseum**, Altmarkt, Plauen, Tel. 03741/222355, www.plauenerspitze.info; Di-Fr 10-17, Sa/So 10-16 Uhr.
**Schaustickerei**, Obstgartenweg 1, Plauen, Tel. 03741/443187, www.schaustickerei-plauen.de; Mo-Sa 10-17 Uhr.
**Alaunbergwerk Ewiges Leben**, Plauen, Reichsstraße, links neben dem Haupteingang zu den Kolonnaden, Tel. 03741/529426, www.alaunbergwerk-plauen.de. Führungen anmelden!
**Luftschutzmuseum Meyerhof**, Syrastraße, Plauen, Tel. 03741/529426, www.alaunbergwerk-plauen.de; Öffnungszeiten nach Vereinbarung.
**Drachenhöhle Syrau**, Tel. 037431/3735, www.drachenhoehle.de; April-Okt. 9.30-17, Nov.-März 10-16 Uhr, Dez./Jan. auf Anfrage.
**Museum der Mühlenbautechnik**, Syrau, Tel. c/o 037431/3735 (Drachenhöhle); Ostern-Anf. Okt. Di-So 11-16 Uhr.
**Teppichmuseum auf Schloss Voigtsberg**, Schlossstr. 23, Oelsnitz/Vogtl., Tel. 037421/729484, www.schloss-voigtsberg.de; Di-So 11-17 Uhr.

**Theater Plauen-Zwickau/Vogtlandtheater Plauen**, Theaterplatz, Plauen, Ticket-Tel. 03741/2813 4847, www.theater-plauen-zwickau.com. Musiktheater, Schauspiel, Konzerte, Ballett und Puppentheater.
**Malzhaus**, Alter Teich 7-9, Plauen, Tel. 03741/153232, www.malzhaus.de. Musik- und Veranstaltungshaus, auch Kino, Kabarett, Lesungen, Vorträge.
**Plauener Spitzenfest**, Mitte Juni, www.plauener-spitzenfest.de. Volksfest mit Wahl der Spitzenkönigin.
**Festival Mitte Europa**, Juli/Aug., Länderüberschreitende Kultur- und Musikveranstaltungen.

**Betriebsverkauf Plauener Spitze**, Annenstr. 9, Plauen, Tel. 03741/222554, www.modespitze.de; Mo-Fr 10-13, 14-17, Sa 10-12 Uhr. Tischwäsche, Gardinen, Blusen, teilweise bis zu 50 Prozent Ersparnis. Mit Schaustickerei.

Der **Elster-Radweg** ist von der Quelle bis zur Mündung etwa 250 Kilometer lang, die Teilstrecke im Vogtland beträgt rund 70 Kilometer und tangiert die Orte Bad Elster, Adorf, Oelsnitz, Plauen, Elsterberg. Information zum Elster-Radweg gibt es unter www.elsterradweg.de.

**Freizeitanlage Syratal**, Hainstr. 10, Plauen, Tel. 03741/422861, www.freizeitanlage-plauen.de; April-Okt. Di-Fr 13-18, Sa/So 10-18 Uhr, in den sächsischen Schulferien täglich ab 10 Uhr geöffnet. Für Familien: Jumicar-Parcours (Miniautos mit 4 PS), Parkeisenbahn, 18-Loch-Minigolf, Streichelgehege.

# Vogtländische Schweiz

Schöne Landschaften werden fast überall Schweiz genannt, die Gegend nördlich von Plauen mit den engen schluchtenartigen Tälern der Trieb und der Weißen Elster ist ein solch schönes Gebiet und heißt deshalb Vogtländische Schweiz. Besonders reizvoll präsentiert sich das Steinicht, ein von hohen Felsen umrahmtes Stück des Elstertales. Mitten im idyllischen Ferienzentrum Vogtländische Schweiz glitzert die Talsperre Pöhl, gerne auch als Vogtlandmeer bezeichnet.

## Talsperre Pöhl

Segler, Surfer, Ruderer, Schwimmer und Angler strömen in der warmen Jahreszeit zu Tausenden hierher – die Talsperre Pöhl gehört zu den beliebten Erholungsgebieten des Freistaates. Seinen Namen bekam der zwischen 1958 und 1964 geflutete Stausee von dem Dorf Pöhl, dessen Reste auf dem Grund der Talsperre liegen.

Wer auf den **Julius-Mosen-Turm** (1879) auf dem 435 Meter hohen **Eisenberg** steigt, schaut über die imponierende 59 Meter hohe und 312 Meter lange Staumauer weit in das Land.

Das 27 Kilometer lange buchtenreiche Ufer des Stausees ist teilweise bewaldet und fällt vielfach steil ab, es ist überall frei zugänglich. Motorboote dürfen nicht fahren, nur Fahrgastschiffe tuckern auf dem See entlang. Die Wasserfläche und die Ufer beleben viele Sumpf- und Wasservögel, so Graureiher, Kormorane, Haubentaucher und Trauerenten.

## Naturschutzgebiet Triebtal

Naturfreunde sind immer wieder aufs Neue entzückt: Über die Steine plätschert das Wasser der Weißen Elster, Eisvögel schießen durch das schmale Tal,

*Paradies für Wassersportler: die Talsperre Pöhl*

eine dunkelbraune Wasseramsel jagt Insekten. Das Triebtal gehört mit seinen Stromschnellen und felsigen, waldbestandenen Hängen zu den schönsten Flusstälern Sachsens. Am Ende des Tales, dort, wo die Trieb in die Weiße Elster mündet, schwingt sich die **Elstertalbrücke** über das Flusstal. Einst war der 281 Meter lange und 69 Meter hohe Viadukt die zweithöchste Eisenbahnbrücke der Welt, über die nach fünfjähriger Bauzeit 1851 die erste Dampflok schnaufte. Das Naturschutzgebiet Triebtal erstreckt sich zwischen der Staumauer der Talsperre Pöhl und den Orten Jocketa und Möschwitz.

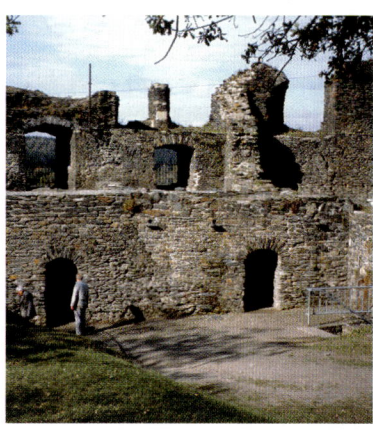

*Burgruine Elsterberg*

## Elsterberg

Im weiten Talkessel der Weißen Elster liegt Elsterberg (4900 Einwohner) mit der größten **Burgruine** des Vogtlandes. 1,5 Hektar bebaute Fläche nimmt sie ein. Von dem spätromanischen Bauwerk (vor 1225), das vermutlich aus einem Wachtturm hervorging, blieben Teile des Palas und die Wehrmauern mit drei Türmen erhalten. Nach mehreren Besitzerwechseln und Vernachlässigung war sie bereits um 1750 nicht mehr bewohnbar, nach dem großen Stadtbrand 1840 holten sich viele Elsterberger Bürger billiges Baumaterial von der Burg. Das Gelände ist jederzeit frei zugänglich. Die Stadt Elsterberg, erstmals 1354 genannt, entwickelte sich um die unterhalb der Burg errichtete **Laurentiuskirche**, die ihr heutiges Aussehen nach dem letzten großen Stadtbrand 1840 bekam.

 Vogtländische Schweiz

**Tourist-Information Talsperre Pöhl**, Hauptstraße 51, 08543 Pöhl OT Möschwitz, Tel. 037439/450-0, Fax -13, tourist-info@talsperre-poehl.de, www.talsperre-poehl.de.

**Stadtverwaltung Elsterberg**, Marktplatz 1, 07985 Elsterberg, Tel. 036621/881-0, Fax -11, stadtverwaltung@elsterberg.de, www.elsterberg.de.

**Landhotel Alt Jocketa**, Dorfaue 1, Pöhl OT Jocketa, Tel. 037439/6254, www.landhotel-altjocketa.de; 26 Zi., DZ ab 76 Euro. Farbenfrohe Zimmer, vogtländische Gastfreundschaft. Die regionalen Spezialitäten im Restaurant werden frisch zubereitet.

**Campingplatz Gunzenberg**, Pöhl OT Möschwitz, www.talsperre-poehl.de. 4-Sterne-Platz mit 300 Parzellen für Wohnwagen, Wohnmobil oder Zelt. Infos über die Tourist-Information.

**Ruinenfest, Elsterberg**, Anfang Juli. Mittelalterliches Spektakel mit Handwerkerpräsentationen, Kulinaria, Schaustellern, Feuerkünstlern.

Mehrere markierte Wanderwege rund um die **Talsperre Pöhl** laden zum Wandern ein, der **Talsperrenrundweg** führt über 20 Kilometer, Infos in der Tourist-Information.

Wassersportsaison an der Talsperre Pöhl Mai–Sept., Badestellen rund um die Talsperre in Jocketa, Schlosshalbinsel, Gansgrün, Voigtsgrün, Gunzenberg, FKK-Liegewiese in Helmsgrün.

**Surf- und Katamaran-Segelschule Papa Jo**, Schlosshalbinsel, Talsperre Pöhl, Tel. 0172/9019751, www.papabetz.de.

Von April bis Oktober werden einstündige **Schiffsrundfahrten auf der Talsperre Pöhl** mit den Motorschiffen ›Pöhl‹ und ›Plauen‹ angeboten, auch Abend- und Sonderfahrten nach Anmeldung. Die Anlegestelle befindet sich in der Nähe der Staumauer, Tel. 037 39/6372.
**Bootsverleih am Gunzenberg und bei der Schiffsanlegestelle**, Tel. 037 41/441926, www.sport-max.de. Verleih von Ruderbooten, Kanus, Kajaks, Segeljollen, Tretbooten.

Angelmöglichkeiten in der Talsperre Pöhl, Tages- und Wochenkarten bei der Tourist-Information.

**Kletterwald Pöhl**, unweit der Sperrmauer, Tel. 0173/6855171, www.kletterwald.de; Juni–Aug. tägl. 9.30–19.30, April, Mai, Sept., Okt. Di, Fr–So 10–19 Uhr. Spaß, Abenteuer und Action an 82 Kletterelementen.

# Im Tal der Göltzsch

Die Göltzsch, ein etwa 40 Kilometer langer Nebenfluss der Weißen Elster, entspringt in einem Hochmoorgebiet zwischen den Orten Muldenberg und Hammerbrücke. Im Quellgebiet liegen die **Rissfälle**, die einzigen Wasserfälle des Vogtlandes, wie die Einheimischen behaupten. Um Enttäuschungen vorzubeugen: Was man hier als Wasserfall bezeichnet, ist nichts anderes als ein Bach, der ein starkes Gefälle herunterrauscht.
Die Göltzsch fließt zunächst durch das Dorf Grünbach und weiter durch die Orte Falkenstein/Vogtl., Ellefeld, Auerbach/Vogtl. und Rodewisch nach Lengenfeld. Beim Ort Weißensand überquert die Bundesautobahn 72 das Göltzschtal. Nach Mylau und Netzschkau bildet die Göltzsch die Landesgrenze zwischen Sachsen und Thüringen. In diesem Bereich befindet sich auch die **Göltzschtalbrücke**.

## Auerbach

Im 19. Jahrhundert trug Auerbach (20 000 Einwohner) den Beinamen ›Pechstadt‹. Nicht etwa, weil den Einwohnern das Glück versagt blieb, sondern weil es im Auerbacher Wald etwa 40 Pechhütten gab, in der Stadt fand die staatliche Pechauktion statt. Wahrzeichen von Auerbach wurde aber kein Zeugnis dieses alten Handwerks, sondern der mit seinem roten Dach weithin sichtbare 43,9 Meter hohe **Schlossturm**, der Rest einer mittelalterlichen Burg. Die fiel 1757 einem Stadtbrand zum Opfer und wurde danach nicht wieder aufgebaut.

Zum Schlossturm kommen noch der Turm der katholischen **Kirche Zum Heiligen Kreuz** und der Turm der evangelischen neogotischen **Kirche St. Laurentius** (1834–1839) an der Ostseite des Altmarktes. »Eigentlich könnten wir uns Vier-Türme-Stadt nennen«, meinen die Auerbacher. Aber weil der Turm der Nikolaikirche in der ›Skyline‹ nicht sichtbar ist, spricht man bescheiden nur von der Drei-Türme-Stadt. Die mehrfach umgebaute **Nicolaikirche** in der Rodewischer Straße nennt sich seit 1992 **Göltzschtalgalerie Nicolaikirche**. Als Kunst-Kirche wartet sie mit einem breit gefächerten Kulturangebot auf: Ausstellungen zeitgenössischer Kunst werden gezeigt, Kammermusikabende finden statt, Kabarett- und Theatergruppen treten auf, es wird außerdem zu Vorträgen und Lesungen geladen.

*Eine beliebte Wanderregion – das Vogtland*

## Pech aus Pfannen

Im Stadtpark von Schöneck liegt einer der für das Vogtland typischen Griebenherde, auch Pechpfannen genannt. Er erinnert an die vom 15. bis Ende des 19. Jahrhundert in dieser Region weit verbreitete Pechsiederei. Mit diesen quadratischen und kesselförmig ausgemeißelten Steinen mit einer Seitenlänge von meist 80 Zentimeter stellten die Bauern das für den Hausgebrauch benötigte Schwarzpech her, wegen seines üblen Geruchs ›Stänker‹ genannt. Sie verrührten es im Verhältnis 4:1 mit Leinöl, was vorzügliche Schmiere für hölzerne Wagenachsen ergab. Oder sie mischten Kräuter darunter und nutzten das Pech als Heilsalbe für das Klauenvieh.

Fast immer bestehen die Steine aus Granit, da sie starker Hitze standhalten mussten. Meist fanden sie vor Bauernhäusern ihren Platz. Über die bis zu 30 Zentimeter große Vertiefung des Steins wurde verharztes, aufgespaltenes Kiefernholz meilerartig aufgeschichtet. Damit es nicht schnell verbrannte, sondern durch Schwelung langsam verkohlte, deckte man es mit Rasenstücken ab. Durch das Bodenloch tropfte das Pech in das untergestellte Gefäß.

Griebenherde heißen die Steine deshalb, weil die kleinen Holzstücke als Grieben bezeichnet werden. Viele dieser Griebenherde verschwanden in den vergangenen 100 Jahren, sie wurden zum Hausbau verwendet oder vernichtet. Mancher verschollene Griebenherd konnte in jüngster Zeit jedoch wieder aufgespürt werden und wurde als schmückendes Geschichtsdokument im öffentlichen Raum aufgestellt. Einer von ihnen befindet sich seit Frühjahr 2011 im ›Garten der Zeitzeugen‹ am Auerbacher Museum. Über das Alter des aus Reumtengrün stammenden Steins ist nichts bekannt, allerdings erzählt man sich, dass er noch bis nach dem Zweiten Weltkrieg in Gebrauch gewesen sei.

Pech wurde im Vogtland vom 15. bis zum Ende des 19. Jahrhunderts professionell buchstäblich an allen Ecken und Enden gesotten, wie der Vogtländer zum Sieden sagt. Allein im Wald von Schöneck waren es um 1850 jährlich 200 Tonnen. Die rund 40 Pechhütten im Auerbacher Wald brachten der Stadt den Beinamen ›Pechstadt‹ ein. Pech benötigte die Elektro- und Bürstenindustrie, Schusterhanf machte man damit steif, Lager- und Transportfässer wurden mit Pech abgedichtet.

In Eich, einem kleinen Dorf bei Auerbach, wurde von 1795 bis vor wenigen Jahrzehnten in dem Familienbetrieb Piering Pech gekocht, gesiedet und destilliert. Heute hat das jahrhundertealte Handwerk der Pechsiederei keine wirtschaftliche Bedeutung mehr. Auch die Pechsiederei Eich musste ihr Produktionsprofil verändern. Doch bei Handwerkerfesten und mit einer kleinen Ausstellung auf dem Betriebsgelände wird die Erinnerung an das alte Handwerk wach gehalten.

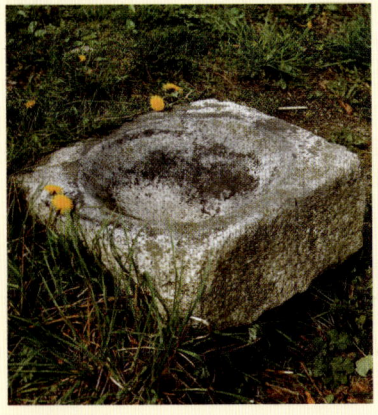
*Pechpfanne*

## Falkenstein

Ellefeld verbindet nahtlos Auerbach mit Falkenstein (8800 Einwohner), das ein Stadtbrand 1859 total vernichtete. Die 1869 eingeweihte **Stadtkirche** mit einem 72 Meter hohen Turm entstand nach einem Entwurf des Semperschülers Christian Friedrich Arnold. Das **Heimatmuseum** im ehemaligen schlichten Schloss besitzt die größte Moosmännersammlung im Vogtland. Der Muestmoa, wie der Falkensteiner sagt, steht in der Weihnachtszeit als Symbol des Guten in vielen vogtländischen Stuben. Weitere Anziehungspunkte im Museum sind Heimatberge mit mechanischen Figuren, ein vogtländisches Bauernzimmer sowie die astronomische Kunstuhr, die der Falkensteiner Friedrich Paul Fetzer von 1895 bis 1923 fertigte. Die etwa drei Meter hohe Uhr ist unter anderem mit dem Umlauf der Jünger, den Mondphasen, einem Kalendarium und der Zeitangabe ausgestattet. Neben dem Museum ragt der **Schlossfelsen** auf, ein kleiner Aussichtspunkt mit Blick auf die Stadt. Einem Bergsee ähnelt die nordwärts von Falkenstein zwischen 1971 und 1974 erbaute **Talsperre**, in der in der warmen

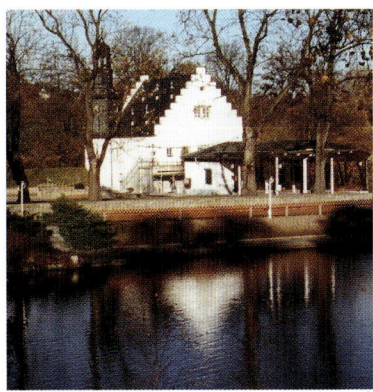

*Die Schlossinsel Rodewisch*

Jahreszeit gern gebadet wird. Andere nehmen sich ein Ruderboot und genießen die Ruhe auf dem Wasser. Nur Angler werden enttäuscht, denn in dem sauren Wasser leben fast keine Fische.

## Rodewisch

Überregionalen Ruf besitzen die **Schulsternwarte** und das **Planetarium Sigmund Jähn** auf der Rützengrüner Höhe. Von sich reden machte die Schulsternwarte 1957 durch die Beobachtung des Sputnik 1. Die Ergebnisse schickte man selbstbewusst an das Rechenzentrum ‹Kosmos› nach Moskau und staunte nicht schlecht, als am 31. Oktober 1957 eine telegrafische Antwort in dem Vogtlandstädtchen (7300 Einwohner) eintraf. Von da an gehörte die Schulsternwarte zum Internationalen Beobachtungsnetz, das die gesamte Erde umspannte. Bis in die 1980er Jahre nahmen die Lehrer und Schüler etwa 100 000 Satellitenbahnenvermessungen vor.

Heute bekommen die Besucher bei Führungen durch das Planetarium den Sternenhimmel erklärt und können an verschiedenen Teleskopen die Vielfalt der kosmischen Objekte beobachten.

*Moosmänner im Heimatmuseum*

Auf der **Schlossinsel** sind die restaurierten Grundmauern einer mittelalterlichen **Wehranlage** aus dem frühen 13. Jahrhundert zu sehen. Grabungsfunde aus dem ›festen Hus Göltzsch‹, wie man die Wehranlage in alten Dokumenten bezeichnet, sind im benachbarten **Museum Göltzsch** zu sehen. Weithin bekannt wurde das Museum durch seine jährlichen Weihnachtsausstellungen. Historisches Spielzeug, Schnitzarbeiten und mechanische Modellanlagen ziehen viele Besucher an.

## Lengenfeld

Auf der B94 wird weiter nach Lengenfeld (7000 Einwohner) gefahren. Dort nahm das Färberhandwerkerhaus (um 1799) in der Hauptstraße 57 das **Heimatmuseum** auf. Die 1438 erstmals genannte **Klopfermühle** in der Zwickauer Straße 29 ist die letzte von einst 45 Mühlen an der Göltzsch, die noch mit Wasserkraft arbeitet. In der zur Besichtigung offen stehenden Mühle wird Mehl aus Roggen und Weizen gemahlen, im dazugehörenden kleinen Naturkostladen stehen eigene Erzeugnisse sowie weitere Naturprodukte zum Verkauf.

Ein beliebter **Freizeitpark** entstand im Ortsteil Plohn. Seine Geschichte ist eine der nicht gerade reich gesäten Erfolgsstorys von Einheimischen nach der Einheit: Der arbeitslos gewordene Amfried Völkel machte sich mit der Gaststätte ›Forellenhof‹ selbständig, 1996 eröffnete er einen kleinen Märchenwald, später kamen Achterbahn, eine große Wildwasserbahn und vieles mehr hinzu. Rund eine Viertel Millionen Besucher zählt der Freizeitpark Plohn heute jährlich! Sie sausen die Achterbahn ›El Toro‹ mit bis zu 75 Stundenkilometer hinunter, machen eine Floßfahrt durch die Plohner Urzeit, liefern sich mit Kanonenbooten im ›Donoland‹ lustige Wasserschlachten, sind von der Wildwasserbahn begeistert und lassen sich im Märchenwald in die Welt der Grimmschen Märchen entführen.

---

 **Im Tal der Göltzsch**

**Fremdenverkehrsamt Auerbach**, Schloßstr. 10, 08209 Auerbach, Tel. 03744/814-50, Fax -37, touristinfo@stadt-auerbach.de, www.stadt-auerbach.de, www.erholung-im-vogtland.de, www.goeltzschtal.net.

**Stadt Falkenstein**, Willy-Rudert-Platz, 08223 Falkenstein, Tel. 03745/7410, Fax 6149, info3@stadt-falkenstein.de, www.stadt-falkenstein.de.

**Tourist-Information Rodewisch**, Schloßstr. 2, 08228 Rodewisch, Tel./Fax 03744/33186, touristinfo@rodewisch.de, www.rodewisch.de.

**Tourist-Information Lengenfeld**, Hauptstr. 57, 08485 Lengenfeld, Tel. 037606/32178, Fax 86356, touristinfo@lengenfeld.de, www.stadt-lengenfeld.de.

**Hotel Lengenfelder Hof**, Auerbacher Str. 2, Lengenfeld, Tel. 037606/8770, www.hotel-lengenfelder-hof.de; 40 Zi., DZ ab 62 Euro. Kleines Hotel mit modern ausgestatteten Zimmern, Restaurant mit vogtländischer und internationaler Küche.

---

*Im Freizeitpark Plohn*

**Zum Kerkermeister**, Kirchplatz 1, Auerbach, Tel. 03744/213782, www.zum-kerkermeister.de; tägl. geöffnet, Hauptgerichte 8–14 Euro. Die Gerichte brauchen ein wenig Zeit, denn hier wird noch richtig frisch gekocht.
**Fischrestaurant Goldener Anker**, Ottostr. 39, Auerbach OT Mühlgrün, Tel. 03744/407768; Mo, geschl., Hauptgerichte 8–14 Euro. Fisch und Fischgerichte in großer Auswahl sowie vogtländische Klassiker wie Sauerbraten und Rinderroulade mit grünen Klößen.

**Stadtmuseum Auerbach**, Nicolaistr. 51, Tel. 03744/835513; Di, Fr 10–12, 13–16, Mi, Do 10–17, Sa/So 10–12, 14–17 Uhr. Ausstellung zur Burg- und Stadtgeschichte, jeden Di und Do Schauklöppeln.
**Heimatmuseum Falkenstein**, Schlossplatz 1, Tel. 03745/759785; Sa/So 14–17 Uhr.
**Schulsternwarte und Planetarium Sigmund Jähn**, Rützengrüner Str. 41a, Rodewisch, Tel. 03744/32313, www.sternwarte-rodewisch.de. Planetariumsvorführungen mit wechselnden Themen So/Mi 14.30, Fr 19, So 10.30 Uhr (für Kinder), Abendbeobachtungen am Fernrohr bei klarem Himmel Okt.–März Fr 20 Uhr.
**Museum Göltzsch**, im Renaissance-Schlösschen, Schloßstr. 2, Rodewisch, Tel. 03744/33186; Di-Do, Sa 10–12, 13–16.30 Uhr, in der Adventszeit tägl. geöffnet.
**Heimatmuseum Lengenfeld**, Hauptstr. 57, Tel. 037606/32178; Di, Do 10–16, Mi 10–13, So 14–17 Uhr.
**Klopfermühle mit Mühlenmuseum Lengenfeld**, Zwickauer Str. 29, Tel. 037606/2622, www.klopfermuehle.de. Besichtigung nach Voranmeldung möglich.
**Freizeit- und Märchenpark Plohn**, Rodewischer Str. 21, Lengenfeld OT Plohn, Tel. 037606/34163, www.freizeitpark-plohn.de; tägl. April–Juni, Mitte Sept.–Okt. 10–17, im Sommer jeden Sa bis 23 Uhr, Juli–Mitte Sept. 10–18 Uhr.

**Göltzschtalgalerie-Nikolaikirche Auerbach**, Alte Rodewischer Str. 2, Tel. 03744/211815, www.vogtland-kultur.de; Mi–Fr 11–18, Sa/So 14–18 Uhr. Ausstellungen, Kreativangebote und Veranstaltungen unterschiedlichster Art.

## Reichenbach

In der zweitgrößten Vogtlandstadt (28 000 Einwohner) kam Friederike Caroline Neuber als Caroline Weißenborn (1697–1760) zur Welt, respektvoll ›die Neuberin‹ genannt. 1725 gründete sie eine eigene Theatertruppe, verbannte den Hanswurst, die populäre bäuerliche Figur, von der Bühne und brachte Stücke zur Aufführung, die Themen des Bürgertums behandelten. Den Schauspielern, bis dahin als sittenloses Gesindel verrufen, verhalf sie zu einem anerkannten Berufsstand. Die Neuberin bildete sie künstlerisch aus, zahlte ihnen feste Gehälter. Nach ihr haben die Reichenbacher das **Museum** am Johannisplatz 3 benannt. In dem würdigt eine Ausstellung die Wegbereiterin für ein bürgerliches deutsches Nationaltheater. Den Namen der Theaterreformerin trägt auch Reichenbachs größtes Veranstaltungshaus in der Weinholdstraße.

In der **Peter-Paul-Kirche** am Kirchplatz, die nach einem Brand 1722 ihr heutiges Aussehen bekam, erklingt eine Orgel (1725) aus der Werkstatt des berühmten Gottfried Silbermann, in der **Trinitatiskirche** (1733) am Postplatz steht als kostbarstes Ausstattungsstück ein spätgotischer Flügelaltar.

Wer das Wahrzeichen von Reichenbach sehen möchte, läuft oder fährt die Zwickauer Straße entlang. Dort steht rechter Hand der 28 Meter hohe **Wasserturm** (1927), der seinen Bauhaus-Einfluss nicht verleugnen kann. Für vier Funktionen hatte der Architekt den Wasserturm projektiert: Wasserspeicher, Gaststätte, Jugendherberge, Aussichtsturm. Heute dient er nur noch als Gaststätte und Aussichtsturm. Reichenbach richtete 2009 die 5. Sächsische Landesgartenschau aus, was der Stadt gut getan hat. So wandelte sich ein 14 Hektar großes ungenutztes Industriegelände in ein Gartenparadies, ein Jahr später als **Park der Generationen** wieder eröffnet. In ihm kann man joggen, walken, Rad fahren oder auch nur spazierengehen.

Zu einem halbstündigen unteririschen Rundgang in verwinkelten Gängen lädt im Ortsteil Mühlwand das **Besucherbergwerk Alaunwerk** ein. In ihm wurden von 1691 bis 1826 nicht Kohle oder Erz abgebaut, sondern Alaunschiefer, ein schwarzes Gestein. Aus dem gewann man Alaun, ein seinerzeit geschätztes und teures schwefelsaures Salz.

## Mylau

Die neogotische **Stadtkirche** mit ihrem 72 Meter hohen Turm sowie die **Burg Mylau** bilden ein schönes Bauensemble. Vom Markt in Mylau (2800 Einwohner) führt ein kurzer Anstieg hinauf zur Burg. Vor dem Eingang sollte man innehalten und sich vorstellen, wie 1367 der deutsche Kaiser und König von Böhmen Karl IV. angeritten kam und mit großem Pomp empfangen wurde. Der verlieh damals Mylau das Stadtrecht. Die Stadtväter dankten es ihm, aber offensichtlich erst mit einigen Jahrhunderten Verspätung: Sie ließen ein Stadtwappen gestalten, das den Kaiser zeigt. Seit etwa 1725 ist es bekannt.

Die Burg hat allen Stürmen der Zeit getrotzt und ist gut erhalten. Ende des 19. Jahrhunderts kaufte sie die Stadt, ließ Veränderungen im Stil des Historismus vornehmen und brachte Rathaus sowie Museum darin unter. Ältester Bauteil ist der 27 Meter hohe **Bergfried** mit 2,5 Meter starken Mauern. Das **Museum** besitzt die größte Naturkundesammlung des Vogtlandes mit einem historischen Naturalienkabinett. In dem steht als wertvollstes Tierpräparat ein 1,75 Meter hoher und 2,70 Meter langer Wisent, ein Geschenk des letzten russischen Zaren Nikolaus II. Der vogtländische Naturkunde- und Altertums-

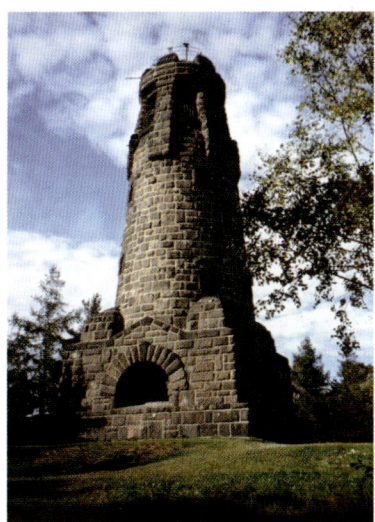

*Aussichtsturm auf dem Kuhberg*

verein hatte den russischen Monarchen darum gebeten und war 1910 sehr überrascht, als eine große Transportkiste aus St. Petersburg mit dem Präparat eintraf. Repräsentativer Raum ist der **Ratssaal** (1896), für den der Festsaal auf der Wartburg bei Eisenach Pate stand. Die **Stadtkirche** ist für viele das Ziel wegen der Silbermannorgel.

## Göltzschtalbrücke

Das achte Weltwunder wurde die Göltzschalbrücke lange Zeit genannt. 26 Millionen Ziegel hat man von 1846 bis 1851 vermauert. Kühn schwingt sich das imposante 78 Meter hohe, zwischen neun und 23 Metern breite und 574 Meter lange Bauwerk über das weite Tal der Göltzsch. Mit ihren zu vier Geschossen aneinandergereihten Bögen erinnert der Viadukt an die alten römischen Wasserleitungsbrücken. Die für die Strecke Leipzig–Reichenbach–Plauen–Hof erbaute Brücke war einst die höchste der Welt, über die eine Eisenbahn fuhr. Heute ist sie immerhin noch die größte aus Ziegelsteinen erbaute Brücke. Die Berechnungen für den Bau lieferte Johann Andreas Schubert, der Konstrukteur der ersten deutschen Lokomotive ›Saxonia‹, geboren im vogtländischen Wernesgrün. Durchschnittlich etwa 770 Menschen waren an dem Bau beteiligt, die Arbeitszeit betrug bis zu 14 Stunden täglich, dafür gab es 14 Groschen, die reichten für zwei Brote und ein Stück Butter. Insgesamt ereigneten sich rund 1300 Unfälle, bei denen 31 Arbeiter ums Leben kamen.

*Wunder aus Ziegelsteinen – die Göltzschtalbrücke*

**Reichenbach und Umgebung**
**Vorwahl**: 03765.
**Postleitzahl**: 08468.
**Stadtverwaltung Reichenbach**, Markt 1, Tel. 52 40, Fax 30 01, stadt@reichenbach-vogtland.de, www.reichenbach-vogtland.de.
**Fremdenverkehrsverein Nördliches Vogtland**, Haus der Vereine, Fritz-Ebert-Str. 25, Reichenbach, Tel. 392 80-8, Fax -6, www.mylau.de, post@goeltzschtalbruecke.info, www.goeltzschtalbruecke.info.

**Freizeitbuslinie Vogtland**, Tel. 037 44/194 49, www.vogtlandauskunft, www.egronet.de. Jeweils zwei Rad-Wander-Skibusse (orange und hellblau gekennzeichnet) fahren Sa/So/Fei um 8 und 14 Uhr von Netzschkau und Klingenthal in jeweils entgegen-gesetzter Richtung eine vollständige Runde durch das sächsische Vogtland. Somit sind viele vogtländische Attraktionen oder Ausgangspunkte für Wander-, Ski- oder Radtouren gut zu erreichen. Fahrräder sowie Ski/Schlitten werden kostenlos mitgenommen.

**Meister Bär Hotel**, Goethestr. 28, Reichenbach, Tel. 7800, www.mb-hotel.de; 30 Zi., DZ ab 89 Euro. Ferienhotel inmitten eines schönen Gartens in zentraler Lage. Ruhige Zimmer, kleine Badewelt mit Sauna und Massageangeboten. Im Restaurant vogtländische und mediterrane Küche.

**Felsenschänke**, Obermylauer Berg 25, Mylau, Tel. 341 61, www.felsenschaenke.de; tägl. geöffnet, Hauptgerichte 8–13 Euro. Idyllisch gelegene Gaststätte mit Aussichtsturm. Gemütliches Ambiente und bodenständige Küche.

**Neuberinmuseum Reichenbach**, Johannisplatz 3, Tel. 211 31; Di–Fr 10–16, So 13–16 Uhr.
**Tropfsteingrotte Alaunwerk Mühlwand**, Reichenbach OT Mühlwand, Tel. 52 18 98, www.alaunwerk.de; Sa/So 13–16, Juli/Aug. tägl. 13–16 Uhr.
**Burg Mylau**, Tel. 39 28 08, www.burg-mylau.de; Febr.–Okt. Di–Do, Sa/So 10–16.30 Uhr.

**Neuberin-Haus**, Weinholdstr. 7, Tel. 121 88, www.neuberinhaus.de. Veranstaltungs- und Konzerthaus.
**Vogtland-Philharmonie Greiz-Reichenbach**, Weinholdstr. 7, Tel. 134 70, www.vogtland-philharmonie.de. Spielstätte der Vogtland Philharmonie ist das Neuberinhaus.

**Vogtland Panorama Weg**, 228 Kilometer langer Rundwanderweg. Ausgangspunkt ist die Göltzschtalbrücke, von dort geht es über die im thüringischen Vogtland gelegene Stadt Greiz zur Talsperre Pöhl, nach Plauen, weiter zu den sächsischen Staatsbädern Bad Elster und Bad Brambach sowie den Musikwinkel, bis sich im Göltzschtal der Kreis wieder schließt. Auch Wandern mit Gepäcktransfer möglich. Infos unter Tel. 037 44/194 49, www.wandern-vogtland.de, www.vogtlandtourist.de.

Tolle Fotomotive sind garantiert, wenn Züge über die **Göltzschtalbrücke** fahren (www.goeltzschtalbruecke.de).

# Im Musikwinkel

Zwischen Schöneck, Markneukirchen und Klingenthal klingt und singt es das ganze Jahr. Seit mehr als vier Jahrhunderten werden im sächsischen Vogtland und im angrenzenden Nordwestböhmen Musikinstrumente gefertigt. In der zweiten Hälfte des 19. Jahrhunderts war die Region ein Weltzentrum des Musikinstrumentenbaus, vor der Weltwirtschaftskrise in den 1920er Jahren kam mehr als die Hälfte aller in der Welt gehandelten Musikinstrumente aus dem vogtländischen Winkel. Die USA richteten in Markneukirchen sogar eine Zweigstelle ihres Konsulats ein. Zum Musikwinkel werden rund anderthalb Dutzend Ortschaften gezählt.

## Klingenthal

Akkordeons aus Klingenthal (8400 Einwohner) reisen seit dem 19. Jahrhundert in die Welt. In der Markneukirchner Straße steht die älteste **Akkordeonfabrik** der Welt – hier, in einem angegrauten Gebäude, werden die berühmten ›Weltmeister‹-Instrumente gefertigt. Zu DDR-Zeiten waren das manchmal über 100 000 Stück im Jahr, die in viele Länder exportiert wurden, vor allem nach Osteuropa, wo das Akkordeonspiel sogar an Hochschulen gelehrt wird. Nach der Einheit gab es mehrere Eigentümer des Werkes, die aber alle ›mehr geplündert als produziert haben‹, sagen die Klingenthaler. Mit der heutigen Eigentümerin, die das Werk 2005 übernahm, geht es nunmehr vorwärts.

Klingenthal ist aber auch Wintersportort. Angefangen hat es 1886 mit dem Lehrer Beck. Der erschien mit einem Prospekt aus Norwegen beim Stellmacher, um sich ein Paar der schmalen Bretter anfertigen zu lassen. Einige Jahre später war in der ›Klingenthaler Zeitung‹ vom 22. Januar 1895 zu lesen: »Der Briefträger, welcher die Strecke Schöneck-Schilbach-Marieney besorgt, hat sich mit Schneeschuhen versehen und diese Art der Postbeförderung als außerordentlich fördernd bezeichnet.« 1907 sollen die ersten Skiläufer aus Plauen im benachbarten Mühlleithen aufgetaucht sein, zwei Jahre später gründete man den Wintersportverein Klingenthal. Später errangen zahlreiche Sportler aus Klingenthal und Umgebung Weltmeistertitel und Olympiamedaillen, darunter Harry Glaß, der von den Olympischen Spielen 1956 in Cortina d'Lampezzo mit einer Bronzemedaille ins Vogtland zurückkehrte.

### ■ Musik- und Wintersportmuseum

Wer sich über die Geschichte des Musikinstrumentenbaus und die des Wintersports in Klingenthal informieren möchte, besucht das Museum in der Schloßstraße 3a. Hier erfährt man, dass ein Akkordeon aus rund 2500 Einzelteilen besteht, mehr als 20 Medaillen-

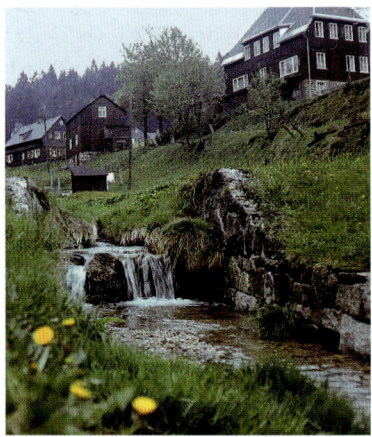

*Am Aschberg*

gewinner bei Olympischen Winterspielen und Weltmeisterschaften aus dem Klingenthaler Skigebiet kommen und von der legendären Klingenthaler Aschberg-Sprungschanze der Olympiasieger von 1960, Helmut Recknagel, 1964 seinen letzten Sprung absolvierte. Skisprung-legende Jens Weißflog holte sich auf ihr bei den letzten DDR-Skimeisterschaften 1989 den Meistertitel. 1990 musste die Aschberg-Schanze wegen Baufälligkeit gesprengt werden, im Winter 2005/06 konnte man mit der Vogtland-Arena endlich eine neue einweihen.

■ **Kirche**
Wertvollstes Baudenkmal der Stadt ist die Kirche ›Zum Friedefürsten‹ (1737). Das Gotteshaus wurde als barocker Zentralbau auf achteckigem Grundriss errichtet, nach der berühmten Frauenkirche in Dresden ist es Sachsens zweitgrößte Rundkirche.

■ **Vogtland-Arena**
Die im Winter 2005/06 eingeweihte futuristisch anmutende Vogtland-Arena gilt als Europas modernste Großschanze. Viersitzige Wagen bringen die Sportler auf einer 800 Meter langen Strecke bequem zum Schanzenturm. Die Vogtland-Arena ist nicht nur Austragungsort packender Wettkämpfe im Winter und Sommer, hier finden auch kulturelle Großveranstaltungen statt. Die 32 Meter hohe freischwebende **Aussichtskapsel** steht für Besichtigungen offen, und wer Glück hat, kann international bekannte Skispringer beim Training beobachten.

■ **Aschberg**
Eine nicht minder schöne Aussicht hat man vom 32 Meter hohem **Aussichtsturm Otto Hermann Böhm** (1999) auf dem Aschberg, dem populärsten aller vogtländischen Berge. Warum ausgerechnet er mit seinen 936 Metern der Landschaft um Klingenthal seinen Namen gab, vermag niemand zu sagen. Der Kiel überragt den Aschberg um sieben Meter, der benachbarte Große Rammelsberg misst sogar 27 Meter mehr, doch der höchste ist der Schneehübel mit 972 Metern. Höchstgelegenes Gebäude auf dem Aschberg, dessen Gipfel sich auf tschechischem Gebiet befindet (Name dort: Kamenáč), ist die Jugendherberge.

## Mühlleithen
Durch das Internationale Damenskirennen, das seit 1965 in Mühlleithen (200 Einwohner) gestartet wird, hat sich der kleine Winter- und Erholungsort mit den verstreut liegenden Häuschen in der internationalen Skisportwelt einen Namen gemacht. Im Wald saust man auf der 800 Meter langen **Sommerrodelbahn** mit elf Kurven zu Tal.

## Schneckenstein
23,4 Meter hoch ragt der Schneckenstein auf, Europas größter freistehender Topasfelsen. Zwischen 1734 und 1800 verlor er durch den Abbau von Topas zwei Drittel seiner ursprünglichen Größe. Die schönsten der weingelb gefärbten Edelsteine zieren die Krone der englischen Königin und funkeln im Grünen Gewölbe zu Dresden. Immer wieder war der zum Naturdenkmal erklärte Felsen das Ziel von Hobbymineralogen, die in der Dunkelheit kamen, um Topase zu plündern. Deshalb war der Schneckenstein zu DDR-Zeiten eingezäunt und durfte nicht betreten werden. Eingezäunt ist er auch heute wieder, aber für Besucher zugänglich.

In der Nähe des Schneckensteins öffnete die 1965 geschlossene ›Grube Tannen-

*In der Raumfahrtausstellung*

berg‹ als **Besucherbergwerk**. In der einstündigen Besichtigung kommt man auch zu einem 50 Meter hohen und 60 Meter langen Hohlraum mit einem etwa 80 Meter tiefen See. Zum Ende des Zweiten Weltkrieges wurde der Zinnabbau eingestellt, 1946 begannen die Sowjets mit dem Uranbergbau. Insgesamt bauten sie im Schneckensteingebiet in fünf großen Schächten Uran ab. In den 1950er Jahren waren bis zu 6000 Menschen in den Bergwerken dieses Gebietes beschäftigt.

### Morgenröthe-Rautenkranz

1978 startete das sowjetische Raumschiff ›Sojus 29‹ in den Weltraum, an Bord waren der Russe Waleri Bykowski und als erster Deutscher der Vogtländer Sigmund Jähn. In dessen Geburtsort Morgenröthe-Rautenkranz entstand folgerichtig die **Deutsche Raumfahrtausstellung**. Im Ausstellungsreich der bemannten Raumfahrt erfährt man besonders viel über den Flug des Vogtländers. Fast alle deutschen, aber auch viele russische und amerikanische Kosmonauten und Astronauten haben durch das Überlassen persönlicher Gegenstände die Ausstellung bereichert.

### Schöneck

Balkon des Vogtlandes wird Schöneck (3500 Einwohner) gern genannt, die mit 700 bis 800 Meter höchstgelegene Stadt des Vogtlandes. Vom Aussichtsfelsen **Alter Söll** (734 Meter), im Stadtzentrum zwischen Kirche und Rathaus gelegen, überschaut man etwa 2000 Quadratkilometer. Hier kann man sich sein nächstes Ziel aussuchen, 120 Kilometer lange Wanderwege führen in das waldreiche Umland.

Das letzte Brauhaus des Städtchens in der Klingerstraße 17 wurde zum **Museum Zur Brauschänke**. In der 1967 stillgelegten Brauerei erlebt man die Bierherstellung live, Sudkessel, Maischbottich und Kühlschiff sind noch im Original vorhanden. Direkt neben dem IFA-Ferienpark kann man im **Kletter- und Seilbahnwald** wie Tarzan von Baum zu Baum schwingen, über wackelnde Brücken steigen oder an Seilen Hindernisse überwinden.

### Markneukirchen

In der von waldreichen Bergen umrahmten Stadt (6600 Einwohner) werden seit über 300 Jahren Musikinstrumente hergestellt.

Prachtvolle, mit Säulen und Erkern verzierte Villen sind Zeugen für den Wohlstand der einstigen Verleger und Fabrikanten. Den hatten sie um 1900 mit der Herstellung und dem Handel mit Musikinstrumenten erreicht. ›Fortschicker‹

hießen die Verleger im Volksmund, weil sie die Instrumente hinaus in die Welt schickten. Die Geigenbauer können auf die längste Geschichte zurückblicken, deshalb wohl waren sie es, die zum 650-jährigen Stadtjubiläum 2010 auf sich aufmerksam machten: Sie fertigen eine Riesengeige, die mit 4,16 Meter mehr als doppelt so groß wie ein Kontrabass ist. Das spielfähige Instrument, das im Gerber-Hans-Haus bewundert werden kann, entstand aus Fichte, Ahorn und Ebenholz. In der modernen **Musikhalle** (1994/95), die 900 Gästen Platz bietet, musizieren das ganze Jahr über Orchester und Musikgruppen. Wer von oben auf Klingenthal schauen möchte, der steigt auf den Aussichtsturm **Bismarcksäule** auf dem Oberen Berg (620 Meter).

### ■ Musikinstrumentenmuseum

Mehr als 3000 Instrumente aus aller Welt besitzt das Musikinstrumentenmuseum im Paulus-Schlössel, einem spätbarocken Bürgerhaus (1784–1789). Zu den Kostbarkeiten gehört ein Clavichord (um 1750) von Gottfried Silbermann. Eigenartig ist die Geschichte des 180 Zentimeter großen Pianoakkordeons mit 128 Tasten und 360 Bässen: Die sechs Tanzgirls der englischen Gruppe ›Doorlay‹ schickten es im Sommer 1939 zur Reparatur, bis heute holten sie es nicht ab. Ausgesprochene Raritäten sind eine Trompete von zwölf Zentimeter Länge und Miniaturgeigen, von denen mehrere auf einer Handfläche Platz haben. Damit wollten die Musikinstrumentenbauer handwerkliches Geschick unter Beweis stellen. Die Riesen-Tuba von 550 Zentimeter Länge entstand als ein Meisterstück 1913.

Im angeschlossenen **Gerber-Hans-Haus** gegenüber, einem um 1700 im Fachwerkstil erbauten Gebäude, zeigt das Museum eine Zupfinstrumentenbauer-, eine Bogenmacher- und eine Holzblasinstrumentenmacherwerkstatt sowie das Handelskontor der 1834 gegründeten Exportfirma G. A. Pfretzschner, die auf dem Oberen Markt residierte. Der letzte Inhaber schenkte das Kontor seiner Heimatstadt mit der Auflage, es der Öffentlichkeit zugänglich zu machen.

### ■ Framus-Werksmuseum

Nicht wenige Stars der Musikszene wie Bill Wyman von den Rolling Stones, Elvis Presley, John Lennon und Peter Kraus spielten mit Elektrogitarren und Jazzbässen der Markneukirchner Firma Framus. Mehr als 200 Musikinstrumente aus der Zeit von 1946 bis in die 1970er Jahre sind im Framus-Werksmuseum in der Adorfer Straße 24 zu sehen. Sie geben Einblick in ein Stück deutscher Instrumentenbaugeschichte. Das Museum befindet sich in einer der stattlichen an der Wende vom 19. zum 20. Jahrhundert entstandenen Villen.

*Im Musikinstrumentenmuseum*

# Klangholz-Künstler

Vor dem Musikinstrumentenmuseum in Markneukirchen steht die Bronzeplastik eines Geigenbauers (1970) – weil es Geigenbauer waren, die den weltweiten Ruf des vogtländischen Musikwinkels begründeten. Zwölf von ihnen schlossen sich zur ›ehrbaren Zunft der Geigenmacher zu Neukirchen‹ zusammen. Der Artikelbrief, den die kurfürstlich-sächsische Kanzlei zu Moritzburg bei Dresden am 6. März 1677 bestätigte, gilt als die Geburtsurkunde des Musikinstrumentenbaus im Vogtland. Wie geschickt ihre Finger sind, belegten die Geigenbauer mit Minigeigen, mit denen

*Geigenbauer*

man sogar spielen kann. Mehrere von ihnen haben auf einer Handfläche Platz. Aus den Anfangsjahren der Geigenherstellung stammt ein Instrument, das bereits 1712 entstand. Diese Kostbarkeit besitzt das Musikinstrumentenmuseum Markneukirchen. Seit jener Zeit blieben die Geigenbauerwerkstätten im wesentlichen unverändert. Auch wenn manche Maschine den Geigenbauern heutzutage Handgriffe und Zeit spart, hochwertige Künstlerinstrumente entstehen nach wie vor in traditioneller handwerklicher Tätigkeit.

Geigenbauer sind mehr als Handwerker, sie sind wahre Künstler. Besondere Sorgfalt ist für das Ausarbeiten des Geigenbodens und der Decke erforderlich. Seit Stradivaris Zeiten, dem großen italienischen Geigenbauer vom Anfang des 18. Jahrhunderts, werden für die Decke Fichte und für Boden und Zargen Ahorn verwendet. Es muss gut abgelagertes Holz sein. Manche Geigenbauer unserer Tage verarbeiten noch Holz, das der Großvater vor rund 100 Jahren hat schlagen lassen. Es ist besonderes Holz – ›Klangholz‹ sagen die Musikinstrumentenbauer dazu. Dieses für den Geigenbau notwendige Holz liefern nur wenige gut gewachsene Fichten. Sie müssen unter anderem gleichmäßige, möglichst enge Jahresringe und Astquirle mit einem Abstand von mindestens 40 Zentimeter haben, damit sich eine Geigendecke herausschneiden lässt. Klangholz ist nur von Fichten zu erwarten, die in Gebirgslagen über 600 Meter langsam gewachsen sind und mindestens 120 Jahre zählen. Das Gespür für gutes Klangholz ist Teil der jahrhundertelangen Erfahrungen, die im vogtländischen Geigenbau von Generation zu Generation weitergegeben werden. Deshalb sind Geigen aus dem Vogtland auch in unseren Tagen gefragt, denn es sind Spitzeninstrumente, die von Solisten in zahlreichen Ländern gespielt werden.

*Minigeigen aus Markneukirchen*

## Adorf

Vogtlands Bäche, vor allem die Weiße Elster, waren reich an Flussperlmuscheln. Deshalb widmet sich das **Museum im Freiberger Tor** von Adorf (7000 Einwohner) den Themen Perlenfischerei und Perlmuttverarbeitung. Hier erfährt man, dass es nur den kurfürstlichen Perlenfischern gestattet war, Perlen zu entnehmen. Das Privileg des ersten kursächsischen Perlenfischers verlieh Kurfürst Johann Georg I. 1621 dem Oelsnitzer Moritz Schmerler. Gewissenhaft wie die Sachsen sind, ist alles in den Annalen aufgezeichnet. Darin liest man, dass zwischen 1719 und 1814 in der Weißen Elster 11268 Perlen gefunden und an den Hof nach Dresden geliefert wurden. Die Erträge gingen zurück, als die Industrie sich ausdehnte und ihre Abwässer in das bislang klare Wasser der Weißen Elster leitete. Verschmutztes Wasser mögen Flussperlmuscheln gar nicht.

Vom Museum ist es nicht weit bis zum über 200 Meter langen **Marktplatz**. Der **Euregio-Brunnen** (1999) weist auf die drei Regionen Böhmen, Bayern und Sachsen hin, aus denen auch der Granit für den Brunnen stammt.

Am Marktplatzende steht die **Michaeliskirche**, das vierte Gotteshaus seit der Stadtgründung im 13. Jahrhundert. Ihr heutiges Aussehen im Jugendstil bekam die Kirche nach dem Stadtbrand von 1904.

Wer wenig Zeit mitbringt, aber möglichst viele der vogtländischen Sehenswürdigkeiten kennenlernen möchte, besucht vor dem Ortsausgang Richtung Bad Elster die **Miniaturschauanlage Klein Vogtland**. Mehr als 50 der bedeutendsten Bauwerke des Vogtlandes sind hier aufgebaut.

Auf dem gleichen Gelände befindet sich der **Botanische Garten** mit rund 11000 Pflanzen.

*Das Freiberger Tor in Adorf*

### Im Musikwinkel

**Tourist-Information Klingenthal/Zwota**, Schloßstr. 3, 08248 Klingenthal, Tel. 03 74 67/648-32, Fax -25, touristinfo@klingenthal.de, www.klingenthal.de.

**Tourist-Information Morgenröthe-Rautenkranz**, Bahnhofstr. 4, 08262 Muldenhammer OT Morgenröthe-Rautenkranz, Tel. 03 74 65/25 38, Fax 25 49, tourist-info@morgenroethe-rautenkranz.de, www.morgenroethe-rautenkranz.de.

**Tourismusbüro Schöneck**, Bauhofstr. 1, 08261 Schöneck, Tel. 03 74 64/330 01-1, Fax -3, info@schoeneck.eu, www.schoeneck.eu.

**Tourismusbüro Markneukirchen**, Trobitzschen 14, 08258 Markneukirchen, Tel. 03 74 22/40 77-5, Fax -4, tourismusbuero@markneukirchen.de, www.markneukirchen.de.

**Fremdenverkehrsbüro Adorf**, Freiberger Str. 8, 08626 Adorf, Tel. 03 74 23/22 47, Fax 787 76, museum-adorf@freenet.de, www.adorf-vogtland.de.

**Freizeitbuslinie Vogtland**, Abfahrt ab Klingenthal (bei Reichenbach) → S. 163.

**Waldhotel Vogtland**, Floßgrabenweg 1, Klingenthal OT Mühlleithen, Tel. 03 74 65/45 60, www.waldhotel-vogtland.de; 43 Zi., DZ ab 70 Euro. Mitten im Wald, idealer Ausgangspunkt für Ski-, Wander- und Biketouren. Saunalandschaft und Massagen.

**IFA Schöneck Hotel und Ferienpark**, Hohe Reuth, Schöneck/Vogtland, Tel. 03 74 64/30, www.ifa-ferienpark-vogtland.de; 337 Zimmer und Ferienwohnungen, DZ ab 66 Euro. In Höhenlage von 800 Metern auf dem ›Balkon des Vogtlandes‹ gelegen. Erlebnisbad mit Lagunen- und Wellenbad, Rutschen und Sauna sowie Wellnessbereich. Viele Freizeiteinrichtungen wie Pisten, Loipen, Wanderwege, Kletterwald gleich am Hotel.

**Gasthaus zur alten Schule**, Schulgasse 4, Klingenthal, Tel. 03 74 67/268 72, www.alte-schule-klingenthal.de; tägl. geöffnet, Hauptgerichte 8–15 Euro. Urig gemütlich in der ehemaligen Schule, die als Blockbohlenhaus um 1630 errichtet wurde. Zum Ambiente passend wird deftige vogtländische Küche gereicht.

**Zur Brauschänke**, Klingerstr. 17, Schöneck, Tel. 03 74 64/882 32, www.schoeneck-pension.de; tägl. geöffnet, Hauptgerichte 8–13 Euro. Im Gewölbekeller der alten Brauerei wird herzhafte vogtländische Küche gereicht. Im Sudhaus kleines Museum zur Brauereigeschichte, auf Wunsch werden Führungen durchgeführt.

**Berggasthof Heiterer Blick**, Oberer Berg 54, Markneukirchen, Tel. 03 74 22/26 95, www.heiterer-blick.de; tägl. geöffnet, Hauptgerichte 8–13 Euro. Einheimische saisongerechte Küche, weiter Blick über die Landschaft. Auch 7 Zimmer.

**Musik- und Wintersportmuseum Klingenthal**, Schlossstr. 3, Tel. 03 74 67/648 27; Di–Fr 10–16, Sa/So 13–17 Uhr.

**Besucherbergwerk Grube Tannenberg**, Zum Schneckenstein 42, Tannenbergsthal OT Schneckenstein, Tel. 03 74 65/419 93, www.schneckenstein.de; Führungen Di–Fr 10, 11.30,

13, 14.30 Uhr, Sa/So 10, 11.30, 13, 14.30, 15.30 Uhr.
**Deutsche Raumfahrtausstellung**, Bahnhofstr. 4, Morgenröthe-Rautenkranz, Tel. 037465/2538, www.deutsche-raumfahrtausstellung.de; tägl. 10–17 Uhr.
**Musikinstrumenten-Museum Markneukirchen**, Bienengarten 2 (im Paulus-Schlössel), Tel. 037422/2018, www.museum-markneukirchen.de; Di–So April–Okt. 10–17, Nov.–März 10–16 Uhr.
**Der gläserne Bauernhof Markneukirchen**, Breitenfelder Straße 40, Markneukirchen OT Siebenbrunn, Tel. 037422/74859, www.landschule.de; Mo–Sa 8–17 Uhr. Natur erleben auf dem Bauernhof, Tiere streicheln, bei der Arbeit zuschauen. Mit Kräutergarten, Feuchtbiotopen, verschiedenen Lehrpfaden, Fischverkauf und Kulinarischem in der Fischerhütte.
**Framus-Werksmuseum**, Adorfer Str, 25, Markneukirchen, Tel. 037422/5559000, www.framus-vintage.de; Di–Sa 10–17 Uhr.
**Städtisches Museum im Freiberger Tor**, Adorf, Tel. 037423/2247, www.adorf-vogtland.de; Di–Fr 9–12, 13–17, Sa 10–12, 13–16, So 13–16 Uhr.
**Miniaturausstellung Klein-Vogtland Adorf**, Waldbadstraße, Adorf, Tel. 037423/48060, www.klein-vogtland.de, sowie Botanischer Garten Adorf, www.botanischer-garten-adorf.de; April–Okt. tägl. 10–18 Uhr.

**Internationaler Akkordeon-Wettbewerb/Musiktage Klingenthal**, im Mai, www.accordion-competition.de. Kulturelles Highlight.
**Musikhalle Markneukirchen**, An der Musikhalle 16, Tel. 037422/5500,
www.musikhalle-markneukirchen.de. Das Konzerthaus bietet ein breites kulturelles Spektrum, von Klassik über Oper, Operette, Ballett, Volkstheater und Jazz bis zu Tanzbällen und Shows.

**Markneukirchner Musikladen**, Leithen 8, Markneukirchen, Tel. 037422/46020, www.musikshop-markneukirchen.de. Verkauf von preiswerten und qualitativ hochwertigen einheimischen Musikinstrumenten, Zubehör und Saiten.

70 Kilometer markierte Wanderwege erschließen dem Wanderer die Umgebung **Markneukirchens**.
Der Qualitätsweg **Höhensteig Klingenthal/Zwota** verläuft über 31 Kilometer in durchschnittlichen Wanderhöhen von 800 und 900 Metern. 120 Kilometer Wanderwege sind rund um **Schöneck** ausgeschildert. Infos erteilen die örtlichen Tourismusbüros.

Der **Musikantenradweg** mit einer Länge von 115 Kilometer führt durch das Obere Vogtland.
**Bike-Welt Schöneck**, 140 Kilometer ausgewiesene Radtouren rund um Schöneck, 7 Touren von leicht bis schwierig von 8 bis 25 Kilometer Länge. Informationen gibt es unter www.schoeneck.eu und im Tourismusbüro.

**Erlebnisbad Schöneck**, im IFA Schöneck Hotel und Ferienpark Vogtland. Erlebnisbad mit Lagunen- und Wellenbad, beheiztes Freibad, Rutschen und Saunalandschaft.

Die verschneiten Wälder des Oberen Vogtlandes sind bestens geeignet für Skiwanderungen und Langlauf mit Anschlussloipen in die nähere und weitere Umgebung.

**Skiwelt Schöneck**, Tel. 03 74 64/ 33 00 11, www.schoeneck.eu. Beste Bedingungen für ein perfektes Wintersportvergnügen: Pisten in unterschiedlichen Schwierigkeitsgraden, präparierte Loipen, Skischaukel mit Vierer-Sessellift und Doppelschlepplift.

Die **Kammloipe** über 36 Kilometer von Schöneck über Klingenthal/Mühlleithen Carlsfeld bis ins erzgebirgische Johanngeorgenstadt zählt zu den schönsten und schneesichersten Loipen Deutschlands, www.kammloipe.com.

**Vogtlandarena**, Floßgrabenweg 1, Klingenthal, Tel. 03 74 67/28 08 60, www.vogtland-arena.de; Mo–Fr 10–16, Sa/So/Ferien 10–18 Uhr. Besichtigungen mit Auffahrt zum Schanzentisch, Schanzenführungen oder Audioguide, Skisprung-Events und Shows.

**Sommerrodelbahn Mühlleithen**, direkt an der B 283, Tel. 03 74 65/60 46; tägl. 11–16 Uhr. 800 Meter Länge, rund 45 Meter Höhendifferenz und 13 Kurven und Schikanen.

**Kletter- und Seilbahnwald Schöneck**, neben IFA Ferienpark Schöneck, Tel. 01 62/744 86 55, www.kletterwald. de; Mitte Mai–Mitte Sept. tägl. 9.30–19.30, April–Mitte Mai, Mitte Sept.–Mitte Nov. Di, Fr–So 10–19 Uhr. Kletterparcours zwischen den Wipfeln von Fichten, mit 45 Elementen in unterschiedlichen Schwierigkeitsgraden.

*Im Vogtländischen Bauernmuseum Landwüst*

*Typische Landschaft im Vogtland: bei Schönberg*

## Das Bäderdreieck

Wie ein Dreieck schiebt sich die südwestlichste Spitze Sachsens in das böhmische Land. Die beiden traditionsreichen Staatsbäder Elster und Brambach haben diese abgelegene Ecke als Bäderdreieck bekannt gemacht. Sachsens Könige kurten hier gern, unzählige Kranke erhielten Linderung oder sogar Heilung. Doch schon lange fährt man nicht mehr nur zur Kur nach Bad Elster und Bad Brambach. Beide Orte sind auch beliebte Urlaubsziele, und nach Bad Elster kommen auch viele Kulturreisende, denn der Ort zeichnet sich durch ein besonders umfangreiches, qualitätsvolles Veranstaltungsangebot aus.

### Bad Elster

Am 25. Juni 1848 wurde in Bad Elster (3800 Einwohner) die erste Badesaison eröffnet. Lange Zeit vermutete man, Goethe habe beim Schreiben der Brunnenszene in seinem Epos ›Hermann und Dorothea‹ die Moritzquelle in Elster vor Augen gehabt. Goethe weilte zwar im nahen Adorf, doch Elster besuchte er nicht. Das hat aber dem Ruhm des Bades keinen Abbruch getan. Der Mittelbau des **Albert-Bades**, das die Bade- und Kurmittelabteilungen sowie die Sauna beherbergt, bekam sein heutiges Aussehen 1927, das alte Badehaus von 1852 blieb erhalten und wurde einbezogen. Vorhanden ist noch die Königliche Badezelle. Eine Augenweide ist vor allem der Flügel C, in dessen Treppenhalle Pfeiler und Säulen mit Meissner Jugendstilkacheln verziert sind. Prachtvoll zeigt sich auch die Kuppel der Eingangshalle zum Flügel G. Der **Badeplatz** mit Kolonnaden, Marienquelle und Badecafé ist 1933/34 neu gestaltet worden. In der ehemaligen Salzquelle, der heutigen Kunst-Wandelhalle, zeigt das **Sächsische Ba-**

demuseum die Ausstellung ›Vom Weberdorf zum Weltbad‹. An sieben historischen, in Parklandschaften eingefügten Veranstaltungsorten treffen sich die Gäste, ›Festspielmeile der kurzen Wege‹ genannt: einem großen Konzertsaal im **Königlichen Kurhaus** (1895), dem benachbarten 1914 von Sachsens König Friedrich August II. eingeweihten **König-Albert-Theater** sowie der **Kunst-Wandelhalle**. Dazu kommen drei **Musikpavillons** und das **Naturtheater**. Kurmusik gibt es in Elster bereits seit 1817.»Was das Wasser für den Leib, soll die Musik für die Seele tun«: Mit diesen Worten begründete man damals die Musik im Rahmen des sich langsam herausbildenden Badebetriebes. Für die anfänglich sieben Musiker war das Musizieren ein willkommener Nebenverdienst, ganzjährig wird Kurmusik in Bad Elster seit 1952 gespielt.

## Landwüst

Das **Vogtländische Bauernmuseum** in Landwüst, zehn Kilometer von Bad Elster entfernt, hat das Dorf überregional bekannt gemacht. Zentrum des Freilichtmuseums bildet das Wohnstallhaus von 1782 mit einem besonders schönen Egerländer Fachwerkgiebel. Beim Betreten der Blockstube im Erdgeschoss hat man den Eindruck, die bäuerliche Familie habe den Raum nur für wenige Minuten verlassen: Die Holzpantinen stehen unter der Ofenbank, der Vogelbauer hängt an der Decke, die Schulmappe liegt in der Ecke, neben dem Ofen ist Brennholz geschichtet. Ein aus Tirpersdorf umgesetztes Gutsarbeiterhaus aus der Zeit vor 1830, mehrere Scheunen sowie ein aus Obersohl stammendes Wohnstallhaus gehören ebenfalls zum Museumsensemble. Über 12 000 Sachzeugen geben einen interessanten und lehrreichen Einblick in die Arbeits- und Lebensweise der vogtländischen Landbevölkerung von Anfang des 19. Jahrhunderts bis in die erste Hälfte des 20. Jahrhunderts. Interessant sind auch die original eingerichteten und zum Teil noch funktionstüchtigen Werkstätten, die vom oft lebensnotwendigen Nebenerwerb der Bauern erzählten, denn der karge vogtländische Boden ließ nicht allzu viel üppig sprießen.

Am Rand von Landwüst, 100 Meter oberhalb der Kirche, erhebt sich der kahle Bergrücken mit dem Namen **Wirtsberg**. Die 664 Meter hohe Kuppe krönt eine Vermessungssäule der Sächsischen Landesvermessung (1876) und ein Aussichtspavillon (1993).

## Bad Brambach

Als 1912 in Bad Brambach (2000 Einwohner) neue Quellen entdeckt wurden, begann neben der Mineralwasserproduktion ein ganzjähriger Kurbetrieb. Von 1945 bis 1957 nutzte die Sowjetarmee das Bad als Sanatorium, in dieser Zeit wurde die **Eisenquelle** mit Marmor aus Hitlers Reichskanzlei in Berlin neu gefasst. Insgesamt stehen dem Kurgast für Trink- oder Badekuren sechs Heilquellen zur Verfügung, darunter die stärkste Radonquelle der Welt! Das Edelgas Radon kommt in Europa nur an wenigen Stellen vor. Ein Bad im Radonwasser verschafft Linderung bei Beschwerden des Bewegungsapparates und des Herz-Kreislaufsystems, es regt auch die Selbstheilungskräfte an.

*Das Kurhaus in Bad Elster*

Der 16 Hektar große **Kurpark**, dessen Entstehung bis ins Jahr 1892 zurückreicht, geht in den anschließenden Wald über, der an die Tschechische Republik grenzt. Das Herzstück des Kurparks bildet die **Festhalle** mit dem Schwanenteich.

## Schönberg

Südlichster Ort Sachsens ist Schönberg mit dem **Kapellenberg** (759 Meter), dessen **Aussichtsturm** weite Blicke ins Land erlaubt. Das kleine **Schloss** (15. Jahrhundert) mit achteckigem Wachturm am nördlichen Ortsausgang schmücken reizvolle Renaissance- und Barock-Stuckdecken, Kreuzgewölbe und Wandmalereien. Zur Anlage gehören das dreigeschossige Herrenhaus und der Gutspächterhof mit einem Fachwerkobergeschoss, dazwischen das achteckige Brunnenbecken (1685) mit einer Steinfigur, die das Wappenschild der einstigen Besitzerfamilie von Reitzenstein hält.

Wer in der Stille des Waldes mit der Hand frisches Quellwasser schöpfen möchte, wandert von Schönberg in südöstliche Richtung, unmittelbar an der Grenze zu Tschechien plätschert im Wald in einem steinernen Becken der **Schönberger Säuerling**, die südlichste vogtländische Mineralquelle.

*Aussichtsturm auf dem Kapellenberg*

### Bäderdreieck

**Tourist-Information Bad Elster**, Königliches Kurhaus, Badstr. 25, 08645 Bad Elster, Tel. 03 74 37/5 39 00 oder 7 11 11, Fax 7 12 22, touristinfo@bad elster.de, www.bad-elster.de, www. chursaechsische.de, www.saechsische-staatsbaeder.de.

**Tourist-Information Bad Brambach**, Badstr. 47, 08648 Bad Brambach, Tel. 03 74 38/2 24 22, Fax 8 82 22, info@ badbrambach.de, www.bad-bram bach.de, www.saechsische-staatsbae der.de.

**Parkhotel Helene**, Parkstr. 33, Bad Elster, Tel. 500, www.parkhotel-hele ne.de; 25 Zi., DZ ab 76 Euro. Individueller Charme eines kleinen familiengeführten Hotels, Wellness- und Beauty-Angebote.

**Ambiente Hotel Quellenpark**, Ascher Str. 20, Bad Elster, Tel. 56 00, www.

quellenpark.de; 20 Zi., DZ ab 82 Euro. Hotelanlage mit großem Park, Wellness- und Gesundheitsangebote.
**Ramada Vogtland Resort**, Badstr. 45, Bad Brambach, Tel. 037438/2100, www.vogtland-resort.de; 113 Zi., DZ ab 111 Euro. Wohnen, erleben und genießen mitten in der 25 Hektar großen historischen Kuranlage. Bademantelgang zur Bade- und Saunalandschaft ›Aquadon‹.
**Parkhotel**, Oberreuther Str. 3a, Bad Brambach, Tel. 037438/2160, www.parkhotel-badbrambach.de; 18 Zi., DZ ab 68 Euro. Mitten im Kurpark gelegen, familiär geführt, fast alle Zimmer verfügen über einen Balkon.

**Café Restaurant Waldschlösschen**, Bahnhofstr. 120, Bad Elster, Tel. 037437/534520; Do geschl. Inmitten der Natur in der Nähe des Naturtheaters werden Kaffeespezialitäten mit frischem Kuchen angeboten, Küche mit regionalen Einflüssen.
**Parkblick**, Oberreuther Str. 4–8, Bad Brambach, Tel. 037438/21967; Do geschl. Vogtländische Gastlichkeit mit regionalen Speisen und hausgebackenem Kuchen.

**Schlosscafé Schönberg**, im Schloss Schönberg, Tel. 037438/219985, www.schloss-schoenberg.info; Fr–So ab 14 Uhr, 16 Uhr Schlossführung. Kleines Café im Schlossambiente, im Sommer auch im Café-Garten. Regelmäßig Ausstellungen und Schlosskonzerte.

**Sächsisches Bademuseum Bad Elster**, in der Kunstwandelhalle, Tel. 037437/53900, www.saechsisches-bademuseum.de; Di–Fr 14–17, Sa/So 9.30–12, 14–17 Uhr.
**Vogtländisches Bauernmuseum/Freilichtmuseum Landwüst**, Rohrbacher Str. 4, 08258 Landwüst, Tel. 037422/2136, www.vogtlaendisches-freilichtmuseum.de; Di–So 10–17 Uhr.

**Königliches Kurhaus Bad Elster**, König Albert Theater Bad Elster, Chursächsische Philharmonie, Kunstwandelhalle, Musikpavillons, Naturtheater an der Waldquelle (Mai–Sept.), Festhalle Bad Brambach, ganzjährig Veranstaltungen unterschiedlichster Art, Tickets bei der Chursächsischen Veranstaltungs GmbH, Tel. 037437/53900, www.chursaechsische.de.
**Chursächsischer Sommer/Sächsisch-Böhmisches Kulturfestival**, Mai–Okt. Über 180 Musikveranstaltungen.
**Chursächsische Festspiele**, Sept. Musiktheater, Schauspiel, Konzerte und Kunst.
**Chursächsische Winterträume**, Ende Nov.–Anfang Jan. Konzerte, Ballett und vieles mehr zur vierten Jahreszeit.

**Bade- und Saunalandschaft Elsterado**, Badstr. 6, Bad Elster, Tel. 037437/71257, Innen- und Außenschwimmbecken, Strömungskanal, verschieden temperierte Saunen und Wellnessleistungen.
**Badehaus Aquadon**, im Kurpark, Bad Brambach, Tel. 037438/88267, 25-Meter-Schwimmbecken, Außenbecken mit 32-Grad Wassertemperatur, großzügige Saunalandschaft, Kaminhütte mit Blick in den historischen Kurpark.

Das Erzgebirge mit seinem Waldreichtum gehört zu den abwechslungsreichsten Mittelgebirgen Deutschlands – weite Täler wechseln mit sanft ansteigenden Hochflächen, aus denen vereinzelt Gipfel herausragen.

Rund 800 Jahre prägte der Bergbau das 130 Kilometer lange und durchschnittlich 35 Kilometer breite Gebirge, als dessen Eingangstore die traditionsreichen Städte Chemnitz, Zwickau und Freiberg gelten.

# Das Erzgebirge

# Chemnitz

Mehr als drei Jahrzehnte war der Name Chemnitz auf keiner Landkarte zu finden: 1953 hatte die SED beschlossen, die traditionsreiche Industriestadt Chemnitz in Karl-Marx-Stadt umzubenennen. 1990 entschieden sich die Einwohner in einer Volksbefragung mehrheitlich wieder für den alten Namen.

Die drittgrößte Stadt Sachsens (243 000 Einwohner) wandelt sich gegenwärtig vom Industriestandort zum Verwaltungs-, Handels-, Dienstleistungs- und Kulturzentrum. ›Stadt der Moderne‹ lautet der offizielle Werbslogan. Doch viele Chemnitzer, vor allem jüngere, können sich damit nicht identifizieren, wie eine Umfrage ergab. Offensichtlich vermissen sie noch vieles, was sie von einer ›Stadt der Moderne‹ erwarten. Eins hat sich jedoch schon gewaltig ver-

# Chemnitz

*Die Stadthalle in Chemnitz*

ändert: Die Chemnitzer Innenstadt, zu DDR-Zeiten mit ihren durch den Zweiten Weltkrieg geschlagenen Wunden jahrzehntelang mehr als hässlich anzuschauen, hat Flair erhalten. Namhafte Architekten wie Hans Kollhoff und Helmut Jahn haben ihre Handschrift hinterlassen. Heute lädt die City von Chemnitz mit Geschäften, Restaurants und Cafés zum Bummeln ein.

Die Stadt, die ihren Namen von dem Flüsschen Chemnitz bekam, entstand nach 1170 als Fernhandelsplatz und Kaufmannssiedlung. Zum Zentrum des obersächsischen Garn- und Leinwandhandels und der Leineweberei wurde Chemnitz ab dem 14. Jahrhundert, nach 1811 etablierte sich der Werkzeug- und Textilmaschinenbau in der Stadt. Ende des 19. Jahrhunderts war Chemnitz die Metropole des Maschinenbaus in Deutschland. Man sprach vom ›deutschen Manchester‹, abwertend aber auch vom ›Ruß-Chemnitz‹. Am Ende des Zweiten Weltkrieges vernichteten mehrere Bombenangriffe das Stadtzentrum nahezu vollständig, insgesamt wurden etwa ein Drittel aller Wohnungen zerstört. Der Wiederaufbau begann 1952, nachdem Chemnitz/Karl-Marx-Stadt zur Bezirksstadt aufgestiegen war. Doch man konzentrierte sich ausschließlich auf den Bau neuer Wohngebiete und vernachlässigte das Stadtzentrum fast völlig.

Die reiche industriellen Vergangenheit hinterließ eine Menge Industriearchitektur. Dieses Erbe wird lebendig gehalten, Industriedenkmäler wurden nicht nur Museum, sie werden für Entertainment, Events, Shopping und Gastronomie genutzt wie die **Schönherr-Webstuhlfabrik**, eine Anlage von Fabrikgebäuden aus nahezu 150 Jahren, die heute viele Erlebnisse bereithält, Kunst und Kultur ebenso wie Gastronomie.

## Stadtbesichtigung

In Chemnitz liegt nicht alles Sehenswerte so dicht beieinander wie in fast allen anderen sächsischen Städten, aber öffentliche Verkehrsmittel bringen einen

*Das Karl-Marx-Monument*

überall hin. Die Stadtbesichtigung könnte am meistfotografierten Objekt von Chemnitz beginnen, dem riesigen **Karl-Marx-Monument**, Nischel genannt, wie der Sachse Kopf beziehungsweise Schädel bezeichnet. Das 11,6 Meter hohe und mehr als 40 Tonnen schwere Monument (1971), das als Symbol des 1989 gestürzten SED-Regime gilt, hat der Russe Lew Kerbel aus ukrainischem Granit geschaffen, enthüllt wurde es am 9. September 1971 vom damaligen SED-Chef Erich Honecker. An der Gebäudewand dahinter steht auf einer monumentalen Schrifttafel viersprachig der Schlusssatz aus dem Kommunistischen Manifest von Karl Marx: ›Proletarier aller Länder, vereinigt euch!‹.

Gegenüber dem Denkmal erhebt sich ein Bauensemble der DDR-Architektur, das 1969 bis 1975 entstandene höchste Gebäude der Stadt, das 93 Meter hohe heutige **Hotel Mercure** mit der **Stadthalle** daneben. Der **Rote Turm** (Ende 12. Jahrhundert) ist ein Rest der Stadtbefestigung, noch bis ins 19. Jahrhundert hinein diente er als Gefängnis. Der Name kommt vom Rot des Backsteingeschosses, das Mitte des 16. Jahrhunderts aufgesetzt wurde, und von den einstigen roten Dachziegeln.

■ **Neumarkt**

Vom Karl-Marx-Denkmal führt der Weg zum Neumarkt mit Rathaus und Jakobikirche.

Das **Alte Rathaus** (1496–1498) wurde nach seiner Zerstörung im Zweiten Weltkrieg wieder aufgebaut, wie einst steht auch wieder der fast 500 Jahre alte Turm vor der Fassade. Der östliche Gebäudeteil, das **Neue Rathaus**, entstand von 1907 bis 1911 in einer Mischung aus Spätgotik, Renaissance und Jugendstil, letzterer prägt die Innenausstattung. Jeden Mittwoch und jeden Samstag schwebt von 10 bis 10.30 Uhr Musik über den Markt, dann wird das aus 48 Glocken bestehende **Carillon** gespielt, das seit 1978 im Rathausturm hängt. 957 Kilogramm wiegt die größte Glocke, ihr Durchmesser beträgt 1,12 Meter. Die kleinste Glocke bringt immerhin noch 9,5 Kilogramm auf die Waage.

Die sich an das Rathaus anschließende **Jakobikirche** (1404–1412) ähnelt der alten Sebalduskirche zu Nürnberg. Von der Originalausstattung ist nichts mehr vorhanden, der Flügelaltar von Peter

*Am Neumarkt*

Breuer (1505) mit spätgotischen Malereien von Hans Hesse, die Sandsteintaufe (17. Jahrhundert) sowie die Kanzel (1612) standen einst in anderen Gotteshäusern.

An den Reichtum der Chemnitzer Kaufherren erinnert das Haus Markt 20 (1737–1741) mit einer kostbaren Barockfassade, nach dem Bauherrn **Siegertsches Haus** genannt. Neueren Datums sind das **Einkaufszentrum Galerie Roter Turm** von Hans Kollhoff, der für die Fassade mehr als 100000 Ziegel filigran verarbeitete, und gegenüber das fünfstöckige **Warenhaus** (2001) mit einer Glasfassade, das nach einem Entwurf des Deutsch-Amerikaners Helmut Jahn entstand.

### ■ Kaßberg

Auf zwei Quadratkilometern drängen sich westlich des Stadtzentrums pompöse Villen und Bürgerhäuser in allen Spielarten des Historismus und des Jugendstils, darunter die wegen ihrer farbigen Keramikdekoration **Majolika-Häuser** (1897/98) genannten in der Barbarossastraße 48–52 sowie die **Hartmann-Fabrikantenvilla** (1868) in der Kaßbergstraße 36. Der Kaßberg ist eines der größten erhaltenen Gründerzeit- und Jugendstilviertel Europas, das kunsthistorisch repräsentativste Wohnquartier von Chemnitz.

### ■ Kulturkaufhaus DAStietz

In das einst größte und vornehmste Kaufhaus von Sachsen, Tietz (1913), zog neues Leben. Es wurde zum Kulturkaufhaus, in dem sich Kunst, Bildung, Kultur vereinen. Besucht werden kann das **Museum für Naturkunde** mit seiner Attraktion, dem versteinerten Wald. Die verkieselten Baumstämme aus der Umgebung von Chemnitz entstanden

*290 Millionen Jahre alt – der versteinerte Wald im Museum für Naturkunde*

bei einem Vulkanausbruch vor 290 Millionen Jahren. Nicht weit vom Kulturkaufhaus entfernt, an der Ecke Bahnhof-/Brückenstraße, soll 2012 im einst renommierten Kaufhaus Schocken das **Landesarchäologiemuseum** öffnen.

### ■ Museum Gunzenhauser

Im Museum Gunzenhauser kann eine der größten deutschen Sammlungen von Kunst der klassischen Moderne in Deutschland bewundert werden. Ein einmaliges Geschenk machte es möglich: Der Münchener Galerist Alfred Gunzenhauser stiftete im Jahr 2003 seine private Sammlung der Stadt Chemnitz. Und so kamen rund 2500 Bilder von insgesamt 270 Künstlern des 20. Jahrhunderts nach Chemnitz, darunter 290 Arbeiten von Otto Dix. Die Stadt stellte dafür den ehemaligen Hauptsitz der Sparkasse Chemnitz zur Verfügung. Das

Gebäude im Stil der Neuen Sachlichkeit war 1930 als erstes Hochhaus der Stadt eröffnet worden.

### ■ Museum für Sächsische Fahrzeuge

Bereits das Gebäude ist ein Museum: Die mehr als 120 Zweiräder und Automobile von rund 70 Herstellern sind in den Stern-Garagen untergebracht, einer der ältesten erhaltenen deutschen Hochgaragen (1928), die seinerzeit vier Fahrstühle besaß und ›Boxen sowie Unterstellräume für 300 Wagen in 6 Geschossen‹ bot. Zu den Hinguckern gehören der ›Püppchen‹ genannte Wanderer W2 mit seinen beiden hintereinander befindlichen Sitzen, 1929 in Chemnitz gebaut, sowie der DKW F2 von 1933.

### ■ Sächsisches Industriemuseum

Das Industriemuseum erzählt 200 Jahre sächsische Industriegeschichte im historischen Fabrikambiente. In einer denkmalgeschützten Gießereihalle aus Backstein (1896) drängen sich mehr als 1000 Exponate, in acht Themenkomplexen dokumentieren sie den großen Erfindergeist der Sachsen und die Produktvielfalt. Zahlreiche Exponate werden vorgeführt, und an multimedialen Terminals erfahren die Besucher Wissenswertes. Besonders beeindruckend sind eine Dampfmaschine von 1896, eine vom ›Sächsischen Lokomotivkönig‹ Richard Hartmann gebaute Dampflokomotive sowie zahlreiche Automobile. Nicht wenige Ausstellungsstücke zeigen die Alltagskultur jener Zeit.

### ■ Villa Esche

Die Villa Esche ist ein Baudenkmal von europäischem Rang. Der berühmte belgische Künstler Henry van de Velde, einer der wichtigsten Wegbereiter der Moderne in Europa, schuf mit der Villa Esche sein erstes architektonisches Auftragswerk in Deutschland. Das umfasste auch alle Bereiche des Wohnumfeldes des Auftraggebers, des kunstsinnigen Textilunternehmers Herbert Esche.

Im Erdgeschoss blieben das **Speisezimmer** und der **Musiksalon** weitgehend original möbliert erhalten, die **Dauerausstellung** im Obergeschoss des Hauses, das sowohl Museum als auch Begegnungsstätte für Wirtschaft, Kunst und Kultur ist, gibt im ehemaligen Schlaf-, Kinder- und Badezimmer Einblicke in das weitgefächerte Gesamtschaffen des vielseitigen Künstlers van de Velde.

### ■ Theaterplatz

Wieder zurück zum Neumarkt geht es, vorbei am Roten Turm, die Straße der Nationen entlang zum Theaterplatz, den ein architektonisch bedeutsames Ensemble umrahmt. Die Bebauung des Platzes begann mit der **St. Petrikirche** (1888) im Stil der Neogotik. Später (1906–1909) kamen das **Opernhaus** (bis 1924 Stadttheater) und der **König-Albert-Museumsbau** hinzu, die heutigen Kunstsammlungen. Das **Hotel Chemnitzer Hof** empfing 1930 die ersten Gäste.

*Im Fahrzeugmuseum: Horch von 1928*

*Von Henry van de Velde geschaffen: Speisezimmer der Villa Esche*

Die **Kunstsammlungen Chemnitz**, die mit einer Länge von 113 Meter die Südseite des Theaterplatzes begrenzen, verfügen mit fast 70 000 Objekten über einen grandiosen Kunstbestand. Unter den Werken der Malerei, Plastik, Aquarell- und Zeichenkunst sowie Druckgrafik sind solche namhaften Künstler wie Albrecht Dürer, Anton Graff, Caspar David Friedrich, Max Klinger, Robert Sterl und Ernst Barlach vertreten. Das Museum besitzt die zweitgrößte Sammlung von Werken Karl Schmidt-Rottluffs, dem Mitbegründer der expressionistischen Künstlervereinigung ›Die Brücke‹.

■ **Schlossbergviertel**

Über den **Schillerplatz**, 1860/61 als eine der ersten gärtnerischen Anlagen von Chemnitz entstanden, geht es zur Wiege der Stadt, dem Schlossbergviertel mit dem 1493 angelegten Schlossteich, eine der zahlreichen grünen Oasen im Stadtzentrum.

Vom **Schloss** blieben lediglich zwei Flügel und die Schlosskirche (1499–1525) erhalten. Als Vorbild für den **Kirchenbau** diente vermutlich die Annenkirche in Annaberg. Das **Nordportal** (1504/05) der dreischiffigen Hallenkirche stellt eine künstlerische Meisterleistung von Hans Witten dar, dem bedeutendsten spätgotischen Künstler in Obersachsen. Es gilt als so wertvoll, dass man die über elf Meter hohe Pforte ins Kircheninnere an die Südseite des Langhauses umsetzte. Ebenfalls von Hans Witten stammt die 3,60 Meter hohe bemalte **Geißelsäule** (um 1505), die heute im nördlichen Querschiff steht. Zu sehen sind auch drei Gemälde aus der Werkstatt von Lucas Cranach dem Älteren (um 1515). Das **Schlossbergmuseum** spiegelt in seiner Ausstellung die Chemnitzer Stadtgeschichte wider.

■ **Sächsisches Eisenbahnmuseum**

Im Jahr 1902 wurde im heutigen Vorort **Hilbersdorf** Deutschlands größter Rangierbahnhof – damals Verschiebebahnhof genannt – in Betrieb genommen. Pro Tag konnten hier bis zu 3000 Güterwagen zu Zügen zusammengestellt werden, in der damaligen Zeit ein gewal-

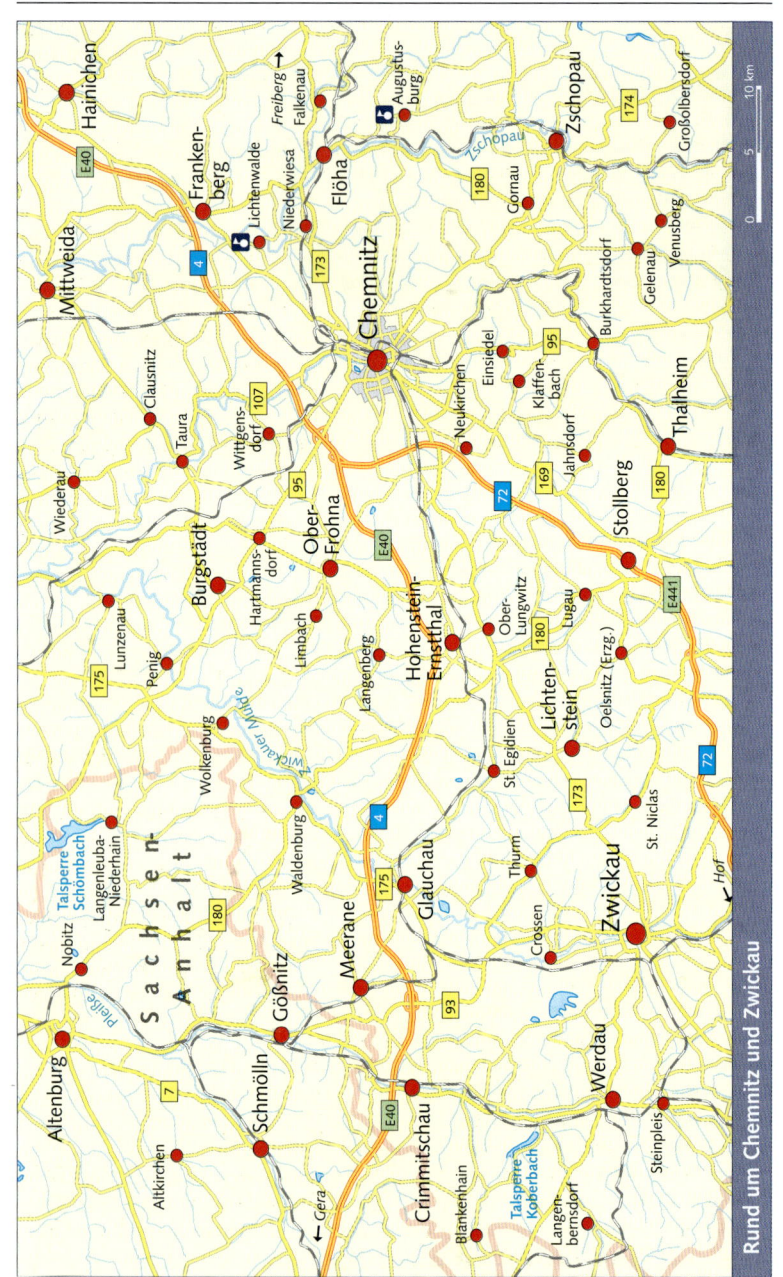

tiges Unterfangen, wenn man bedenkt, dass Europas größter Rangierbahnhof Maschen südlich von Hamburg heutzutage täglich nur 4000 Wagen am Tag schafft. Bis 1996 war die Anlage in Betrieb, heute ist hier das Sächsische Eisenbahnmuseum untergebracht. In dem bestaunen die Besucher die gewaltigen Dampflokomotiven, nicht minder interessant sind auch die Großdiesel-, Elektro- und Rangierloks sowie die Personen- und Güterwagen.

## Hohenstein-Ernstthal

Motorsportfans ist der **Sachsenring** ein Begriff. 1927 fand unter dem Namen Badberg-Viereck-Rennen die erste Veranstaltung statt, auf einem 8700 Meter langen Rundkurs quer durch die Stadt. 130 000 Zuschauer waren gekommen. Rund 400 000 versammelten sich 1950 zum ersten und einzigen gesamtdeutschen Rennen. Unvergessen bleibt auch das Jahr 1960, als auf dem Sachsenring die Radweltmeisterschaft mit dem Doppelsieg der DDR-Größen Bernhard Eckstein und Täve Schur stattfand. 1990 stellte man die Rennen ein, weil die Sicherheit von Sportlern und Zuschauern nicht mehr garantiert werden konnte. Aber der Sachsenring lebte wieder auf. Auf einem neuen, 3670 Meter langen Rundkurs mit vier Rechts- und zehn anspruchsvollen Linkskurven wird jedes Jahr im Juli der Deutsche Motorrad-Grand-Prix ausgetragen. Und wie einst sind wieder Zehntausende von Fans dabei. In erster Linie dient die Strecke jedoch dem Verkehrssicherheitstraining. Hohenstein-Ernstthal (15 900 Einwohner) ist aber nicht nur der Sachsenring – Freunde von **Karl May** wissen, dass der berühmte Schriftsteller 1842 in dem Städtchen zur Welt kam. Das nur 4,25 Meter breite **Geburtshaus** aus dem 17. Jahrhundert in der Karl-May-Straße 54 kann besichtigt werden. In der zweiten Etage ist jene ärmliche Weberstube nachgestaltet, in der der Schöpfer von Old Shatterhand seine Kindheit verbrachte.

## Zschopau

2009 war wieder für eine Ikone der DDR Schluss: Die Motorradwerke in Zschopau (10 700 Einwohner), 13 Kilometer südöstlich von Chemnitz gelegen, mussten die Produktion einstellen. Die Zschopauer DKW-Motorradwerke waren jahrzehntelang der weltweit größte Produzent von Motorrädern. Der Markenname DKW stand für Dampf-Kraft-Wagen. In den 1930er Jahren trugen die Motorräder den Namen Zschopau in alle Kontinente. Nach dem Zweiten Weltkrieg begann bereits 1946 wieder die Produktion. VEB Motorradwerk Zschopau war seit 1952 der offizielle Name, Weltruf erlangten die Motorräder jedoch unter dem Kürzel MZ.

Malerisch über dem Fluss erhebt sich **Schloss Wildeck**, in dem die **Motorradausstellung** die Geschichte der DKW- und MZ-Motorräder aufleben lässt. Sachsens Kurfürst Moritz ließ die aus dem 12. Jahrhundert stammende Burg Mitte

*Schloss Wildeck*

des 16. Jahrhunderts in ein Jagdschloss umbauen. Die historischen Räume der Renaissance, in denen der Kurfürst wohnte, wenn er zur Bärenjagd nach Zschopau lud, sind zu besichtigen. Zu sehen ist auch die **Mineralienausstellung Erzgewölbe**. Wer noch Kondition besitzt, steigt in dem 31 Meter hohen Rundturm, der seiner vier Meter starken Mauern wegen ›Dicker Heinrich‹ genannt wird, 144 Stufen bis zur Aussichtsplattform.

Wenn schöne Melodien in der Stadt erklingen, dann stammen die vom **Glockenspiel** aus Meissner Porzellan, das im Uhrenturm des Rathauses hängt. Die **Martinskirche** (1494) ist wegen ihrer Barockausstattung sehenswert.

## Augustusburg

Weithin sichtbar erhebt sich das **Jagd- und Lustschloss Augustusburg** auf einem 516 Meter hohen Felsen. Empfehlenswert ist es, von **Erdmannsdorf** mit der **Seilbahn** in die 500 Meter höher gelegene Stadt Augustusburg (2900 Einwohner) zu fahren. Die Strecke beträgt 1,2 Kilometer, der Höhenunterschied 168 Meter, rund acht Minuten dauert die Fahrt.

Das Schloss (1568–1572), eine der bedeutendsten Renaissanceanlagen Deutschlands, ließ sich Kurfürst August als Jagdsitz errichten. Mit dem prunkvollen Bau, den zum Teil der Leipziger Bürgermeister Hieronymus Lotter leitete, wollte er seine Macht demonstrieren. Doch Geld war zu dieser Zeit wenig in der Schatulle, der Kurfürst hatte Probleme, die Rechnungen zu bezahlen und hielt deshalb seinen Baumeister an, mit jedem Gulden zu geizen, solange, bis die Handwerker und Maurer die Arbeit verweigerten. Baumeister Lotter griff aus Verzweiflung in seine eigene Geldbörse und verauslagte 15 000 Gulden. Den riesigen Betrag sah er niemals wieder. Als Dankeschön gab es nach Beendigung der Arbeiten die Entlassung durch den Bauherrn und ein Verbot, das Schlossgelände zu betreten.

Auf der Burg ist viel zu sehen: im Hasenhaus die **Ausstellung zur Jagd- und Schlossgeschichte** und im Herrenhaus das **Jagdtier- und Vogelkundemuseum**, das mit 48 Dioramen in die Fauna und Flora des Erzgebirges führt, ferner rund 120 in der museumseigenen Werkstatt präparierte Vögel und jagbare Säugetiere. Im **Adler- und Falkenhof** erlebt man spannende Flugvorführungen von Steinadlern, Gänsegeiern und Bussarden. Das **Motorradmuseum** dokumentiert die Entwicklung des motorisierten Zweirades von den Anfängen bis zur Gegenwart. Rund 130 technisch und historisch bedeutsame Zweiräder sind ausgestellt. In einem ehemaligen Stallgebäude sind **Kutschen** des 18. bis 20. Jahrhunderts zu sehen, sie vermitteln einen Eindruck davon, wie beschwerlich das Reisen vor der Erfindung von Eisenbahn und Auto war. Wer sich einer Schlossführung anschließt, lernt ehemalige kurfürstliche Räume kennen und kommt auch in die **Schlosskapelle**, eine der wenigen in Deutschland nach der Reformation noch vorhandenen Renaissancekirchen. Den **Schlossbrunnen** trieben Zwangsarbeiter in sieben Jahren 130 Meter tief in den Felsen, seit dem Bau der städtischen Wasserleitung 1879 wird aus ihm kein Wasser mehr geschöpft. Der **Aussichtsturm** bietet nach dem Aufstieg über 130 Stufen eine herrliche Fernsicht.

*Schloss Augustusburg*

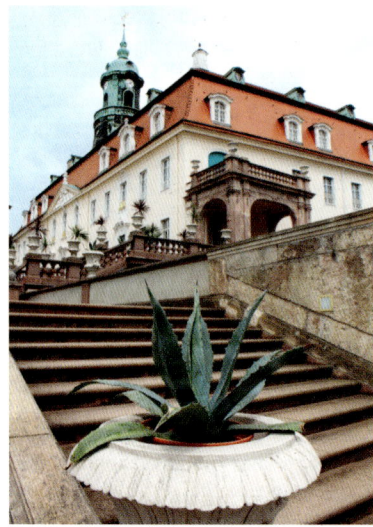

*Schloss Lichtenwalde*

## Lichtenwalde

Drei Kilometer von Chemnitz entfernt erhebt sich auf einem Bergsporn malerisch **Schloss Lichtenwalde**, umgeben von einem der schönsten Barockgärten Deutschlands. Als das dreiflügelige Barockschloss nach aufwendigen Sanierungsarbeiten 2010 wieder für die Öffentlichkeit öffnete und völlig neue Ausstellungen präsentierte, war die Überraschung groß.

Die **Repräsentationsräume** wie Königszimmer, Roter Salon und Gräfliche Bibliothek werden in ursprünglicher Schönheit gezeigt, ausgestattet mit Gemälden und historischen Möbeln, die Einblick in das Schlossleben vor rund 100 Jahren geben. Als Kleinod der Raumkunst gilt das **Chinesische Zimmer** mit seinen Wandvertäfelungen, in deren Füllungsfelder kolorierte Holzschnitte und Tuschzeichnungen aus China aus der Zeit um 1700 eingearbeitet sind. 1945 wurden alle Einrichtungsgegenstände geraubt, heute ist das Zimmer wieder gefüllt mit Skulpturen, Möbeln und 120 ostasiatischen Porzellanen.

Die **Schatzkammer** erlaubt eine Reise um die halbe Welt, zu sehen sind chinesisches und japanisches Porzellan, Tusch- und Seidenmalereien, Farbholzschnitte und faszinierende Skulpturen, die mehrere Sammler dem Freistaat Sachsen zur Verfügung stellten. Im Ausstellungsbereich ›Den Göttern ganz nah‹ werden kunstvolle Gebrauchsgegenstände und Ritualgeräte aus dem Himalaja gezeigt, die zum Teil aus buddhistischen Klöstern stammen. Der Bereich ›Mythos Ostasien‹ überrascht mit Kostbarkeiten aus China und Japan wie Perlmutt-, Lack- und Elfenbeinarbeiten sowie Bildern auf Seide- und Farbholzschnitten. ›Zwischen den Welten‹ macht mit Geisterglaube und Ahnenkultur in Westafrika vertraut, und im Bereich ›Von China nach Europa‹ sind Scherenschnitte aus drei Jahrhunderten zu sehen. Im Nordflügel entstand die **Galerie Junges Design**, in der Studenten des Fachbereichs Angewandte Kunst Schneeberg der Westsächsischen Hochschule Zwickau Arbeiten präsentieren. Den weitläufigen **Schlosspark** (1730–1737) schmücken Wasserspiele, in der warmen Jahreszeit sind seit mehr als 100 Jahren die Parkkonzerte beliebt.

In alter Pracht wiederentstanden ist auch die **Schlosskapelle** im Innenhof, die jedoch nur im Rahmen von Führungen zu besichtigen ist. Zum historischen Ensemble gehört ebenfalls das **Rittergut Lichtenwalde**, zu dem man auf dem historischen Pflaster der von Linden gesäumten Schlossallee kommt. Im Rittergut entstanden Wohnungen, es gibt Geschäfte, Restaurants, Cafes, eine Touristinformation, und im Innenhof hat man das alte Taubenhaus wieder aufgebaut.

## Chemnitz und Umgebung

**Vorwahl**: 0371.
**Postleitzahl**: 09111 (Zentrum).
**Markt 1 – Tourist & Ticket-Service Chemnitz**, Markt 1, Chemnitz, Tel. 69068-0, Fax -30, info@chemnitz-tourismus.de, www.chemnitz-tourismus.de.
**Stadt- und Regionalinformation Hohenstein-Ernstthal**, Altmarkt 41, 09337 Hohenstein-Ernstthal, Tel. 03723/4494-00, Fax -40, stadtinfo@hohenstein-ernstthal.de, www.hohenstein-ernstthal.de.
**Touristinformation Zschopautal**, Schloss Wildeck 1, 09405 Zschopau, Tel. 03725/28728-7, Fax -8, info@zschopau-info.de, www.zschopau-info.de, www.zschopau.de.
**Fremdenverkehrsamt Augustusburg**, Marienberger Str. 24, 09573 Augustusburg, Tel. 037291/3955-0, Fax -5, info@augustusburg.de, www.augustusburg.de.
**Tourist-Information Lichtenwalde**, August-Bebel-Str. 6, 09577 Niederwiesa OT Lichtenwalde, Tel. 037206/5200, Fax 887753, info@touristinfo-lichtenwalde.de, www.touristinfo-lichtenwalde.de.

**Pentahotel**, Salzstr. 56, 09113 Chemnitz, Tel. 33410, www.pentahotels.com; 207 Zi., DZ ab 79 Euro. Auf dem Schlossberg gelegenes ruhiges Hotel mit modernen Zimmern, entspannter Atmosphäre und viel Grün.
**Seaside Residenz Hotel**, Bernsdorfer Str. 2, 09126 Chemnitz, Tel. 35510, www.residenz-hotel-chemnitz.de; 191 Zi., DZ ab 69 Euro. Vier-Sterne-Hotel in zentraler Lage, auch Boardinghouse-Zimmer mit Kleinküche.
**Hotel Forsthaus Grüna**, Rabensteiner Str. 17, 09224 Chemnitz OT Grüna, Tel. 842520, www.forsthaus-gruena.de; 28 Zi., DZ ab 79 Euro. Modernes Ambiente am Waldrand.
**Best Western Hotel am Schlosspark**, August-Bebel-Str. 1, Niederwiesa OT Lichtenwalde, Tel. 8820, www.hotel-schlosspark-lichtenwalde.de; 84 Zi., DZ ab 90 Euro. Helle Zimmern mit Blick ins Grüne.

**Villa Esche**, Parkstr. 58, Chemnitz, Tel. 2361363, www.restaurant-villaesche.de; Mo geschl., Hauptgerichte 13–27 Euro, Di–Fr 12–14.30 Uhr ›Esches Mittagsmahl‹, ca. 6 Euro. Gehobene regionale und mediterrane Küche in der Remise der Jugendstilvilla.
**Restaurant Janssen**, Schloßstr. 12, Chemnitz, Tel. 4590950, www.janssen-restaurant.de; tägl. geöffnet, Hauptgerichte 11–17 Euro, Pasta um 10 Euro, Mo–Fr 12–17 Uhr Tagesgericht für 5 Euro. In der rekonstruierten Janssen-Fabrik am Ufer der Chemnitz offeriert das schlicht eingerichtete Restaurant internationale asiatisch beeinflusste und saisonal abgestimmte Gerichte.
**Restaurant Heck-Art**, Mühlenstr. 2, Chemnitz, Tel. 6946818, www.restaurant-heck-art.de, tägl. geöffnet, Hauptgerichte 15–22 Euro, Pasta 8–11 Euro. Abwechslungsreiches kulinarisches Angebot in einem restaurierten Bürgerhaus, Treffpunkt für die Chemnitzer Kunstszene.
**Restaurant Vitzthum**, Schlossallee 1, Lichtenwalde, Tel. 037206/891898, www.restaurant-vitzthum.de; Mo geschl., Hauptgerichte 8–14 Euro. Verschiedene Restaurants, vom Gräflichen Speisesalon bis zum rustikalen Harraskeller, in denen überwiegend sächsische Küche serviert wird.

**Brazil**, Innere Klosterstr. 10, Chemnitz, Tel. 66 60 1 50, www.restaurant-brazil.de; tägl. geöffnet. Brasilianischer Lifestyle, südamerikanische Bar und Restaurant über drei Etagen, frischer Kaffee und exotische Köstlichkeiten, fruchtige Cocktails.
**La Salsa**, Straße der Nationen 99, Chemnitz, Tel. 31 02 77, www.lasalsa.de; Mo geschl. Kleine kubanische Cocktailbar, kubanische Küche und Tabacos, Latin-Musik im Hintergrund, Riesenauswahl an Cocktails.

🏛

**Kunstsammlungen Chemnitz**, Theaterplatz 1, Tel. 488 44 24, www.kunstsammlungen-chemnitz.de; Di–So 11–18 Uhr.
**Museum Gunzenhauser**, Falkeplatz/Stollberger Str. 2, Chemnitz, Tel. 488 70 24, www.kunstsammlungen-chemnitz.de; Di–So 11–18 Uhr, Führungen Sa/So 12 Uhr.
**Henry-van-de-Velde-Museum in der Villa Esche**, Parkstr. 58, Chemnitz, Tel. 488 44 24, www.kunstsamlungen-chemnitz.de; Mi, Fr–So 10–18 Uhr.
**Sächsisches Industriemuseum**, Zwickauer Str. 119, Chemnitz, Tel. 36 76 1 40, www.saechsisches-industriemuseum.de; Mo–Do 9–17, Sa/So 10–17 Uhr, Maschinenvorführungen zwischen 10.30–16.30 Uhr, Fahrten mit der Handhebeldraisine bei regenfreiem Wetter April–Sept. Sa/So 14–16 Uhr.
**Sächsisches Eisenbahnmuseum**, An der Dresdner Bahnlinie 130c, Chemnitz OT Hilbersdorf, Tel. 493 27 65, www.sem-chemnitz.de; Di–So 9–17 Uhr.
**Museum für Sächsische Fahrzeuge**, Zwickauer Str. 77, Chemnitz, Tel. 260 11 96, www.fahrzeugmuseum-chemnitz.de; April–Okt. Di–Fr 10–17, Sa/So 10–18, Nov.–März Di–So 10–17 Uhr.
**Schlossbergmuseum**, Schlossberg 12, Chemnitz, Tel. 488 45 01, Di–So 11–18 Uhr.
**Museum für Naturkunde**, Moritzstr. 20 (im Kulturkaufhaus DAStietz), Chemnitz, Tel. 488 45 51, www.naturkunde-chemnitz.de; Mo, Di, Do, Fr 10–20, Sa/So 10–18 Uhr, Mi 15 Uhr öffentliche Führung, sonst geschl.
**Karl-May-Haus**, Karl-May-Str. 54, Hohenstein-Ernstthal, Tel. 037 23/42 1 59; Di–So 10–17 Uhr.
**Schloss Wildeck**, Motorradausstellung, Kurfürstliche Räume und Mineralienausstellung ›Erzgewölbe‹, Zschopau, Te. 037 25/28 71 70, www.schloss-wildeck.eu; tägl. 10–18, an Feiertagen 13–18 Uhr.
**Augustusburg**, Tel. 037 91/380 18, www.die-sehenswerten-drei.de; alle Museen tägl. April–Okt. 9.30–18, Nov.–März 10–17 Uhr.
**Schloss und Park Lichtenwalde**, Tel. 03 72 06/887 38 16, www.die-sehenswerten-drei.de, Schatzkammer und Galerie Angewandte Kunst Schneeberg; Di–So April–Okt. 10–18.30, Nov.–März 10–17 Uhr, Schlossführungen Di–Do, So 11 und 15 Uhr, Park April–Okt. 9–18.30 (mit Eintritt!), Nov.–März ohne Eintritt geöffnet, Parkführung Di–So 13.30 Uhr.

**Theater Chemnitz**, Oper am Theaterplatz 2 und Schauspielhaus in der Zieschestr. 28, Tel. 69 69 6 96, www.theater-chemnitz.de. Hochkarätige Operninszenierungen, Konzerte der Robert-Schumann-Philharmonie, Musical, Ballettaufführungen sowie Schauspielinszenierungen.

**Das Chemnitzer Kabarett**, An der Markthalle 1–3, Tel. 67 50 90, www.das-chemnitzer-kabarett.de. Satire und Spaß im Kabarett-Keller der historischen Markthalle.

**Sächsisches Mozartfest**, im Mai, www.mozart-chemnitz.de. Verschiedene Veranstaltungsorte.

**Festival Mitte Europa**, Mitte Juni bis Ende Juli, www.festival-mitte-europa.com. Konzerte, Ausstellungen, Begegnungen in der deutsch-tschechischen Grenzregion.

**Chemnitzer Jazzfest**, Ende Aug. bis Anfang Okt. Jazz an verschiedenen Orten und mit dem Open Air ›Chemnitz swingt‹.

**Chemnitzer Stadtfest**, letztes Wochenende im Aug. Volksfest in der Innenstadt.

**Tage der Industriekultur**, erstes Wochenende im Sept. Industrie trifft Kultur, mit historischem Festumzug.

Nach Chemnitz fährt man gern zum Shoppen. Historisches und Neues wurde in der City architektonisch geschickt verbunden zu einer beliebten Flanier- und Einkaufsmeile mit Galerien, Kaufhäusern und Boutiquen.

**Stausee Rabenstein**, Mai–Sept., www.stausee-rabenstein.de. 400 Meter Strand an der ›Badewanne‹ von Chemnitz, viele Sportmöglichkeiten.

**Stadtbad**, Mühlenstr. 27, Chemnitz, Tel. 488 52 52. Traditionsreiches Hallenbad im Bauhausstil mit 25- und 50-m-Bahn sowie Saunagarten.

**Eissport- und Freizeitzentrum**, Wittgensdorfer Str. 2a, Chemnitz, Tel. 33 89 700, www.efc-chemnitz.de; Okt.–März. Eislaufen für Jedermann, außerdem viele Veranstaltungen und Eisdiskos.

**Alpine Coaster Bahn Gelenau**, Tel. 01 78/620 60 57, www.gelenau.de; tägl. 13–18, in den Sommerferien tägl. 10–18 Uhr. 580 Meter lange Rodelbahn mit eingebautem Jump.

*Am Chemnitzer Schlossteich*

# Zwickau

Die viertgrößte Stadt Sachsens (107 000 Einwohner) wurde durch den Silber- und später den Steinkohlenbergbau zum wirtschaftlichen und geistig-kulturellen Zentrum Westsachsens. Philipp Melanchthon, der Mitstreiter Luthers, äußerte 1548 – gewiss etwas überschwänglich: »In Kunst und Wissenschaft übertrifft Zwickau alle anderen Städte dieser Lande.«

Als ›Zwiccowe‹ wurde die Siedlung 1118 erstmals genannt. Die Lage am Kreuzungspunkt zweier Handelsstraßen führte zu raschem Aufschwung, 1212 bereits bezeichnete sich Zwickau als Stadt. Im 15. und 16. Jahrhundert ließen vor allem Tuchmacher, Bierbrauer sowie die Erz- und Silbervorkommen im nahen Erzgebirge die Stadt wirtschaftlich aufblühen, ab 1838 erlangte Zwickau mit dem Abbau von Steinkohle erneut Bedeutung. Zu Beginn des 20. Jahrhunderts wurde Zwickau Automobilstadt: 1904 nahmen das Horch-Werk und 1909 die Audi-Werke ihre Produktion auf. Die Wagen, auf denen die legendären Rennfahrer Bernd Rosemeyer und Hans Stuck in den 1930er Jahren von Sieg zu Sieg fuhren, entstanden in Zwickau. Zu DDR-Zeiten wurde in Zwickau der Trabant gebaut.

Dem dreimillionsten ›Trabi‹ ersparte man das Schicksal auf der Halde, er kam ins Automobilmuseum. Das **Trabant-Denkmal** (1998) steht auf dem Georgenplatz.

## Stadtbesichtigung

Fast alle Sehenswürdigkeiten liegen dicht beieinander. Auch das **Johannisbad**, ein wunderschönes Jugendstilbad, ist gut zu Fuß zu erreichen. Das 1869 eröffnete Bad wurde in den letzten Jahren aufwendig saniert. Wer das modernisierte **Ball- und Konzerthaus Neue Welt** besuchen möchte, Sachsens schönsten und größten Terrassensaal im Jugendstil, der fährt am besten mit der Straßenbahn. Das **Horch-Museum** ist mit dem Bus zu erreichen. Sind die Bei-

*Oldtimer im Zwickauer Horch-Museum*

*Im Jugendstil: das Zwickauer Johannisbad*

ne pflastermüde, dann empfiehlt sich in der warmen Jahreszeit eine Ruhepause am **Schwanenteich**. 1473 begann man einen ›Großen Teich‹ anzulegen, um Karpfen für die Fastenzeit zu züchten. Ab 1850 entstand um diesen Teich ein Park, in dem sich bald Schwäne niederließen, Zwickaus Wappentiere. Und so wurde aus dem Großen Teich der Schwanenteich.

■ **Hauptmarkt**
Am geräumigen Hauptmarkt dominiert das neogotische, 54 Meter lange **Rathaus** (1866/67) mit Zinnenkranz und Türmchen mit der zum Rats- und Empfangssaal umgestalteten Jakobskapelle (1473–1477) vom Vorgängerbau. Im **Gewandhaus** (1522–1525) daneben, einem für die Tuchmacherinnung erbauten zweigeschossigen Sandsteingebäude mit hohem Satteldach, finden seit 1823 Theateraufführungen statt. Die offizielle Bestimmung zum ›Stadttheater‹ erfolgte 1883.
Das **Geburtshaus Robert Schumanns** mit Mobiliar des Komponisten ist heute Museum. Mit acht Räumen ist es das größte und älteste der mittlerweile vier deutschen Schumann-Museen. Das Haus – sieben Jahre seiner Kindheit verbrachte Schumann hier – war Mitte der 1950er Jahre so baufällig geworden, dass es abgetragen werden musste. In seiner äußeren Form entstand es originalgetreu wieder.
Der 100-D-Mark-Schein zeigte Clara Schumann, geborene Wieck (1819–1896), eine herausragende Pianistin. Auf der Rückseite dieses Geldscheins war der Flügel zu sehen, auf dem sie als neunjähriges Mädchen ihr Debüt im Leipziger Gewandhaus gab. Diesen Flügel bewahrt das Zwickauer Schumann-Haus auf. Das **Denkmal für den Komponisten**, 1901 auf dem Hauptmarkt enthüllt, hat mehrfach den Standort gewechselt, gegenwärtig steht die überlebensgroße Bronzeplastik zwischen Hauptmarkt und Altem Steinweg.

■ **Dom St. Marien**
Die St. Marienkirche, deren ältesten Teile aus dem Jahr 1336 stammen, ist der wohl reichste Bau der obersächsischen Spätgotik. Wohl deshalb wird die Kirche mit dem 87 Meter hohem Westturm respektvoll Dom genannt,

*Beliebter Veranstaltungsort: der Domhof*

# Zwickau

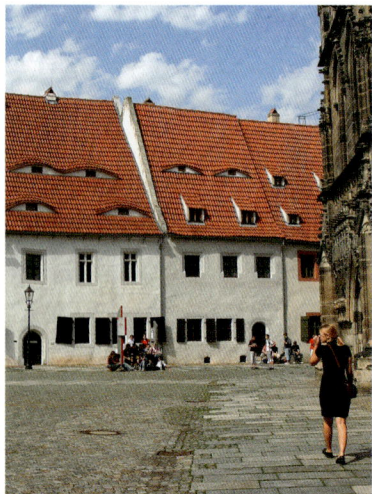

*Die Zwickauer Priesterhäuser*

obwohl Zwickau nie Bischofssitz war. Die Kirche birgt eine wertvolle Ausstattung, darunter den sieben Meter breiten und 2,5 Meter hohen **Flügelaltar** (1479) aus der Nürnberger Werkstatt von Michael Wohlgemut und die **Pietà**, das um 1502 geschaffene Hauptwerk von Peter Breuer, einem bedeutenden Bildschnitzer, der wahrscheinlich um 1472 in Zwickau geboren wurde. Erhalten geblieben sind von dem Künstler unter anderem 26 vollständige Altäre mit 146 Figuren, die aber oftmals nicht mehr in Kirchen, sondern in Museen zu sehen sind. Die **Orgel** der St. Marienkirche, von der Bautzener Firma ›Eule‹ gebaut, gehört mit 77 Registern, vier Manualen und fast 6000 Pfeifen zu den größten in Deutschland.

■ **Priesterhäuser**
Am Domhof stehen die Priesterhäuser, die zu den ältesten steinernen Wohnbauten Deutschlands zählen. 1521 ist in einem Ratsprotokoll erstmals von ihnen die Rede. Damals waren es zwölf zweigeschossige Häuser, übriggeblieben sind vier davon. Die sorgfältig sanierten Häuser, deren Bausubstanz bis in das 13. Jahrhundert zurückreicht, haben bis heute ihre spätmittelalterliche Baugestalt mit den typischen steilen Satteldächern erhalten. Als **Museum** vermitteln sie Eindrücke mittelalterlicher Wohnkultur und Lebensweise.

■ **Städtische Kunstsammlungen**
Die Städtischen Kunstsammlungen in der Lessingstraße 1, von 1912 bis 1914 als König-Albert-Museum mit repräsentativem Kuppelbau und symmetrisch gestalteten Seitenflügeln errichtet, besitzen eine reiche Plastik- und Grafiksammlung. Die mineralogisch-geologische Sammlung umfasst rund 16 000 Objekte. In einem Seitenflügel befindet sich die **Ratsschulbibliothek**, eine der ältesten wissenschaftlichen Bibliotheken Deutschlands, die schon seit 1537 öffentlich zugänglich ist und heute über etwa 120 000 Bände verfügt.

■ **August-Horch-Museum**
Zwickaus große Automobilgeschichte wird im Automobilmuseum August Horch in der Audistraße 7 lebendig. Eine zeitgenössische **Montagehalle**, das **Kontorgebäude** und die **Villa** des großen deutschen Automobilpioniers August Horch bilden das Technikmuseum. Zur Oldtimer-Parade sind Autos aus neun Jahrzehnten deutschen Automobilbaus angetreten: der Phaeton Horch 12 von 1911 ebenso wie die Horch Pullmann-Limousine von 1930 und natürlich der legendäre Trabant. In einer Tankstelle von 1930 können die Besucher den Geschichten des Tankwarts lauschen.

## Die knatternde Gehhilfe

Asphaltblase, Pappe, Gehhilfe – das sind einige der ›Kosenamen‹, mit denen die DDR-Bürger den Kleinwagen Trabant bedacht hatten. Meist sprach man nur kurz vom Trabbi. Der knatternde und stinkende Zweitakter mit der Plastekarosse wurde geliebt, beschimpft und belächelt. Jeder nahm ihn auf den Straßen wahr, denn, so hieß es: Wer schlecht hört, der riecht ihn, wer schlecht riecht, der hört ihn. Bis zu zehn Jahre und mehr musste man bis zur Auslieferung des Autos warten, Anmeldungen wurden verschenkt, verkauft oder vererbt. Selbst die Oma besaß eine, auch wenn sie nie im Besitz eines Führerscheins war. Ein gebrauchtes Auto, weil ohne Bestellung zu haben, erzielte einen wesentlich höheren Preis als ein neues. Der erste Trabant von 1957 hatte 17 PS, bis 1968 schraubte man die Leistung auf 26 PS hoch. Ersatzteile besorgte man sich meist im Tauschgeschäft. In den wenigen Geschäften kaufte man das, was gerade im Angebot war, um es später gegen das benötigte Teil einzutauschen. Hunderte von Witzen gab es über den Trabant wie diese: Warum haben die Konstrukteure die Fahrerkabine so klein gebaut? Die Antwort: Damit sich der Fahrer mit den Knien die Ohren zuhalten kann. Oder: Warum gibt es den Trabant nicht in schwarz? Die Antwort: Um ihn nicht mit einem Brikett zu verwechseln.

Genau 33 Jahre, fünf Monate und 23 Tage lang lief das Volksauto der DDR vom Band. Der letzte, es war der 3 096 099., verließ am 20. April 1991 das Zwickauer Sachsenringwerk. Er wurde nur um die Ecke gefahren – ins Automobilmuseum. Mit dem Einzug der D-Mark mochten die Ostdeutschen das Fahrzeug, das laut Werbeprospekt ›viel zu bieten hat, Komfort, Platz und Zuverlässigkeit‹, nicht mehr, sie griffen zu den Autos, die für sie jahrelang ein Wunschtraum aus dem West-Fernsehen gewesen waren. Heute hat der Trabant als Sammlerauto Kultstatus. 1995 standen Interessenten wie einst Schlange, um im Zwickauer Werk einen der letzten fabrikneuen 444 Trabanten zu erwerben. Sie wurden, weil eine türkische Importfirma pleitegegangen war, zurückgeholt und mit Kunstledersitzen und modernen Radios aufgemöbelt. Einen Viertaktmotor hatten sie ohnehin bereits. Noch rund 35 000 Trabanten sind in Deutschland zugelassen.

*Heute nur noch selten zu sehen: der Trabant*

## Glauchau

Gleich mit zwei Schlössern kann Glauchau (27 000 Einwohner), 16 Kilometer von Zwickau entfernt, auftrumpfen: den zusammenhängenden Renaisanceschlössern Forder- und Hinterglauchau, die in der Oberstadt nur ein Wallgraben trennt. Im **Schloss Hinterglauchau** informiert ein Museum über die Volks- und Regionalgeschichte und den 1494 in der Stadt geborenen Wissenschaftler und Arzt Georgius Agricola. Die Kunstsammlung des Museums gehört zu den namhaftesten in Sachsen. Im **Schloss Forderglauchau** befinden sich unter anderem die Städtische Galerie und die Bibliothek.

In der barocken **Stadtkirche St. Georg** (1726–1728) finden regelmäßig Konzerte auf der Orgel von Gottfried Silbermann (1730) statt. Den Markt säumen **Bürgerhäuser** und das **Rathaus** (1712) mit einem dicken achteckigen Turm. Besonderes Schmuckstück auf dem Markt ist der **Bronzebrunnen** (2001), der mit seinen beweglichen Figuren die langjährige Rolle Glauchaus als Zentrum der sächsischen Textilindustrie wachhalten soll. Gespendet wurde er von dem geborenen Glauchauer Hans Lorenz, der nach 1945 im Westen Deutschlands als Textilfabrikant zu Wohlstand gekommen war. Als Wahrzeichen gilt der 46 Meter hohe, aus Elbsandstein errichtete **Bismarckturm** (1910) südöstlich der Stadt, zu dessen Aussichtsplattform 200 Stufen führen.

## Waldenburg

Hinter Glauchau beginnt das sächsische Hügelland, ein wunderschönes Ensemble von Fluss, Landschaft und Architektur. Hier, im Tal der Zwickauer Mulde, liegt das alte Töpferstädtchen Waldenburg (4500 Einwohner). Die Annalen verzeichneten im Jahr 1781 44 Werkstätten, heute sind es immerhin noch sechs.

Vom ansteigenden Marktplatz mit dem **Rathaus** von 1731 führt der Weg zum **Schloss** (1855–1859), einer historischen Vierflügelanlage mit Stilelementen der englischen Tudorgotik. Zwischen 1909 und 1912 erfolgten umfangreiche Bauarbeiten, das Schloss wurde mit den damals modernsten Errungenschaften ausgestattet: elektrischem Strom, Telefon, zentraler Dampfheizung, Warmwasser, Be- und Entlüftung, Speisenaufzug. Einst residierten im Schloss die Fürsten von Schönburg-Waldenburg. Einer von ihnen, Otto Viktor I., kaufte 1840 das 1670 begründete Naturalien- und Kuriositäten-Kabinett der Leipziger Apothekerfamilie Linck auf. Eigens dafür ließ er dem Schloss gegenüber 1844 ein **Museumsgebäude** errichten. Darin wird die Sammlung zum Teil in historischer Aufstellung gezeigt, sie umfasst Exponate aus dem anatomisch-medizinischen Bereich, Gesteins- und Mineralproben, Tier- und Pflanzenpräparate, physikalische Geräte und Kunstgegenstände.

*Schloss Forderglauchau*

*Das Schloss in Blankenhain*

## Blankenhain

Ein Dorfkonsum ist zu sehen, eine Gemeindebibliothek sowie eine Land- und Zahnarztpraxis, so, wie es in den DDR-Jahrzehnten auf dem Land üblich war. Das Besondere am **Deutschen Landwirtschaftsmuseum** in dem kleinen Dorf nahe der Koberbachtalsperre ist, dass fast alle Gebäude zur originalen Dorfsubstanz gehören. Den Museums-Mittelpunkt bildet ein barockisiertes **Renaissanceschloss**.

Zum Museum, rund 20 Kilometer von Zwickau entfernt, gehören 80 Gebäude und bauliche Anlagen, darunter ein Landarbeiterhaus aus den 1920er Jahren, ein Neubauernhaus von 1949 sowie Bäckerei, Schule, Windmühle und Bierbrauerei. Die Gebäude, die umfangreichen Sammlungen landwirtschaftlicher Geräte und fast 100 thematische Ausstellungen erzählen vom Leben der Dorfbevölkerung Mitteldeutschlands zwischen 1890 und 1990.

## Lichtenstein

Wer in die 13 Kilometer von Zwickau entfernte Kleinstadt mit gerade einmal 14 000 Einwohnern kommt, reibt sich erstaunt die Augen, welch eine Fülle von Museen ihn hier erwartet. Allen voran das **Daetz-Zentrum** in der Schlossallee, benannt nach der Stifterfamilie, das in die faszinierende Welt der Holzbildhauerkunst führt. Mehr als 700 überlebensgroße Schnitzereien und filigrane Meisterwerke von Künstlern aus allen Kontinenten werden präsentiert. In der **Miniwelt Lichtenstein** in der Chemnitzer Straße marschiert man in wenigen Stunden durch alle 16 Bundesländer und fünf Kontinente. Mehr als 110 Bau-

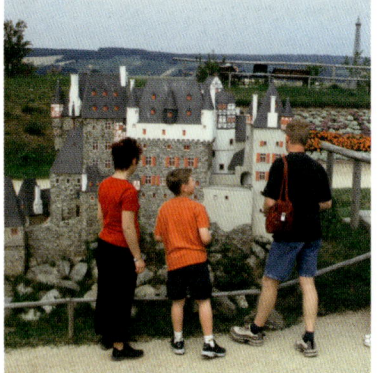
*In der Lichtensteiner Miniwelt*

werke im Maßstab 1:25 werden gezeigt, der Eifelturm mit zwölf Metern Höhe ebenso wie die große Pyramide von Gizeh mit 84 Quadratmetern Grundfläche.

Drei Museen laden die Besucher im Stadtzentrum ein: Das **Stadtmuseum** in der Ernst-Thälmann-Straße stellt die Stadtgeschichte vor, und das **Puppen- und Spielzeugmuseum**, ebenfalls in der Ernst-Thälmann-Straße, zeigt über 300 Puppenstuben, Kaufmannsläden, Teddys und Blechspielzeuge. Die **Motorradausstellung** ›Die schnellsten Zweitakter der Welt‹ in der Straße Kreuzleithe zieht vor allem Motorradfans an. Zu sehen sind etwa 50 Rennmaschinen, die einen Überblick über die Entwicklung des Motorradrennsports geben. Im **Kaffeekannenmuseum** im Ortsteil Heinrichsort stehen 3500 Exemplare aus 100 Porzellanmanufakturen.

## Oelsnitz (Erzg.)

Das Städtchen besitzt mit dem **Bergbaumuseum** eines der größten Zeugnisse der industriellen Vergangenheit Sachsens. Der 51 Meter hohe **Förderturm** (1923) ist ein markanter Wegweiser dorthin. Das Museum entstand auf dem Gelände des ehemaligen Kaiserin-Augusta-Schachtes, vor dem Zweiten Weltkrieg der modernste und leistungsfähigste des Zwickau-Oelsnitzer-Steinkohlereviers. Zu DDR-Zeiten trug er den Namen Karl Liebknecht. Unter Tage erleben die Besucher 400 Meter nachgebaute Strecken, die Einblick in das einst etwa 150 Kilometer lange Streckennetz des Reviers geben. Der Schacht wurde 1869 abgeteuft, die größte Tiefe betrug 590 Meter. Am 31. März 1971 verließ der letzte Hunt den Schacht, einsam steht er vor dem Museumseingang.

14 Kilometer sind es von Zwickau bis nach Oelsnitz im Erzgebirge. Den Zusatz sollte man beachten: Findet man vor Ort kein Bergbaumuseum, sondern ein Teppichmuseum, dann ist man im vogtländischen Oelsnitz gelandet.

### Zwickau und Umgebung

**Vorwahl**: 0375.
**Postleitzahl**: 08056.
**Tourist-Information Zwickau**, Hauptstr. 6, Tel. 2713247, Fax -59, post@kultour-z.de, www.kultour-z.de.
**Tourist-Information Glauchau**, Markt 1, 08371 Glauchau, Tel./Fax 03763/2555, www.glauchau.de.
**Tourismusamt Waldenburg/Tourismusregion Zwickau**, Peniger Str. 10, 08396 Waldenburg, Tel. 037608/27243, Fax -5, www.tourismus-zwickau.de, www.lichtenstein-sachsen.de, www.waldenburg.de, www.oelsnitz-erzgeb.de.

**Holiday Inn Zwickau**, Kornmarkt 9, Zwickau, Tel. 27920, www.holiday-inn.com/zwickau; 127 Zi., DZ ab 99 Euro. Komforthotel in der Innenstadt.

**Achat Hotel Zwickau**, Leipziger Str. 180, Zwickau, Tel. 279 20, www.achat-hotels.com; 204 Zi., DZ ab 80 Euro. Im Norden Zwickaus gelegen, bietet das Haus helle und freundliche Gästezimmer und Appartements.
**Hotel Park Eckersbach**, Trillerplatz 1, Zwickau, Tel. 47 55 72, www.parkeckersbach.de; 16 Zi., DZ ab 70 Euro. Historisches Haus mit hellen, funktional eingerichteten Zimmern.

**Drei Schwäne**, Tonstr. 1, Zwickau OT Schedewitz, Tel. 20 47 650, www.drei-schwaene.de; So, Mo geschl., Hauptgerichte 10–26 Euro. Französisch inspirierte Gourmetküche mit Überraschungen.
**Alte Remise**, Johannisstr. 16, Zwickau, Tel. 27 37 177, www.alte-remise.de; Mo geschl., Hauptgerichte 10–16 Euro. Gemütliche Atmosphäre hinter Backsteinmauern, frische und anspruchsvolle Küche.
**1. Zwickauer Gasthausbrauhaus** und Brennerei, Peter-Breuer-Str. 12–20, Zwickau, Tel. 30 32 032, www.brauhaus-zwickau.de; tägl. geöffnet, Hauptgerichte 8–13 Euro. Rustikales Ambiente, hausgebrautes Bier, selbstgebrannter Schnaps, deftige Speisen. Großer Biergarten, regelmäßig Live-Musik.

**Robert-Schumann-Haus**, Hauptmarkt 5, Zwickau, Tel. 21 52 69, www.schumannzwickau.de; Di–Fr 10–17, Sa/So 13–17 Uhr.
**Priesterhäuser Zwickau**, Domhof 5–8, Tel. 83 45 51, www.priesterhaueser.de; Di–So 13–18 Uhr.
**Städtische Kunstsammlungen**, Lessingstr. 1, Zwickau, Tel. 83 45 10, www.kunstsammlungen.de; Di–So 13–18 Uhr.
**August-Horch-Museum**, Audistr. 7, Zwickau, Tel. 27 17 380, www.horchmuseum.de; Di–So 9.30–17, jeden 1. Do im Monat bis 21 Uhr.
**Museum und Kunstsammlungen Schloss Hinterglauchau**, Glauchau, Tel. 03763/29 31; Di–Fr 9–12, 13–17, Sa/So 14–17 Uhr.
**Schloss Waldenburg**, Geschwister-Scholl-Platz 1, Waldenburg, Tel. 037608/225 19, www.museum-waldenburg.de; Di–Fr 9–16, Sa/So 9.30–17 Uhr.
**Deutsches Landwirtschaftsmuseum Schloss Blankenhain**, Crimmitschau OT Blankenhain, Tel. 03 66 08/23 21, www.deutsches-landwirtschaftsmuseum.de; Mitte Febr.–April, Mitte Okt.–Mitte Nov. Di–So 9–17, Mai–Mitte Okt. tägl. 9–18 Uhr.
**Daetz-Centrum Lichtenstein**, Schlossallee 2, Lichtenstein, Tel. 03 72 04/58 58 58, www.daetz-centrum.de; tägl. 10–18 Uhr.
**Miniwelt Sachsen**, Chemnitzer Str. 43, Lichtenstein, Tel. 03 72 04/722 55, www.miniwelt.de; April–Okt. tägl. 9–18 Uhr.
**Stadtmuseum Lichtenstein**, Ernst-Thälmann-Str. 29, Lichtenstein, Tel. 03 72 04/86 4 53; Di–Fr 14–17, Sa/So 13–18 Uhr.
**Puppen- und Spielzeugmuseum**, Ernst-Thälmann-Str. 31, Lichtenstein, Tel. 03 72 04/833 83, www.spielzeugmuseum-lichtenstein.de; Di–So 10–18 Uhr.
**Motorradausstellung** Die schnellsten Zweitakter der Welt, Kreuzleithe 4, Lichtenstein, Tel. 03 72 04/25 61, www.lichtenstein-motorsport.de; Sa–Do 11–18 Uhr.
**1. Sächsisches Kaffeekannenmuseum**, Prinz-Heinrich-Str. 35 (im Gasthaus

›Zur Krone‹), Lichtenstein OT Heinrichsort, Tel. 037204/87692; Sa 11–18, So 11–17 Uhr oder nach Absprache.
**Bergbaumuseum Oelsnitz**, Pflockenstr. 28, Oelsnitz, Tel. 037298/93940, www.bergbaumuseum-oelsnitz.de; Di–So 9.30–16 Uhr, Führungen (ca. 1,5 Stunden) 10, 12, 14 und 16 Uhr.

**Theater Plauen-Zwickau**, Gewandhausstr. 7, Zwickau, Tel. 2741 1 46 47, www.theater-plauen-zwickau.com. Spielstätte des Theaters im Gewandhaus, Musiktheater, Schauspiel, Konzerte, Ballett, Puppentheater. Das Theater in der Mühle konzentriert sich auf kleine und ungewöhnliche Schauspielinszenierungen.
**Alter Gasometer**, Kleine Biergasse 3, Zwickau, Tel. 2772110, www.altergasometer.de. Soziokulturelles Zentrum, in dem Theater, Kleinkunst, Kino und Konzerte geboten werden.

**Konzert- und Ballhaus Neue Welt**, Leipziger Str. 182, Zwickau, Tel. 2713263, www.zwickautourist.de. Shows, Konzerte, Tanzturniere, Bälle finden in dem Jugendstilsaal einen zauberhaften Rahmen.

Zum Shoppen bietet Zwickau beste Voraussetzungen. In keiner anderen Stadt der Region gibt es so viele kleine hübsche Geschäfte, Kaufhäuser und Galerien. Das Shopping-Center **Zwickau Arcaden** vereint mehr als 60 Geschäfte, Gaststätten, Galerien und Lichthöfe.

**Johannisbad Zwickau**, Johannisstr. 16, Tel. 272560, www.johannisbad.de; tägl. geöffnet. Ein Kleinod: Jugendstil und Neogotik treffen auf orientalische Badekultur. Schwimmbad, moderner Wellnessbereich und Saunalandschaft mit Außenbecken.

# Freiberg

Freiberg (47000 Einwohner) ist Sachsens älteste und bedeutendste Bergstadt. Rund 8000 Tonnen Silber hat man in rund 800 Jahren aus dem Freiberger Boden geholt. Das ›Bergkgeschrey‹ lockte viele Menschen an, ab 1168 wurde genau 801 Jahre im Freiberger Revier Bergbau betrieben, 1969 schlossen die letzten Gruben.

1186 erhielt die entstandene Siedlung Stadtrecht und den Namen Freiberg, weil jeder hier am ›freien Berg‹ schürfen durfte. Um 1535 bestanden im Freiberger Revier etwa 700 Erzgruben. In der zweiten Blüteperiode des Silberbergbaus hatte sich die Stadt zu einem bedeutenden Kunstzentrum des sächsischen Raumes entwickelt. Der erste ›Bergaufzug‹ fand 1557 statt. Heutzutage schauen tausende von Touristen zu, wenn die Bergleute in ihrer schmucken Berufskleidung zum Bergstadtfest durch die Innenstadt von Freiberg paradieren.

## Stadtbesichtigung

Freibergs Straßen wurden gebaut, als es noch keine Autos und Busse gab. Deshalb wäre das Auto für die Stadtbesichtigung nur hinderlich, zu Fuß kommt man überall rasch und bequem hin. Nur wer den früheren Bergbau über und unter Tage kennenlernen möchte, der muss doch das eigene Auto oder die

# Freiberg [ 203 ]

Das Erzgebirge

Freiberg

öffentlichen Verkehrsmittel bemühen, da diese Besichtigungsobjekte ein wenig außerhalb des Zentrums liegen.

### ■ Rund um den Obermarkt

Der Obermarkt ist einer der beeindruckensten Marktplätze im Osten Deutschlands, hier stehen stolze Bürgerhäuser aus dem 16. und 17. Jahrhundert mit hohen Dachspeichern, die vom einstigen Reichtum zeugen. Beherrscht wird der Platz vom langgestreckten **Rathaus** (1410–1414) mit seinem vorgestellten viereckigen Turm. Der dekorative Renaissanceerker wurde später hinzugefügt, der Kopf im Giebeldreieck soll den Prinzenräuber Kunz von Kauffungen darstellen. Der schaut auf den Platz, auf dem er am 14. Juli 1455 um 16 Uhr mit dem Beil öffentlich enthauptet wurde. Täglich zweimal, um 11.15 und um 16.15 Uhr, spielen die Meissner Porzellanglocken im Rathausturm das Lied ›Glückauf, der Steiger kommt‹.

Das stattliche **Schönlebe-Haus** mit der Nr. 1 entstand um 1630, in ihm wohnte Bürgermeister Jonas Schönlebe der Ältere, der Stifter der Bergmannskanzel des Doms. Geschichtlich interessant ist das barocke **Haus Nr. 4** (1681), in ihm trafen am 16. Mai 1812 der sächsische König Friedrich August I. und Kaiser Napoleon Bonaparte zusammen. In der Platzmitte thront der Stadtgründer Markgraf Otto I. von Meißen auf dem **Löwenbrunnen** (1898).

Das **Alnpeckhaus** an der Ecke zur Korngasse war lange Zeit im Besitz der reichsten Freiberger Familie, deren Namen es noch heute trägt. Bis zu ihrer Verlegung 1556 nach Dresden befand sich in dem Haus die Münze. Das schmale, 32 Meter hohe **Haus Nr. 17** (1530) ist einer der frühesten Renaissancebauten in Sachsen, das Portal zeigt Szenen aus der Geschichte des Bergbaus.

### ■ Petrikirche

Über das Kirchgässchen wird der Petriplatz mit der Petrikirche erreicht, die auf dem höchsten Punkt der Innenstadt steht. In dem spätbarocken Bau, in dessen 71 Meter hohem Turm das einst vor Schichtbeginn läutende Bergglöckchen hängt, erklingt eine der Orgeln (1733–1735) des berühmten Orgelbaumeisters Gottfried Silbermann. Die Sandsteinkanzel stammt aus dem Jahr 1733.

Das **Hilliger-Haus** an der Ecke zur Waisenhausstraße ist eine zwischen 1983 und 1986 errichtete Kopie des Hauses von 1555. In der Petersstraße steht der **Fortunabrunnen** (1986) vom Freiberger Künstler Bernd Göbel, der symbolhaft bedeutende Persönlichkeiten der Freiberger Geschichte zeigt. Im gegenüberliegenden **Gellert-/Breithauptthaus** (1530) befindet sich das **Naturkundemuseum**; benannt ist das Patrizierhaus nach dem Hüttenkundler Christian Ehregott Gellert, der ab 1751 darin wohnte, und dem Mineralogen Friedrich August Breithaupt, der von 1833 bis 1851 hier lebte.

### ■ Stadttheater

Vom Obermarkt führt der Weg durch die Enge Gasse zur **Nikolaikirche**, die vom 15. bis zum 18. Jahrhundert zu ihrem heutigen Aussehen gelangte und zum Stadttheater, dem ältesten Stadttheater der Welt, wie die Freiberger behaupten. 1790 wurde es von einem

*Kurfürstin Anna und Kurfürst August beim Freiberger Bergfest*

# Freiberg

*Renaissanceerker am Rathaus*

Privatmann in ein Wohnhaus von 1623 eingebaut, seit 1792 befindet sich das Theater in städtischem Besitz (heute Mittelsächsisches Theater). In der Theaterchronik wird besonders hervorgehoben, dass im Jahr 1800 hier die erste vollendete Oper von Carl Maria von Weber (1786–1826), ›Das Waldmädchen‹, zur Uraufführung kam, die bis auf zwei Gesangsnummern verschollen ist.

### ■ Dom St. Marien

Ein Muss in Freiberg ist der Besuch des Domes St. Marien am Untermarkt (1484–1501). Das schlichte Äußere lässt die prunkvolle Ausstattung nicht erahnen. Das aus Sandstein gemeißelte Hauptportal gilt als eines der besten Zeugnisse mittelalterlicher Bau- und Bildkunst. **Goldene Pforte** (um 1230) wird es deshalb genannt, weil es einst mit Blattgold überzogen war. Gefertigt hat es vermutlich ein aus Niedersachsen stammender Künstler, der auch in Frankreich tätig gewesen sein muss. Denn die Figuren des Portals, so die der Marienkrönung und die Apostel, ähneln in vielem denen an französischen frühgotischen Kirchen.

Zum Wertvollsten, was die Kunst der Spätgotik hinterlassen hat, gehört im Inneren die **Tulpenkanzel** (um 1510) von Hans Witten. Das eigenartige Werk der Steinmetzkunst ähnelt einem meterhohen Gebilde von Baumwurzeln, in dem sich kleine Engel tummeln und in dem der wie eine Tulpenblüte geformte Kanzelkorb ruht. Zu den bedeutenden Kunstwerken zählen auch die von zwei Bergmännern getragene **Bergmannskanzel** (1638) sowie die aus Eichenholz geschnitzte Triumphkreuzgruppe über

Grundriss des Doms St. Marien, Freiberg

*Am Freiberger Untermarkt*

der Empore zwischen Halle und Chor. Von Heinrich dem Frommen (gest. 1541) bis Johann Georg IV. (gest. 1694) ruhen alle protestantischen Herrscher der Albertinischen Linie der Wettiner im Dom. Das reich geschmückte **Kenotaph** (1563) des Kurfürsten Moritz war das erste Freigrab der Renaissance in Sachsen. Im Dom erklingt Silbermanns bedeutendste **Orgel** (1711–1714), sie hat 45 Register und 2674 Pfeifen. Silbermann war 27 Jahre alt, als er mit dem Bau des Instrumentes begann. Die kleine Silbermann-Orgel (1719) kam erst 1939 in den Dom, bis dahin stand sie in der St. Johanniskirche.

### ■ Stadt-und Bergbaumuseum

Gegenüber dem Dom, im ehemaligen **Domherrenhof** (nach 1484), kann das Stadt- und Bergbaumuseum besucht werden. Die gezeigten spätmittelalterlichen sakralen Plastiken widerspiegeln die Bedeutung der Stadt in dieser Zeit als ein Kunstzentrum Sachsens. Die **Alte Superintendentur** in Richtung Kirchgasse mit ihren spätgotischen Vorhangfenstern entstand vermutlich schon vor 1500.

In der Kirchgasse steht der um 1670 erbaute **Schönbergische Hof**, der seinen Namen von dem Oberberghauptmann hat, der um 1700 das Haus bewohnte.

### ■ Schloss Freudenstein

So schön wie seit 2008 sah Schloss Freudenstein in seiner langen Geschichte wohl nie aus. Bewohnt hat es nur einer, Heinrich der Fromme von 1505 bis 1539. Seine Gemahlin Katharina zu Mecklenburg schenkte ihm hier sechs Kinder. Ob daher der Name Freudenstein stammt, ist nicht verbürgt.

Heute lädt in dem Schloss **terra mineralia** zu einer einzigartigen Entdeckungsreise in die Welt der Minerale ein. Etwa 5000 Minerale aus der Sammlung der in Sachsen geborenen Wella-Erbin Dr. Erika Pohl-Ströher sind als Dauerleihgaben zu sehen – spektakuläre und berückend schöne Zeugnisse der Erdgeschichte von fünf Kontinenten. Von der einstigen Ausstattung (16. Jahrhundert) des Schlosses ist nichts mehr vorhanden, da das Bauwerk nach 1800 als Getreidelager diente, bis es vor wenigen Jahren zu neuem Leben und Glanz erwachte.

Der Rückweg zum Ausgangspunkt des Stadtrundgangs sollte durch die Nonnengasse erfolgen, denn da kommt man am **Stammgebäude der Bergakademie** vorbei, der ältesten montanwissenschaftlichen Hochschule der Welt. 1765 wurde sie als ›Curfürstl. Sächs. Bergakademie zu Freiberg‹ gegründet, einige ihrer Studenten erlangten in späteren Jahren Berühmtheit: Alexander von Humboldt, Friedrich von Hardenberg (Novalis), Theodor Körner und der preußische Staatsminister Freiherr vom und zum Stein.

### ■ Besucherbergwerk Freiberg

Der Bergbau über und unter Tage ist in der **Himmelfahrt Fundgrube** am nordöstlichen Stadtrand zu entdecken, die die Technische Universität Freiberg für Lehre und Forschung nutzt. Zu ihr gehören die Schächte ›Reiche Zeche‹ und ›Alte Elisabeth‹, in denen man viel über den historischen Silberbergbau lernt. In Begleitung erfahrener Bergleute geht es

*Fahrt in den Schacht*

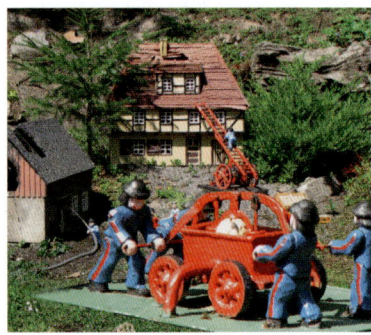

*Das Erzgebirge en miniature in Oederan*

150 Meter tief durch einen Teil der Gänge, die insgesamt eine Länge von 14 Kilometern haben. Im Schaudepot können rund 100 Modelle historischer Maschinen und Anlagen des Berg-Hüttenwesens betrachtet werden. Die Tagesanlagen der **Alten Elisabeth** sind die ältesten erhaltenen Schachtgebäude des Freiberger Bergbaus mit der originalen Ausstattung im Inneren, darunter die Betstube mit Orgel.

### Oederan

17 000 Quadratmeter groß ist die **Freiluftausstellung Klein-Erzgebirge** im Stadtpark von Oederan (6000 Einwohner), 15 Kilometer von Freiberg entfernt. Mehr als 1300 handgeschnitzte, zum Teil bewegliche Figuren, Tiere und Eisenbahnen erfüllen das Gelände mit Leben. Die Ausstellung zeigt von Mai bis Oktober die schönsten und historisch interessantesten Bauwerke des Erzgebirges in Miniatur. Die Augustusburg entstand in etwa 2000 Stunden Arbeit, allein für die Dächer des Schlosses waren rund 33 000 Schieferplättchen erforderlich. Um den Frohnauer Hammer so echt wie nur möglich zu gestalten, mussten rund 4000 kleine Schindeln angefertigt werden.

## Freiberg und Umgebung

**Vorwahl**: 03731.
**Postleitzahl**: 09599.
**Tourist-Information Freiberg**, Burgstr. 1, Tel. 4195 16-1, Fax -5, tourist-info@freiberg-service.de, www.freiberg-service.de.
**Stadtinformation Oederan**, Markt 6 (im web-Museum), 09569 Oederan, Tel. 037292/2712-8, Fax -9, inf.sv@oederan.de, www.oederan.de.

**Hotel Kreller**, Fischerstr. 5, Freiberg, Tel. 35900, www.hotel-kreller.de; 37 Zi., DZ ab 82 Euro. Familiengeführtes Hotel mit komfortablen Zimmern. Im Restaurant regionale Küche.
**Silberhof**, Silberhofstr. 1, Freiberg, Tel. 26880, www.silberhof.de; 30 Zi., DZ ab 65 Euro. Gebäude im Jugendstil, romantische Zimmer in Pastelltönen. Regionale und moderne Küche im Restaurant (So geschl.).
**Hotel am Obermarkt**, Waisenhausstr. 2, Freiberg, Tel. 26370, www.hotel-am-obermarkt.de; 33 Zi., DZ ab 75 Euro. Wohnen mitten in der Altstadt. Restaurant im Gewölbekeller.

**Le Bambou**, Obergasse 1, Freiberg, Tel. 35 39 70, www.lebambou.de; tägl. geöffnet, Hauptgerichte 15–20 Euro. Afrikanisches Ambiente, mediterrane und internationale Küche.
**Genuss im Schloss**, Schlossplatz 4, Freiberg, Tel. 774174, www.genuss-im-schloss.de; tägl. geöffnet, Hauptgerichte 13–17 Euro. Frische Küche im Restaurant im Turm, Vinothek und Biergarten im Schlossinnenhof.
**Freiberger Brauhof**, Körnerstr. 2, Freiberg, Tel. 35300, www.freiberger-brauhof.de; tägl. geöffnet, Hauptgerichte 9–14 Euro. Deftige Küche und kühles Freiberger Kellerbier, für Liebhaber auch in der Zwei-Liter-Souvenirflasche.

**Café Hartmann**, Obermarkt 1, Freiberg, Tel. 22807, www.cafe-hartmann.de. Beliebtes Café. Nur hier gibt es den ›Bauerhasen‹, ein Gebäckstück in Hasenform aus Hefeteig mit Mandeln, Rosinen und Gewürzen. Um ihn rankt sich eine hübsche Geschichte, die dem Gebäck beigelegt ist.

**Stadt- und Bergbaumuseum Freiberg**, Am Dom 1, Tel. 20250, www.museum-freiberg.de; Di–So 10–17 Uhr.
**Terra mineralia – Mineraliensammlung**, Schlossplatz 4 (im Schloss Freudenstein), Tel. 394654, www.terra-mineralia.de, www.schloss-freudenstein.net; tägl. 9–18 Uhr, Führungen Sa/So 11 und 14 Uhr.
**Naturkundemuseum**, Waisenhausstr. 10, Freiberg, Tel. 32014, Sa–Mi 10–17 Uhr.
**Dom St. Marien**, Untermarkt 1, Freiberg, Tel. 30096, www.freibergerdom.de; Führungen Mai–Okt. 10, 11, 14, 15, 16 Uhr, Nov.–April 11, 14 und 15 Uhr, So 1. Führung gegen 11.30 Uhr nach dem Gottesdienst.
**Petrikirche**, Petriplatz 1, Freiberg, Tel. 34188, www.petri-nikolai-freiberg.de; Sommerzeit Mo, Di, Do, Fr, So 11–17, Winterzeit Mo–Fr 11–16 Uhr, Mai–Okt. jeden Mi 12 Uhr Orgelvorspiel auf der Silbermann-Orgel.
**Besucherbergwerk Reiche Zeche** und **Schacht Alte Elisabeth**, Freiberg, Auskunft über die Tourist-Information.
**Klein-Erzgebirge Oederan**, Ehrenzug 14, Tel. 037292/5990, www.klein-

erzgebirge.de; April–Okt. tägl. 10–18 Uhr, Juni/Aug. 9–18 Uhr.
**Web-Museum Oederan**, Markt 6, Tel. 03 72 92/271 28, tägl. 12–17 Uhr.

**Mittelsächsisches Theater Freiberg**, Borngasse 1, Tel. 35 82 35, www.mittelsaechsisches-theater.de. Rund 600 Aufführungen pro Jahr in den Sparten Schauspiel, Musiktheater, Konzert.

**Bergstadtfest Freiberg**, Ende Juni, www.bergstadtfest.de. Ein Mix aus Brauchtum und bunter Party.

**Johannisbad Freiberg**, Johann-Sebastian-Bach-Str. 1a, Tel. 200 20, www.jo-bad.de; Hallenbad Mo geschl., Freibad Mitte Mai–Mitte Sept., Sauna tägl. Lichtdurchflutete Badehalle mit Saunalandschaft, im Sommer Freibad.

# Westerzgebirge

Das westliche Erzgebirge hat vor allem der Bergbau geprägt. Schaubergwerke, Erzwäschen sowie Museen sind allgegenwärtig und vermitteln einen Eindruck von den technischen Fähigkeiten früherer Generationen. Die knapp 250 Kilometer lange **Silberstraße**, Sachsens erste Ferienstraße, verbindet die Zentren des Silbererzbergbaus miteinander. Sie führt vom Westen des Gebirges über die Mitte und den Osten bis nach Dresden. Man lernt unterwegs auch unzählige Bauwerke in den Städten kennen, die noch heute vom einstigen Reichtum und Stolz ihrer Bauherren, aber auch vom Kunstsinn ihrer Baumeister künden. Die **Montan- und Kulturlandschaft Erzgebirge** steht auf der offiziellen deutschen Warteliste für die Aufnahme in die UNESCO-Weltberbeliste. Die Anmeldung soll 2013 gemeinsam mit der Tschechischen Republik als grenzüberschreitendes Projekt erfolgen.

## Schneeberg

Über die Goldene Höhe, die es auf 545 Meter bringt, wird Schneeberg (19 500 Einwohner) erreicht, die Weihnachtsstadt des Erzgebirges. Pünktlich am Vorabend des ersten Advents um 18 Uhr läuten die Glocken der St. Wolfgangskirche die Adventszeit ein. Von nun an leuchten die Lichter der Schwibbögen, Pyramiden und Lichtelmänner. Am zweiten Adventswochenende strömen erneut Tausende nach Schneeberg, um am ›Lichtelfest‹ teilzunehmen. Dutzende meterhoher Pyramiden, das Turmblasen, der Weihnachtsmarkt und die Bergparade am zweiten Adventssonntag lassen das Wochenende in Schneeberg unvergesslich werden.
Den schönsten Blick auf Schneeberg hat man vom **Dr.-Köhler-Aussichtsturm** auf dem Gleesberg (593 Meter). Man erreicht ihn über den Stadtteil Neustädtel und biegt von der Kobaltstraße in die östlich abzweigende Gleesbergstraße ein. Nicht minder beeindruckend ist der Blick vom **Fürst-Bismarck-Turm**, der seit 1893 auf dem Keilberg (557 Meter) nördlich von Schneeberg steht.

■ **Markt**
Der Schneeberger Marktplatz stellt ein im Erzgebirge einmaliges Ensemble im Stil des Hochbarock dar, die Häuser entstanden planmäßig nach dem verheerenden Stadtbrand 1719. Das **Rathaus** an der Nordseite erhielt sein neo-

# Westerzgebirge [ 211 ]

Das Erzgebirge

West- und Mittleres Erzgebirge

*Fürstenplatz in Schneeberg*

gotisches Aussehen jedoch erst 1851/52. Geschichtsinteressierte sollten das Sandsteinrelief über dem Portal betrachten, das die Geschichte vom ersten Silberfund erzählt.

### ■ St. Wolfgangskirche

Bergmannsdom sagt der Volksmund zur mächtigen spätgotischen St. Wolfgangskirche (1515–1540), weil sie vom Reichtum kündigt, den die Silberfunde der 1470 gegründeten Stadt bescherten. Mit 60 Meter Länge, 27 Meter Breite und 20 Meter Höhe gehört sie zu den größten Hallenkirchen Sachsens. Ihr größter Schatz, elf Tafeln des großen Reformationsaltars (1539) von Lucas Cranach dem Älteren, konnte aus der kurz vor Ende des Zweiten Weltkrieges von Tieffliegern in Brand geschossenen Kirche gerettet werden. Nach der Restaurierung nahm der Altar 1996 wieder seinen angestammten Platz in dem Gotteshaus ein.

### ■ Museum für bergmännische Volkskunst

Das Museum befindet sich in einem der schönsten Bürgerhäuser der alten Bergstadt, dem 1725 erbauten **Borthenreuter-Haus**. Es beeindruckt mit einer umfangreichen Sammlung von Weihnachts- und Heimatbergen, Bergwerksanlagen und Pyramiden. Zu den Raritäten in der Ausstellung zählen **Buckelbergwerke**. So werden hölzerne Kästen genannt, die auf dem Rücken (Buckel) getragen wurden und in denen eine unterirdische Bergwerksanlage im Schnitt eingebaut ist. Mit solchen geschnitzten Buckelbergwerken zogen arbeitsunfähig gewordene Bergleute einst auf Weihnachts- und Jahrmärkte, um sich einige Pfennige zu verdienen. Sie gaben mit den kleinen Kunstwerken Einblick in die schwere Arbeit des Bergmannes unter Tage. Eine aus Rollen, Hebeln und Drähten bestehende Mechanik setzt Figuren und Hunte in Bewegung.

## Bergbaulehrpfad

Der 8,5 Kilometer lange Bergbaulehrpfad verbindet 24 markante bergbauliche Denkmäler Schneebergs. In der Lindenauer Straße am **Siebenschlehener Pochwerk** (1753), einer funktionstüchtigen Erzaufbereitungsanlage, beginnt der Lehrpfad, der auch zum **Filzteich** (1483–1485) führt, dessen Wasser bis 1932 dem Betrieb bergbaulicher Anlagen diente. Goethe schrieb nach seinem Besuch in Schneeberg 1786: »Der große Filzteich ist deshalb so genannt, weil seine Südseite an ein Terrain anstößt, das aus Granitverwitterung besteht und mit Torf, welches von dem Volke Filz genannt wird, bedeckt ist.« Am 23 Hektar großen Filzteich tummeln sich an warmen Sommertagen Hunderte auf der Liegewiese und im Wasser, es wird gesurft und gerudert, für Badespaß sorgt eine 85 Meter lange Wasserrutsche.

## Bad Schlema

Seit dem 29. Oktober 2004 ist Bad Schlema staatlich anerkanntes Radonheilbad. Vor dem Zweiten Weltkrieg war es einer der bekanntesten Kurorte Deutschlands, denn hier gab es die stärksten radonhaltigen Quellen der Welt. Der berühmte Schauspieler Gert Fröbe, 1913 im 25 Kilometer entfernten Zwickauer Stadtteil Planitz geboren, schrieb in seinen Memoiren, er sei als Kind fast völlig gelähmt gewesen, seine Mutter habe ihn in das Radiumbad gebracht und »nach zwölf Bädern war ich gesund.« Der 1914 begonnene Kurbetrieb mit Gästen aus aller Welt endete jäh 1946 – der Uranbergbau der Sowjets zerstörte die Kureinrichtungen.

Nach der Einheit erlebte Schlema seine Wiedergeburt als Kurort. Der **Kurpark** sowie das **Kurmittelhaus** mit Saunalandschaft und dem Gesundheitsbad sind neu entstanden.

*Im Gesundheitsbad Bad Schlema*

## Tragödien unter Tage

Das Leben des Bergmanns war hart und gefährlich. Zu den schlimmsten Katastrophen gehört die im Wismut-Schacht 250. Sabotage! So hieß es kurz nach Bekanntwerden des Unglücks, das sich in der Nacht vom 15. zum 16. Juli 1955 in Niederschlema ereignete. 33 Bergleute fanden den Tod. Sabotageakte waren im Uranbergbau der damaligen Zeit in der Tat keine Seltenheit. Die Kumpel waren ein zusammengewürfelter Haufen, der vielfach aus Abenteurern und Umsiedlern bestand, auch ehemalige KZ-Aufseher und Ritterkreuzträger waren darunter, die sich unter Tage verbergen wollten. Willige Handlanger für Sabotage waren leicht zu finden. Doch diesmal konnte kein Beweis für eine Brandstiftung festgestellt werden. Dennoch nutzte die DDR-Propaganda den Tod der 33 Bergleute schamlos aus und verbreitete die Mär, der Klassengegner habe hier wieder einmal zugeschlagen.

Erst nach dem Ende der DDR kam ans Tageslicht, wie es im Bergbau des deutschsowjetischen Gemeinschaftsbetriebes ›Wismut‹ in den ersten Jahren zuging: Fahrlässigkeit und Vernachlässigung der elementarsten Sicherheitsvorkehrungen waren an der Tagesordnung. Es existierte keine Feuerwehr für Untertage, Feuerlöscher funktionierten wegen Überlagerung nicht, Unwissenheit und Unfehlbarkeitsdenken dominierten. So fuhren nach dem Unglück der Leiter des Grubenrettungswesens, ein Mitarbeiter des gewerkschaftlichen Kreisvorstandes und ein Reviersteiger ohne Rettungsgeräte in den Schacht – und fanden im tückischen Kohlenmonoxid (CO) den Tod. Dennoch konnten fünf Kumpel nach 58 Stunden ohne Nahrung und Wasser gerettet werden. Nach diesem Grubenbrand erarbeitete man endlich Havariepläne für alle Schächte, erhielt jeder Kumpel ein CO-absorbierendes persönliches Rettungsgerät.

Am 22. Februar 2010 läuteten in den Morgenstunden in Zwickau alle Kirchenglocken, sie sollten an das größte Bergwerksunglück in der DDR erinnern. Vor genau 50 Jahren war es im früheren VEB Steinkohlenwerk ›Karl Marx‹ kurz nach 8 Uhr zu einer verheerenden Schlagwetter- (austretendes Methangas) und Kohlenstaubexplosion gekommen. 174 Berglaute waren mehr als 1000 Meter tief durch den Brand eingeschlossen. Rettungskräfte eilten aus allen Revieren der DDR und auch aus der benachbarten Tschechoslowakei herbei. Dennoch verloren bei dem Unglück 123 Bergleute ihr Leben.

So gut wie nichts ist von den Tragödien in den vergangenen Jahrhunderten bekannt. Eine Ausnahme bildet die furchtbare Schlagwetterexplosion, die sich am 2. August 1859 im Freitaler Steinkohlengebiet in zwei miteinander verbundenen Schächten ereignete und bei der 276 Bergleute im Alter von 15 bis 65 Jahren den Tod fanden. Auf einer Schiefertafel hatte der Bergmann Carl Hanisch aus Niederhaslich mit Kreide die Abschiedsworte geschrieben: »... Starben durch Erschlagen, Erstickung, Verbrennen.«

Das erste Unglück in einem Bergwerk des Erzgebirges verzeichnet die Chronik unter der Jahreszahl 1573. Im Bergwerk Wilder Mann in Brand-Erbisdorf soll es einen Wassereinbruch gegeben haben, der acht Todesopfer forderte. Hätte man alle Katastrophen aufgezeichnet, die sich in der 800-jährigen sächsischen Bergwerksgeschichte ereigneten, müssten die Kirchenglocken wohl Tag und Nacht läuten.

# Hartenstein

Die Geschichte vom Prinzenraub kennt in Sachsen jedes Kind. Die Prinzenhöhle, ein ehemaliger Bergbaustollen in Hartenstein (4900 Einwohner), spielt dabei eine große Rolle. In der Höhle wurde Prinz Ernst, einer der beiden Söhne Kurfürst Friedrichs II., drei Tage lang gefangen gehalten. Aus Rache für die ausgebliebene Entschädigung für seine in einem Bruderkrieg zerstörten Güter entführte Ritter Kunz von Kauffungen in der Nacht vom 7. zum 8. Juli 1455 den vierzehnjährigen Prinzen Ernst und den zwölfjährigen Prinzen Albrecht aus dem Altenburger Schloss. Mit Erpressung wollte er seine angeblichen Rechte beim Kurfürsten durchsetzen. Die Entführer trennen sich, Ritter Kunz wurde mit dem Prinzen Albrecht nahe der Grenze zu Böhmen erkannt und festgenommen, die anderen verbargen sich mit Prinz Ernst bei Hartenstein in der Höhle. Nachdem der Kurfürst Straffreiheit zugesichert hatte, ließ man den Prinzen frei. Die Entführer wurden dennoch hart bestraft. Auf dem Freiberger Marktplatz richtete man Ritter Kunz von Kauffungen am 14. Juli 1455 hin. Beide Prinzen überstanden das Ereignis unversehrt, genau 30 Jahre später begründeten sie die ernestinische und albertinische Linie des Hauses Wettin. Die Geschichte dieses Kriminalfalls wird im **Museum Burg Stein** erzählt, das sich in der turmbekrönten Oberburg befindet.

*Burg Stein*

Neben der Burg Stein gibt es noch die **Ruine Burg Hartenstein**. Die musste im 16. Jahrhundert einen fast völligen Umbau über sich ergehen lassen und wurde am Ende des Zweiten Weltkrieges fast vollständig zerstört.

Das **Denkmal** mitten auf dem Marktplatz in Hartenstein erinnert an den 1609 in Hartenstein geborenen bedeutenden Barockdichter und Arzt **Paul Fleming**, dessen Geburtshaus in der nach ihm benannten Straße zwischen Markt und Kirche steht. Fleming, 1640 in Hamburg verstorben, schrieb vor allem Liebesgedichte und Vaterlandslieder sowie geistliche Gesänge.

### Schneeberg und Umgebung

**Tourist-Information Schneeberg**, Markt 1, 08289 Schneeberg, Tel. 03772/20314, Fax 22347, schneeberg.touristinfo@t-online.de, www.schneeberg.de.

**Gästeinformation Bad Schlema**, Richard-Friedrich-Str. 18, 08301 Bad Schlema, Tel. 03772/38045-0, Fax -3, gaesteinformation@kurort-schlema.de, www.kurort-schlema.de, www.fvv-schlema.de.

**Stadtverwaltung Hartenstein**, Marktplatz 9, 08118 Hartenstein, Tel. 037605/764-0, Fax -20, www.stadt-hartenstein.de.

**Hotel Büttner**, Markt 3, Schneeberg, Tel. 03772/3530, www.hotel-buettner.de; 12 Zi., DZ ab 70 Euro. Individuell eingerichtete Zimmer in einem Barockhaus, Familienbetrieb.

**Hotel am Kurhaus**, Richard-Friedrich-Boulevard 16, Bad Schlema, Tel. 03772/37170, www.am-kurhaus.com; 42 Zi., DZ ab 104 Euro. Großzügige Zimmer, teilweise mit Südbalkon, mit Ayurveda-Center. Nebenan ist das ›Actinon‹-Gesundheitsbad.

**Flair Hotel Blauer Engel**, Altmarkt 1, Aue, Tel. 03771/5920, www.hotel-blauerengel.de; 49 Zi., DZ ab 89 Euro. Traditionshaus im Stadtzentrum mit gemütlichen Zimmern und kleinem Wellnessbereich. Restaurant ›St. Andreas‹ mit erzgebirgischer Traditionsküche auf gehobenem Niveau (tägl. geöffnet, Hauptgerichte 12–25 Euro).

**Restaurant Lotters Wirtschaft**, Brauereigasthof mit eigener Bierherstellung, einfache Gerichte (tägl. geöffnet, Hauptgerichte 7–11 Euro).

**Romantik Hotel Jagdhaus Waldidyll**, Talstr. 1, Hartenstein, Tel. 037605/840, www.romantikhotel-waldidyll.de; 32 Zi., DZ ab 116 Euro. Zimmer im warmem Neuengland-Landhausstil, separates Badehaus mit Sauna, Dampfbad und kleiner Beauty-Farm.

**Restaurant Feengarten** (tägl. geöffnet, Hauptgerichte 14–23 Euro) mit gehobener Küche unter Verwendung von Produkten aus der Umgebung.

**Campingplatz Lindenau**, Am Forstteich 2, Schneeberg OT Lindenau, Tel. 03772/28102, www.campingplatz-lindenau.de. An einem malerischen See inmitten idyllischer Natur an der Silberstraße.

**Museum für bergmännische Volkskunst**, Obere Zobelgasse 1, Schneeberg, Tel. 03772/22446, www.schneeberg.de; Di–Do, Sa/So 9.30–17, Fr 13–17 Uhr, Dez. Di–So 9.30–17 Uhr.

**Siebenschlehener Pochwerk**, Lindenauer Str. 22, Schneeberg OT Neustädtel, Tel. 03772/22636; Do–Sa 10–16 Uhr, Führungen Mai–Anfang Okt. Sa 9.30 Uhr und tägl. nach Anmeldung.

**Museum Uranbergbau**, Bergstr. 22, Bad Schlema, Tel. 03771/290211, www.uranerzbergbau.de; Di–Fr 9–17, Sa/So 10–16 Uhr.

**Museum Burg Stein, Hartenstein**, Tel. 037605/6296, www.stadt-hartenstein.de; Führungen Di–Do, Sa/So 10, 11, 13, 14, 15, 16 Uhr, April–Okt. letzte Führung 16, Nov., Febr., März letzte Führung 15 Uhr.

Vorschläge für **Wandermöglichkeiten**, Informationen über markierte Wanderwege kann man im Internet oder in den jeweiligen Touristinformationen erfragen, diese halten auch Kartenmaterial bereit.

**Kulturzentrum Goldne Sonne**, Fürstenplatz 5, Schneeberg, Tel. 03772/370911, www.goldne-sonne.de. Kulturelles Zentrum der Stadt mit vielen Veranstaltungen, es werden auch Handwerkskurse für Klöppeln, Töpfern und Schnitzen angeboten.

**Bergstreittag**, am 22. Juni in Schneeberg. Traditioneller Festtag mit Bergparade, Berggottesdienst und bergmännischen Führungen.

**Lichtelfest**, am zweiten Advent-Wochenende in Schneeberg. Weihnachtliches Brauchtum mit vielen Veranstaltungen und Handwerksvorführungen.

**Gesundheitsbad Actinon**, Richard-Friedrich-Boulevard 7, Bad Schlema, Tel. 03771/215500, www.kur-schle ma.de; tägl. geöffnet. Schwimmbad mit Radon- und solehaltigem Wasser, Sauna und Wellnessbehandlungen.

**Strandbad Filzteich**, Schneeberg, Tel. 03772/22460, Mai–Mitte Sept. geöffnet. Baden in Sachsens ältester Talsperre, auch Ruderbootverleih.

## Schwarzenberg

Auf einem mächtigen schwarzen Felsen erheben sich **Schloss und Kirche St. Georgen**, heute die Wahrzeichen von Schwarzenberg (19 000 Einwohner). Als auf dem Felsmassiv mit seinen romantischen Gassen kein Platz mehr war, dehnte sich der Ort auf die Berge der Umgebung und in das Tal des Schwarzwassers aus. Ein Bummel durch die erstmals 1282 als Swartzenberg urkundlich erwähnte Stadt kann recht anstrengend werden, denn es sind Höhenunterschiede bis zu 170 Meter zu bewältigen. Neuerdings verbindet ein **Schrägaufzug** den Parkplatz am Hammerweg mit der denkmalgeschützten Altstadt.
International bekannt machte die Erzgebirgsstadt Stefan Heym (1913–2001) mit seinem Roman ›Schwarzenberg‹ (1984). Der Landkreis Schwarzenberg war 1945 als einziger in Deutschland rund sechs Wochen lang unbesetzt geblieben, die Alliierten hatten den Kreis schlichtweg vergessen. Antifaschisten besetzten am 11. Mai das Schwarzenberger Rathaus, sie kümmerten sich um die Versorgung, um das Lebensnotwendigste, damit nicht Chaos ausbrach. Erst am 24. Juni 1945 rückte die Armee der östlichen Siegermacht in das Kreisgebiet ein. Diese Zeit verarbeitete Heym, der 1945 als Sergeant der US-Army deutschen Boden betreten hatte, in seinem Roman. Der Schriftsteller gehörte zu den Kritikern des DDR-Regimes, was zum Ausschluss aus dem Schriftstellerverband führte. Sein Roman ›Schwarzenberg‹ konnte – wie auch andere – nur im Westen Deutschlands veröffentlicht werden. Seit 2010 steht in der umgestalteten Grünanlage am Rathaus eine Metallplastik, die an Stefan Heym und seinen Roman erinnert.

■ **Sehenswertes**

Das Schloss und die St. Georgenkirche sind die markantesten Bauwerke der Stadt. Das **Schlossmuseum** informiert vor allem über die Geschichte des Bergbaus im Westerzgebirge, aber auch über die Spitzenklöppelei. Die **Kirche** (1690–1699) neben dem Schloss besitzt keine

*Schloss Schwarzenberg*

*Auf dem Lehrpfad Alte Eisenbahn*

Strebepfeiler, den gesamten Kirchenraum überspannt eine freitragende hölzerne Decke mit reichem Schnitzdekor. Die barocke Innenausstattung, die zum Teil aus der Erbauungszeit stammt, gehört zu den reichsten im Erzgebirge.
Am **Aussichtspunkt Totensteinkanzel** soll der Kampf des Ritters Sankt Georg mit dem Lindwurm stattgefunden haben, so erzählt die Legende. Der Ritter ist auch im Stadtwappen von Schwarzenberg zu sehen, erstmals tauchte er auf einem Siegel von 1483 auf, das im Zwickauer Ratsarchiv aufbewahrt wird. Zwischen Oberer und Unterer Schlossgasse hängen **37 Glocken aus Meissner Porzellan**. Täglich um 9, 11, 14 und 17 Uhr – von einer Winterpause abgesehen – öffnen sich die Türen und fünf bis zehn Minuten lang erklingt Musik, beispielsweise das beliebte ›Der Vugelbeerbaam‹. Zwischen den Ortsteilen Neuwelt und Sachsenfeld führt über den Bach Schwarzwasser eine 25 Meter lange überdachte **Holzkastenbrücke** (1832). Eisenbahnfreunde richteten im ehemaligen Lokschuppen (um 1890) auf dem Bahnbetriebsgelände ein **Eisenbahnmuseum** ein. Zu sehen sind Dampflokomotiven, Speicher- und Dieselloks sowie Personen- und Güterwagen. An die Schwarzenberger Eisenbahngeschichte erinnert der **Lehrpfad Alte Eisenbahn**. Etwa zwei Stunden ist man auf ihm im Stadtgebiet unterwegs.

■ **Waschleithe**
Ein Teil des Erzgebirges ist hier in Miniaturausgabe zu sehen. Etwa 90 markante Bauwerke sind unter freiem Himmel im Maßstab 1:40 in der **Miniaturschauanlage** Heimateck am Seifenbach aufgestellt. Bewegliche Szenen geben Einblick in den Alltag früherer Zeiten.
Am Fürstenberg erwartet das **Schaubergwerk Herkules-Frisch-Glück** Besucher. Der Einstieg erfolgt über 250 Stufen, der Rückweg führt durch einen 500 Meter langen Stollen. Von 1705 bis 1921 wurden in der Grube Silber, Eisen und zuletzt Marmor abgebaut. Die Ruine der **Oswaldskirche**, einst die Wallfahrtskapelle des Klosters Grünhain, begrüßt am Ortseingang.
Im zwei Kilometer entfernten **Grünhain**, auf halbem Weg zwischen Schwarzenberg und Zwönitz, sind die Reste des ab 1536 verfallenen **Klosters Grünhain** zu sehen, zu der das turmartige Torgebäude und die fast zwei Kilometer lange

*Miniaturanlage Heimateck*

Klostermauer gehören. Auf dem nahen **Spiegelwald** (728 Meter) steht der **König-Albert-Turm**, zu dessen Aussichtsplattform in 32 Meter Höhe ein Lift fährt. Wer möchte, kann auch 180 Stufen nach oben klettern.

## Pöhla

Im **Besucherbergwerk Zinnkammern Pöhla** tauchen die Besucher gefahrlos in die Welt der Kumpel ein. Rund um das Dorf wurde vom 17. bis zum 20. Jahrhundert nach Zinn, Eisen, Silber, Blei, Kupfer und Uran gegraben. Eine dieser Gruben, in der bis 1991 Zinn gefördert wurde, ist touristisch erschlossen. Mannschaftstransportwagen bringen die Besucher auf einer 3000 Meter langen Strecke zu den bis zu zwölf Meter hohen Zinnkammern, den größten in Europa.

## Rittersgrün

Für Eisenbahn-Freaks ein Muss: Das Bahnhofsgelände des Dorfes mit Empfangsgebäude und Lokschuppen wurde zum **Schmalspur-Eisenbahn-Museum**. Unter den rund drei Dutzend originalen Fahrzeugen sind eine 1912 in Chemnitz gebaute Schmalspurbahn-Lokomotive, Schmalspurwagen von Ende des 19. Jahrhunderts und der Kaiserliche Postwagen Nr. 1700, der zwischen 1892 und 1916 die Post in diese Gegend brachte. Zum ersten Mal dampfte 1889 eine Kleinbahn von Grünstädtel in das 9,4 Kilometer entfernte Oberrittersgrün. Die Höchstgeschwindigkeit auf der Schmalspurstrecke von 750 Millimeter betrug 15 Stundenkilometer. Am 25. September 1971 fuhr der letzte Zug in den Bahnhof ein, das Schnaufen der Lokomotive und das Rattern der Wagen wurden auf Kassette festgehalten, sie liefern dem Museumsbesucher heute eine authentische Geräuschkulisse.

*Pferdegöpel in Johanngeorgenstadt*

## Johanngeorgenstadt

Eine von 1671 bis 1958 betriebene Silbererzgrube ist heute das **Schaubergwerk Glöck'l**. Zu ebener Erde führt der Weg in den 200 Meter langen Stollen. Wiedererstanden als bergbautechnisches Denkmal ist der **Pferdegöpel** der ›Neu Leipziger Glück Fundgrube‹ in der Schwefelwerkstraße/Ecke Auenstraße. In dem 1798 erbauten und 1948 abgerissenen Pferdegöpel mussten zwei Pferde zwölfmal eine 8,5 Meter hohe Spindel um ihre Achse drehen, um 0,5 Tonnen Gestein aus etwa 140 Meter Tiefe zu fördern.

Das aus sieben Stadtteilen bestehende Städtchen (4900 Einwohner) hat auch als Wintersportort Tradition. 1929 fand auf der ersten deutschen Großschanze der erste Wettkampf statt. Die 36 Kilometer lange **Erzgebirgs-Kammloipe** vom vogtländischen Schöneck bis ins erzgebirgische Johanngeorgenstadt gehört zu den schönsten und schneesichersten Loipen Deutschlands, das Prädikat ›Exzellente Loipe‹ bestätigt das. Einen 1250 Meter langen Rundkurs hat die **Sommer-Roller- und Skatingbahn**.

*Aussichtsturm auf dem Auersberg*

Naturfreunde werden sich das 29 Hektar große **Hochmoor Kleiner Kranichsee** zwei Kilometer südwestlich der Stadt nicht entgehen lassen. Über das bis nach Tschechien reichende Moor, das schon seit 1928 unter Naturschutz steht, führt ein Knüppeldamm, der an einem hölzernen Aussichtsturm endet.

## Carlsfeld

Im westlichsten Ferienort des Erzgebirges (1000 Einwohner) steht in der Ortsmitte Sachsens ältester Zentralbau, die **Trinitatiskirche**. Der 1648 bis 1688 errichtete sakrale Rundbau, von einem reichen Hammerwerksbesitzer gestiftet, hat einen achteckigen Außen- und einen viereckigen Innengrundriss. Der schöne Kanzelaltar stammt aus der Erbauungszeit. Die Carlsfelder Kirche dürfte das Vorbild für andere Zentralkirchenbauten in Sachsen wie die Frauenkirche zu Dresden und die Kirchen in Schmiedeberg, Klingenthal und Seiffen gedient haben. Vermutet wird, dass George Bähr, der Erbauer der Dresdner Frauenkirche, als junger Zimmergeselle am Carlsfelder Gotteshaus mitgearbeitet hat.

Die sich südlich erstreckende **Talsperre Weiterswiese** (1927–1929) dient der Trinkwasserversorgung. Das 37 Hektar umfassende **Hochmoor Großer Kranichsee** mit Moortümpeln steht unter Naturschutz, der größere Teil liegt auf tschechischem Gebiet. Zwischen Johanngeorgenstadt und Carlsfeld erhebt sich der **Auersberg**, mit 1018 Meter nach dem Fichtelberg und dem Brocken der dritthöchste Berg Ostdeutschlands. Wer den 18 Meter hohen Aussichtsturm auf dem mit Fichten bewaldeten Berg erklimmt, wird mit einem schönen Rundblick belohnt. Den ersten Turm auf dem Berg ließ bereits Kurfürst Johann Georg I. vor rund 300 Jahren errichten, der heutige aus Stein stammt aus dem Jahr 1907.

## Eibenstock

Einer Clara Angermann haben die Eibenstocker viel zu verdanken. 1775 legte sie den Grundstein für die Tambourierstickerei. Das war die Fähigkeit, Stickereien auf einem rahmengespannten Gewebe, meist Tüll, anzubringen. Die nahezu unbekannte Tambourierstickerei war für Eibenstock im 19. und Anfang des 20. Jahrhunderts so charakteristisch wie das Klöppeln im übrigen Erzgebirge. Im **Stickereimuseum** in der Bürgermeister-Hesse-Straße wird darüber ausführlich informiert, auch Schauvorführungen finden statt. Das Stadtbild Eibenstocks (6200 Einwohner) prägen der Turm des **Jugendstil-Rathauses** (1907) und der 64,5 Meter hohe Turm der neoromanischen **Kirche** (1864–1868).

Einer der Wanderwege führt von Eibenstock in nördliche Richtung zur gleich-

*Blick auf die Talsperre Eibenstock*

namigen, etwa sieben Kilometer langen und mehr als zwei Kilometer breiten **Talsperre** (1978–1984), dem größten Trinkwasserstaubecken Sachsens. Wer die Talsperre umwandert hat, kann sich rühmen, fast 30 Kilometer zurückgelegt zu haben. Die Staumauer ist 305 Meter lang und 65 Meter hoch.

Auf dem kleinen **Berg Bühl** (652 Meter) weihte man 2008 einen 34 Meter hohen Aussichtsturm mit 168 Stufen ein.

### Schwarzenberg und Umgebung

**Schwarzenberg-Information**, Oberes Tor 5, 08340 Schwarzenberg, Tel. 03774/22540, Fax 20258, touristinformation@schwarzenberg.de, www.schwarzenberg.de.

**Tourist-Information Johanngeorgenstadt**, Eibenstocker Str. 67, 08349 Johanngeorgenstadt, Tel. 03773/8882-22, Fax -80, touristik@sv-johanngeorgenstadt.de, www.johanngeorgenstadt.de.

**Tourist-Information Eibenstock**, Postplatz 4, 08309 Eibenstock, Tel. 03 77 52/22 44, Fax 698 44, touristinformation@eibenstock.de, www.eibenstock.de.

**Neustädter Hof**, Grünhainer Str. 24, Schwarzenberg, Tel. 03774/1250, www.neustaedterhof.de; 77 Zi., DZ ab 95 Euro. Anspruchsvolles traditionelles Haus mit behaglichen Zimmern, Restaurant ›Valentin‹ mit einheimischer und internationaler Küche.

**Landhotel Rittersgrün**, Karlsbader Str. 23, Breitenbrunn OT Rittersgrün, Tel. 037757/1880, www.landhotel-rittersgruen.de; 28 Zi., DZ ab 98 Euro. Erzgebirgische Gastlichkeit im Landhotel. Restaurant (tägl. geöffnet, Hauptgerichte 12–17 Euro). Traditionelle ›Hutzohmde‹, Live-Musik.

**Villa Theodor**, Frankstr. 27, Grünhain-Beierfeld, Tel. 03774/15020, www.villa-theodor.de; tägl. geöffnet, Hauptgerichte 11–25 Euro. Französisch inspirierte Küche sowie Regionales.

**Spiegelwaldbaude**, Alte Bernsbacher Str. 1, Grünhain-Beierfeld, Tel. 03774/509199; Mo geschl., Hauptgerichte 5–12 Euro. Gemütliche Gaststätte neben dem König-Albert-Turm.

**Museum Schloss Schwarzenberg**, Obere Schlossgasse 36, Tel. 03774/23389, Di–So 10–17 Uhr.
**Eisenbahnmuseum Schwarzenberg**, Schneeberger Str. 60, Tel. 03774/760760, www.vse-eisenbahnmuseum-schwarzenberg.de; Mo–Fr 10–14, Sa/So April–Okt. 10–17, Nov.–März 10–16 Uhr.
**Heimatecke am Seifenbach**, Talstr. 22, Waschleithe, Tel. 03774/22901; Mai–Okt. tägl. 9–18 Uhr.
**Lehr- und Schaubergwerk Herkules-Frisch-Glück**, Am Fürstenberg 6, Waschleithe, Tel. 03774/24252, www.beierfeld-erzgebirge.de; Di–So April–Okt. Führungen 10, 11, 13, 14, 15, 16, Nov.–März 11, 13, 14, und 15 Uhr.
**König-Albert-Turm**, Grünhain-Beierfeld, Tel. 03774/640744, www.spiegelwald.de; Di–So April–Sept. 10–18, Okt.–März 10–17 Uhr.
**Besucherbergwerk Zinnkammern Pöhla**, Luchsbachtal, Tel. 03774/81079, www.zinnkammern.de; Führungen (drei Stunden, Mindestalter 10 Jahre) tägl. 10 und 14 Uhr.
**Sächsisches Schmalspurbahnmuseum** Rittersgrün, Kirchstr. 4 (Bahnhofsgelände), Breitenbrunn OT Rittersgrün, Tel. 03757/7440, www.schmalspurmuseum.de; April–Okt. Di–So 10–17, Nov.–März Di–So 10–16 Uhr.
**Schaubergwerk Frisch Glück Glöck'l**, Wittigsthalstr. 13–15, Johanngeorgenstadt, Tel. 03773/882140, www.frisch-glueck.de; Führungen Di–Fr 9, 10.30, 13.30, 15, Sa/So 10.30, 12, 13.30, 15 Uhr.
**Pferdegöpel**, Zum Pferdegöpel 1, Johanngeorgenstadt, Tel. 03773/883168, www.pferdegoepel.de; Vorführungen Di–So 10, 11, 13, 14, 15 und 16 Uhr.
**Stickereimuseum Eibenstock**, Bürgermeister-Hesse-Str. 7–9, Eibenstock, Tel. 03 77 52/2141, www.stickereimuseum.de; Di–So 10–12, 13–17 Uhr.

**Waldbühne Schwarzenberg**, Tel. 03733/1407132, www.waldbuehne-schwarzenberg.de. Freilichtbühne mit 15000 Plätzen, attraktive Spielstätte für Theateraufführungen und Konzerte.
**Altstadt- und Edelweiß-Fest**, 3. August-Wochenende. Stadtfest in Schwarzenberg, Ritter Georg und Burgfräulein Edelweiß laden ein.

**Badegärten Eibenstock**, Am Bühl 3, Tel. 03 77 52/5070, www.badegaerten.de; tägl. geöffnet. 25-m-Becken mit Panoramablick, Saunalandschaft.

**Skiarena am Adlerfelsen**, Bergstr. 7, Eibenstock, Tel. 0172/7536970, www.bobbahn-eibenstock.de. Skiarena mit Allwetter-Bobbahn, Snow-Fun-Park für Snowboarder, Rodelhang, gespurten Loipen, Skischule, Skiverleih. Im Sommer kann auf der Bobbahn gerodelt werden.

# Mittleres Erzgebirge

Im Sommer tummeln sich in der abwechslungsreichen Landschaft Wanderer und Radfahrer, im Winter Skifahrer und Snowboarder. Bereis im 18. Jahrhundert, so berichten zeitgenössische Chroniken, banden sich bei hohem Schnee Einheimische kleine Bretter unter die Schuhe, um schneller voranzukommen. Heute ist diese Region des Erzgebirges, vor allem durch den Wintersportort Oberwiesenthal, über die Landesgrenzen hinaus bekannt. Langeweile kennt der Gast in dieser Region nicht. Mit Schutzhelm und Gummistiefeln ausgestattet geht es unter Tage, um zu erleben, wie schwer die Arbeit der Kumpel tief in der Erde war. Viele der Wanderwege führen auch zu den höchsten Erhebungen. Auf denen steht oftmals ein Aussichtsturm, von dem man sich schon vorab aus der Ferne sein nächstes Wanderziel anschauen kann.

## Annaberg-Buchholz

Die beiden durch den Silberbergbau entstandenen und von ihm geprägten Städte erstrecken sich beiderseits des Sehmatals: Annaberg und Buchholz, die man 1949 vereinte. Die Blütezeit des Bergbaus hat eindrucksvolle Bauwerke hinterlassen, rings um die St. Annenkirche lässt sich die Zeit des ›großen Bergkgeschreys‹, die Jahre der reichen Silberfunde, noch gut erkennen.

Mit Annabergs Geschichte verknüpft sind auch Rechenmeister Adam Ries, das Spitzenklöppeln und das Posamentieren.

Die Geschichte Annabergs beginnt mit Silbererzfunden am Schreckenberg bei Frohnau. Die auf herzögliche Anordnung entstandene ›Neustadt am Schreckenberg‹ bekam 1501 den Namen St. Annaberg. Wenige Jahre später war Annaberg mit 12 000 Einwohnern größer als Leipzig und eine der reichsten Städte Deutschlands. Zwischen 1492 und 1545, der Blütezeit des Annaberger Bergbaus, arbeiteten hier bis zu 3000 Bergleute. An der 1509 erlassenen Bergordnung orientierte sich der gesamte deutsche Bergbau. Als letzte stellte 1892 die Himmelfahrt-Fundgrube den Betrieb ein.

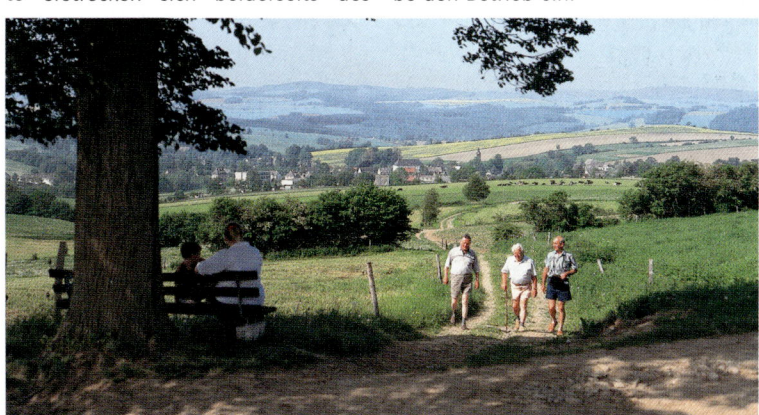

*4000 Kilometer ausgeschilderte Wanderwege führen durch das Erzgebirge*

## Mittleres Erzgebirge

*Blick auf Annaberg-Buchholz und den Aussichtsturm Pöhlberg*

Jährlich am zweiten Samstag nach Pfingsten beginnt die Annaberger Kät, das älteste und größte Volksfest des Erzgebirges, das eine Woche dauert. Ein wohl einmaliges Ereignis dürfte die jährliche Große Bergparade am vierten Advent sein. Etwa 1200 Trachtenträger der sächsischen Bergknapp- und -brüderschaften vereinen sich zu einer beeindruckenden Parade. Mit dem großen Bergkonzert vor der St. Annenkirche endet die Veranstaltung. Die Hochfläche über der Stadt (22 000 Einwohner) beherrscht der **Pöhlberg** (832 Meter) mit einem 32 Meter hohen Aussichtsturm. Die zum Naturdenkmal erklärten **Basaltsäulen** am Westhang werden ihrer Form wegen volkstümlich als ›Butterfässer‹ bezeichnet.

### ■ Marktplatz

Die gute Stube der Stadt ist der 90 mal 100 Meter große Marktplatz, den Häuser aus dem 18. und 19. Jahrhundert mit meist steilen Satteldächern umgeben. Die Nordseite beherrscht das nach einem Stadtbrand 1731 bis 1751 erbaute **Rathaus**. Schräg gegenüber, an der Ecke zum Benediktplatz, steht die **Bergkirche St. Marien**, die sich aus einer Knappschaftskapelle entwickelte, in der sich die Bergleute vor der Schicht zum Gebet versammelten. Sein heutiges Aussehen bekam das Gotteshaus 1688. Geschichtsträchtig ist auch das **Haus Markt Nr. 13** von 1507, in dem der kurfürstliche Berg- und Münzmeister wohnte.

### ■ St. Annenkirche

Die Große Kirchgasse führt vom Markt zur St. Annenkirche (1499–1525), einem Meisterwerk der spätgotischen Architektur. Das aus heimischem Gneis erbaute unverputzte Gotteshaus besitzt eine prachtvolle Innenausstattung. Die **Schöne Tür** (1512) im nördlichen Seitenschiff stammt von Hans Witten, den sieben Meter hohen **Hauptaltar** (1522) – ein bedeutendes Werk der deutschen Frührenaissance – fertigte der Augsburger Meister Adolf Dauer. Der spätgotische **Bergknappschaftsaltar** (1521) gehört zu den vier Nebenaltären, die die radikale Bilderstürmerei in der Zeit der Reformation überstanden. Er zeigt auf der Rückseite vier Bildtafeln von Hans Hesse, die vom mittelalterlichen Bergbau erzählen. Die 100 Steinreliefs für die Emporenbrüstungen – auf den meisten sind Themen aus dem Neuen Testament dargestellt – fertigte von 1520 bis 1522 der Freiberger Bildhauer Franz Maidburg mit seinen Mitarbeitern. Der 78,6 Meter hohe Turm der Kirche bildet eine markante Stadtdominante. Er bietet einen traumhaften Blick auf die Altstadt und das Erzgebirge, der besonders reizvoll ist, wenn die Stadt im weihnachtlichen Lichterglanz schwelgt.

■ **Erzgebirgsmuseum**

Gegenüber der Annenkirche, in der Großen Kirchgasse 16, informiert das 1887 gegründete Erzgebirgsmuseum über Landschaft, Bergbau, Stadtgeschichte und Volkskunst im Erzgebirge. Als besonders wertvoll gilt das aus der Kirche zu Arnsfeld stammende Altargemälde ›Tafel mit den drei Heiligen‹ von Hans Hesse von 1524. Das Museum besitzt den vermutlich ältesten Klöppelsack des Erzgebirges, Anfang des 18. Jahrhunderts wurde er gefertigt. Zum Klöppeln gehörten einst sogenannte Klippelflaschen, die so auf den Tisch gestellt wurden, dass sie das Licht der Öllampe gebündelt von links auf die Klöppelsäcke werfen. Das Museum besaß keine solchen Flaschen, sondern nur ein um 1870 in einer Klöppelstube aufgenommenes Foto, das die Flaschen zeigte. Eine Zeitschrift veröffentlichte das Bild, und in der Tat fand sich auf einem Dachboden noch eine Klippelflasche, die nun im Museum zu sehen ist. Ein touristisches Highlight besonderer Art befindet sich im Innenhof des Erzgebirgsmuseums. Hier, mitten im Stadtzentrum, kann man unter Tage gehen. 1993 wurde bei Probebohrungen ein 500 Jahre altes bislang unbekanntes Silberbergwerk entdeckt, das heute als **Besucherbergwerk Im Gößner** in die Zeit des Mittelalters führt. Der Rundgang unter Tage hat eine Länge von etwa 260 Metern, die Höhenunterschiede von 24 Metern werden auf Strahltreppen bewältigt.

*Prachtvoller Kirchenbau – die St. Annenkirche in Annaberg-Buchholz*

## Filigrane Kostbarkeiten

Geschickte Hände lassen die Klöppel tanzen, Fäden werden gedreht, gekreuzt und verknüpft. Heraus kommen filigrane Kostbarkeiten. Für die Decke eines großen Wohnzimmertisches benötigt eine versierte Handklöpplerin etwa 600 Stunden. Geklöppelt wird nach dem sogenannten Klöppelbrief, einem Pappstück oder festem Papierstreifen, auf dem das Muster durch Punkte vorgegeben ist. Der Klöppelbrief wird auf dem Sack befestigt, in die Punkte steckt die Klöpplerin Stecknadeln, die als Klöppelhilfe die Fäden halten, bis sie verfestigt worden sind. Je nachdem, was geklöppelt wird, sind 20 bis 100 hölzerne Klöppel erforderlich, etwa sechs Zentimeter lange Kegel, die vom Drechsler kommen.

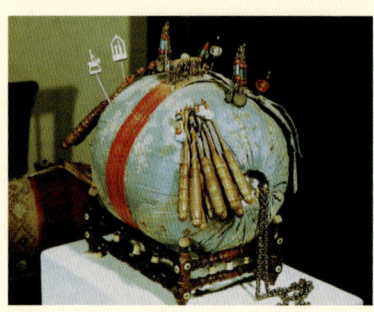

*Klöppelsack aus dem frühen 18. Jahrhundert*

Als Mutter der erzgebirgischen Spitzenklöppelei nennt man gern Barbara Uthmann, die 1514 in Elterlein geboren wurde und 1575 in Annaberg starb. Ihr Grabdenkmal auf dem Annaberger Trinitatisfriedhof trägt die Inschrift: ›Sie ward durch das im Jahre 1561 von ihr erfundene Spitzenklöppeln die Wohltäterin des Erzgebirges‹. In Wirklichkeit erfand die Witwe eines reichen Bergherrn und Mutter von zwölf Kindern weder das Klöppeln noch kann sie als Wohltäterin bezeichnet werden. In Europa ist vermutlich zuerst in Italien geklöppelt worden. Im 16. Jahrhundert breitete sich das Klöppeln im Erzgebirge, in Schlesien, Bayern und im Harz aus.

Kurz vor Ostern 1561 soll die Uthmann zum ersten Mal mit einem Planwagen zur Leipziger Messe gefahren sein, vollbeladen mit Handklöppelspitze. Die Frau, die bei Adam Ries genaues Rechnen lernte, nutzte nach dem Niedergang des Bergbaus als geschäftstüchtige Verlegerin die Not der Menschen aus und ließ sie für wenig Geld für sich klöppeln. 1571 beschäftigte sie mehr als 900 Klöpplerinnen. In ihrer Geburtsstadt Elterlein wird die Uthmann, die wohl bedeutendste Verlegerpersönlichkeit ihrer Zeit im Erzgebirge, auf dem Marktplatz mit einem brunnenartigen Denkmal geehrt.

Ab der Wende vom 17. zum 18. Jahrhundert saßen im Erzgebirge tausende Frauen, Mädchen, Kinder und auch Männer am Klöppelsack, den sie mit Haferstroh oder Sägespänen selbst stopften. Oft kam ein großer Stein hinein, um dem Sack eine feste Lage zu geben. In der zweiten Hälfte des 19. Jahrhundertes verdrängte die billigere Maschinenspitze das Handklöppeln. Heute wird im Erzgebirge noch aus Freude am Gestalten geklöppelt.

*Auch heute noch beliebt: Klöppeln*

### ■ Manufaktur der Träume

Volkskultur in ihrer ganzen Vielfalt wird in der Museumsgasse 1 präsentiert. Ein geschichtsträchtiger Altbau, ein Neubau und das Kulturzentrum Erzhammer wurden zu einem museal-touristischen Gesamtkomplex vereinigt, der Ende 2010 eröffnet wurde. Zu sehen sind Objekte aus dem Erzgebirge, aber auch aus Thüringen, Böhmen und dem Vogtland, vornehmlich Spielzeug und Weihnachtsgegenstände. Die Sammlung mit rund 1500 Objekten aus drei Jahrhunderten ist eine der größten und vielseitigsten ihrer Art im deutschsprachigen Raum, zusammengetragen und Annaberg-Buchholz zur Verfügung gestellt von Dr. Erika Pohl-Ströher, deren Vorfahren aus dem Erzgebirge stammen.

### ■ Adam-Ries-Museum

Die Redewendung ›Das macht nach Adam Ries ...‹ wird heute noch oft verwendet, wenn einer meint, richtig gerechnet zu haben. Das hat den Rechenmeister unsterblich gemacht. In seinem ehemaligen Wohnhaus Johannisgasse 23 wird Adam Ries geehrt. Die meiste Zeit seines Lebens, über 30 Jahre bis zu seinem Tod 1559, verbrachte er in Annaberg als Bergschreiber und Leiter der Rechenschule.

*Höhenmessgerät von Adam Ries*

### ■ Katharinenkirche

Die Kirche (16./19. Jahrhundert) im Stadtteil Buchholz (16./19. Jahrhundert) brannte bei einem Luftangriff im Februar 1945 aus, nur die Umfassungsmauern blieben stehen. Bis 1975 entstand sie in schlichter Form wieder. Das **Denkmal für Friedrich den Weisen** (1901) auf dem Rathausplatz wäre fast abhanden gekommen. Im Ersten Weltkrieg sollte die Bronzestatue des Stadtgründers eingeschmolzen werden, der Stadtrat brachte jedoch den Mut auf, die Herausgabe zu verweigern. Und so schaut der Kurfürst noch heute in der Tracht der damaligen Zeit voller Würde auf die an ihm vorbeieilenden Menschen.

## Frohnau

In Frohnau fauchen wie in alten Zeiten mächtige Blasebälge, rumpeln riesige Wasserräder und pochen dröhnend drei schwere Eisenhämmer in dem dunklen Innenraum. 1904 endete die Produktion des mit 36 000 Holzschindeln gedeckten **Frohnauer Hammerwerks**, danach wurde es als technisches Museum öffentlich zugänglich gemacht. Einst entstanden in dem Hammerwerk Sensen, Beile, Äxte sowie Beschläge für Grubenhunte und Eisenteile für maschinelle Anlagen der damaligen Zeit. Im Herrenhaus (1697) kann die Wohnung des letzten Hammerherrn besichtigt werden. Nach über 200 Jahren gelang es dort, eine fest verschlossene Truhe zu öffnen. Darin lag unter anderem das Tagebuch Nr. 5, in dem der Hammerherr anno 1761 die Geschenke für einen seiner Söhne notiert hatte: 28 Gulden für ein goldenes Halsband und 10 Gulden für einen Schlitten mit Schellengeläut – ein Hammergeselle musste für diese Geldsumme anderthalb Jahre arbeiten.

*Besuchergruppe im Markus-Röhling-Stollen*

Der Besuch des ehemaligen Bergwerks **Markus-Röhling-Stollen** in Frohnau beginnt mit einer Fahrt der Grubenbahn 650 Meter in den Berg. Die einstündige Führung vermittelt ein anschauliches Bild von der schweren Arbeit des Bergmanns in früheren Zeiten.

## Schlettau

Die Herstellung von Posamenten war im Erzgebirge weit verbreitet. Bänder, Borten, Fransen, Quasten und Litzen waren vielfach gefragt. Die **Schauwerkstatt im Schloss Schlettau**, das vom 16. bis zum 18. Jahrhundert als kurfürstlich-königlicher Jagdsitz genutzt wurde, zeigt unter anderen den Arbeits- und Wohnraum einer Posamentiererfamilie aus der Mitte des 19. Jahrhunderts. Mehrere der historischen Maschinen sind voll funktionsfähig.

In einigen Orten des Erzgebirges wurden und werden Kräuterschnäpse gebrannt, so auch in der kleinen Stadt Schlettau (2700 Einwohner). Deshalb ist im Schloss auch eine **Kräuterlikörwerkstatt** vorhanden. Besucher können unter Anleitung ihren Kräuterlikör selbst herstellen, zur Auswahl stehen mehr als 50 Kräuteressenzen, den Alkohol- und Zuckergehalt bestimmt jeder individuell.

## Ehrenfriedersdorf

Bereits um 1240 begann man in der Gegend bei Ehrenfriedersdorf (6000 Einwohner) nach Zinn zu graben, 1990 endete der Bergbau. Die Zinngrube am Sauberg ist heute **Schaubergwerk**, die Seilfahrt in eines der ältesten Bergwerke Europas führt bis zu 100 Meter in die Tiefe. Im dazugehörenden **Mineralo-**

*Herrenhaus und Schloss Schlettau*

gischen **Museum** funkeln Mineralien aus Ehrenfriedersdorf, von denen viele als Souvenir gekauft werden können.

Das **Oswald-Barthel-Denkmal** erinnert an die ›lange Schicht‹ des Bergmanns Barthel, der 1508 verschüttet und 60 Jahre später unverwest ausgegraben wurde. Pfarrer Raute, der die Grabrede hielt, soll den Annalen nach gesagt haben: »Heute begrab ich einen, der 35 Jahre vor meiner Geburt gestorben ist.« Das Denkmal war 1928 aufgestellt worden, doch bei einem mächtigen Erdrutsch 1985 verschwand es auf Nimmerwiedersehen in der Tiefe. 2001 weihte man ein neues Denkmal ein, das jedoch nicht mehr nur an Oswald Barthel erinnert, sondern an alle 156 Bergleute, die im Ehrenfriedersdorfer Revier tödlich verunglückten.

## Greifensteingebiet

Westlich von Ehrenfriedersdorf hält das Greifensteingebiet viel Sehenswertes bereit, so sieben stark zerklüftete Granitfelsen inmitten ausgedehnter Wälder. Vom 30 Meter hohen **Aussichtsfelsen** besteht ein herrlicher Blick auch auf den **Greifenbachstauweiher**, von den Einheimischen Geyerscher- oder Dammteich genannt. Der 23 Hektar große Waldsee, der heute Badevergnügen bietet, wurde um 1350 künstlich angelegt und versorgte den Zinnbergbau der Gegend mit Wasser.

Die **Naturbühne** mit ihren 1200 Sitzplätzen wird regelmäßig vom Eduard-von-Winterstein-Theater Annaberg-Buchholz bespielt. Aufführungen vor der einmaligen Kulisse der Granitfelsen bleiben lange in Erinnerung. In der **Stülpner-Höhle** soll sich der Robin Hood des Erzgebirges verborgen haben. Am Aufgang zum Aussichtsfelsen befindet sich das **Berghaus**, in dem Ausstellungen gezeigt werden.

*Aufführung im Naturtheater Greifensteine*

## Geyer

Von Ehrenfriedersdorf und dem Greifensteingebiet sind es nur wenige Kilometer bis Geyer (3900 Einwohner), einer mit dem Bergbau gewachsenen Stadt. Im 42 Meter hohen **Wachturm** (14. Jahrhundert) vor der **Laurentiuskirche** informiert das **Turmmuseum** auf sieben Stockwerken über die Bergbau- und Stadtgeschichte und das Leben der ehemaligen Türmerfamilie. Mit dem Niedergang des Bergbaus wandten sich viele Einwohner der Posamentenherstellung zu. In den Wohn- und Arbeitsstuben, wie im Museum eine eingerichtet ist, standen etwa 150 Posamentenstühle. Im obersten Ausstellungsraum geben die Schnitzer der Stadt Einblick in ihr Können. Durch die kleinen Fenster dieses Raumes bietet sich ein schöner Rundblick auf die alte Bergstadt.

In Geyer hat in den vergangenen Jahrhunderten mehrfach die Erde gebebt, wenn riesige Weitungen des Zinnbergwerkes am Geyersberg einstürzten. Letztmalig kam es am 11. Mai 1803 zu einem gewaltigen Zusammensturz – zurück blieb ein 50 bis 60 Meter tiefer Einbruchkrater von 200 mal 250 Meter, **Pinge** (auch Binge) genannt. Zwei der

## Drebach

Tausende von ›nackten Jungfern‹ locken im März und April viele Besucher nach Drebach. ›Nackte Jungfern‹ nennt der Volksmund blau-violette Krokusse, die auf den Wiesen nördlich des kleinen Dorfes blühen. Ohne viel Grün, also jungfräulich, sprießen die Blüten aus dem Boden. Die ersten Exemplare pflanzte Ende des 17. Jahrhunderts Pfarrer David Rebentrost, der auch als Arzt tätig war und sich einen Pflanzengarten angelegt hatte. Rebentrost soll Kurfürst Johann Georg II. medizinisch geholfen haben, und zum Dank durfte er eine Krokuszwiebel aus dem Großen Garten in Dresden entnehmen. In Drebach allerdings ist das Pflücken der Frühlingsboten verboten, die Wiesen sind als Flächennaturdenkmal geschützt.

Drebach besitzt eine mit modernsten Geräten ausgestattete **Sternwarte** mit Planetarium und einem 50-Zentimeter-Spiegelteleskop in der Beobachtungskuppel.

### Annaberg-Buchholz und Umgebung

**Vorwahl:** 03733.
**Postleitzahl:** 09456.
**Tourist-Information Annaberg-Buchholz**, Buchholzer Str. 2, Tel. 03733/19433, Fax 425185, tourist-info@annaberg-buchholz.de, www.annaberg-buchholz.de.
**Zentrale Touristinformation**, im Berghaus auf den Greifensteinen, Tel. 03 73 46/687-0, Fax -20, info@greifensteine-erzgebirge.de, www.greifensteine-erzgebirge.de, www.greifensteine.de.

**Hotel Wilder Mann**, Markt 13, Annaberg-Buchholz, Tel. 14 40, www.hotelwildermann.de; 71 Zi., DZ ab 79 Euro. Traditionshotel im historischen Stadtkern in einem der ältesten Bürgerhäuser der Stadt. Restaurants ›Silberbaum‹ und ›Kartoffelkeller‹.
**Parkhotel Waldschlösschen**, Waldschlösschenpark 1, Annaberg-Buchholz, Tel. 67740, www.parkhotel-waldschloesschen.de; 28 Zi., DZ ab 75 Euro. Umgeben von Grün im Stadtteil Buchholz, gemütliche komfortable Zimmer. Restaurant mit Wintergarten.
**Landhotel Zum Hammer**, Untere Dorfstr. 21, Tannenberg, Tel. 52951, www.zumhammer.de; 18 Zi., DZ ab 68 Euro. Familiengeführtes Landhotel mit behaglich eingerichteten Zimmer, 5 Kilometer von Annaberg-Buchholz entfernt.

**Zum Neinerlaa**, Markt 1, Annaberg-Buchholz, Tel. 679409, www.zumneinerlaa.de; Mo geschl., Hauptgerichte 8–12 Euro. Gemütliche Atmosphäre im erzgebirgischen Erlebnisgasthof, in dem typisch erzgebirgische Gerichte serviert werden wie der Neinarlaa-Teller, gefüllt mit neun verschiedenen Speisen.
**Panorama-Restaurant Pöhlberg**, Tel. 18320, www.berghotel-poehlberg.de; tägl. geöffnet, Hauptgerichte 8–14 Euro. Ausflugsgaststätte in 832 Meter Höhe mit feinbürgerlicher und original erzgebirgischer Küche sowie Wildspezialitäten.
**Traditionsgaststätte Frohnauer Hammer**, Sehmatalstr. 3, Frohnau, Tel. 42944, www.frohnauer-hammer.de; tägl. geöffnet, Hauptgerichte 8–12 Euro. Historische Gaststube mit ty-

pisch erzgebirgischer und regionaler Küche.

**St.-Annenkirche**, Große Kirchgasse, Annaberg-Buchholz, Tel. 42 69 92 2, www.annenkirche.de; Mai–Dez. Mo–Sa 10–17, So 12–17, Jan.–April Mo–Sa 10–16, So 12–16 Uhr. Turm: Mai–Okt. Mo–Sa 10–17, So 13.30–17, Advent Sa 15–18.30, So 15–17 Uhr.
**Bergkirche St. Marien**, am Markt, Annaberg-Buchholz; tägl. 11–17 Uhr.
**Erzgebirgsmuseum mit Silberbergwerk** Im Gößner, Große Kirchgasse 16, Annaberg-Buchholz, Tel. 234 97, www.annaberg-buchholz.de/erzgebirgsmuseum; tägl. 10–17 Uhr, Bergwerksführungen 11, 12.30, 14, 15.30 Uhr.
**Manufaktur der Träume**, Museumsgasse 1, Annaberg-Buchholz, Tel. 194 33, www.manufaktur-der-traeume.de; tägl. 10–18 Uhr.
**Adam-Ries-Museum**, Johannisgasse 23, Annaberg-Buchholz, Tel. 221 86, www.adam-ries-bund.de; Di–So 10–16 Uhr.
**Museum Frohnauer Hammer**, Sehmatalstr. 3, Frohnau, Tel. 220 00, www.frohnauer-hammer.de; tägl. 9–12, 13–16 Uhr.
**Besucherbergwerk Markus-Röhling-Stolln**, Sehmatalstr. 15, Frohnau, Tel. 529 79, www.roehling-stolln.de; tägl. 9–16 Uhr, Führungen zu jeder halben Stunde.
**Schloss Schlettau**, Schlossplatz 8, Schlettau, Tel. 660 19, www.schloss-schlettau.de; Di–Fr 10–17, Sa 14–17, So 13–17 Uhr.
**Schaubergwerk und Mineralogisches Museum Zinngrube Ehrenfriedersdorf**, Am Sauberg 1, Ehrenfriedersdorf, Tel. 03 73 41/25 57, www.zinngrube.de; Erlebnisführungen 2,5 Std. (Mindestalter 10 Jahre) Di–So 10 und 14 Uhr, Touristikführung (Mindestalter 6 Jahre) Sa, So, Schulferien 11, 13, 15 Uhr. Mineralogisches Museum Di–So 10–17 Uhr.
**Ausstellungen im Berghaus**, Greifensteinstr. 44, Ehrenfriedersdorf, Tel. 03 73 46/68 70, www.greifensteine-erzgebirge.de; April–Okt. Mo–Fr 9–17, Sa/So 10–17, Okt.–März Mo–Fr 10–16, Sa/So 11–16 Uhr.
**Turmmuseum Geyer**, Lotterhof 10, Geyer, Tel. 037346/1244, www.stadtgeyer.de; Di–Fr 10–15, Sa 10–16 Uhr.
**Zeiss-Planetarium und Volkssternwarte Drebach**, Milchstr. 1, Drebach, Tel. 03 73 41/74 35, www.sternwarte-drebach.de. Veranstaltungen laut Terminkalender, Tickets an der Kasse Mo–Fr 8–12, 13–15 Uhr.

**Eduard-von-Winterstein-Theater Annaberg-Buchholz**, Tel. 14 07 1 31, www.winterstein-theater.de. Musiktheater und Schauspiel.
**Annaberger Kät**, eine Woche beginnend am zweiten Samstag nach Pfingsten. Größtes Volksfest im Erzgebirge seit fast 500 Jahren.
**Große Bergparade**, am vierten Advent, farbenfrohe Präsentation der sächsischen Bergknapp- und Brüderschaften mit 1200 Trachtenträgern aus ganz Sachsen und den Bergbauregionen aus ganz Deutschland. Großes Bergkonzert vor der St. Annenkirche.
**Naturtheater Greifensteine**, Tel. 14 07 1 31, www.naturtheater-greifensteine.de. Schauspiel, Musical, Operette, Kindertheater werden auf der malerischen Felsenbühne geboten, bespielt durch das Eduard-von-Winterstein-Theater.

**Thermalbad Wiesenbad**, Freiberger Str. 33, Tel. 5040, www.wiesenbad.de; tägl. geöffnet. Therme ›Miriquidi‹ mit Sauna, Dampfgrotte und Lichttherapie. **Freizeitbad Greifensteine**, Badstr. 2, Geyer, Tel. 03 73 46/10 61 00, www.freizeitbad-greifensteine.de; tägl. geöffnet. Wellenbad, Wildwasserkanal, Saunalandschaft, Kinderbadebereich. Mo (außer Ferien) Wellnesstag.

**Erlebniskletterwald Greifensteine**, Greifensteinstr. 44a, Ehrenfriedersdorf, Tel. 03 73 46/694 67, www.kletterwald-greifensteine.de; März–Nov. Fr 13–19, Sa/So 10–19, in den Schulferien in Sachsen tägl. 10–19 Uhr. Klettern und Hangeln auf 8 Parcours mit 63 Elementen und in teilweise 13 Meter Höhe.

## Kurort Oberwiesenthal

Aus Oberwiesenthal (2500 Einwohner), mit 914 Meter über NN Deutschlands höchstgelegene Stadt, kommen zahlreiche Olympiasieger, Welt- und Europameister, unter anderem im Biathlon, Skisprung und Langlauf. Der bekannteste ist Skisprung-Olympiasieger und Weltmeister Jens Weißflog. Auf den Wintersportanlagen finden internationale Wettkämpfe statt. Die 1938 eingeweihte **Alte Fichtelbergschanze**, lange Zeit eine der schönsten und modernsten Deutschlands, ließ Sprünge bis zu 85 Meter zu. Auf der **Neuen Fichtelbergschanze**, einer zwischen 2001 und 2003 veränderten Stahlkonstruktion, erbaut von 1972 bis 1974, können die Springer Weiten bis zu 110 Meter erreichen.

Die **Fichtelberg-Schwebebahn** (1924), die älteste Seilschwebebahn in Deutschland, bringt die meisten Besucher auf den mit 1215 Metern höchsten Berg der neuen Bundesländer. Sie benötigt für die 1175 Meter lange Strecke 3,5 Minuten und legt einen Höhenunterschied von 303 Metern zurück. In Spitzenzeiten rollen die Gondeln, die 45 Personen fassen, bis zu 100-mal am Tag auf den Berg und zurück ins Tal. Doch die Tage der alten Bahn sind gezählt, bald soll es eine neue geben, wie der Oberwiesenthaler Stadtrat im Juli 2010 beschlossen hat. Seit 1999 verkehrt auch ein **Vierer-Sessellift**, die Fahrt dauert zehn Minuten. Auf dem Fichtelberg thront ein 31 Meter hoher **Aussichtsturm**. Mitunter gibt es einzigartige Fernsichten – bis zum 180 Kilometer entfernten Inselsberg in Thüringen oder zur 200 Kilometer entfernten Schneekoppe im Riesengebirge. Die **Wetterwarte** auf dem Fichtelberg arbeitet seit 1916, der **Pflanzengarten** wurde ein Jahr später angelegt. Mit dem 1889 eröffneten **Fichtelberghaus** begann der Tourismus auf dem Berg. Das Haus brannte im Winter 1963 völlig aus, aber bereits 1967 konnte ein Neubau eingeweiht werden.

*Oberwiesenthal im Winter*

# Fichtelbergbahn – mit Dampf in die Berge

Nach Oberwiesenthal mit der Dampfeisenbahn zu fahren, ist ein besonderes Vergnügen. Es ist eine Reise voller Nostalgie. Wer die gesamte Strecke in einem der Oldtimerzüge zurücklegen möchte, muss etwa eine Stunde einplanen, denn das Tempo ist gemächlich, höchstens 25 Stundenkilometer beträgt die Geschwindigkeit mit der Fichtelbergbahn. Blumenpflücken während der Fahrt sei jedoch verboten, so heißt es.

Abfahrt ist in **Cranzahl**. Das hat als Sehenswürdigkeit die Himmelfahrtskirche vorzuweisen, die 1910 auf den Grundmauern des Vorgängerbaus von 1556 entstand. Im Inneren verdienen der von Peter Breuer geschnitzte Altar (1514) und der Taufstein (1557) Beachtung. In Cranzahl besteht Anschluss an die Normalspurstrecke der Erzgebirgsbahn Chemnitz–Annaberg-Buchholz–Bärenstein–Veiprty (Tschechien). Südöstlich von Cranzahl erhebt sich der **Bärenstein** (896 Meter). Zu dessen Füßen erstreckt sich eine kleine, in Waldhöhen eingebettete, nur 30 Hektar große Trinkwassertalsperre (1948-1951). Der Bärenstein mit Aussichtsturm und Berghotel gab dem sich etwa drei Kilometer an der Grenze zu Tschechien hinziehenden Ort den Namen; auf der anderen Seite des Pöhlbaches (tschechisch Pólava) liegt die Stadt Vejprty (Weipert).

Die Kleinbahn schnauft weiter zum Haltepunkt **Unterneudorf**, von dort weiter zum Bahnhof von **Neudorf**, einem von bewaldeten Bergen umgebenen langgestrecktem Dorf, in dessen Kirche (1599) eine schöne Kassettendecke fasziniert. Die Fahrt in **Neudorf** zu unterbrechen lohnt auch wegen der Schauwerkstatt des Neudorfer Räucherkerzenherstellers ›Zum Weihrichkarzl‹ und dem Suppenmuseum. Das obere Erzgebirge gilt als das Land der Suppen, und so war es naheliegend, ein kleines Museum einzurichten, in dem sich alles um die Suppe dreht. In den Gaststätten des Ortes kann reichlich gesuppt werden, und zur Kirmes im Oktober gehört ein Suppenkochwettbewerb.

Am südlichen Ortsausgang von Neudorf liegt der Haltepunkt **Vierenstraße**. Von dem zuckelt das Bähnle weiter nach **Kretscham-Rothensehma**. Kretscham geht auf ein bereits im 16. Jahrhundert erwähntes Gasthaus zurück. Der Name ist slawischen Ursprungs, er bedeutet Dorfschenke oder Gasthaus, was vermuten lässt, dass das Erzgebirge auch von Sorben besiedelt wurde. Bei **Niederschlag** trifft die Bahn auf die Bundesstraße 95 und biegt danach ins Pöhlbachtal ein. Mit Volldampf geht es nun unmittelbar an der Grenze zu Tschechien entlang. Fast parallel zur Fichtelbergbahn verläuft der **Erlebnispfad Bimmelbahn**, 21 Kilometer ist er lang. Geübte Wanderer benötigen bis zum Fuß des Fichtelberges etwa fünf Stunden – in der schneefreien Zeit von Mitte April bis Anfang November.

Die Fichtelbergbahn sollte das obere Erzgebirge erschließen. Die ersten Überlegungen zum Bau gab es um 1870. Den Weg frei machte die 1884 beschlossene ›Hohe Verordnung des Königlichen Finanzministeriums in Dresden‹. Doch die Bauarbeiten in dem unwegsamen Gelände waren aufwendig, erst am 20. Juli 1897 konnte der erste Zug auf den 750 Millimeter breiten Gleisen fahren. Statistisch war man offensichtlich auch damals schon auf der Höhe der Zeit, denn es ist exakt verzeichnet, dass in den reichlich fünf Monaten bis zum Jahresende 1897 61756 Personen und 57 Hunde die neue Kleinbahnstrecke nutzen. Für Eisenbahnfreaks interessant: Die rund zwei Dutzend heute auf der Strecke rollenden Wagen wurden zwischen 1908 und 1932 in den Waggonfabriken Bautzen und Werdau gebaut. Die älteste Lok vom Typ Altbau-VII K hat rund 600 PS. Sie gehört zur Baureihe 99.73–76, die in den Jahren 1928 bis 1932 in der Sächsischen Maschinenfabrik Chemnitz gefertigt wurden. Befeuert werden die Dampflokomotiven ausschließlich mit Steinkohle.

Berge und Wälder, Wiesen und Felder begleiten die weitere Fahrt der Bahn, ›Huckelkuchen‹ sagen die Einheimischen zu dieser Landschaft. Bei **Hammerunterwiesenthal** ragen einige Abraumhalden auf, die der nach dem Zweiten Weltkrieg betriebene Uranbergbau hinterlassen hat.

Wenn nach dem Haltepunkt **Unterwiesenthal** der Zug über den 110 Meter langen und 23 Meter hohen **Stahlgitterviadukt Hüttenbach** rollt – die letzte und größte der sechs Brücken der Strecke – ist nach 17,35 Kilometer und genau 60 Minuten das Ziel greifbar nah, der rechts auftauchende Fichtelberg verrät es: **Kurort Oberwiesenthal**. Wer hier aussteigt, steht genau 893,962 Meter über dem Meeresspiegel.

*Die Fichtelbergbahn*

**Oberwiesenthal und Umgebung**
**Vorwahl**: 03 73 48.
**Postleitzahl**: 09484.
**Gästeinformation Kurort Oberwiesenthal**, Markt 8, Tel. 15 50-50, Fax -182, info@oberwiesenthal.de, www.oberwiesenthal.de.
**Gästebüro Bärenstein**, Oberwiesenthaler Str. 14, 09471 Bärenstein, Tel. 03 73 47/80 95-0, Fax -2, RC-gaestebuero-baerenstein@t-online.de, www.baerenstein-tourist.de.
**Tourismusgemeinschaft Oberes Erzgebirge**, Karlsbader Str. 171, 09465 Sehmatal-Neudorf, Tel. 03 73 42/16 04-0, Fax -8, tourismus@sehmatal.de, www.sehmatal.de.

**Fichtelberg-Schwebebahn**, Talstation Vierenstr. 16, Kurort Oberwiesenthal, Tel. 12761, www.fichtelberg-schwebebahn.de; tägl. 9–17 Uhr.
**4er-Sesselbahn**, Vierenstr. 3 b, Kurort Oberwiesenthal, Tel. 202 66, www.vierersesselbahn-oberwiesenthal.de; Fahrbetrieb Mai–Okt. tägl. 9.30–16 Uhr. Bei ungünstiger Witterung eingeschränkter Fahrbetrieb.
**Fichtelbergbahn**, Bahnhofstr. 7, Kurort Oberwiesenthal, Tel. 15 10, www.fichtelbergbahn.de. Dampfbetriebene Schmalspurbahn, verkehrt täglich zwischen Oberwiesenthal und Cranzahl, Sonderzüge mit Rahmenprogramm zu festen Terminen.

**Relaxhotel Sachsenbaude**, Fichtelbergstr. 4, Kurort Oberwiesenthal, Tel. 13 90, www.sachsenbaude.de; 31 Zi., DZ ab 98 Euro. Gastlichkeit auf dem Fichtelberg, Wellnessbereich mit Pool, Sauna und Whirlpool mitten in der Natur.

**Rotgiesserhaus**, Böhmische Str. 8, Kurort Oberwiesenthal, Tel. 13 10, www.rotgiesserhaus.de; 22 Zi., DZ ab 76 Euro. Historisches Haus in ruhiger Lage im Ortskern.
**Jens Weißflog Appartementhotel**, Emil-Riedel-Str. 50, Oberwiesenthal, Tel. 100, www.jens-weissflog.de; 19 App., Appartement für 2 Personen ab 80 Euro. Im zwei Kilometer vom Ortskern entfernten Hotel von Skisprung-Olympiasieger Jens Weißflog findet der Gast Ruhe und Entspannung und vor der Haustür viele Möglichkeiten zum Aktiv-Sein.

**Zum alten Brauhaus**, Brauhausstr. 2, Kurort Oberwiesenthal, Tel. 86 88, www.hotel-zum-alten-brauhaus.de; tägl. geöffnet, Hauptgerichte 7–10 Euro. Rustikaler Gasthof, gutbürgerliche Küche und Spezialitäten aus dem Erzgebirge.
**Wiesenthaler Hutz'nstübl**, Annaberger Str. 82 (im Gasthaus Riedel), Kurort Oberwiesenthal, Tel. 72 25, www.pension-riedel.de; tägl. geöffnet, Hauptgerichte 7–11 Euro. Viele Kräuter bereichern die erzgebirgischen Gerichte.
**Gasthof Rotes Haus**, Neudorfer Str. 29, Kurort Oberwiesenthal, Tel. 85 77, www.gasthof-rotes-haus.de; tägl. geöffnet, Hauptgerichte 7–12 Euro. Traditionsreicher Gasthof, der erzgebirgische Spezialitäten in gemütlichem Ambiente anbietet.

**Café Reichel**, Niederschlag 10B, Bärenstein, Tel. 03 73 47/12 52, www.cafe-gaestehaus-reichel.de; tägl. geöffnet. Gebäck- und Konditoreiwaren aus eigener Herstellung.

## Kleines Fichtelbergmuseum mit Panoramaturm
Kleines Fichtelbergmuseum mit Panoramaturm, Fichtelbergstr. 8, Kurort Oberwiesenthal, Tel. 12 30, www.hotel-fichtelberghaus.de; täglich 9–21 Uhr.

Neudorfer Suppenmuseum, Karlsbader Str. 173, Sehmatal OT Neudorf, Tel. 03 73 42/160 45, www.suppenmuseum.de; Mo–Fr 10–16, Sa 14–16 Uhr.

Schauwerkstatt Zum Weihrichkarzl, Karlsbader Str. 185, Sehmatal OT Neudorf, Tel. 03 73 42/81 58, www.weihrichkarzl.de; Mo–Fr 9–18, Sa 9–17 Uhr.

Drechslerei Haberecht, Zechenstr. 1, Kurort Oberwiesenthal, Tel. 85 65, www.haberecht-online.de. Fachgeschäft für erzgebirgische Volkskunst, zu erwerben sind rund 2000 Artikel von 85 Herstellern.

Wiesenthaler Klöppelstub, Markt 10, Kurort Oberwiesenthal, Tel. 232 61, www.wiesenthaler-kloeppelstub.de, Verkauf von feiner Klöppelspitze, Klöppelkurse.

Ideales Wandergebiet mit 60 Kilometern ausgeschilderten Wanderwegen. Infos und Kartenmaterial in der Tourist-Information.

165 Kilometer ausgeschildertes Radwander- und Mountainbike-Wegenetz rund um Oberwiesenthal.

Ski- und Sport Kowarik, Breite Gasse 4, Kurort Oberwiesenthal, Tel. 83 05, www.skishopkowarik.de. Geführte Mountainbike-Touren und Schnuppertouren mit Guide, Verleih und Service.

Oberwiesenthal ist ein ideales Gebiet für Skifahrer, es gibt acht Kilometer präparierte Pisten auf elf Abfahrten in unterschiedlichen Schwierigkeitsgraden, mit 7 Liftanlagen, sowie ein 40 Kilometer **langes Loipennetz** und 30 Kilometer **Skiwanderwege**.

In der **Sparkassen-Skiarena** mit Standard-Laufstrecken von 1,3 bis 7,5 Kilometer Länge, Staffelgarten sowie Biathlonstrecken mit Schießanlage finden spannende Wettkämpfe statt. Gleichzeitig bildet die Arena den Ausgangspunkt für die Touristenloipen rund um den Fichtelberg. Weiterhin gibt es einen **Snowboard-Park** mit Halfpipe. Infos unter www.fichtelberg-ski.de.

**Vereinigte Skischule Oberwiesenthal**, Vierenstr. 10a, Tel. 86 19, www.skischule-oberwiesenthal.de. Kurse in allen Schneesportarten und für alle Altersgruppen werden angeboten, außerdem Skiverleih. Informationen über die Sommerprogramme gibt es unter www.fichtelchen.de.

**Sommerrodelbahn/Sommer-Tubing-Bahn**, Vierenstr. 3 c/10 a (an der Talstation zur Schwebebahn), Kurort Oberwiesenthal, Tel. 83 38, www.prijut-12.de; tägl. 10–18 Uhr. Die Bahn ist 550 Meter lang, mit neun Steilkurven und sechs Bögen.

**Hochseilgarten Oberwiesenthal**, Vierenstr. 18 (am ›Best Western Hotel Birkenhof‹), Tel. 140, www.hochseilgarten-oberwiesenthal.de; Mai–Okt. Sa 14, So 10 Uhr Wochenendspezial (etwa 2–3 Stunden, Jul./Aug. auch Mi 14 Uhr) für Individualisten mit Kletterwand, Parcours, Flying Fox, Giant Swing. Unbedingt anmelden!

# Marienberg

Wer auf der B171 aus Richtung Zöblitz kommt, sieht rechts einen **Gedenkstein** an jener Stelle, an der 1519 der erste Stollen in dieser Gegend in den Berg führte. Der Gedenkstein besteht aus Marienberger Gneis, jenem Gestein, durch das die Bergleute Jahrhunderte mühevoll ihre Stollen und Strecken trieben. Am Marienberg hatte man seinerzeit eine ergiebige Silberader entdeckt, aus allen Richtungen strömten die Menschen herbei. Herzog Heinrich ließ für die Bergleute eine Siedlung namens Marienberg anlegen. Am 27. April 1521 unterzeichnete er die Gründungsurkunde. Marienberg (11800 Einwohner) entstand als symmetrische Anlage. Seit 1561 war die Stadt von einer wehrhaften, zwei Meter starken Mauer mit fünf Toren und vier runden Ecktürmen umgeben. Etwa 50 Meter der mittelalterlichen **Stadtmauer** haben sich am **Zschopauer Tor** (1541–1566) erhalten. Der Bergbau endete nach 423 Jahren 1954.

*Marienberg aus der Luft*

## ■ Marktplatz

Der Marktplatz, mit 130 mal 130 Metern der größte Sachsens, liegt inmitten eines rechtwinkligen Straßennetzes. Von einem Sockel aus schwedischem Granit schaut überlebensgroß in Bronze gegossen (1900) der Stadtgründer Heinrich der Fromme dem Markttreiben zu. Die Bibel zu seinen Füßen soll an die 1539 von ihm in Sachsen eingeführte Reformation erinnern. Das **Rathaus** mit einem großartigen Renaissanceportal und einer Sonnenuhr wurde von 1537 bis 1541 erbaut, die **Marienkirche** als letzte der obersächsischen Hallenkirchen 1557 bis 1564. Pate standen die Stadtkirchen von Annaberg und Pirna. Die Ausstattung des Gotteshauses stammt aus verschiedenen Epochen. Die Orgel (1872–1879) ist mit 3157 Pfeifen und 51 Registern die größte im Erzgebirge.

## ■ Pferdegöpel

Der nachgebaute Pferdegöpel auf dem Gelände des ehemaligen Rudolphschachtes im Ortsteil Lauta hält die Erinnerung an den Marienberger Bergbau wach. Hier lernt man den Aufbau und die Arbeitsweise der von Pferden angetriebenen historischen Förderanlage kennen, die von 1836 bis 1877 in Betrieb war. Höhepunkt sind die Vorführungen mit Pferden. Besucher können auch 40 Meter in das alte **Bergwerk** hinabsteigen, allerdings sollte man über eine gute Kondition verfügen, denn der Abstieg erfolgt auf Leitern.

## ■ Museum sächsisch-böhmisches Erzgebirge

In den viergeschossigen Getreidespeicher (1806–1809) am Stadtrand, seit Jahrzehnten als Bergmagazin bekannt, zog nach der Sanierung das Museum sächsisch-böhmisches Erzgebirge. Gezeigt

*Heute technische Schauanlage: das Kalkwerk Lengefeld*

wird die Ausstellung ›Erzgebirge – Biografie einer Region‹. Zweisprachig führt sie die Besucher auf eine grenzüberschreitende Reise durch das sächsische und böhmische Erzgebirge, um mit Alltagsleben und Volkskultur der hier ansässigen Bevölkerung bekannt zu machen. Einen Schwerpunkt bildet der Abschnitt ›Deutsche und Tschechen – Biografie einer Nachbarschaft‹, die die politische Geschichte des 20. Jahrhunderts dokumentiert, die in den Regionen beiderseits der Grenze bis heute ihre Spuren hinterlassen hat. Erinnert wird auch an den erzgebirgischen Wildschütz Karl Stülpner, von dem das Museum originale Gegenstände besitzt. Stülpner war der Robin Hood des Erzgebirges, der ›Sohn der Wälder‹, wie die Einheimischen den Wildschütz gern nennen, der den Reichen nahm und den Armen gab.

## Wolkenstein

Goethe, der zwischen 1785 und 1813 das Erzgebirge mehrmals besuchte, meinte: »Das Tal der Zschopau zwischen Wolkenstein und Kriebstein ist eine der schönsten Landschaften in Deutschland, die ich kennengelernt habe.« ›Wolkensteiner Schweiz‹ darf sich deshalb die Gegend nördlich der Kleinstadt (2000 Einwohner) nennen, in der auf einem 80 Meter aufragendem Gneisfelsen **Schloss Wolkenstein** steht. Der Ort, sieben Kilometer westlich von Marienberg, gehört zu den ältesten Siedlungen im oberen Erzgebirge. 1241 tauchte er zum ersten Mal in einer Urkunde auf. Im Schloss, das aus einer um 1200 erbauten Burg hervorging, werden die Ausstellungen ›Land der Amethyste‹ und ›Gerichtsbarkeit im Mittelalter‹ gezeigt.

Die Thermalheilquelle im Ortsteil Warmbad ist die wärmste Sachsens. Bereits im 14. Jahrhundert war die heilende Wirkung des 32 bis 34 Grad Celsius warmen Wassers bekannt, das heute in der **Silber-Therme** den Gästen eine vitalisierende Wirkung bereitet.

## Scharfenstein

Die Burg Scharfenstein, am rechten Zschopauufer auf einem 34 Meter hohen Bergsporn stehend, ist eine der schönsten Sachsens. Stülpner hat sie am 12. Oktober 1795 belagert und den damaligen Besitzern, der Adelsfamilie Einsiedel, einen gehörigen Schrecken eingejagt. Die sehr schöne Ausstellung ›Die Sehnsucht nach dem Licht‹ zeigt mehr als 1000 Volkskunsterzeugnisse aus allen Regionen des Erzgebirges. Zum Abschluss des Besuches steigt man 75 Stufen im Bergfried hoch und genießt den weiten Blick.

Scharfenstein ist der Geburtsort von **Karl Stülpner**. An der Stelle, wo sich sein Geburtshaus befand, steht ein **Gedenkstein**. Das **Sterbehaus** Karl-Stülpner-Weg 12 trägt eine Gedenktafel. Das Grab des Wildschützen befindet sich auf dem Friedhof im benachbarten Großolbersdorf und wird bis heute gepflegt.

*Burg Scharfenstein*

## Pobershau

›Alpendorf des Erzgebirges‹ nennt sich Pobershau gern, was aber doch etwas übertrieben sein dürfte. Reizvoll gelegen ist es aber auf jeden Fall.

Um 1525 begann der Bergbau; um zu sehen, was davon übriggeblieben ist, zieht es seit Jahrzehnten Touristen ins **Schaubergwerk Tiefer Molchner Stolln**. Die Besucher lernen verschiedene Abbaumethoden sowie die schwere Arbeit der Bergknappen und Bergzimmerer kennen. Der Bergbau endete in Pobershau bereits 1869. Wer schon genug Bergbauschauanlagen besucht hat, schaut zur Abwechslung ins **Puppenmuseum** in der Dorfstraße 112. Hier werden mehr als 2000 Puppen, Teddybären und Kaufmannsläden gezeigt.

## Lengefeld

Das älteste und besterhaltene Kalkwerk des Erzgebirges befindet sich in dem etwa zehn Kilometer von Marienberg entfernten Lengefeld. 1549 wurde es erstmals erwähnt. Vier 1975 stillgelegte pyramidenförmige beziehungsweise zylindrische Brennöfen aus dem 19. Jahrhundert, die Kalkmühle sowie die Waschkaue wurden zur **Technischen Schauanlage Kalkwerk Lengefeld**. Hier erfährt man, wie schwer die Arbeit der Kalkbrenner in den vergangenen Jahrhunderten war. In den feuchten Stollen des Lengefelder Kalkwerkes hatten die Nationalsozialisten am Ende des Zweiten Weltkrieges über 170 wertvolle Gemälde der Dresdner Galerie Alte Meister ausgelagert. Von hier aus wurden sie als Siegesbeute in die Sowjetunion gebracht, kehrten aber 1956 fast alle zurück.

*Im Zschopautal*

### Marienberg und Umgebung

**Vorwahl**: 037 35.
**Postleitzahl**: 09496.
**Tourist-Info Marienberg**, Markt 1, Marienberg, Tel. 602 27-0, Fax -1, info@marienberg.de, www.marienberg.de.
**Gästebüro im Schloss Wolkenstein**, Schlossberg 1, 09429 Wolkenstein, Tel. 037 69/87 12-3, Fax -4, info@stadt-wolkenstein.de, www.stadt-wolkenstein.de.
**Gästebüro Pobershau**, RS Dorfstr. 68 (im Haus des Gastes), 09496 Pobershau, Tel. 234 36, Fax 66 19 98, info@pobershau.de, www.pobershau.de.

**Berghotel Drei Brüder Höhe**, Drei Brüder Höhe 1, Marienberg OT Lauta, Tel. 60 00, www.3bh.de; 36 Zi., DZ ab 65 Euro. Etwas außerhalb idyllisch im Wald gelegenes Landhotel.
**Hotel und Restaurant Waldmühle**, Badstr. 18, Wolkenstein OT Warmbad, Tel. 037 69/13 90, www.waldmuehle-erzgebirge.de; 29 Zi., DZ ab 66. Waldrandlage, Zimmer unterschiedlicher Kategorie, teilweise mit Balkon.
**Landgasthof Wemmer**, Marienberger Str. 171, Großrückerswalde, Tel. 660 80, www.landgasthof-wemmer.de; 30 Zi., DZ ab 50 Euro. 5 Kilometer von Marienberg entfernt, ländliches Anwesen mit gemütlichen Zimmern.
**Flair Hotel Schwarzbeerschänke**, Hinterer Grund 2, Pobershau, Tel. 919 10, www.schwarzbeerschaenke.de; 30 Zi., DZ ab 82 Euro. Familienfreundliches Hotel mitten in der Natur, modern eingerichtete Zimmer teilweise mit Balkon und Terrasse. Wellnessbereich mit Saunalandschaft und Schwimmbad. Der erzgebirgischen Tradition verpflichtetes Restaurant.

**Rote Stube** (im Hotel ›Weißes Roß‹), Annaberger Str. 12, Marienberg, Tel. 68 000, www.erzgebirgshotels.de; tägl. geöffnet, Hauptgerichte 13–18 Euro. Gehobene Küche, frisch zubereitete saisonale Speisen. Im Gewölbekeller **Roßtunnel** an Werktagen zwischen 11 und 15 Uhr Tagesgerichte zu 3,50 Euro, am Sonntag kostet der Sonntagsbraten 6,90 Euro.
**Huthaus zum Molchner Stolln**, Amtsseite-Dorfstr. 69, Pobershau, Tel. 66 99 22, www.huthaus-pobershau.eu, Fr. geschl., Hauptgerichte 8–13 Euro. Deftige Hausmannskost, erzgebirgische Spezialitäten im traditionell eingerichteten Restaurant neben dem Besucherbergwerk.

**Pferdegöpel auf dem Rudolphschacht**, Lautaer Hauptstr. 12, Marienberg OT Lauta, Tel. 60 89 68; April–Okt. Di–So 10–17, Führungen 10.30, 12.30, 14, 15.30, Nov.–März Di–So 10–16 Uhr, Führungen 10.30, 12, 13.30, 15 Uhr, Vorführungen mit Pferden am Wochenende.
**Museum sächsisch-böhmisches Erzgebirge**, im Bergmagazin, Am Kaiserteich 3, Marienberg, Tel. 668 12 90, Di–So 10–17 Uhr.
**Schloss Wolkenstein**, Schlossplatz 1, Wolkenstein, Tel. 037 69/871 23, www.stadt-wolkenstein.de; Di–So 10–17 Uhr. 1. So im Monat 10.30 und 14.30 Uhr Schlossführungen.
**Burg Scharfenstein**, Schlossberg 1, Scharfenstein, Tel. 037 25/707 20, www.die-sehenswerten-drei.de; Di–So April–Okt. 10–18, Nov.–März 10–17 Uhr.
**Schaubergwerk Molchner Stolln**, Amtsseite Dorfstr. 67, Pobershau,

Tel. 625 22, www.molchner-stolln.de; tägl. 9–16 Uhr, stündlich Führungen.
**Puppenmuseum Pobershau**, Dorfstr. 112, Pobershau, Tel. 26 60 65, www.puppenmuseum-pobershaus.de; Feb.–Dez. Di–So 13–17, Jan. Sa/So 13–17 Uhr.
**Technische Schauanlage Kalkwerk Lengefeld**, Kalkwerk 4a, Lengefeld, Tel. 03 73 67/22 74, www.kalkwerk-lengefeld.de; April–Okt. Mi–So 10–17 Uhr, geöffnet auch in den sächsischen Winterferien, an den Adventswochenenden Mettenschichten.

**Erlebnisbad Aqua Marien**, Am Lautengrund 5, Marienberg, Tel. 680 80, www.aquamarien.de; tägl. geöffnet. Badelandschaft mit Wellen- und Solebecken und attraktiver Saunalandschaft, großer Wellnessbereich.

**Silber-Therme Warmbad**, Am Kurpark 3, Wolkenstein OT Warmbad, Tel. 03 73 69/151 15, www.warmbad.de; tägl. geöffnet. Zwei Innen- und ein Außenbecken, sechs verschiedene Saunen, Wellness-Bereich ›Jungbrunnen‹ mit vielen Angeboten.

**Hochseilgarten Erzgebirge**, Marienberger Str. 36, Pockau, Tel. 660 20, www.hochseilgarten-erzgebirge.de. Klettern und Hangeln über 19 verschiedene Stationen. Termine für Einzelgäste im Internet, ansonsten Termine vereinbaren.
**Kletterwelt Erzgebirge**, Marienberger Str. 36, Pockau, Tel. 660 20, www.kletterwelt-erzgebirge.de; Di–Do 17–21, Fr 14–21, Sa/So 13–21 Uhr. Indoor-Kletterhalle mit verschiedenen Kletterbereichen, Kletterkurse.

## Kurort Seiffen

In Seiffen ist das ganze Jahr über Weihnachten. Tausende von Pyramiden, Schwibbögen und Nussknackern strahlen einen in den Dutzenden von Werkstätten an. Seiffen (3300 Einwohner) ist das bekannteste Spielzeugdorf im Erzgebirge. Der Niedergang des Bergbaus im mittleren Erzgebirge vor 300 Jahren zwang viele Kumpel, sich nach neuem Broterwerb umzusehen. Zahlreiche von

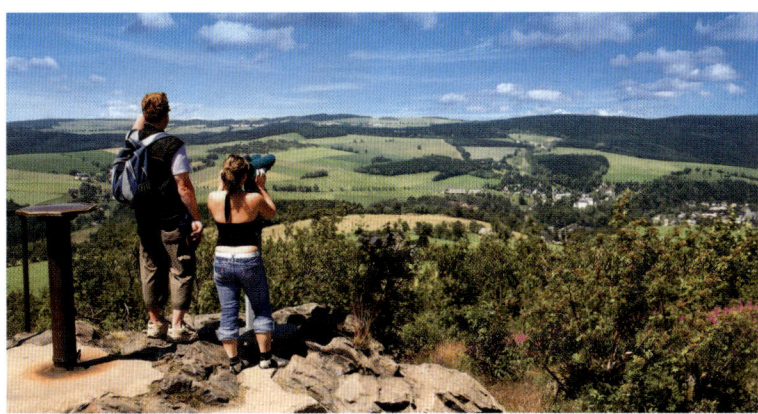

*Aussicht vom Schwartenberg*

# [ 242 ] Mittleres Erzgebirge

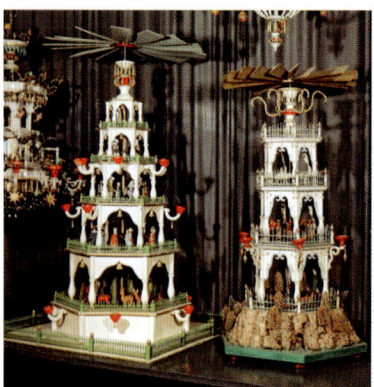

*Weihnachtspyramiden aus Seiffen*

ihnen begannen, aus dem Holz der Wälder Teller und andere Gebrauchsgegenstände zu drechseln, erstmals schob sie 1699 ein Johann Friedrich Hiemann auf einem Schubkarren nach Leipzig zur Messe. Ab Mitte des 18. Jahrhunderts verdrängte dann das Spielzeug immer mehr die Gebrauchsgegenstände.

Zwischen Kurort Seiffen und Neuhausen erhebt sich die kahle Kuppe des **Schwartenberges** (789 Meter), von den Einheimischen kurz ›de Schwart‹ genannt.

## ■ Spielzeugmuseum

Die große, durch zwei Stockwerke des Spielzeugmuseums aufragende Weihnachtspyramide hat eine Höhe von 6,30 Meter. Im Spezialmuseum für erzgebirgisches Spielzeug und erzgebirgische Volkskunst erfreuen unzählige Pyramiden, Hängeleuchter, Räuchermännchen und Nussknacker das Auge. Die ältesten Exponate stammen aus der Zeit um 1800.

## ■ Erzgebirgisches Freilichtmuseum

Das Drehen von Reifen ist nur im Seiffener Spielzeugwarengebiet zu Hause. Am Ortsausgang in Richtung Deutscheinsiedel wird es im Erzgebirgischen Freilichtmuseum vorgeführt, das mit der Alltagskultur im mittleren Erzgebirge am Ende des 19. Jahrhunderts vertraut macht. Der Reifendreher zaubert aus einer Holzscheibe einen Reifen mit Vertiefungen und Erhöhungen, der nicht erkennen lässt, was seine Phantasie erdacht hat. Erst wenn er den Reifen mit Hammer und einem scharfen Messer spaltet, ist das Profil der Tiere im Querformat sichtbar. Bis zu 60 kleine Tiere entspringen einem solchen Reifen als Rohlinge. Die beschnitzt und bemalt man, Ohren, Schwanz und andere Einzelteile werden angeleimt.

Zur Blütezeit dieser Handwerkskunst Ende des 19., Anfang des 20. Jahrhunderts reisten jährlich zehntausende von hölzernen Spieltieren von Seiffen aus in die Welt. Sorgsam achteten die Seiffener einst darauf, dass diese Kunstform des Drechselns ihr Geheimnis blieb. Dennoch gelang es 1922 dem japanischen Kunstgewerbeprofessor Joichi Kogure, zwei Reifendreherwerkstätten zu besichtigen und für 50 Reichsmark sogar einen Reifen zu erwerben. Diesen

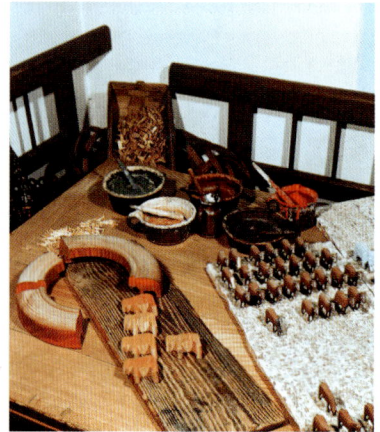

*Holztiere aus der Reifendreherei*

Reifen nach Tokio zu tragen, war dem Japaner allerdings nicht vergönnt. Kaum wieder auf der Straße, musste er ihn zurückgeben. Im Bericht der Landeskriminalpolizei Dresden heißt es hierzu, dass der Herr aus Tokio »in einer Art und Weise die verschiedensten Spielwarenbetriebe besucht hat, die keinen Zweifel läßt, daß sich Kogure in dem dortigen Bezirk lediglich zu dem Zwecke aufgehalten hat, um Wirtschaftsspionage zu betreiben.« Seit diesem Vorfall befanden sich an den Türen der Reifendreherwerkstätten Schilder mit der Aufschrift ›Zutritt für Fremde verboten‹, ein Zusatz zum Innungsstatut verbot das öffentliche Vorführen.

Das Reifendrehen wird auch in der **Schauwerkstatt der Seiffener Volkskunst e. G.** in der Bahnhofstraße 12 gezeigt.

■ **Bergkirche**
Für den achteckigen Zentralbau (1776–1779) diente vermutlich die Dresdner Frauenkirche als Vorbild. Besonders stimmungsvoll ist ein Besuch, wenn die schönen vier Glasleuchter aus dem 17. bis 19. Jahrhundert im Kerzenglanz erstrahlen und die 1873 erbaute Orgel erklingt. Oberhalb der Kirche, an der Deutschneudorfer Straße, beginnt der **Historische Bergbausteg**, der zu 20 Stätten des einstigen Bergbaus führt. An allen Objekten sind Beschreibungen angebracht, für die Begehung sollten etwa 90 Minuten eingeplant werden.

## Olbernhau

Auf dem größten der drei zentnerschweren Hämmer der Olbernhauer Saigerhütte soll sich 1712 Russlands Zar Peter I. bei einem Ritt vergnügt haben, erzählt die Legende. Heute ist die **Saigerhütte Grünthal** (1537) – auch Lange Hütte genannt – ein technisches Denk-

*Die Saigerhütte Grünthal*

mal. In ihr wurde das im Bergbau geförderte Silber und Kupfer ›gesaigert‹, das heißt, von anderen Metallen gereinigt. In ihrer Größe und erhaltenen Substanz ist die aus 22 historischen Bauten bestehende Anlage als Denkmal der Buntmetallurgie einmalig in Europa. Grünthaler Dachkupfer ziert weit über 400 Profan- und Sakralbauten in mehreren Ländern, darunter die Dächer der Dome in Wien, Krakau und Magdeburg. Verarbeitet wurde das Kupfer zu Platten, Kesseln und Pfannen in dem erhalten gebliebenen Hammerwerk aus dem 17. Jahrhundert.

›Stadt der sieben Täler‹ wird Olbernhau (12 600 Einwohner) wegen seiner reizvollen Seitentäler gern genannt. Einblick in die regionale Natur und Geschichte gibt das **Museum Olbernhau**, das sich in einem Teil des ehemaligen Rittergutes (1654) am Markt befindet.

Familien zieht es ins **Spielzeugland Stockhausen**, hier können die Kinder auf drei Etagen toben, durch die Röhrenrutsche sausen und mit der Holzeisenbahn spielen.

## Neuhausen

4,9 und 9 Millimeter groß sind die beiden kleinsten Nussknacker im **Nussknackermuseum** in Neuhausen (3100 Einwohner). Sie sind voll funktionsfähig, dennoch werden sie nicht gebraucht. Sie sind nur Schauobjekte, denn für sie gibt es keine passenden Nüsse. Im Museum sind insgesamt mehr als 5000 Nussknacker aus 30 Ländern zu sehen.

Das **Technische Museum Alte Stuhlfabrik**, ebenfalls in der Bahnhofstraße 20, zeigt den Werdegang vom Brett bis zum fertigen Stuhl, und im **Motorradmuseum** in der ehemaligen Schule stehen Modelle von Zweirädern, die von 1949 an auf den Straßen der DDR unterwegs waren, entweder selbst produziert oder importiert. Das **Glashüttenmuseum** des Erzgebirges in der Freiberger Straße hat unter anderem das Modell einer spätmittelalterlichen Glashütte ausgestellt. Das reizvolle **Schloss Purschenstein**, das nach einem Brand 1989 viele Jahre trist vor sich hindöste, wurde zu einem schicken Schlosshotel.

### Kurort Seiffen und Umgebung

**Vorwahl**: 03 73 62.
**Postleitzahl**: 09548.
**Tourist-Information Seiffen**, Hauptstr. 95, Tel. 84 38, Fax 767 15, fv-amt.seiffen@t-online.de, www.seiffen.de.
**Tourist-Service Olbernhau**, Grünthaler Str. 28, 09526 Olbernhau, Tel. 03 73 60/1513-5, Fax -9, tourinfo@olbernhau.de, www.olbernhau.de.
**Fremdenverkehrsamt Neuhausen**, Bahnhofstr. 8, 09544 Neuhausen, Tel. 03 73 61/418-7 Fax -5, fremdenverkehrsamt-neuhausen@t-online.de, www.neuhausen-erzgebirge.de.

**Panorama Berghotel Wettiner Höhe**, Jahnstr. 23, Kurort Seiffen, Tel. 14 00, www.wettiner-hoehe.de; 63 Zi., DZ ab 84 Euro. Der Name sagt es schon: Von den meisten Zimmern hat man einen wunderschönen Rundblick in die liebliche Landschaft. Im Restaurant werden feine deutsche Küche und internationale Spezialitäten serviert (tägl. geöffnet, Hauptgerichte 12–18 Euro).
**Hotel Saigerhütte**, In der Hütte, Olbernhau, Tel. 03 73 60/78 70, www.saigerhuette.de; 31 Zi., DZ ab 74 Euro. In der Saigerhütte ist alles historisch: Wohlfühlen kann man sich in den traditionsreichen Gebäuden ›Hüttenschänke‹ und ›Haus des Anrichters‹. In der ›Hüttenschänke‹ kommen regionale und saisonale Köstlichkeiten auf den Tisch (tägl. geöffnet, Hauptgerichte 12–17 Euro).
**Schlosshotel Purschenstein**, Neuhausen, Tel. 03 73 61/140 80, www.purschenstein.de; 30 Zi., DZ ab 95 Euro. Eine schöne Verbindung von altem Stil und modernem Komfort in einem Märchenschloss. Im Keller ist der Wellnessbereich mit Swimmingpool untergebracht. Die Remise wurde zum Restaurant, im Sommer schmeckt der Kaffee auch auf der schönen Terrasse (tägl. geöffnet, Hauptgerichte 8–18 Euro).

**Dachsbaude und Kammbaude**, Neuhausen/Erzg. OT Heidelbach, Tel. 03 73 61/146 90, www.hotel-dachsbaude.de; 30 Zi., DZ ab 60 Euro. Familiär geführte Häuser zwischen Seiffen und Neuhausen auf dem Kamm des Erzgebirges, ruhig und ortsfern gelegen, Wander- und Radwege ab Haus.

## Kurort Seiffen und Umgebung [ 245 ]

**Ferienpark Seiffen**, Deutschneudorfer Str. 57, Kurort Seiffen, Tel. 150, www.ferienpark-seiffen.de. 17 moderne Ferienwohnungen und ein Campingplatz mit 124 terrassenförmig angelegten Stellplätzen.

**Erzgebirgisches Spielzeugmuseum**, Hauptstr. 73, Kurort Seiffen, Tel. 8239, www.spielzeugmuseum-seiffen.de; tägl. 10–17 Uhr.

**Erzgebirgisches Freilichtmuseum**, Hauptstr. 203, Kurort Seiffen, Tel. 8388; April–Okt. tägl. 9–17, Nov.–März 9–16 Uhr.

**Schauwerkstatt der traditionellen Handwerkstechniken**, Bahnhofstr. 12, Kurort Seiffen, Tel. 7740, www.schauwerkstatt.de; Schauwerkstatt Mo–Fr 10–16 Uhr, in der Adventszeit auch am Wochenende Vorführungen, Laden tägl. 10–17 Uhr.

**Bergkirche Seiffen**, Mo–Fr 11–15, So 13–15 Uhr, kleine Führung mit Orgelspiel Mo–Sa 12 Uhr.

**Museum Saigerhütte mit Kupferhammer**, In der Hütte 10, 09526 Olbernhau, Tel. 037360/73367, www.saigerhütte.de; Führungen März–Dez. Di–So 9.30, 10.30, 11.30, 13, 14, 15, 16 Uhr. Jan./Febr. geschl.

**Schauwerkstatt, Hüttenladen, Spinnstube in der Saigerhütte**, In der Hütte 10, Olbernhau, Tel. 037360/20468; Di–Fr 10–17, Sa/So 13–17 Uhr.

**Museum Olbernhau**, Markt 7, Olbernhau, Tel. 037360/72180, www.museum-olbernhau.de; Di–Fr 10.30–16.30, Sa/So 12–16.30 Uhr.

**Spielzeugland Stockhausen**, In der Hütte 8, Olbernhau, Tel. 037360/79950, www.stockhausen-spielzeugland.de; Do–Di 10–18 Uhr.

**Nussknacker-Museum und Technisches Museum Alte Stuhlfabrik**, Bahnhofstr. 20–24, Neuhausen, Tel. 037361/4161, www.nussknackermuseum-neuhausen.de; Mo–Fr 9–18, Sa/So 9–17 Uhr.

**Glashüttenmuseum**, Freiberger Str. 10, Neuhausen, Tel. 037361/50999, Mi–Fr 10–12, 13–17, Sa/So 13–16.30 Uhr.

**Motorradmuseum**, Brüxer Str. 22, Neuhausen, Tel. 037361/159715; Mitte April–Okt. Mi 10–12, 13–16, So 10–12 Uhr.

In Seiffen wird das ganze Jahr über die originale **erzgebirgische Schnitzereikunst** angeboten. Die Werkstätten und Geschäfte haben jeden Tag geöffnet. In den Schauwerkstätten kann man außerdem zusehen, wie die beliebten Holzfiguren und -schnitzereien entstehen.

**Kleine und Große Bergparade**, im Dezember. Aufzug der Berg- und Hüttenknappschaft aus Seiffen und Trachtenträgern aus dem Erzgebirge.

**Seiffener Weihnachtsmarkt**, im Dezember. Strahlende Lichter, weihnachtlicher Glanz im ganzen Ort: Weihnachtsausstellungen, Hutzennachmittage, Advents- und Weihnachtsmusiken, Orgelmusik in der Kirche.

**Sommerrodelbahn Seiffen**, Bahnhofstr. 18b, Tel. 7179; tägl. 10–18 Uhr, Juli/Aug. bis 19 Uhr, Winter 11–17 Uhr. Auf 733 Meter Länge bietet die Bahn 9 Steilkurven und einen Riesenjump.

# Osterzgebirge

Das Osterzgebirge ist ebenfalls eine alte Bergbaugegend, Museen und Schaubergwerke halten die Tradition wach und geben Einblick in das frühere Leben der unter Tage arbeitenden Menschen. Typisch für den östlichen Teil des Erzgebirges sind kleine Städte und langgestreckte Waldhufendörfer in den Tälern. Von denen ziehen sich die Felder mit eingestreuten Waldstücken die flachen Bergrücken hinauf. Mit 905 Metern ist der **Kahleberg** die höchste Erhebung des Osterzgebirges auf deutschem Gebiet. Und wie überall im Erzgebirge ist es hier besonders zur Weihnachtszeit schön, wenn die Fenster mit Schwibbögen illuminiert sind und auf den Markt- und Dorfplätzen die Lichter der Pyramiden funkeln.

## Dippoldiswalde

Dippoldiswalde (6500 Einwohner) heißt in dieser Gegend nur kurz ›Dipps‹. Einst soll es hier 122 Bergbaugruben gegeben haben, doch die Ergiebigkeit war gering: 1864 kam der Bergbau zum Erliegen. Den Markt beherrscht das **Rathaus** mit einem breiten Renaissancegiebel von 1540. Die dreischiffige **Stadtkirche** stammt im Wesentlichen aus dem 15. Jahrhundert. Nicht vergessen sollte man, im Inneren nach oben zur hölzernen Kassettendecke zu schauen: Die 33 von Hans Panitz geschaffenen Bilder (1640–1642) sind sehenswert, aber auch das Kreuzigungsgemälde des Altaraufsatzes von Johann Fink. Die turmlose **Nikolaikirche** (um 1230) besitzt noch etwas von der Bemalung aus dem 13. und 14. Jahrhundert, große Teile des Flügelaltars stammen aus dem frühen 16. Jahrhundert.

Dippoldiswalde war ab dem Mittelalter ein Zentrum der Gerberei, 1824 bestanden noch 14 Werkstätten. Eine von ihnen, die **Ulbrichsche Lohgerberei** in der heutigen Freiberger Straße 18, wurde zur musealen Schauanlage. Von 1750 bis 1920 verwandelten sich in der Gerberei tierische Häute in Leder. Zu den ausgestellten Dokumenten gehört das Statut der Lohgerberinnung von 1885, dessen Paragraph 47 bestimmt: »Den Lehrlingen der Innungsmeister ist der Besuch von Schank- und öffentlichen Lokalen, sofern derselbe nicht in Begleitung erwachsener Angehöriger stattfindet, untersagt.«

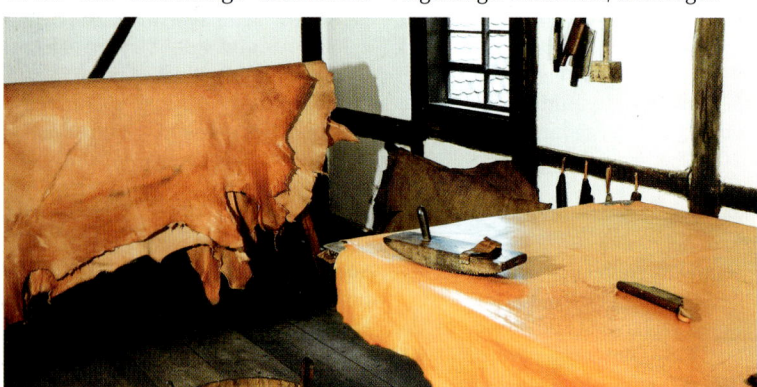

*Im Lohgerbermuseum Dippoldiswalde*

# Osterzgebirge [ 247 ]

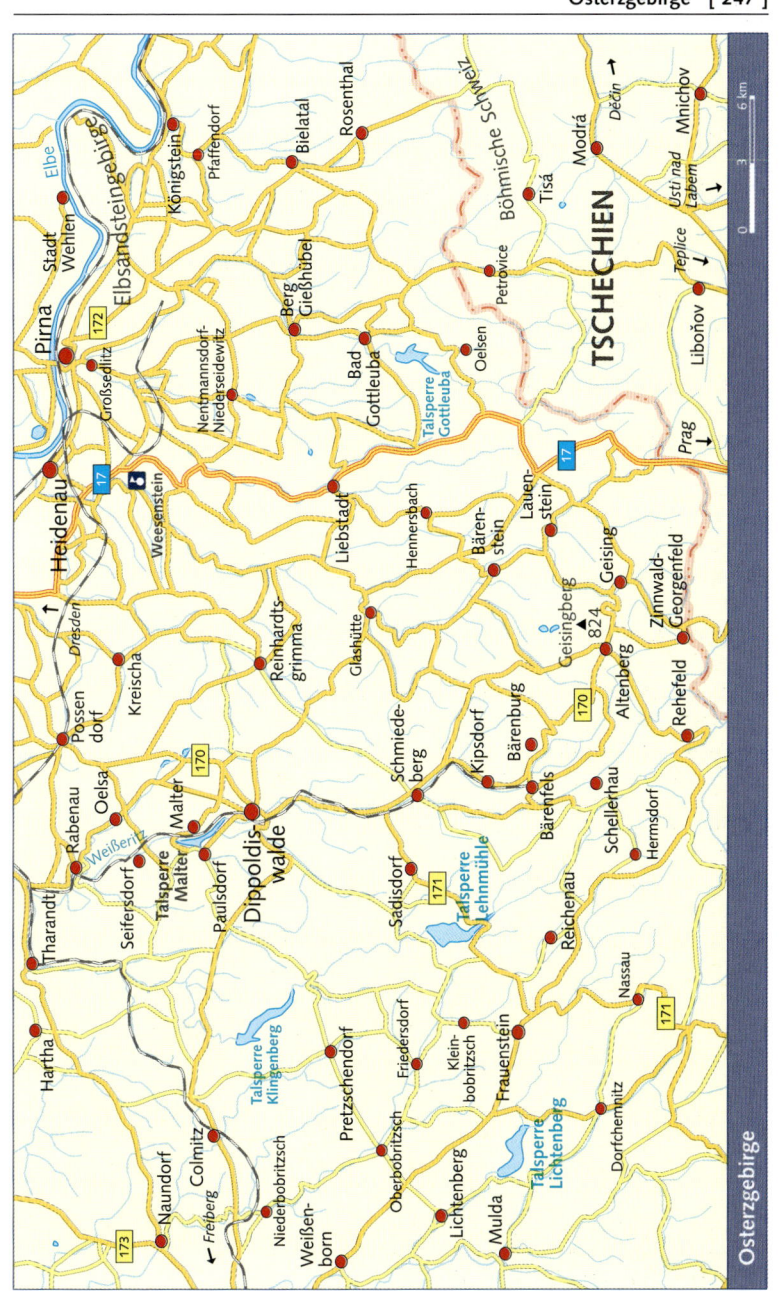

Das Erzgebirge

## Weißeritztalbahn – mit dem Oldtimer ins Osterzgebirge

Am 12. August 2002 kam für Deutschlands älteste planmäßig verkehrende Schmalspurbahn ein jähes Ende. Die Flut des sogenannten Jahrhunderthochwassers zerstörte die Gleisanlagen schwer, der Wagenpark blieb glücklicherweise unbeschädigt. Die Weißeritztalbahn musste den Betrieb einstellen. Nach aufwendigen Arbeiten konnte am 13. Dezember 2008 der erste 15 Kilometer lange Teilabschnitt von Freital-Hainsberg nach Dippoldiswalde wieder in Betrieb genommen werden. Drei Brücken mussten neu gebaut und 19 saniert werden, mehr als 8000 Tonnen Gleisschotter waren erforderlich, 69 Stützmauern wurden instandgesetzt und drei Bahnübergänge neu errichtet. Am zweiten Streckenabschnitt bis Kurort Kipsdorf wird gearbeitet, Ende 2011 soll er fertig sein. Dann wird die Fahrzeit für die gesamte Strecke vermutlich wie einst etwa 90 Minuten betragen, auch an der Höchstgeschwindigkeit von 30 Stundenkilometern wird sich wohl nichts ändern.

In **Freital-Hainsberg**, das an der Normalspurstrecke Dresden–Chemnitz der Deutschen Bahn liegt, beginnt die Schmalspurstrecke. Unmittelbar hinter dem Bahnhof überquert der Zug die Wilde und die Rote Weißeritz. Hinter dem ersten Haltepunkt **Freital-Coßmannsdorf** zwängt sich das Bähnle in den romantischen, etwa fünf Kilometer langen **Rabenauer Grund**, ein bis zu 80 Meter tief in die Felsen geschnittenes Kerbtal. Der schmale Fußweg durch den Grund besteht seit 1834, bevor er angelegt werden konnte, mussten Freiberger Bergleute anrücken und Felsen sprengen, die den Weg versperrten. Nach **Rabenau**, dem traditionsreichen Städtchen im Sitzmöbelbau, sowie den Dörfern **Spechtritz** und **Seifersdorf** wird **Malter** erreicht. Das Dorf gab der zwischen 1909 und 1913 erbauten Talsperre den Namen, die das Wasser der Roten Weißeritz staut. Am Ostufer der Talsperre Malter entlang dampft der Oldtimer weiter nach **Dippoldiswalde**. Über die Entstehung des Namens Dippoldiswalde berichtet eine Legende: Ein böhmischer Prinz soll von einem Eremiten mit Namen Dietpold oder Dippold aufgenommen und getauft worden sein. Der Prinz war über diesen Aufenthalt so glücklich, dass er Jahre später an dieser Stelle eine Siedlung gründete und sie nach dem Eremiten benannte.

Zunächst war der Bau einer normalspurigen Bahn angedacht, doch das Vorhaben scheiterte rasch, denn der Rabenauer Grund war dafür einfach zu eng. Deshalb verlegte man Schmalspurgleise von 750 Millimeter Breite. Eröffnet wurde der erste Abschnitt der Strecke am 1. November 1882, die Züge fuhren bis Schmiedeberg. Auf der Verlängerung bis Kurort

## Weißeritztalbahn – mit dem Oldtimer ins Osterzgebirge [ 249 ]

*Die Weißeritztalbahn*

Kipsdorf dampfte zum ersten Mal am 3. September 1893 ein Zug. Die Fahrgastzahlen stiegen von Jahr zu Jahr, 1932 bis 1935 erweiterte man deshalb den Bahnhof Kipsdorf. Doch das war nicht so einfach, mehr als 40 000 Kubikmeter Fels mussten gesprengt werden. Die heutigen Lokomotiven der Weißeritztalbahn wurden 1929 in Chemnitz gebaut und stammen aus der Baureihe 99.73-76, die Waggons aus den Jahren 1911 bis 1930. Die Bahn verbindet die beliebten Ausflugsziele Rabenauer Grund, Talsperre Malter und das östliche Erzgebirge um Bärenfels und Altenberg. Die 26,3 Kilometer lange Strecke mit ihren 34 Brücken ist wohl die romantischste in Sachsen. Die Züge haben einen Höhenunterschied von 351 Meter zu überwinden, die größte Steigung beträgt 1:33.

Vor jedem Wegübergang, so wird es bald wieder sein, tutet und bimmelt die Bahn, und die Lok hüllt die Wagen in Dampf. Nach **Ulberndorf** und **Obercarsdorf** erreicht man **Schmiedeberg**, in dem eine der schönsten Kleinkirchen Sachsens steht: die Dreifaltigkeitskirche (1713–1716). Der barocke Zentralbau über dem Grundriss eines Kreuzes stammt von George Bähr, dem Schöpfer der Frauenkirche in Dresden, die Sandsteintaufe im Inneren schuf der Dresdner Hofbildhauer Benjamin Thomae. In Schmiedeberg rollt der Zug bald wieder über einen 191 Meter langen und 10 Meter hohen Steinviadukt von 1915. Danach geht es steil bergauf zum schön gelegenen **Kurort Kipsdorf** zu Füßen des Hohen Brandes (650 Meter) und der Tellkoppe (758 Meter). Hier ist Endstation.

## Talsperre Malter

Die Talsperre hat sich zu einem beliebten Erholungsgebiet im Osterzgebirge entwickelt. Nach einem verheerenden Hochwasser 1897 begann 1909 der Bau der Talsperre, 1913 war sie fertiggestellt. Die drei **Strandbäder** in Paulsdorf, Seifersdorf und Malter versprechen Badespaß, Boote können ausgeliehen werden, auf den **Campingplätzen** in Paulsdorf und Malter stehen Wohnwagen zum Mieten bereit. In der kalten Jahreszeit erholt man sich im **Erlebnis-Hallenbad** in Paulsdorf.

## Glashütte

In Glashütte entsteht Luxus: In dem kleinen Ort (2500 Einwohner) zehn Kilometer von Dippoldiswalde entfernt werden die teuersten und kompliziertesten Uhren Deutschlands hergestellt. Ein nobles Stück für 100 000 Euro ist keine Seltenheit. ›Glashütte Original‹ – hier können Besucher hinter Glasscheiben die Produktion miterleben – sowie ›A. Lange & Söhne‹ sind die Avantgarde der Uhrenherstellung. Fast jedes Teil wird in den Werkstätten selbst gefertigt, das beginnt beim Zahnrädchen und endet bei den Schräubchen. 6000 bis maximal 8000 Uhren verlassen jährlich die Werkstätten. Auch zu DDR-Zeiten entstanden in Glashütte Uhren, es war jedoch Massenware, die Uhren galten als reine Gebrauchsgegenstände.

1845 begründete ein Ferdinand Adolf Lange im Auftrag der sächsischen Landesregierung in dem Ort die Uhrenherstellung. Als Dank für seine Leistung stellte die Stadt 1895 im Stadtzentrum ein Denkmal für Lange auf. Was lag näher, als in Glashütte ein **Uhrenmuseum** einzurichten. Zu sehen sind mehr als 400 Glashütter Taschen- und Armbanduhren aus verschiedenen Epochen. Auf die Uhrenindustrie weist das Ziffernblatt im Stadtwappen hin, Schlägel und Eisen auf den früher bedeutenden Bergbau in Glashütte und Umgebung.

## Liebstadt

Von Glashütte sind es lediglich drei Kilometer bis Liebstadt (1300 Einwohner), in dem sich der mittelalterliche Stadtkern

▲ *Im Uhrenmuseum Glashütte*

auf kleiner Fläche drängt. Anziehungspunkt ist das am Berghang erbaute malerische **Schloss Kuckuckstein**. In der im wesentlichen spätgotischen Burganlage warten unter anderem der Rittersaal und das Jagdzimmer auf Besucher. Es gibt auch ein Napoleon-Zimmer, denn der berühmte Franzose hat sich am 9. September 1813 hier aufgehalten. Gegenüber dem Schloss steht die spätgotische Kirche mit schönem Sterngewölbe.

*Schloss Kuckuckstein*

### Dippoldiswalde und Umgebung

**Vorwahl**: 035 04.
**Postleitzahl**: 01744.
**Tourismusgemeinschaft Silbernes Erzgebirge e.V.**, Servicebüro Dippoldiswalde, Markt 2, Tel. 614 87-7, Fax -8, service@silbernes-erzgebirge.de, www.silbernes-erzgebirge.de, www.dippoldiswalde.de.

**Weißeritztalbahn**, Infos über IG Weißeritztalbahn e.V., Dresdner Str. 280, Freital, Tel. 0351/641 27 01, www.weisseritztalbahn.com. Fahrschein- und Souvenirverkauf bei der Agentur im Bahnhof Freital-Hainsberg oder im Servicebüro Dippoldiswalde.

**Heidehof**, Hohe Str. 2, Dippoldiswalde, Tel. 648 70, www.landhaus-heidehof.de; 34 Zi., DZ ab 78 Euro, Restaurant tägl. geöffnet, Hauptgerichte 10–16 Euro. Landhotel mit einer guten Küche, die der sächsischen Tradition verpflichtet ist.

**Campingplätze** direkt an der Talsperre stehen in Paulsdorf (Tel. 612169) und Malter (Tel. 614107) zur Verfügung, für Dauercamper und Gäste, auch Wohnwagen zum Mieten, www.erlebnis-talsperre.de.

**Lohgerber-, Stadt- und Kreismuseum Dippoldiswalde**, Freiberger Str. 18, Tel. 61 24 18, www.lohgerbermuseum.de; Di–So 10–17 Uhr.
**Deutsches Uhrenmuseum Glashütte**, Schillerstr. 3a, Glashütte, Tel. 03 50 53/462 83, www.uhrenmuseum-glashuette.com; tägl. 10–17 Uhr.
**Schloss Kuckuckstein**, Liebstadt, Tel. 03 50 25/127 70, www.schlosskuckuckstein.de; Mitte März–Okt. Mi–So 10–18 Uhr.

**Talsperre Malter**, Tel. 61 33 85, www.erlebnis-talsperre.de. Von Mitte Mai bis Mitte September haben die Strandbäder in Paulsdorf, Seifersdorf und Malter geöffnet und versprechen Badespaß, auch Ruderbootfahren, Surfen und Angeln möglich.

**Erlebnisbad Talsperre Malter**, Paulsdorf, Mo geschl. (nicht in den Schulferien), www.erlebnis-talsperre.de. 25-m-Schwimmbad, Erlebnisbecken mit Sprudelliegen, Massagedüsen, 44-m-Wasserrutsche und Saunalandschaft.

## Frauenstein

Das kleine adrette Städtchen (1300 Einwohner) kam durch den berühmtesten sächsischen Orgelbaumeister Gottfried Silbermann zu Ehren: Im Ortsteil Kleinbobritzsch wurde er 1683 im Haus Dorfstraße 4 geboren, in der Hayngasse 102 verbrachte er seine Jugendjahre. Verständlich, dass die Stadt ein **Gottfried-Silbermann-Museum** besitzt. Seit 1994 ist ein Nachbau jener Orgel zu sehen, die Silbermann für die Kirche im sächsischen Etzdorf fertigte und die sich seit 1939 in der Krypta des Bremer Doms befindet.

Den touristischen Anziehungspunkt von Frauenstein bildet Sachsens größte mittelalterliche **Burgruine**. Die im 13. Jahrhundert erstmals erwähnte Burg, lange Zeit Grenzburg der Markgrafen zu Meißen, wurde beim großen Stadtbrand 1728 zerstört.

*Am Markt von Frauenstein*

 **Frauenstein und Umgebung**

**Vorwahl**: 037326.
**Postleitzahl**: 09623.
**Fremdenverkehrsamt Frauenstein**, Markt 28, Frauenstein, Tel. 93 35, Fax 838 19, fva.frauenstein@freenet.de, www.frauenstein-erzgebirge.de.

**Hotel Goldener Löwe**, Markt 10, Frauenstein, Tel. 85975, www.goldenerloewe-frauenstein.de; 20 Zi., DZ ab 60 Euro. Gemütliche Zimmer am Markt. Gediegenes Restaurant mit typischen Gerichten aus der Region, im Sommer schöne Terrasse mit Blick auf Kirche, Schloss und Burg.

**Flair- und Berghotel Talblick**, Alte Straße 144, Rechenberg-Bienenmühle OT Holzhau, Tel. 03 73 27/74 16, www.talblick.de; 20 Zi. DZ ab 66 Euro, Restaurant tägl. geöffnet, Hauptgerichte 10–13 Euro. Drei-Sterne-Komfort in ruhigem Ferienort, verschiedene Zimmerkategorien. Rustikales Erzgebirgsrestaurant.

**Landhotel Altes Zollhaus**, Altenberger Str. 7, Hermsdorf/Erzg. OT Neuhermsdorf, Tel. 03 50 57/540, www.hotel-zollhaus.com; 41 Zi., DZ ab 60 Euro. Mitten im Grünen, die Zimmer sind im Landhausstil gestaltet. Großer Außenbereich mit Biergarten, Gartenpavillon und Teich. Wanderwege gleich hinter dem Hotel.

**Gottfried-Silbermann-Museum**, Frauenstein, Tel. 1224, www.silbermannmuseum.de; Mo-Fr 9–12, 13–16, Sa/So 10–12, 13–16 Uhr. Orgelkonzerte auf der Silbermann-Orgel laut Veranstaltungsplan, Burgruine Mai–Okt. tägl. 9–17 Uhr.

Gute Wandermöglichkeiten, verschiedene Wandertouren wie zum Beispiel **Auf den Spuren Silbermanns** werden vom Fremdenverkehrsamt angeboten, Informationen gibt es dort.
Auch Wandern mit Gepäcktransfer ist möglich.

## Altenberg

Seit Jahrhunderten zieht die Stadt (3600 Einwohner) Menschen an. Einst waren es die Schätze in der Erde, die lockten, weil sie Arbeit und Brot versprachen, heute kommen Touristen, um sich anzuschauen, was vom Bergbau übriggeblieben ist. Bereits um 1400 hat man hier durch Auswaschen Zinn gewonnen, in den Jahren nach dem Zweiten Weltkrieg gab es erneut eine Blütezeit, an die die Anlagen des Arno-Lippmann-Schachtes erinnern. Doch 1991 war es vorbei, der Zinnabbau wurde eingestellt, die Kosten lagen bedeutend höher als die Erträge. Zur Erinnerung an die einst glorreiche Zeit steht ein **Hunt als Denkmal** vor dem Rathaus. Erinnerung an den Bergbau sind auch der Kleine und der bereits 1553 angelegte **Große Galgenteich**. Heute wird auf dem Großen Galgenteich gerudert, im **Kleinen Galgenteich** mit sehr sauberem Wasser bildet eine 50 Meter lange Wasserrutsche die Attraktion. Nordöstlich der Stadt ragt der **Geisingberg** (824 Meter) aus der Landschaft, der die tollste Fernsicht ins Osterzgebirge bietet.

### ■ Bergbaumuseum

Interessante Einblicke in den Bergbau gewährt das Bergbaumuseum. In ihm lässt sich der Weg des Zinns vom Roherz bis zum Fertigprodukt verfolgen. Im ›Neubeschert-Glück-Stollen‹, einem etwa 200 Meter langem **Schaustollen**, lernen die Besucher die Technologie des Auffahrens und des Ausbaus von Strecken kennen. Einblick in die frühere Erzaufbereitung gibt es nebenan in der historischen **Zinnwäsche**, die bereits im 16. Jahrhundert an dieser Stelle das Erz aus dem Gestein herauslöste. Allein schon wegen ihrer gebietstypischen Architektur gehört sie zu den wertvollsten technischen Kulturdenkmalen des Erzgebirgsraumes.

### ■ Pinge

Zu ihrer größten Sehenswürdigkeit kam die in eine sanfte Talmulde eingebettete Stadt durch eine Katastrophe: In den frühen Morgenstunden des 24. Januar 1620 weckte ein gewaltiges Getöse die Menschen, die Erde bebte, Häuser stürzten ein. »Vier Zechen und ein Schacht verfielen und des Bergschmieds Wohnhaus versank«, war in der ›Nachricht von der Bergstadt Altenberg‹ aus dem Jahre 1747 zu lesen, die auch meldete: »Die meisten Bergleute sind glücklich gerettet worden, obschon sie zum Teil drei Tage und Nächte lang ohne Speise in der Tiefe ausharren mussten.«

*Die Pinge von Altenberg*

Mehr als 200 Jahre lang war die Landschaft durch den Bergbau planlos unterhöhlt worden, was letztlich zu dem Zusammenbruch führte. Es entstand ein mächtiger Krater mit bis zu 90 Meter abfallenden Felswänden und einem Durchmesser von 450 Meter, bergmännisch Pinge genannt. Eine größere Pinge gibt es in ganz Europa nicht. Ein Blick in die Tiefe ist nur im Rahmen einer geführten Bergbauwanderung von einem nicht öffentlich zugänglichen Aussichtspodest möglich.

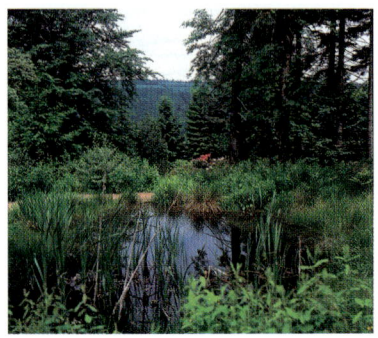

*Im Botanischen Garten Schellerhau*

### ■ Rennschlitten- und Bobbahn

Sylke Otto, die in Oberwiesenthal die Sportschule besuchte und als erfolgreichste Rennrodlerin aller Zeiten gilt, jagte oft auf der Altenberger Renn- und Bobbahn zu Tal, die mit zu den modernsten und anspruchsvollsten Anlagen gehört. Die 1413 Meter lange Bahn ist Austragungsort großer internationaler Wettkämpfe, nächster Höhepunkt wird die Rennrodel-Weltmeisterschaft 2012 sein.

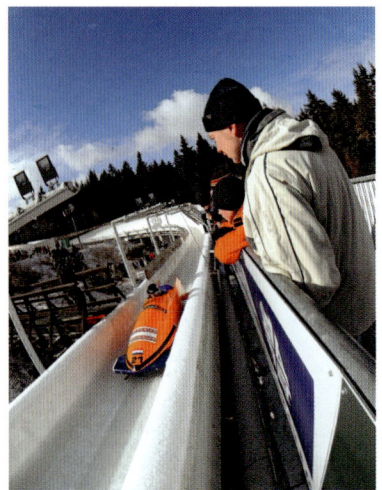

▲ *Altenberger Rennschlitten- und Bobbahn*

### ■ Schellerhau

Die **Dorfkirche** (1591–1593) in dem fünf Kilometer von Altenberg entfernten Ferienort (500 Einwohner) gehört zu den Schmuckstücken der Region, ihre farbige Ausmalung ist mehr als 300 Jahre alt. Den Namen des Künstlers verzeichnet keine Chronik, denn ein Pfarrhausbrand vernichtete 1717 alle Akten. Das Geläut der Kirche besteht aus drei Glocken: Eine 1543 gegossene, die von Kurfürst August als Geschenk kam, eine zweite, die im Zweiten Weltkrieg eingeschmolzen werden sollte, aber nach Kriegsende in Hamburg aufgefunden wurde und zurückkehrte, und eine dritte, die sich die Gemeinde 1965 kaufte. Eine bewegte Geschichte haben auch die beiden Bergmannsleuchter auf dem Altar: Sie kamen 1685 als Geschenk in die Kirche, 1813 raubten sie durchziehende französische Soldaten, genau 100 Jahre später tauchten die Leuchter in Köln wieder auf, doch erst 1940 war die Gemeinde nach einer Geldsammlung in der Lage, die beiden Leuchter zurückzukaufen.

Mehr als 1400 Pflanzen der Erzgebirgsflora und der Mittel- und Hochgebirge Europas, Nordamerikas, Asiens und aus dem Kaukasus wachsen in dem 1906

*Schloss Lauenstein*

angelegten **Botanischen Garten**. Von verschiedenen Punkten bieten sich herrliche Ausblicke über den von Frühjahr bis in den Herbst üppigen Blütenflor in die Landschaft des Osterzgebirges. Der **Klangerlebnispfad** führt zu neun stationären Musikinstrumenten, die zum Spielen und Experimentieren einladen.

## Geising

Im **Wildpark Osterzgebirge** im Geisinger Ortsteil Hartmannmühle tummeln sich Dam-, Rot-, Muffel- und Rehwild, Luchs, Waschbär und Wildkatze. Im Streichelgehege leben Ziegen und Schafe, im gläsernen Bienenstock herrscht an warmen Sommertagen emsiges Treiben. Bei Wanderern beliebt ist die Bergbaude auf der 785 Meter hohen **Kohlhaukuppe**. Vom gebührenpflichtigen Parkplatz am Hüttenteich in Geising (2000 Einwohner) führen zwei gut markierte Wanderwege zum Gipfel.

## Lauenstein

Nach Lauenstein (800 Einwohner) fährt man, um das malerisch über dem Müglitztal liegende **Renaissanceschloss** zu besuchen. Das entstand Mitte des 16. Jahrhunderts neben der nur noch als Ruine vorhandenen Burg. Beim Rundgang lernt man den festlichen Wappen- und Vogelsaal kennen, der eine einzigartige, prachtvolle Stuckdecke aus dem Jahre 1609 besitzt, sowie die **Schlosskapelle**, in der um 1600 geschaffene Porträtplastiken stehen. **Arrestzellen** und eine **Wächterstube** erinnern an das 1853 im Schloss eingerichtete Königliche Amtsgericht Lauenstein und den Strafvollzug in jener Zeit. Zu sehen sind unter anderem Ausstellungen zu Leben und Werk von George Bähr, dem Erbauer der Dresdner Frauenkirche, der 1666 in Fürstenwalde bei Lauenstein geboren wurde und in Lauenstein seine Kindheit verbrachte, sowie zur Geschichte der Postmeilensäulen. Im **Barock- und Kräutergarten** wachsen erzgebirgstypische Nutz- und Zierpflanzen, darunter Engelwurz, der für Kräuterliköre verwendet wird, sowie die schon seit der Antike als Heilpflanze bekannte Minze.

In der spätgotischen **Stadtkirche** (15./16. Jahrhundert) steht ein prachtvoller Altar aus Sandstein mit hervorragend gearbeiteten Säulen, Reliefbildern und Freiplastiken des Pirnaer Bildhauers Michael Schwenke, der auch Kanzel und Taufstein schuf. In der sich an den Chor anschließenden Bünauschen Grabkapelle mit einer üppigen Stuckdecke befindet sich ein neun Meter hohes und fünf Meter breites Epitaph (1594) für die Schlossbesitzerfamilie, das vor allem aus Sandstein besteht. Wahrzeichen der Stadt ist der **Falknerbrunnen** (1912) vor dem Schlosseingang auf dem Markt.

▲ *Georgenfelder Hochmoor*

## Zinnwald-Georgenfeld

Von einer bis 1919 betriebenen Zinnerzgrube kann das **Huthaus** besichtigt werden, in dem die Bergleute ihre Werkzeuge aufbewahrten und in dem sie sich vor und nach ihrer Schicht versammelten.

500 Meter weiter beginnt die Führung in den Tiefen-Bünau-Stollen des **Besucherbergwerks Vereinigt Zwitterfeld zu Zinnwald**, der beeindruckend Einblick in die Arbeit unter Tage gibt. Etwa anderthalb Stunden dauert die Befahrung, 2,8 Kilometer werden dabei zurückgelegt.

Vom unter Naturschutz stehenden **Georgenfelder Hochmoor** liegt der größte Teil auf tschechischem Gebiet. Das Hochmoor, in dem seltene Pflanzen wachsen, ist auf einem 1200 Meter langen Knüppeldamm gut begehbar.

 Altenberg und Umgebung

**Vorwahl**: 03 50 56.
**Postleitzahl**: 01773.
**Tourist-Info-Büro Altenberg**, Am Bahnhof 1, Tel. 23 99-3, Fax -4, info@altenberg-urlaub.de, www.altenberg-urlaub.de, www.altenberg.de.
**Tourist-Information Geising**, Hauptstr. 25, 01778 Geising, Tel. 389 12, Fax 389 13, touristinfo@geising-osterzgebirge.de, www.geising.de.

**Bergbaude Geisingberg**, auf dem Geisingberg, Tel. 355 55, www.geisingberg.de; Mi/Do geschl. Inmitten des Naturschutzgebietes preiswert essen und danach den wunderbaren Ausblick vom Louisenturm genießen.
**Bergbaude Kohlhaukuppe**, Kohlhaukuppe Nr. 1, Geising, Tel. 313 95, www.kohlhaukuppe.de; tägl. geöffnet. Gemütliche Baude, die Spezialität sind Knoblauchgerichte. Vom Turm herrliches Panorama.

**Waldschänke Altes Raupennest**, Raupennestweg 5, Altenberg, Tel. 323 03, www.altes-raupennest.de; Mo, Di geschl., Hauptgerichte 8–13 Euro. Traditionsgaststätte in ruhiger Waldlage. Es werden ergebirgische Hutz'n-Nachmittage durchgeführt.
**Wirtshaus anno 1497**, Hauptstr. 2, Geising, Tel. 227 72, www.anno1497.de; Di geschl., Hauptgerichte 8–12 Euro. Ältestes Haus von Geising, umrankt von Sagen und Legenden.
**Gasthof Bärenfels**, Alte Böhmische Str. 1, Kurort Bärenfels, Tel. 03 50 52/22 80, www.gasthof-baerenfels.de; Mi geschl., Hauptgerichte 10–18 Euro. Gesund und schmackhaft: Bio- und Spezialitätenküche, Produkte aus der Region.

[ Hotel Ladenmühle, Bielatalstr. 1, Altenberg OT Hirschsprung, Tel. 34 50, www.ladenmuehle.de; 46 Zi., DZ ab 80 Euro. Idyllisch im Bielatal gelegen, familiäre Atmosphäre.
**Hotel Am Rennberg**, Schönfeld 1, Schmiedeberg, OT Schönfeld, Tel. 03 50 52/617 00, www.hotel-am-rennberg.de; 15 Zi., DZ ab 70 Euro. Alleinlage auf einem Berg, toller Panoramablick aus den Zimmern.
**Hotel Lugsteinhof**, Neugeorgenfeld 36, Zinnwald-Georgenfeld, Tel. 36 50, www.lugsteinhof.de; 100 Zi., DZ ab 70 Euro. In fast 900 Meter Höhe auf dem Kamm des Osterzgebirges erwarten den Gast angenehme Zimmer und viele Freizeitangebote wie Schwimmbad, Sauna, Fahrradverleih. Jeden Sa Tanz.

🏛

**Bergbaumuseum Altenberg**, Mühlenstr. 2, Tel. 317 03, www.bergbaumuseum-altenberg.de; Mo–Do, Sa/So 10–16 Uhr. Pingenführungen Mai–Okt. Mi 13.30 Uhr ab Bahnhofsvorplatz.
**Botanischer Garten Schellerhau**, Tel. 03 50 52/76 79 38, www.botanischer-garten-schellerhau.de; witterungsabhängig Mai–Okt. tägl. 9–17 Uhr.
**Wildpark Osterzgebirge**, Dresdner Str. 37, Geising, Tel. 03 50 54/29 40 00, www.wildpark-osterzgebirge.de; Sommer tägl. 10–18, Winter 10–16 Uhr.
**Osterzgebirgsmuseum Schloss Lauenstein**, Tel. 03 50 54/254 02, www.schloss-lauenstein.de; Di–So 10–16.30 Uhr, Nov.–März Burgruine, Kräutergarten und Gefängnis nicht zugänglich, Falknervorführungen Di–So 15 Uhr (Tel. 03 50 54/251 66, www.falknerei-schloss-lauenstein.de).
**Besucherbergwerk Vereinigt Zwitterfeld zu Zinnwald**, Goetheweg 8, Tel. 313 44, www.besucherbergwerk-zinnwald.de; Di–So 10–15 Uhr, Führungen von ca. 1,5 Std. mit Begleitpersonal.
**Naturschutzgebiet Georgenfelder Hochmoor**, Zinnwald-Georgenfeld, Tel. 353 55; witterungsabhängig Mai–Okt. tägl. 9–17 Uhr.
**Meissner Glockenspiel im Kurpark Bärenfels**; tägl. 9–11, 14–18 Uhr zur vollen Stunde, Okt.–April bis 16 Uhr.

**Lauensteiner Kulturtage**, letztes Wochenende im Aug., Musik, Theater, Führungen.

🛍

**Altenberger Kräuterlikörfabrik**, Rathausstr. 27, Tel. 323 05, www.altenberger-kraeuterlikoer.de; Betriebsbesichtigungen Mo–Sa, Do 15 und 16 Uhr. Verkauf von hauseigenen Spirituosen, handgefertigten Trüffeln und Pralinen, Tee und Zubehör, Wein und Sekt.

Gut ausgebautes Wander- und Radwanderwegenetz. Geführte Wander- und Radtouren, Kräuterwanderungen und Waldbegehungen, Informationen im Touristinfo-Büro.

**Johannesbad Raupennest**, Rehefelder Str. 18, Altenberg, Tel. 300, www.raupennest.de; tägl. geöffnet. Weitläufige Bäder- und Saunalandschaft.

🎿

Fünf Schlepplifte in Altenberg, Oberbärenburg, Rehefeld und Schellerhau, ein Sessellift in Rehefeld, 40 km gespurte Loipen, 30 km Skiwanderwege, Rodelmöglichkeiten, Snowtubing, Skischulen. Schneetelefon: 342 39.

**Sommerrodelbahn**, Am Lifthang 3, Altenberg, Tel. 353 85, www.sommerrodelbahn-altenberg.de; März–Okt. tägl. 10–17 Uhr. Rund 1000 Meter lang, Höhenunterschied 70 Meter.
**Sommerbob- und Gästebob-Fahren**, Altenberg, Tel. 351 20, www.wiaaltenberg.de; Mai–Sept. und Nov.–Feb. Im Viererbob (mit einem erfahrenen Piloten!) die rund 1000 Meter lange Rennschlitten- und Bobbahn mit elf Kurven und einem Höhenunterschied von 100 Metern hinuntersausen. Die Fahrt im Sommerbob auf Rädern ist sogar noch etwas länger.

*Kletterer an den Greifensteinen*

Dresden, die Perle des Barock, die Kunst- und Kulturstadt an der Elbe mit ihren unermesslichen Schätzen ist das Ziel von Touristen aus aller Welt. Elbaufwärts fahren nostalgische Schaufelraddampfer zur Felsenwelt der Sächsischen Schweiz, nicht minder schön ist es, auf dem Elbradweg vorbei an den Weinbergen nach Meißen mit der Albrechtsburg und der Porzellanmanufaktur und weiter nach Torgau zu radeln.

# Dresden und das Elbland

# Dresden

Johann Gottfried Herder taufte die Stadt an der Elbe ›deutsches Florenz‹. Wegen ihrer Bauwerke und Kunstsammlungen, aber auch wegen der Schönheit der sie umgebenden Landschaft. Widersprochen soll Herder bis heute niemand haben. Sachsens Landeshauptstadt (516 000 Einwohner) liegt, umgeben von sanften Höhenzügen, im weiten Elbtal. An der Stadtgrenze klettern Weinreben die Hänge hoch, auf denen Villen und Schlösser stehen. Auch Dichterfürst Goethe schwärmte: »Dresden ist ein Ort, der herrlich ist...«, und über die berühmte Gemäldegalerie notierte er: »Ich trat in dieses Heiligtum, und meine Verwunderung überstieg jeden Begriff, den ich mir gemacht hatte.« Der Schriftsteller Erich Kästner, in Dresden geboren und aufgewachsen, schreibt, dass »Geschichte, Kunst und Natur... über Stadt und Tal« schweben »wie ein von seiner eigenen Harmonie bezauberter Akkord ...«

Kunst, Architektur und Landschaft fügen sich in Dresden harmonisch zusammen. Die einen kommen in die Stadt, um auf einen der historischen Schaufelraddampfer zu steigen und sich hinaus in die Landschaft fahren zu lassen, andere bewundern die Prachtbauten wie **Zwinger** und **Frauenkirche**. Die meisten aber ziehen die reichen Schätze an: Die im **Grünen Gewölbe** glitzernden Smaragde, Diamanten und Rubine und die Bilder der Gemäldegalerie, die mit zum Wertvollsten gehören, das es auf diesem Gebiet gibt.

Dresden sorgt aber auch immer wieder für Schlagzeilen, vor Jahren war es die Frauenkirche, die aus den Trümmern auferstand und deren Bilder um die Welt gingen, später dann drehte sich alles um die Waldschlösschenbrücke: eine Überquerung über die Elbe, die die Dresdner haben wollten, wie eine Volksabstimmung ergab. Die UNESCO aber bezeichnete die vierspurige Brücke als einen gravierenden Eingriff in die Kulturlandschaft Dresdner Elbtal. Die Dresdner scherte die Drohung der UNESCO, man werde der Stadt den Welterbestatus aberkennen, wenig. 2009 erfolgte dann auch die Aberkennung. Die Dresdner bestanden auf ihrer Brücke, sie sind überzeugt, die Touristen kümmert es nicht, ob es einen Welterbestatus gibt oder nicht. Und sie scheinen recht zu behalten, wie die weiterhin steigenden Touristenzahlen belegen.

Residenz der albertinischen Linie der Wettiner wurde das urkundlich 1206 erstmals genannte Dresden 1485, der Ausbau zur faszinierenden deutschen Barockstadt erfolgte im 18. Jahrhundert

*Blick durch die Münzgasse zum Neumarkt*

unter dem prachtliebenden August dem Starken und seinem Sohn. Die industrielle Entwicklung setzte ein, nachdem 1839 die erste deutsche Ferneisenbahn von Leipzig nach Dresden den Betrieb aufnahm. 1843 wurde Richard Wagner Hofkapellmeister, 1862 nahm die erste Zigarettenfabrik Deutschlands die Produktion auf, 1872 erfolgte die Gründung der Dresdner Bank. Die militärisch unbedeutende Stadt erlebte in der Nacht vom 13. zum 14. Februar 1945 einen gewaltigen Bombenangriff, der fast die gesamte Innenstadt zerstörte; viele Kunst- und Kulturschätze verbrannten in dem Feuersturm. Die meisten der historischen Bauwerke wurden in den Jahrzehnten danach wieder aufgebaut. Dresden war bis zur Auflösung von Sachsen 1952 Landeshauptstadt, dann Bezirksstadt, seit 1990 ist es Landeshauptstadt des Freistaates Sachsen und wieder eine der schönsten Städte Europas.

*Auf der Brühlschen Terasse*

## Die Altstadt

Das, was Dresdens Gäste vor allem sehen möchten, liegt in der historischen Altstadt, also verhältnismäßig dicht beieinander und ist bequem zu Fuß erreichbar. Die ›Grenze‹ der Altstadt markiert im Norden die Elbe, im Westen sind es Zwinger und Postplatz, im Süden und Osten die auf dem Gelände der alten Stadtbefestigung erbaute Wallstraße, der Dr.-Külz-Ring und die St.-Petersburger Straße. Ein guter Ausgangspunkt für einen Stadtrundgang ist der Altmarkt.

### ■ Altmarkt

Seit Jahrhunderten bildet der Altmarkt das Herz Dresdens, vor allem im Mittelalter bauten auf ihm Kaufleute ihre Stände auf. Ein wenig davon hat sich mit dem Striezelmarkt erhalten, Dresdens berühmten Weihnachtsmarkt. In der südöstlichen Ecke ragt die **Kreuzkirche** hervor. Das älteste Gotteshaus der Stadt ist neuerdings etwas verdeckt, nachdem die Südseite des Platzes ein im Sommer 2010 eröffnetes Hotel abschließt. Die Wohn- und Geschäftsblöcke an der Ost- und Westseite des Altmarktes gehörten zu den ersten Häusern, mit denen der Wiederaufbau nach den enormen Zerstörungen des Zweiten Weltkrieges begonnen hatte. Lange Zeit waren sie verpönt, wurden abwertend als ›Stalinbarock‹ bezeichnet, doch mittlerweile stehen sie unter Denkmalschutz, und selbst Fachleute äußern heute anerkennend, dass sie gut in das Stadtbild passen. Der 1969 fertiggestellte **Kulturpalast** mit seinem kupferblechgedeckten Dach, ein Werk der neueren DDR-Architektur, schließt die Nordseite des Altmarktes ab. Das Gebäude mit einem Saal für 2400 Besucher ist Heimstatt der Dresdner Philharmonie. Wer die Wilsdruffer Straße etwas in Richtung Osten läuft, kommt zum **Alten Landhaus**

(1770–1776), einem der Kleinode unter den Baudenkmälern der Altstadt. In ihm tagten einst die Landstände, ab 1833 der Landtag, heute informiert hier das Stadtmuseum über Dresdens Geschichte.

### ■ Kreuzkirche

Die heutige Kreuzkirche mit ihrer klassizistisch geprägten Fassade entstand 1764 bis 1792. Sie hat 3600 Plätze und gehört somit zu Deutschlands größten evangelischen Kirchen. Anfang der 1950er Jahre entschloss man sich, das Innere der im Februar 1945 völlig ausgebrannten Kirche provisorisch mit schlichtem hellem Rauhputz zu versehen. Bei dem Provisorium ist es geblieben, weil diese Schmucklosigkeit am ehesten an die Schrecken des Krieges erinnert. Wie durch ein Wunder hat das **Altarbild Kreuzigung** (1900) von Anton Dietrich die Feuerbrunst überstanden, ist aber seitdem rußgeschwärzt. Eng mit der Kirche verbunden ist der weltberühmte **Kreuzchor**, einer der ältesten Knabenchöre der Welt. Sogar im fernen Japan standen die Menschen stundenlang nach Eintrittskarten für ein Konzert des Kreuz-

*Das Neue Rathaus*

chors an. Der Chor wird in den Annalen Dresdens schon im 14. Jahrhundert erwähnt, heute singen etwa 150 Kruzianer im Alter von 9 bis 19 Jahren, der Chor setzt sich aus den Stimmlagen Sopran, Alt, Tenor und Bass zusammen.

### ■ Neues Rathaus

Hinter der Kreuzkirche beeindruckt das gewaltige sandsteinverkleidete Neue Rathaus (1905–1910) mit dem achteckigen 100 Meter hohen Turm. Ganz oben thront die 4,90 Meter hohe Figur des ›Goldenen Mannes‹ (1908–1910) von Richard Guhr. Modell für den bärtigen Mann, der den Schutzpatron Herkules symbolisieren soll, stand der 1884 geborene Zirkuskünstler und Kraftakrobat Ewald Redam. Als Sachsenmeister im Ringen (Schwergewicht) fand er die Aufmerksamkeit des Bildhauers. In den 1920er Jahren reiste Redam mit einer von ihm gegründeten Kraftakrobatengruppe durch mehrere Kontinente, danach war er Lehrer an der Artistenschule in Moskau und nach dem Zweiten

▲ *Altmarkt und Kreuzkirche*

Weltkrieg Dolmetscher der sowjetischen Kommandantur in Meißen, bis er sich 1947 wegen totaler Verschuldung das Leben nahm.

Der unregelmäßige vier- bis fünfgeschossige Gebäudekomplex mit fünf Innenhöfen hat einen Gesamtumfang von 467 Metern, wer alle Korridore entlangläuft, legt 2,9 Kilometer zurück. Das **Neue Gewandhaus** (1768–1770) hinter dem Rathaus, einst Heimstatt der Tuchmacher, wurde nach der Kriegszerstörung als Hotel wiederaufgebaut.

### ■ Residenzschloss

Bis zum Jahr 2013 wird das Residenzschloss eins der bedeutendsten Kunst- und Kulturzentren Europas, quasi das Herz der Staatlichen Kunstsammlungen. Äußerlich ist das im Zweiten Weltkrieg schwer zerstörte Schloss wieder hergestellt. Namhafte Baumeister haben vom 12. bis zum Ende des 19. Jahrhunderts das historisch vielfältigste und reichste Baudenkmal Sachsens geschaffen. Sein Neorenaissanceaussehen bekam es bei einer umfassenden Erneuerung 1889/90, der Südflügel wurde seinerzeit völlig neu errichtet. Der Wiederaufbau erfolgte nicht in der Gestalt, die das Schloss bis zur Zerstörung 1945 hatte. Man entschied sich für Grundrisse und Fassadengestaltungen, die für bestimmte Zeitepochen typisch waren. Beispielsweise gestaltete man die Fassaden und Giebel im Großen Schlosshof mit dem Aussehen von 1557, die Straßenfassaden dagegen prägt das Erscheinungsbild des Umbaus zur Jahrhundertwende. Der 101 Meter hohe **Hausmannsturm** wurde so rekonstruiert, wie ihn Wolf Caspar von Klengel 1674 bis 1676 schuf. Das **Georgentor**, auch Georgenbau genannt, mit reichem plastischen Schmuck entstand während des letzten Schlossumbaus, das vier Meter große Reiterstandbild im oberen Teil der Fassade zeigt Herzog Georg den Bärtigen.

Eingezogen in das repräsentative Bauwerk ist als erstes das **Kupferstichkabinett**, das mit etwa 500 000 Blättern zu den größten und zugleich ältesten grafischen Sammlungen der Welt gehört. Das **Münzkabinett**, das über keine Dauerausstellung verfügt, zeigt im Hausmannsturm Sonderausstellungen. Mit rund 300 000 Münzen, Medaillen, Papierscheinen, Münz- und Medaillenstempeln sowie Siegelabdrucken und Petschaften ist es eins der größten und

*Das Residenzschloss*

*Vom Kleinen Schlosshof geht es zu den Sammlungen*

bedeutendsten Sammlungen seiner Art. Zu sehen ist auch die **Fürstengalerie** mit den Bildern der einst im Schloss residierenden Kurfürsten und Könige. 2009 öffnete die **Türckische Cammer** als erster Teil der **Rüstkammer**. Die gesamte Rüstkammer wird bis 2013 vom Semperbau des Zwingers in das zweite Obergeschoss des Ostflügels ziehen.

Seine Heimstatt hat im Schloss das aus zwei Ausstellungen bestehende **Grüne Gewölbe** gefunden: Das Neue Grüne Gewölbe, in dem das Kunstobjekt im Vordergrund steht, und das Historische Grüne Gewölbe, das neben den Kunstobjekten durch die prachtvolle Ausstattung der Räume fasziniert. Der Name stammt von dem teilweise grünen Anstrich des gewölbten Tresorraumes im Schloss, in dem sich Europas größtes, reichstes und ältestes Schatzkammer-Museum von 1729 bis zu seiner Auslagerung 1942 befand. Nach dem Zweiten Weltkrieg schleppten die Sowjets die Schätze der sächsischen Herrscher als Kriegsbeute davon, nach der Rückgabe wurden die schönsten Stücke im Albertinum gezeigt.

■ **Neues Grünes Gewölbe**

Der erste Teil der berühmten Schatzkammersammlung kam nach mehr als sechs Jahrzehnten im Jahr 2004 an seinen ursprünglichen Standort ins Residenzschloss zurück. Im ersten Obergeschoss des Westflügels werden in zehn Räumen insgesamt 1068 Kunstwerke gezeigt. Das ›Neu‹ soll auf die moderne Präsentation hinweisen.

In den Vitrinen glitzert und funkelt es hundertfach. Zu den bekanntesten Exponaten des Neuen Grünen Gewölbes gehört der **Kirschkern**, der in einem Turmzimmer einen prominenten Platz erhalten hat. Er gilt als Wunderwerk menschlicher Kunstfertigkeit, denn 185 Gesichter sollen in ihm eingeschnitzt sein. Kurfürst Christian II. erhielt den Kern 1595 als Geschenk überreicht. In den folgenden Jahrhunderten nahmen Experten den Kern im wahrsten Sinne des Wortes mehrfach unter die Lupe, und die neueste Zählung ergab genau 113 Köpfe.

Zu bewundern ist auch die Miniaturarchitektur **Der Hofstaat zu Delhi am Geburtstag des Großmoguls Aureng-Zeb**, den der Hofgoldschmied von August dem Starken, Johann Melchior Dinglinger, mit seinen beiden Brüdern und 14 Gehilfen geschaffen hat. In sieben Jahren haben sie 132 Figuren aus Gold gegossen und emailliert sowie über 5000 Diamanten, Smaragde, Rubine und Perlen verarbeitet.

Dinglingers Arbeit gilt heute als einzigartiges und unübertroffenes Hauptwerk der europäischen Juwelierkunst des Barock. 58 485 Taler bot August der Starke seinem Hofgoldschmied für das Schaustück, das er zum Repräsentieren unbedingt haben wollte, das entsprach dem Jahressold von 1000 Beamten. Doch als es ans Bezahlen ging, kam der Kurfürst in Verlegenheit, die Schatulle war wieder einmal fast leer, so dass er Ratenzahlung aushandeln ließ.

■ **Historisches Grünes Gewölbe**
Kaum vorstellbare Schätze werden hier aufbewahrt und präsentiert. Insgesamt rund 3000 Meisterwerke der Juwelier- und Goldschmiedekunst sowie Kostbarkeiten aus Bernstein, Elfenbein, Edelsteingefäße und kunstvolle Bronzestatuetten. Vor reich verzierten und verspiegelten Schauwänden sind sie frei aufgestellt, durch die vielfachen Spiegelungen steigert sich die Wirkung. Beschriftungen sind nicht angebracht, der Gast wird von einem Audioguide geführt.

Zu den bekanntesten Exponaten gehört der **Mohr mit der Smaragdstufe** im Juwelenzimmer, eine etwa 64 Zentimeter große Skulptur aus dunkelbraun lackiertem Birnholz, deren Körperschmuck mit Rubinen, Smaragden, Topasen und weiteren Edelsteinen belegt ist. Den Höhepunkt der Ausstellung bilden die **Juwelengarnituren von August dem Starken** und seinem Sohn.

Während man das Neue Grüne Gewölbe wie jedes andere Museum nach dem Kauf der Eintrittskarte für das Residenzschloss besuchen kann, ist der Eintritt in das Historische Grüne Gewölbe nur mit einem Zeitticket möglich. Maximal 100 Personen dürfen sich pro Stunde in der Ausstellung aufhalten. Ein Teil der Eintrittskarten wird jedoch täglich ab 10 Uhr an der Tageskasse verkauft (→ S. 293).

■ **Türckische Cammer**
Der Name täuscht: Man tritt in keine Kammer, sondern in eine der weltweit bedeutendsten Sammlungen osmanischer Kunst außerhalb der Türkei. Rund 600 orientalische und orientalisie-

Dresden, Zwinger

rende Objekte sind zu sehen, darunter das größte Objekt, ein 20 Meer langes, acht Meter breites und sechs Meter hohes osmanisches Staatszelt. Zusammengetragen haben die sächsischen Herrscher die Schätze über mehrere Jahrhunderte, es sind Beutestücke, Geschenke und Ankäufe.

### ■ Zwinger

Das Ensemble des Dresdner Zwingers gehört zu den großartigsten Schöpfungen barocker Baukunst nördlich der Alpen. Matthäus Daniel Pöppelmann hat den Traum aus Sandstein geschaffen (1709–1732), die Fülle an plastischem Schmuck stammt von Balthasar Permoser. Rauschende Feste erlebte der Zwinger, eins war pompöser als das andere, August der Starke ließ keine Gelegenheit zum Protzen und Prahlen aus. Als 1719 die Hochzeit des Kurprinzen Friedrich August II. mit der Kaisertochter Maria Josepha stattfand, amüsierte man sich vier Wochen lang im Zwinger.

Der Name Zwinger stammt aus der Festungsbaukunst im späten Mittelalter, so wurde der Freiraum zwischen der äußeren und der inneren Wehrmauer bezeichnet. Wurde dort der Feind nicht bezwungen, stand die Eroberung der Stadt bevor.

Die Anlage erweckt durch ihre Geschlossenheit und das phantastische Zusammenspiel von Architektur und Bildschmuck den Eindruck, als sei sie einheitlich geplant und erbaut worden. Doch dem ist nicht so. Was heute bewundert wird, entstand in mehreren Etappen.

Architektonischen Höhepunkt der ersten Baugruppe bildet der seiner Heiterkeit und Leichtigkeit wegen zum Symbol der Anlage gewordene **Wallpavillon**, mit dem Pöppelmann eins der Spitzenwerke europäischer Barockarchitektur schuf. Der Figurenschmuck mit dem Herkules, der die Weltkugel trägt, gehört zum Besten, was Permoser hinterlassen hat.

Auf der Südseite entstand mit dem **Glockenspielpavillon** die spiegelgleiche Wiederholung dieses Architekturkomplexes. Das von Pöppelmann vorgesehene Glockenspiel aus Meissner Porzellan kam nicht zur Ausführung, erst 1930 gelangte es in den Pavillon. Den besten Blick auf die Gesamtanlage hat man von den reich mit Vasen und Putten geschmückten Balustraden.

### ■ Porzellansammlung

Mehr als 20 000 Porzellane gehören zu der Sammlung im Südwestpavillon des Zwingers. Damit ist sie neben der des chinesischen Kaiserpalastes und dem Serail-Museum in Istanbul eins der größten Keramikmuseen der Welt. August der Starke hatte ab 1710 begonnen, Porzellan für ein geplantes Porzellanschloss zu sammeln.

Zu sehen sind vor allem chinesische und japanische Porzellane; das Dresdner Museum besitzt den größten Bestand an japanischem Porzellan außerhalb Japans.

Ausgestellt sind auch einen Meter hohe Deckelvasen mit blauer Unterglasurmalerei, in der Kunstgeschichte kurz als **Dragonervasen** bezeichnet. August der Starke hat sie 1717 mit weiteren Porzellanen von Preußenkönig Friedrich Wilhelm I. bekommen – bezahlt hat er mit 600 sächsischen Dragonern.

*Das Kronentor des Dresdener Zwingers*

## ■ Staatlicher Mathematisch-Physikalischer-Salon

Bereits 1730 wurden die Sammlungen im Zwinger untergebracht, seinen Namen bekam das Museum im Nordwestpavillon schon 1746. Weltruf besitzt die **Uhrensammlung**, die einen Überblick über 500 Jahre Zeitmessung gibt. Zu ihren seltenen Stücken zählt eine russische Holztaschenuhr (um 1850), bei der man fast alle Teile wie Zahnräder, Zeiger und Verschraubungen aus Birkenwurzelholz geschnitzt hat. Zu den größten Sammlungen ihrer Art in Deutschland gehören die **Erd- und Himmelsgloben** (13.–19. Jahrhundert), zu den wertvollsten Stücken ein 1279 in Damaskus geschaffener Himmelsglobus. Internationale Bedeutung besitzen auch die **Sammlungen geodätischer Instrumente** für Längen- und Winkelmessungen, artilleristische Instrumente, Thermometer und Barometer, Zeichenhilfsmittel, Längenmaße, Waagen und Wägestücke, astronomische Instrumente, Rechenhilfsmittel, Brillen.

▲ *Die Altstädter Wache*

## ■ Theaterplatz

Der Theaterplatz ist Dresdens repräsentativster Platz mit Baudenkmalen von Weltruf, wohl jeder Dresden-Besucher eilt hierher. Im weiten Bogen umrahmen den Theaterplatz monumentale Bauwerke: Semperoper, Italienisches Dörfchen, Gemäldegalerie Alte Meister, Residenzschloss und Kathedrale. Alle ordnen sich harmonisch zu einem Ensemble, der Theaterplatz rangiert ganz vorn in der Reihe der schönsten Plätze Europas.

Mitten auf der weiten gepflasterten Fläche steht das bronzene **Reiterdenkmal König Johanns** (1889) von Johannes Schilling. Der Monarch schaut in Richtung der ehemaligen Hofkirche und es wird behauptet, er achte seit nunmehr über 100 Jahren darauf, dass sein besonders schmuckreicher Sarkophag aus der Gruft der Kirche nicht entwendet werde. Die Sorge dürfte aber unbegründet sein, denn wer vermag schon heimlich fünf Tonnen die Treppen hochzuwuchten. Der von 1854 bis 1873 regierende Johann war den Wissenschaften sehr zugetan, er galt als Danteforscher und gehörte rund 30 europäischen wissenschaftlichen Gesellschaften an. Ein wenig versteckt zwischen Oper und Gemäldegalerie hat man das **Bronzedenkmal für Carl Maria von Weber** (um 1855) platziert. Ernst Rietschel hat den Komponisten mit 2,26 Metern überlebensgroß dargestellt.

Die **Altstädter Wache** (1830–1832) besitzt große Ähnlichkeit mit der Neuen Wache in Berlin Unter den Linden. Wen wundert's: Hat doch Karl Friedrich Schinkel, Preußens großer Baumeister des Klassizismus, beide entworfen. In Dresden und in Berlin lehnte er sich an antike Architekturformen an. Während Schinkel in Berlin aber die blockhafte

Form eines römischen Kastells mit dorischen Säulen wählte, entschied er sich in Dresden für einen ionischen Tempel mit einem Portikus von sechs Säulen und einem Giebeldreieck mit schlichtem plastischen Schmuck. Jede der sechs 7,5 Meter hohen und 260 Zentner schweren Säulen ist aus einem einzigen Stück Elbsandstein gearbeitet. Das Sandsteinbauwerk wird vielfach auch Schinkelwache genannt.

Der Name des Restaurantkomplexes **Italienisches Dörfchen** an der Elbseite des Theaterplatzes erinnert an italienische Bauarbeiter, die die Hofkirche mit errichteten. Wo das flache, sandsteinverkleidete Bauwerk (1911–1913) entstand, hatten sich einst deren Wohnbaracken befunden. Das im Zweiten Weltkrieg zerstörte Gebäude wurde von 1956 bis 1957 wiederaufgebaut, bei der 1994 vollendeten Restaurierung bekamen die Räume ihre historische Ausmalung zurück. Zwischen Italienischem Dörfchen und Brühlscher Terrasse führt die **Augustusbrücke** über die Elbe zur Neustadt, vom Chronisten Iccander 1719 als die ›berühmteste Elbbrücke‹ bezeichnet.

*Die Sixtinische Madonna in der Gemäldegalerie*

### ■ Gemäldegalerie Alte Meister

Die Sammlungen des Museums gehören zu den reichsten Europas. Viele Bilder sind Schätze der Weltkultur. Goethe hat die Gemäldegalerie als ›Heiligtum‹ bezeichnet. In der bereits 1722 gegründeten Galerie sind etwa 700 Bilder zu sehen. Die Farben der Wände verraten auf Anhieb, welche Bilder in den jeweiligen Räumen hängen: Die Italiener bekamen rot, die Holländer und Flamen grün, die Spanier und Franzosen grau. Breiten Raum nehmen die Meister der italienischen Renaissance ein. 1746 kamen die Kunstagenten August des III. im rechten Augenblick. Der hochverschuldete Herzog von Modena verschleuderte einen großen Teil seiner Bildersammlung, die 100 besten gingen nach Dresden, darunter Tizians ›Zinsgroschen‹.

1754 kam jenes Bild in Dresden an, das lange Zeit als das vollkommenste Werk der europäischen Malerei galt und zum Star der Dresdner Galerie wurde: Raffaels **Sixtinische Madonna**. Für dieses Gemälde, das bis dahin in der Klosterkirche San Sisto zu Piacenza gehangen hatte, mussten 60 000 Taler – einschließlich der Kosten für eine Kopie, die seitdem im Kloster San Sisto hängt – bezahlt werden. Das waren rund 10 000 Taler mehr, als der Rohbau des Schlosses Moritzburg gekostet hatte.

In der Gemäldegalerie hängen auch Bilder flämischer und holländischer Maler des 17. Jahrhunderts, die zu den Meisterwerken zählen: Rembrandts ›Selbstbildnis mit Saskia‹, Vermerr van Delfts ›Bei der Kupplerin‹ und Peter Paul Rubens ›Wildschweinjagd‹. Unter den Gemälden deutscher Maler ragen das ›Bildnis des Bernhard von Reesen‹ und ›Sieben Schmerzen Mariä‹ von Albrecht Dürer, ›Bildnis des Charles de Soilier

Sieur de Morette‹ von Hans Holbein dem Jüngeren und von Lucas Cranach dem Älteren der Katharinenaltar heraus. Die weltberühmte Gemäldegalerie befindet sich im sogenannten Semperbau. Der schließt seit 1854 den zur Elbe hin offen gebliebenen Teil des Zwingers ab und wurde nach seinem Baumeister Gottfried Semper benannt.

### ■ Rüstkammer

Die fürstliche Ausstattung, vom Festgewand bis zum Waffenschmuck, bewahrt die Rüstkammer. Mit etwa 10 000 Meisterwerken deutscher und europäischer Handwerkskunst gehört sie zu den umfangreichsten und bedeutendsten Prunkwaffensammlungen der Welt. Pistolen und Gewehre bilden den Hauptbestandteil der Sammlung, gefertigt haben sie die namhaftesten Büchsenschmiede Europas vom 16. bis zum 19. Jahrhundert. Aus Platzgründen können nur etwa 1300 kunsthandwerklich und künstlerisch besonders vorzüglich gearbeitete Gegenstände im östlichen Flügel des Semperbaus gezeigt werden, wesentlich mehr werden es nach dem bis 2013 erfolgten Umzug in das Residenzschloss sein.

### ■ Semperoper

Die Semperoper, der Ruhmestempel der sächsischen Kunst, gehört zu den schönsten Musiktheatern Europas. Volkstümlich nach ihrem Baumeister Semperoper genannt, ist es der dritte Opernbau an dieser Stelle. Alle drei entstanden, und das ist in der Geschichte der Architektur gewiss einmalig, nach Plänen ein und desselben Architekten. Das Erste Opernhaus schuf Gottfried Semper von 1828 bis 1841, nach einem Brand entstand die Oper zwischen 1871 und 1878 zum zweiten Mal, am 13. Februar 1985, genau 40 Jahre nach ihrer Zerstörung im Zweiten Weltkrieg, wurde sie mit Webers ›Freischütz‹ wiedereröffnet. Die Rekonstruktion nach der Kriegszerstörung stellte den Originalzustand des zweiten Semperbaus mit der kolossalen Fassade im Stil der Hochrenaissance wieder her. Auch der Zuschauerraum mit seiner kostbaren Ausstattung und seinem reichen Dekor entstand originalgetreu wieder, die Akustik ist nach wie vor exzellent.

### ■ Kathedrale St. Trinitatis

Mit 4793 Quadratmeter Grundfläche ist die ehemalige Katholische Hofkirche mit der Grablege der Wettiner Sachsens größtes Gotteshaus. Sie gilt als letzte große Leistung des römischen Barocks. Um seine Macht zu erhöhen, war August der Starke zum katholischen Glauben gewechselt, mit hohen Geldbeträgen hatte er den polnischen Adel bestochen und schließlich unter neun Bewerbern die polnische Königskrone errungen. 1697 hatte er sein Ziel er-

▲ *Im Rundfoyer der Semperoper*

**Kathedrale St. Trinitatis**

reicht, er war nicht mehr nur Kurfürst Friedrich August I. von Sachsen, sondern auch König August II. von Polen! Und als solcher ließ er 1739 bis 1754 im protestantischen Dresden eine katholische Kirche erbauen. Als Baumeister holte er den Katholiken Gaetano Chiaveri aus Italien, der alle Register seines Könnens zog.

Im Innern besitzt die dreischiffige Basilika mit dem 3,5 Meter breiten **Prozessionsgang** um das Mittelschiff eine Besonderheit, denn im evangelischen Dresden durften keine katholischen Prozessionen im Freien stattfinden. Die zurückhaltende Ausstattung weist bedeutende Werke auf, so das über 9,30 Meter hohe und 4,20 Meter breite **Altarbild Christi Himmelfahrt** (1752–1765) mit einem Rahmen, der mehr als eine Tonne wiegt. Zu erwähnen sind noch die prachtvolle, aus Holz geschnitzte weiße, teilweise vergoldete **Kanzel** (1712–1722) von Hofbildhauer Balthasar Permoser, das 4,20 Meter hohe und fünf Zentner schwere **Kruzifix** (1756) und die sechs über zwei Meter hohen **Silber-**

**leuchter** (1752) auf dem Altar. Zu den Kostbarkeiten der Innenausstattung gehört die **Silbermannorgel** (1753), das letzte und größte Werk des berühmten sächsischen Orgelbauers Gottfried Silbermann.

In den **Gruftträumen** mit ihren 5,20 Meter starken Mauern ruhen in 49 Sarkophagen die katholischen Kurfürsten und Könige Sachsens sowie ihre Angehörigen. Von August dem Starken wird nur das Herz aufbewahrt, sein Leib ruht im Dom zu Krakau, der Grablege der polnischen Könige. Als letzter Wettiner wurde 1943 Kronprinz Georg von Sachsen beigesetzt. 1980 erhob ein päpstliches Dekret die ehemalige Hofkirche zur Kathedrale des Bistums Dresden-Meißen; die Dresdner nennen sie allerdings weiterhin Hofkirche.

Zwischen Zwinger und Residenzschloss, im **Taschenbergpalais** (um 1705), wohnte einst die Gräfin Cosel. August der Starke konnte also zu Fuß zu seiner Mätresse eilen. West- und Ostflügel kamen einige Jahre später hinzu, als die jeweiligen Kurprinzen mit ihren Familien

Wohnungen benötigten. Die Bombennacht im Februar 1945 verwandelte das Palais in eine Ruine, nach dem Wiederaufbau logierten Anfang 1995 die ersten Gäste in Sachsens Nobelhotel.

### ■ Brühlsche Terrasse

Die Sachsen haben den schönsten Balkon Europas, sagt man. Gemeint ist damit die Brühlsche Terrasse. Von hier eröffnet sich ein wunderschöner Blick auf die Elbe und die am anderen Ufer liegende Neustadt. Die etwa 500 Meter lange und bis zu 200 Meter breite Anlage, zu der vom Schlossplatz eine Freitreppe führt, verbindet Geschichte und Architektur in beeindruckender Weise. Die Brühlsche Terrasse bekam ihren Namen von Minister Heinrich Graf von Brühl, dem Kurfürst Friedrich August II.

den östlich der Augustusbrücke gelegenen Teil der Festungsanlage schenkte. Der Graf ließ auf dem Festungsplateau mehrere Bauwerke errichten und einen Garten anlegen.

Das **Neue Ständehaus** (1900–1906) rechter Hand am Aufgang, aus Gewohnheit oft noch als Landtagsgebäude bezeichnet, entstand als Tagungsstätte für das Sächsische Parlament. Da der Vierflügelbau mit einem großen Innenhof sich für heutige parlamentarische Arbeit nur noch bedingt eignen würde, ließen sich die Volksvertreter des Freistaates hinter der Semperoper am Elbufer einen lichtdurchfluteten Neubau (1991–1994) errichten.

Die benachbarte **Sekundogenitur**, die alte Bibliothek des Grafen Brühl, wurde durch eine Verbindungsbrücke in den

Dresden, Neumarkt

## Die Altstadt

*Raddampferparade in Dresden*

Gebäudekomplex des Hotels ›Dresden Hilton‹ einbezogen. Von 1791 an diente das Gebäude mehr als 100 Jahre lang der Kunstakademie. Der lateinische Name stammt aus der Zeit, als das Haus dem zweitgeborenen Prinzen gehörte, der in ihm seine Bibliothek und Sammlungen aufbewahrte.

Die **Kunstakademie** und das mit ihr verbundene **Ausstellungsgebäude** (1887–1895) vereinen die üppigsten Formen aller Dresdner Profanbauwerke des ausgehenden 19. Jahrhunderts. Mit diesem formenreichen und monumentalen Gebäudekomplex sollte die Rolle Dresdens als Kunst- und Kulturstadt hervorgehoben werden. Die weithin sichtbare Glaskuppel nennt der Volksmund ›Zitronenpresse‹. Bekrönt wird sie von einer vergoldeten 1,7 Tonnen schweren Figur, die lange Zeit als Siegesgöttin Nike angesehen wurde. Aber aus einem vor einiger Zeit aufgefundenen Dokument des Schöpfers Robert Henze geht hervor, dass er Fama geschaffen hat, in der römischen Mythologie die Göttin des Gerüchts.

Die Brühlsche Terrasse schmücken zahlreiche **Denkmäler und Plastiken**, so wird vor der Sekundogenitur der berühmte Bildhauer Ernst Rietschel geehrt (1876). Das Caspar-David-Friedrich-Denkmal (1989/90) ist dem Maler der Romantik gewidmet, der 42 Jahre lang in Dresden lebte. Die Böttger-Gedenkstele (1982) bekam dort ihren Platz, wo der Alchimist die Formel für das europäische Porzellan entwickelt hat. Gegenüber, im Geländer der Brühlschen Terrasse, ist eine blankgescheuerte Vertiefung zu erkennen. Das soll der Daumenabdruck von August dem Starken sein, der hier zwischen ›einem Bilderkauf, zwei Staatsakten und drei Liebesspielen‹ seine vielgerühmten Kräfte ausprobiert haben soll. Was die Dresdner ihren Gästen gern verschweigen: August der Starke ist 1733 verstorben, das schlichte Geländer an dieser Stelle wurde aber erst nach 1747 angebracht.

Unterhalb der Brühlschen Terrasse hat die größte und älteste **Raddampferflotte** der Welt ihren Liegeplatz. Seit 1910 starten von hier die historischen

Raddampfer zu Fahrten elbaufwärts in die Sächsische Schweiz und elbabwärs bis Diesbar-Seußlitz. Die Schiffe mit den roten Schaufelrädern im wappenverzierten Radkasten gehören zum Stadtbild Dresdens und seiner Umgebung. 1836 gilt als das Geburtsjahr, denn da erhielten zwölf Kaufleute ›das Privileg zur Dampfschifffahrt für fünf Jahre auf der Elbe im Königreich Sachsen‹. Am 6. August 1837 startete der erste Raddampfer, es war die ›Königin Maria‹, die von Dresden nach Rathen am Fuße des Basteifelsens dampfte.

Unter der Brühlschen Terrasse, der Eingang befindet sich am Georg-Treu-Platz links neben der Treppe zur Terrasse, verbergen sich Reste der **alten Festung**, die Kasematten. Die kalten und feuchten Gewölbe sind erst seit 1993 öffentlich zugänglich.

Zwei monumentale Bauwerke fallen beim Blick von der Brühlschen Terrasse am gegenüberliegenden Elbufer auf, die am besten über die Carolabrücke zu erreichen sind: Das **Gesamtministerialgebäude** (1904–1906) mit breitem Turmaufbau und der vergoldeten Königskrone obenauf – heute Sitz des sächsischen Ministerpräsidenten und der Staatskanzlei – und gegenüber das **Finanzministerium** (1890–1896) mit einem großen Wandbild zum Thema ›Geld‹ im Giebel.

*Skulpturensammlung im Albertinum*

■ **Albertinum**

Zwei Museen beherbergt das legendäre Albertinum (1884–1887), das gewaltige vierflügelige Museums- und Archivgebäude am östlichen Ende der Brühlschen Terrasse, benannt nach dem damals regierenden König Albert: Die Galerie Neue Meister und die Skulpturensammlung. Beide Museen zeigen Kunstwerke von Weltgeltung.

Nach der Hochwasserflut im August 2002 begann eine sechsjährige Modernisierungszeit des Albertinums, die Staatlichen Kunstsammlungen benötigten dringend hochwassersichere Depots und Restaurierungswerkstätten. Die sind in 17 Meter Höhe über dem vormals offenen Innenhof entstanden, indem man eine spektakuläre 2700 Tonnen schwere stählerne Brückenkonstruktion einbaute. In den neuen Ausstellungssälen sind ein Teil der Schätze der **Skulpturensammlung** und der **Galerie Neue Meister** in einem Rundgang zu erleben, oftmals in einem wunderschönen Zusammenspiel von Skulpturen und Malerei. Die Galerie Neue Meister entstand 1931, als die zeitgenössischen deutschen Gemälde aus der Gemäldegalerie ausgegliedert wurden und eigens eine für die Neuen Meister geschaffen wurde. Die gehört heute zu den bedeutenden Museen der Moderne, im neuen Albertinum werden rund 300 Meisterwerke der Kunst von der Romantik bis zur Gegenwart gezeigt. Georg Baselitz, A.R. Penck und Gerhard Richter, drei international renommierte Künstler mit sächsischen Wurzeln, haben eigene Räume erhalten. Die Skulpturensammlung entstand zwischen 1717 und 1728 als Galerie antiker Skulpturen, lange Zeit war sie die größte ihrer Art außerhalb Italiens. Die etwa 11 000 Antiken bilden den Kern des Museums, das Arbeiten aus

*Im historischen Stil wieder entstanden – der Dresdner Neumarkt*

fünf Jahrtausenden umfasst. Aus den frühen Kulturen des Mittelmeerraumes und Vorderasiens bis zur Gegenwart werden Werke gesammelt. Einen Blickpunkt in der neuen, seit 2010 bestehenden Ausstellung bildet das riesige gläserne Schaudepot in der Eingangshalle, in der 150 Skulpturen von der Antike bis zum Barock stehen.

### ■ Neumarkt

Der im Wiederaufbau befindliche Platz zwischen Elbe und Altmarkt lebt vom Zusammenspiel neu errichteter Bauten im historischen Stil und sensibel eingefügten modernen Fassaden. Die historischen Stile bewegen sich von der Gotik über Renaissance und Barock bis zum Biedermeier. Über den Wiederaufbau des Neumarktes, der vor dem Zweiten Weltkrieg einen der städtebaulichen Höhepunkte Dresdens bildete, wird jedoch heftig gestritten. Die Gegner der Bebauungspläne möchten, dass sich alles an historischen Vorbildern orientiert, der Neumarkt mit seinen Gebäuden und den Blickbeziehungen wieder so entsteht, wie er bis zum Zweiten Weltkrieg bestand. Sie vergessen, dass die Zeit nicht stehengeblieben ist und man nicht alles zurückdrehen kann. Wo beispielsweise sollen die Handwerker herkommen, die einst die Erdgeschosse und Hinterhöfe bevölkerten? Heutzutage möchte man hier Cafés, Restaurants, Boutiquen haben, wie sie zum großen Teil schon eingezogen sind.

Als erstes Bauwerk wurde im Jahr 2000 an der Ostseite das **Coselpalais** (1744–1746) wieder errichtet, benannt nach einem Sohn August des Starken, der aus seiner Verbindung mit der Gräfin Cosel hervorgegangen ist. Wiederaufgebaut hat man auch das traditionsreiche **Hotel de Saxe**, das die Steigenberger-Gruppe betreibt, mit dem **Standbild Friedrich Augusts II.** (um 1867) davor. Der spektakulärste, international weit beachtete Wiederaufbau war allerdings der der Frauenkirche.

## Frauenkirche

Seit dem Jahr 2004 prägt die elegante Kuppel von Sachsens bedeutendster protestantischer Kirche wieder wie einst Dresdens Silhouette. Der 95 Meter hohe Zentralbau über achteckigem Grundriss von George Bähr war am Ende des Zweiten Weltkrieges fast vollständig zerstört worden. Die Ruine blieb zu DDR-Zeiten ein Mahnmal gegen den Krieg, an dem sich an jedem 13. Februar Tausende versammelten, um an die Toten der Bombennacht im Februar 1945 zu erinnern. 1993 begann der weitgehend aus Spenden finanzierte und nicht unumstrittene Wiederaufbau. Rund ein Drittel der Steine wurden aus der Ruine geborgen, exakt erfasst und – erkennbar an der dunklen Färbung – in den Bau einbezogen. Dadurch wird auch für kommende Generationen das tragische Schicksal des Gotteshauses ablesbar bleiben. Als ersten Teil des Wiederaufbaus weihte man im August 1996 das Kellergewölbe als Unterkirche ein, im Juni 2004 wurde die Kirche mit dem Aufsetzen der Turmhaube und des Turmkreuzes äußerlich vollendet. Nach dem Innenausbau erfolgte die Weihe am 30. Oktober 2005.

## Verkehrsmuseum Dresden

Das Museum an der Westseite des Neumarktes gehört zu den wenigen international bedeutsamen Sammlungen, die alle Zweige des Verkehrswesens darstellen: Eisenbahn, Nahverkehr, Kraftfahrzeuge, Schifffahrt und Luftverkehr. Das Museum befindet sich im **Johanneum** (1586–1590), dem ehemaligen Stallgebäude, in dem die Pferde und Kutschen der Kurfürsten standen. Durch den **Langen Gang** (1586–1588) ist es mit dem Georgentor des Residenzschlosses verbunden, dessen offene Bogenhalle im **Stallhof** 20 toskanische Säulen tragen. Der Stallhof, der prunkvolle Turniere sah, gilt als der älteste original erhaltene Turnierplatz dieser Art auf der Welt.

## Fürstenzug

An der Außenseite des Langen Ganges in der Augustusstraße zeigt der Fürstenzug alle Herrscher des Hauses Wettin in einem Reiterzug. Die 957 Quadratmeter große beeindruckende Ahnengalerie der Wettiner ist das größte Porzellanbild der Welt, 101,90 Meter lang und aus 25000 Meissner Porzellanfliesen bestehend. Auf ihm sind insgesamt 93 Personen zu sehen, darunter 35 Markgrafen, Kurfürsten und Könige. Wer sich in der Geschichte der Wettiner ein wenig auskennt, wird den letzten Regierenden vermissen. König Friedrich August III. fehlt, weil er noch ein Bub von sieben Jahren war, als 1872 mit dem Fries begonnen wurde. Dafür hat sich der Schöpfer dieses einzigartigen Kunstwerkes, der Akademieprofessor Wilhelm Walther, am Ende des Frieses selbst verewigt.

Seit dem Jahr 2002 hat Dresden ein weiteres Porzellanbild. Das 90 Quadratmeter große Wandbild ist in der Empfangshalle des Neustädter Bahnhofs zu sehen. Auf 753 Porzellanplatten sind 22 der bedeutendsten sächsischen Sehenswürdigkeiten abgebildet.

## Rund um die Altstadt

Dresden breitete sich Anfang des 19. Jahrhunderts aus, als die Festungsanlagen keine Bedeutung mehr hatten.

*Die Dresdner Kathedrale St. Trinitatis*

So entstand beispielsweise aus sechs Dörfern die Wilsdruffer Vorstadt, die heute auf dem linken Elbufer hinter der Altstadtgrenze beginnt. Aber auch auf der grünen Wiese wurde gebaut, so entstand südlich des heutigen Hauptbahnhofes die Südstadt. Die gut betuchten Dresdner erwarben Baugrundstücke in Blasewitz und Tolkewitz. Sehenswürdigkeiten sind auf Grund der geschichtlichen Entwicklung hier dünner gesät, doch wer Zeit hat, sollte sich auch rund um die historische Altstadt umschauen.

*In der Prager Straße*

### ■ Yenidze

Die Yenidze ist Dresdens originellstes Bauwerk. Die verglaste Kuppel der einstigen Zigarettenfabrik ›Yenidze‹ ist nicht zu übersehen. Die Bauvorschriften verboten es zu Beginn des 20. Jahrhunderts, Industrieanlagen mit hohen Schornsteinen im Zentrum zu errichten. Denn die Silhouette als Kunst- und Residenzstadt sollte erhalten bleiben. Zigarettenfabrikant Hugo Zietz umging diese Vorschrift auf elegante Weise, indem er seinem Fabrikneubau (1909–1912) die Gestalt einer Moschee gab, der er eine riesige Glaskuppel mit 17 Meter Durchmesser aufsetzte. Der Schornstein bekam das Aussehen eines Minaretts. Bis 1953 war die Yenidze Zigarettenfabrik, danach das zentrale Tabakkontor der DDR, heute ist das Gebäude Büro- und Veranstaltungsort. Benannt ist das Bauwerk nach einem kleinen osmanischen, heute in Griechenland liegenden Tabakanbaugebiet.

### ■ Prager Straße

Auf dem Fußgängern vorbehaltenen Bummelboulevard (1965–1969) laden Cafés und Restaurants zum Verweilen ein, hier gibt es Hotels, Geschäfte, ein Warenhaus und mit der neuen Centrum-Galerie seit 2009 eine schicke Shopping-Mall. Im alten Dresden war die Prager Straße die Flaniermeile Nummer 1, doch die Bombennacht im Februar 1945 hatte von der einst belebten und glanzvollen Straße nichts stehengelassen. Die Städteplaner konzipierten beim Wiederaufbau anstelle der engen, nur 14 bis 17 Meter breiten Straßenschlucht ein weiträumiges städtebauliches Ensemble.

Die Prager Straße verbindet die Altstadt mit dem Wiener Platz und dem 1898 eröffneten **Hauptbahnhof**, der zwischen 2001 und 2005 vom englischen Stararchitekten Sir Normann Foster umgebaut wurde. Hinter dem Hauptbahnhof leuchten in den Farben Gold und Grün die fünf Zwiebeltürmchen der **russisch-orthodoxen Kirche**. Erbaut wurde sie 1872 bis 1874 für die Angehörigen der am sächsischen Königshof akkreditierten russischen Gesandtschaft.

Wenige Schritte von hier dehnt sich der Gebäudekomplex der **Technischen Universität** aus, mit rund 35 000 Studenten die größte akademische Lehreinrichtung in Sachsen. Wahrzeichen der Universität ist der 40 Meter hohe **Beyer-Bau** (1910–1913).

### ■ Buchmuseum

Kostbarkeiten aus mehr als einem Jahrtausend Buchgeschichte bewahrt das Buchmuseum der Sächsischen Landesbibliothek auf. Herausragend sind ein Skizzenbuch von Albrecht Dürer, der erste Dreifarbdruck der Welt von 1457 und die umfangreichste und am besten erhaltene der drei weltweit existierenden Maya-Handschriften aus dem 13. Jahrhundert. Die Sächsische Landesbibliothek besitzt mehr als sieben Millionen Medien, darunter 4,3 Millionen Bücher und Zeitschriften.

### ■ Panometer

Von der zwölf Meter hohen Plattform genießt man einen herrlichen Panoramablick auf das barocke Dresden im Jahr 1756. Der Berliner Künstler Yadegar Asisi hat, wie auch in Leipzig, ein 360-Grad-Panoramabild geschaffen und damit dem ausgedienten Gasspeicher (1879/80) in Reick neues Leben eingehaucht. Das Gemälde von 106 Metern Länge und 27 Metern Höhe fasziniert durch seinen Detailreichtum, wenn sich langsam die Dunkelheit über die Stadt legt, verstummen die Tagesgeräusche, und das Rufen der Eulen erklingt.

### ■ Um den Großen Garten

In Dresdens größter und ältester Parkanlage vereinen sich der englische Stil und ein barocker Lustgarten harmonisch. Die Wege in der weitläufigen Anlage haben insgesamt eine Länge von 34 Kilometern. Wer nach dem vielen Sightseeing nicht mehr laufen mag, lässt sich von der **Parkeisenbahn** 5,6 Kilometer durch den Großen Garten fahren. Die Schmalspurbahn verkehrt von April bis Oktober, betreut wird sie von Schülern, nur die Lokomotivführer und Bahnhofsleiter sind den Kinderschuhen entwachsen.

Einst stolzierten die sächsischen Kurfürsten mit ihren Pagen durch den ab 1676 von Johann Georg II. angelegten Großen Garten, erst 1813 wurde der Park zur allgemeinen Benutzung freigegeben. Mittendrin erhielt das **Palais** seinen Platz, Sachsens frühester Barockbau, eine Mischung aus deutschem Lusthaus, italienischer Villa und französischem Schloss. Der Hof lud in das reich geschmückte Bauwerk zu sommerlichen Vergnügungen. Im Februar 1945 glaubten tausende von Dresdnern, im Großen Garten vor den Bombenangriffen sicher zu sein. Doch die Flugzeuge klinkten ihre todbringende Last auch über dem Park aus, das Blutbad war entsetzlich.

### ■ Gläserne Manufaktur

In der nordwestlichen Ecke des Großen Gartens errichtete der Volkswagenkonzern eine monumentale Halle (1999–2001). Auf zwei Ebenen der innovativen Produktionsstätte wird der ›Phaeton‹ montiert, ein Personenwagen der Oberklasse. Die Bauelemente bringt im Halbstundentakt eine Güterstraßenbahn werbewirksam in das unterirdische Logistikzentrum. In einem 40 Meter hohen

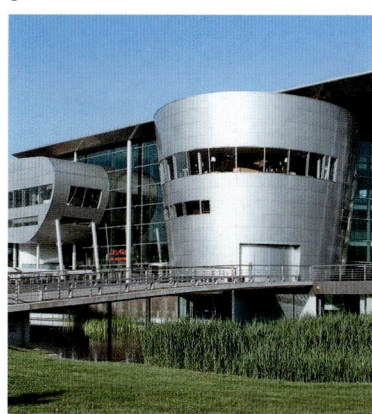

*Die Gläserne Manufaktur*

Glasturm warten die fertigen Fahrzeuge auf ihre Abholung. Besucher können nach Voranmeldung hinter der transparenten Fassade den Produktionsprozess verfolgen.

### ■ Zoo

Mehr als 2000 Tiere in rund 300 Arten leben im Dresdner Zoo. Der 1861 eröffnete Zoo erwarb 1873 eine Schimpansin, mit der die bis heute erfolgreiche Zucht von Menschenaffen begann. Anziehungspunkte bilden das zur begehbaren Katta-Insel umgestaltete Robbenbecken, das zum afrikanischen Teil des Zoos gehört. Dieser Teil erstreckt sich über die Löwen- und Karakalanlage bis zur Giraffen- und Zebraanlage. Neu ist das Tropenhaus, in dessen großen Schaugehegen Affen, Faultiere und Kleinkantschile gezogen sind. Auch Besucherliebling Max lebt hier, das 4,50 Meter lange und 430 Kilogramm schwere Leistenkrokodil, das über 50 Jahre alt ist.

*Der Goldene Reiter*

### ■ Hygiene-Museum

Am Lingnerplatz gibt es ein in Europa einzigartiges Museum: Das im Bauhausstil errichtete Deutsche Hygiene-Museum (1927–1930), das sich dem menschlichen Körper widmet. Die Anregung zu diesem Museum kam vom Dresdner Pharmazie-Großindustriellen Karl August Lingner (1861–1916), dem Erfinder des ›Odol‹-Mundwassers. Das hochinteressante Museum zeigt als Attraktion den **Gläsernen Menschen** und sieben Themenbereiche, darunter Essen und Trinken und Sexualität.

## Rechtes Elbufer

In der Dresdner Neustadt hat sich eine für Sachsen einmalige Café-, Restaurant- und Kneipenszene entwickelt. Während der Wendezeit fanden sich Menschen oftmals in Abrisshäusern zusammen, weil es hier leerstehende Räume gab, aus diesen gingen dann vielfach die Kneipen hervor. Einheimische, Studenten und Touristen finden

▲ *Die Gläserne Frau im Hygiene-Museum*

sich in den Kneipen, Bars und Cafés zusammen.

Wer von der Altstadt losgeht, läuft über die Augustusbrücke und kommt zum Neustädter Markt mit dem Reiterstandbild von August dem Starken. Das mit Blattgold belegte Denkmal heißt allgemein nur der **Goldene Reiter** (1736). Ohne diesen kunstsinnigen Friedrich August I. und seinen Sohn Friedrich August II. würde es die Kunst- und Kulturstadt Dresden nicht geben, Augusteisches Zeitalter werden die rund 70 Jahre von 1694 bis 1763 genannt, in denen die beiden regierten und den Weltruf Dresdens begründeten. Ergiebige Silbervorkommen und eine florierende Wirtschaft hatten das Haus Wettin reich werden lassen, der Hofstaat Augusts des Starken war glanzvoller als der des Kaisers, von Dresden nach Warschau reiste er mit 60 vier- und über 70 sechsspännigen Wagen.

### ■ Japanisches Palais

August der Starke plante, das Gebäude als ›Porzellanschloss‹ herzurichten. Matthäus Daniel Pöppelmann baute es von 1727 bis 1733 um, es entstand unter anderem das Dach in fernöstlichen Formen, das der Vierflügelanlage zum Namen verhalf. Doch August dem Starken fehlte das Geld für den Innenausbau, das Porzellanschloss blieb ein Traum. Den holten die gegenwärtig in Dresden Regierenden 2009 aus der Schublade und wärmten das Vorhaben eines Porzellanschlosses auf. Doch so schnell wie die Idee hervorgeholt wurde, verschwand sie auch wieder angesichts des leeren Staatssäckels.

In dem 1945 ausgebrannten sandsteinverkleideten Bauwerk zeigt seit der Wiederherstellung das **Staatliche Museum für Völkerkunde** eine Ausstellung. Die **Senckenberg Naturhistorischen Sammlungen Dresden**, die aus dem Museum für Tierkunde und dem Museum für Mineralogie und Geologie bestehen, präsentieren Sonderausstellungen.

Wer die Straße etwas östlich weiterläuft, vorbei am Goldenen Reiter, der kommt zum **Jägerhof**, einem der wenigen erhaltenen Gebäude aus der Renaissancezeit. In ihm befindet sich das 1896 gegründete **Museum für Sächsische Volkskunst**. Zu den wichtigsten Beständen gehören Möbel, Hausrat aus vorindustrieller Zeit sowie volkskünstlerische Textilien wie Blaudrucke, Klöppelspitzen und verschiedenartige Stickereien.

### ■ Hauptstraße

Am Neustädter Markt beginnt die Hauptstraße, ein bei Dresdnern und ihren Gästen beliebter Fußgängerboulevard mit dem **Museum zur Dresdner Frühromantik**. Eingerichtet wurde es im Haus Nr. 13, in dem der Maler Gerhard

*Brunnentempel am Albertplatz*

*Die Hauptstraße in Dresden-Neustadt*

von Kügelgen (1772–1820) wohnte, deshalb auch Kügelgenhaus genannt. An einem der Fenster stand 1813 Johann Wolfgang von Goethe und beobachtete den Einzug der russischen und preußischen Regimenter, die Kaiser Napoleon Bonaparte verfolgten. Sehenswert das nachgebildete Atelier Gerhard von Kügelgens.

Die **Dreikönigskirche** wird im Volksmund ›Sächsische Paulskirche‹, genannt, weil in ihr – ähnlich wie die Nationalversammlung 1848 in Frankfurt – von 1990 bis 1993 mangels anderer geeigneter Räumlichkeiten der Sächsische Landtag beriet. Der im Zweiten Weltkrieg zerstörte Sakralbau entstand bis 1990 als ›Haus der Kirche‹. Äußerlich zeigt sich das Bauwerk, wie es einst George Bähr und Mathäus Daniel Pöppelmann schufen, das Innere wurde dem neuen Nutzungszweck angepasst. Vom Barockaltar (1741) hat das Feuer vom Februar 1945 nur einen Torso übrig gelassen; die Kriegsruine soll als Mahnmal an den Zweiten Weltkrieg erinnern.

■ **Albertplatz**
Am Ende der Hauptstraße steht man am Albertplatz, dem heutigen Verkehrsmittelpunkt der Neustadt. Zehn Straßen gehen von ihm sternförmig ab. Eine davon ist die Königstraße, eines der letzten Bauvorhaben Augusts des Starken mit zahlreichen wertvollen Häusern. In den Grünanlagen des Albertplatzes erfreuen zwei wunderschöne **Brunnenanlagen** (1894) von Robert Diez das Auge: Auf der Ostseite das ›Stille Wasser‹ und auf der Westseite die Gruppe ›Stürmische Wogen‹.

Das **Schillerdenkmal** (1913) ist eine antikisierende Statue aus weißem Marmor, neueren Datums ist das bronzene **Erich-Kästner-Denkmal** (1987), denn der Schriftsteller war im nahen Haus Königsbrücker Straße 66 zur Welt gekommen. »Ich bin ein Deutscher aus Dresden in Sachsen«, bekannte der Autor in seinem Buch ›Als ich noch ein kleiner Junge war.‹ Das Wasser im eleganten **Brunnentempel** (1906) an der Ecke zur Königsbrücker Straße kommt aus einer Tiefe von 243 Metern.

# Der schönste Milchladen der Welt

Die Wandflächen, die Decke, sogar der Fußboden sind mit farbigen Fliesen belegt, sie sind so schön wie ein buntes Bilderbuch gestaltet. ›Pfunds Molkerei‹ in der Bautzener Straße 79 in Dresden ist ein künstlerisches Kleinod besonderer Art, es ist der wohl schönste Milchladen der Welt. Restauratoren bewahrten das einmalige Kunstwerk vor dem Verfall, das seit Oktober 1995 wieder im neuen, alten Glanz erstrahlt.

Die handgemalten Abbildungen erzählen viel über die Milchherstellung und -verarbeitung, sie zeigen weidende Kühe ebenso wie den Milchverkauf, sie dokumentieren das innovative Konzept des Firmengründers Paul Gustav Pfund. Der hatte 1879/80 mit seinem Bruder Friedrich begonnen, Dresdens Bevölkerung hygienisch einwandfreie Milch anzubieten. Durch ein Fenster im Verkaufsraum konnte die Kundschaft zusehen, wie die Kühe gemolken wurden.

Die ›Dresdner Molkerei Gebrüder Pfund‹ stellte als erste in Deutschland Kondensmilch her, entwickelte Kindernahrung mit Muttermilchqualität und Milchseife für empfindliche Haut. 1900 führte Pfund die heute nicht mehr wegzudenkende Pasteurisierung für die gesamte Milch aus seinem Betrieb ein.

Zu dem Unternehmen gehörten eine ›Bierschwemme‹ für die Milchkutscher, es gab einen Kindergarten und einen Festsaal mit Theater. Anfangs wurden täglich etwa 150 Liter Milch verkauft, in den 1930er Jahren verarbeitete man jeden Tag rund 60 000 Liter zu Milchprodukten aller Art.

Die 1891/92 entstandene gefliest Farbenpracht hatte die Bombardierungen im Zweiten Weltkrieg überdauert, 1972 wurde von den DDR-Behörden das Unternehmen verstaatlicht, 1990 der Laden geschlossen. Einige Jahre später erfolgte die Wiederbelebung, die fehlenden oder beschädigten Fliesen formte man nach alten Unterlagen nach, und so zeigt sich der Laden seit 1995 wieder so schön, wie ihn Paul Pfund vor mehr als 100 Jahren geschaffen hat.

Der heutige Käseladen gehört wieder zu Dresdens Sehenswürdigkeiten. Bei nicht wenigen Reiseveranstaltern steht ein Besuch von ›Pfunds Molkerei‹ im Dresden-Programm, deshalb kann es hier manchmal ziemlich voll sein. Von Frisch- über Weichkäse, Schnitt- und Hartkäse wird die gesamte Variation der Milchveredlung angeboten, sogar an Sonnabenden und Sonntagen. Milch zum Trinken gibt es auch.

*Fliesen im Milchladen – ein Bilderbuch der Milchproduktion*

## ■ Militärhistorisches Museum der Bundeswehr

Das Museum, das nach jahrelangem Umbau im Jahr 2011 wieder öffnete, ermöglicht einen Streifzug durch mehr als 600 Jahre deutscher Militärgeschichte. Etwa 1,5 Millionen Objekte besitzt das Museum, das damit zu den größten seiner Art auf der Welt gehört. Zu den besonderen Schaustücken zählen das erste deutsche U-Boot ›Brandtaucher‹ (1850/51), der Landeapparat des Raumschiffes ›Sojus 29‹ (1978) und die ›Faule Magd‹, Europas ältestes Riesengeschütz (um 1430), aus dem allerdings nie ein Schuss abgegeben wurde. Die architektonische Neugestaltung des Museums erfolgte nach einem Entwurf des berühmten Architekten Daniel Libeskind.

## Dresdens Vororte

Vor allem auf dem rechtselbischen Ufer entstanden begehrte Wohnadressen, der Weiße Hirsch entwickelte sich zu Dresdens Nobelvorort. Nicht vergessen wurden die Arbeitnehmer, für sie entstand die Gartenstadt Hellerau. Am bekanntesten jedoch ist nach wie vor Pillnitz durch sein Schloss- und Parkensemble.

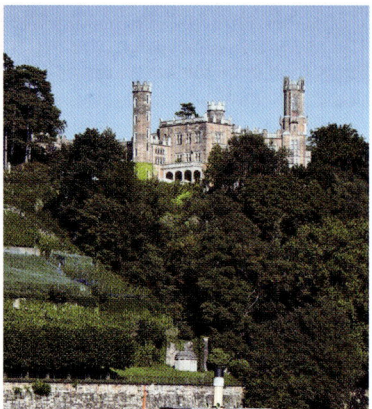

*Schloss Eckberg*

## ■ Elbschlösser

Eine Reise auf einem der Elbdampfer gehört zum Muss eines Dresdenbesuchs. Wer elbaufwärts in Richtung Pillnitz und Sächsische Schweiz reist, der sieht linker Hand zwischen Neustadt und Loschwitz hoch über dem Fluss die drei Elbschlösser: **Schloss Albrechtsberg** (1850–1854), das sich Prinz Albrecht von Preußen, ein Bruder von Kaiser Wilhelm I., erbaute, das **Lingner-Schloss** (1850–1853), auch Villa Stockhausen genannt, das der preußische Prinz für seinen Kammerherrn errichten ließ und

▲ *Das Blaue Wunder – Sachsens berühmteste Brücke*

## Dresdens Vororte

das später der Erfinder des ›Odol‹-Mundwassers Karl August Lingner erwarb, sowie das burgenähnliche **Schloss Eckberg** (1859–1861), das für einen Großkaufmann erbaut wurde. Schloss Albrechtsberg und das Lingner-Schloss werden heute für Veranstaltungen genutzt, Schloss Eckberg ist Hotel.

### ■ Das Blaue Wunder

1893 wurde Dresdens berühmteste Brücke eingeweiht, die offiziell Loschwitzer Brücke heißt und Blasewitz und Loschwitz miteinander verbindet. Am Ende des Zweiten Weltkrieges geschah ein weiteres Wunder: Beherzte Bürger durchschnitten die Zündkabel der angebrachten Sprengstoffladung, das Blaue Wunder blieb erhalten. Ihren Namen bekam die Brücke von dem blauen Anstrich und ›Wunder‹ in Anerkennung der technischen Leistung seinerzeit, die der Bau der 3500 Tonnen schweren Eisenkonstruktion (1891–1893) darstellte. Vor der Einweihung bekamen die Verantwortlichen plötzlich Magendrücken, sie fürchteten, das Bauwerk könnte der Belastung nicht standhalten. Flugs wurde eine Probe veranlasst: Drei Dampfwalzen, drei mit Steinen beladene Straßenbahnloren, sechs vierspännige Pferdewalzen, ein vollbesetzter Straßenbahnwagen, vier gefüllte Wassersprengwagen, drei Kutschen, fünf Pferde, ein beladener Materialwagen, eine Kompanie des Dresdner Jägerbataillons und 150 Freiwillige mussten auf die Brücke. Voller Spannung schauten alle, was passieren würde. Es passierte nichts – das Bauwerk hielt der Belastung stand und das bis heute.

Die Dampfschiffe legen hinter der Brücke am rechten Ufer in Blasewitz an, dort, wo die **Gaststätte Schillergarten** an den berühmten Dichter erinnert. In

*Standseilbahn zum Weißen Hirsch*

dem seinerzeit vorhandenen Schenkgut kehrte Friedrich Schiller gern ein, vermutlich auch wegen der Wirtstochter Justine Segedin, die als Frau Renner 1856 im Alter von 90 Jahren starb. Als Gustel von Blasewitz setzte ihr Friedrich Schiller in seinem Werk ›Wallensteins Lager‹ ein literarisches Denkmal. Wer die Justine/Gustel in Sandstein betrachten möchte, muss zum Blasewitzer Rathaus laufen, dort steht sie in einer Nische unterm Baldachin.

### ■ Bergbahnen

Vom Körnerplatz fährt seit 1895 die **Standseilbahn** hinauf zum Villenviertel Weißer Hirsch, es ist die letzte Bahn ihrer Bauart in Europa. Die 547 Meter lange Strecke legt sie in drei Minuten zurück, die Geschwindigkeit beträgt fünf Meter in der Sekunde. Einige Schritte von der Standseilbahn entfernt, in der Pillnitzer Landstraße, fährt seit 1901 die älteste **Bergschwebebahn** der Welt los, ihr Ziel ist Oberloschwitz. Die an einem Tragegerüst hängenden Wagen benötigen für die 273,80 Meter lange Strecke knapp drei Minuten.

### ■ Weißer Hirsch

Der Weiße Hirsch entwickelte sich vom Kurort zum Nobelviertel mit luxuriösen Villen. Ende des 19. Jahrhunderts gab es hier ein weithin bekanntes naturheilkundliches Sanatorium, einige Jahrzehnte später entstand eine Villa nach der anderen.

In den 1950er Jahren begann der Wissenschaftler Manfred Baron von Ardenne sein wissenschaftliches Institut in dieser Nobelgegend einzurichten.

Am bekanntesten von allen Bauwerken dürfte das **Café-Restaurant Luisenhof** (1895) sein, das an der Bergstation der Standseilbahn liegt.

*Die Weinbergkirche*

### ■ Pillnitz

Seit 200 Jahren hat sich nichts verändert: Nach Pillnitz wird von Dresden aus auf dem Wasserweg gereist. Der sächsische Hofstaat kam einst mit prachtvollen Gondeln, die Touristen unserer Tage auf Seitenraddampfern.

Das Schloss im längst nach Dresden eingemeindeten Pillnitz hatte August der Starke seiner Gräfin Cosel zum Geschenk gemacht. Als sie in Ungnade gefallen war und es wieder hergeben musste, ließ der Kurfürst ab 1720 das Wasser- und das Bergpalais erbauen, Pillnitz avancierte zur Sommerresidenz des Dresdner Hofes.

Das **Wasserpalais** und das spiegelgleich errichtete **Bergpalais** zählen zu den größten Chinoiserie-Bauten der Welt, das **Neue Palais** (1722), im Stil des Klassizismus mit barocken Anklängen erbaut, ordnet sich mit seinen geschwungenen Dächern gut in die Anlage ein. In beiden Palais zeigt das **Kunstgewerbemuseum Dresden** eine Fülle kunsthandwerklicher Objekte vom ausgehenden Mittelalter bis zur Gegenwart.

Das **Schlossmuseum** im Neuen Palais informiert über die Geschichte der Schlossanlage und das höfische Leben seiner Bewohner.

Die weitläufigen Pillnitzer **Gartenanlagen** mit dem Englischen Garten und dem Chinesischen Garten haben mehrere Generationen geschaffen. Anziehungspunkt ist eine dendrologische Kostbarkeit: die über 200 Jahre alte japanische **Kamelie**, die als einzige von einst vier nach Europa gebrachten Exemplaren überlebte. Sie ist fast neun Meter hoch, hat einen Kronendurchmesser von zwölf Metern und erfreut die Besucher jedes Jahr von März bis Mai mit bis zu 15 000 Blüten. Um den empfindlichen Baum im Winter zu schützen, entstand 1992 ein modernes 54 Tonnen schweres Stahl-Glas-Haus, das zu Beginn der kalten Jahreszeit über ihn gefahren wird. Temperatur, Luftfeuchte, Beschattung und Belüftung werden computergesteuert.

Oberhalb des Weinbergweges, von dem man herrliche Blicke zum Elbsandsteingebirge und zum Osterzgebirge hat, ließ August der Starke von seinem Oberlandbaumeister Matthäus Daniel Pöppelmann die barocke **Weinbergkirche** (1723-1727) errichten.

In dem Winzerhaus Dresdner Straße 44 im sich westlich anschließenden Stadtteil Hosterwitz verbrachte Carl Maria von Weber von 1818 bis 1824 mehrere Sommer mit seiner Familie. Das Haus, in dem Weber bedeutende Teile der ›Freischütz‹-Partitur schrieb, wurde zum Museum.

### ■ Hellerau

Deutschlands erste **Gartenstadt** entstand Anfang des 20. Jahrhunderts in der hügeligen, waldreichen Gegend am Rande der Dresdner Heide. Wohnen und Arbeiten miteinander verbinden, die Erlösung von der Mietskaserne, das war das Credo des Gründers der Gartenstadt und Gründers der Deutschen Werkstätten für Handwerkskunst (DWH), Karl Schmidt.

Westlich und nördlich der Fabrik entstanden Kleinwohnhäuser in schlichter Architektur. Fast jedem Ex-DDR-Bürger ist der Name Hellerau heute noch geläufig, denn Hellerau-Möbel standen in fast jeder Wohnung des dahingeschiedenen Staates. Kein Möbel verbuchte jemals in Europa eine solche Variabilität und einen solchen Erfolg wie das in Großfertigung hergestellte MDW-Programm (Montagemöbel der Deutschen Werkstätten), das einen Hauch von Ikea hatte. Die **Hellerauer Möbelwerkstätten** konnten in der ersten Hälfte des 20. Jahrhundertes zahlreiche internationale Auszeichnungen erringen, und

*Wasserpalais in Pillnitz*

auch gegenwärtig sind sie am Ball: Die Ausstattung des neuen Sächsischen Landtages und die der restaurierten Elbe-Raddampfer stammt unter anderem aus Hellerau.

Das **Festspielhaus** (1910–1912) war geistiger und kultureller Mittelpunkt der Siedlung und entwickelte sich rasch zu einem Veranstaltungsort von überregionaler Bedeutung. Nach dem Zweiten Weltkrieg nutzte die Sowjetarmee das Gebäude und hinterließ es bei ihrem Abzug aus Deutschland in einem desolaten Zustand. 2006 konnte das Festspielhaus, das heute Heimstätte des Europäischen Zentrums der Künste Hellerau ist, nach aufwendiger Sanierung wiedereröffnet werden.

### Dresden

**Vorwahl**: 0351.
**Postleitzahl**: 01067 (Zentrum).
**Tourist-Information Dresden**, Schlossstr. 2, 01067 Dresden, Tel. 501 60 16-0, Fax -6, info@dresden.travel, www.dresden.de, www.dresden.travel, www.dresden-tourist.de.

Gut beraten ist, wer für seinen Dresden-Aufenthalt eine der angebotenen **City-Cards** nutzt. Die **1-Tages-Dresden-City-Card** umfasst freie Fahrt mit den öffentlichen Verkehrsmitteln sowie Ermäßigungen bei über 80 touristischen Partnern, sie kostet 9,50 Euro, Familien mit zwei Erwachsenen und maximal 4 Kindern bis 14 Jahre zahlen 11,50 Euro. Mit der **2-Tages-Dresden-City-Card** erhält man zusätzlich freien Eintritt in die Museen der Staatlichen Kunstsammlungen (außer Historisches Grüne Gewölbe), sie ist für 24 Euro (Familien 41 Euro) zu haben.

Die **Dresden-Regio-Card** bietet für 5 Tage und 75 Euro (Familien 95 Euro) zusätzlich freie Fahrt mit dem Verkehrsverbund Oberelbe und Ermäßigungen bei über 120 touristischen Einrichtungen im Dresdner Umland.

**Steigenberger Hotel de Saxe**, Neumarkt 9, Altstadt, Tel. 4 38 60, www.desaxe-dresden.steigenberger.de; 185 Zi., DZ ab 130 Euro ohne Frühstück. Exklusive Lage vis-à-vis der Frauenkirche, schöner Ausblick auf die barocke Pracht Dresdens. Dazu kommen komfortable Zimmer und ein ausgezeichneter Service.

**Alttolkewitzer Hof**, Alttolkewitz 7, OT Laubegast, Tel. 2 51 04 31, www.alttolkewitzer-hof.de; 24 Zi., DZ ab 80 Euro. Individuelle Gastlichkeit in einem Privathotel, die Zimmer sind im Landhausstil gehalten.

**Prinz Eugen**, Gustav-Hartmann-Str. 4–6, OT Laubegast, Tel. 25 59 00, www.hotel-prinz-eugen.de; 47 Zi., DZ ab 75 Euro ohne Frühstück. Im grünen Stadtteil Laubegast, geräumige Gästezimmer.

**Pension Am Zwinger**, Ostra-Allee 27, Tel. 89 90 01 00, www.pension-zwinger.de; 45 Zi., 9 Appartements, DZ ab 70 Euro. Große behagliche Zimmer mit eigener Küche, in der Nähe der Sehenswürdigkeiten.

**L-Hotel Dresden-Altstadt**, Magdeburger Str. 1a, Tel. 486700, www.leonardo-hotels.com; 162 Zi., DZ ab 69 Euro. Komfortable Zimmer unweit des unmittelbaren Zentrums.

**Hotel Privat**, Forststr. 22, Tel. 811770, www.das-nichtraucher-hotel.de; 30 Zi., DZ ab 69 Euro. Familiengeführtes Haus in ruhiger grüner Lage in der Neustadt, Allergie- und asthmagerecht eingerichtete Zimmer, Haustiere sind deshalb nicht erlaubt.

**Ibis Hotels Dresden** (Bastei, Königstein, Lilienstein), Prager Str. 9, Tel. 48 56 20 00, www.ibis-dresden.de; 918 Zi., DZ ab 69 Euro. Einfache, der Hotelkette entsprechende Zimmer, dafür erstklassige Lage in der Shoppingmeile Prager Straße. Alle Zimmer sind Nichtraucherzimmer.

**Achat Hotel Dresden**, Budapester Str. 34, Tel. 47 38 00, www.achat-hotel.de; 157 Zi., DZ ab 59 Euro. Es stehen neben normalen Zimmern 51 Zwei-Raum-Appartements zur Verfügung. Bis ins Zentrum sind es etwa 1,5 Kilometer.

**Campingplatz Wostra**, An der Wostra 7, OT Zschieren, Tel. 2013254, April–Okt. 60 Stellplätze am Stadtrand von Dresden Richtung Heidenau, 200 Meter von der Elbe entfernt. Das FKK-Strandbad Wostra und das Freibad Wostra befinden sich in direkter Nachbarschaft.

**Camping- und Freizeitpark Luxoase**, Arnsdorfer Str. 1, Kleinröhrsdorf, Tel. 03 59 52/566 66, www.luxoase.de, 17 Kilometer von Dresden entfernt, 182 Stellplätze für Zelte, Caravan und Wohnmobile sowie zwei Wohnmietwagen.

**Feldschlösschen-Stammhaus**, Budapester Str. 32, Tel. 471 88 55, www.feldschloesschen-stammhaus.de; tägl. geöffnet, Hauptgerichte 8–13 Euro. Uriges Ambiente in Brauhaustradition, Feldschlösschen-Bier und deftige sächsische Küche, hausgebackenes Brot. Preiswerte, wöchentlich wechselnde Mittagskarte. Im Turm ist kostenlos das Biermuseum zu besichtigen.

**Fischhaus Alberthafen**, Magdeburger Str. 58, Tel. 4982110, www.fischhaus-alberthafen.de; tägl. geöffnet, Hauptgerichte 8–16 Euro. Fischrestaurant im maritimen Stil.

**Freiberger Schankhaus**, Neumarkt 8, Tel. 500 43 47, www.freiberger-schankhaus.de; tägl. geöffnet, Hauptgerichte 8–14 Euro. Sächsisch-bürgerliche Küche und Bierspezialitäten in der City. Im Sommer große Terrasse auf dem Neumarkt.

**Italienisches Dörfchen**, Theaterplatz 3, Tel. 49 81 60, www.italienisches-doerfchen.de; tägl. geöffnet, Hauptgerichte 11–20 Euro. 100-jährige Tradition mit fünf Restaurants und mediterranem Flair. Der Versuch, einen Platz auf dem Balkon mit Blick auf die Semperoper zu ergattern, lohnt unbedingt.

**Kuppelrestaurant in der Yenidze**, Weißeritzstr. 3, Tel. 490 59 90, www.kuppelrestaurant.de; tägl. geöffnet, Hauptgerichte 11–16 Euro. Orientalisches Flair unter der riesigen bunten Glaskuppel der ehemaligen Tabakfabrik. Sächsische und internationale Küche, darunter auch Orientalisches. Veranstaltungsort für ›1001 Märchen in der Yenidze‹, ein Märchenerzähltheater (www.1001maerchen.de).

**Wirtshaus Lindenschänke**, OT Altmickten 1, Tel. 859 95 77, www.wirtshaus-lindenschaenke.de; tägl. geöffnet, Hauptgerichte 10–20 Euro. Im Dorfkern von Altmickten am Elberadweg stehen deftige sächsische und bayrische Köstlichkeiten auf der Karte.

**Schillergarten**, Schillerplatz 9, OT Blasewitz, Tel. 811 99 22, www.schillergarten.de; tägl. geöffnet, Hauptgerichte 8–15 Euro. Traditionshaus am Blauen Wunder, einst Schillers Stammlokal. Von sächsischem Sauerbraten bis Goldbroiler (Grillhühnchen). Bis zu 1000 Plätze im Biergarten mit Blick auf die Elbe.

**Pulverturm**, An der Frauenkirche 12, Tel. 26 26 00, www.pulverturm-dresden.de; tägl. geöffnet, Hauptgerichte 9–18 Euro. Auf den historischen Fragmenten des Pulverturms errichtet, urig und mit viel Klamauk. Deftige sächsische Küche.

**Luisenhof**, Bergbahnstr. 8, OT Loschwitz, Tel. 214 99 60, www.luisenhof.org; tägl. geöffnet, Hauptgerichte 13–19 Euro. Vom Loschwitzer Elbhang Panoramablick auf das Elbtal, frisch zubereitete sächsische Küche.

**Café Vis-à-Vis**, Brühlsche Terrasse 3, Tel. 864 28 37, www.hilton.de/dresden. Wiener Kaffeehaus mit eigener Patisserie. Im Sommer wunderbarer Freisitz auf der Brühlschen Terrasse mit Blick über die Elbe zur Neustadt.

**Grand Café Coselpalais**, An der Frauenkirche 12a, Tel. 498 98 12, www.coselpalais-dresden.de; tägl. geöffnet. Barockes Palais neben der Frauenkirche mit einer großen Auswahl an leckeren Kuchen und Torten.

**Café Toscana**, Schillerplatz 7, OT Blasewitz, Tel. 310 07 44, www.cafe-eisold.de; tägl. geöffnet. Seit über 100 Jahren die Grande Dame der Dresdner Cafélandschaft.

**Eiscafé Venezia**, Hauptstr. 2a, Tel. 804 54 58; tägl. geöffnet. Beliebtes Eiscafé am Eingang zum Neustädter Markt, immer neue Eiskreationen.

**Kunst-Café-Antik**, An der Frauenkirche 5, Tel. 496 52 17, www.kunstcafeantik-frauenkirche.de. Interessante Komposition aus Café-Restaurant und Antiquitätenladen.

Dresdens Nachtleben ist vielgestaltig, es reicht von der Kneipenszene in der Neustadt mit über 100 Kneipen, Pubs und Nachtlokalen über Locations in alten Fabrikkellern bis zu Lifestyle-Clubs mit mediterranem Flair.
Informieren kann man sich auf den Seiten www.dresden.de/partyszene, www.dresden-nightlife.de oder www.dd-inside.com.

**Kakadu-Bar**, Bautzner Str. 7, OT Weißer Hirsch, Tel. 205 01 50, www.kakadubar.de. Legendärer Nachtclub im Nobelviertel Dresdens.

**Pier 15**, Club und Lounge, Leipziger Str. 15b, Tel. 459 00 47, www.pier15.de. Angesagter Club in den historischen Lagerhallen des Neustädter Hafens.

**Newtonbar**, Helgolandstr. 9b, Tel. 80 14 33 99, www.newtonbar.de. Anspruchsvolle Cocktailbar, erstklassige Drinks in der Neustadt.

**Stadtmuseum Dresden** im Landhaus und **Städtische Galerie Dresden, Kunstsammlung**, Wilsdruffer Str. 2, Tel. 488 73 70, www.stmd.de; Di–Do, Sa/So 10–18, Fr 10–19 Uhr.

**Turm der Kreuzkirche**, An der Kreuzkirche 6, Tel. 439 39 20, www.dresdner-kreuzkirche.de; Mai–Okt. Mo–Sa 10–17.30, So 12–17.30 Uhr, Nov.–März Mo–Sa 10–15.30, So 12–15.30 Uhr, April Mo–Sa 10–16.30, So 12–16.30 Uhr.

**Rathausturm**, Eingang Kreuzstraße; März–Okt. 10–18 Uhr, letzte Auffahrt 17.30 Uhr.

**Residenzschloss**, Taschenberg 2, Tel. 49 14 20 00, www.skd.museum; **Historisches Grünes Gewölbe** Mi–Mo 10–19 Uhr. Das Historische Grüne Gewöl-

be kann nur mit Zeitticket besichtigt werden, zu erhalten ist es im Vorverkauf (Tel. 49 19 22 85, www.skd.museum), 40 Prozent des Tageskartenkontingents sind aber auch an der Kasse für denselben Tag verfügbar. **Neues Grünes Gewölbe**, **Türckische Cammer**, **Kupferstichkabinett**, Mi–Mo 10–18 Uhr, **Münzkabinett** im Hausmannsturm, April–Okt. Mi–Mo 10–18 Uhr.
**Semperbau mit Zwinger**, im Zwinger, Theaterplatz 1, Tel. 49 14 20 00, www.skd.museum, mit **Gemäldegalerie Alte Meister**, **Porzellansammlung**, **Rüstkammer** Di–So 10–18 Uhr sowie **Mathematisch-Physikalischer Salon** (wegen Umbauarbeiten gegenwärtig geschlossen).
**Kathedrale St. Trinitatis** (katholische Hofkirche), Schlossplatz, Tel. 484 47 12, www.kathedrale-dresden.de; Mo, Di 9–18, Mi, Do 9–17, Fr 13–17, Sa 10–17, So 12–16 Uhr. Mi, Sa 11.30–12 Uhr Orgelmusik.
**Festung Dresden** (Kasematten), Georg-Treu-Platz, Tel. 43 87 03 20, www.schloesserland-sachsen.de; tägl. April–Okt. 10–18, Nov.–März 10–17 Uhr.
**Albertinum – Galerie Neue Meister** und **Skulpturensammlung**, Brühlsche Terrasse und Georg-Treu-Platz, Tel. 49 14 20 00, www.skd.museum; tägl. 10–18 Uhr.
**Frauenkirche**, Georg-Treu-Platz 3, Tel. 65 60 61 00, www.frauenkirche-dresden.de; offene Kirche Mo–Fr 10–12 und 13–18 Uhr, am Wochenende wechselnde Zeiten. Kuppelaufstieg März–Okt. Mo–Sa 10–18, So 12.30–18, Nov.–Febr. Mo–Sa 10–16, So 12.30–16 Uhr. Orgelandachten mit Kirchenführung Mo–Sa 12, Mo–Mi, Fr 18 Uhr.

**Verkehrsmuseum Dresden**, im Johanneum, Augustusstr. 1 (am Neumarkt), Tel. 8 64 40, www.verkehrsmuseum-dresden.de; Di–So 10–17 Uhr.
**Buchmuseum der Sächsischen Landesbibliothek, Staats- und Universitätsbibliothek Dresden** (SLUB), Zellescher Weg 18, OT Südvorstadt-Ost, Tel. 467 75 80, www.slub-dresden.de; Schatzkammer Mo–Fr 10–17, Sonderausstellung Mo–Sa 10–17 Uhr.
**Asisi-Panometer**, Gasanstaltstr. 8b, OT Reick, Tel. 860 39 40, www.asisi.de; Di–Fr 9–19, Sa/So 10–20 Uhr.
**Zoo Dresden**, Tiergartenstr. 1, Tel. 47 80 60, www.zoo-dresden.de; tägl. April–3. Okt. 8.30–18.30, Okt., Mitte Febr.–März 8.30–17.30, Nov.–Mitte Febr. 8.30–16.30 Uhr.
**Deutsches Hygiene-Museum**, Lingnerplatz 1, Tel. 484 64 00, www.dhmd.de; Di–So 10–18 Uhr.
**Staatliches Museum für Völkerkunde**, im Japanischen Palais, Palaisplatz 11, Tel. 814 48 60, www.voelkerkunde-dresden.de; Di–So 10–18 Uhr.
**Senckenberg Naturhistorische Sammlungen Dresden**, im Japanischen Palais, Palaisplatz 11, Tel. 79 58 41 43 26, www.senckenberg.de; Di–So 10–18 Uhr.
**Museum für Sächsische Volkskunst** und **Puppentheatersammlung**, im Jägerhof, Köpckestr. 1, Tel. 49 14 20 00, www.skd.museum; Di–So 10–18 Uhr.
**Kügelgenhaus – Museum der Dresdner Romantik**, Hauptstr. 13, OT Neustadt, Tel. 804 47 60, www.museen-dresden.de; Mi–So 10–18 Uhr.
**Turm der Dreikönigskirche**, An der Dreikönigskirche 3, Eingang D; März–Okt. Di 11.30–16, Mi–Sa 11–17, So 11.30–17, Nov.–Febr. Mi 12–16, Do, Fr 10–16, So 11.30–16.30 Uhr.

**Erich-Kästner-Museum**, Villa Augustin, Antonstr. 1, Tel. 804 50 86, www.erich-kaestner-museum.de; So, Mo, Di 10-18, Mi 10-20 Uhr.

**Militärhistorisches Museum der Bundeswehr**, Olbrichtplatz 2, Tel. 823 28 03, www.mhm.bundeswehr.de; Di–So 9–17 Uhr.

**Schlossmuseum im Neuen Palais Pillnitz**, August-Böckstiegel-Str. 2, Tel. 261 32 60, www.schloesser-dresden.de; Di–So 10–17 Uhr.

**Kunstgewerbemuseum im Schloss Pillnitz**, Tel. 49 14 20 00, www.skd.museum; Mai–Okt. 10–18 Uhr, Bergpalais Mo geschl., Wasserpalais Di geschl.

**Carl-Maria-von-Weber-Museum**, Dresdner Str. 44, OT Hosterwitz, Tel. 261 82 34, www.museen-dresden.de; Mi–So 13–18 Uhr.

**Sächsische Staatsoper Dresden** (Semperoper), Sächsische Staatskapelle, Theaterplatz 2, Tel. 491 17 05, www.semperoper.de. Ein Haus von Weltruf, Spielstätte der Sächsischen Staatskapelle.

**Dresdner Philharmonie**, Altmarkt, Tel. 486 68 66, www.dresdnerphilharmonie.de. Spielstätte der Dresdner Philharmonie ist der Kulturpalast, Konzerte an fast jedem Wochenende.

**Dresdner Kreuzchor**, Kreuzkirche am Altmarkt, Tel. 496 58 07, www.kreuzkirche-dresden.de. Weltberühmter Knabenchor, der sich vor allem geistlicher und weltlicher A-capella-Musik widmet.

**Staatsoperette Dresden**, Pirnaer Landstraße 131, OT Leuben, Tel. 207 99 99, www.staatsoperette-dresden.de. Klassische Operetten, Shows, musikalische Komödien.

**Staatsschauspiel Dresden –Schauspielhaus**, Ostra-Allee 3, Tel. 491 35 55, www.staatsschauspiel-dresden.de. Hochkarätige Schauspielaufführungen.

**Komödie Dresden**, Freiberger Str. 39 (im World Trade Center), Tel. 86 64 10, www.komoedie-dresden.de. Theater für ein breites Publikum.

**Theaterkahn – Dresdner Brettl**, Terrassenufer (bei der Augustusbrücke), Tel. 496 94 50, www.theaterkahn-dresden.de. Musikalische Kabarett und komödiantisches Theater in kleiner Form an einem ungewöhnlichen Veranstaltungsort.

**Herkuleskeule**, Sternplatz 1, Tel. 492 55 55, www.herkuleskeule.de. Politisches Kabarett, Spaß und Provokation.

**Kabarett Breschke & Schuch**, Wettiner Platz 10, Tel. 490 40 09, www.kabarett-breschke-schuch.de. Satire mit Biss im preisgekrönten Kabarett.

**Societätstheater**, An der Dreikönigskirche 1a, Tel. 803 68 10, www.societaetstheater.de. Modernes Theater im barocken Gebäude der Neustadt.

**Filmfest Dresden**, im April, www.filmfest-dresden.de. Internationales Kurzfilmfestival.

**Traditionelle Dampferparade** der Sächsischen Dampfschifffahrt, am 1. Mai, www.saechsische-dampfschifffahrt.de. Zum Saisonstart fahren die neun historischen Schaufelraddampfer nach Pillnitz und zurück.

**Dresdner Musikfestspiele**, Mitte Mai-Anfang Juni, www.musikfestspiele.com. Konzerte mit Künstlern von Rang an verschiedenen Spielstätten.

**Dixieland-Festival**, im Mai, www.dixieland.de. Europas größtes Oldtime-Jazz-Festival mit einer mehr als vier Jahrzehnte langen Tradition.

**Elbhangfest**, letztes Juni-Wochenende, www.elbhangfest.de. Buntes Volksfest mit Kunsthandwerk und sächsischen Spezialitäten an der Sächsischen Weinstraße von Dresden-Loschwitz bis Pillnitz.

**Filmnächte am Elbufer**, Juli/Aug., www.filmnaechte-am-elbufer.de. Open-Air-Kino und Konzerte an der Elbe.

**Dresdner Schlössernacht**, Mitte Juli, www.dresdner-schloessernacht.de. Schloss Albrechtsberg, Lingnerschloss und Schloss Eckberg laden zu Überraschungen.

**Dresdner Striezelmarkt**, Ende Nov./Dez., www.dresden.de/striezelmarkt. Ältester und einer der größten Weihnachtsmärkte Deutschlands.

So facettenreich wie die Stadt ist auch das Shoppingangebot. Es reicht von den klassischen Shoppingmeilen an **Prager Straße**, **Altmarkt** und **Schloßstraße** über das Einkaufsparadies für Individualisten zwischen Haupt- und Königsstraße und den **Kunsthandwerkerpassagen** in der Neustadt bis zu den kleinen Läden in der Äußeren Neustadt, wo auch die **Kunsthofpassage** (zwischen Alaun- und Görlitzer Straße), die durch vier Höfe führt, zu finden ist. Die **Neustädter Markthalle** in der Metzer Straße 1 besticht allein schon durch ihre Architektur.

Jeden Sa von 7 bis 14 Uhr findet der **Elbeflohmarkt** zwischen Carola- und Albertbrücke statt.

**Der Elberadweg** quert Dresden direkt am Fluss, quasi vorbei an den Sehenswürdigkeiten der Stadt. www.elberadweg.de.

**Fahrradverleih** im Hauptbahnhof, Tel. 461 32 32; tägl. 6.15–21.30 Uhr.

**Georg-Arnhold-Bad**, Hauptallee 2, Tel. 494 22 03, tägl. geöffnet, Mai–Mitte Sept. Freibadsaison.

**Elbamare Erlebnisbad**, Wölfnitzer Ring 65, OT Gorbitz, Tel. 41 00 90, www.elbamare.de; tägl. geöffnet. Bade- und Saunalandschaft.

**Sächsische Dampfschifffahrt**, www.saechsische-dampfschifffahrt.de. Schiffsfahrten mit historischen Raddampfern nach Meißen und Diesbar-Seußlitz, nach Pillnitz und in die Sächsische Schweiz.

**Elbetaxi**, Tel. 417 24 24 40, www.elbe-taxi.de. Verleih von Kanus, Canadiern und Speedbooten.

**Freiberger Arena**, Magdeburger Str. 10, Tel. 488 52 52, www.freiberger-arena.de. Eissporthalle und Eislaufbahn im Sportpark Ostragehege.

**Kletterwald Dresdner Heide**, Nesselgrundweg 80, Tel. 795 87 09, www.kletterwald-dresdner-heide.de. Auf vier Parcours mit 60 Elementen sind Kletterkünste gefragt.

**Waldseilpark Dresden-Bühlau**, Grundstr. 169, OT Bühlau, Tel. 160 18 98, www.waldseilpark-dresden.de. Mut und Geschicklichkeit beweisen beim Klettern und Hangeln in luftiger Höhe bis zu 20 Meter, 8 verschiedene Parcours, insgesamt mehr als 70 Kletterelemente.

**Skate-Park Dresden**, Lingnerallee (am großen Garten). Für Anfänger und Fortgeschrittene gleichermaßen geeignet.

# Dresdens Umgebung

Sachsens Landeshauptstadt dürfte eine der schönsten Umgebungen aller vergleichbaren Städte haben. Manches wie die Moritzburg gehört mittlerweile zum Muss einen Dresden-Besuches. Nicht weit ist es auch in die romantische Sächsische Schweiz oder in die andere Richtung im Elbetal, das von terrassenförmigen Weinbergen begrenzt wird.

## Tharandter Wald

Vom Tharandter Wald, einem 6000 Hektar großen Waldgebiet mit Tälern, Bächen, Felsen und dem **Jagdhaus Grillenburg** (1554–1558), schwärmten Dichter und Maler der Romantik in Versen und phantasievollen Bildern. Der Tharandter Wald ist eng mit Heinrich von Cotta (1763–1844) verbunden, dem ›Vater der Forstwissenschaften‹. 1811 hatte Cotta in der Kleinstadt **Tharandt** (5500 Einwohner), etwa 15 Kilometer vom Dresdner Stadtzentrum entfernt, eine Forstlehranstalt gegründet, aus der fünf Jahre später die Königliche Sächsische Forstakademie entstand. Der 34 Hektar große Forstbotanische Garten ist heute das **Sächsische Landesarboretum**. Im **Schweizerhaus** (1842) richtete man bereits 1885 das **Forstbotanische**

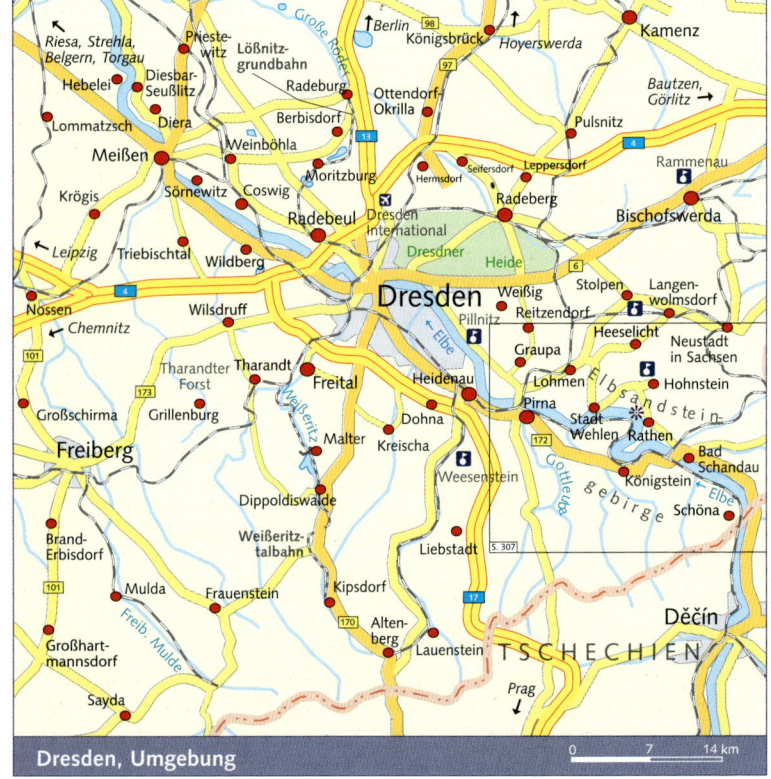

Dresden, Umgebung

**Museum** ein. Die malerisch über Tharandt thronende **Ruine** sind die Reste einer Burg aus dem 12./13. Jahrhundert, einst die größte im meißnisch-sächsischen Raum. Als die Wettiner mit ihr nichts mehr anzufangen wussten, gaben sie das Bauwerk 1568 zum Abbruch frei. Auf den Mauern der verfallenen Unterburg entstand 1626 bis 1629 die **Bergkirche zum heiligen Kreuz**. Der Rotbuchenwald am Hang des Weißeritztales oberhalb von Tharandt bekam von den Romantikern den Namen ›Heilige Hallen‹.

*Blick von der Burgruine Tharandt*

## Moritzburg

**Schloss Moritzburg** gehört mit zu den schönsten Schlössern des Sachsenlandes. Harmonisch liegt es eingebettet in der reizvollen Teichlandschaft. Ein bescheidenes Jagdhaus, das sich Herzog Moritz 1544 erbauen ließ, gestaltete Matthäus Daniel Pöppelmann 1723 bis 1736 für August den Starken zum Schloss mit vier Prunksälen und über 200 Räumen um. In dem barocken Bauwerk wohnten bis zum Ende des Zweiten Weltkrieges die Wettiner. Diana, der Göttin der Jagd, war der Schlossneubau gewidmet, in den vergangenen Jahrhunderten wurde er deshalb auch oft Dianenburg genannt. Kulturhistorisch besonders wertvoll sind die Ledertapeten, die zahlreiche Räume der Moritzburg schmücken. Faszinierend ist das Federzimmer mit fast zwei Millionen in Leinwand gewebten, verschiedenartigen Vogelfedern. Die Ausstattung vieler Räume, so sämtlicher Säle, sind der höfischen Jagd gewidmet. Die Sammlung der Rothirschgeweihe gehört zu den bedeutendsten in Europa.

Im **Rüdenhof**, Meißner Straße 7, wird die berühmte Grafikerin und Bildhauerin Käthe Kollwitz gewürdigt. Der letzte in Moritzburg lebende Wettiner Ernst Heinrich von Sachsen hatte die Künstlerin 1944 nach Moritzburg eingeladen, um sie vor den besonders in Berlin drohenden Kriegsgefahren zu schützen. »Hier in Moritzburg haben wir etwas Gutes«, schrieb die Kollwitz. »Landschaftlich ist die Lage schön. Wenn ich am Fenster sitze und drüben auf den gefärbten Herbstwald sehe, freue ich mich über die Weite des Blickes.« Im Rüdenhof verstarb Käthe Kollwitz am 22. April 1945.

Die reizvolle Gegend um Schloss Moritzburg, als Kulturlandschaft Moritzburg bezeichnet, ist eine in mehr als 400 Jahren von Menschenhand schöpferisch gestaltete Region. Selbst alle Teiche sind künstlich angelegt. Das **Wildgehege** entstand bereits Ende des 17. Jahrhunderts unter Kurfürst Johann Georg IV. Für die Jagden waren auch Pferde erforderlich, die ab 1733 in geräumige Stallanlagen Einzug hielten, das heutige **Sächsische Landgestüt**. Jedes Jahr im September dreht sich in Moritzburg alles ums Pferd, seit 1929 finden Hengstparaden statt, die Pferdebegeisterte aus ganz Deutschland anreisen lassen.

Die Fasanenanlage wurde unter August dem Starken angelegt, in der zweiten Hälfte des 18. Jahrhunderts jedoch er-

heblich erweitert. Nach chinoisen Vorbildern entstand das **Fasanenschlösschen** (1769–1772) mit Kabinettstuben, Schlafräumen sowie einem Speisesaal mit ausgestopften Fasanen an den Wänden. Das Haus diente dem Hof zum Sommeraufenthalt und als Repräsentationsobjekt. Am **Bärnsdorfer Großteich** ließ Kurfürst Friedrich August III. 1776 einen Hafen mit Mole und **Leuchtturm** bauen, die in ihrer ursprünglichen Form erhalten blieben. Der Kurfürst wollte Seeabenteuer erleben, Mittelpunkt der Spielchen waren zwei Segelschiffe, mit denen man auch die Seeschlacht von 1770 am Bosporus nacherlebte, als die Russen die Türken bezwangen. Wie es seinerzeit zuging, zeigt ein Gemälde im Fasanenschlösschen.

## Radebeul

Der Übergang von Dresden nach Radebeul (33 000 Einwohner) ist fließend. Die Elbhänge zogen einst Adlige und reiche Bürger Dresdens an, die in sogenannten Weinberghäusern die Sommermonate verbrachten. Entstanden ist die Villen- und Gartenstadt 1935 durch den Zusammenschluss von neun Gemeinden der Elbtal- und Lößnitzaue.

Die vielen hübschen Villen im Stil von Barock und Klassizismus geben der etwa acht Kilometer langen Stadt ein besonderes Gepräge. Eins dieser Bauwerke, das Berg- und Lusthaus (1648–1650), ließen sich die Wettiner erbauen. Heute beherbergt der original erhalten gebliebene Fachwerkbau das **Weingutmuseum Hoflößnitz**, in dessen üppig ausgemaltem Festsaal im Obergeschoss zu Konzerten und Lesungen geladen wird. Die Zierde des Raumes bilden 80 Darstellungen brasilianischer Vögel von Albert Eyckhout (17. Jahrhundert) auf Leinwand; der Holländer war nach einem Brasilienaufenthalt Hofmaler am sächsischen Hof geworden. Sorgfältig restauriert wurden in den 1990er Jahren der Wohnraum der Kurfürstin (links) und der des Kurfürsten (rechts).

Hinter dem Museum beginnt Sachsens längste Treppenanlage (1747–1750), geschaffen vom berühmten Matthäus Daniel Pöppelmann. Sie führt durch einen Weinberg hinauf zum **Bismarckturm** und der **Gaststätte Spitzhaus**. Das weithin sichtbare Bauwerk entstand um 1722 als Weinberghaus, später bekam es seine heutige bauliche Gestalt mit Spitzturm und den beiden Seitenflügeln. **Jahrestreppe** sagt der Volksmund zu der Treppenanlage, weil sie angeblich 365 Stufen haben soll, in Wirklichkeit sind es jedoch etliche mehr: Von der Straße Am Goldenen Wagen sind es 395 Stufen, wer an der unteren Hoflößnitzstraße losgeht, hat gar 458 Stufen zu steigen. Um den Namen Jahrestreppe nicht aufgeben zu müssen, steht an der entsprechenden Stelle im unteren Treppenteil eine Tafel mit dem Text: »Damit der Volksmund recht behält, wird künftig erst ab hier gezählt. Von hier an ist es wirklich wahr, bis oben hin ergibt's ein Jahr.«

Bedeutendstes Weingut und älteste Sektkellerei Sachsens ist **Schloss Wackerbarth** (1727–1729) in einem Park im französischen Stil. Hinter dem zitronengelben Belvedere klettern die Reben die Weinhänge hoch. Die Gäste erwartet hier eine Erlebnismanufaktur, in der man die 850-jährige Weinbautradition in Sachsen als multimediales Erlebnis inszeniert. Jedes Jahr im Herbst treffen

*Schloss Moritzburg*

*Die Jahrestreppe in Radebeul*

sich die Liebhaber der Elbtalweine in Radebeul (und auch in anderen Orten) zum Herbst- und Weinfest. Drei Tage wird gefeiert, wird zu Tanz, Theater und Musik geladen.

Radebeul mochte auch einer, der durch phantastische Geschichten zu Reichtum gelangt war und sich eine hochherrschaftliche Villa leisten konnte: Karl May. Am 23. Dezember 1895 schrieb er dem Hamburger Caféhausbesitzer Carl Felber, einem Verehrer seiner Bücher: »Kauf einer neuen Villa! Großer Umzug und neue Einrichtung! Tag und Nacht Manuskripte schreiben!« Im Dezember 1895 hatte May die Gründerzeitvilla in Radebeul in der heutigen Karl-May-Straße 5 erworben und ihr den Namen ›Villa Shatterhand‹ gegeben. 1928 wurde sie als **Karl-May-Museum** eröffnet, das über Leben und Werk des Schriftstellers informiert, dessen Abenteuerromane weltweit übersetzt wurden. Nach dem Tod von Mays Witwe Klara verkaufte die DDR den Nachlass 1960 ins westliche Bamberg, 1994 kehrte das Mobiliar nach vielem Hin und Her wieder nach Radebeul zurück.

In der **Villa Bärenfett,** einem im Garten der May-Villa errichteten Blockhaus (1925), wird die Ausstellung ›Indianer Nordamerikas‹ gezeigt; zusammengetragen hat sie der Artist Patty Frank. Nahe dem May-Haus gibt das **DDR-Museum Zeitreise** Einblick in das Alltagsleben, informiert über Wohnen, Mode, Kinder, Einkaufen, Urlaub und Freizeit in dem nicht mehr existierenden Staat.

# Lößnitzgrundbahn – gemächlich durch die Landschaft

Lößnitzdackel sagt der Volksmund liebevoll zu den Schmalspurbahnzügen, die von Radebeul-Ost durch das Lößnitztal und die Moritzburger Teichlandschaft nach Radeburg dampfen. Das Bähnle, offiziell trägt es den Namen Lößnitzgrundbahn, schnauft auf 750 Millimeter breiten Gleisen durch elf Bahnhöfe beziehungsweise Haltepunkte sowie über 19 Brücken.

Am 15. September 1884 wurde der Betrieb aufgenommen, es war die vierte sächsische Schmalspurstrecke. Die Geschwindigkeit beträgt heute noch wie im Erbauungsjahr gemächliche 25 Stundenkilometer, knapp eine Stunde benötigen die dampfbetriebenen Züge für die 16,5 Kilometer lange Strecke. Gefahren wird im Zwei-Stunden-Takt, bei schönem Wetter werden auch offene Wagen eingesetzt.

An der Nordseite des Bahnhofs **Radebeul-Ost** endet beziehungsweise beginnt die Schmalspurbahn. Radebeul liegt an der ersten Fernbahnstrecke Deutschlands, die zwischen 1837 und 1839 gebaut wurde und Dresden mit Leipzig verband. Als Karl May 1888 seine Villa in Radebeul bezog, rollte die Schmalspurbahn bereits durch den Ort. Der berühmte Schriftsteller soll zu Ausflügen öfter mit der Bahn gefahren sein, erzählt man sich. Durch Radebeul dampfend erreicht der Zug den Haltepunkt **Weißes Roß**, benannt nach dem benachbarten 1789 eröffneten Gasthof. Die 1911 bis 1913 errichtete denkmalgeschützte Bahnstation liegt nahe der Meißner Straße, wo sich die Schmalspurbahn und die Dresdner Straßenbahnlinie 4 kreuzen.

Entlang der Weinberghänge geht es danach hinein in den engen Lößnitzgrund mit seinen von Laubwald bedeckten eingeschnittenen Hängen. Nach den Haltepunkten **Lößnitzgrund** und **Friedewald** wird der Bahnhof **Friedewald Bad** erreicht. Hat der Zug auf dem 210 Meter langen Damm den Dippelsdorfer Teich überquert, fährt er in den Bahnhof **Moritzburg** ein.

Wenig später taucht auf der linken Seite der **Großteich** auf, auch Bärwalder Teich genannt, das mit 87 Hektar größte Gewässer der Moritzburger Teichlandschaft. Um

*Die Lößnitzgrundbahn im Bahnhof Moritzburg*

## [ 302 ] Lößnitzgrundbahn – gemächlich durch die Landschaft

1913 hat man den Teich durch einen Damm geteilt. Am Haltepunkt **Cunnertswalde** heißt es für alle jene aussteigen, die zum Fasanenschlösschen, zum Leuchtturm und zum Wildgehege möchten.

Nach dem Haltepunkt **Bärnsdorf** geht es dampfend und fauchend durch **Berbisdorf** mit einem alten, kleinen Wasserschloss nach **Berbisdorf Anbau** und schließlich zur Endstation **Radeburg**, dem Geburtsort des später in Berlin berühmt gewordenen ›Milljöh‹-Zeichners Heinrich Zille (1858–1929). Das Heimatmuseum in der Heinrich-Zille-Straße 9 gibt Einblick in Leben und Werk von Pinselheinrich, wie ihn seine Bewunderer liebevoll nennen. Eine Tafel am Markt erinnert daran, wo das Haus seiner Eltern stand.

Geplant wurde die Bahnlinie, um der intensiven Land- und Forstwirtschaft dieser Gegend sowie der Industrie der Stadt Radeburg einen günstigen Anschluss nach Dresden zu ermöglichen. Aus Kostengründen entschied man sich für die preisgünstige Schmalspur. Reichlich ein Jahr dauerten die Bauarbeiten, in dieser Zeit entstanden 17 Brücken und 22 000 Schwellen, rund 40 Kilometer Gleise wurden verlegt. Bald spielte die Bahn aber auch für den Personenverkehr eine große Rolle, Rekordjahr war 1913 mit mehr als 400 000 Fahrgästen. In den 1950er Jahren gab es einen weiteren Höhepunkt mit 28 Zügen täglich. Heute sind es drei Züge, die die gesamte Strecke befahren, dazu kommen noch vier, die auf dem Teilstück Moritzburg–Radebeul-Ost eingesetzt werden.

An bestimmten Tagen im Jahr schnauft ein Traditionszug die Gleise entlang, mit dem der erlebnisreiche Ausflug vier bis fünf Stunden dauert, denn unterwegs sind Fotohalte und Besichtigungen vorgesehen. Der Dampf der Lokomotive hüllt die historischen Schmalspurwagen mit Holzbänken oder Polstersesseln, Kanonenöfen und handgeknüpften Gepäcknetzen ein. Das Zugpersonal trägt Uniformen der Königlich-Sächsischen Staatseisenbahnen, die Reisenden werden in die Tage der Ur-Großeltern zurückversetzt.

1966 und 1998 drohte der Schmalspurstrecke das Aus. Eisenbahnfreunden ist es zu danken, dass der Fahrtbetrieb fortgeführt werden konnte und die geschichtsträchtigen Schmalspurwagen vor der Verschrottung gerettet wurden. Die beiden ältesten Dampfloks vom Typ IV K der Baureihe 99.51–60 wurden 1899 und 1913 bei Hartmann in Chemnitz gebaut und haben rund 210 PS, die Eisenbahnwagen stammen aus den Jahren 1913 bis 1930.

Die Tradition der Schmalspurbahn wird im historischen Güterboden des Bahnhofs Radebeul-Ost bewahrt. In den fast 100 Meter langen Ladeschuppen, in dem bis Anfang der 1990er Jahre die Waren zwischen Schmalspur- und Normalspurbahn umgeschlagen wurden, zog das im Aufbau befindliche Schmalspurbahnmuseum.

**Lößnitzgrundbahn**

- Radeburg, km 16,6
- Berbisdorf Anbau, km 15,2
- Berbisdorf, km 13,9
- Bärnsdorf, km 11,6
- Cunnertswalde, km 10,3
- Moritzburg, km 8,6
- Friedewald (Dresden) Bad, km 6,1
- Friedewald (Dresden) Hp, km 4,8
- Lößnitzgrund, km 3,5
- Weißes Roß, km 1,6
- Radebeul Ost, km 0,0

## Stolpen

800 Jahre lang ist die Burggeschichte, doch fast alle Besucher interessieren sich nur für 49 Jahre: für jene, in der die Gräfin Cosel in dem Bauwerk Staatsgefangene war. Die berühmteste Mätresse Augusts des Starken brachte man 1716 als 36-jährige auf die **Burg**, in der sie bis zu ihrem Tod 1765 lebte (→ S. 56). Im **Johannisturm** (1509), im Volksmund Coselturm genannt, sind die drei von der Cosel genutzten Turmzimmer zu besichtigen. Authentische Gegenstände aus dem Besitz der Cosel sind nicht erhalten, mit zeitgenössischem Mobiliar wird jedoch gezeigt, wie sie gelebt haben könnte. Schon von weitem grüßt der Schlossberg, an dessen Nordhang sich das Städtchen Stolpen (6200 Einwohner) schmiegt. Die Burg auf diesem Basaltkegel, 1218 erstmals erwähnt, war als Grenzbefestigung der Bischöfe von Meißen 1559 in kursächsischen Besitz gekommen. Kurfürst Johann Georg II. ließ um 1675 die Burg zur Festung ausbauen, 1813 zerstörten napoleonische Truppen umfangreiche Teile. Seit 1877 ist die Burg öffentlich zugänglich. Den fast quadratischen **Marktplatz** von Stolpen säumen Bürgerhäuser aus dem 18. und 19. Jahrhundert.

 **Dresdens Umgebung**

**Tourist-Information Moritzburg**, Schlossallee 3b, 01468 Moritzburg, Tel. 03 52 07/854-0, Fax -20, info@kulturlandschaft-moritzburg.de, www.kulturlandschaft-moritzburg.de.

**Tourist-Information Radebeul**, Meißner Str. 152, 01445 Radebeul, Tel. 0351/ 8 95 41 20, tourismus@radebeul.de, www.radebeul.de.

**Tourist-Information Stolpen**, Markt 5, 01833 Stolpen, Tel. 03 59 73/ 2 73 13, Fax 24438, www.stolpen.de.

**Lößnitzgrundbahn**, Sächsische Dampfeisenbahngesellschaft, Am Bahnhof 1, Moritzburg, Auskünfte/Tickets Tel. 03 52 07/8 92 90, www.sdg-bahn.de. Täglicher Betrieb zwischen Radebeul-Ost und Radeburg, Sonderfahrten, Lokmitfahrten, Sonderzüge mit Rahmenprogramm.

**Churfürstliche Waldschänke**, Große Fasanenstraße, Moritzburg, Tel. 03 52 07/86 00, www.waldschaenke-moritzburg.de; 33 Zi./DZ ab 60 Euro. Absolut ruhig mitten in Wald- und Teichlandschaft, Zimmer im romantischen Stil. Im Restaurant Fleisch-, Fisch- und Wildgerichte aus Sachsen (tägl. geöffnet, Hauptgerichte 11–16 Euro).

**Radisson Blu Park Hotel**, Nizzastr. 55, Radebeul, Tel. 03 51/832 10, www.parkhotel-dresden.com; 450 Zi., Studios und Suiten, DZ ab 121 Euro. Stilvolles 4-Sterne-Hotel unterhalb der Weinberge. Großer Wellnessbereich mit Schwimmbad.

**Villa Sorgenfrei**, Augustusweg 48, Radebeul, Tel. 03 51/795 66 60, www.hotel-villa-sorgenfrei.de; 14 Zi., DZ ab 99 Euro. Romantisch wohnen im kleinen Weinschlösschen in der Villen- und Gartenstadt Radebeul. Frische saisonal wechselnde Gerichte mit französischen und mediterranen Einflüssen (Mo, Di geschl., Hauptgerichte 16–24 Euro).

**Adams Gasthof Moritzburg**, Markt 9, Moritzburg, Tel. 03 52 07/997 75,

www.adamsgasthof.com; tägl. geöffnet, Hauptgerichte 8–14 Euro. Frischer Fisch und Wildgerichte im traditionsreichen Gasthof.
**Gasthaus Schloss Wackerbarth**, Wackerbarthstr. 1, Radebeul, Tel. 03 51/895 53 10, www.schloss-wackerbarth.de; tägl. geöffnet, Hauptgerichte 12–20 Euro. Feine sächsische Küche, mit prickelndem Sekt und erlesenen Weinen von Schloss Wackerbarth.
**Spitzhaus Radebeul**, Spitzhausstr. 36, Radebeul, Tel. 03 51/830 93 05, www.spitzhaus-radebeul.de; tägl. geöffnet, Hauptgerichte 11–15 Euro. Gutbürgerliche Küche und sächsische Weine werden im Panoramarestaurant serviert.

**Forstbotanisches Museum Tharandt**, Am Forstgarten 1, Tharandt, Tel. 03 52 03/383 12 74, www.forstpark.de; April–Okt. Sa–Do 8–17 Uhr, Museum und Shop Di–Do 11.30–14, Sa/So 11–14 Uhr.
**Schloss Moritzburg**, Tel. 035 20/87 30, www.schloss-moritzburg.de; April–3. Okt. tägl. 10–17.30, Führungen durch Barocketage mit Festsälen und Porzellanquartier tägl. 10.30, 12, 13.30 und 15 Uhr. Nov./Dez. Di–So 10–16 Uhr, stündlich Rundgänge, Febr./März Sa/So 10–16 Uhr, stündlich Rundgänge.
**Käthe-Kollwitz-Haus Moritzburg**, Meißner Str. 7, Tel. 03 52 07/828 18, www.kollwitz-moritzburg.de; April–Okt. Mo–Fr 11–17, Sa/So 10–17 Uhr, Nov.–März Di–Fr 12–16, Sa/So 11–16 Uhr.
**Fasanenschlösschen Moritzburg**, Tel. 03 52 07/87 36 10; Ostern–Okt. geführte Rundgänge tägl. 9–16 Uhr, Mo–Fr stündlich 11, 12, 14, 15, 16 Uhr, Sa/So halbstündlich, außer 13 Uhr. Voranmeldung empfohlen.
**Wildgehege Moritzburg**, Radeburger Straße, Tel. 03 52 07/997 90, www.wildgehege-moritzburg.sachsen.de; Jan./Febr. Sa/So 11–16 (sächsische Winterferien tägl. 9–16 Uhr), März–Okt. tägl. 10–18, Nov./Dez. tägl. 9–16 Uhr.
**Weingutmuseum Hoflößnitz**, Knohlweg 37, Radebeul, Tel. 03 51/839 83 41, www.hofloessnitz.de; Di–So April–Okt. 10–17, Nov.–März 12–15 Uhr, Führung Di–So 14 Uhr.
**Schloss Wackerbarth**, Wackerbarthstr. 1, Radebeul, Tel. 03 51/895 50, www.schloss-wackerbarth.de; tägl. Führungen, Weinverkostungen.
**Karl-May-Museum**, Karl-May-Str. 5, Radebeul, Tel. 03 51/83 73 00, www.karl-may-museum.de; Di–So März–Okt. 9–18, Nov.–Febr. 10–16 Uhr.
**DDR-Museum Zeitreise**, Wasastr. 50 (Wasa-Park-Ausstellungsgelände), Radebeul, Tel. 03 51/835 17 89, www.ddr-zeitreise.de; Di–So 10–18 Uhr.
**Burg Stolpen**, Schlossstr. 10, Stolpen, Tel. 03 59 73/234 10, www.burg-stolpen.de; tägl. April–Okt. 9–18, Nov.–März 10–16 Uhr.

**Moritzburg Festival**, im Aug., www.moritzburgfestival.de. Renommiertes Kammermusikfestival an verschiedenen Veranstaltungsorten.
**Hengstparaden** des Sächsischen Landgestüts, im Aug./Sept.
**Landesbühnen Sachsen**, Meißner Landstraße 152, Radebeul, Tel. 03 51/895 42 14, www.dresden-theater.de. Musiktheater, Konzerte, Ballett und Schauspiel, im Sommer Vorstellungen im Innenhof des Zwingers und Bespielung der Felsenbühne Rathen.

**Herbst- und Weinfest Radebeul**, letztes Wochenende Sept., www.weinfest-radebeul.de. Buntes Volksfest im Ortsteil Altkötzschenbroda, viele Weingüter haben geöffnet, Wandertheaterfestival.

**Sächsisches Landgestüt Moritzburg**, Schlossallee 1, Tel. 03 52 07/89 01 03, www.landwirtschaft.sachsen.de/sgv. Hengstpräsentationen sowie Lehrgänge im Reiten und Fahren bietet das Gestüt. Besichtigungen und Führungen möglich.

**Schloss Wackerbarth**, Wackerbarthstr. 1, Tel. 03 51/8 95 50, www.schloss-wackerbarth.de; tägl. geöffnet. Verkauf der hauseigenen Weine und Sekte im Weingut.

**Ratags-Kunsthandwerkerhaus**, Hauptstr. 120, Stolpen OT Langenwolmsdorf, Tel. 03 59 73/624 90, www.ratags.de; täglich 10 – 18 Uhr. Schauwerkstatt zur Herstellung von erzgebirgischer Holzkunst, Weihnachts- und Frühlingshaus, über eine Million Geschenkartikel. Bauernwirtschaft, Märchenwald, Tiergarten und Spielplatz für Kinder.

*Burg Stolpen*

# Elbaufwärts in die Sächsische Schweiz

Ein Märchen aus Stein: Die einzigartige Landschaft an der Elbe mit Felstürmen, Schluchten, Fichtenwald und phantastischen Rundblicken fasziniert immer wieder aufs Neue. Sächsische Schweiz wird der zu Deutschlands gehörende 360 Quadratkilometer große Teil des Elbsandsteingebirges genannt. Die letzte DDR-Regierung stellte 1990 zwei große Abschnitte dieser einmaligen Naturlandschaft – insgesamt 93 Quadratkilometer – unter den höchsten Schutzstatus, sie wurden zum Nationalpark erklärt. Hunderttausende begeistert diese steinerne Wunderwelt jährlich, sie kommen von Dresden mit dem Schaufelraddampfer, mit der S-Bahn, oder sie radeln auf dem **Elberadweg**. Vor mehr als 200 Jahren war das noch nicht so bequem. Die Schweizer Maler Adrian Zingg und Anton Graff hatten 1764 in Dresden ihr Ränzchen geschnürt und waren zu Fuß in das Gebirge südöstlich von Dresden gewandert. In den bizarren Formen der Landschaft beiderseits der Elbe erkannten sie viel von ihrer Heimat wieder und sprachen deshalb von der Sächsischen Schweiz. Nach Zingg und Graff machten sich weitere Künstler auf diesen Weg, aber auch wer nicht malen konnte, erfreute sich an den Schluchten und Gipfeln. Heute wandern jährlich Tausende auf dem 112 Kilometer langen **Malerweg**, wie er nun genannt wird.

Der Tourismus in die Sächsische Schweiz setzte ein, als von Dresden ab 1837 Dampfschiffe fuhren und ab 1851 die Eisenbahn eine mühelose Anreise möglich machte. Heute gehört die Sächsische Schweiz zu den beliebtesten Ferien- und Wanderdestinationen Deutschlands. Die markierten Wanderwege haben eine Länge von rund 1200 Kilometern. Die Sächsische Schweiz ist aber auch ein beliebtes Kletterrevier, insgesamt finden Kletterer rund 14 000 Wege an genau 1099 zugelassenen Gipfeln.

## Pirna

Die Stadt mit prachtvoll aus heimischem Sandstein gearbeiteten Portalen, Giebeln, Brunnen und Erkern gilt als Pforte zur Sächsischen Schweiz. Doch viele fahren von Dresden aus nur durch, denn die Baukunst versteckt sich abseits der Fahrtroute in der Altstadt.

Um 1200 begann westlich einer Burg der Bau der Stadt mit Markt und Kirche, die 1233 erstmals in den Urkunden genannt wurde. Als Gründer wird Markgraf Heinrich der Erlauchte von Meißen angesehen. 1291 wurde die Siedlung erstmals als ›civitas‹ (Stadt) bezeichnet. Die planmäßige Anlage, am schachbrettartigen Grundriss der Altstadt ablesbar, war im späten Mittelalter ein wichtiger Handels- und Umschlagplatz zwischen Sachsen und Böhmen. Im 18. und

*Am Pirnaer Markt*

**Elbaufwärts in die Sächsische Schweiz** [ 307 ]

19. Jahrhundert erlangte Pirna durch den Sandsteinabbau Bedeutung und kam so zu Wohlstand. Von ihrem historisch-kleinstädtischen Aussehen hat sich die Stadt (39 000 Einwohner) viel bewahrt. Der Markt zum Beispiel zeigt sich heute fast noch so, wie ihn der Dresdner Hofmaler Canaletto vor rund 250 Jahren auf seinem Bild ›Der Marktplatz von Pirna‹ (1753/54) festgehalten hat, das sich im Besitz der Gemäldegalerie Alte Meister in Dresden befindet.

■ **Markt**
Seit dem Mittelalter hat der Markt seine Größe von 90 mal 65 Meter nicht verändert, geteilt wird er von dem in der Mitte stehenden **Rathaus**: zur Elbe hin der Untermarkt, an der Südseite der breitere Obermarkt. Von der Schuhgasse eröffnet sich jener Blick, den Canaletto festgehalten hat. Das Rathaus wurde mehrfach umgebaut und vereint deshalb drei Baustile: Aus der Gotik stammen einige Portale, die Volutengiebel blieben aus der Renaissance erhalten, der grazile Turm mit seiner Haube ist aus dem Barock. An der Ostseite ist die mehrmals erneuerte **Kunstuhr** (1557) angebracht: Zu jeder Viertelstunde schlagen der linke und zu jeder vollen Stunde der rechte Löwe mit ihren Pranken gegen den Birnbaum. Die Löwen gehören zum 1549 vom späteren Kaiser Ferdinand I. verliehenen Stadtwappen, das zwei rote Löwen unter dem Birnbaum zeigt, der sieben goldene Früchte trägt. Die Südseite des Rathauses ziert eine Sonnenuhr.

Den Marktplatz säumen alte **Bürgerhäuser**, darunter das Haus Nr. 7 (1520) mit einem markanten spätgotischen Spitzgiebel, das als ältestes erhalten gebliebenes Renaissancehaus Sachsens gilt. Bekannt ist es als **Canalettohaus**, weil es auf dem berühmten Bild ›Der Marktplatz von Pirna‹ des Venezianers zu sehen ist. Ob der 1747 nach Dresden gekommene Bernardo Bellotto, genannt Canaletto, darin gewohnt hat, ist nicht bewiesen. Das Haus Nr. 20 wird wegen der gotischen Marienfigur (1514) im zweiten Stock unter der Dachtraufe **Marien-Eck** genannt. Im September 1813 hat Kaiser Napoleon Bonaparte in dem Haus übernachtet.

■ **Marienkirche**
Die Marienkirche ist eine der großartigsten spätgotischen Hallenkirchen (1502–1546). Charakteristisch für die Stadtkirche ist das über 19 Meter hohe Dach. Im Inneren fällt die Ausmalung (1544–1546) des Deckengewölbes auf, die nach Motiven der ersten Lutherbibel von 1534 entstand. Wer genau hinschaut, erkennt in der Chorapsis bei den Evangelisten Lukas und Markus die Gesichtszüge von Luther und Melanchton. Der zehn Meter hohe und fünf Meter breite Spätrenaissance-Altar (1611–1614) aus Pirnaer Sandstein sowie die spätgotische Kanzel (um 1520) mit vier 70 Zentimeter hohen Figuren am Korb sind die Prunkstücke der Ausstattung. Der Taufstein (1561) mit 26 Kinderfiguren am Fuß hat bereits Goethe gefallen.

■ **Stadtmuseum/Klosterkirche**
Um 1300 gründeten Dominikanermönche ein Kloster, von dessen zahlreichen Gebäuden nach der Auflösung 1545 die Klosterkirche und das frühgo-

*Felsformationen in der Sächsischen Schweiz*

tische Kapitelsaalgebäude erhalten blieben, in das 1923 das **Stadtmuseum** zog. Das 1861 gegründete Museum gehört zu den ältesten in Sachsen. Die Ausstellungen sind dem Elbsandstein und der Stadtgeschichte gewidmet. Die zweischiffige gotische **Klosterkirche** mit bedeutenden Seccomalereien (um 1400) im Inneren wurde Jahrhunderte fremdgenutzt, so dass von der ursprünglichen Ausstattung nichts erhalten blieb. 1957 erhielt sie ihre Weihe als Kirche St. Heinrich.

■ **Weitere Sehenswürdigkeiten**
Südlich des Marktes, im schön restaurierten **Haus Schmiedestraße 19**, kam vermutlich 1465 der Dominikanermönch Johannes Tetzel zur Welt (andere Quellen nennen das Jahr 1455 und die Stadt Leipzig), der als Ablasskrämer durch die Lande zog. Mit dem ihm zugeschriebenen Ausspruch ›Wenn das Geld im Kasten klingt, die Seele in den Himmel springt...‹ ist er in die Geschichte eingegangen. Tetzel, der 1519 im Leipziger Paulinerkloster wahrscheinlich an der Pest verstorben ist, machte sich zum Widersacher Martin Luthers. Die 4,50 Meter hohe **Postmeilensäule** an der Grohmannstraße/Ecke Jacobäerstraße wurde 1722 aufgestellt. Einst hatte sie ihren Platz am Eingang zur Breiten Straße. Und dort hat sie Canaletto auf seinem Bild ›Die Breite Gasse in Pirna‹ (1753 –1755) verewigt.

In den vom Markt abgehenden und nach Gewerken genannten Gassen sind zahlreiche beachtenswerte Häuser zu entdecken, so in der Schlössergasse 3 das **Rochowsche Haus** mit barocker Fassadenmalerei. Prachtvoll sind vielfach auch die Portale an den Bürgerhäusern, die schönsten sind die des Romantik-Hotels ›Deutsches Haus‹ in der **Niederen Burgstaße 1** und am spätgotischen Bür-

Pirna

gerhaus **Lange Straße 10**. Das Stadtbild bereichern auch zahlreiche schlichte Brunnen, so der bereits 1384 genannte **Erlpeterbrunnen** an der Ostseite des Hauses Obere Burgstraße 14.

Östlich des Marktplatzes erhebt sich die 1269 erstmals urkundliche erwähnte ehemalige **Festung Schloss Sonnenstein**, deren Besatzung im Dreißigjährigen Krieg erfolgreich den Schweden trotzte. Während der Zeit des Nationalsozialismus wurden hier etwa 15 000 Menschen umgebracht; bis zum Jahr 2012 wird die Anlage saniert.

## Graupa

Der kleine Ort nahe Pirna ist das Ziel von Wagner-Fans. Im Sommer 1846 verbrachte Richard Wagner, damals Kapellmeister an der Dresdner Hofoper, drei Monate mit seiner ersten Frau Minna in dem Gehöft des Bauern Schäfer. Hier skizzierte er die Musik für die Oper ›Lohengrin‹. Heute befindet sich in dem Bauernhaus das älteste **Richard-Wagner-Museum**. In ihm sind die historischen Wagner-Gedenkräume zu sehen. Kürzlich kam zum Museum das benachbarte barocke Jagdschloss hinzu, in dem eine Dauerausstellung zu Wagners Schaffen und Wirken in Sachsen gezeigt wird. 1755 hatte sich Friedrich August II., der Sohn Augusts des Starken, das Rittergut Raupenberg zum Jagdschloss umbauen lassen.

»Gott sei Lob, ich bin auf dem Lande, drei Std. von Dresden, in der reizendsten Gegend von der Sächsischen Schweiz und fange wieder an, als Mensch und Künstler aufzuatmen!« schrieb Wagner am 21. Mai 1846 an Carl Gaillard in Berlin. Er wanderte von dem Bauernhof aus in den Liebethaler Grund zur Lochmühle, zur Bastei und auf den Borsberg. Wagner hatte es in

*Brunnen auf dem Kirchplatz*

dem damaligen Groß-Graupa so gut gefallen, dass er 1881 nochmals hierher kam, um das Dorf seiner zweiten Frau Cosima und den Kindern Siegfried und Eva zu zeigen.

100 Meter vom Richard-Wagner-Museum, an der Bushaltestelle Tschaikowskiplatz, beginnt der **Wagner-Kulturpfad** mit 17 Tafeln über wichtige Lebensstationen Wagners. Er führt auch zur Richard-Wagner-Stele (1933) von Bildhauer Richard Guhr am Schwanenteich. Der Kopf der Stele ist ein Abguss vom Wagner-Denkmal im Liebethaler Grund, wie ein Teil des Wesenitztales genannt wird. Durch den ging Wagner gern spazieren. Deshalb stellte man hier 1933 das zwölf Meter hohe bronzene **Denkmal** auf, das den Komponisten in überlebensgroßer Gestalt als Gralsritter zeigt, umgeben von vier Meter hohen Figuren, die wesentliche Elemente seiner Musik symbolisieren. Im eigenen Auftrag und auf eigene Kosten errichtete Richard Guhr, der Schöpfer des Dresdner Rathausmannes, das Denkmal.

## Großsedlitz

Wer ein grandioses Gartenkunstwerk des Spätbarock kennenlernen möchte, besucht den **Barockgarten Großsedlitz** (1719 – 1732), etwa fünf Kilometer von Pirna entfernt. Der 18 Hektar große Park, in dem sich einst die Hautevolee zu rauschenden Festen traf, wurde zur Zeit von August dem Starken geschaffen. Er gehört zu den schönsten Kompositionen französischer Gartenkunst auf deutschem Boden. Das von August dem Starken vorgesehene **Schloss**, Friedrichschlösschen genannt, entstand erst 1874, allerdings bescheidener als ursprünglich geplant. Der Festsaal der Anlage ist das **Untere Orangerieparterre** zwischen der Unteren Orangerie und der ›Stillen Musik‹, einem Fontänebecken mit geschwungenen Balustraden und musizierenden Putten. Von den einst 360 Sandsteinskulpturen haben sich 52 erhalten, geschaffen haben sie die besten Bildhauer der damaligen Zeit. Die Bepflanzung der Blumenrabatten erfolgt in Anlehnung an historische Pflanzpläne, im Sommer stehen über 400 Kübelpflanzen, darunter 150 Bitterorangen, im Unteren und Oberen Parterre.

## Weesenstein

In **Schloss Weesenstein** scheint alles auf dem Kopf zu sehen: Der Festsaal auf dem Dachboden, im fünften Stock die Pferdeställe, darunter die herrschaftlichen Wohnräume. Die architektonischen Eigenwilligkeiten entstanden, weil das Schloss in dem kleinen Ort im engen Müglitztal von oben am Fels heruntergebaut wurde. So befindet sich der älteste Baukörper, der Turm, mit seinem Fundament fünf Etagen über dem Jahrhunderte später gebauten klassizistischen Wintergarten. Die durch Treppen, Gänge und Korridore miteinander verbundenen Bauteile sind völlig verschachtelt, so dass die Orientierung schwerfällt. Das Schloss, seit 1830 im Besitz des sächsischen Königshauses, war von 1838 bis 1873 bevorzugter Aufenthaltsort des Dante-Übersetzers, König Johann von Sachsen. In der 1865 eingerichteten königlichen **Schlossküche** darf seit 1996 erstmals auch der ›Normalbürger‹ Platz nehmen – sie wurde ein öffentliches Restaurant. Die **Schlosskapelle** (1738 – 1741), für die meisten der Höhepunkt der Besichtigung, entstand nach Plänen von Johann George Schmidt, der nach dem Tod von

*Obere Orangerie im Barockgarten Großsedlitz*

George Bähr in Dresden die Frauenkirche vollendete. Sehenswert ist auch der **Schlosspark**, den das Jahrhunderthochwasser 2002 fast völlig zerstörte, der aber heute wieder in alter Schönheit erstrahlt.

## Stadt Wehlen

Stadt Wehlen (1100 Einwohner) erstreckt sich beiderseits der Elbe, eine Fähre verbindet den alten Teil mit dem Ortsteil Pötzscha auf dem linken Ufer. Bereits seit 1419 darf sich der kleine Ort Stadt nennen und sogar offiziell im Namen, wohl zum Unterschied zum nahen Dorf Wehlen. Den kleinen zauberhaften **Marktplatz** mit Rathaus (1747) und neogotischer Kirche (1883) überragt das **Burgplateau** mit den kümmerlichen Resten einer mittelalterlichen Burg. Seit 1547 wurde die nicht mehr bewohnt und verfiel nach und nach. Vom Plateau, oft auch Schlossberg genannt, das man vom Marktplatz links an der Kirche vorbeigehend über die Kirchstraße erreicht, hat man einen herrlichen Blick über den Marktplatz zum anderen Elbufer. Zum **Heimatmuseum** in der Lohmener Straße 18 gehört ein bereits 1924 angelegter, 5400 Quadratmeter großer alpiner Pflanzengarten. Eine besondere Attraktion ist der gläserne Bienenstock.

Wer Stadt Wehlen besucht, kommt zwangsläufig durch **Dorf Wehlen**. Hier hat man aus Elbsandstein die bekanntesten Felsformationen entlang des Malerwegs nachgebildet und bekannte Sehenswürdigkeiten in Miniatur hinzugestellt. Zur **Modellanlage Klein Sächsische Schweiz** gehört eine Miniatur-Bergbahn, die die Besucher vom Eingangsbereich 900 Meter weit fährt.

### Pirna und Umgebung

**Vorwahl**: 03501.
**Postleitzahl**: 01796.
**Tourist Service Pirna**, Am Markt 7 (im Canalettohaus), Tel. 556 44-6, Fax -9, touristservice@pirna.de, www.pirna.de, www.tourismus.pirna.de.
**Touristinformation Stadt Wehlen**, Markt 7, 01829 Stadt Wehlen, Tel. 03 50 24/704-14, Fax -34, touristinfo@stadt-wehlen.de, www.stadt-wehlen.de, www.wehlen-online.de.

**Romantikhotel Deutsches Haus**, Niedere Burgstr. 1, Tel. 468 80, www.romantikhotel-pirna.de; 40 Zi., DZ ab 92 Euro. Individuell eingerichtete Zimmer in einem wunderschönen alten Renaissancehaus mitten in der historischen Altstadt von Pirna.
**Hotel Elbparadies**, Oberposta 2, Pirna OT Posta, Tel. 567 40, www.hotel-elbparadies.de; 30 Zi., DZ ab 64 Euro. An der Elbe gelegenes, familiär geführtes Hotel.
**Strandhotel**, Markt 9, Stadt Wehlen, Tel. 03 50 24/7 84 90, www.strandhotel-wehlen.de; 30 Zi., DZ ab 90 Euro. Auf der einen Seite Blick zur Elbe, auf der anderen zum hübschen Marktplatz.

**Waldcamping Pirna-Copitz**, Äußere Pillnitzer Str. 19, Tel. 52 37 73, www.waldcamping-pirna.com; April–Okt. Kleiner Waldcampingplatz am Natursee mit moderner Ausstattung, auch fünf Familien-Bungalows und Caravan-Stellplätze.

**Brauhaus Pirna Zum Gießer**, Basteistr. 60, Pirna OT Copitz, Tel. 46 46 46, www.brauhaus-pirna.de; tägl. geöff-

net, Hauptgerichte 9–14 Euro. Zünftige und anspruchsvolle Brauhausküche und saisonale Köstlichkeiten, hauseigene Biere und Destillate aus der Schaudestillerie ›Geist von Rathen‹.
**Restaurant Pirna'scher Hof**, Am Markt 4 (im gleichnamigen Hotel), Pirna, Tel. 443 80, www.pirnascher-hof.de; tägl. geöffnet, Hauptgerichte 10–16 Euro. Feine internationale Küche, vom Chef des Hauses zubereitet. Im 500 Jahre alten Weinkeller regelmäßig Weinverkostungen.
**Panoramarestaurant Bastei**, Lohmen/Bastei, Tel. 03 50 24/77 90, www.bastei-berghotel.de; tägl. geöffnet, Hauptgerichte 9–15 Euro. Fantastischer Blick auf die Elbe und die Felsformationen, dazu eine internationale Küche.

**Klosterhof mit Stadtmuseum**, Klosterhof 2/3, Pirna, Tel. 55 64 61, www.museum-pirna.de; Di–So 10–17 Uhr.
**Richard-Wagner-Museum**, Richard-Wagner-Str. 6, Graupa, Tel. 54 82 29, www.richard-wagner-museum.de; Di–So 9–12, 13–16 Uhr.
**Barockgarten Großsedlitz**, Parkstr. 85, Heidenau OT Großsedlitz, Tel. 0 35 29/563 90, www.barockgarten-grosssedlitz.de; April–Aug. tägl. 8–20 Uhr, Sept.–März bis Einbruch der Dämmerung, max. bis 20 Uhr, von Ostern bis Nov. Parkeintritt. Führungen Ostern bis Okt. So 11 Uhr, Treffpunkt am Haupteingang.
**Schloss Weesenstein**, Am Schlossberg 1, Müglitztal OT Weesenstein, Tel. 03 50 27/62 60, www.schloss-weesenstein.de; April–Okt. tägl. 9–18, Nov./Dez./Febr./März Di–So 10–17 Uhr, Jan. Sa/So 10–17 Uhr.

**Heimatmuseum Stadt Wehlen**, Lohmener Str. 18, Tel. 03 50 24/704 13, www.wehlen-online.de; Mai–Okt. 8–18 Uhr.
**Miniaturpark Die kleine Sächsische Schweiz**, Schustergasse 8, Dorf Wehlen, Tel. 03 50 24/706 31, www.kleine-saechsische-schweiz.de; Ende März–Mitte Nov. tägl. 10–18 Uhr. Außerhalb der Saison Mo–Fr 9–16 Uhr nur Werkstattverkauf.

**Festival Sandstein und Musik**, März–Dez., www.sandstein-musik.de. Musik, Kultur und Natur in Harmonie, einmalige Konzerterlebnisse an besonderen Orten der Sächsischen Schweiz.
**Festival Mitte Europa**, Mitte Juni–Ende Juli, www.festival-mitte-europa.com. Konzerte, Ausstellungen, Begegnungen in der deutsch-tschechischen Grenzregion.

**Pferdehof Bothmann**, Daube Nr. 5, Lohmen OT Daube, Tel. 58 60 18, www.pferdehof-bothmann.de. Reiterhof in ruhiger Lage inkl. einer Ferienwohnung. Reiterferien, Ausritte.
**Reitstall Schiekel**, Mittelweg 18, Dorf Wehlen, Tel. 03 50 24/704 59. Ausbildung von Reiter und Pferd, Reitunterricht, Reitferien, Kutschfahrten.

**Malerweg**, www.malerweg.de. Romantischer, 112 Kilometer langer Wanderweg, von Pirna ausgehend 68 Kilometer auf der rechten Elbseite über die Bastei, Hohnstein, das Kirnitzschtal und nach Schmilka führend sowie 44 Kilometer auf der linken Flussseite über meist offene Flächen, den Pfaffenstein und die Festung Königstein zurück nach Pirna. Ausgeschildert mit einem ›M‹ oder ›Malerweg‹, Komplettangebote für ›Wandern ohne Gepäck‹ beim Tourismusverband Sächsische Schweiz.

**Motorboot- und Schlauchbootverleih**, Bahnhofstr. 18, Stadt Wehlen, Tel. 0152/08 56 38 85, www.elbe-adventure.de. Abenteuerurlaub mit Motorboot, Schlauchboot und Fahrrad, Tourenangebote.
**Spaßtours**, Mennickestr. 29, Stadt Wehlen, Tel. 03 50 24/710 84, www.elbe-erleben.de. Verleih von Paddel- und Schlauchbooten, Paddel- und Schlauchboottouren, Powerbootfahren. Geführte Mountainbike- und Klettertouren.

**Geibeltbad**, Rottwerndorfer Str. 56, Pirna, Tel. 0 35 01/71 09 00, www.geibeltbad-pirna.de; tägl. geöffnet. Badelandschaft mit 25-m-Sportbecken, Riesenrutsche, Außenbecken und Saunalandschaft. Von Mai–Sept. ist auch das Freibad geöffnet.

## Kurort Rathen

Wer mit dem Schiff auf der Elbe anreist, um den Basteifelsen (305 Meter) zu besuchen, den wohl schönsten und berühmtesten Aussichtspunkt in der Sächsischen Schweiz, steigt in Rathen (500 Einwohner) aus. Die Anlegestelle befindet sich auf dem rechten Elbufer im Ortsteil **Niederrathen**. Die Anfahrt für Auto-Tagestouristen ist nur am gegenüberliegenden Elbufer gestattet, dem Ortsteil **Oberrathen**. Hier erfreut die **Klangterrasse** mit Musik einheimischer Künstler im 8-Kanal-Ton. Aus den in Säulen installierten Lautsprechern erklingt die in einzelne Bestandteile zerlegte Musik. Je nachdem, welche Position man auf der Klangterrasse einnimmt, verändert sich nicht nur die Lautstärke, sondern auch das Mischungsverhältnis. Man erhält den Eindruck, sich mitten in einem Orchester zu befinden. Das optimale Klangbild hat man in der Mitte der Lautsprecheranordnung. Die drei installierten Musikstücke haben eine Länge von etwa zehn Minuten, gespielt wird von Ostern bis Oktober von 10 bis 21 Uhr zu jeder vollen und halben Stunde. Um 21 Uhr löst der unweit davon stehende **Lichterbrunnen** die Klangterrasse ab, bis 22 Uhr erklingt die Musik im Wechselspiel mit Licht und Wasser, die Fontänen des Brunnens, von Lichtspots farbig angestrahlt, bewegen sich im Rhythmus der Musik.

Wenige Meter von der Klangterrasse entfernt entstanden die **Eisenbahnwelten Kurort Rathen**, eine Garten-Bahnanlage im Maßstab 1:22,5. Auf

*Felsenbühne Rathen*

dem rund 7500 Quadratmeter großen Gartenareal wurden 4550 Meter Gleise verlegt, auf denen ständig 32 Züge der Spur G (45 mm) gleichzeitig über 30 Brücken, durch 25 Tunnel und an 200 Sehenswürdigkeiten und Landschaftsmotiven vorbeifahren. Von Oberrathen setzt man mit einer **Personenfähre** nach Niederrathen über. Hier befindet sich die **Felsenbühne Rathen** (1935/36) mit 2000 Sitzplätzen. Durch die malerische Steinkulisse, die das Naturtheater einrahmt, gehört es zu den schönsten in Europa. Nicht weit vom Theater zwängt sich der durch den Stau des Grünbaches entstandene **Amselsee** in die Felsenwelt. Von April bis Oktober kann man mit dem Ruderboot über den See fahren.

## Basteifelsen

Der Blick vom Basteifelsen aus 194 Meter Höhe gehört mit zum Spektakulärsten, das die Sächsische Schweiz zu bieten hat. Kurz nachdem die ersten Reisenden hier aufgetaucht waren, trafen die Geschäftemacher ein. Ein Fleischermeister aus Lohmen erbaute zwei Hütten und bot ab Pfingsten 1812 Erfrischungen an, später kamen ein massives Haus und Stallungen für 60 bis 70 Pferde dazu. Bereits zu dieser Zeit baute man eine hölzerne Brücke über die Marderdelle, wie die 50 Meter tiefe Schlucht zwischen der Bastei und dem vorgelagerten Felsenriff heißt. Dem steigenden Besucherstrom war das hölzerne Bauwerk nicht gewachsen, und so entstand 1851 die noch heute bestehende und vielfach fotografierte, 76,5 Meter lange sandsteinerne **Basteibrücke**. Der Auf- oder Abstieg von Kurort Rathen zur oder von der Bastei führt an der **Felsen-**

**burg Neurathen** vorbei, einem mittelalterlichen, 170 Meter langen und 100 Meter breiten, im 15. Jahrhundert geschleiften Rittersitz. Der zerklüftete Felsen trug Bauten aus Holz und Fachwerk, von denen allerdings keines erhalten ist.

## Königstein

361 Meter über dem Meeresspiegel und 240 Meter über der Elbe thront die **Festung Königsstein**. Hierher flüchtete das sächsische Herrscherhaus samt Kunst- und Staatsschätzen, wenn es sich bedroht sah. Hier wurde aber auch gefeiert, zu den bekanntesten Gästen zählten Russlands Zar Peter I., die preußischen Könige Friedrich Wilhelm I. und Friedrich II. sowie Kaiser Napoleon Bonaparte. Die Geschichtschronik verzeichnet aber auch den Schornsteinfeger Sebastian Abratzky aus Mehlis bei Oschatz. Der 18-jährige kletterte am 19. März 1848 aus Übermut ohne Hilfsmittel an der steilen Südseite den Felsen hinauf. Als er oben ankam, gab es zur Belohnung nicht etwa Blumen und Sekt, sondern zwölf Tage Arrest. Während des Zweiten Weltkrieges, am 17. April 1942, gelang es dem französischen General Henri Giraud (1879–1949), sich abzuseilen. Zwei Jahre hatte der General die Flucht vorbereitet. Von den Lebensmittelpaketen, die seine Ehefrau schickte, sammelte er die Bindfäden und flocht sie mit einem 50 Meter langen Kupferdraht, der einem der Pakete beilag, zu einem Seil. General Giraud entkam. Die Wachmannschaft wurde für ihre Unaufmerksamkeit mit der Versetzung an die Ostfront bestraft, der Kommandant musste in die bayerische Festung Germersheim einziehen. Die Festung Königstein war auch Sach-

*Elbfähre in Kurort Rathen*

sens berüchtigstes und bekanntestes Staatsgefängnis. Der Porzellanerfinder Johann Friedrich Böttger, der Sozialist August Bebel und der Dramatiker Frank Wedekind waren einige der prominenten Häftlinge auf der 9,5 Hektar großen Anlage mit einer Ummauerung von 1800 Meter Länge.

Seit 1955 darf jedermann die Burg betreten, heute ein **Freilichtmuseum** mit mehr als 50 historischen Militärbauten und ausgedehnten Grünanlagen. Über eine halbe Million Besucher werden jährlich gezählt. Die müssen keinen beschwerlichen Aufstieg meistern, sie können sich bequem mit zwei Personenaufzügen oder von der Stadt Königstein mit dem Festungs-Express auf das Plateau fahren lassen. Für einen Besuch der Festung sollte man mindestens zwei Stunden einplanen. Wer sich einer Führung anschließt, sieht auch die 400 Jahre alten Tiefkeller und unterirdischen Kasematten. In den Gebäuden sind zahlreiche **Dauerausstellungen** zu sehen. Der Festungsbrunnen (1563–1569) ist mit 152,5 Metern Tiefe eine technische Leistung der damaligen Zeit.

## Die Umgebung der Festung Königstein

Gegenüber von Königstein, auf dem rechten Elbufer, dort, wo der große Bogen der Elbe beginnt, ragt der **Lilienstein** (415 Meter) auf, der charakteristischste Tafelberg des Gebirges. Kurfürst August der Starke bestieg 1708 den Felsen, weil er die Festung Königsstein aus ungewöhnlicher Perspektive betrachten wollte. Der Aufstieg schien ihm zu beschwerlich, und so ließ er Stufen in die Südseite schlagen. Der Nordaufstieg, so wie er sich heute darbietet, stammt von 1900. Zur Erinnerung an den Aufstieg des Sachsenkönigs stellte man auf der Ostseite des Felsplateaus ein vier Meter hohes Denkmal auf, das irgendwann verschwand. Im August 2008 wurde eine Replik dieses Obelisken enthüllt.

Etwa zwei Kilometer südlich von Königstein erhebt sich der trutzige **Pfaffenstein** (434 Meter), von dessen 620 Meter langem und 300 Meter breitem Plateau man einen wunderschönen Ausblick genießt. Den steinernen Aussichtsturm gibt es seit 1904. Berühmt ist die 43 Meter hohe **Felsnadel Barbarine** an

▲ *Die Festung Königstein*

der Südostseite des Berges, die Erosionen zu zerstören drohten. Bergsteiger sicherten das geologische Naturdenkmal mit Klammern und Zement. Seit 1975 darf diese kühne Felsnadel nicht mehr bestiegen werden.

 **Kurort Rathen und Königstein**

**Vorwahl Kuort Rathen**: 03 50 24.
**Vorwahl Königstein**: 03 50 21.
**Postleitzahl:** 01824.
**Haus des Gastes Kurort Rathen**, Füllhölzelweg 1, Tel. 704 22, Fax 700 74, gaesteamt.rathen@t-online.de, www.kurort-rathen.de.
**Tourist-Information/Haus des Gastes Königstein**, Schreiberberg 2, 01824 Königstein, Tel. 03 50 21/682 61, tourist-info@koenigstein-sachsen.de, www.koenigstein-sachsen.de.

**Elbschlösschen**, Kottesteig 5, Rathen OT Niederrathen, Tel. 750, www.hotelelbschloesschen.de; 70 Zi., DZ ab 85 Euro. Auf der rechten Elbseite gelegen, unterschiedlich große Zimmer, teilweise mit Balkon und Elbblick. Wellnessbereich mit Schwimmbad und Sauna, Beauty-Salon.
**Amselgrundschlösschen**, Amselgrund 3, Rathen, Tel. 743 33, www.amselgrund.de; 36 Zi., DZ ab 78 Euro. Ruhige gemütliche Zimmer am Fuße der Bastei und am Eingang zum Amselgrund. Saunalandschaft, Spa-Bereich und Wellness-Behandlungen.
**Panoramahotel Lilienstein**, Ebenheit 7, Königstein, Tel. 03 50 22/531 00, www.hotel-lilienstein.de; 33 Zi., DZ ab 70 Euro. Auf einem Plateau am Fuß des Liliensteins mit Blick zur Festung Königstein. Freundliche Zimmer, schöne Sonnenterrasse.
**Hotel Lindenhof**, Gohrischer Str. 2, Königstein, Tel. 682 43, www.lindenhof-koenigstein.com; 32 Zi., DZ ab 64 Euro. Hanglage mit Blick auf Elbe und Lilienstein, Drei-Sterne-Komfort.

**Baude Amselfall**, Amselgrund, Rathewalde, Tel. 03 59 75/812 26; April–Okt. tägl., Hauptgerichte 6–12 Euro. Historische wandererfreundliche Gastwirtschaft am Amselfall.

**Festungsgastronomie, auf der Festung Königstein**, Tel. 644 44, www.festung.com; tägl. geöffnet, Hauptgerichte 9–15 Euro. Verschiedene Restaurants mit kulinarischen Zeitreisen durch die sächsische Festungsgeschichte.
**Elb-Panoramagaststätte Bomätscher**, Schandauer Str. 49, Königstein, Tel. 676 14, www.bomaetscher-koenigstein.de; tägl. geöffnet, Hauptgerichte 8–12 Euro. Am Ortsausgang von Königstein, direkt an der Elbe, wird gutbürgerliche und saisonale Küche serviert.

**Felsenburg Neurathen,** am Aussichtspunkt Bastei, Tel. 035 01/58 10 24; tägl. 9–18 Uhr. Überreste einer mittelalterlichen Felsenburg, schöner Aussichtsblick in den Wehlgrund.
**Eisenbahnwelten**, Elbweg 10, Kurort Rathen, Tel. 594 28, www.eisenbahnwelten-rathen.de; April–Mitte Nov. tägl. 10–18 Uhr.
**Festung Königstein**, Königstein, Tel. 646 07, www.festung-koenigstein.de; tägl. April–Sept. 9–20, Okt. 9–18, Nov.–März 9–17 Uhr.

**Felsenbühne Rathen**, Amselgrund 7, Kurort Rathen, Kasse vor Ort Tel. 77 70, Auskünfte und Tickets über Landesbühnen Sachsen Radebeul, Tel. 03 51/895 42 14, www.felsenbuehne-rathen.de, www.landesbuehnen-sachsen.de. Mai–Sept. Theater- und Musikaufführungen auf einer der schönsten Freilichtbühnen Deutschlands.

**Kanu Aktiv Tours**, Elbpromenade, Schandauer Str. 17–19, Königstein, Tel. 599 96, www.kanu-aktiv-tours.de. Vermietung von Kajaks, Kanadiern, Schlauchbooten und Fahrrädern, Wasserwandern, Floßtouren, Klettern, Höhlenerkundungen werden ebenfalls angeboten.

**Elbe-Freizeitland**, Schandauer Str. 51, Königstein, Tel. 990 80, www.elbe-freizeitland-koenigstein.de; April–Okt. tägl. 10–18 Uhr. Spiel und Spaß für die ganze Familie verspricht das Freizeitland mit einem Erlebnislabyrinth, einer muskelbetriebenen Hochbahn, Klettergarten mit Freifallrutsche, Abenteuerspielplatz, Trampolin und Bungeespringen, Falkner-Vorführungen.

## Bad Schandau

Wer von Dresden mit dem Schiff losgefahren ist, hat nach etwa sechs Stunden Fahrt Bad Schandau (2900 Einwohner) erreicht. Wer es eiliger hat, der kommt vom Dresdner Hauptbahnhof mit der S-Bahn, die etwa eine Stunde benötigt. Der Dichter Theodor Körner, der sich 1806 und 1807 in Schandau aufhielt, hat das Städtchen als »Kraft- und Prachtplatz der Natur« bezeichnet. Bis ins 18. Jahrhundert war Schandau ein beschauliches Schifferstädtchen. Das Aussehen veränderte der im 19. Jahrhundert aufkommende Tourismus und der Badebetrieb; den Beinamen Bad darf die Stadt seit 1920 führen.

### ■ Marktplatz

Den Markt schmücken der **Sendig-Brunnen** (1896), benannt nach dem Hotelier und Ehrenbürger der Stadt, der den Brunnen stiftete, sowie auf der Elbseite das einzige Fünf-Sterne-Hotel in der Sächsischen Schweiz. Das entstand nach der Jahrhundertflut im August 2002, als auf dem Markt das Wasser 4,28 Meter hoch stand. Danach mussten zwei von elf Gebäuden abgerissen werden, ein anderes stürzte später bei den Bauarbeiten ein, wurde aber originalgetreu wieder aufgebaut. Heute bilden acht denkmalgeschützte Häuser, durch Neubauten ergänzt, das Hotel.

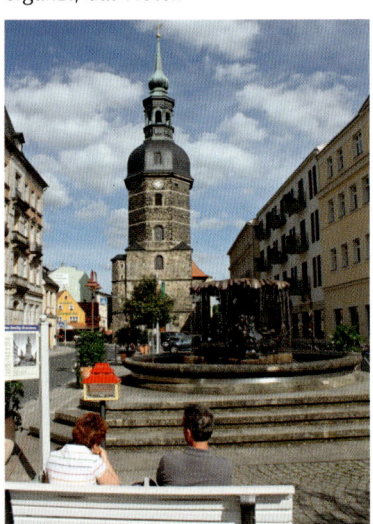
*Marktplatz in Bad Schandau*

Am Ostende des Platzes erhebt sich die spätgotische **St. Johanniskirche** (14./15. Jahrhundert) mit zwei bemerkenswerten Kunstwerken im Inneren: die barocke Kanzel (1705), aus einem einzigen Stück Sandstein herausgearbeitet, und der dreigeschossige Altar (1572) von Hans Walther II, der bis zum Siebenjährigen Krieg in der Dresdner Kreuzkirche stand, danach in die Annenkirche Dresdens gelangte und schließlich 1927 nach Bad Schandau kam. Der Altar besteht aus heimischem Sandstein und ist mit Halbedelsteinen aus dem Erzgebirge verziert. Eine grundlegende Neugestaltung des Inneren erfolgte nach dem Hochwasser 1845. Die Kirche erhielt eine hölzerne Kassettendecke, einstöckige Emporen und farbige Fenster im Altarraum.

Das Jahrhunderthochwasser im August 2002 richtete an der Inneneinrichtung große Schäden an. Erst zwei Jahre später konnte die sanierte Kirche mit neuem Gestühl wieder eingeweiht werden. Auf das alte auf Holzpodesten montierte Kirchengestühl verzichtete man jedoch, die Kirche erhielt mobiles Gestühl. Das bewährte sich bereits beim Hochwasser im Frühjahr 2006, als das Wasser rund 30 Zentimeter im Kirchenschiff stand. Die Stühle konnten schnell und ohne großen Aufwand auf die Empore getragen werden.

*Personenaufzug im Stählernen Turm*

### ■ Ausstellungen

Das **Nationalparkzentrum Sächsische Schweiz** in der Dresdner Straße 2b gehört zu den modernsten Naturschutzinformationszentren in Deutschland, es gibt Ausstellungen, eine Multivisionsshow und zahlreiche aktive Erlebnis- und Informationsbereiche.

Das **Stadtmuseum** in der Badallee 10/11 widmet sich nicht nur der Stadtgeschichte und dem Bergsteigen, sondern auch dem in Bad Schandau aufgewachsenen und hier verstorbenen Völkerkundler und Schriftsteller Erich Wustmann (1907–1994), dessen 56 Bücher in der DDR Rekordauflagen erlebten und dessen Vorträge große Säle füllten.

### ■ Stählerner Turm

Zum Villenvorort Ostrau führt ein unter Denkmalschutz 50 Meter hoher elektrischer Personenaufzug (1904). Der freistehende stählerne Turm ist durch eine 35 Meter lange und 3 Meter breite Brücke mit dem Weg oben in Ostrau verbunden.

### ■ Toskana-Therme

Wen Wandern, Radeln oder Klettern erschöpft haben, der holt sich neue Kraft in der Toskana-Therme am Elbufer und entspannt im Liquid-Sound-Tempel, einem wassergefüllten Konzertsaal. Liquid Sound, ›flüssiger Klang‹, sagt man zum Baden in Wasser, Licht und Musik.

## Schmilka

Das vier Kilometer von Bad Schandau entfernte Schmilka (100 Einwohner), ein ehemaliges Fischer-, Schiffer- und Waldarbeiterdorf, liegt direkt an der Grenze zu Tschechien. Dort setzt sich das Elbsandsteingebirge unter dem Namen Böhmische Schweiz (Ceské Svycarsko) fort. Ältestes Gebäude von Schmilka ist die 1665 errichtete Wassermühle, die bereits im 19. Jahrhundert den Mahlbetrieb einstellte. Nach alten Vorlagen, darunter ein Kupferstich von Adrian Ludwig Richter, dem bedeutenden Maler und Zeichner der deutschen Romantik, konnte die **Schmilksche Mühle** originalgetreu wiederaufgebaut werden. Im Frühjahr 2007 waren die Arbeiten beendet. Dort, wo einst Richter stand und die Mühle zeichnete, befindet sich eine Stele, die dem heutigen Besucher die Veränderungen zeigt, die sich seitdem vollzogen haben.

Beliebtes Wanderziel von Schmilka aus sind das zwölf Quadratkilometer große Gebiet der **Schrammsteine** westlich des Ortes, eine unbeschreiblich schöne Felsenwelt mit stark verwitterten Steinen, die sich etwa drei Kilometer lang über dem Elbtal aufbauen. Der **Große Winterberg** (552 Meter) ist der höchste Berg dieser Gegend, dichter Wald versperrt allerdings die Aussicht. Nordöstlich davon befindet sich der 3,5 Meter hohe und 4 bis 4,5 Meter breite **Kleine Kuhstall**, eine der in der Gegend um Schmilka besonders zahlreichen Sandsteinhöhlen. Wahrzeichen der Schrammsteine ist der **Falkenstein** (378 Meter), ein freistehender Sandsteinklotz, der mit 111 Aufstiegswegen zu den beliebtesten Kletterfelsen in der Sächsischen Schweiz gehört; am 6. März 1864 wurde er zum ersten Mal bezwungen.

## Kirnitzschtal

Unmittelbar hinter der Kurpromande von Bad Schandau beginnt das Kirnitzschtal mit einer geradezu verschwenderischen Fülle an landschaftlichen Schönheiten. Entlang von teilweise bis zu 60 Meter hohen Felswänden und der Kirnitzsch, in deren klarem Wasser sich noch Bach- und Regenbogenforellen tummeln, rollt von Bad Schandau eine **Bahn**, die nach 32 Minuten Fahrt am Lichtenhainer Wasserfall endet. Die am 28. Mai 1898 in Betrieb genommene elektrische Straßenbahn wurde für den Touristenverkehr erbaut, 8,3 Kilometer legt sie zurück.

Der **Lichtenhainer Wasserfall** ist die künstlische Anstauung eines Bergbaches. Von ihm führt eine steiler Anstieg zum **Kuhstall**, einem 11 Meter hohen, 17 Meter breiten und 24 Meter tiefen Felsentor, hinter das sich die Menschen früher bei Gefahr mit ihrem Hab und Gut flüchteten.

Ein anderer Wanderweg führt zur **Schauanlage Neumannmühle**, einer Säge- und Holzschliffmühle aus dem 14. Jahrhundert. Durch das Hochwasser im August 2010 ist die Anlage schwer beschädigt worden.

## Hinterhermsdorf

Der am weitesten östlich gelegene Ort der Sächsischen Schweiz ist Hinterhermsdorf (700 Einwohner), das sich mit etwa 70 Umgebindehäusern schmückt. Von Bad Schandau sind es etwa 15 Kilometer

*Die Schmilksche Mühle*

*Marktplatz in Sebnitz*

durch das Kirnitzschtal bis zu dem Ort, den von drei Seiten die Tschechische Republik umgibt. Beliebtes Ausflugsziel von Hinterhermsdorf aus ist die **Obere Schleuse** in der wildromantischen Kirnitzschklamm, eine im 16. Jahrhundert errichtete 700 Meter lange Stauanlage, die einst als Sammelbecken für Holzstämme angelegt wurde. Touristische Bootsfahrten – heute von etwa Anfang April bis Oktober – finden auf der Oberen Schleuse schon seit 1879 statt. Die Wassertemperatur der Kirnitzsch steigt auch im Hochsommer nicht über acht Grad Celsius an. Vom Parkplatz Buchenparkallee sind es etwa 45 Minuten Fußweg bis zur Bootsstation, eine Fahrt dauert etwa 20 Minuten. Wer sich im Winter in diese Ecke der Sächsischen Schweiz verirrt, wird sich verwundert die Augen reiben, denn die Stauanlage ist verschwunden. Die Erklärung ist einfach: In der kalten Jahreszeit wird das Wasser nicht angestaut, die Kirnitzsch fließt in ihrem ursprünglichen Bett.

## Sebnitz

Rund 15 000 Blümlerinnen, wie die Kunstblumenfacharbeiterinnen umgangssprachlich genannt werden, gab es vor rund 100 Jahren in Sebnitz, zu DDR-Zeiten waren es etwa 5000. Übriggeblieben sind nicht einmal ein Dutzend. Kunstblumen werden heute preiswert in asiatischen Ländern gefertigt. Das von Bad Schandau etwa 15 Kilometer entfernte Sebnitz (8700 Einwohner) war zu Beginn des 20. Jahrhunderts das Zentrum der Kunstblumenindustrie in Deutschland. Blumenmacher aus dem benachbarten Böhmen hatten diesen Erwerbszweig nach 1834 begründet. Das Sebnitzer **Kunstblumen- und Heimatmuseum Prof. Alfred Meiche** in der Hertigswalder Straße 12 widmet den Kunstblumen breiten Raum. In der **Schauwerkstatt Deutsche Kunstblume Sebnitz**, Neustädter Weg 10, in der heute noch künstliche Blumen in traditioneller Handarbeit hergestellt werden, kann man den Mitarbeitern beim ›Blümeln‹ zuschauen.

Zum touristischen Anziehungspunkt wurde der 1996 eröffnete **Urzeitpark** am Forstweg kurz vor dem Grenzübergang, in dem auf etwa 10 000 Quadratmetern rund 400 lebensgroße Plastiken zur frühesten Tier- und Pflanzenentwicklung zu sehen sind. Schöpfer ist Franz Gruß, der den Saurierpark in Kleinwelka bei Bautzen begründet hat.

Nach den Museumsbesuchen führt der Weg zum **Marktplatz**, an dem Cafés und Restaurants zum Ausruhen einladen. Der Markt, wie er sich heute zeigt, wurde nach dem großen Stadtbrand von 1854 im spätklassizistischen Stil bebaut. Südlich davon erhebt sich als ältestes Bauwerk die **Stadtkirche St. Peter und Paul** mit einer Inneneinrichtung, die überwiegend aus dem 16. und 17. Jahrhundert stammt. Hervorzuheben sind die Kanzel und der Altar von 1586 sowie die mit einer reichen Bilderfolge versehenen Brüstungen der Doppelempore und die hölzerne Kassettendecke mit Wappen, Handwerkszeichen und Namen von Familien aus Sebnitz und Umgebung.

## Hohnstein

Hoch über dem Polzental erhebt sich auf steilem Fels die zehn Kilometer von Bad Schandau entfernte **Burg Hohnstein**. Ihr heutiges Aussehen bekam sie im Wesentlichen im 15./16. Jahrhundert. In ihrer reichen Geschichte war die Burg Justizamt, Haftanstalt, mit rund 1000 Schlafplätzen Deutschlands größte Jugendherberge und während des Dritten Reiches eins der ersten Konzentrationslager. Der älteste Nachweis über die Existenz einer Burg in der Kleinstadt (900 Einwohner) stammt aus dem Jahre 1353, ausgestellt in Prag: Einem Ritter Hinko Berka von Duba wurde die Burg als Lehen übergeben. Seit 1997 ist die Burg Naturfreundehaus und Jugendgästehaus, zu dem das **Naturkunde- und Historische Museum** gehört. Vom Turmhaus des Oberen Schlosses, so wird der hintere Teil der Anlage genannt, genießt man einen weiten Blick. Die Pläne für die barocke **Stadtkirche** (1725–1728) stammen von George Bähr. Der Zentralbau gilt als einer der Vorläufer der Dresdner Frauenkirche. Die Orgel auf der Empore stammt aus der Kirche des Dorfes Stöntzsch bei Borna, das es seit 1964 nicht mehr gibt. Der Braunkohletagebau Profen hat es überbaggert. Die 1678 gefertigte Orgel wurde nach einem Umbau am 4. Februar 1732 durch Johann Sebastian Bach geprüft.

In dem Städtchen mit zahlreichen **Umgebindehäusern** ist das **Rathaus** (1688) in der Rathausstraße sehenswert. Zum ältesten Fachwerkgebäude der Stadt gelangt man vom steilen Markt über die Rathausstraße und die Rathausstufen. Gegenüber dem Rathaus, im Haus der Tourist-Information, entstand die **Traditionsstätte Hohnsteiner Handpuppenspiel**. Die seinerzeit weithin bekannten Hohnsteiner Puppenspiele hatte Max Jacob (1888–1967) begründet. Gespielt wurde viele Jahre auf der Hohnsteiner Burg, im Mittelpunkt des Figurentheaters stand der Hohnsteiner Kasper.

### Bad Schandau und Umgebung

**Vorwahl:** 03 50 22.
**Postleitzahl:** 01814.
**Kurverwaltung im Haus des Gastes Bad-Schandau**, Markt 12, Tel. 03 50 22/90 03-0, Fax -4, info@bad-schandau.de, www.bad-schandau.de.
**Haus des Gastes Hinterhermsdorf**, Weifbergstr. 1, 01855 Hinterhermsdorf, Tel. 03 59 74/521-0, Fax -1, fvb_hinterhermsdorf@web.de, www.hinterhermsdorf.de.
**Tourist-Information Sebnitz**, Neustädter Weg 10, 01855 Sebnitz, Tel. 03 59 71/70 96-0, Fax -9, www.sebnitz.de.
**Touristinformation Hohnstein**, Rathausstr. 9, 01848 Hohnstein, Tel. 03 59 75/868-13, Fax -29, gaesteamt@hohnstein.de, www.hohnstein.de.

**Kirnitzschtalbahn**, Tel. 03 50 22/ 54 80, www.ovps.com. Straßenbahn von Bad Schandau bis zum Lichtenhainer Wasserfall.

**Elbresidenz Bad Schandau**, Markt 1–11, Bad Schandau, Tel. 91 97 00, www.elbresidenz-bad-schandau.de; 211 Zi., DZ ab 120 Euro. Häuserensemble mit elegant und modern eingerichteten Zimmern, es gibt einen großen Medical- und Wellnessbereich.

**Parkhotel Bad Schandau**, Rudolf-Sendig-Str. 12, Bad Schandau, Tel. 520, www.parkhotel-bad-schandau.de; 73 Zi., DZ ab 86 Euro. In einer Parkanlage an der Elbe gelegen, Zimmer im mediterranen Stil. Sauerstoff-Beauty- und Vitalzentrum.

**Erbgericht**, Bächelweg 4, Krippen, Tel. 03 50 28/862 90, www.weka-hotels.de; 76 Zi., DZ ab 64 Euro. Historisches Haus mit komfortablen Zimmern und angenehmem Service.

**Bio- und Nationalparkhotel Helvetia**, Schmilka Nr. 11, Schmilka, Tel. 922 30, www.hotelhelvetia.de; 20 Zi., DZ/HP ab 118 Euro. Sachsens einziges Bio-Hotel, idyllische Lage an der Elbe mit Blick auf die Schrammsteine. Mit viel Liebe zum Detail eingerichtet, leider sorgt die Bahnlinie auf der gegenüberliegenden Elbseite besonders in der Nacht für Lärmbelästigung.

**Pension Rauschenstein**, Mühlweg 30, Schmilka, Tel. 409 00, www.pensionrauschenstein.de; 9 Zi., DZ ab 56 Euro. Am Bergbach in Schmilka neben der Wassermühle gelegen, familiäre Atmosphäre in den gemütlichen Zimmern.

**Brand-Baude**, Brandstr. 27, Hohnstein, Tel. 03 59 75/844 25, www.brand-baude.de; 27 Betten, DZ ab 54 Euro, in Wanderherberge 16 Euro pro Person. Bergwirtschaft und Baude an der Brand-Aussicht.

**Campingplatz Ostrauer Mühle**, im Kirnitzschtal, Bad Schandau, Tel. 42742, www.ostrauer-muehle.de. Wunderbare ruhige Lage an der Kirnitzsch, zusätzlich kleine Pension mit 5 DZ.

**Lindenhof**, Rudolf-Sendig-Str. 11, Bad Schandau, Tel. 48 90, www.lindenhof-bad-schandau.de; tägl. geöffnet, Hauptgerichte 9–16 Euro. Im Stil der 1920er Jahre eingerichtetes Restaurant, in dem eine bürgerliche Küche sowie saisonale Spezialitäten serviert werden.

**Landgasthaus Ziegelscheune Krippen**, Elbweg 22, Krippen, Tel. 03 50 28/804 37, www.ziegelscheune-krippen.de; tägl. geöffnet, Nov.–Feb. eingeschränkte Öffnungszeiten, Hauptgerichte 8–14 Euro. Historische Gaststube am Elbradweg, Terrasse mit Blick auf die Elbe, regionale Küche. Beliebt sind die Schiffer- und Weinabende.

**Gasthof Lichtenhainer Wasserfall**, Kirnitzschtalstr. 11, Lichtenhain, Tel. 03 59 71/537 33, www.lichtenhainerwasserfall.de; April–Okt. tägl. geöffnet, Nov. Mi/Do geschl., Hauptgerichte 8–15 Euro. An der Endstation der Kirnitzschtalbahn erwartet den Gast sächsische Küche, die Hausspezialität: über Wacholder geräucherte Forellen.

**Gasthaus Polenztal**, Polenztal 2, Hohnstein, Tel. 03 59 75/808 26, www.polenztal.de; tägl. geöffnet, Hauptgerichte 8–12 Euro. Ausflugsgaststätte am Malerweg, auch 27 Pensionszimmer (DZ ab 56 Euro).

**Museum Bad Schandau**, Badallee 10/11, Tel. 03 50 22/421 73, Mai–Okt. Di–Fr 14–17, Sa/So 10–17, Nov.–April Di–So 14–17 Uhr.

**Nationalparkzentrum Sächsische Schweiz**, Dresdner Str. 2b, Bad Schandau, Tel. 502 40, www.nationalpark-saechsische-schweiz.de, www.lanu.de; April–Okt. tägl. 9–18, Nov.–März Di–So 9–17 Uhr, Jan. geschl.

**Schauanlage Neumannmühle**, Kirnitzschtalstr. 5, Kirnitzschtal OT Ottendorf, Tel. 03 50 22/407 96, www.neumann-muehle.de; Besuche 2011 nur nach Voranmeldung!
**Städtische Sammlungen Sebnitz mit Kunstblumen- und Heimatmuseum Prof. Alfred Meiche**, Hertigswalder Str. 12–14, Tel. 03 59 71/525 90, www.staedtische-sammlungen-sebnitz.de; Di–So 10–17 Uhr.
**Schauwerkstatt Deutsche Kunstblume Sebnitz**, Neustädter Weg 10, Tel. 03 59 71/531 81, www.deutsche-kunstblume-sebnitz.de; Manufaktur Di–So 10–17 Uhr, Verkauf tägl. 10–17 Uhr.
**Urzeitpark Sebnitz**, Forstweg 14, Tel. 03 59 71/588 00, www.sauriergarten.eu; Ostern–Okt. tägl. 10–17 Uhr.
**Burg Hohnstein mit Naturkunde- und Geschichtsmuseum**, Markt 1, Tel. 03 59 75/812 02, www.burg-hohnstein.info; Ostern–Okt. tägl. 10–17 Uhr.

**Pferdehof Eschenbach**, Weifbergstr. 4, Hinterhermsdorf, Tel. 03 59 74/502 44, www.pferdehof-eschenbach.de. Kutsch-, Kremser- und Pferdeschlittenfahrten, von Mai bis Oktober. Kremser-Pendelverkehr zur historischen Kahnfahrt Obere Schleuse in Hinterhermsdorf.

**Insider-Bergsport**, Marktstr. 4, Bad Schandau, Tel. 423 72, www.bergsport-arnold.de. Kletterkurse für alle Leistungsstufen, Kletterwanderungen, umweltfreundliche Naturerlebnisse.
**Outdoortours**, Hauptstr. 27, Kirnitzschtal OT Ottendorf, Tel. 03 59 71/569 07, www.klettern-sachsen.de. Info-Punkt für Wanderer und Kletterer, Kurse Felsklettern, verschiedene Komplettangebote, Herberge ›Ottendorfer Hütte‹ und Schankwirtschaft.

**Toskana-Therme**, Rudolf-Sendig-Str. 8a, Bad Schandau, Tel. 546 10, www.toskanaworld.net; tägl. geöffnet, bei Vollmond bis 2 Uhr. Baden in Licht, Farben und Klang.

**Ziegelscheunenladen**, Poststr. 7, Bad Schandau, Tel. 918 79. Kontor für regionale Besonderheiten, frische Produkte wie Käse, Joghurt, Brot von regionalen Anbietern, Weine.

# Elbabwärts nach Meißen und Torgau

An der Elbe entlang erstreckt sich das kleinste Weinanbaugebiet Deutschlands, bereits 1161 wurde es erstmals urkundlich erwähnt: Markgraf Otto der Reiche übereignete einen Weinberg einem Kloster. Die Meißner Bischöfe sollen die ersten gewesen sein, die Wein von den Hängen an der Elbe genossen haben. Um 1250 stand der Weinbau, wenn man den Annalen glauben darf, bei dem Dorf Zadel in voller Blüte und breitete sich von hier rasch aus. Die größte Ausdehnung erfuhr das Gebiet im 15. Jahrhundert, der Weinanbau wurde nach dem Silberbergbau zu einer bedeutenden Wirtschaftssäule des Landes. Als 1889 die bis dahin völlig unbekannte Reblaus die Rebstöcke massenhaft befiel, war dies das Ende der Winzerei. Von 6000 Hektar Rebfläche

blieben lediglich 320 Hektar übrig. Anfang der 1980er Jahre begann die Wiederaufrebung vieler Flächen. Um auf diese Region aufmerksam zu machen, entstand die von Pirna über Dresden nach Diesbar-Seußlitz führende 55 Kilometer lange **Sächsische Weinstraße**.

## Meißen

Meißen gehört zu den besterhaltenen mittelalterlichen Städten Deutschlands. Im Gegensatz zum benachbarten Dresden geht es jedoch in Meißen heute immer noch beschaulich zu. In der Welt bekannt gemacht hat die Stadt an der Elbe das Meissner Porzellan, zum Wahrzeichen wurde der Burgberg mit dem großartigen Bauensemble von Albrechtsburg und Dom hoch über der Elbe. Meißen gilt als die Wiege Sachsens. Unterhalb der Burg ›Misni‹, die der erste deutsche König Heinrich I. im Winter 928/29 gründete, entstand das heutige Meißen. Um 1200 begann die planmäßige Erweiterung der Siedlung zur Bürgerstadt. Der Burgberg war als herzogliche Residenz und Bischofssitz das Machtzentrum, es verlor seine Bedeutung mit der Reformation und der Verlegung der Residenz nach Dresden. Die Stadt war nach Hamburg und Magdeburg lange Zeit der bedeutendste Handelsplatz an der Elbe. Nachdem Johann Friedrich Böttger das europäische Porzellan erfunden hatte, richtete August der Starke 1710 auf der Albrechtsburg die erste Porzellanmanufaktur Europas ein. Die Burg war leicht zu bewachen und bot so beste Voraussetzungen, um das Geheimnis der Porzellanherstellung zu wahren.

Die Spezialität in Meißen heißt **Fummel**, das ist ein knuspriges, leicht zerbrechliches Gebäck, das mindestens zu 90 Prozent aus Luft besteht. Als Ge-

*In der Altstadt von Meißen*

burtsjahr wird 1710 genannt, und der Einfall hierzu soll von August dem Starken stammen. Der Kurier des Kurfürsten – so erzählt man sich – sei dem Meißner Wein zugetan gewesen. Der König habe deshalb befohlen, ein zerbrechliches Gebäck herzustellen. Konnte der reitende Bote bei seiner Rückkehr die Fummel unversehrt vorweisen, galt das als Beweis, dass er nüchtern sei.

### ■ Rathaus

Vorbei am Heinrichsplatz mit dem **Heinrichsbrunnen** (1863) und der ehemaligen Franziskaner-Klosterkirche aus dem 14. und 15. Jahrhundert, die nach der Reformation als Speicher diente und 1901 das **Stadtmuseum** aufnahm, wird der Marktplatz erreicht. Ihn säumen beachtenswerte Gebäude aus Gotik und Renaissance.

An der Nordseite steht das spätgotische **Rathaus** (1470–1486), der bedeutendste bürgerliche Bau in Meißen, mit einem steilen Dach. Die Fassade des Rathauses misst 11 Meter, das 13 000 Quadratmeter große Dach – bei der Sanierung vor einigen Jahren waren

52 000 Rautenspitzbiber erforderlich – dagegen hat eine Höhe von 18 Metern. Das Stadtwappen oberhalb des Eingangs wurde 1865 angebracht, der kleine Balkon darüber erst 1910. Noch jünger ist die Sonnenuhr, sie wurde 1969 gefertigt. Den **Marktbrunnen** (1863) schmückt das Standbild des deutschen Kaisers Heinrich I.

### ■ Frauenkirche

An der südwestlichen Marktplatzecke erhebt sich die Frauenkirche (15./16. Jahrhundert), eine dreischiffige Hallenkirche, deren Turm bestiegen werden kann. In dem hängt das erste spielbare **Porzellanglockenspiel** der Welt (1929). Die 37 in der Meissner Porzellanmanufaktur gefertigten Glocken erklingen zu folgenden Zeiten: 6.30 Uhr (›Wachet auf, ruft uns die Stimme‹), 8.30 Uhr (›Großer Gott, wir loben Dich‹), 11.30 Uhr (›Die Himmel rühmen des Ewigen Ehr‹), 14.30 Uhr (›Wir treten zum Beten‹), 17.30 Uhr (›Ein feste Burg ist unser Gott‹), 20.30 Uhr (›Lobet den Herrn‹). Die Frauenkirche besitzt eine wertvolle Innenausstattung, zu der der spätgotische Schnitzaltar aus der Zeit um 1480 bis 1490 gehört. Da der Künstler namentlich nicht bekannt ist, wird er in der Kunstgeschichte als ›Meis-

▲ *Meißner Burgstraße mit Blick zur Frauenkirche*

ter des Meißner Frauenkirchaltars‹ bezeichnet. Das Tafelbild ›Luther und Melanchthon‹ im nördlichen Seitenschiff entstand um 1650, die drei farbigen Chorfenster wurden 1888 hergestellt.

### ■ Weingaststätte Vincenz Richter

Gegenüber der Frauenkirche fällt ein idyllisches, mit einem Türmchen versehenes Fachwerkhaus auf: die Weingaststätte ›Vincenz Richter‹. Das Haus, dessen Grundsteinlegung 1523 gewesen sein soll, war das Zunftgebäude der Meißner Tuchmacher. Doch so, wie es sich heute zeigt, entstand es nach dem Dreißigjährigen Krieg. 1873 erwarb ein Vincenz Richter das Haus und eröffnete darin eine Gaststätte, die heute wegen ihres historischen Inventars, darunter Kelter- und Küferwerkzeuge sowie historische Waffen, weithin bekannt ist. Nach dem Zweiten Weltkrieg mussten alle Waffen abgegeben werden. Für die Gaststätte wurde eine Ausnahme gemacht, wie ein Dokument vom 4. Juli 1945 informiert. Alle historischen Waffen konnten verbleiben, aber der Lauf musste zugeschweißt oder angebohrt werden.

### ■ Burgbergensemble

Der Dom und die Albrechtsburg bilden ein großartiges Bauensemble von inter-

Meißen, Burgberg

# Elbabwärts nach Meißen und Torgau

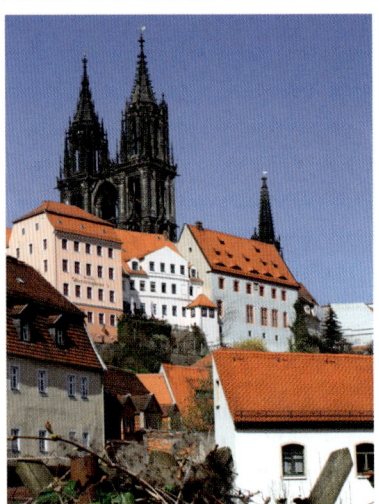

*Blick zum Domberg in Meißen*

nationaler Bedeutung, um das sich Bischofsschloss, Domherrenhäuser und Kornhaus gruppieren. Vom Markt erreicht man den Burgberg über die Burgstraße, die Roten Stufen und die Schlossbrücke (um 1225). Ein Abstecher führt zur **Afrakirche**, einer der ältesten Pfarrkirchen Sachsens, hervorgegangen aus einer Wegekapelle des Augustiner-Chorherrenstifts von 984. In das einstige **Augustinerkloster St. Afra** links neben der Kirche zog 1543 die Fürsten- und Landesschule, eine humanistische Internatsschule, die unter anderem Christian Fürchtegott Gellert und Gotthold Ephraim Lessing besucht haben. Heute gehört es zum Gymnasium St. Afra.

Bis zur Auflösung durch die Reformation residierten die Bischöfe in dem schlicht **Schloss** (1476–1518) genannten Bauwerk rechter Hand vom Dom. Von den **Domherrenhäusern** fällt das Haus Nr. 7 auf, die ehemalige **Dompropstei** (1497–1503), eines der schönsten spätgotischen Gebäude Meißens. Erkennbar ist es an dem Sitznischenportal mit einer Plastik des Evangelisten Johannes und dem Wappen des Bauherrn Propst Melchior von Meckau darüber. Wer in den stimmungsvollen Hof schaut, sieht eine umlaufende vorkragende Galerie.

Den Burgberg von seiner grünen Seite erlebt, wer den historischen **Promenadenweg** nutzt. Der führt durch die Parkanlagen entlang der Außenmauern von Kornhaus, Albrechtsburg und Dom bis zu den Amtsgerichtsstufen. Schön sind die Ausblicke auf das Elbtal und die Meißner Altstadt, zahlreiche Informationstafeln entlang der etwa 500 Meter langen Strecke vermitteln Wissenswertes.

## ■ Albrechtsburg

Die Albrechtsburg (1471–1523) gilt als erstes Schloss der deutschen Baugeschichte. Sie ist die erste Anlage dieser Art, bei der der Wehrcharakter zugunsten repräsentativen Wohnens aufgegeben wurde. Ihr Aussehen bekam sie im Wesentlichen durch den sächsischen Landesbaumeister Arnold von Westphalen, einen der hervorragendsten Architekten seiner Zeit. Die Burg gilt heute als der bedeutendste rein spätgotische Profanbau in Deutschland. Sie besitzt – was seinerzeit noch nicht üblich war – klare Fassaden mit hellen großen Fenstern und Räume von großzügigem Zuschnitt.

Beeindruckend an der Hofseite ist die aus einem einzigen Stein gehauene Wendeltreppe, der **Große Wendelstein**, ein Meisterwerk des Treppenbaus zu seiner Zeit. Von der Albrechtsburg aus wollten die Brüder Ernst und Albrecht Sachsen und Thüringen regieren. Durch die Landesteilung und die Verlegung der Residenz durch Albrecht nach Dresden war die Burg allerdings nie Regierungssitz. Von 1873 bis 1882 erfolgte im Auftrag von König Johann die prachtvolle Ausmalung der Räume im damals modernen historisierenden Stil durch Künstler der Dresdner Kunstakademie. Dazu gehören auch 25 große Historienbilder, die aus zeitgenössischer Sicht wichtige Ereignisse der Burggeschichte, der Mark Meißen und des Hauses Wettin widerspiegeln. 1881 öffnete die Albrechtsburg als **Museum und Denkmal der sächsischen Geschichte** sowie des regierenden Fürstenhauses seine Türen, seit Mai 2011 ist die neue Dauerausstellung ›Krone, Schloss und blaue Schwerter‹ zu sehen.

### ■ Dom

Der an die Albrechsburg angebaute frühgotische Dom war die Kathedrale des Bistums Meißen. 1250 hat man mit dem Bau begonnen, um 1400 war er vollendet. Die Gesamtlänge beträgt 97,3 Meter, das Langhaus hat bis zum Gewölbe eine Höhe von 17,8 Meter. Die Ausstattung gehört zum Wertvollsten, was Sachsen an Kunst zu bieten hat. Die überlebensgroßen **Stifter- und Patronatsfiguren** (um 1260), darunter die der Gründer des Bistums Meißen, Kaiser Otto I. und Kaiserin Adelheid, zählen zu den bedeutendsten bildhauerischen Arbeiten des 13. Jahrhunderts in Mitteleuropa, geschaffen haben sie Meister der Naumburger Bildhauerwerkstatt. Die **Gemälde des Laienaltars** vor dem Lettner stammen aus der Werkstatt von Lucas Cranach dem Älteren (1526), **Kruzifix** und **Altarleuchter** (1760) sind aus Meissner Porzellan, der Schöpfer ist Johann Joachim Kaendler. Im Westteil des Langhauses, unter dem Lettner und im Kreuzgang, stehen 164 **Grabplatten** von Bischöfen, Burggrafen, Domherren und reichen Bürgern; sie befinden sich dort seit der Renovierung des Doms zwischen 1903 und 1912.

Die vorgelagerte **Fürstenkapelle** ist eine der Begräbnisstätten der Wettiner. Von den Grabdenkmälern, die aus der berühmten Nürnberger Vischer-Werkstatt stammen, sind die für den 1428 verstorbenen Kurfürst Friedrich den Steitbaren und für den 1464 verstorbenen Friedrich den Sanftmütigen bemerkenswert. In der spätgotischen Georgskapelle ruhen der 1539 verstorbene Herzog Georg der Bärtige und seine Gemahlin.

### ■ Porzellanmanufaktur

Im Frühjahr 1710 fuhr ein Reisewagen mit Eskorte den Pflasterweg zum Burghof hinauf, in ihm saß Johann Friedrich Böttger, der für seinen Kurfürsten das Porzellan erfand. Auf der Albrechtsburg hatte er die Einrichtung der Porzellanmanufaktur zu überwachen. Ab 1863 zog die Manufaktur hinunter ins Triebischtal in die noch heute genutzten Werkanlagen. Dort ist die Porzellanherstellung nach wie vor Handarbeit, Meißen ist nicht Fabrik, sondern Manufaktur. Die weltberühmten gekreuzten Blauen Schwerter – das Markenzeichen der Manufaktur – gehen auf eine Idee des Manufaktur-Inspektors Johann Melchior Steinbrück zurück. Der unterbreitete den Vorschlag, »etwas aus dem Chursächs. Wappen, als etwa die Chur-Schwerter zur Markierung zu nehmen«. Seit 1722 werden die Schwerter in kobaltblauer Farbe in Handmalerei auf allen Erzeugnissen angebracht.

Zur Porzellanmanufaktur gehört ein **Porzellanmuseum**, das mehr als 20 000 Porzellane besitzt. Etwa 3000 davon aus allen Schaffensperioden werden in der Schauhalle gezeigt. Meissner Porzellan sammeln zahlreiche Museen, doch nur das in der Elbestadt dokumentiert die

Entwicklungsgeschichte des Meissner Porzellans von den Anfängen bis zur Gegenwart nahezu lückenlos, es zieht deshalb Porzellanliebhaber aus aller Welt an. Am bekanntesten dürfte das aus fast 2200 Einzelteilen bestehende Schwanenservice des Grafen Brühl sein, das umfangreichste Tafelservice, das jemals geschaffen wurde. Zu sehen ist auch das Zwiebelmuster, das als das erfolgreichste Dekor der Manufaktur gilt, 740 verschiedene Einzelstücke gibt es davon mittlerweile. Gegenwärtig produzieren mehr als 50 Unternehmen auf der Welt Zwiebelmuster nach Meissner Art, das echte ist aber auf Anhieb zu erkennen: Die Blauen Schwerter sind nicht nur auf der Unterseite der Stücke, sondern auch im Dekor zu sehen (im Fuße des Bambusstabes). Dem Porzellanmuseum angeschlossen sind zwei **Schauwerkstätten**, in der die Arbeitsvorrichtungen des Drehers, Bossierers, Unterglasur- und Aufglasurmalers gezeigt werden.

### ■ Nikolaikirche

Wenige Minuten sind es von der Manufaktur bis zur kleinen um 1150 entstandenen Nikolaikirche mit einem romanischen Altarraum, der vermutlich noch vor der Albrechtsburg erbaut wurde. Die Kirche steht auf der anderen Seite der Triebisch am Rand des Stadtparks. 1923 bis 1928 gestaltete man sie zur Gedenkstätte für die Toten des Ersten Weltkrieges um. In ihr befinden sich die größten aus Meissner Porzellan hergestellten Figuren der Welt, eine 250 Zentimeter hohe Gruppe trauernder Mütter mit ihren Kindern. Schöpfer ist Emil Paul Börner, der damalige künstlerische Leiter der Manufaktur.

### ■ Weinerlebniswelt

Nach dem Stadtrundgang sind die Beine gewiss pflastermüde, und die vielen Eindrücke müssen verarbeitet werden. Ein Gläschen Meißner Wein dürfte da das Richtige sein. Die Winzergenossenschaft hat am Bennoweg, im einstigen kurfürstlichen Weingut, eine Weinerlebniswelt eingerichtet. Hier kann man in der Vinothek Wein probieren und kaufen, man erfährt auch viel Wissenswertes über die Geschichte des Weinbaus und der Reben. 1799 wurde in der Stadt die ›Säch-

▲ *Aufglasurmalerei in der Meissner Porzellanmanufaktur*

sische Weinbaugesellschaft‹ gegründet, die die erste europäische Winzerschule ins Leben rief, die allerdings nur 15 Jahre bestand.
Die 1938 gegründete Winzergenossenschaft Meißen hat 1800 Mitglieder, jährlich werden im Durchschnitt 800 000 Flaschen abgefüllt.

## Diesbar-Seußlitz

Bekanntestes Weindorf der Region ist Diesbar-Seußlitz (6400 Einwohner), mit neun Grad Celsius Jahresmitteltemperatur Sachsens wärmste Gegend. Der Weinanbau hat hier eine 700-jährige Tradition, denn 1272 soll Markgraf Heinrich der Erlauchte dem Kloster Seußlitz einen Weinberg übereignet haben.
Der berühmte Baumeister der Dresdner Frauenkirche, George Bähr, hat in Diesbar-Seußlitz das barocke **Schloss Seußlitz** (um 1722) errichtet, er verwendete dazu die Grundmauern eines Klosters aus dem 13. Jahrhundert. Der vorwiegend im französischen Stil angelegte **Schlossgarten** blieb nahezu in seiner ursprünglichen Gestalt erhalten, er geht in den englischen Parkteil mit einem reizvollen Teich über. Die an das Schloss angebaute **Kirche** entstand ebenfalls nach einem Entwurf von George Bähr, die vier Sandsteinfiguren auf der Parkseite vor der Kirche stammen aus der Werkstatt von Balthasar Permoser. **Heinrichsburg** wird das kleine zweigeschossige Gartenhaus auf der Anhöhe

*Die Heinrichsburg in Diesbar-Seußlitz*

gegenüber Schloss und Kirche genannt. In diesem Pavillon bekamen früher die Gäste der Schlossbesitzer den Nachmittagstee oder -kaffee gereicht. Das Winzerhäuschen am gegenüberliegenden Weinberg trägt den Namen **Luisenburg**. Beide Gebäude sind nach den Kindern des ersten Schlossbesitzers benannt.
Von Seußlitz tuckert eine Personenfähre über die Elbe nach **Niederlommatzsch**, in dem sich Fischer- und Schifferhäuschen erhalten haben. Die Fährverbindung existiert nachweisbar schon seit über 700 Jahren. Ein wenig südlich, im kleinen Ortsteil Hebelei, entstand das Naturerlebniszentrum **Elbepark Hebelei** mit großzügigen Gehegen und Koppeln, ein Tierparadies für vom Aussterben bedrohte einheimische Arten und Rassen.

 Meißen und Umgebung

**Vorwahl**: 035 21.
**Postleitzahl**: 01662.
**Tourist-Information Meißen**, Markt 3, Tel. 419 40, Fax 41 94 19, service@touristinfo-meissen.de, www.tourist info-meissen.de.

**Welcome Park Hotel**, Hafenstr. 27–31, Tel. 722 50, www.welcome-hotel-meissen.de; 97 Zi., DZ ab 100 Euro. Jugendstilvilla gegenüber der Albrechtsburg auf der anderen Elbseite.
**Akzent Hotel Andree**, Ferdinandstr. 2, Meißen, Tel. 75 50, www.hotel-an

dree.de; 85 Zi., DZ ab 75 Euro. Hotel mit hellen funktionalen Zimmern.

**Zensur**, Heinrichplatz 6 (im Hotel ›Goldener Löwe‹), Meißen, Tel. 411 10, www.das-zensur.de; Di, Mi geschl., Hauptgerichte ab 25 Euro. Kreative, leichte Feinschmeckerküche mit sächsischen Wurzeln und französischem Einschlag.
**Romantik Restaurant Vincenz Richter**, An der Frauenkirche 12, Meißen, Tel. 45 32 85, www.vincenz-richter.de; Mo geschl., Hauptgerichte 10–17 Euro. Traditionsreiches Weinlokal mit uriger Atmosphäre.
**Bauerhäus'l**, Oberspaarer Str. 20, Meißen, Tel. 73 33 17, www.bauernhaeusl.de; Mo geschl., Hauptgerichte 8–14 Euro. Historische Weinstube im Spaargebirge.
**Neumanns Dampfschiff**, Dresdner Str. 290, Coswig OT Sörnewitz, Tel. 035 23/638 35, www.neumanns-dampfschiff.de; tägl. geöffnet, Hauptgerichte 8–13 Euro. Frisch zubereitete Hausmannskost und gutbürgerliche Klassiker, im Sommer begrünte Terrasse mit Blick auf die Elbe. Auch 12 Zimmer (DZ ab 65 Euro).

**Konditorei und Café Zieger**, Rote Stufen, Meißen, Tel. 45 31 47, www.konditorei-zieger.de. Unterhalb der Albrechtsburg warten viele Leckereien auf Genießer. Hier gibt es die echte Meißner Fummel.

**Weinerlebniswelt der Sächsischen Winzergenossenschaft**, Benneweg 9, Meißen, Tel. 78 09 70, www.winzergenossenschaft-meissen.de; tägl. geöffnet. Vinothek, zum Probieren und Kaufen.
**Weingut Schloss Proschwitz**, Dorfanger 19, Zadel, Tel. 767 60, www.schloss-proschwitz.de. Prinz zur Lippe offeriert erlesene sächsische Weine aus eigenem Anbau.

**Albrechtsburg**, Domplatz 1, Meißen, Tel. 474 70, www.albrechtsburg-meissen.de; tägl. März–Okt. 10–18, Nov.–Dez. 10–17 Uhr.
**Meißner Dom**, Tel. 45 24 90, www.dom-zu-meissen.de; tägl. April–Okt. 9–18, Nov.–März 10–16 Uhr, Dom-Führungen April–Okt. 10, 11, 12.30, 13.30, 14.30, 15.30, 16.30 Uhr, Turmführungen April–Okt. 13, 14, 15, 16 Uhr, Mai–Okt. Mo–Sa jeweils 12 Uhr nach dem Mittagsgeläut 20 Minuten Orgelmusik.
**Porzellanmanufaktur Meissen**, Talstraße 9, Tel. 46 82 33, www.meissen.com, Porzellanmuseum und Schauwerkstätten Mai–Okt. tägl. 9–18, Nov.–April tägl. 9–17 Uhr.
**Stadtmuseum Meißen**, Heinrichplatz 3, Tel. 45 88 57; tägl. 11–17 Uhr.
**Naturerlebnispark Elbepark/Hebelei**, Hebelei 16, Diera-Zehren, Tel. 03 52 47/ 512 20, www.tierpark-hebelei.de; April–Okt. tägl. 9–18, Nov.–März 9 Uhr bis Einbruch der Dunkelheit.

**Stadttheater Meißen**, Theaterplatz 15, Tickets: Tel. 415 50, www.theater-meissen.de. Altehrwürdige Theateratmosphäre mit Gastspielen.
**Weinfest**, am dritten Wochenende im Sept., www.meissner-weinfest.de. Dreitägiges Volksfest zum Abschluss der Weinlese, mit großem Festumzug und Feuerwerk zum Abschluss.

**Meissner Porzellan**, in der Porzellanmanufaktur. Die umfangreichste Auswahl des exklusiven Porzellans in der Meissen-Boutique, im Meissen-Outlet reichhaltige Auswahl an Meissner Porzellan in Zweitsortierung.

**Haus der sächsischen Weine**, Markt 5, Meißen, Tel. 40 92 47, www.meissner-weine.com; tägl. geöffnet. Große Vielfalt an Weinen aus der Region.

**Brück & Sohn**, Burgstr. 1, Meißen, Tel. 45 24 86, www.brueck-und-sohn.de; Mo–Sa geöffnet. Bereits seit 1793 eine Institution in Meißen: Büro- und Schulbedarf, Geschenkartikel, Bastelbedarf, Produkte des eigenen Kunstverlages.

**Sächsischer Weinwanderweg**, www.saechsischer-weinwanderweg.de. Wanderweg, der über rund 90 Kilometer von Pirna bis Diesbar-Seußlitz in sechs Etappen zu 15–18 Kilometer abgewandert werden kann.

**Elberadweg**: Der insgesamt 890 Kilometer lange Radweg (von Cuxhaven bis Bad Schandau) verläuft in der Region entlang der Sächsischen Weinstraße, www.elberadweg.de. Zwischen Mai und Oktober fahren Fahrradbusse.

**Sächsische Dampfschifffahrt**, Schifffahrten auf der Elbe von Meißen nach Dresden und nach Diesbar-Seußlitz, Infos unter www.saechsische-dampfschifffahrt.de.

**Freizeitbad Wellenspiel**, Berghausstr. 2, Meißen, Tel. 70 11 30, www.wellenspiel.de; tägl. geöffnet. 25-m-Sportbad, Wellenbad (Sa/So 11–20 Uhr stündlich), Saunawelt, Natursolebecken.

## Riesa

Zu DDR-Zeiten gab es in Riesa ein gigantisches Stahl- und Walzwerk mit über 12 000 Arbeitnehmern, die Stadt gehörte zu den bedeutendsten Industriestandorten in der DDR. 52 000 Einwohner zählte Riesa 1990. Nach dem Ende des Arbeiter-und-Bauern-Staates ging es mit der Industrie bergab, die Menschen zogen dorthin, wo es Arbeit gab. Heute verzeichnet die Statistik nur noch 34 000 Einwohner und das auch nur, weil es 1994 und 1996 Eingemeindungen gab.

An die reiche Industriegeschichte erinnert eine riesige **Stahlskulptur** (1999) mit dem Namen Elbquelle vor dem ›Mercure Hotel‹ in der Bahnhofstraße. Sie ist 25 Meter hoch, wiegt 234 Tonnen, und geschaffen hat sie der be-

*Zu Gast im Risaer Nudelcenter*

rühmte Künstler Jörg Immendorff. Industriell erblühte Riesa ab 1830, nachdem die Dampfschifffahrt auf der Elbe begonnen hatte und ab 1839 die Stadt an die Bahnlinie Leipzig–Dresden angeschlossen wurde. Um 1900 besaß Riesa den wichtigsten Elbehafen in Sachsen.

Seit Mitte der 1990er Jahre vollzog sich ein Imagewechsel von der Stahl- zur Sportstadt. Durch zahlreiche Sportgroßveranstaltungen, darunter Welt- und Europameisterschaften, wurde der Name der Stadt international bekannt. In die 8000 Quadratmeter große **Erdgasarena**, einer 13 000 Zuschauer fassenden Multifunktionshalle, wird nicht nur zu Sportveranstaltungen, sondern auch zu Konzerten und anderen Events geladen. In dem 1119 erstmals erwähnten Kloster befindet sich das **Rathaus**. Das ist nicht zu übersehen, denn es wird nahezu vollständig von einer kletternden Wisteria (Blauregen) eingehüllt. Hinter dem Bauwerk, im Ostflügel der Anlage, dort, wo einst Benediktinermönche wohnten, befindet sich heute ein 20 000 Liter Wasser fassendes **Aquarium** für Elbfische. Es gehört zum Tierpark, der im Klostergelände entstand. Die benachbarte **Klosterkirche** ist Riesas ältestes Gotteshaus, doch die Silhouette der Stadt prägt die **Trinitatiskirche** mit ihrem mächtigen, 75 Meter hohen Turm. Der neuromanische Zentralbau auf kreuzförmigem Grundriss wurde 1897 geweiht, sehenswert ist die Jehmlich-Orgel mit 4200 Pfeifen. Den Rathausplatz ziert der **Zunftbrunnen** (2004) mit 35 bunten Zunftzeichen.

Seit 1914 werden in Riesa Teigwaren hergestellt. Heute ist das Werk der zweitgrößte deutsche Teigwarenproduzent und Marktführer in den neuen Bundesländern. Auf dem Betriebsgelände entstand ein **Nudelcenter** mit dem Nudelmuseum, dem Nudelrestaurant und einem Nudelshop, den man nach der Betriebsführung besucht. Ausgewählt werden kann unter mehr als 100 Sorten.

## Strehla

Wie ein blaues Band windet sich die Elbe in einem weiten Bogen an Strehla (4000 Einwohner) vorüber, dessen Altstadtkern über Jahrhunderte in schlichter Schönheit erhalten blieb. Die **Kirche**, die sich auf dem höchsten Punkt der Stadt erhebt und eine farbig glasierte Keramikkanzel besitzt, der rechteckige Marktplatz mit barockem **Rathaus** (1756) und schönem Wappenschmuck über dem Eingangsportal sowie zahlreiche weitere Häuser und die Postmeilensäule wurden unter Denkmalschutz gestellt.

Das **Renaissanceschloss** mit seinen beiden viereckigen Türmen umrahmt ein weiträumiger Park mit teilweise altem Baumbestand, die obere Terrasse gibt den Blick frei auf die Elbauenlandschaft.

In Strehla begegneten sich am Mittag des 25. April 1945, wenige Tage vor dem Ende des Zweiten Weltkrieges, erstmals Angehörige der Roten Armee und der US-Armee. An die historische Begegnung am Elbufer, dort, wo eine Autofähre den Fluss überquert, erinnert eine **Gedenkstätte**.

*Die Klosterkirche von Riesa*

## Begegnung an der Elbe

Das Bild ging um die Welt und ist in vielen Geschichtsbüchern unserer Tage zu finden: Amerikanische und sowjetische Soldaten und Offiziere reichen sich am 26. April 1945 in Torgau an der Elbe die Hand. Es war angeblich die erste Begegnung der Alliierten auf dem Schlachtfeld im Kampf gegen das Hitlerregime. Der US-Fotograf Allen Jackson hatte sich drei ›Yankees‹ und drei ›Reds‹ (Rote Armee) ausgesucht und auf der zerstörten Elbebrücke aufgebaut, um sein berühmt gewordenes Bild aufzunehmen. Torgau schrieb durch Zufall ein kleines Stück Weltgeschichte der jüngsten Vergangenheit mit. Das große Ereignis passierte aber einige Kilometer südlich der Stadt, in den Elbedörfern Strehla, Krenitz und Lorenzkirch.

In den Mittagsstunden des 25. April traf Leutnant Albert Kotzebue von der 69. Division der 1. US-Army mit sieben Jeeps in Strehla ein. Der Offizier war mit einem Spähtrupp unterwegs, um die ›Reds‹ zu suchen. Die obersten Kriegsherrn Truman und Stalin hatten vereinbart, dass sich Amerikaner und Sowjets an der Elbe die Hand reichen sollten. In Strehla begegnete Kotzebue einer Vorhut der Sowjets, die auf dem gegenüberliegenden Elbufer in Lorenzkirch Stellung bezogen hatten. Der US-Leutnant ruderte gegen 12.30 Uhr mit fünf seiner Leute dorthin, unter ihnen der Soldat Joe Polowsky, der zu Ruhm gelangte, weil er 1983 entsprechend seinem letzten Willen auf dem Friedhof im nahen Torgau beerdigt wurde.

In Lorenzkirch reichten sich erstmals zwei Offiziere der Alliierten auf dem Schlachtfeld die Hand: Der US-Leutnant Kotzebue und der sowjetische Oberstleutnant Alexander Gordejew von der Vorausabteilung des 175. Gardeschützen Regiments. Doch Lorenzkirch war für dieses weltgeschichtliche Ereignis denkbar ungeeignet. Hunderte von Leichen lagen auf dem Boden, denn die deutsche Wehrmacht hatte kurz zuvor eine Pontonbrücke mit Menschen und Fuhrwerken in die Luft gesprengt und die Rote Armee hatte den Ort mit unzähligen Flüchtlingen mit Artillerie beschossen. Die Sowjets beendeten das Treffen abrupt.

Eine reichliche Stunde später setzten die Amerikaner bei dem drei Kilometer flussabwärts gelegenen Kreinitz erneut über die Elbe. Während in Kreinitz Amerikaner und Sowjets im Freudentaumel waren und der Alkohol reichlich floss, traf eine zweite US-Patrouille in Torgau ein. Am folgenden 26. April stand der erste US-General an der Elbe, und wenig später entstand das berühmt gewordene Foto, das Torgau in die Geschichtsbücher brachte.

Die historische erste Begegnung in Strehla ist aber nicht vergessen. Dort, wo die Fähre den Fluss überquert, weihte man genau 50 Jahre später eine Gedenkstätte ein. Die künstlerische Gestaltung und die Herstellung der Reliefs übernahm Russland, die USA das Fahnenmast-Ensemble und Deutschland besorgte die Bauarbeiten.

*April 1945 in Torgau*

## Riesa und Strehla

 **Riesa und Strehla**
**Vorwahl**: 03525.
**Postleitzahl**: 01589.
**Riesa-Information**, Hauptstraße 61, Tel. 529 42-0, Fax -5, www.riesa-tourismus.de, www.riesa.de.
**Strehla-Information**, Schlosspark 1, 01616 Strehla, Tel./Fax 03 52 64/907 39, www.strehla.de.

**Hotel Mercure**, Bahnhofstr. 40, Riesa, Tel. 70 90, www.mercure.de; 103 Zi., DZ ab 97 Euro. Angenehme Zimmer in Zentrumsnähe.
**Wettiner Hof**, Hohe Straße 4, Riesa, Tel. 71 80, www.wettiner-hof.com; 44 Zi., DZ ab 89 Euro. Familiär geführtes Haus, moderner Einrichtungsstil. Gepflegte gehobene Gastronomie (tägl. geöffnet, Hauptgerichte 9–17 Euro).
**Spanischer Hof**, Hauptstr. 15a, Gröditz, Tel. 03 52 63/440, www.spanischer-hof.de; 45 Zi., DZ ab 104 Euro. Spanisches Landhausambiente, im Restaurant spanische Küche (tägl. geöffnet, Hauptgerichte 10–15 Euro).

**Gasthausbrauerei Hammerbräu**, Bahnhofstr. 42, Riesa, Tel. 53 09 30, www.hammerbraeu.de; Di geschl., Hauptgerichte 8–14 Euro. Brauereigaststätte mit Erlebnisgastronomie.
**Elbklause Niederlommatzsch**, Fährgasse 6, Diera-Zehren OT Niederlommatzsch, Tel. 03 52 47/514 14, www.elbklause.de; tägl. geöffnet, Hauptgerichte 7–15 Euro.

**Kloster und Tierpark**, Rathausplatz 1, Riesa, www.tierpark-riesa.de; April–Okt. tägl. 9–18, Nov.–März 9–16 Uhr.

**Stadtmuseum Riesa**, Poppitzer Platz 3, Tel. 65 93 00, www.stadtmuseum-riesa.de; Di 10–19, Mi–Fr 10–18, So 13–18 Uhr. Gezeigt werden Exponate zu Natur-, Besiedlungs- und Regionalgeschichte, Kunst, Kultur und Industriegeschichte.
**Nudelcenter Riesa**, Merzdorfer Str. 21, Riesa, Tel. 035 25/72 03 55, www.teigwaren-riesa.de; Gläserne Produktion Führungen Mo–Fr 9–17 Uhr (anmelden!), Nudelmuseum Mo–Fr 9–18, Sa/So 11–18 Uhr, Nudelshop Mo–Sa 9–20, So 11–17 Uhr.

**Neue Elblandphilharmonie**, Kirchstr. 3, Riesa, Tel. 722 60, www.neue-elbland-philharmonie.de. Philharmonische und Unterhaltungskonzerte in der Stadthalle und der Trinitatiskirche.
**Erdgas Arena**, Am Sportzentrum 5, Riesa, Tel. 03 25/60 11 60, www.erdgasarena.de. Mehrzweckhalle für große nationale und internationale Sport- und Kulturveranstaltungen.
**Stadtfest mit Drachenbootfestival**, letztes Augustwochenende, www.tourismus-riesa.de.

Nach Riesa fährt man traditionell gern zum Einkaufen. Bummeln kann man entlang der **Hauptstraße** mit zahlreichen Geschäften, Kaufhäusern und Einkaufscentern (www.einkaufsmeile-riesa.de).
Dazu kommen zwei große Einkaufsmärkte: die **Elbgalerie** (Hauptstr. 74–78, www.elbgalerie-riesa.de) mit mehr als 30 Fachgeschäften und Dienstleistern sowie der **Riesapark** (Riesapark 2, www.riesa-park.de) mit insgesamt 40 000 Quadratmetern Verkaufsfläche.

**Riesaer Wassersportverein**, Elbstr. 14a, Tel. 73 47 38, www.riesaer-wassersportverein.de. Kanuverleih.

**Schiffsfahrten**, Riesa, Tel. 52 9 47 97, www.elbe-events-riesa.de. Fahrten nach Fahrplan, Tagesausflüge, Charterfahrten mit dem Motorschiff ›Riesa‹.

## Torgau

Ein geflügeltes Wort lautet: ›Wittenberg ist die Mutter, Torgau die Amme der Reformation‹. Die in Torgau (21 400 Einwohner) residierenden sächsischen Kurfürsten und das aufgeschlossene Bürgertum unterstützten die reformatorischen Ideen Martin Luthers, der mehr als vierzigmal in der Stadt weilte. Das Pfarrhaus diente ihm meist als Unterkunft. Torgau hat einen fast vollständig erhaltenen historischen Stadtkern, in dem es rund 500 Einzeldenkmale gibt. Die im Jahre 973 erstmals urkundlich erwähnte Stadt am westlichen Elbufer war 1423 einer der wettinischen Hauptsitze geworden. Aber erst Kurfürst Johann Friedrich der Großmütige ließ ab 1532 das Schloss zu seiner Hauptresidenz ausbauen. 1521 predigte Luther das erste Mal in Torgau, 1527 war er bei der Hochzeit des Kurprinzen Johann Friedrich zugegen; die Feier dauerte neun Tage, 31 000 Gäste sollen beköstigt worden sein. Als 1547 die Kurwürde an die in Dresden regierenden Albertiner überging, verlor Torgau seine Funktion als Residenzstadt. Das Schloss blieb als zweitgrößtes in Sachsen weiterhin bevorzugte Stätte höfischer Festlichkeiten.

### ■ Schloss Hartenfels

Schloss Hartenfels ist das einzige erhaltene Schloss der deutschen Frührenaissance. Das Bauwerk wird heute zum Teil museal genutzt. Bedeutende Baumeister der damaligen Zeit haben am Bau mitgewirkt, so Arnold von Westphalen, Conrad Pflüger, Konrad Krebs und Nickel Grohmann. Der die Hoffront beherrschende **Große Wendelstein** mit der freitragenden Treppe (1532–1543) zählt zu den Kostbarkeiten der Baukunst des 16. Jahrhunderts. Der Flügel B fällt durch den mit Reliefs und Ornamenten reich dekorierten **Schönen Erker** (1544) auf. Vom **Hausmannsturm** kann auf die Stadt und weit über die Elbe geschaut werden. Im sechs Meter tiefen, in den Fels gesprengten **Schlossgraben** befindet sich wieder wie einst ein Bärenfreigehege. Schloss Hartenfels galt lange Zeit als modernstes Wohnschloss Sachsens. Die Ausstellung im Schloss widmet sich nicht der großen Politik und der historischen Bedeutung der Kurfürsten, sondern im Mittelpunkt steht das Alltagsleben, also ein Blick hinter die Kulissen der offiziellen Geschichtsschreibung. So erfährt man beispielsweise, wofür sich Kurfürst Johann Friedrich I. interessierte und wie sein Tagesablauf aussah.

### ■ Schlosskirche

Der erste protestantische Kirchenbau Deutschlands wurde am 5. Oktober 1544 durch Martin Luther geweiht. In ihrer schlichten Gestaltung, außen wie innen, verkörpert die Kirche im elbseitigen Flügel des Schlosses anschaulich das geistige Programm der Reformation. Die Emporen waren für die fürstliche Familie reserviert, die von den Wohnräumen direkten Zugang hatte, unten saßen die Bediensteten. Die Farbgestaltung der Kirche und des Schlosses ist Lucas Cranach dem Älteren zu verdanken. Der malte auch neun Bilder für das Gotteshaus, die aber bis auf eines verschollen sind.

*Schloss Hartenfels*

### ■ Denkmal der Begegnung

Hinter dem Schloss, nördlich der alten Elbbrücke, erinnert das Denkmal der Begegnung an das Treffen amerikanischer und sowjetischer Soldaten am 25. April 1945, also noch vor dem offiziellen Kriegsende. Die alte Elbbrücke galt als Symbol für den Kampf gegen den Hitlerfaschismus, weil hier das Treffen stattgefunden hatte. Nach der Einheit Deutschlands war die Brücke dem zunehmenden Verkehr nicht mehr gewachsen, deshalb entstand etwas weiter südlich eine moderne Spannbetonbrücke, über die im Juli 1993 erstmals der Verkehr rollte. Die alte Brücke sollte als Friedensmahnmal stehenbleiben, so forderten es viele Torgauer Bürger, aber auch Kriegsveteranen in den USA und Russland. Der Erhalt und die Sanierung der Brücke hätten jedoch nach Schätzung von Experten Millionen Euro gekostet, die keiner aufbringen konnte und wollte. Um Protesten der Bürger zuvorzukommen, wurde die Brücke in einer Nacht-und-Nebel-Aktion im Juni 1994 gesprengt.

[ 344 ] Elbabwärts nach Meißen und Torgau

### ■ Gedenkstätte Katharina-Luther-Stube

Vom Schloss zur Marienkirche kommt man durch die Katharinenstraße. Das Renaissance-Wohnhaus mit der Nummer 11 wurde 1552 Katharina von Boras Krankenlager und Sterbehaus. Die Ehefrau Martin Luthers war in Torgau verstorben, nachdem sie Wittenberg wegen der dort herrschenden Pest verlassen hatte. Auf der Flucht erlitt sie einen Unfall, von dem sie sich nicht wieder erholte. Das Museum macht mit dem Leben und dem geistigen Umfeld dieser außergewöhnlichen Frau vertraut.

### ■ Stadtkirche St. Marien

In Sichtweite des Schlosses erhebt sich die spätgotische Marienkirche, in der ein mächtiger barocker Hochaltar (1694–1698) von Giovanni Simonetti sowie das Gemälde ›Die vierzehn Nothelfer‹ von Lucas Cranach dem Älteren (um 1506) beeindrucken. Beachtung verdienen auch die Bronzegrabplatte (1504) der Sophie von Mecklenburg aus der Nürnberger Vischer-Werkstatt und die steinerne Grabplatte der in Torgau verstorbenen Katharina von Bora, Luthers Ehefrau, die in ihren Händen die lutherische Bibel hält, das Lebenswerk ihres Mannes. Am 21. Dezember 1552 geleiteten sie hunderte von Torgauern und die führenden Vertreter der Wittenberger Universität zu ihrer letzten Ruhestätte.

### ■ Markt

Über die Pfarrstraße und den Fleischmarkt wird der Markt erreicht, der mit den Bürgerhäusern und dem **Renaissancerathaus** (1563–1579) an seiner Westseite zu den schönsten Sachsens gehört. Am reich skulptierten Rathaus-Runderker (1577) sind unter anderem Kurfürst August und seine Gemahlin Anna sowie Allegorien bürgerlicher Tugenden zu erkennen.

Im Hof des Rathauses stehen noch Teile der ehemaligen katholischen **Nikolai-**

▲ ›Die vierzehn Nothelfer‹ von Lucas Cranach d. Ä. in der Torgauer Marienkirche

kirche, die seit der Reformation als Kaufhaus, später als Lager und Gefängnis genutzt wurde.
Das Haus der **Mohrenapotheke** an der Nordseite des Platzes gehört zu den ältesten der Stadt. Die Mohrenapotheke wurde bereits 1503 mit kurfürstlichem Privileg versehen und dürfte somit eine der ältesten Apotheken Sachsens sein.

## Belgern
Der sechs Meter hohe steinerne **Roland** am Rathaus wurde zum Wahrzeichen Belgerns (3500 Einwohner). Weitere Besichtigungsobjekte des Städtchens bilden die **Bartholomäuskirche** und das **Oschatzer Tor** (1805). Auf dem **Erlebnisrastplatz** schauen einen die Nachbildungen von 14 Rolandfiguren anderer deutscher Städte an.

 Torgau
**Vorwahl**: 03421.
**Postleitzahl**: 04860.
**Torgau-Informations-Center**, Markt 1, Tel. 7014-0, Fax -1, info@tic-torgau.de, www.torgau.eu, www.tic-torgau.de.
**Fremdenverkehrsamt Belgern**, Markt 10, 04874 Belgern, Tel. 034224/46536, Fax 42464, tourismus@stadt belgern.de, www.stadtbelgern.de.

**Torgauer Brauhof**, Warschauer Str. 7, Torgau, Tel. 73000, www.hotel-torgauer-brauhof.de; 36 Zi., DZ ab 69 Euro. Moderner Neubau am Rand der historischen Altstadt, gutbürgerliche Küche im Restaurant (tägl. geöffnet, Hauptgerichte 9–14 Euro).
**Hotel Alte Post**, Markt 13, Belgern, Tel. 034224/42450, www.alte-post-belgern.de; 10 Zi., DZ ab 69 Euro.

**Herr Käthe**, Katharinenstr. 4, Tel. 778665; tägl. geöffnet, Hauptgerichte 9–15 Euro. Ein Hauch Mittelalter durchzieht das ehrwürdige Gemäuer, die Speisekarte mit den witzigen Namen der Gerichte macht Appetit.

**Schloss Hartenfels**, Torgau, Tel. 70140, www.torgauinfo.de; tägl. 10–18 Uhr, Hausmannsturm tägl. April–Okt. 10–18, Nov.–März 10–16 Uhr, Lapidarium April–Okt. tägl. 10–18, Nov.–März Sa/So 10–16 Uhr.
**Stadt- und Kulturgeschichtliches Museum und Torgauer Museumspfad**, Wintergrüne 5, Tel. 70336, www.museum-torgau.de; tägl. April–Okt. 10–18, Nov.–März 10–17 Uhr.
**Katharina-Luther-Stube**, Katharinenstr. 11, Torgau, Tel. 70140; April–Okt. tägl. 10–18, Nov.–März 10–16 Uhr.
**Museum Belgern**, Topfmarkt 7, Belgern, Tel. 034224/42765; Mo, Do 14–18, Di, Fr 10–14 Uhr.

**Elbe Day**, Ende April. Umfangreiches Programm aus Anlass des Zusammentreffens russischer und amerikanischer Truppen gegen Ende des Zweiten Weltkrieges.
**Theatersommer Schloss Hartenfels**, im Juli. Open-Air-Theateraufführungen vor der wunderschönen Kulisse des Schlossinnenhofes.

**Sommerrodelbahn und Minigolf**, Dahlener Straße, Torgau, Tel. 0172/7904972; April–Okt. und in den Ferien tägl. 13.30–18 Uhr, sonst Sa/So geöffnet.

Wald, Wiesen, viele Teiche und Städte mit mittelalterlichem Flair bestimmen das Gesicht der Landschaft im Osten Sachsens. Gegenwärtig erfährt sie eine Bereicherung: Aus Braunkohlegruben entsteht das Lausitzer Seenland, ein Paradies für Wassersportfreunde. Wer es bergiger liebt, fährt weiter ins Zittauer Gebirge. Die Lausitz ist das Land der Sorben, erkennbar an den zweisprachigen Orts- und Straßenschildern.

# Oberlausitz und Zittauer Gebirge

# Lausitzer Seenland

Die geschundene Region befreit sich von der Vergangenheit des Braunkohleabbaus, sie bekommt ein völlig neues Aussehen. Bis zum Jahr 2018 entsteht in der Lausitz Europas größte von Menschenhand geschaffene Seenlandschaft. Die Restlöcher ehemaliger Braunkohletagebaue werden geflutet und in Seen umgewandelt. 23 künstliche Seen gehören zu der entstehenden Wasserwelt, die in das

Das Lausitzer Seenland und die Oberlausitzer Heide- und Teichlandschaft

*Im Lausitzer Seenland*

Bundesland Brandenburg hineinreicht. Den Kern der Lausitzer Seenkette bilden neun Seen zwischen Senftenberg im Brandenburgischen und Hoyerswerda, die schiffbare Kanäle verbinden werden. An den Ufern von Deutschlands viertgrößtem Seengebiet entstehen Marinas, Hotels und Restaurants.

## Hoyerswerda

Bis in die 1950er Jahre war Hoyerswerda ein beschauliches Städtchen mit lediglich 7000 Einwohnern. Danach wuchs es gewaltig, eine Plattenbausiedlung nach der anderen schoss auf der grünen Wiese empor, denn das unscheinbare Ackerbürgerstädtchen hatte man zur Wohnstadt der Berg- und Energiearbeiter des nahen Kohleveredlungskombinats Schwarze Pumpe, umliegender Kraftwerke sowie Braunkohlegruben auserkoren. Eine Zeitlang lebte in der Stadt die Schriftstellerin Brigitte Reimann (1933–1973), die in ihrer kurzen Lebenszeit beachtliche Werke wie ›Die Geschwister‹ und ›Franziska Linkerhand‹ schuf. Zum DDR-Ende zählte Hoyerswerda fast 70 000 Einwohner. Heute, nachdem der Abbau der Braunkohle stark zurückgefahren wurde, wohnen in der Stadt etwa 30 000 Menschen weniger. Viele der DDR-Neubauten werden zurückgebaut, sprich: abgerissen, weil es keine Mieter mehr für die Wohnungen gibt.

### ■ Sehenswürdigkeiten

Im historischen Stadtkern sind reizvolle Ecken erhalten geblieben, die **Lange Gasse** beispielsweise, die im 18. Jahrhundert mit 220 Metern Länge Hoyerswerdas Handwerkergasse war. In den 1980er Jahren wurde diese Tradition wieder belebt, doch heute sind in der schmalen kopfsteingepflasterten Straße mit ihren niedrigen Häuschen keine Handwerker mehr anzutreffen. Dennoch lässt es sich gut durch die Gasse bummeln.

In der Nähe befindet sich der Markt mit dem **Rathaus** an der Westseite, ein dreigeschossiger Renaissancebau mit doppelläufiger Freitreppe und Rundbogenportal, der sein heutiges Aussehen 1680 nach einem Stadtbrand bekam. Ältestes Bauwerk der Stadt ist das Ende des 16. Jahrhunderts erbaute **Schloss**. 1705

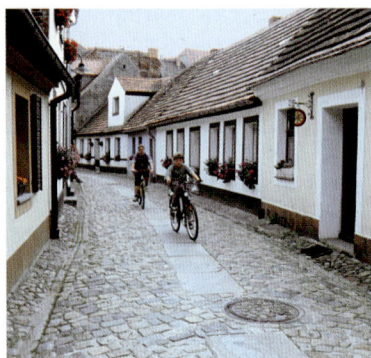

*Die Lange Gasse in Hoyerswerda*

wie ein Großrechner aus. Auf einer Freifläche steht die **Skulptur eines Laptops**, der im Umkreis von zwölf Metern kostenlosen Internetzugang ermöglicht.

war es das Abschiedsgeschenk König Augusts des Starken an seine Mätresse Ursula Katharina von Teschen, die der berühmten Gräfin Cosel weichen musste. Das **Stadtmuseum** im Schloss präsentiert regionale Geschichte und informiert über die Kultur- und Lebensweise. Eingerahmt wird das Schloss vom **Zoo**, in dem rund 1000 Tiere leben.

Berühmtester Bürger der Stadt ist Konrad Zuse (1910–1995), der Erfinder des Computers. Er verbrachte seine Jugend in Hoyerswerda und legte hier 1928 das Abitur ab. Am 19. September 1995 verlieh ihm die Stadt die Ehrenbürgerschaft, bei diesem Besuch weihte er eine ihm zu Ehren aufgebaute Ausstellung ein. Aus der ging das **Konrad-Zuse-Computermuseum** hervor. Dort legen mehr als 300 Exponate Zeugnis von der rasanten Computerentwicklung ab. Zuse stellte 1941 seine Rechenmaschine Z3 vor, die als erster funktionstüchtiger Computer der Welt gilt. Die Stadtverwaltung setzte Zuse ein ungewöhnliches überdimensionales Denkmal. An der Fassade eines elfgeschossigen Wohnhauses an der Virchowstraße wurden an den Balkonbrüstungen LED-Leuchten installiert, bei Dunkelheit sieht das Haus

## Knappenrode

1993 war Schluss: Die letzte Schicht endete in der Brikettfabrik Knappenrode, Turbinen, Trockner und Pressen wurden ausgeschaltet. Zurück blieben Maschinen, die ein bedeutendes Stück Industriegeschichte verkörpern. Ein dreiviertel Jahrhundert presste man hinter der backsteinroten Fassade in Knappenrode (700 Einwohner), drei Kilometer von Hoyerswerda entfernt, Kohle zu Briketts. Das historische Gebäude ist heute das **Sächsische Industriemuseum Energiefabrik Knappenrode**. Dreimal ertönt von Dienstag bis Sonntag die Fabriksirene. Das bedeutet Schichtbeginn, dann werden die Maschinen in Bewegung gesetzt, nur die Hitze und der Staub von einst fehlen. Das Museum zeigt auch die Mineralien-Ausstellung ›Schätze der Erde‹ sowie ›Heiß geliebt‹, Sachsens größte Sammlung historischer Öfen.

*Im Industriemuseum Knappenrode*

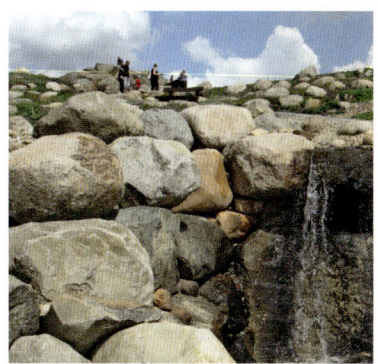
*Lausitzer Findlingspark Nochten*

## Knappensee

Der Braunkohlebergbau gab den Menschen hier lange Zeit Arbeit und Brot. Was seinerzeit kaum einer ahnte, er hat auch für die Landschaft gute Seiten: Er fügte ihr Seen hinzu, die heute ein Paradies für Segler, Surfer und Angler sind. Einer von ihnen ist der 264 Hektar große Knappensee, der allerdings nicht planmäßig entstand wie die Seen gegenwärtig. Er ging aus einer unkontrollierten Flutung im Mai 1945 hervor. In dem sauberen Wasser des Knappensees tummeln sich schon seit Jahrzehnten an warmen Sommertagen Jung und Alt. Badespaß, Wassersport und Angeln warten auch östlich vom Knappensee am 340 Hektar großen **Silbersee**, der nach 1971 planmäßig aus einem Braunkohletagebau entstand wie auch der nahe, aber bereits zum Bundesland Brandenburg gehörende **Senftenberger See**.
Knappensee und Silbersee werden in den nächsten Jahren jedoch nur begrenzt zugänglich sein, das Sächsische Oberbergamt hat die Sanierung der beliebten Badegewässer beschlossen, die sich teilweise bis zum Jahr 2017 hinziehen wird. Ziel der Arbeiten sind standsichere Ufer-, Böschungs- und Hinterlandbereiche. Während des Bergbaus wurde der Abraum nur locker gelagert, dennoch war er bislang nicht rutschgefährdet, weil das Grundwasser abgesenkt wurde. Doch die Braunkohleförderung ist seit den 1990er Jahren zurückgegangen, das Grundwasser wird nicht mehr abgepumpt, steigt also ständig und sättigt den Abraumboden, der dadurch seine Standsicherheit verliert. Deshalb werden ›Gefahrenabwehrmaßnahmen‹ ergriffen, wie es in der Amtssprache heißt, um Geländeabbrüche zu verhindern.

## Bärwalder See

Das Restloch des Braunkohletagebaus Bärwalde ist verschwunden, entstanden ist südwestlich des Kraftwerkes Boxberg Sachsens größter See mit 13 Quadratkilometern. Die Flutung begann am 13. November 1997. Heute sind auf dem neuen Gewässer Segler, Surfer und Motorbootfahrer in ihrem Element. Inlineskater und Radfahrer bevölkern den 25 Kilometer langen, asphaltierten Seenrundweg.

## Nochten

Mehr als 5000 Findlinge aus umliegenden Tagebauen hat man nach Nochten geschleppt und damit auf einer künstlich aufgeschütteten Hügellandschaft den **Lausitzer Findlingspark** geschaffen. Der großflächige Landschaftsgarten mit Gehölzen und Wasserläufen hat sich zu einer Touristenattraktion entwickelt. Die riesigen Gesteinsbrocken haben die Gletscher der Eiszeit aus Nordeuropa in die Lausitz geschoben, beim Abbau der Braunkohle kamen sie zutage. An den Wegen geben Tafeln Auskunft über die Stauden und Gehölze. Wer den Hauptrundweg geht, sollte etwa zwei Stunden einplanen.

## Hoyerswerda und Umgebung

**Vorwahl**: 03571.
**Postleitzahl**: 02977.
**Tourist-Information Lausitzer Seenland**, Schlossergasse 1, 02977 Hoyerswerda, Tel. 03571/45692-0, Fax -5, touristinfo@lausitzerseenland.de, www.hoyerswerda.de, www.lausitzer-seenland.de.

**Achat Hotel Hoyerswerda**, Bautzner Allee 1a, Hoyerswerda, Tel. 4700, www.achat-hotel.de; 89 Zi., DZ ab 60 Euro. Außerhalb der Altstadt, Zimmer in unterschiedlichen Kategorien.

**Hotel-Pension Zur Mühle**, An der Mühle 4, Hoyerswerda, Tel. 4770, www.muehle-hoywoy.de; 20 Zi., DZ ab 80 Euro. Individueller Komfort zwischen Rathaus und Schloss. Anspruchsvolle Küche mit marktfrischen Produkten im Restaurant (tägl. geöffnet, Hauptgerichte 10–16 Euro).

**Anno 1900**, Lange Str. 31, Hoyerswerda, Tel. 478743, www.anno-1900.eu; tägl. geöffnet, Hauptgerichte 6–12 Euro, tägl. wechselndes Mittagsgericht zu max. 3,60 Euro. Rustikales Restaurant, mit allerlei Schnickschnack eingerichtet. Immer frischer hausgebackener Kuchen.

**Stadtmuseum im Schloss**, Schlossplatz 1, Hoyerswerda, Tel. 456490, www.museum-hy.de; Di–Fr 10–18, Sa/So 14–18 Uhr.

**Konrad-Zuse-Computermuseum**, im Lautech-Gebäude, Industriegelände Str. E, Nr. 8, Hoyerswerda, Tel. 478957, www.konrad-zuse-computermuseum.de; Di–Do 9–15, So 15–17 Uhr.

**Zoo Hoyerswerda**, Am Haag 20, Tel. 456450, www.hoyerswerda-zoo.de; März–Okt. tägl. 9–18, Nov.–Febr. 9–16 Uhr. Fütterungen: Pinguine 10.45 und 14.45 Uhr, Fischotter 10 und 14 Uhr.

**Sächsisches Industriemuseum Energiefabrik Knappenrode**, Ernst-Thälmann-Str. 8, Knappenrode, Tel. 604267, www.saechsisches-industriemuseum.de; April–Okt. Di–Fr 9–17, Sa/So 10–17, Sept.–März Di–Fr 9–15, Sa/So 10–17 Uhr, Anfahren der Maschinen in der Brikettfabrik 11, 14 und 16 Uhr, Draisinenfahrten.

**Lausitzer Findlingspark Nochten**, Parkstr. 7, Boxberg OT Nochten, Tel. 035774/74711, www.lausitzer-findlingspark-nochten.com; Mitte März–Mitte Nov. tägl. 10–18 Uhr.

**Lausitzhalle**, Lausitzer Platz 4, Hoyerswerda, Tel. 9040, www.lausitzhalle-hoyerswerda.de. Kultur- und Tagungszentrum der Stadt mit breiter Veranstaltungspalette, Konzerte, Theateraufführungen, Ballett, Kabarett, Bälle, Tanzveranstaltungen.

**Musikfesttage Hoyerswerda**, Mitte April–Anfang Mai, Tickets Tel. 904105, www.musikfesttage-hoyerswerda.de. Traditionsreiches Musikfest in der Oberlausitz.

**Stadtfest Hoyerswerda**, Mitte Sept., www.stadtfest-hoyerswerda.de. Live-Musik, Show-Programm, Rummel, viele Attraktionen.

**Lausitzer Ölmühle**, August-Bebel-Str. 5, Hoyerswerda, Tel. 406298, www.lausitzer-oelmuehle.de, Mo–Fr geöffnet. Werksverkauf des kaltgepressten Lausitzer Leinöls, Geschenkartikel.

Gut ausgebaute asphaltierte, breite und vorwiegend flache Radwege rund um die Lausitzer Seen. Ausgeschilderte Radwege wie **Niederlausitzer Bergbautour** (500 Kilometer, www.niederlausitz.de), **Spreeradweg** (410 Kilometer, www.spreeradweg.de), **Froschradweg** (260 Kilometer, www.oberlausitz.de). **Tourismus GmbH – Land und Leute**, Dr.-Wilhelm-Külz-Str. 1, Hoyerswerda, Tel. 408030, www.lausitz-tourismus.de. Fahrradtouren mit fachkundiger Begleitung und Gepäcktransfer, Fahrradverleih.

Badestellen gibt es an allen Seen in der Umgebung, so am Knappensee, Silbersee, Senftenberger See sowie an den neueren Seen Bärwalder See, Geierswalder See, Gräbendorfer See, Dreiweiberner See. Allerdings sind noch nicht alle Uferbereiche saniert, so dass es noch zu Einschränkungen kommen kann.

Paddeln, Segeln, Surfen, Boot- und Jetskifahren auf dem Knappensee, dem Senftenberger See und dem Bärwalder See. Surfschulen gibt es am Geierswalder See und Senftenberger See, Sportbootschulen am Geierswalder, Bärwalder, Senftenberger See und Knappensee.
**Landschaftspark Bärwalder See**, www.boxberg-ol.de. Baden, Surfen, Segeln, Skaten, Wandern, Radeln, viele kulturelle Veranstaltungen.

**Lausitzbad**, Am Gondelteich 1, Hoyerswerda, Tel. 469580, www.lausitzbad.com; tägl. geöffnet. Attraktives Erlebnisbad für die ganze Familie, mit Innen- und Außenbecken, 25-m-Sportbecken, Sauna mit Saunagarten.

Knappensee, Silbersee und Senftenberger See bieten beste Bedingungen für Angler. Bei Vorlage eines Fischereischeines sind Angelkarten in den Tourist-Informationen rund um die Seen erhältlich.

**Quad Event**, Geierswalder Str. 15, Bergen, Tel. 608169, www.quad-safaritouren.de. Quadtouren in die Bereiche des früheren Bergbaugebietes, Quadsafaris, Kursfahrten, Kinderquadfahrten.

## Oberlausitzer Heide- und Teichlandschaft

Die nordöstlichste Ecke Sachsens gehört zu den dünnstbesiedelten Gebieten Deutschlands. Tausende anspruchsloser Kiefern wachsen auf dem Sandboden, ab und zu sind einige Birken zu sehen. Die **Muskauer Heide** hat eine Fläche von 400 Quadratkilometern. Rot-, Dam-, Reh und Schwarzwild hat hier sein Zuhause, neuerdings haben sich wieder Wölfe angesiedelt, die über Polen eingewandert sind. In und auf den vielen kleinen Teichen tummeln sich Wasservögel, aber auch Fischotter, Biber, See- und Fischadler fühlen sich hier wohl. Wer die B 115 entlangfährt, die die Heide durchschneidet, sieht links und rechts große Sperrschilder. Die sollte man beachten, denn in der Muskauer Heide wird scharf geschossen. Hier befindet sich der einzige noch militärisch genutzte Truppenübungsplatz Sachsens.

Südwestlich der Muskauer Heide bilden ausgedehnte Waldflächen und mehr als 1000 Teiche das größte wirtschaftlich genutzte **Teichgebiet** Deutschlands. Angelegt wurden sie einst von Mönchen zur Fischzucht. Jedes Jahr zu den Lausitzer Fischwochen kommen unzählige Gäste, um beim Abfischen dabei zu sein. Von Mitte September bis Anfang November bestimmt der Karpfen die Speisekarten vieler Restaurants der Region.

Aber nicht nur die in ihrer Art einmalige Natur macht diese Landschaft so erlebenswert. Auch die vielerorts erhaltenen **historischen Dorfanlagen** mit ehemaligen Guts- und Herrenhäusern, kleinen Schlössern und Parks erinnern an das Leben zu früheren Zeiten und beeindrucken durch ihre schlichte Schönheit. Die meisten Orte sind aus slawischen Siedlungen hervorgegangen. Bis heute hat sich über Jahrhunderte hinweg das kleinste slawische Volk, die Lausitzer Sorben, seine nationalen Eigenheiten bewahrt. Dem Überlebenswillen dieses kleinen Volkes ist es zu verdanken, dass die Lausitz heute noch zweisprachig ist und Leben und Kultur hier vielgestaltiger sind. Sorbische Trachten sind nicht nur im Museum zu bewundern, an Fest- und Feiertagen bereichern sie das Bild der Städte und Dörfer, wie auch die zweisprachigen Orts- und Straßenschilder.

## Bad Muskau

Seit dem Jahr 2004 ist Bad Muskau (4000 Einwohner) international bekannt. Die UNESCO setzte den von Hermann Fürst von Pückler-Muskau geschaffenen Park auf ihre Welterbeliste, Deutschlands schönsten Park im englischen Landschaftsstil, wie vielfach behauptet wird. Das Credo seines Schöpfers war: »Der Park soll den Charakter der Landschaft haben, die Hand des Menschen wenig darin sichtbar sein.« So interessant wie der Park, so interessant ist auch das Leben des Hermann Fürst von Pückler-Muskau (1785–

*Im Fürst-Pückler-Park*

1871). Er war nicht nur Gartenkünstler, er war Frauenheld, Reisender, Schriftsteller und er lebte auf großem Fuß. 36 000 Taler verjubelte der Fürst allein in den Monaten März und April des Jahres 1817, 2000 Taler hätten im Jahr für ein luxuriöses Leben gereicht.

### ■ Pücklers Park

Das Tal der Neiße bei Muskau ließ Hermann Fürst von Pückler-Muskau zwischen 1815 und 1845 in einen Park verwandeln. Er steckte ein Vermögen in die Anlage, die ihn letztlich in den Ruin trieb. Pückler musste Muskau verkaufen, seinen Leidenschaften frönte er fortan auf dem verbliebenen Landsitz in Branitz bei Cottbus. Als Folge des Zweiten Weltkrieges wurde der 830 Hektar große Muskauer Park geteilt, die zwei Drittel auf der östlichen Seite gehören seit 1945 zu Polen. Seit dem Beitritt Polens zur EU gibt es eine verstärkte Zusammenarbeit, sichtbarer Ausdruck dafür ist die wieder aufgebaute **Doppelbrücke** über die Neiße, die seit der Aufnahme Polens in den Bereich des Schengen-Abkommens im Dezember 2007 ohne Passkontrolle überschritten werden darf. Im wieder schön hergerichteten Schlossvorwerk lädt ein **Café** ein, in dem in Pücklers Heimat selbstverständlich Pückler-Eis serviert wird. Der Fürst war zwar sehr kreativ, doch das halbgefrorene Eis geht nicht auf sein Konto. Ein pfiffiger Berliner Konditor soll es kreiert und aus Werbegründen nach dem Fürsten benannt haben, der gegen diesen unverhofften Popularitätsstoß nichts einzuwenden hatte.

### ■ Neues Schloss

Zur Ausstellung im Neuen Schloss gehört ein **Liebesbriefautomat**. An dem kann man sich aus Pücklers roman-

*Das Neue Schloss in Bad Muskau*

tischen Liebesbriefen einen eigenen zusammenstellen. Der automatische Sekretär möchte lediglich wissen, ob es ein verliebter, verzweifelter oder eifersüchtiger Brief sein soll. Wenig später hält man den gedruckten Brief im Pücklerschen Stil, fein gefaltet und zusammengeklebt, in den Händen und kann sich weiter die multimediale **Ausstellung ›Pückler! Pückler? Einfach nicht zu fassen!‹** anschauen. Die stellt den genialen Gartengestalter auf moderne und unterhaltsame Weise vor. So lassen sich an den Hör-Herzen Pücklers Liebesangelegenheiten belauschen, im Berliner Salon trifft man auf Zeitgenossen Pücklers, und eine automatische Kutsche fährt sechs Minuten lang durch die Pücklersche Traumwelt, wie er sie in seinem Buch ›Andeutungen über Landschaftsgärtnerei‹ zu Papier gebracht hat.

Pücklers am Ende des Zweiten Weltkrieges zerstörtes Wohnschloss (1520–1530), im 19. Jahrhundert im Stil der Neorenaissance umgebaut, war jahrzehntelang Ruine, erst seit 2009 werden hier wieder (Museums-) Gäste empfangen. Originale Einrichtungsgegenstände gab es nicht, Pücklers Studier- und Arbeitszimmer rekonstruierte man nach historischen Bildern. Vom **Turm** hat man einen schönen Blick auf den Park und auch auf das Amtshaus am Muskauer Parkeingang (1863–66), heute **Neues Schloss** genannt, das die Tourist-Information beherbergt.

## Kromlau

Besonders im späten Frühjahr zeigt sich der **Kromlauer Park** in einem farbenprächtigen Blütenmeer. Wunderschön blühen die Rhododendren und Azaleen. Angeregt durch die Schöpfungen des berühmten Fürst von Pückler-Muskau ließ der Gutsbesitzer Friedrich Hermann Rötschke (1805–1891) ab 1844 die Hälfte seines Landbesitzes zu einer 200 Hektar großen Parkanlage gestalten. Heute faszinieren prachtvolle einheimische und fremdländische Gehölze, 30 Meter hohe Tulpenbäume ebenso wie Magnolien, Scheinzypressen und Platanen. Die **Rakotzbrücke** (um 1860), oft Teufelsbrücke genannt, überspannt freitragend den an dieser Stelle 35 Meter breiten Rakotzsee. Zehn Jahre wurde an ihr gebaut. Während des Zweiten Weltkrieges und danach verkam der sich fünf Kilometer westlich von Bad Muskau befindliche Park von Kromlau (400 Einwohner). Zahlreiche Putten gingen verloren, große Flächen wurden abgeholzt und in Ackerland umgewandelt. Pflege- und Rekonstruktionsarbeiten begannen in den 1960er Jahren.

## Weißwasser

Zu Beginn des 20. Jahrhunderts war Weißwasser (20 300 Einwohner) eine der Glasmetropolen Europas, worauf die beiden Römergläser im seit 1927 bestehenden Wappen verweisen. Schlägel und Eisen verraten, dass zuvor Bergbau betrieben worden war. Auch zu DDR-Zeiten besaßen die Glasbläser von Weißwasser hohe internationale Anerkennung, mit der Einheit Deutschlands begann der Niedergang dieser Industrie, da vor allem die osteuropäischen Absatzmärkte verlorengingen. An die ruhmreichen Zeiten erinnern noch der Straßenname Straße der Glasmacher sowie das **Glasmuseum** in der noblen Villa (1924/25) des einstigen Glashüttenfabrikanten Wilhelm Gelsdorf in der Forster Straße 12.

In Weißwasser startet die zur Touristenattraktion gewordene **Waldeisenbahn** nach Kromlau und Bad Muskau. 1895 nahm eine Pferdebahn den Betrieb auf, ein Jahr später bekam die ›Gräflich von Arnimsche Kleinbahn‹, wie sie offiziell hieß, die erste Dampflokomotive, die bis 1966 ihren Dienst versah. Die Bahn verband Braunkohlegruben, Sägewerke und Papierfabriken, die 600 Millimeter schmalen Gleise hatten eine Länge von 80 Kilometern. Nach dem Zweiten Weltkrieg, als es an Autos und Benzin fehlte,

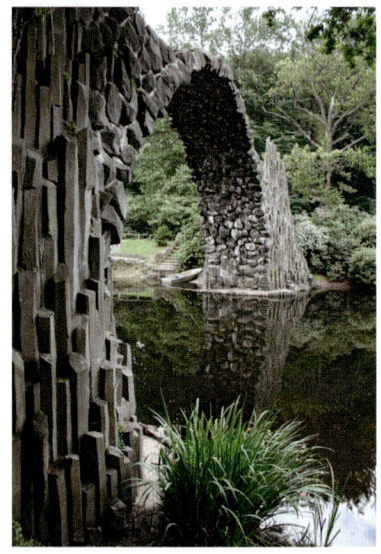

*Die Rakotzbrücke im Kromlauer Park*

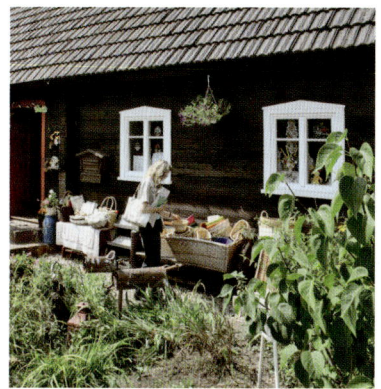

*Bis zu 300 Jahre alte Häuser stehen im Erlichthof in Rietschen*

erwies sich die Bahn erneut als wichtiges Verkehrsmittel. Sie beförderte Kohle, Ton, Torf und Holz. 1978 erfolgte die Stilllegung. 1992 begannen Eisenbahnfreunde mit der Inbetriebnahme einer vier Kilometer langen Teilstrecke nach Kromlau, seit 1995 rollt die Bahn auf sieben Kilometern auch wieder nach Bad Muskau. Los geht es am Waldeisenbahnhof an der Teichstraße am östlichen Stadtrand, gefahren wird von April bis Oktober. Hier befindet sich auch eine Ausstellung von etwa 20 historischen Lokomotiven und Wagen.

## Schleife

In Schleife (500 Einwohner) wohnen besonders viele Sorben, die ihre Kultur bis in unsere Tage erhalten haben. So schlüpfen an jedem 25. Januar Kinder in Vogelkostüme und feiern die Vogelhochzeit, zu Ostern werden Eier kunstvoll bemalt. Ältere Frauen sind an Festtagen noch in der Tracht mit vielfach übereinander getragenen Röcken, Blaudruckschürzen und bunten Häubchen zu sehen. Viel davon ist im **Sorbischen Kulturzentrum Schleife** (Serbski kultur-

ny centrum Slepo) zu sehen. Über 100 zwischen 25 und 100 Zentimeter große Puppen zeigen mehr als 60 Ankleidevarianten der Schleifer Tracht. Was man hier sieht, wird nur in Schleife und den umliegenden sieben Dörfern des Kirchspiels getragen. Die Tracht verrät beispielsweise dem Kenner, ob die Trägerin ledig oder verheiratet ist, sich ›in Trauer‹ befindet, ob sie zu einem Fest oder zur Arbeit geht. Wunderschön anzuschauen sind auch die sorbischen Ostereier.

## Rietschen

Es gibt sie wieder: freilebende Wölfe in Deutschland. Im Nordosten Sachsens streifen gegenwärtig etwa fünf Wolfsrudel umher. Im **Erlichthof** in Rietschen (1200 Einwohner) hört man aus einem Erdloch das Heulen junger Wölfe, das allerdings vom Band kommt. Der Wurfbau gehört zur Wolfsausstellung, die über die Biologie und Lebensweise des Wolfes informiert. Im Jahr 2000 zog ein aus Polen zugewandertes Wolfspaar erstmals seit 150 Jahren in der Oberlausitz wieder Welpen auf.

Der Rietschener Erlichthof, von Bad Muskau etwa 16 Kilometer entfernt, zeigt, wie die Menschen einst in der Muskauer Heide wohnten und lebten. Die denkmalgeschützten, bis zu 300 Jahre alten Häuser – in denen sich Geschäfte, Cafés, Handwerker und ein Theater befinden – stammen überwiegend aus Dörfern, die dem Braunkohleabbau weichen mussten und die man ab 1991 hierher umsetzte. Die Häuser entstanden weitgehend in der Schrotholzbauweise, die in der Muskauer Heide verbreitet war: Die Stämme haute man mit dem Schrotbeil kantig, man ›schrotete‹ sie, wie man hier dazu sagt. Charakteristisch für diese Häuser ist die glatte Außenwand der fugenlos aufeinanderliegenden Balken.

## Niesky

Bei Eigenheimbesitzern besaß Niesky (11 000 Einwohner) in der Weimarer Republik einen guten Ruf. In der kleinen Stadt fertigte man damals begehrte Fertighäuser aus Holz. Eins der vielen **Niesky-Häuser** wurde berühmt: Das Sommerhaus des Nobelpreisträgers Albert Einstein am Schwielowsee nahe Potsdam. Musterhäuser entstanden an verschiedenen Stellen in Niesky, beispielsweise in der Christoph-, der Schubert- und der Raschkestraße, dorthin führte man die Kunden. Etwa 100 von diesen Häusern blieben weitgehend im Original erhalten. Zwölf Hinweistafeln am **Holzhauspfad** vermitteln Informationen.

Gegründet wurde Niesky, wie das berühmtere Herrnhut, von böhmischen Emigranten, die aus Glaubensgründen ihre katholische Heimat verlassen mussten und sich 1742 hier ansiedeln durften. Im schlichten barocken Baustil zeigt sich der Zinzendorfplatz. In eins der ersten drei erbauten Häuser (1742) an diesem Platz zog das **Museum Niesky**. Die **Kirche der Brüdergemeinschaft** (1774/75) fand an der Westseite ihren Platz.

### ■ Die Umgebung von Niesky

Etwa vier Kilometer sind es südwestlich bis zur **Talsperre Quitzdorf**, an warmen Sommertagen der ideale Platz zum Baden, Surfen und Bootfahren. Die Angler kommen vor allem im Herbst, wenn Zander, Wels und Hecht reiche Fänge versprechen. Den Namen bekam der seit 1972 bestehende Stausee vom überfluteten Dörfchen Quitzdorf. Wer das Gewässer umrunden möchte, hat 18 Kilometer zurückzulegen.

Die Gegend um Niesky ist Brutstätte für Zugvögel und viele zum Teil bedrohte Tier- und Pflanzenarten wie Moorveilchen, Sonnentau und Glockenheide. Hier kommen aber auch Fischotter, Weißstorch und Eisvogel vor, und mit ein wenig Glück sind Seeadler zu beobachten. Der größte Greifvogel Mitteleuropas ist in Sachsen wie-

*Landschaft in der nördlichen Oberlausitz*

der heimisch geworden. Um den Tieren ihren natürlichen Lebensraum zu erhalten, wurde ein großer Landschaftsteil von der UNESCO zum **Biosphärenreservat Oberlausitzer Heide- und Teichlandschaft** erklärt. In dem Bereich wurde ein 88 Kilometer **Seeadlerrundweg** eingerichtet, von dem sich der seltene Vogel – aber auch Weißstörche, Kraniche und andere Vogelarten – gut beobachten lässt. Der Weg mit 13 Informationsstellen beginnt am Sitz der Biosphärenverwaltung in Guttau, Ortsteil Wartha.

 Bad Muskau, Weißwasser, Niesky

**Stadtinformation Bad Muskau Touristik**, Schlossstr. 6 (im Alten Schloss), 02953 Bad Muskau, Tel. 035771/50492, Fax 69906, info@badmuskau.info, www.badmuskau.de.

**Tourismuszentrum Muskauer Park**, Neues Schloss, 02953 Bad Muskau, Telefon 035771/63100, Fax 60109, www.info@muskauer-park.de, www.muskauer-park.de.

**Tourismusbüro Kromlau**, Halbendorfer Str. 6, 02953 Gablenz OT Kromlau, Tel. 035 76/222828, Fax 212744, kromlau-tourist@t-online.de, www.kromlau-online.de.

**Tourismusinformation und Gründerzentrum Weißwasser**, Bahnhofstr. 3, 02943 Weißwasser, Tel./Fax 03576/219521, touristinfo@stadtverein-weisswasser.de, www.touristinfo.stadtverein-weisswasser.de, www.weisswasser.de.

**Natur- und Tourist-Information Erlichthofsiedlung**, Turnerweg 6, 02956 Rietschen, Tel. 035772/40235, Fax 41320, kontakt@erlichthof.de, www.erlichthof.de.

**Tourist-Information Niesky**, Zinzendorfplatz 8, 02906 Niesky, Tel. 03588/2558-0, Fax -15, touristinfo@niesky.de, www.niesky.de.

**Biosphärenreservat Oberlausitzer Heide- und Teichlandschaft**, Dorfstr. 29, 02694 Guttau, Tel. 035932/365-0, Fax -50, www.biosphaerenreservat-oberlausitz.de.

**Waldeisenbahn Muskau**, Tel. 03576/207472, www.waldeisenbahn.de. 600-mm-Schmalspurbahn von Weißwasser nach Kromlau und Bad Muskau, Abfahrt vom Bahnhof Weißwasser, Teichstraße. Verkehr am Wochenende, an Feiertagen und an festgelegten Tagen. Wann die Bahn im Dampfbetrieb fährt, ist dem Fahrplan zu entnehmen.

**Museumsbahnhof Anlage Mitte** der Waldeisenbahn Bad Muskau, Teichstraße, Weißwasser, Öffnungszeiten unter www.waldeisenbahn.de erfragen.

**Kulturhotel Fürst Pückler**, Schlossstr. 8, Bad Muskau, Tel. 035771/5330, www.kulturhotel-fuerst-pueckler.de; 95 Zi., DZ ab 89 Euro. Kur- und Wellnesshotel am Marktplatz mit großem Therapiebereich für Moor-, Kreide- und Thermalsoleanwendungen sowie Eisenvitriol-Trinkquelle. Regelmäßig kleinkulturelle Veranstaltungen.

**Am Schlossbrunnen**, Köbelner Str. 68, Bad Muskau, Tel. 035771/5230, www.schlossbrunnen.de; 14 Zi., DZ ab 70 Euro. Familiengeführtes Haus in ruhiger Lage am Fürst-Pückler-Park.

**Parkstadthotel**, Schulstr. 45, Bad Muskau, Tel. 035771/6860, www.parkstadthotel.de; 18 Zi., DZ ab 70 Euro. Farblich gestaltete Zimmer mit viel Holz, etwas außerhalb des Stadtzentrums, dafür unmittelbar im Grünen am Park.

**Fürst-Pückler-Hotel Krauschwitz**, Görlitzer Str. 26, Krauschwitz, Tel. 03 57 71/570, www.fuerst-pueckler-hotel.de; 45 Zi., DZ ab 90 Euro. Vor den Toren Bad Muskaus gelegenes Hotel, komfortable Zimmer.

**Hotel Kristall**, Karl-Liebknecht-Str. 34, Weißwasser, Tel. 035 76/26 40, www.hotelkristall.de; 39 Zi., DZ ab 75 Euro. Drei-Sterne-Komfort im Herzen der Stadt.

**Hotel und Restaurant Bürgerhaus Niesky**, Muskauer Str. 31/35, Tel. 257 70, www.buergerhaus-niesky.de; 24 Zi., DZ ab 53 Euro. Einfache Zimmer, Restaurant mit gutbürgerlicher regionaler Küche (tägl. geöffnet, Hauptgerichte 6–12 Euro, tägl. drei verschiedene preiswerte Mittagessen). Regelmäßig Veranstaltungen unterschiedlichster Art.

**Campingplatz am Halbendorfer See**, Dorfstr. 45a, Halbendorf, Tel. 03 57 73/764 13, www.halbendorfersee.de. Am Nordstrand Textil-Campingplatz mit 120 Stellplätzen, am Südufer FKK-Campingplatz mit 60 Stellplätzen. Badebetrieb und Wassersportmöglichkeiten, 5,6 Kilometer langer asphaltierter Rundweg um den See.

**Feriengesellschaft Stausee Quizdorf**, Am See 5, Quizdorf am See OT Kollm, Tel. 259 94 77, www.stausee.de. Campingplatz im Wald, grenzt an den See.

**Restaurant Oleander**, Hermannsbad 9, Bad Muskau, Tel. 03 57 71/508 80, www.turmvilla.de; tägl. geöffnet, Okt.–April Mo geschl., Hauptgerichte 7–13 Uhr. Internationale Küche. Viele kulturelle Veranstaltungen.

**Forsthaus am Erlichthof**, am Erlichthof 1, Rietschen, Tel. 03 57 72/405 62, www.forsthaus-erlichthof.de; Mai–Okt. tägl. geöffnet, Winter Mo geschl., Hauptgerichte 8–13 Euro. Regionaltypische und schlesische Küche, Fisch aus den umliegenden Seen und Teichen (auch rustikale 7 Zi., DZ ab 65 Euro).

**Fürst-Pückler-Café**, am Bauhof 14, im Vorwerk des Muskauer Parks, Tel. 03 57 71/644 88. Natürlich gibt es hier hausgemachtes Fürst-Pückler-Eis (Parfait) sowie Fürst-Pückler-Torte.

🏛

**Pückler-Ausstellung im Neuen Schloss Muskau**, Tel. 03 57 71/631 00, www.muskauer-park.de; April–Okt. tägl. 10–18 Uhr.

**Glasmuseum Weißwasser**, Forster Str. 12, Weißwasser, Tel. 035 76/20 40 00; Mo, Di, Do 8–15, Mi 8–17, Sa 13–17, So 14–17 Uhr.

**Sorbisches Kulturzentrum Schleife/ Serbski kulturny centrum Slepo**, Friedensstr. 675, Schleife, Tel. 03 57 73/772 30, www.sorbisches-kulturzentrum.de; Di–Fr 10–17, Sa/So 13–17 Uhr.

**Erlichthof Rietschen**, Turnerweg 6, Rietschen, Tel. 03 57 72/402 35, www.erlichthof.de; Di–So 10–17 Uhr.

**Museum Niesky**, Zinzendorfplatz 8, Tel. 255 80, www.museum.niesky.de; Mo–Fr 9–17, So 14–17 Uhr.

**Sorbischer Ostereiermarkt in Schleife**, im Sorbischen Kulturzentrum Schleife, Friedensstr. 65, Schleife, Tel. 03 57 73/772 30, www.sorbisches-kulturzentrum.de.

**Stölzle Lausitz GmbH**, Berliner Str. 22–32, Weißwasser, Tel. 03576/2680, www.stoelzle-lausitz.com; Mo–Fr 9–18, Sa 9–14 Uhr. Werksverkauf von Kristallgläsern, Bemalung und Gravur nach eigenen Wünschen möglich.

**Hofladen im Erlichthof**, Am Erlichthof 6, Rietschen, Tel. 0173/9460656, www.erlichthof.de; Mo geschl. In der Scheune werden Erzeugnisse regionaler Handwerker und Direktvermarkter angeboten: Produkte einheimischer Fleischer und Käsereien, Moorprodukte, Senf und Gurken, Blaudruck, rustikale Holzerzeugnisse.

**Bauernhof Ladusch**, Nieskyer Str. 26, Kreba-Neudorf, www.bauernhof-ladusch.de. Im Hofladen des Vierseithofes gibt es frische Produkte vom Bauern, Honig, Fruchtsäfte, Keramik, Schafwolle, Handgewebtes, frisches Landbrot aus dem Backofen (immer Fr), Fleisch der eigenen Galloway-Züchtung.

Oder-Neiße-, Frosch- und Wolfsradwanderweg führen durch die Region. Weitere Infos zum Radeln: www.radwandern-oberlausitz.de.

**Reit- und Sportverein Parkidylle Kromlau/Gablenz**, Spremberger Straße, Gablenz, Tel. 03576/201132. Reitunterricht für Anfänger und Fortgeschrittene, Kremser- und Kutschfahrten, Mehrtagesritte, Reitferien für Kinder.

**Stausee Quizdorf**, Tel. 25280, www.stausee.de. Badestellen, Verleih von Ruderbooten.

**Kanusport M.P.**, Kreba-Neudorf, Tel. 0160/8013000, www.kanu-mp.de. Natur aktiv und entspannt erleben bei Kanu- und Paddeltouren auf dem Quizdorfer Stausee, auf der Spree und im Lausitzer Seenland.

**Neiße-Tours**, Görlitzer Str. 23, Rothenburg, Telefon 0700/01818888, www.neisse-tours.de. Bootstouren auf der Neiße.

**Erlebniswelt Krauschwitz**, Görlitzer Str. 28, Krauschwitz, Tel. 035771/61020, www.badeparadies.com; tägl. geöffnet. Erlebnisbad mit neun verschiedenen Saunen, Wellnessangebote.

Der Stausee Quizdorf ist ein Paradies für Angler. Angelberechtigungen an der Rezeption der Feriengesellschaft.

## Kamenz

Gotthold Ephraim Lessing hat Kamenz (17000 Einwohner) bekannt gemacht. 1729 wurde er hier geboren, die ersten zwölf Lebensjahre verbrachte er in der Stadt. Das Haus im Lessinggässchen, in dem der große Dichter und Aufklärer als ältester Sohn von zwölf Kindern einer Pfarrersfamilie zur Welt kam, wurde beim Stadtbrand von 1842 vernichtet. Der richtete, wie schon der Brand 1707, schweren Schaden an.

Einen schönen Blick auf Kamenz hat man vom **Hutberg** (294 Meter) am Stadtrand, besonders zur Zeit der Rhododendronblüte im Mai/Juni lohnt ein Spaziergang. Auf dem Berg steht der

18 Meter hohe **Lessingturm**, der bestiegen werden kann. Die **Freilichtbühne** mit 10000 Plätzen ist ein angesagter Veranstaltungsort.

### ■ Lessingmuseum

Über Lessings Wirken und Leben informiert ausführlich das 1931 eröffnete Lessingmuseum am Lessingplatz 1–3 mit der bronzene Büste (1863) des Dichters davor. Die Grabsteine der Eltern Lessings und der des Großvaters stehen im Vorraum der Marienkirche. Gotthold Ephraim Lessing gilt als bedeutender Aufklärer und Wegbereiter des deutschen Nationaltheaters, seine Werke wie ›Minna von Barnhelm‹, ›Emilia Galotti‹ und ›Nathan der Weise‹ wurden in mehr als 40 Sprachen übersetzt. Jährlich im Januar und Februar finden in Kamenz die Lessing-Tage mit zahlreichen wissenschaftlichen und künstlerischen Veranstaltungen statt.

### ■ Kamenzer Ältare

Kamenz besitzt einen besonderen Schatz: acht kunstvolle spätgotische Flügelältäre, die in drei Kirchen zu bewundern sind, in der Hauptkirche St. Marien, der Klosterkirche St. Annen und der St. Justkirche. Die Kunstwerke entstanden um 1500, geschaffen haben sie Meister, deren Namen der Nachwelt nicht hinterlassen wurden.

Der schlanke 63 Meter hohe Turm der spätgotischen **Kirche St. Marien** ist das dominierende Bauwerk der Altstadt. 1400 begann man mit dem Bau des Gotteshauses, nach 80 Jahren war es vollendet. Zur reichen Innenausstattung gehören zwei der acht erwähnten Schnitzaltäre. Vom nicht mehr vorhandenen Franziskanerkoster stammt die 1512 geweihte **Klosterkirche St. Annen**. Nach dem letzten großen Stadtbrand von 1842 wurden die Klostergebäude abgerissen, das Innere der Kirche neu gestaltet. Die fünf wertvollen Altäre sind vermutlich in derselben Werkstatt entstanden, meinen Kunsthistoriker. In der kleinen **St. Justkirche** außerhalb des Stadtkerns faszinieren Wandmalereien aus der Zeit um 1380, die zu den bedeutendsten Bildwerken jener Zeit in der Lausitz gehören. In ihr steht der achte Altar, der um 1770 aus der Klosterkirche hierher kam.

### ■ Marktplatz

An der Nordwestecke des Marktplatzes bekam das **Rathaus** seinen Platz, das nach dem Stadtbrand von 1842 im Stil eines italienischen Palastes entstand. Der **Andreasbrunnen** (1570) aus Sandstein daneben ist nach seinem Stifter benannt, dem Bürgermeister Andreas Günther. Drei toskanische Säulen tragen einen baldachinartigen Aufbau, auf dem Justitia mit Schwert und Waage steht. Den Brunnen zieren die Wappen von Kamenz, des Königreichs Böhmen und das deutsche Reichswappen. An den **Fleischbänken** mit gewölbtem Laubengang hinter dem Rathaus boten die Fleischer bis Anfang des 20. Jahrhunderts ihre Waren an. Erstmals erwähnt sind sie 1487, nach dem großen Stadtbrand von 1842 entstanden sie im Stil des Spätklassizismus neu.

### ■ Museum der Westlausitz

Vom Markt wird über die Zwingerstraße das Museum der Westlausitz im Ponickau-Haus in der Pulsnitzer Straße 16

*Das Kamenzer Rathaus*

erreicht, ein Bürgerhaus mit schöner Barockfassade (1745). Das **Landschaftsmuseum der Westlausitz** besitzt Sammlungen zur Zoologie, Geologie, Botanik, Archäologie und Kulturgeschichte. Eine gläserne Brücke stellt die Verbindung zum **Malzhaus** (18. Jahrhundert) her, in dem Kamenzer Stadtgeschichte lebendig wird. Neben dem Malzhaus steht der um 1600 erbaute **Basteiturm**, der letzte von einst zwölf Verteidigungstürmen. Sein volkstümlicher Name ›Pichschuppen‹ stammt aus der Zeit um 1827, als in dem alten Gemäuer Brauer ihre Bierfässer auspichten (von innen mit Pech überzogen).

## Rosenthal

Mehrmals im Jahr ziehen an Wallfahrtstagen tausende Katholiken in das sechs Kilometer östlich von Kamenz entfernte Rosenthal. Ihr Ziel ist die barocke **Marien-Wallfahrtskirche** mit der 30 Zentimeter hohen, aus Lindenholz geschnitzten Statue Unsere Liebe Frau von der Linde. Die Figur wurde Ende des 15. Jahrhunderts in der Höhlung einer Linde gefunden, so hat es die Legende überliefert. An dieser Stelle entstand die erste Kirche. Die heutige weithin sichtbare Wallfahrtskirche errichtete man in den Jahren 1776 bis 1778. Mit 42 Metern Länge und 19 Metern Breite gehört sie zu den größten Dorfkirchen Sachsens. In den letzten Tagen des Zweiten Weltkrieges brannte das Gotteshaus aus, die Marienfigur konnte jedoch gerettet werden. Wenige Jahre später war die Kirche in der Gestalt von 1778 wieder aufgebaut. Dem Wasser der munter plätschernden **Marienquelle**, die man 1909 mit einem Häuschen überbaut hat, wird seit Jahrhunderten heilende Wirkung nachgesagt.

## Kloster St. Marienstern

Das weithin bekannte Kloster Marienstern am Rand von Panschwitz-Kuckau (1100 Einwohner) ist seit seiner Stiftung 1248 bis heute ununterbrochen als Nonnenkloster der Zisterzienserinnen in Funktion. Im Kloster leben heute 20 Ordensschwestern nach den Regeln des heiligen Benedikt. Aus der Erbauungszeit sind Kreuzgang, Kreuzkapelle und Kapitelsaal erhalten. Die gotische **Klosterkirche** mit ihrer rotbraun-weiß verblendeten Westfassade ist für jedermann zu besichtigen. Sie wurde wie alle Klostergebäude von 1720 bis 1732 barock umgestaltet. Im öffentlich zugänglichen **Klosterhof** mit dem Löwenbrunnen (1739) und drei Betsäulen beginnt jährlich am Ostersonntag das traditionelle sorbische Osterreiten. Goldschmiedekunst, Perlstickereien, Holzskulpturen, Mariendarstellungen und Textilien versetzen die Besucher der **Klosterschatzkammer** in Erstaunen.

## Neschwitz

Zehn Kilometer sind es von Panschwitz-Kuckau bis Neschwitz (900 Einwohner) mit **Schloss** und **Park**, die zu den künst-

▲ *Sorbische Osterreiter*

lerisch bedeutsamen Leistungen des 18. Jahrhunderts in der Oberlausitz gehören. Prinz Friedrich Ludwig von Württemberg-Winnental, Generalfeldzeugmeister im Dienste Augusts des Starken, ließ die Wasserburg bis auf das heute noch zu sehende Kellergewölbe abreißen und 1721 bis 1723 das barocke Jagdschloss errichten. Er hatte in Dresden Gefallen an der Reichsfürstin von Teschen gefunden, der einstigen polnischen Mätresse Augusts des Starken, und benötigte das Schloss als ein würdiges Brautgeschenk. Heute wird in das Schloss zu Konzerten geladen, finden Kunstausstellungen statt. Gleichzeitig mit dem Schloss entstand der Barockgarten im französischen Stil, den in die freie Natur übergehenden englischen Landschaftsgarten legte man Ende des 18. Jahrhunderts an.

*Schloss Rammenau*

## Rammenau

Der Ort (1500 Einwohner) schmückt sich mit einem der schönsten **Barockschlösser** Sachsens. Johann Christoph Knöffel, der als Begründer des sächsischen Rokoko gilt, war vermutlich der Baumeister. Ein Kleinod sind die barock und klassizistisch ausgestatteten Innenräume, darunter das Goldene Zimmer mit zahlreichen Porträts und Landschaftsbildern sowie das Chinesische Zimmer mit bemalten Leinwandtapeten. Regelmäßig finden im neobarocken Spiegelsaal oder im Schlosspark Konzerte und vielfältige Veranstaltungen statt. Der ursprünglich barocke Garten wurde im 19. Jahrhundert im englischen Landschaftsstil umgestaltet.

Als Sohn armer Bandweber kam 1762 Johann Gottlieb Fichte in Rammenau zur Welt, Philosoph und der erste gewählte Rektor der Berliner Universität. An ihn erinnern Denkmäler im Schlosspark und an der Johann-Gottlieb-Fichte-Straße. Fichte erwarb durch die Protektion des Schlossbesitzers Freiherrn von Miltitz eine gute Schulbildung, unter anderem studierte er in Leipzig und Jena.

## Pulsnitz

Pulsnitz (4000 Einwohner) ist Blaudruck-, Pfefferkuchen- und Töpferstadt. Pfefferkuchen wurden erstmals 1558 erwähnt. Die Bezeichnung für dieses schmackhafte Gebäck – das anderswo Lebkuchen heißt – entstand im Mittelalter, als fremdländische Gewürze noch mit dem Sammelbegriff ›Pfeffer‹ bezeichnet wurden. Auch heute noch schwebt das ganze Jahr über der süße Duft von Pfefferkuchen durch manche Gasse von Pulsnitz, denn acht Handwerksbetriebe und eine Backfabrik stellen die beliebte Leckerei her. Pfefferkuchenbacken erfordert Geduld, denn der Teig muss viele Monate lagern, ehe er formenreich den Backofen verlässt. Ein Meister habe, so erzählt man sich, einmal bei der Geburt seines Sohnes einen

# [ 366 ] Oberlausitzer Heide- und Teichlandschaft

*Sorbische Begrüßung mit Brot und Salz*

Grundteig hergestellt, den dieser erst bei der Geschäftsübernahme aus dem hölzernen Bottich holen durfte.

### ■ Sehenswürdigkeiten

In der **Pfefferkuchen-Schauwerkstatt** mit einer Ausstattung aus der Zeit um 1900 kann man sich – nach Voranmeldung – selbst als Pfefferküchler ausprobieren. Das **Stadtmuseum** in der Goethestraße 24 gibt Einblick in die langjährigen Pulsnitzer Handwerke, zu sehen ist ferner eine Heimweberstube, viel erfährt man über den 1804 in Pulsnitz geborenen berühmten Bildhauer Ernst Rietschel. 1840 baute sich ein Blaudrucker am Pulsnitz-Bach ein Haus, in dem sich heute die einzige noch arbeitende historische **Blaudruckwerkstatt** Sachsens befindet. Hier, im Haus Bachstraße 7, entstehen blaugedruckte Stoffe nach einer in Jahrhunderten nahezu unverändert gebliebenen Technologie. Auch die Töpferei ist in Pulsnitz noch zu Hause. Allerdings sind es nicht mehr 15 Töpfereien wie um 1900, aber immerhin noch drei. Ein Meisterwerk der Töpfer ist der Altar (1796) in der westlich des Marktplatzes gelegenen **Stadtkirche St. Nikolai** (1742–1745), den die Töpferinnung stiftete. Vor dem **Renaissance-Rathaus** am Marktplatz steht ein Denkmal (1891) für Ernst Rietschel, geschaffen von einem Schüler des bekannten Bildhauers. Der achteckige **Brunnen** aus Sandstein plätschert schon seit 1797 auf dem Markt, die Brunnenschale mit vier wasserspeienden Schlangenhälsen war abhanden gekommen, sie wurde nach alten Vorlagen neu gegossen und vervollständigt den Brunnen seit 1995. Östlich von Pulsnitz ragt der **Schwedenstein** (418 Meter) auf, mit Aussichtsturm und einem durch hausgebackenen Kuchen und Wildgerichte beliebten Bergrestaurant.

> **ℹ Kamenz und Umgebung**
>
> **Vorwahl:** 035 78.
> **Postleitzahl:** 01917.
> **Kamenz-Information**, Pulsnitzer Str. 11, Kamenz, Tel. 37 92-05, Fax -91, kamenzinformation@kamenz.de, www.kamenz.de.
> **Pulsnitz-Information**, Haus des Gastes, Am Markt 3, 01896 Pulsnitz, Telefon 03 59 55/442 46, info@ernst-rietschel.com, www.pulsnitz.de.
>
> **Gemeinde Ralbitz-Rosenthal**, www.ralbitz-rosenthal.de.
>
>
>
> **Goldner Hirsch**, Markt 10, Kamenz, Tel. 783 50, www-hotel-goldner-hirsch. de; 30 Zi., DZ ab 88 Euro. Im Renaissancestil eingerichtete Zimmer, im dazugehörigen Ratskeller stehen regionale Spezialitäten auf der Speisekarte (tägl. geöffnet).

**Villa Weiße**, Poststr. 17, Kamenz, Tel. 378470, www.villa-weisse.de; 14 Zi., DZ ab 79 Euro. Hotel garni in der Nähe des Bahnhofs, großzügige Parkanlage.

**Hutberggaststätte**, Am Hutberg 25, Kamenz, Tel. 784447, www.hutberggaststaette.de; tägl. geöffnet, Hauptgerichte 8–13 Euro. Gaststätte, Ballsaal, Biergarten und Café auf dem Hutberg. Deutsche und sächsische Küche jahreszeitlich ausgerichtet. Der Blick vom Lessingturm ist zu jeder Zeit möglich.

**Klosterstübel, im Kloster Marienstern**, Panschwitz-Kuckau, Tel. 035769/96530, www.klosterstuebel.de; tägl. geöffnet, Hauptgerichte 7–13 Euro. Kostproben der Oberlausitzer Kochkunst und Rezepte aus der Klosterküche.

**Lessing-Museum**, Lessing-Platz 1–3, Kamenz, Tel. 380500, www.lessingmuseum.de; Di–Fr 9–17, Sa/So 13–17 Uhr.

**Museum der Westlausitz – Elementarium und Stadtgeschichtliche Ausstellung im Malzhaus**, Pulsnitzer Str. 16, Kamenz, Tel. 78830, www.museum-westlausitz.de; Di–So 10–18 Uhr.

**Zisterzienserinnenkloster St. Marienstern**, Cisinskistr. 35, Panschwitz-Kuckau, Tel. 035769/99444, www.marienstern.de; Schatzkammer März–Okt. Mo–Do 10–16.30, Sa/So 12–16.15 Uhr, Klostergarten von Mai–Okt. geöffnet.

**Schloss Neschwitz**, Park 3, Neschwitz, Tel. 035933/30077, www.neschwitz.de; April–Oktober So 10–12, 13–17 Uhr.

**Schloss Rammenau**, Am Schloss 4, Rammenau, Tel. 03594/703559, www.barockschloss-rammenau.de; April–Okt. tägl. 10–18, Nov.–März So–Fr 10–16, Sa 12–16 Uhr.

**Stadtmuseum Pulsnitz**, Goethestr. 20a, Pulsnitz, Tel. 035955/44006; Di/Mi 9–15, Do/Fr 9–17, So 14–17 Uhr.

**Pfefferkuchen-Schauwerkstatt**, Markt 3, Pulsnitz, Tel. 035955/44246, www.pfefferkuchen-schauwerkstatt.de; Mo–Fr 10–17, Sa 9–12, So 14–17 Uhr.

**Stadttheater**, Pulsnitzer Str. 11, Kamenz, Tel. 379205, www.stadttheater-kamenz.de. Theater, Konzerte, Kabarett.

**Hutbergbühne**, Kamenz, www.hutberg-buehne.de; Mai–Sept. Beliebte Open-Air-Bühne und Veranstaltungsort für Konzerte und andere Veranstaltungen.

**Lessingtage**, alle zwei Jahre im Jan./Febr. (wieder 2013). Kultureller Höhepunkt mit vielen Veranstaltungen zum Thema Lessing, in der Zwischenjahren finden die Lessing-Akzente mit kleinem Programm statt.

**Kamenzer Forstfest**, Ende Aug., www.forstfest-kamenz.de. Die Stadt ist ein großer Vergnügungspark mit Fahrgeschäften und Gastronomie.

**Pfefferkuchenmarkt Pulsnitz**, Ende Nov., www.pfefferkuchen.de. Veranstaltet von der Innung der Pfefferküchler.

**Klosterladen**, Kloster St. Marienstern, Panschwitz-Kuckau, Telefon 03 57 96/971 21; Mo 10–16, Di–Fr 10–16.30, Sa 13–15.30 Uhr. Devotionalien,

regionale Produkte wie Honig, Säfte, Öle, Kräutertees, Klosterbier und -likör, Keramik, verzierte Eier.
**Blaudruckwerkstatt**, Bachstr. 7, Pulsnitz, Tel. 03 59 55/7 38 73, www.blaudruckpulsnitz.de; Mo-Fr 9-13, 14-17, Sa 9-12 Uhr. Alles traditionelle Handarbeit: umfangreiches Sortiment an Decken, Läufern, Sets, Weihnachts- und Osterartikel. Besichtigungen nach Absprache möglich.
**Pulsnitzer Pfefferkuchen**, E.C. Groschky, Rietschelstr. 15, Pulsnitz, Tel. 03 59 55/8 26 31, www.groschky.de; Mo-Fr 8-13, 14-18, Sa 9-13 Uhr. Echte Pulsnitzer Pfefferkuchen, gefüllte Spitzen, Makronen, Sonderanfertigungen auf Wunsch.

# Oberlausitzer Bergland

An das flache Hügelland südlich von Bautzen und Görlitz schließen sich schmale Höhenzüge mit flachen Tälern an. Die Dörfer sind langgestreckt und voller zweigeschossiger Umgebindehäuser, bei denen eine Ständerkonstruktion das Erdgeschoss umgibt und das Obergeschoss trägt. Bei Umgebindehäusern sind die einzelnen Bauteile lediglich mit Holzstiften zusammengefügt, so dass sie regelrecht auseinandergenommen werden konnten. Deshalb seien sie in der Vergangenheit so beliebt gewesen. Beim Umzug hätten nicht wenige ihr Haus rasch auseinandergebaut und einfach zum neuen Standort transportiert, erzählt man in der Gegend mit einem schelmischen Schmunzeln.

## Bautzen

Bautzen ist die Stadt der Türme und Bastionen. Sage und schreibe 17 Stück gibt es davon, hinterlassen hat sie das Mittelalter. Sie prägen das Gesicht Bautzens (41 000 Einwohner), einem Zeugnis mittelalterlicher Stadtbaukunst. Das Grundrissgefüge des Altstadtkerns hat sich in den vergangenen 300 Jahren kaum verändert, ›sächsisches Nürnberg‹ wird Bautzen wegen seiner etwa 1500 Baudenkmäler oft genannt.

Bautzen gilt als die Hauptstadt der sorbischen nationalen Minderheit in Deutschland, was jedem Besucher sofort auffällt: Nicht nur das Ortseingangsschild ist zweisprachig (sorbisch Budyšin), auch alle Straßenschilder sind es. Viele Informationen über das kleine westslawische Volk hält die **Sorbische Kulturinformation** im Haus der Sorben am Postplatz 2 bereit.

▲ *Blick auf Bautzen*

# Oberlausitzer Bergland [ 369 ]

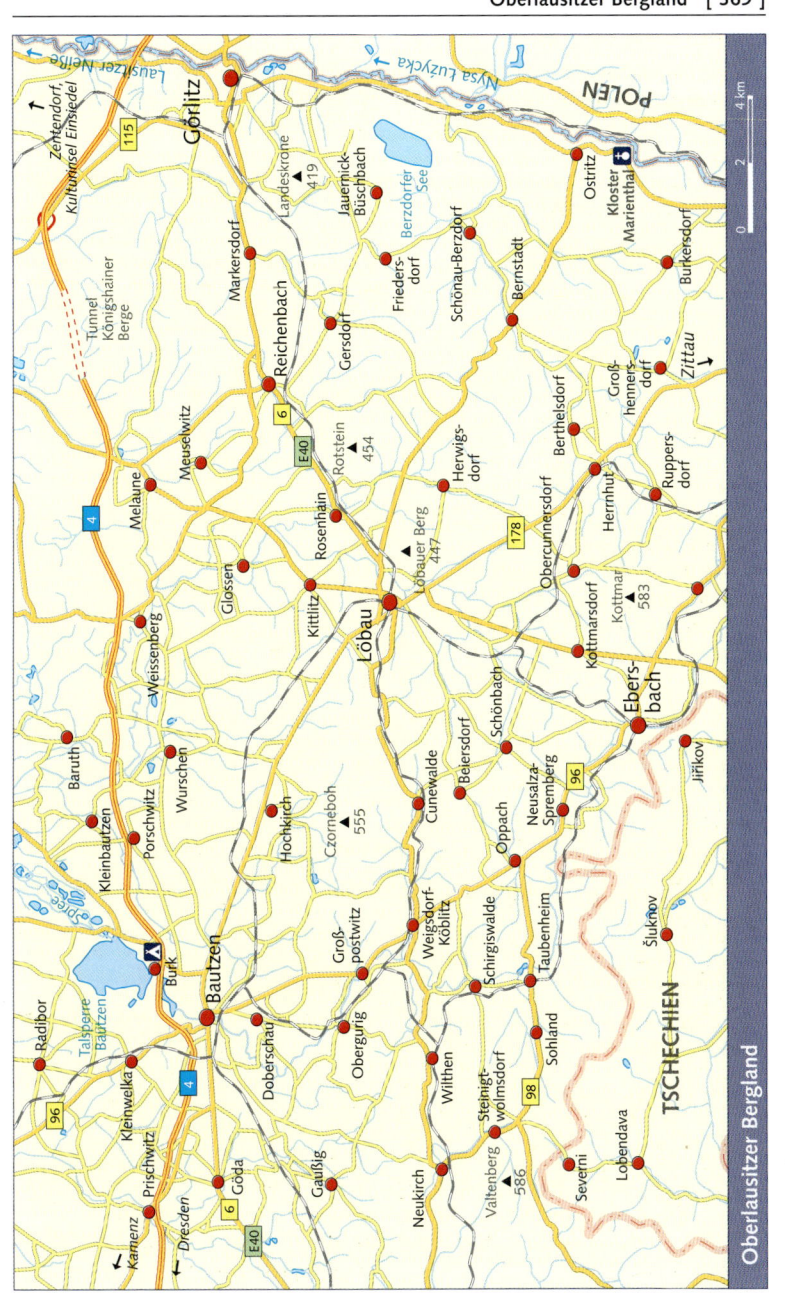

## Oberlausitzer Bergland

1002 ist erstmals in den Annalen eine ›civitas budussin‹ erwähnt, 1213 erhielt Bautzen das Stadtrecht verliehen, das durch die Lage am Schnittpunkt zweier bedeutender Handelsstraßen (Halle–Breslau, Brandenburg–Prag) schon früh zu Wohlstand gelangt war. 1346 erfolgte der Zusammenschluss mit Görlitz, Löbau, Lauban (heute Lubán, Polen), Kamenz und Zittau zum Oberlausitzer Sechsstädtebund, der bis 1815 bestand. Um 1400 lag Bautzen in der Einwohnerzahl an achter Stelle in Deutschland. 1634, im Dreißigjährigen Krieg, ließ Wallenstein die Stadt zerstören.

1868 wurde erstmals der Name Bautzen amtlich durch eine sächsische Ministerialverordnung festgelegt, bis dahin wurde die Stadt auch Budissin genannt. Im 20. Jahrhundert entwickelte sich Bautzen zu einem bedeutenden Industriestandort (Waggon- und Maschinenbau, Gießereien) in der Oberlausitz. Ein **Geschichtslehrpfad** führt auf einem so-

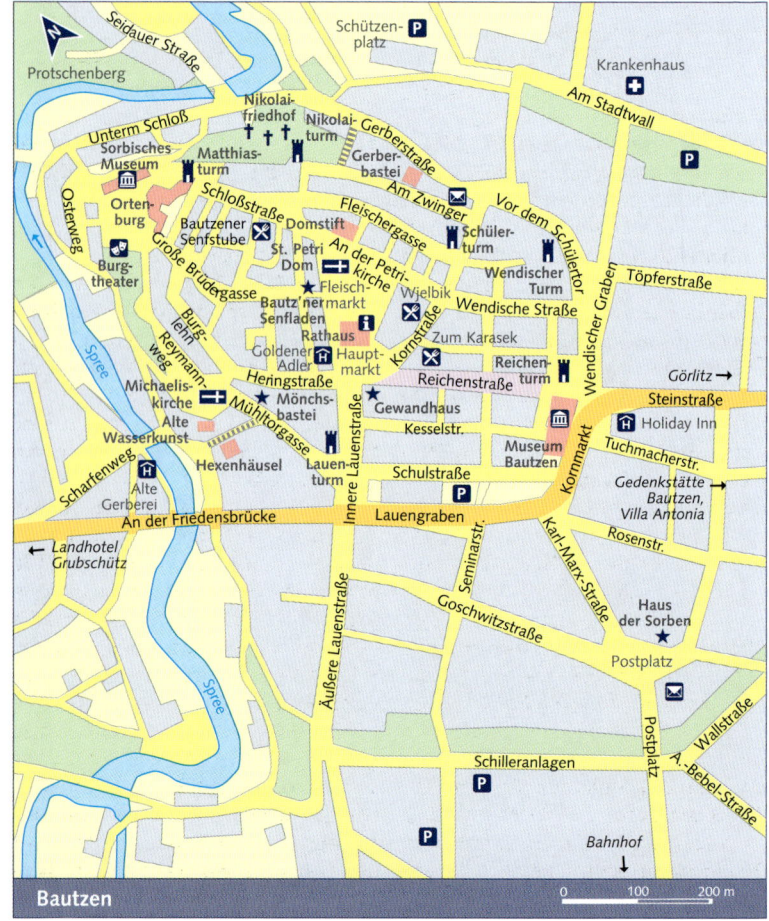

Bautzen

genannten **Inneren Weg** zu 33 charakteristischen Baudenkmalen der Altstadt, durch romantische Gassen in versteckte Winkel. Wer mehr Zeit hat, für den gibt es noch den **Äußeren Weg**, der mit 24 Denkmalen außerhalb der Innenstadt bekannt macht. Die Tourist-Information hält ein Faltblatt mit Plänen beider Wege bereit.

### ■ Dom St. Petri

Der Innere Geschichtslehrpfad beginnt am Fleischmarkt mit dem in mehreren Bauetappen ab 1213 entstandenen Petridom als dominierendem Bauwerk. Er ist die einzige historische Simultankirche im Osten Deutschlands. Seit 1524 nutzen die Katholiken den Chorraum und die evangelischen Christen das Langhaus. 1851 wurde zur Trennung beider Konfessionen ein 4,50 Meter hohes Gitter eingebaut, die heutige einen Meter hohe Barriere gibt es seit 1952. Die vierschiffige Hallenkirche mit Netz- und Sterngewölbe wurde überwiegend aus Granit erbaut.

Von der Innenausstattung sind beachtenswert: der vom Italiener Giovanni Maria Fossatio aus sächsischem Marmor gefertigte **Hochaltar** (1722–1724) und die lebensgroßen **Sandsteinskulpturen** (links Johannes der Täufer, rechts Johannes der Evangelist) vom Permoser-Schüler Benjamin Thomae. Von Balthasar Permoser selbst stammt das überlebensgroße hölzerne **Kruzifix** (1713/14) über dem Kreuzaltar. Da der Dom Begräbnisstätte für die Geistlichen sowie den Adel der Umgebung war, sind zahlreiche **Grabmale** vorhanden. Wer die 214 Stufen im Turm bis zur **Aussichtsplattform** in 52 Meter Höhe hochsteigt, wird mit einem prachtvollen Rundblick belohnt. Auf dem Fleischmarkt steht der älteste **Brunnen** (um

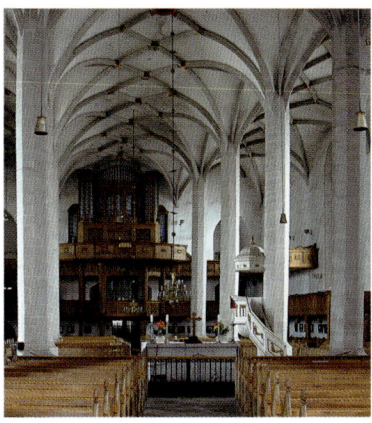

*Im Dom St. Petri von Bautzen*

1611) der Stadt, den seit 1865 das Standbild des sächsischen Kurfürsten Johann Georg I. ziert.

### ■ Domschatzkammer St. Petri

Die in der Schatzkammer aufbewahrten Kultgegenstände wie liturgische Gefäße, kunstvoll bestickte Messgewänder, Bilder und Figuren dienen nach wie vor dem liturgischen Gebrauch.

Eine Kostbarkeit stellt die spätgotische Monstranz aus Gold und Silber von 1520 dar, ältestes Stück ist der kupfervergoldete Einbanddeckel eines Evangelistenbuches aus dem 13. Jahrhundert, dessen Rahmen Edelsteine zieren. Die Schatzkammer befindet sich im umfangreichen Gebäudekomplex des Domstifts nördlich des Doms. Das **Domstift** wurde um 1217 gegründet, es diente dem Domkapitel als Wohn- und Arbeitsstätte. In Deutschland gibt es nur wenige geistliche Archive und Bibliotheken, die sich seit nahezu 800 Jahren ununterbrochen am selben Ort befinden. Das vielfotografierte Portal und die Südfront des Gebäudes wurden 1755 im böhmischen Barock fertiggestellt.

*Das Bautzener Domstiftsportal*

## ■ Hauptmarkt

An der Nordseite des Hauptmarktes steht seit Jahrhunderten das barocke **Rathaus**, dessen heutiges Aussehen im Wesentlichen von 1729 bis 1732 datiert und seit eh und je in gelb erstrahlt. Am hohen Turm bilden zwei mechanische Uhren und eine Sonnenuhr den Blickpunkt. Auf der Ostseite steht das wohl schmalste Haus (15. Jahrhundert) der Oberlausitz, wegen seiner Zwei-Fenster-Breite im Volksmund das ›Handtuch‹ genannt. Auf eine lange Geschichte blickt das **Gewandhaus** an der Ecke zur Inneren Lauenstraße zurück: Es wurde 1284 errichtet und gilt als ältestes Haus der Oberlausitz, doch sein heutiges Neorenaissanceaussehen bekam der Repräsentationsbau erst 1882/83. Gegenüber steht das von 1720 bis 1734 erbaute **Hartmannsche Haus**, auch Fürstenhaus genannt, weil in dem barocken Prachtbau in der Vergangenheit viel Prominenz logierte: Friedrich II. von Preußen, Kaiser Napoleon Bonaparte, Zar Alexander I.

## ■ Alte Wasserkunst

Die Innere Lauenstraße führt zum **Lauenturm** (1400–1403) und, vorbei an der **Ruine der Mönchsbastei**, zur **Alten Wasserkunst**, Bautzens Wahrzeichen. Die 1495/96 erbaute Alte Wasserkunst ist ein geniales Pumpwerk des Mittelalters. 1496 konnten die Bautzener auf dem Fleischmarkt erstmals Spreewasser in ihre Behälter füllen, das aus Rohrleitungen floss. 1558 errichtete Wenzel Röhrscheidt der Ältere die Alte Wasserkunst neu, diesmal aus Stein. Und dieses Bauwerk mit einem historischen Pumpwerk, einst das Herzstück der städtischen Wasserversorgung, hat sich bis heute erhalten. Das technische Museum im Inneren informiert über die Wasserversorgung im Mittelalter. Der Besucher erfährt ferner, dass die Anlage bald nicht mehr genügte und deshalb Wenzel Röhrscheid der Jüngere den Auftrag bekam, 1608 bis 1610 die **Neue Wasserkunst** zu erbauen, die am Äußeren Geschichtspfad liegt.

Hinter der Alten Wasserkunst steht die um 1430 entstandene dreischiffige **Michaeliskirche**, seit 1619 die Pfarrkirche der evangelischen Sorben. Die schlichte neogotische Innengestaltung stammt aus dem Jahre 1892.

## ■ Ortenburg

Über Burglehn und Burgplatz kommt man zur spätgotischen Ortenburg, die als Keimzelle Bautzens gilt und eindrucksvoll das Stadtbild prägt. Entstanden ist sie um das Jahr 1000 als Grenzburg. Das heutige Bauwerk ließ Matthias Corvinus errichten (1483–1486), der neben der ungarischen auch die böhmische Königswürde besaß. Vom Jahr 1067 an – von kurzen Unterbrechungen abgesehen – gehörte Bautzen bis 1635 zu Böhmen, danach kam die Stadt mit

*Blick auf die Ortenburg*

der Lausitz zum Kurfürstentum Sachsen. Baukünstlerisch wertvoll ist der spätgotische **Schloss- oder Matthiasturm** (15. Jahrhundert) am Nordflügel. An der Ostseite des Turms sitzt in einer Rundbogennische König Matthias Corvinus. Neun Meter hoch ist das Denkmal aus Sandstein (1486), Kopien gibt es auch in Budapest und Szeged.

Die Ortenburg war nie ständiger Fürstensitz, auf ihr residierten die königlichen Verwalter der Oberlausitz. Heute befindet sich in dem Komplex unter anderem das **Sorbische Museum**, das Einblick in die Arbeits- und Feiertagswelt, in Traditionen und Brauchtum der Sorgen gibt. Besonders faszinieren die sorbischen Volkstrachten. In Bautzen werden seit 1842 Bücher und Zeitungen in sorbischer Sprache gedruckt. Das **Deutsch-Sorbische Volkstheater** in der Seminarstraße ist das einzige zweisprachige Theater im Osten Deutschlands, in der Stadt hat die **Domowina**, der Dachverband sorbischer Vereinigungen, seinen Sitz.

■ **Türme**

Die Schloßstraße führt zum **Nikolaiturm**, der um 1400 entstanden sein soll, der steinerne Aufbau kam vermutlich 1522 hinzu. Die spätgotische **Nikolaikirche**, von 1440 bis 1467 erbaut, ist seit dem Dreißigjährigen Krieg Ruine, der katholische Friedhof bezieht seit mehr als 200 Jahren auch den einstigen Innenraum der Kirche ein.

Die nahe **Gerberbastei**, ein fünfgeschossiges Bauwerk mit meist drei Meter dicken Mauern, stammt von 1503. Wann der **Schülerturm** in der Nähe errichtet wurde, konnte bis heute nicht ermittelt werden. 1515 jedoch, so ist in den Annalen vermerkt, fanden an ihm Reparaturarbeiten statt. Demzufolge dürfte er schon einige Jahrzehnte früher erbaut worden sein. Beim **Wendischen Turm** weiß man das Entstehungsjahr genau: 1408. Dem berühmten Baumeister Gottfried Semper hat der Turm offensichtlich so gut gefallen, dass er ihn 1842 bis 1844 beim Bau der Kaserne in das Ensemble mit einbezog.

144 Zentimeter ist der 55 Meter hohe **Reichenturm** (1490–1492) aus dem Lot geraten. Damit hat auch Bautzen einen ›schiefen Turm‹. Das Malheur ist das Ergebnis von Bodensenkungen. Begonnen hat die Neigung um 1715, als die Holzhaube des Turms durch eine aus Stein ersetzt wurde. Den Untergrund konnte man aber in der jüngsten Zeit so präparieren, dass niemand eine weitere Neigung befürchten muss. Vom Turm führt die Fußgängern vorbehaltene Reichenstraße mit zahlreichen Barockhäusern und einer Fülle an Geschäften, Restaurants und Cafés zum Hauptmarkt.

■ **Museum Bautzen**
Frisch und modern macht das Museum mit Bautzens Stadtgeschichte vertraut. Es befindet sich am wenige Schritte vom Reichenturm entfernten Kornmarkt und gibt Einblick in die Lebens- und Arbeitsweise früherer Jahrhunderte, zeigt aber auch sakrale Plastiken des 15. bis 17. Jahrhunderts. In der Gemäldegalerie hängen unter anderem Werke der deutschen Malerei des 15. und 16. Jahrhunderts wie Max Liebermanns ›Auf der Düne‹ (1890) und ›Blühen und Vergehen‹ (1911) von Otto Dix.

■ **Gedenkstätte**
Der ›Stasi-Knast‹, das Gefängnis Bautzen II (1902–1906) in der Weigangstraße 8, ist heute Gedenkstätte. Hier wird an die Opfer der beiden Bautzener Gefängnisse erinnert. In den Haftanstalten Bautzen I und Bautzen II wurden von den Nationalsozialisten, der sowjetischen Besatzungsmacht sowie dem SED-Regime politische Gegner unter unmenschlichen Bedingungen gefangengehalten. Zu DDR-Zeiten saßen hier Kritiker des Regimes, ›Republikflüchtlinge‹ und Spione ein. Der Verleger Walter Janka (1914–1994), der Schriftsteller Erich Loest (geb. 1926), der SED-Funktionär Heinz Brandt (1909–1986) sowie der Philosoph und prominente DDR-Dissident Rudolf Bahro (1935–1997) mussten in Bautzen II, dem Stasi-Knast, ihre Strafen verbüßen.
Die Haftanstalt I in der Breitscheidstraße, wegen ihrer gelben Klinkerfassade ›Gelbes Elend‹ genannt, nutzte die sowjetische Besatzungsmacht nach Kriegsende als ›Speziallager‹. In ihm waren nationalsozialistische Funktionsträger eingesperrt, aber auch Gegner des stalinistischen Systems und auf Grund von Denunziationen willkürlich Verhaftete. Insgesamt etwa 27 000 Personen waren inhaftiert, mussten Hunger leiden und Kälte ertragen, etwa 3000 Menschen überlebten das nicht. Zu DDR-Zeiten saßen im ›Gelben Elend‹ neben kriminellen auch immer politische Häftlinge ein, vor Weihnachten 1989 hat man die letzten von ihnen entlassen. Bautzen I ist bis heute ein Gefängnis, Bautzen II wurde 1992 geschlossen und Gedenkstätte.

▲ *Der Reichenturm in Bautzen*

# Sorbische Bräuche

Tausende säumen die Straßen und Wege, wenn am Ostersonntag festlich gekleidete Reiter die Nachricht vom Auferstandenen in die Dörfer tragen. Neun sorbische Osterreiterprozessionen gibt es. Das Ritual findet noch wie im 15. Jahrhundert statt, als es in den Chroniken zum ersten Mal erwähnt wird. Ausgangspunkt eines jeden Rittes ist die Pfarrkirche, wo die Reiter vom Pfarrer den Segen erhalten. Sie übernehmen das Kreuz, Kirchenfahnen und meist eine Statue des Auferstandenen. Die Reiter im schwarzen Gehrock mit Zylinder sitzen auf mit großen, weißen Schwanzschleifen geschmückten Pferden. Wer zum ersten Mal am Osterreiten teilnimmt, trägt ein grünes Myrthenkränzchen. Unter Glockengeläut setzt sich die Prozession in Bewegung, zunächst geht es dreimal um Kirche und Friedhof, unterwegs wird in sorbischer Sprache gesungen und gebetet. Am Zielort umrunden die Reiter ebenfalls Kirche und Friedhof dreimal, um den Verstorbenen die Botschaft von der Auferstehung zu verkünden. Nach einer Pause bei Familien des Dorfes beginnt der Rückweg.

Das Osterreiten und andere sorbische Bräuche sind keine touristischen Folkloreveranstaltungen. Sie gehören zum Leben vieler sorbischer Familien in der Lausitz, aus Tradition, aus religiöser Gläubigkeit oder weil es Freude macht. Besonders viel Aufmerksamkeit schenken die Sorben dem Ei als Symbol der Fruchtbarkeit und Liebe, sie verwandeln ausgeblasene Eier zu kleinen Kunstwerken. Verzierte Ostereier schmücken manch kleines Bäumchen, sie sind aber auch ein beliebtes Mitbringsel der Gäste. Die meisten sorbischen Bräuche finden in der freien Natur statt, in die es die Menschen nach den tristen Wintermonaten zieht. Ihr Jahreskalender beginnt mit der Vogelhochzeit, obersorbisch ›Ptači kwas‹, die traditionell am 25. Januar gefeiert wird. Am Vorabend stellen die Kinder einen Teller auf das Fensterbrett oder vor die Haustür, auf dem sie am nächsten Morgen Süßigkeiten in Form von Vögeln und Nestern finden. Im Kindergarten oder in der Schule feiern die Kinder dann als Vögel verkleidet die eigentliche Vogelhochzeit. Beliebt ist auch das ›Zampern‹ vor der Fastenzeit, mit dem der Winter vertrieben wird. Man zieht teilweise kostümiert mit Rasseln und Trompeten durch die Dörfer, klopft an die Türen und erheischt Zutaten für das Zamperessen.

*Sorbische Ostereier*

*Im Saurierpark Kleinwelka*

## Kleinwelka

In dem kleinen Ort (800 Einwohner) vier Kilometer von Bautzen entfernt fletscht der Tyrannosaurus rex die Zähne. Gefährlich werden kann er jedoch nicht, denn der größte bekannte landlebende Fleischfresser lebte vor rund 65 Millionen Jahren. Er brachte es auf eine Länge von 13 Metern und erreichte ein Gewicht von fast sieben Tonnen. Der Tyrannosaurus rex und viele seiner Artgenossen stehen in Lebensgröße in einem Wäldchen. In dem spaziert man auf den Spuren ausgestorbener Riesenechsen durch die Erdgeschichte. Die erste Dinoplastik im Maßstab 1:50 fertigte der Maler Franz Gruß 1977, nachdem er vorher viele Fachbücher gewälzt hatte. Heute sind im **Saurierpark Kleinwelka** und im angrenzenden **Grußschen Sauriergarten** mehr als 200 Reptilien aus Eisen und Beton zu sehen.

In Kleinwelka warten noch ein **Miniaturenpark** mit rund 700 meist beweglichen Miniaturen und Wasserspielen und ein **Irrgarten** auf Besucher.

## Weißenberg

Am Marktplatz des 17 Kilometer von Bautzen entfernten Städtchens (1200 Einwohner) lädt in einem Haus aus dem 17. Jahrhundert das **Museum Alte Pfefferküchlerei** zum Besuch. Von 1684 bis 1937 haben in diesem Haus die Familien Brauer und Opitz Pfefferkuchen (anderswo Lebkuchen genannt) gebacken.

Erhalten haben sich der **Laden** mit der Einrichtung aus dem 18./19. Jahrhundert sowie die **Backstuben** für die Teigherstellung und die Feinbearbeitung. Gebacken wurden die Pfefferkuchen in einem fast drei Meter tiefen massiven Ofen, den die Gesellen mit Holzscheiten heizten.

Sehenswert sind weiterhin das barocke **Rathaus** mit hohem Rundturm von 1788 sowie einer überdachten Wendeltreppe zum Obergeschoss, die **Kirche** von 1725 mit einer Renaissancekanzel aus dem 17. Jahrhundert sowie Grabdenkmälern aus dem 16. und 17. Jahrhundert.

## Bautzen

**Vorwahl**: 03591.
**Postleitzahl**: 02625.
**Tourist-Information Bautzen/Budyšin**, Hauptmarkt 1, Tel. 03591/42016, Fax 464499, touristinfo@bautzen.de, www.bautzen.de.
**Sorbische Kulturinformation/Serbska Kulturna informacija**, Postplatz 2, Tel. 42105, Fax 550228, info@sorben.com, www.sorben.com.

**Goldener Adler**, Hauptmarkt 4, Bautzen, Tel. 48660, www.goldeneradler.de; 30 Zi., DZ ab 110 Euro. Traditionshotel, im Renaissancegebäude von 1540 angenehm logieren.
**Holiday Inn Bautzen**, Wendischer Graben 20, Bautzen, Tel. 4920, www.bautzen.holiday-inn.com; 157 Zi., DZ ab 96 Euro. Moderne und zweckmäßig eingerichtete Zimmer, am Altstadtrand.
**Hotel Alte Gerberei**, Uferweg 1, Bautzen, Tel. 301011, www.hotel-alte-gerberei.de; 14 Zi., DZ ab 69 Euro. Individuelle Zimmer, liebevolles Ambiente, am Ufer der Spree mit Ausblick auf die Altstadt.
**Villa Antonia**, Lessingstr. 1, Bautzen, Tel. 501020, www.hotel-villa-antonia.de; 17 Zi., DZ ab 79 Euro. Stadtvilla mit gemütlichen und zeitlos modernen Zimmern, 10 Minuten bis zur Innenstadt.

**Camping Bautzen**, Nimschützer Str. 41, Bautzen OT Burk, Tel. 271267, www.camping-bautzen.de. Mitten in der Natur gelegen: 130 Stellplätze für Wohnwagen und Wohnmobile auf 50000 Quadratmetern Fläche am Stausee Bautzen. Abenteuercamping in Jurten und Tipis sowie viele Sportangebote.

**Sorbisches Restaurant Wjelbik**, Kornstr. 7, Bautzen, Tel. 42060, www.wjelbik.de; tägl. geöffnet, Hauptgerichte 8–13 Euro. Sorbische Traditionen mit regionalen Speisen im Gewölbekeller.
**Zum Karasek**, Hintere Reichenstr. 2, Bautzen, Tel. 45066, www.zum-karasek.de; tägl. geöffnet, Hauptgerichte 8–13 Euro. In einem historischen Gewölbe unmittelbar am Hauptmarkt der Stadt, rustikales gediegenes Ambiente beim ›Räuberschmaus‹.
**Bautzener Senfstube**, Schloßstr. 3, Bautzen, Tel. 598015, www.senfstube.de; tägl. geöffnet, Hauptgerichte 7–13 Euro. Im ersten Bautzener Senfrestaurant dreht sich natürlich alles um den Senf.
**Mönchshof zu Bautzen**, Burglehn 1, Tel. 490141, www.moenchshof.de, tägl. geöffnet, Hauptgerichte 9–15 Euro. Mittelalterliche Originalität im historischen Gewölbe, deftige Kost nach überlieferten Rezepten, hausgebackenes Brot und Met. Spielleute und Gaukler sorgen für Unterhaltung.

**Museum Bautzen**, Kornmarkt 1, Bautzen, Tel. 49850, www.museum-bautzen.de; Di–So April–Sept. 10–18, Okt.–März 10–17 Uhr, Führungen Di, Do, Sa 11 Uhr.
**Alte Wasserkunst**, Wendischer Kirchhof 7, Bautzen, Tel. 41588, www.altewasserkunstbautzen.de; April–Okt. tägl. 10–17, Nov.–März tägl. 10–16, Jan. Sa/So 10–16 Uhr.
**Dom St. Petri, Fleischmarkt**, Bautzen, Tel. 31180, www.st-petri-bautzen.de; April–Okt. Mo–Sa 10–17.30, So 13–17.30, Nov.–März Mo–Sa 10–16, So 13–16 Uhr, Domschatzkammer, Mo–

Fr 10–12, 13–16 Uhr, Domturm zur Besteigung Juli–Dez. Sa/So 12–18 Uhr.
**Sorbisches Museum**, Ortenburg 3–5, Bautzen, Tel. 270 87 00, www.museum.sorben.com; April–Okt. Mo–Fr 10–17, Sa/So 10–18, Nov.–März Mo–Fr 10–16, Sa/So 10–17 Uhr.
**Reichenturm**, Reichenstraße, Bautzen, Tel. 46 04 31, April–Oktober tägl. 10–17 Uhr.
**Gedenkstätte Bautzen**, Weigangstr. 8a, Bautzen, Tel. 404 74, www.gedenkstaette-bautzen.de; Mo–Do 10–16, Fr 10–20, Sa/So 10–18 Uhr, Führungen Fr 17, Sa/So 14 Uhr.
**Saurierpark Kleinwelka**, Am Saurierpark 1, Bautzen OT Kleinwelka, Tel. 03 59 35/30 36, www.saurierpark.de; April–Okt. tägl. 9–18, Juli/Aug. 9–19 Uhr.
**Irrgarten Kleinwelka**, Tel. 03 59 35/205 75, www.irrgarten-kleinwelka.de; Mitte März–Okt. tägl. 9–18 Uhr, Nov.–März je nach Witterung auf Anfrage.
**Miniaturenpark Kleinwelka**, Am Saurierpark 3, Kleinwelka, Tel. 03 59 35/233 10, www.miniaturenpark.de; Mitte März–Okt. tägl. 9–18 Uhr.
**Museum Alte Pfefferküchlerei**, August-Bebel-Platz 3, Weißenberg, Tel. 03 58 76/404 29, www.museum.stadt-weissenberg.de; Di–Fr 8–12, 13–16, Sa/So 13–17 Uhr, jedes erste volle Wochenende außer Dez. ist das Museum geschlossen.

**Deutsch-Sorbisches Volkstheater** (mit Burgtheater), Seminarstr. 12, Bautzen, Tel. 58 42 73, www.theater-bautzen.de. Einziges zweisprachiges Theater in Deutschland, Schauspielproduktionen in deutscher und sorbischer Sprache, Musical, Ballett, Oper, Operette und Konzerte. Im Burgtheater, Ortenburg 7, Kinder- und Jugendtheater, Puppentheater und kleine Form des Schauspiels.
**Vogelhochzeit**, ab Mitte Januar, Aufführungen des sorbischen Brauches im Deutsch-Sorbischen Volkstheater.
**Ostern in Bautzen**, traditionelles deutsch-sorbisches Osterfest mit traditionellen Osterbräuchen, Prozession der Osterreiter, Bautzner Eierschieben, Ostervolksfest.
**Lausitzer Musiksommer**, alle zwei Jahre im Juli (wieder 2012), Tel. 03591/53 44 10, www.bautzen.de. Musik aus der Region von Solisten und Ensembles der Spitzenklasse dargeboten, in Bautzen und ausgewählten Orten der Oberlausitz.
**Bautzener Theatersommer**, Mitte Juni-Juli. Theater-Open-Air in der Ortenburg.
**Lausitzer Fischwochen**, Ende Sept./Okt., www.lausitzer-fischwochen.de. Veranstaltungen und Kulinarisches rund um den Lausitzer Fisch in der Region um Bautzen.

**Bautz'ner Senfladen**, Manufaktur und Museum, Fleischmarkt 5, Bautzen, Tel. 553 55, www.senf-stube.de; tägl. 10–19 Uhr. Viele verschiedene Sorten Senf, auch als Geschenk im Keramiktopf, Verkostungen und kleines Senf-Museum.

Durch Bautzen verlaufen die Fernradwege **Spreeradweg** und **Sächsische Städteroute**. Das gut ausgebaute regionale Radwandernetz umfasst rund 3000 Kilometer. Weitere Informationen unter www.radwandern-oberlausitz.de.

## Löbau

Die Stadt (17 500 Einwohner), die 2012 die 6. Sächsische Landesgartenschau ausrichtet, ist die flächenmäßig größte Ostsachsens. Sie wurde zum ersten Mal in einer Urkunde des Meißner Bischofs Bruno II. von 1221 erwähnt. Im 14. und 15. Jahrhundert fanden im Refektorium des Klosters die Tagungen des Oberlausitzer Sechsstädtebundes statt. Dem gehörten neben Löbau noch Bautzen, Görlitz, Kamenz, Zittau und Lauban (heute Lubán, Polen) an.

### ■ Sehenswertes

Beachtenswert ist das Ensemble des **Altmarktes** mit barocken und klassizistischen Bürgerhäusern und dem **Rathaus**, das nach dem großen Stadtbrand 1710 entstand. Der Blick zum spätgotischen Turm lohnt: Neben den beiden Sonnenuhren ist es die Turmuhr zur Marktseite, die Aufmerksamkeit erweckt. Denn ihre Zeiger sind auf einem Judutenkopf montiert. Der Judute – er war im mittelalterlichen Löbau der Gesetzeshü-

*Uhren am Löbauer Rathaus*

ter – öffnet und schließt alle 15 Minuten den Mund, über 35 000 Mal im Jahr.

Östlich vom Rathaus erhebt sich die spätgotische **Johanniskirche** (vermutlich 15. Jahrhundert), mit der Löbau ein ganz besonderes Veranstaltungshaus zu bieten hat: das **Kulturzentrum des Sechsstädtebundes und der Euroregion Neisse**. Die 1336 erstmals genannte Johanniskirche, die seit 1966 nicht mehr kirchlich genutzt wird, bekam einen modernen Funktionsbau und wurde innen umgebaut. Heute lädt sie zu vielfältigen Veranstaltungen ein, die Palette reicht von Vorträgen über Kinoveranstaltungen bis zu Konzerten.

Das **Sechsstädtebund- und Handwerksmuseum** in der Johannisstraße 5 bewahrt den Original-Pokal des Sechsstädtebundes auf. Der mit drei Flaschen Wein gefüllte Pokal machte im Kloster die Runde, wenn es galt, auf gemeinsame Beschlüsse anzustoßen.

Auf dem Bautzener Platz hat sich die östlichste **Postmeilensäule** (18. Jahrhundert) Sachsens erhalten, von denen es in Löbau noch zwei weitere gibt.

*Aussichtsturm auf dem Löbauer Berg*

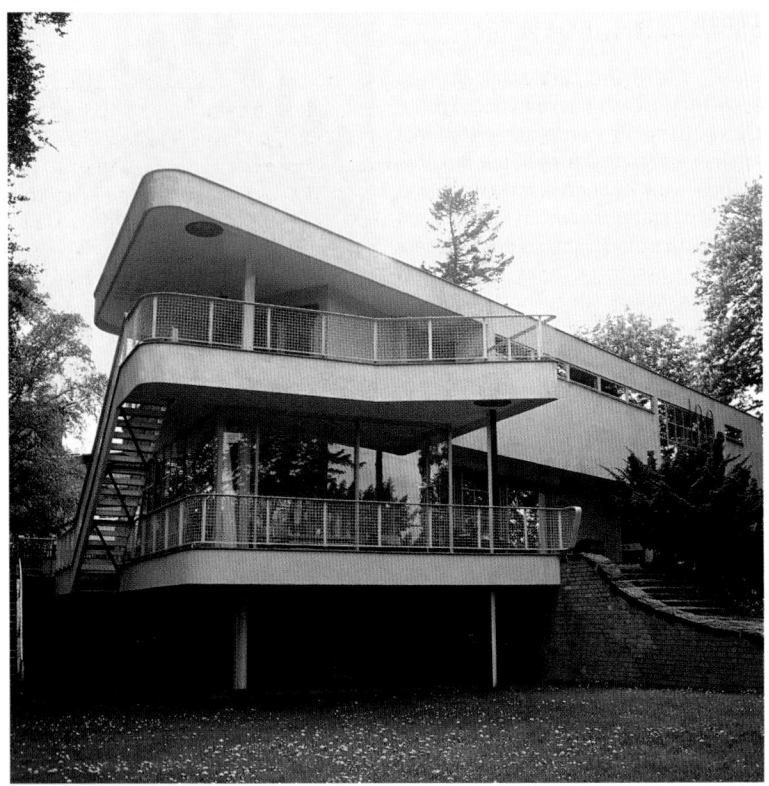

*Im Bauhaustil – Villa Schminke in Löbau*

Herausragendes Beispiel für ›Neues Bauen‹ ist die vom Bauhausarchitekten Hans Scharoun in Stahlskelettbauweise mit viel Glas erbaute **Villa Schminke** (1930–1933) in der Kirschallee 1. Das Haus, das sich der Löbauer Nudelfabrikant Fritz Schminke errichten ließ, war im Stil seinerzeit revolutionär modern, heute verzeichnet es jedes Architekturlexikon.

Ein gusseisernes Kunstwerk ist weithin vom Löbauer Berg (447 Meter) sichtbar. Der **Aussichtsturm** ist wahrlich ein Meisterwerk, 1854 ließ ihn ein Löbauer Bäckermeister erbauen. Der 28 Meter hohe und 70 Tonnen schwere Koloss besteht aus rund 1000 Einzelteilen, aus filigran gearbeiteten ineinander gesteckten Platten und Säulen, die mit Blei verschlagen sind. Nichts ist hier geschraubt oder vernietet.

In die Jahre gekommen, musste der Turm im September 1993 komplett abgebaut werden, nach einer gründlichen Aufarbeitung stand er bereits ein Jahr später wieder an seiner angestammten Stelle. Wer die 120 Stufen nach oben gestiegen ist, hat von der letzten der drei Aussichtsplattformen einen weiten Rundblick.

# Steinerne Hinweisschilder

Postmeilensäulen sind etwas typisch Sächsisches. August der Starke hatte 1721 in einem Dekret bestimmt, dass an den ›Land- und Poststraßen steinerne Säulen aufgerichtet‹ werden sollen. Die meisten der weit über 1000 Säulen, die an bedeutenden Post- und Handelsstraßen und in fast allen Städten des Kurfürstentums Sachsen aufgestellt wurden, hat man in den letzten 100 Jahren abgebaut oder vernichtet. In jüngster Zeit aber wurden zahlreiche restauriert oder rekonstruiert. 200 Stück soll es inzwischen wieder geben. Fast jeder größere Ort in Sachsen, der etwas auf sich hält, hat mittlerweile wieder seine Postmeilensäule. Löbau in der Oberlausitz schmückt sich, wie auch Freiberg und Johanngeorgenstadt im Erzgebirge, sogar mit drei Säulen. Da Sachsen zur Zeit Augusts des Starken wesentlich größer war als der Freistaat heute, stehen Postmeilensäulen auch in Thüringen, Brandenburg, Sachsen-Anhalt sowie in Polen.

Die Säulen entstanden als Richtungs- und Entfernungsweiser, aufgestellt wurden vier Arten: Distanzsäulen, die eine Höhe von etwa 4,70 Meter hatten, ferner Straßensäulen als Ganzmeilensäulen mit einer Höhe von 3,75 Meter, Halbmeilensäulen von drei Meter Höhe und Viertelmeilensteine, die es auf 1,45 Meter brachten. Mit der Vermessung wurde der Vogtländer Adam Friedrich Zürner (1679–1742) beauftragt, der bei Großenhain als Pfarrer tätig war. Der hatte mit seinem handgezeichneten ›Atlas Augusteus‹, von dem sich heute noch ein Exemplar im Sächsischen Staatsarchiv befindet, die Anerkennung Augusts des Starken gefunden. Zürner, vom Kurfürsten mit dem klangvollen Titel ›Land- und Grenz-Commissarius‹ geehrt, legte sein Pfarramt nieder und widmete sich voll der neuen Aufgabe. Er konstruierte den sogenannten ›Geometrischen Wagen‹, mit dem er während der Fahrt die gefahrene und vermessene Wegstrecke ablesen konnte. Die an den Säulen vermerkte ›Stunde‹ ist entgegen anderslautenden Behauptungen keine Zeitstunde von 60 Minuten, auch hat sie nichts mit der Fahrzeit der Postkutsche zu schaffen. Es ist eine Entfernungsangabe: Eine Post- oder Polizeimeile betrug in Kursachsen 9,062 Kilometer, und eine solche Meile wurde mit ›2 Stunden‹ angegeben. Auf den Säulen sind ferner die Orte eingemeißelt, die man vom Standort der Säule aus auf dem Postkutschenweg erreichen konnte, das Aufstellungsjahr sowie das Posthorn und die Initialen AR für Augustus Rex. Ihre Bedeutung verloren die Säulen, als in Sachsen 1840 die Meile von 7500 Meter eingeführt wurde, die 1873 der Kilometer ablöste.

*Postmeilensäule in Königstein*

## Cunewalde

Cunewalde, ein Ort mit hübschen **Umgebindehäusern**, besitzt die größte barocke Dorfkirche Sachsens (1780–1793), bezogen auf die Zahl der Sitzplätze. 2632 Besucher finden in der **Kirche** von 53 Meter Länge und 23 Meter Breite Platz! Der Taufstein aus heimischem Granit (15. Jahrhundert) und die Kanzel (1656) stammen aus dem Vorgängerbau, der Altar, der an einen griechischen Tempel erinnert, kam um 1890 in die Kirche. In der Gegend gibt es noch ein weiteres Highlight: Auf dem **Czorneboh** (556 Meter) steht der älteste Aussichtsturm der Oberlausitz, 1852 wurde er eingeweiht. Für das leibliche Wohl sorgt die Berggaststätte.

## Obercunnersdorf

Dicht drängen sich in dem langgestreckten Dorf (2100 Einwohner) rund 250 **Umgebindehäuser**, meist schieferverkleidet. Ein Kleinod der ländlichen Barockbaukunst verkörpert die letztmalig 1749 veränderte **Dorfkirche**. Wenn möglich, sollte man in das Innere blicken, denn die barocke Bauernmalerei (17. Jahrhundert) ist wunderschön.
In Obercunnersdorf heißt die Gaststätte – wie in vielen Orten der Oberlausitz – ›Kretscham‹, in der Oberlausitzer Mundart Kratschn ausgesprochen. Das Wort stammt aus dem Slawischen und bedeutet Dorfschenke oder Gasthaus. Gerichtskretscham heißen jene Gaststätten, in denen sich nach dem Urteil des Dorfrichters die Streitenden trafen: Der Gewinner begoss den Sieg, der Unterlegene spülte den Kummer herunter.
Mitte des 19. Jahrhunderts soll es in dieser Gegend mehr als zwei Dutzend Windmühlen gegeben haben. Von der ›Windmühlenlandschaft‹ sprach man damals. Übriggeblieben ist nur eine, und die steht im nahen **Kottmarsdorf** – es ist die 1843 erbaute Bockwindmühle, deren Flügel eine Spannweite von 17 Metern haben. Die alte Technik kann besichtigt werden.

## Herrnhut

Etwa 200 000 Herrnhuter Sterne verlassen jährlich den kleinen Ort, die papierne Nachbildung des Sterns von Bethlehem. Weltweit ist der Brauch verbreitet, die Herrnhuter Sterne im Familienkreis zusammenzubauen und ihn am ersten Advent aufzuhängen. Die Weihnachtssterne entstehen nach wie vor in Handarbeit, zum **Besucherzentrum der Herrnhuter Sterne GmbH** gehört neben einer Ausstellung auch eine Schauwerkstatt.
Die Kleinstadt (1900 Einwohner) ist in der Welt bekannt, denn jährlich werden in Herrnhut die Losungstexte für jeden Tag gezogen. Das Losungsbüchlein verbindet als ältestes evangelisches Andachtsbuch Christen in aller Welt.
Die Geschichte des Herrnhuter Gemeinwesens und zahlreiche Baudenkmale

▲ *Umgebindehaus in Cunewalde*

*Die Kirche von Herrnhut*

ziehen jährlich Tausende an: 1722 nahm Nikolaus Ludwig Graf von Zinzendorf (1700–1760) mährische und böhmische Exulanten auf, die wegen ihres Glaubens ihre Heimat verlassen mussten. Herrnhut entstand als barocke Siedlung mit der Kirche (1756), Gemeinsaal genannt, in der Mitte des regelmäßigen Straßennetzes. Etliche Häuser haben noch die für die Entstehungszeit charakteristischen Formen bewahrt.

Da die Glaubensflüchtlinge Verfolgung und Entrechtung am eigenen Leib kennengelernt hatten, besaßen sie ein starkes Mitgefühl für jene, denen es ähnlich erging. Ab 1732 reisten deshalb hunderte von ihnen, meist einfache Handwerker ohne theologische Ausbildung, von Herrnhut aus als Missionare oder Lehrer in alle Welt. Von dort schickten sie zahlreiche ethnographische Gegenstände an ihre Angehörigen. 1878 wurden diese völker- und länderkundlichen Objekte im Brüderhaus der Evangelischen Brüder-Unität erstmals gezeigt. 1900 erbaute die Brüder-Unität das Museumsgebäude Goethestraße 1, in dem sich heute das **Völkerkundemuseum** befindet. Über die Herrnhuter Ortsgeschichte informiert das **Heimatmuseum**, Comeniusstraße 6.

Der 583 Meter hohe **Kottmar** – Kupper sagen die Einheimischen zu dem Berg westlich von Herrnhut – lässt sich nur zu Fuß erreichen, das Auto muss auf dem Parkplatz zurückbleiben. Im Wald, in einer Höhe von 480 Metern, sprudelt eine der drei **Spreequellen**, auch Buchborn genannt, weil sie in einem lichten Buchenhain liegt. 1886 wurde die Quelle geweiht, 1921 mit einer halbkreisförmigen Mauer umgeben. Wer weiterwandert, erreicht den Gipfel des Berges mit einem 15 Meter hohen **Aussichtsturm** (1881).

## Neusalza-Spremberg

Vor allem in der südlichen Oberlausitz pflegte man den Brauch des Ritterstechens: Die Mädchen mussten mit verbundenen Augen eine Lanze in das Herz eines hölzernen Ritters stechen.

Wer am besten traf, wurde Reiterkönigin und bekam das Reiterbild, das man am väterlichen Haus anbrachte. 1874 war die Tochter eines Kleinbauern Siegerin, und seitdem heißt das Haus an der B96 das **Reiterhaus** – am Giebel prangt schon seit mehr als 100 Jahren die hölzerne Reiterfigur. Es ist vermutlich das älteste Umgebindehaus der Oberlausitz, vor 1660 soll es erbaut worden sein. Zu sehen ist darin eine über 300 Jahre alte Weberstube mit einer Einrichtung aus dem 19. Jahrhundert, eine Schusterstube sowie eine Ausstellung zur Umgebindebauweise.

Neusalza-Spremberg (2800 Einwohner) entstand 1929 aus dem Dorf Spremberg und der Stadt Neu-Salza. An das einstige Nebeneinanderbestehen der beiden Orte erinnern noch die zwei Kirchen: auf einer Anhöhe über der Spree die **Dorfkirche von Spremberg** (1901/02) und in **Neu-Salza** das 1679 als **Exulantenkirche** geweihte Gotteshaus

### ℹ️ Löbau und Umgebung

**Vorwahl**: 035 85.
**Postleitzahl**: 02708.
**Tourist-Information Löbau**, Altmarkt 1, Tel. 450 14-0, Fax -1, info@svloebau.de, www.loebau.de.
**Tourist-Information/Haus des Gastes Blaue Kugel und Dreiseitenhof**, Hauptstr. 97, 02733 Cunewalde, Tel. 03 58 77/80 88-8, Fax -9, touristinfo@cunewalde.de, www.cunewalde.de.
**Tourist-Information Obercunnersdorf**, Hauptstr. 65, 02708 Obercunnersdorf, Tel./Fax 03 58 75/609 54, info@obercunnersdorf.de, www.obercunnersdorf.de.
**Kultur- und Fremdenverkehrsamt Herrnhut**, Comeniusstr. 6, 02747 Herrnhut, Tel. 03 58 73/22 88, Fax 307 34, info@herrnhut.de, www.herrnhut.de.

**Hotel Berggasthof Honigbrunnen**, Löbauer Berg 4, Löbau, Tel. 4139130, www.honigbrunnen.de; 23 Zi., DZ ab 70 Euro. Hotel im schweizerischen Stil mit behaglichen Gästezimmern und wunderschöner Aussicht. Traditionelles Restaurant (tägl. geöffnet, Hauptgerichte 7–14 Euro), südländische und Oberlausitzer Küche.

**Hotel Stadt Löbau**, Elisenstr. 1, Löbau, Telefon 035 85/86 18 30, www.hotel-stadt-loebau.de; 35 Zi., DZ ab 65 Euro. Komfortabel ausgestattete Zimmer, das Restaurant ist auch bekannt für seine gute, bürgerliche Küche (tägl. geöffnet, Hauptgerichte 8–13 Euro).

**Alter Weber**, Oberlausitzer Str. 13, Cunewalde OT Weigsdorf-Köblitz, Tel. 03 58 77/889 00, www.alterweber.de; 43 Zi., DZ ab 70 Euro. Ländliches Anwesen, mit Schwimmbad. Rustikales Restaurant ›Weberstube‹ (tägl. geöffnet, Hauptgerichte 8–15 Euro).

### ✖️

**Turmgaststätte Löbauer Berg**, Löbau, Tel. 83 25 90, www.loebauer-berg.de; täglich geöffnet, Hauptgerichte 8–12 Euro. Ambiente einer gemütlichen Bergbaude direkt neben dem gusseisernen Turm, großer Biergarten und Grillplatz.

### 🎵

**Kulturzentrum Johanniskirche**, Johannisplatz 6/8, Löbau, Tel. 45 03 51, www.loebau.de. Vielfältiges Veranstaltungsprogramm aller Genres, Konzerte, Kabarett, Kino, Vorträge.

## Löbau und Umgebung

**Sechsstädtebund- und Handwerkermuseum Löbau**, Johannisstr. 3-5, Tel. 45 03 63; Di-Fr 10-17, Sa/So 13-17 Uhr.

**Haus Schminke**, Kirschallee 1b, Löbau, Tel. 41 34 80, www.stiftung-haus schminke.eu; März-Okt. Di-So 10-17 Uhr, Nov.-Febr. 13-17 Uhr.

**König-Friedrich-August-Turm**, Löbau, Zufahrt über Herwigsdorfer Straße bis Parkplatz; Mai-Sept. Mo-Fr 9-20, Sa/So 9-22, Okt.-April Mo-Fr 10-18, Sa/So 10-20 Uhr.

**Bockwindmühle Kottmarsdorf**, Tel. 03 58 75/623 95, www.kottmarsdorf.de; Mai-Okt. Di-Do, Sa/So 14-16 Uhr, Schaubacktage 10-17 Uhr und Veranstaltungen laut Terminplan.

**Völkerkundemuseum Herrnhut**, Goethestr. 1, Herrnhut, Tel. 03 58 73/24 03; Di-Fr 13.30-17, Sa/So 9-12, 13.30-17 Uhr.

**Heimatmuseum Herrnhut**, Comeniusstr. 6, Tel. 03 58 73/307 33; Di-Fr 9-17, Sa/So 9-12, 13-17 Uhr.

**Schauwerkstatt Herrnhuter Sterne**, Oderwitzer Str. 8, Herrnhut, Tel. 03 58 73/36 40, www.herrnhutersterne.de; Mo-Fr 9-18 Uhr, Sa 10-17 Uhr. Schauwerkstatt, Ausstellung, Filmvorführung.

**Reiterhaus Neusalza-Spremberg**, Kirchstr. 17, Tel. 03 58 72/36 10, www.reiterhaus.de; Mai-Okt. Di-Sa 10-17, So 10-12, 14-17, Nov.-März Di-Sa 11-16, So 13-16 Uhr.

**Räucher-Häus'l**, Untere Dorfstr. 53, Ruppersdorf, Tel. 03 58 73/404 87, www.raeucher-haeusl.de; Mo/Do 15-18 Uhr, Wochenmärkte Di in Löbau, Mi in Zittau, Do in Herrnhut, Fr in Seifhennersdorf. Oberlausitzer Räucherspezialitäten: Schinken, Speck, Käse, einheimischer Fisch. Mit Schauräucherei.

**Gildenhaus Herrnhut**, August-Bebel-Str. 11, Tel. 03 58 73/25 71; Mo-Fr 9-18, Sa 9-12 Uhr. Verkaufsausstellung der Herrnhuter Künstlergilde, präsentiert Kunst und Kunsthandwerk der gesamten Region, geschwämmelte Keramik, mundgeblasene Gläser, Aquarelle, Textilien, Holz, Schmuck, Blaudrucke. Vorführungen und Kreativkurse.

**Kartbahn Löbau**, Dietrich-Bonhoeffer-Str. 7, Tel. 48 17 11, www.kartbahnloebau.de; Mo/Di geschl. Kartfahren für alle Altersgruppen, für Kinder auch Quads.

## Görlitz

Die Stadt gehört zu den schönsten in Deutschland, doch bis zum DDR-Ende war das nahezu unbekannt, weil sich die Schönheit hinter dem tristen Einheitsgrau des Arbeiter-und-Bauern-Staates verbarg. Görlitz (56 000 Einwohner), im Zweiten Weltkrieg unzerstört geblieben, zeigt sich dem Besucher als ein Bilderbuch aus 800 Jahren Kulturgeschichte mit Bauten von der Gotik bis zum Jugendstil. Es ist das größte Flächendenkmal Deutschlands. Mit der Altstadt besitzt Görlitz die bedeutendste Renaissanceanlage nördlich der Alpen sowie das größte erhalten gebliebene Gründerzeitviertel mit dem **Postplatz** als repräsentativen Mittelpunkt, auf dem der riesige Kunstbrunnen (1887) plätschert, von den Görlitzern liebevoll ›Muschelminna‹ genannt. 1942 entfernte man

# Oberlausitzer Bergland

*Blick auf Görlitz*

die ›Muschelminna‹, sie wurde eingeschmolzen, 1994 war die neue da. Fast 4000 Gebäude stehen unter Denkmalschutz. Seit 1995 hat die Stadt einen anonymen Gönner, der jedes Jahr 500 000 Euro, für die Altstadtsanierung überweist, verbunden mit dem Hinweis, dass die Geldquelle sofort versiegt, wenn der Name des mysteriösen Wohltäters bekannt würde. Die mit dem Geld geförderten Sanierungsobjekte sind mit einer Plakette gekennzeichnet, somit für jedermann erkennbar.

Die günstige geographische Lage an einem bedeutenden Neißeübergang ließ die 1071 erstmals urkundlich genannte Siedlung Gorelic rasch zur Stadt werden. Görlitz war bereits im 14. Jahrhundert ein angesehenes Gewerbe- und Handelszentrum. Die Erzeugnisse der Tuchmacher waren weithin begehrt. 1303 erhielt Görlitz Stadtrecht, 1346 schloss es sich als reichste und mächtigste Stadt der Oberlausitz mit Zittau, Löbau, Bautzen, Kamenz und Lauban (Lubán, Polen) zum Sechsstädtebund zusammen. Der Wiederaufbau nach dem Stadtbrand von 1525 erfolgte einheitlich im Stil der Frührenaissance, typisch ist die Fassadengestaltung mit Pilastern und Gesimsen.

1830 begann eine Wagenbauanstalt ihre Tätigkeit, in der 1849 die ersten Eisenbahnwaggons gebaut wurden. Aus diesem Unternehmen ging der heute größte Görlitzer Arbeitgeber, das Eisenbahnwaggonwerk, hervor. Der Stadtteil östlich der Neiße gehört unter dem Namen Zgorzelec seit dem Ende des Zweiten Weltkrieges zu Polen. Brücke zwischen Ost und West – das ist das 900-jährige, an der Grenze zwischen Deutschland und Polen gelegene Görlitz heute.

### ■ Obermarkt

Die Altstadt erschließt sich am besten vom Obermarkt aus, der während der DDR-Zeit Leninplatz hieß. Der 50 Meter hohe **Reichenbacher Turm** mit einer barocken Haube, 1376 erstmals urkundlich erwähnt, war Teil der mittelalterlichen Stadtbefestigung. Der letzte Türmer räumte 1904 seine Stuben im Turm, nachdem das Läutewerk elektrifiziert worden war. Die Türmerstuben können besichtigt werden. Die Nordseite des Obermarktes säumen beachtenswerte Barockhäuser, eins der schönsten wird **Napoleonhaus** genannt (Nr. 29), da der französische Kaiser vom Balkon dieses Gebäudes 1813 eine Heerschau seiner Truppen abgehalten haben soll. Die schlichte **Dreifaltigkeitskirche** (14./15. Jahrhundert) besitzt mit dem zwischen 1371 und 1381 errichteten Chor das älteste gotische Bauwerk in Görlitz. Die Uhr der Dreifaltigkeitskirche geht nach alter Sitte sieben Minuten nach, der Stundenschlag ist aber genau zur vollen Stunde zu hören, was manchen Touristen irritiert. Die Legende hält mehrere Erklärungen bereit, unter anderem die: Die Schüler des einstigen Gymnasiums am Klosterplatz sollten aufgeschreckt werden, um sich für den pünktlichen Unterrichtsbeginn rechtzeitig auf den Weg zu machen. Der **Brunnen** vor der Kirche stammt von 1590, die Sandsteinfigur des antikischen Kriegers wurde erst 1674 hinzugefügt.

### ■ Kaisertrutz

Hinter dem Reichenbacher Turm, am Demianiplatz, fällt das Rondell des Kaisertrutzes (1490) auf. Die mächtigen Mauern entstanden zum Schutz des westlichen Stadtzugangs, der Bau war offensichtlich keine Geldverschwendung, denn im Dreißigjährigen Krieg trotzte die von den Schweden besetze Stadt den kaiserlichen Truppen. 1850 erfolgte eine Umgestaltung, bei der der Vorbau hinzugefügt wurde. Der Kaisertrutz gehört zum Kulturhistorischen Museum, 2011 ist das Bauwerk der zentrale Ausstellungsort der Landesausstellung ›via regia‹.

Zum Museum gehört auch das für einen Leinwand- und Damastgroßhändler erbaute **Barockhaus Neißstraße 30** (1727–1729). Wenn die gegenwärtigen Sanierungsarbeiten abgeschlossen sind, werden in den mit prächtigen Stuckdecken geschmückten Empfangsräumen wieder Möbel, Gemälde und Skulpturen, Keramik und Glas der Renaissance- und Barockzeit als Bestandteile eines vornehmen Haushalts im 18. Jahrhundert präsentiert. Ein eigener Ausstellungsbereich dürfte erneut dem Leben und Schaffen des bedeutenden Görlitzer Philosophen und Theosophen Jacob Böhme (1575–1624) gewidmet sein. Das benachbarte Haus Neißstraße 29 bekam durch seine in Sandstein gemeißelten Reliefs mit Szenen aus dem Alten und Neuen Testament den Beinamen **Biblisches Haus**.

### ■ Schlesisches Museum

Die Brüderstraße führt vom Obermarkt zum Untermarkt, vorbei am ältesten datierten deutschen Renaissancebürgerhaus (1526), dem **Schönhof**. Hier stiegen in den vergangenen Jahrhunderten vor allem die fürstlichen Gäste der Stadt ab. Hinter der schönen Renaissancearchitektur des Schönhofes wird 900 Jahre schlesische Geschichte aufbewahrt und im modernen Ausstellungsdesign präsentiert: Der Schönhof beherbergt heute das Schlesische Museum Görlitz. 1815 kam Görlitz mit einem Teil der Oberlausitz zur preußischen Provinz Niederschlesien, dort blieb die Stadt bis zum Ende des Zweiten Weltkrieges. Das Museum zeigt Kunsthandwerk und Kunstgewerbe des 17. bis 19. Jahrhunderts, Objekte der Alltagskultur, des Handwerks, des Großstadtlebens und Kunst aus dem 19. und frühen 20. Jahrhundert.

### ■ Untermarkt

Welch eine Fülle an historischer Architektur! Der Untermarkt ist das Kernstück der Altstadt, umgeben von Bauten der Spätgotik, der Renaissance und des Barock. Genannt werden soll als Beispiel nur der Renaissancebau (1550) an der Ecke Peterstraße. In dem Gebäude befand sich einst die Ratsapotheke. Die Sonnenuhr an dem Haus war die amt-

*Sommertheater auf dem Untermarkt*

liche Görlitzer Uhr, da die Stadt genau auf dem 15. Meridian liegt, lieferte sie (natürlich nur bei Sonne) die exakte mitteleuropäische Zeit.

Bedeutendstes Bauwerk am Untermarkt ist zweifelsohne das aus vier Gebäudeteilen bestehende **Rathaus**, das die gesamte Westseite einnimmt. Der älteste Teil stammt aus dem 14. Jahrhundert, der jüngere, das **Neue Rathaus**, entstand 1903. Die Uhr mit zwei Zifferblättern übereinander am Rathausturm tickte zum ersten Mal 1584. Sie ist ein kunstvolles Meisterwerk: Am oberen Zifferblatt mit 24 beziehungsweise 30 Ziffern können an einem Zeiger die Phasen des Mondes abgelesen werden, die zweite zeigt die Stunde des Tages. Das untere Zifferblatt hat die üblichen zwölf Ziffern. Heute selbstverständlich, vor 400 Jahren jedoch war diese Zwölfteilung des Zifferblattes neu. Der Schöpfer der Uhr, Bartholomäus Scultetus, führte sie in der Oberlausitz ein und gleichzeitig den Gregorianischen Kalender.

Am ehemaligen Gerichtsflügel des Rathauses, an der Ecke zur Brüderstaße, hat sich die baukünstlerisch bedeutende **Freitreppe** (1537/38) von Wendel Rosskopf dem Älteren erhalten, über der das Wappen (1488) des Königs Matthias Corvinus von Ungarn und Böhmen prangt. Vor der ›Zeile‹, wie das Haus in der Platzmitte seit jeher genannt wird, steht der **Neptunbrunnen** (1756). Typisch für Görlitz sind die Hallenhäuser, deren Eingangshallen ganzen Pferdefuhrwerken Platz boten.

### ■ Kirche St. Peter und Paul

Hoch über der Neiße thront das Wahrzeichen von Görlitz: die zweitürmige St.-Peter-und-Paul-Kirche. Vor allem, wenn man von Osten über die Neiße schaut, bietet sie dem Betrachter einen

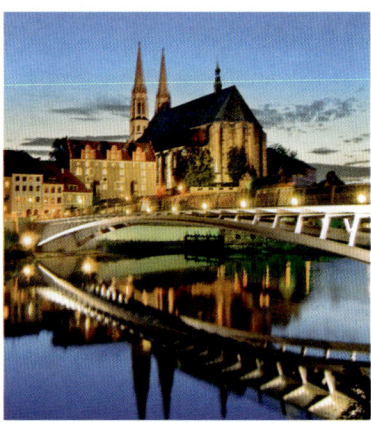

*Die Görlitzer St.-Peter-und-Paul-Kirche*

imposanten Anblick. Der mächtige Ostchor mit dem spitz aufragenden Kupferdach kündet vom einstigen Reichtum der Stadt. Von der ersten Kirche, um 1230 entstanden, hat sich der spätromanische Westbau erhalten. Die mächtige fünfschiffige Halle, 62 Meter lang und 38 Meter breit, wurde von 1423 bis 1497 errichtet. Das Mittelschiff ist 27 Meter hoch. Die weithin sichtbaren schlanken neogotischen Betonturmspitzen kamen erst zwischen 1889 und 1891 hinzu. In der Kirche zählen das ornamental geschmiedete **Taufgitter** (1617), der mächtige, aus Sandstein und Stuckmarmor gefertigte **Altar** (1695) mit hölzernen Skulpturen sowie kunstvolle **Epitaphe** aus der Zeit des Barock zu den Kostbarkeiten. Die prachtvolle **Sonnenorgel** von Eugenio Casparini von Ende des 17. Jahrhunderts ist ein wahres Meisterwerk.

### ■ Nikolaikirche und -friedhof

Westlich der Peterkirche, über Nikolaistraße und Bogenstraße laufend, wird die Nikolaikirche (15./16. Jahrhundert) mit dem Nikolaifriedhof erreicht. In der

# Oberlausitzer Bergland

*Nachbildung der Jerusalemer Heilig-Grab-Kapelle*

parkähnlichen Anlage sind kunstvolle Grufthäuser und Grabmale, vor allem aus der Zeit des Barock, zu sehen, darunter das Grab von Jacob Böhme (1575–1624) mit einem Stein aus dem 19. Jahrhundert. ›Philosophus teutonicus‹ nannten seine Verehrer den 1599 als Schuhmachergeselle nach Görlitz gekommenen Böhme, einen der bedeutendsten deutschen Denker zwischen Reformation und Aufklärung. Böhme schrieb kraftvoll, naiv und bildhaft, er hinterließ ein 4000 Seiten umfassendes Werk, mit dem er sich gegen den erstarrten Protestantismus wandte. Sein einstiges Wohnhaus befindet sich in dem heute zu Polen gehörenden Teil von Görlitz, das in Lauchhammer gegossene **Böhme-Denkmal** (1898) steht im Stadtpark.

### ■ Heiliges Grab

Über die Friedhofstraße kommt man zu etwas Einzigartigem: dem Heiligen Grab, einer originalgetreuen Nachbildung der heiligen Stätten in Jerusalem in seiner spätmittelalterlichen Gestalt. Erbaut wurde der Komplex zwischen 1481 und 1504 nach der Jerusalemer Sühne-Pilgerfahrt des Görlitzer Tuchhändlers und späteren Bürgermeisters Hans-Georg Emmerich, der die Stätte aus eigenen Mitteln finanzierte. Die zweigeschossige Kreuzkapelle, das Salbhäuschen sowie das Heilige Grab sind eingebettet in ein hügeliges Gelände, das an das Jerusalemer Kidrontal mit Ölberg und dem Garten Gethsemane erinnert.

### ■ Weitere Sehenswürdigkeiten

Am Marienplatz befindet sich das **Jugendstil-Kaufhaus** (1912/13) mit einem zentralen Lichthof und einem wunderschönen Galeriesystem. Es ist das einzige Kaufhaus in Sachsen, dass sein Aussehen aus der Zeit vor dem Ersten Weltkrieg behalten hat – aber es steht gegenwärtig leer. An diesem Platz können noch besucht werden: die spätgotische dreischiffige **Frauenkirche** (15. Jahrhundert), der 45 Meter hohe **Dicke Turm** (13. Jahrhundert), dessen Mauern

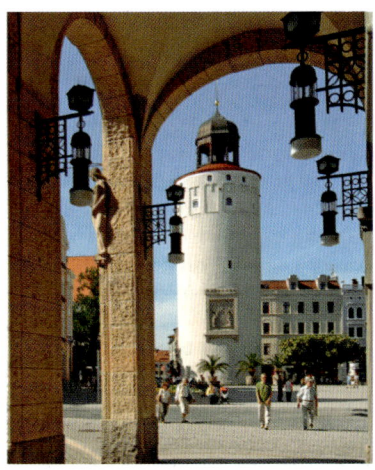

*Marienplatz mit Dickem Turm*

im unteren Teil fünf Meter stark sind, und das **Senckenberg Museum für Naturkunde**, das zu einem spannenden Rundgang zu den Tieren und Pflanzen der Oberlausitz einlädt.

Im Stadtpark steht der **Meridianstein** in Gestalt eines Globus, er markiert genau die Länge des 15. Meridian, des Längenkreises der mitteleuropäischen Zeit. Wenige Schritte weiter erhebt sich die im klassizistischen Jugendstil erbaute **Stadthalle** (1900). Am Rand des Stadtparks ließ die jüdische Gemeinde der Stadt von 1909 bis 1911 in den Formen des Jugendstils ihre **Synagoge** errichten, die in der Pogromnacht des 9. November 1938 kaum Beschädigungen erlitt. Das 1963 an die Stadt verkaufte Gebäude wird heute als Kultur- und Begegnungsstätte genutzt.

Im Süden liegt am Ufer der Neiße der **Park am Weinberg.** In ihm fährt seit 1976 die **Görlitzer Parkeisenbahn.** Unter fachlicher und pädagogischer Anleitung bedienen Kinder die Anlage. Die Lok ist ein Nachbau der ›Adler‹, die als erste deutsche Eisenbahn von Nürnberg nach Fürth zuckelte. Auf dem 665 Meter langen Rundkurs auf Gleisen mit einer Spurweite von 600 Millimeter zieht sie sechs Waggons. An die Frühzeit des Eisenbahnverkehrs in Deutschlands erinnert der **Neißeviadukt** (1844–1847) mit 32 großen Bögen, er ist mit 474 Metern Länge und 35 Metern Höhe ein bedeutendes technisches Denkmal und für den Eisenbahnverkehr in Richtung Osten von großer Bedeutung.

## Landeskrone

Der ›Görlitzer Hausberg‹ (420 Meter) südwestlich des Stadtzentrums gehört zu den beliebten Ausflugszielen der Görlitzer. Der Aussichtsturm, bereits 1796 errichtet, bietet einen prachtvollen

*Der Berzdorfer See*

Rundblick, das ›Burghotel Landeskrone‹ gemütliche, gut eingerichtete Zimmer und eine Küche, die schlesische Spezialitäten bereithält. Unterhalb des Gipfels bekam Theodor Körner ein Denkmal (1895), das an den Aufenthalt des Dichters erinnert, als er 1809 ins Riesengebirge wanderte. Vom Zentrum fährt die Straßenbahn bis zum Fuß des Berges, von dort wandert man entweder auf dem Naturlehrpfad nach oben oder man geht auf der schmalen Straße.

## Berzdorfer See

Vor Jahrzehnten hätte das keiner gedacht: Görlitz bekommt an seiner südlichen Stadtgrenze einen See. Mit fünf Kilometer Länge und zwei Kilometer Breite ist es nicht einmal ein kleiner. Entstanden ist der See aus dem Restloch des ehemaligen Braunkohletagebaus Berzdorf. Um 1835 hatte in dieser Gegend der Abbau von Braunkohle begonnen. In der DDR entwickelte sich der Braunkohletagebau rasch, sogar Dörfer mussten ihm weichen wie beispielsweise Deutsch-Ossig 1988. Pro Jahr wurden bis zu sieben Millionen Tonnen Braunkohle gefördert, in den 1980er Jahren arbeiteten hier bis zu 7000 Menschen.

1997 endete die Kohleförderung, 2002 begann die Flutung, und bald wird in dem sauberen Wasser gebadet, gesegelt, gesurft, es wird einen Bootshafen, Segelrundfahren und einen 18 Kilometer langen Seeuferweg mit mehreren Aussichtspunkten geben.

## Markersdorf

An der B 6, am Ortseingang von Markersdorf aus Richtung Görlitz, empfängt das **Schlesisch-Oberlausitzer Dorfmuseum** Gäste. In dem aus Wohnhaus, Stall, Scheune und Nebengebäuden bestehenden Vier-Seiten-Hof (Ende 18. Jahrhundert) wird das vergangene Leben auf dem Lande dargestellt. Die Dreschmaschine in der Scheune, vom Anfang des 20. Jahrhunderts stammend, war seinerzeit ein bedeutender technischer Fortschritt. Etwas abseits steht das aus Fachwerk mit Strohdach errichtete Brunnenhaus.

## Reichenbach

Von Markersdorf sind es auf der B 6 nur rund sechs Kilometer bis zum Städtchen Reichenbach (3500 Einwohner). Am geräumigen Marktplatz, im barocken Haus der Adler-Apotheke an der Ecke zur Görlitzer Straße, hielt sich 1812 und 1813 Kaiser Napoleon Bonaparte auf. Im Haus gegenüber übernachtete vom 11. zum 12. August 1809 der Dichter Theodor Körner auf seiner Reise ins Riesengebirge. Die Kirche St. Johannis (15. Jahrhundert) diente den Bürgern der Stadt oft als Schutz. Reichenbach, an der alten Via regia gelegen, war von keiner Stadtmauer umgeben und hatte unter durchziehenden Kriegerhaufen besonders oft zu leiden.

Zu den Sehenswürdigkeiten gehört das imposante **Schloss Krobnitz**, wo im Schlossmuseum die Geschichte des Herrensitzes erzählt wird. Man erfährt, dass das Bauwerk sein heutiges klassizistisches Aussehen bekam, als Generalfeldmarschall Albrecht Graf von Roon (1803–1879), Kriegsminister und kurzzeitig preußischer Ministerpräsident, das heute zu Reichenbach gehörende Krobnitz als Alterswohnsitz wählte. Den ließ er sich nach dem Vorbild des Reichskriegsministeriums in Berlin errichten. So war in Sachsen ein Stück Preußen entstanden. Übrigens völlig korrekt, denn damals gehörte diese Region zur preußischen Provinz Schlesien.

## Ostritz

Das **Kloster St. Marienthal** im Ortsteil Marienthal ist das älteste Frauenkloster des Zisterzienserordens in Deutschland, seit seiner Gründung 1234 besteht es bis heute ununterbrochen. Die Gebäude erstrahlen in weißen und rosenholzfarbenen Tönen, wie sie für Kirchenbauten dieser Gegend typisch sind. Sein heutiges Aussehen bekam das jederzeit zugängliche Bauensemble von großer Schönheit in den Jahren 1683 bis 1744. Das Kloster hat das **Internationale Begegnungszentrum** gegründet, das sich als Brücke zwischen Ost und West sieht, dass die Zusammenkunft von Menschen ohne Unterschied des Geschlechts, des Alters, der nationalen Herkunft und der Religion fördern möchte.

Im August 2010, als in Polen eine Staumauer brach, richtete das Wasser der Neiße Verwüstungen an, wie es sie in diesem Ausmaß in der gesamten Klostergeschichte bislang nicht gegeben

*Im Kloster St. Marienthal*

*Kloster St. Marienthal*

hatte. In jahrelanger Arbeit war das Kloster seit der Einheit restauriert worden, Millionen Euro hatten die aufwendigen Arbeiten verschlungen – das Hochwasser vernichtete alles in wenigen Stunden, zerstörte Inneneinrichtungen und die Gartenanlagen, auch die Dauerausstellung ›Ora et labora – Geschichte und Gegenwart der Zisterzienser‹. Immens sind auch die Schäden an den Gebäuden. Damit sich das Kloster recht bald wieder in alter Schönheit zeigen kann, benötigt man erneut Millionen Euro und bittet deshalb um Spenden.

Nördlich der Klosterkirche dehnt sich der **Friedhof** mit den Gräbern der Nonnen und Äbtissinnen aus. Einen guten Überblick über die Klosteranlage bietet sich vom **Stationsberg** mit der Kreuzigungsgruppe (1728).

Das Städtchen Ostritz (3700 Einwohner) hat eine Besonderheit vorzuweisen: Der Ostritzer Bahnhof heißt seit Ende des Zweiten Weltkrieges **Krzewina Zgorzelecka**, denn er liegt auf dem östlichen Neißeufer und gehört seit 1945 zu Polen. Das ist ein Ergebnis des Potsdamer Abkommens, das die östlich der Neiße liegenden Gebiete Polen zusprach. Die Bahnstrecke durch das Neißetal verlässt also kurz vor Ostritz für 12,5 Kilometer Deutschland, kurz vor Hirschfelde erreicht sie wieder deutsches Territorium. Wer nach Ostritz mit der Lausitzbahn anreist, kommt in Polen an und betritt über die Neißebrücke Deutschland. Bis zum Dezember 2007 war das mit Grenzkontrollen verbunden.

## Kulturinsel Einsiedel

Der **Abenteuerfreizeitpark** am östlichsten Rand Deutschlands lässt die Bau- und Lebensweise des lange verschollenen Volkes der Turiseder wieder entstehen. Das lebte vor etwa 1000 Jahren in den Neißeauen. Unerwartete Erlebnisse warten auf die Gäste, Durchklettern und Durchkriechen ist angesagt, aber auch Erforschen und Ausprobieren. 500 Meter unterirdische Tunnelgänge verbinden die Attraktionen, zu denen auch ein Streichelzoo und ein Wikingerschiff gehören. Die fünf Hektar große Anlage verbindet Natur, Kunst und Kultur. Wer länger bleiben möchte, der mietet sich im **Baumhaushotel** ein. In acht bis zehn Meter Höhe befinden sich die Ferienquartiere mit Sitzecke, Schlafnischen, Minitoilette und eventuell sogar einem Balkon.

**Görlitz und Umgebung**
**Vorwahl**: 03581.
**Postleitzahl**: 02826.
**Europastadt Görlitz/Zgorzelec-Information**, Obermarkt 32 (Post: Fleischerstr. 19), Tel. 03581/4757-0, Fax -27, willkommen@europastadt-goerlitz.de, www.goerlitz.de, www.europastadt-goerlitz.de.

**Romantik Hotel Tuchmacher**, Peterstr. 8, Görlitz, Tel. 47310, www.tuchmacher.de; 60 Zi., DZ ab 114 Euro. In einem Renaissancehaus aus dem 16. Jahrhundert neben der St.-Peter-und Paul-Kirche sind moderne Zimmer im 4-Sterne-Komfort eingerichtet. Vielgelobtes Restaurant mit gehobener regionaler Küche (›Schneider-Stube‹; tägl. geöffnet, Hauptgerichte 15–25 Euro).
**Akzent Hotel am Goldenen Strauss**, Struvestr. 1, Görlitz, Tel. 4281810, www.stadthotel-goerlitz.de; 46 Zi., DZ ab 90 Euro. Im restaurierten Jugendstilgebäude erwarten den Gast charmante komfortable Zimmer.
**Hotel zum Hothertor**, Große Wallstr. 1, Görlitz, Tel. 661100, www.zumhothertor.de; 19 Zi., DZ ab 54 Euro. In den Gassen der Nikolaivorstadt vor den Toren der alten Stadtmauer, funktional eingerichtete Zimmer.
**Baumhaushotel**, Kulturinsel Einsiedel 1, Neißeaue/Zentendorf, Tel. 035891/49113, www.kulturinsel.com; 8 Baumhäuser für bis zu 6 Personen, ab 203,50 Euro. Für Unkonventionelle: Schlafen in zehn Meter Höhe in den Baumwipfeln, mit Sitzecke, Schlafnische und Minitoilette, 3 Häuser mit Dusche.

**Dreibeiniger Hund**, Büttnerstr. 13, Görlitz, Tel. 423980, www.dreibeinigerhund.de; tägl. geöffnet, Hauptgerichte 8–13 Uhr. Rustikales Flair in den Gasträumen der Kelleranlage, deutsche und schlesische Küche. Unbedingt die Geschichte vom dreibeinigen Hund lesen oder sich erzählen lassen!
**Destille Görlitz**, Nikolaistr. 6, Görlitz, Tel. 405302, www.destille-goerlitz.de; tägl. geöffnet, Hauptgerichte 8–13 Euro. Hier soll sich eine Tuchfärberei befunden haben. Heute Restaurant mit mediterraner und schlesischer Küche.
**Wurzelkeller**, Untermarkt 5, Görlitz, Tel. 420872, www.frenzelhof.de; tägl. geöffnet, Hauptgerichte 8–15 Euro. Kellerrestaurant unter der Kaufmannsburg. Im Sommer unter den Arkaden gemütliche Plätze.

**Kulturhistorisches Museum mit Kaisertrutz und Reichenbacher Turm** (Platz des 17. Juni) und Barockhaus (Neißstraße 30), Görlitz, Tel. 671355, www.museum-goerlitz.de; Reichenbacher Turm Mai–Okt. tägl. 10–17 Uhr. Museale Ausstellung im Kaisertrutz nach der 3. Sächsischen Landesausstellung ›Via Regia‹ 2012, Barockhaus wegen Sanierungsarbeiten geschlossen.
**Schlesisches Museum zu Görlitz**, Brüderstr. 8, Görlitz, Tel. 87910, www.schlesisches-museum.de; Di–So 10–17 Uhr.
**Heiliges Grab und Ölberggarten**, Heilige-Grab-Str. 79, Görlitz, Tel. 315864, www.heiligesgrab-goerlitz.de; April–Sept. Mo–Sa 10–18, So 11–18 Uhr, Okt.–März Mo–Sa 10–16, So 11–16 Uhr.
**Senckenberg Museum für Naturkunde**, Am Museum 1 (Marienplatz), Görlitz, Tel. 03581/4760 5220, www.naturkundemuseum-goerlitz.de; Di–So 10–17 Uhr.

**Görlitzer Oldtimer Parkeisenbahn**, im Park am Weinberg, Tel. 40 70 90, www.goerlitzerparkeisenbahn.de; März–Juni, Sept./Okt. Sa 13.30–17, So 10–17, Juli/Aug. Sa 13.30–18, So 10–18 Uhr. Fahrbetrieb witterungsabhängig.

**Oberlausitzer Dorfmuseum**, Kirchstr. 2, Markersdorf, Tel. 03 58 29/60329, www.oberlausitz-museum.de; Mai–Okt. Di–Fr 10–16, Sa/So 10–17, Nov.–April Di–So 10–16 Uhr.

**Ackerbürgermuseum Reichenbach**, Görlitzer Str. 25, Reichenbach, Tel. 03 58 28/720 93, www.oberlausitz-museum.de; Di–So 13–17 Uhr. Vom Tagewerk der ›kleine Leute‹.

**Schloss Krobnitz**, Am Friedenstal 5, Reichenbach, Tel. 03 58 28/887 00, www.oberlausitz-museum.de; Di–So 10–17 Uhr.

**Kloster St. Marienthal**, Ostritz, Informationen über Führungen und Besichtigungen unter Tel. 03 58 23/773 68, www.kloster-marienthal.de.

**Theater Görlitz**, Demianiplatz 2, Görlitz, Tickets Tel. 47 47 47, www.theater-goerlitz.de. Oper, Operette, Musical, Ballett sowie Konzerte seines Orchestern, der Neuen Lausitzer Philharmonie.

**Sommertheater Görlitz**, zweite Junihälfte, www.theater-goerlitz.de. Großes Historienspiel vor der Kulisse des Untermarktes.

**Internationales Straßentheater-Festival Via Thea Görlitz**, Demianiplatz 28, Tel. 47 47 47, www.theater-goerlitz.de. Anfang Aug. verwandeln sich die Straßen und Plätze der Stadt in eine große Open-Air-Theaterbühne.

**Altstadtfest Görlitz**, letztes Wochenende im Aug. Historisches Spektakel in der Altstadt und in Zgorzelec.

**Schlesischer Christkindelmarkt**, in der Adventszeit. Kunsthandwerker, Händler und Gastronomen kommen aus Schlesien, Sachsen, Polen und Böhmen.

**Klostermarkt St. Marienthal**, Ostritz, Tel. 03 58 23/773 67, www.klostermarienthal.de; Mo–Fr 9–16.30, Sa/So 10–16 Uhr. Souvenirs, Devotionalien, Oberlausitzer Geschenkartikel, Erzeugnisse der Klostergärtnerei und Klosterbäckerei, Handarbeiten der Schwestern und der Behindertenwerkstatt.

Auf dem 500 Kilometer langen **Oder-Neiße-Radweg** entlang der deutsch-polnischen Grenze bis nach Ueckermünde am Stettiner Haff. Auf alten Pilgerwegen und Handelsstraßen rund 200 Kilometer entlang der **Via sacra** (Heilige Straße) zu sakralen Schätzen in der Oberlausitz, www.via-sacra.de.

**Neiße-Tours**, Görlitzer Str. 23, 02929 Rothenburg, Tel. 01 60/18 18 88 88, www.neisse-tours.de; April–Okt. Bootsvermietung, Bootstouren auf der Neiße, Fahrradverleih.

**Grüngeringelter Abenteuerfreizeitpark**, Kulturinsel Einsiedel 1, Neißeaue/Zentendorf, Tel. 03 58 91/491 13, www.kulturinsel.com; März–Okt. tägl. 10–18 Uhr. Eine ungewöhnliche Abenteuerspielwildnis zum Erforschen und Ausprobieren. In der Scheune Kulturveranstaltungen. Auch ein Piratenschiff gibt es.

# Zittauer Gebirge

Im Süden, dort, wo Polen, Tschechien und Deutschland aneinandergrenzen, erhebt sich das Zittauer Gebirge, das seinen Namen von der alten Handelsstadt Zittau bekam. Es ist der deutsche Teil des sich an der sächsisch-böhmischen Grenze hinziehenden Lausitzer Gebirges, das zu den Sudeten gehört. Das kleinste Mittelgebirge Deutschlands wurde im Jahr 2008 in die Naturpark-Familie aufgenommen.

Die Kreidesandsteinplatte mit der **Lausche** (792 Meter) und dem **Hochwald** (749 Meter) als den markantesten Bergen erhebt sich etwa 500 bis 600 Meter über dem Zittauer Becken. Die Berge haben oft skurrile Formen und warten deshalb mit eigenartigen Namen auf. Das Gebirge mit etwa 300 Kilometern gut markierten Wanderwegen und vielen Aussichtspunkten ist seit jeher ein beliebtes Wander-, Kletter- und Wintersportgebiet, in den letzten Jahren haben es auch die Mountainbiker für sich entdeckt. Seitdem Tschechien zum Bereich des Schengener Abkommens gehört, kann die Grenze an jeder Stelle überschritten werden. Bekannt gemacht haben den Landstrich auch die Romantiker. Die reizvolle Berglandschaft zog namhafte Maler an. Carl Gustav Carus malte den ›Friedhof auf dem Oybin‹ und Caspar David Friedrich die ›Kirchenruine Oybin‹.

## Zittau

Die mittelalterliche Stadtmauer ist verschwunden, stattdessen umgibt seit dem 19. Jahrhundert der ›Grüne Ring‹ die historische Innenstadt. Gern verweisen die Zittauer darauf, dass die wohl berühmteste Ringstraße Europas, der

Zittauer Gebirge

*Blick auf die Zittauer Klosterkirche*

Wiener Ring, rund 30 Jahre später entstand. Der Zittauer Ring hat nicht nur Linden, Eiben und Lärchen zu bieten, auch manche Sehenswürdigkeit.

Die südöstlichst gelegene Stadt (30 000 Einwohner) Deutschlands wartet mit einem komplett erhaltenen historischen Stadtkern auf. Die frühere Wohlhabenheit hat beachtliche Bauwerke hinterlassen. Zittau im Dreiländereck (Deutschland, Polen, Tschechische Republik) ist Ausgangspunkt für Ausflüge ins Zittauer Gebirge und in die beiden Nachbarländer. Von hier verkehrt eine dampflokgezogene Schmalspurbahn nach Kurort Oybin und Kurort Jonsdorf.

Ein überliefertes Gründungsjahr kann Zittau nicht vorweisen, in einer Urkunde ist die Stadt 1238 erstmals genannt. Bereits im 14. Jahrhundert, zur Regierungszeit Kaiser Karls IV., blühten Kunst, Kultur und Wissenschaft. Im 1346 gegründeten Oberlausitzer Sechsstädtebund war Zittau die reichste Stadt. Der Handel, die Tuchmacherei und die Bierbrauerei spielten eine große Rolle. Durch den Prager Frieden 1635 gelangte Zittau mit der Oberlausitz von Böhmen zu Sachsen.

Die Stadtchronik verzeichnet den 23. Juli 1757 als großen Unglückstag: Die Österreicher legten im Siebenjährigen Krieg drei Viertel der Stadt in Schutt und Asche. Die spätbarocken Bürgerhäuser, die heute Zittaus Gesicht bestimmen, entstanden danach. Das Stadtbild veränderte sich im 19. Jahrhundert, als mit der aufkommenden Industrie Fabriken und Arbeiterwohnviertel gebaut wurden. Vornehmlich die Textilindustrie breitete sich aus.

Seit 1914 bereits besteht der **Zittauer Kulturpfad**, der zu 52 Sehenswürdigkeiten führt, die sich innerhalb des Zentrums auf engem Raum drängen und deshalb bequem zu Fuß zu erreichen sind. Im historischen Stadtkern, der vom Grünen Ring umschlossen ist, haben sich Bauten der Gotik, Renaissance, des Barock und Klassizismus erhalten.

*Am Zittauer Markt*

# Zittau [ 399 ]

Oberlausitz und Zittauer Gebirge

## Markt und Rathausplatz

Zwei Plätze, der Markt und der Rathausplatz, sind im Herzen der Stadt miteinander verbunden, getrennt durch das **Rathaus** (1840–1845). Der Entwurf für diesen im Stil der italienischen Renaissance errichteten Bau – übrigens der vierte an dieser Stelle – stammt von Karl Friedrich Schinkel.

Unter den einstigen Handelshäusern am Markt ragt an der Nordseite das barocke **Noacksche Haus** (1689) hervor, das als Zittaus schönstes Patrizierhaus gilt, daneben die **Stadtapotheke** von 1519.

An der Südseite verdienen das **Barockhaus** (Nr. 9) von 1720 und die im Rokokostil erbaute **Fürstenherberge** (Nr. 13) von 1767 Beachtung. Das Haus kam zu seinem Namen, weil Kaiser Ferdinand II., Kurfürst Friedrich August der II. von Sachsen und Kaiser Napoleon Bonaparte in ihm logierten. Der **Rolandbrunnen**, oft auch Marsbrunnen genannt, steht seit 1585 an dieser Stelle.

Wer sich für alte **Handelshöfe** interessiert, sollte durch die Innere Weberstraße bummeln. In der einstigen Hauptstraße Zittaus, die westlich vom Markt abgeht, ließen sich reiche Kaufleute prachtvolle Wohnhäuser errichten, an die sich nach hinten ein oder zwei Höfe mit Lagerhäusern anschließen. Aufmerksamkeit verdienen die meist prachtvollen Portale.

## Johanniskirche

Hinter dem Markt erhebt sich auf dem Johannisplatz die Johanniskirche. 1757 brannte sie ab, nach einem Entwurf von Karl Friedrich Schinkel entstand sie im klassizistischen Stil neu (1837). Sie ist der einzige Sakralbau des berühmten preußischen Baumeisters in Sachsen. Vom abgebrannten gotischen Vorgängerbau blieb der Nordturm stehen.

Vom 60 Meter hohen **Südturm**, in dem 266 Stufen nach oben führen, hat man einen weiten Blick. Im September 1995 wurde vor zahlreichen Interessierten die vergoldete Turmkugel geöffnet, die Neugier, was sie enthalten würde, war groß. Zum Vorschein kamen Zeitdokumente aus den vergangenen Jahrhunderten, so Geld aus der Inflationszeit und aus dem Jahr der Kugelvergoldung 1961.

Am Johannisplatz ist noch das **Alte Gymnasium** (1568) sehenswert, das Bürgermeister Nikolaus von Dornspach stiftete, dessen lebensgroßes Grabmal sich auf dem ehemaligen Johannisfriedhof bei der Kirche befindet. In dem schönen Renaissancebau mit Erker und Arkadenhof linker Hand, dem **Dornspachhaus** (1553), dem ältesten Bürgerhaus Zittaus, wohnte der angesehene Bürgermeister bis zu seinem Tod 1580.

## Neustadt

Gleich drei Brunnen hat der Neustadt genannte Platz vorzuweisen: den **Schwanenbrunnen** (1710), den **Herkulesbrunnen** (1709) und den **Samariterinnenbrunnen** (1679).

Inmitten des Platzes, den schöne Renaissance- und Barockhäuser (16./17. Jahrhundert) säumen, erhebt sich der wuchtige **Marstall** (1511). Das Gebäude, unter dessen hohem Dach sich fünf Böden befinden, diente als Salzhaus und Rüstkammer. 1713 wurde an den Marstall die barocke Stadtschmiede angebaut.

*Das große Zittauer Fastentuch*

## ■ Kulturhistorisches Museum Franziskanerkloster

Am Klosterplatz, neben der spätgotischen **Klosterkirche**, hat im Ostflügel des ehemaligen Franziskanerklosters das Kulturhistorische Museum sein Domizil. In den gotischen Gewölberäumen von Kreuzgang, Kapitelsaal und Sakristei werden Meisterwerke sakraler Kunst des Mittelalters und der Renaissance präsentiert. Eine gruselige, aber sehenswerte Attraktion ist die im ehemaligen Vorratskeller nachgestaltete **Folterkammer** mit Zeugnissen der Gerichtsbarkeit des 16. bis 19. Jahrhunderts. Im Obergeschoss blieb das Dormitorium erhalten, der einstige klösterliche Schlafbereich. In den früheren Mönchszellen ist bäuerliche und bürgerliche Wohnkultur des 16. bis 19. Jahrhunderts ausgestellt, dazu Kunsthandwerk wie Glas, Zinn, Keramik.

Gegenüber dem Klostertrakt lädt der zum Museum gehörende **Heffterbau** zu Entdeckungen ein. Sein Name ist von einem Bürgermeister des 17. Jahrhunderts abgeleitet, auf den der Ausbau des Gebäudes und der schöne Renaissancegiebel zurückgehen. Krönender Abschluss des Museumsbesuches ist der über die einzigartige hölzerne Wendeltreppe erreichbare prachtvolle Barocksaal (1703), der die Wunderkammer der Zittauer Ratsbibliothek beherbergt. Der Saal zeugt eindrucksvoll vom kulturellen Anspruch, von Weltläufigkeit und Reichtum der Stadt Zittau im Barock. Vor dem Museum steht der **Grüne Born** (1679), ein Brunnen mit schmiedeeiserner Kuppel.

## ■ Zittauer Fastentücher

8,20 Meter in der Höhe und 6,80 Meter in der Breite misst Zittaus Bilderbibel, offiziell **Großes Zittauer Fastentuch** genannt. Die 1472 gestiftete textile Kostbarkeit gehört zu den bedeutendsten Kunstwerken der abendländischen Überlieferung. Im Mittelalter hing es zur Fastenzeit in der St. Johanniskirche zwischen Langhaus und Chor. Im Jahr 1849 entdeckte man das Tuch zusammengerollt in der Zittauer Ratsbibliothek. Heute ist das 56 Quadratmeter große Leinwandtuch in der größten Museumsvitrine der Welt (laut Guinness-Buch der Rekorde) im **Museum Kirche zum Heiligen Kreuz** zu sehen. Es erzählt Geschichten aus dem Alten und Neuen Testament in 90 Bildern, von der Erschaffung der Welt bis zum Jüngsten Gericht. Die gotische Kirche blieb seit 1410 unverändert.

Zittau hat nicht nur ein Großes Fastentuch, sondern noch ein kleines von 1573, das als ebenfalls einzigartig in Deutschland gilt. Es ist 4,30 Meter hoch und 3,50 Meter breit und zeigt eine monumentale Kreuzigungsszene, umrahmt von den Leidenswerkzeugen Christi wie Dornenkrone, Geiselsäule, Schweißtuch, Hammer, Nägel und Zange. Das **Kleine Fastentuch** ist im Kulturhistorischen Museum Franziskanerkloster zu sehen.

## ■ Grüner Ring

Der die Altstadt umschließende Grüne Ring entstand ab 1824, nachdem der Stadtrat beschlossen hatte, die Festungsanlagen aufzugeben. Besonders lieben die Zittauer den Teil bei der Fleischerbastei (1513–1562), der einzig erhaltenen von einst 13 Basteien. Vom Museum zum Heiligen Kreuz geht es zum **Schleifermännchenbrunnen** gegenüber und von hier weiter zur **Fleischerbastei** mit der Blumenuhr (1908) an der Südseite, die mit ihren etwa 4800 Pflanzen ein duftendes Wahrzeichen Zittaus ist. Zusätzlichen Reiz bietet das **Meissner Porzellanglockenspiel** (1966) daneben, das zu jeder vollen Stunde erklingt.

# Zittauer Schmalspurbahn – auf schmalen Gleisen bergauf

8,9 Kilometer sind es von Zittau nach Bertsdorf, wo sich der Schienenstrang der Zittauer Schmalspurbahn gabelt. Von hier geht es weitere 3,3 Kilometer nach Kurort Oybin oder 3,8 Kilometer nach Kurort Jonsdorf. Am 25. November 1890 dampfte die Bahn das erste Mal durch die Landschaft, am gleichen Tag verließ um 18.30 Uhr die letzte Postkutsche Oybin. Im 19. Jahrhundert übersetzte der Volksmund die an den Waggons angebrachten Buchstaben ›Z.O.J.E.‹ mit ›Zug ohne jede Eile‹, was jedoch offiziell ›Zittau-Oybin-Jonsdorfer-Eisenbahngesellschaft‹ hieß. Eilig haben es die Züge der Bimmelbahn, wie sie oft genannt wird, auch heute nicht: Die Höchstgeschwindigkeit beträgt nach wie vor 25 Stundenkilometer.

In **Zittau** fahren die Züge in der Nähe des Hauptbahnhofs ab, überqueren die Gleise der Deutschen Bahn und stoppen bereits nach 1,2 Kilometern zum ersten Mal am Haltepunkt Zittau. Danach überqueren sie die Bundesstraße 99, durchfahren den **Neißeviadukt** mit seinen 39 Bogen und halten in **Zittau Süd**. Schon bald erkennt man am Horizont das Ziel: das Zittauer Gebirge. Die beste Aussicht genießen jene, die einen Platz links in Fahrtrichtung gewählt haben. Nach **Zittau Vorstadt** zischt und dampft die Bimmelbahn durch das einstige Olbersdorfer Braunkohlenrevier, das sich enorm gemausert hat. 1991 wurde in **Olbersdorf** die Braunkohlegewinnung eingestellt und das Tagebaurestloch der 1912 erschlossenen Braunkohlengrube Glückauf geflutet. Inzwischen hat es sich zu einem beliebten Erholungssee entwickelt. Wer ihn besuchen möchte, steigt in **Olbersdorf Niederdorf** aus, nach 1,6 Kilometern wird nochmals in **Olbersdorf Oberdorf** gehalten. Für Wanderer interessant zu wissen: Von hier aus sind es zu Fuß lediglich vier Kilometer bis Oybin.

In **Bertsdorf** teilt sich die Strecke: In südöstlicher Richtung geht es nach Oybin, in südwestlicher nach Jonsdorf. Fotofreunde kommen hier auf ihre Kosten, denn oftmals verlassen zwei Züge gleichzeitig den Bahnhof, der sich etwa zwei Kilometer vom Dorf Bertsdorf entfernt befindet.

Die Schmalspurbahn fand nach ihrer Einweihung großen Zuspruch. Einer der Spitzentage war der Pfingstmontag 1909, an dem man 12 337 Fahrgäste zählte. Oftmals war der Ansturm so groß, dass die Personenwagen nicht reichten. Pfingsten 1914 war das zum Beispiel der Fall, als zu den 47 Personenwagen noch 38 Güterwagen eingesetzt werden mussten. An warmen Sommertagen beförderte die Bahn manchmal 5000 bis 7000 Personen. Um dem Ansturm gerecht zu werden, begann am 15. April 1913 der zweigleisige Verkehr. Die Zittauer Schmalspurbahn war

Zittauer Schmalspurbahn

neben der Borkumer Kleinbahn die einzige Schmalspurbahn in Deutschland mit zweigleisigem Betrieb. Das zweite Gleis wurde jedoch nach 1943 abgebaut, denn die Nationalsozialisten brauchten Stahl für die Rüstung. Bis in die 1980er Jahre fand neben dem Personen- auch ein reger Güterverkehr statt. Dafür wurden auf dem Zittauer Bahnhof Regelspurgüterwagen auf Schmalspur-Rollfahrzeuge geladen. Zum Fahrzeugpark gehören heute sechs Lokomotiven der Baureihe 99.73-76 und eine der Baureihe 99.77-79. Von Zittau nach Oybin ist man 43 Minuten unterwegs, bis nach Jonsdorf 51 Minuten.

Sitzt man im Zug nach Oybin, wird nach dem Haltepunkt **Kurort Oybin Niederdorf** an der **Teufelsmühle** gehalten. Ab 1970 fuhren die Züge hier durch, erst 1991 nahm man die Haltestelle wieder in Betrieb, und zehn Jahre später bekam sie eine neue Wartehalle, die man nach den Originalplänen der alten errichtete. Wenig später taucht der Berg Oybin auf, linker Hand plätschert der Goldbach, der in Zittau in die Mandau mündet. Und dann ist die Endstation erreicht, **Kurort Oybin** (→ S. 408), das touristische Zentrum des Zittauer Gebirges. Eisenbahnfans werden im ehemaligen Güterschuppen des Bahnhofs das kleine Museum besuchen, das Interessantes aus der über 100-jährigen Geschichte der Kleinbahn vermittelt.

Wer in Bertsdorf den Zug nach Jonsdorf gewählt hat, fährt zunächst durch dichten Wald. Wenn dann die ersten Umgebindehäuser auftauchen, stoppt der Zug an der Haltestelle **Kurort Jonsdorf** mit einer hölzernen Wartehalle von 1910. Danach tauchen die Mühlsteinbrüche auf, rechts die Jonsdorfer Kirche und dann ist der Bahnhof Kurort Jonsdorf erreicht. Möchte man von Kurort Jonsdorf (→ S. 409) nach Kurort Oybin und ist gut zu Fuß, braucht man nicht die umständliche Bahnfahrt über Bertsdorf zu wählen: Der Wanderweg ist lediglich sechs Kilometer lang.

*Die Zittauer Schmalspurbahn*

## Olbersdorfer See

Entstanden ist der Olbersdorfer See aus dem Tagebau Olbersdorf, aus dem von 1908 bis 1991 21,5 Millionen Tonnen Braunkohle gefördert wurden. 1999, zur 2. Sächsischen Landesgartenschau, die Zittau unter dem Motto ›Landschaft nach dem Bergbau‹ ausrichtete, flossen viele Geldmittel, und so konnte eine ansprechende Freizeitoase entstehen. Heute wird hier gebadet und gesurft, Beachvolleyball gespielt, gewandert und geradelt.

*Windsurfer auf dem Olbersdorfer See*

## Oderwitz

Der Ort an der B96 lohnt einen Besuch, denn hier gibt es eine Menge zu sehen. Nicht nur Mühlenfreunde dürften am Westhang des Oderwitzer Tales die kulturgeschichtliche Rarität bewundern: drei Bockwindmühlen. Die seit 1787 nachweisbare **Berndtmühle**, die 1813 vom elf Kilometer entfernten Burkersdorf hierher versetzte **Birkmühle** und die **Neumannmühle**, die bis 1876 in Ullendorf in Böhmen stand. 1867 holten sie 18 Pferdegespanne nach Oderwitz, seitdem steht sie am Kühnelberg. Im 18. Jahrhundert soll es im Oderwitzer Raum sechs Wind- und vier Wassermühlen gegeben haben.

Beliebt bei den Besuchern von Oderwitz (5600 Einwohner), acht Kilometer von Zittau entfernt, ist die 587 Meter lange **Rodelbahn**, auf der die Doppelsitzerschlitten mit etwa 40 Stundenkilometern zu Tal sausen. Mit dem ARD-Wetterstudio Zittauer Gebirge macht Meteomedia die Oberlausitz auf vielen Wetterkarten bekannt. Im **Wetterkabinett** im selben Haus Hintere Dorfstraße 15 erfährt man viel Wissenswertes über die Meteorologie. In der Kirchstraße 8 steht eine **Modellbahnanlage** der Spurweite HO mit rund 150 Loks, 500 Wagen und etwa 400 Meter Gleisen und in der Spitzbergstraße 2 eine Modellbahnanlage verschiedener Spurbreiten.

## Eibau

Der **Faktorenhof Eibau**, ein historischer Dreiseithof im ländlichen Barock, war das Wohnhaus eines Leinwandhändlers, Faktor genannt. Das Architekturdenkmal Faktorenhof beherbergt heute Tourist-Information, Standesamt und eine Gaststätte. Oft finden Veranstaltungen wie Kunsthandwerkermärkte statt. Eine schmale Straße führt hinauf zum Beckenberg (407 Meter) mit einer Berggaststätte und dem **Heimat- und Humboldtmuseum**, das bald in den Faktorenhof umziehen soll. Es zeigt unter anderem eine Weberstube aus dem 19. Jahrhundert. In den noch zahlreich vorhandenen **Umgebindehäusern** von Eibau (16 600 Einwohner) saßen einst die Hausweber an ihren Webstühlen.

## Großschönau

Von 1666 bis 1933 stellten die Großschönauer Damast her, ein Bildgewebe, dessen Name von der Stadt Damaskus

*An der Mandau in Großschönau*

abgeleitet ist. In keinem anderen Ort Deutschlands wurde so viel und so lange echter Damast gewebt. Mehr als 800 Webstühle standen in den Umgebindehäusern. Schon Ende des 18. Jahrhunderts gingen kostbare Bildgewebe aus Großschönau (6100 Einwohner) in den Export bis nach Übersee. Das **Deutsche Damast- und Frottiermuseum** widmet sich auch der Frottierweberei, wurde doch 1856 in Großschönau der erste Frottierhandwebstuhl Deutschlands in Betrieb genommen. Es befindet sich in einem repräsentativen Haus, das sich der Damastfabrikant David Wäntig um 1809 erbauen ließ. Da es bis 1865 mit Kupferplatten gedeckt war, wird es heute auch als Kupferhaus bezeichnet.

Unweit des Museums ist in der barocken **Dorfkirche** (1705) das Altarbild ›Auferstehung‹ (1786) künstlerisch bedeutend. Gemalt hat es der in Großschönau 1734 geborene Johann Elisas Zeissig, der später die Zeichenschule der Meissner Porzellanmanufaktur leitete. Auf dem Friedhof erinnert ein Denkmal (1806) an den Künstler, der unter dem Namen ›Schenau‹ bekanntgeworden ist. Großschönau, im Tal der Mandau gelegen und vor über 700 Jahren von Siedlern aus Thüringen und Franken gegründet, hat auch hübsche Umgebindehäuser vorzuweisen.

### Zittau und Umgebung

**Postleitzahl**: 02763.
**Vorwahl**: 03583.
**Tourist-Information Zittau**, Markt 1 (Rathaus), 02763 Zittau, Tel. 03583/7521-37, Fax -49, touristinfo@zittau.de, www.zittau.de, www.zittau.eu.
**Tourist-Information/Wetterkabinett Oderwitz**, Hintere Dorfstr. 15, 02791 Oderwitz, Tel. 035842/20790, Fax 20894, wetterkabinett-oderwitz@gmx.de, www.oderwitz.de.
**Tourist-Information Spreequellland im Faktorenhof Eibau**, Hauptstr. 214a, 02739 Eibau, Tel. 03576/70205-1, Fax -7, info@faktorenhof-eibau.de, www.eibau.de, www.faktorenhof-eibau.de.

**Zittauer Schmalspurbahn**, Bahnhofstr. 41, Zittau, Tel. 540540, www.soeg-zittau.de; tägl. Dampfbetrieb von Zittau nach Oybin und Jonsdorf. Mitfahren auf der Lok während der Hauptsaison, viele Sonder- und Erlebnisfahrten.

**Hotel Dreiländereck**, Bautzner Str. 9, Zittau, Tel. 5550, www.hotel-dle.de; 45 Zi., DZ ab 90 Euro. Stilvolle gemütliche Zimmer mitten im Stadtzentrum.
**Dresdner Hof**, Äußere Oybiner Str. 9, Zittau, Tel. 035837573 00, www.hotel-dresdner-hof.de; 29 Zi., DZ ab 55 Euro. Familiär geführtes Hotel in der Nähe der Altstadt. Die Zimmer

sind in unterschiedlichen Stilen eingerichtet. Im Restaurant werden zum großen Teil regionale Produkte verarbeitet (tägl. geöffnet, Hauptgerichte 9–15 Euro).
**Schlosshotel Althörnitz**, Zittauer Str. 9, Bertsdorf-Hörnitz, Tel. 5500, www.schlosshotel-althoernitz.de; 75 Zi., DZ ab 95 Euro. Historisches Schloss mit modernem Anbau. Im Restaurant gehobene Küche (tägl. geöffnet, Hauptgerichte 16–22 Euro).

**Seecamping Zittauer Gebirge**, Zur Landesgartenschau 2, Olbersdorf, Tel. 03583/696292, www.seecamping-zittau.com; ganzjährig geöffnet. Weiträumig angelegte Campingoase inmitten idyllischer Landschaft am Olbersdorfer See mit 275 Stellplätzen und 14 Campinghütten.

**Historisches Wirtshaus Dornspach-Haus**, Bautzener Str. 2, Zittau, Tel. 795883, www.dornspach-haus.de; tägl. geöffnet, Hauptgerichte 8–14 Euro. Deftiges Essen und Biere im ältesten Bürgerhaus Zittaus. Schöner Innenhof mit Säulengang.
**Zum alten Sack**, Neustadt 47, Zittau, Tel. 540634, www.zumaltensack.de; tägl. geöffnet, Hauptgerichte 8–13 Euro. Rustikales Wirtshaus im Marstall, Oberlausitzer Speisen.

**Konditorei und Café Liebe**, Schenaustr. 11, Großschönau, Tel. 035841/38019, www.cafe-liebe.de; Mo geschl. Nettes Café mit hauseigenen Kuchen und Torten sowie Kaffeespezialitäten. Schöne Terrasse direkt am Ufer der Mandau.

**Kulturhistorisches Museum Franziskanerkloster** (mit Kleinem Zittauer Fastentuch), Klosterstr. 3, Zittau, Tel. 554790, www.zittauer-fastentuecher.de; April–Okt. tägl. 10–17, Nov.–März Di–So 10–17 Uhr.
**Museum Kirche zum Heiligen Kreuz – Großes Zittauer Fastentuch**, Frauenstr. 23, Zittau, Tel. 5008920, www.zittauer-fastentuecher.de; April–Okt. tägl. 10–18, Nov.–März Di–So 10–17 Uhr.
**Modelleisenbahnland Oderwitz**, Kirchstr. 8, Oderwitz, Tel. 035842/26996, www.modellbahn-oderwitz.city-map.de; Mai–Sept. Di–Do 10–17 Uhr, Okt.–April Sa–Di 13–17 Uhr.
**Faktorenhof Eibau**, Hauptstr. 214a, Eibau, Tel. 035760/702051, www.faktorenhof-eibau.de; Mo–Fr 10–16.30, Sa 13–16.30 Uhr.
**Deutsches Damast- und Frottiermuseum**, Schenaustr. 3, Großschönau, Tel. 035841/35469, www.ddfm.de; Mai–Okt. Di–So 10–12, 14–17, Nov.–April Di–Fr 10–12, 13–16 Uhr, jedes erste und dritte Wochenende im Monat Sa/So 10–12, 13–16 Uhr.
**Heimat- und Humboldtmuseum**, Beckenbergstr. 12. Eibau, Tel. 03586/387073, www.beckenberg.de; Mo, Di, Do, Fr 9–12, 13–17, Sa/So 13–18, Nov.–März Sa/So 13–17 Uhr.

**Gerhart-Hauptmann-Theater Zittau** (mit Waldbühne Kurort Jonsdorf), Theaterring 12, Tel. 770536, www.theater-zittau.de. Schauspiel, Musiktheater, Kinder- und Jugendtheater, im Sommer Bespielung der Waldbühne Jonsdorf.
**Hillersche Villa**, Klienebergplatz 1, Zittau, Tel. 77960, www.hillersche

villa.de. Soziokultur mit umfangreichen Programm in der darstellenden Kunst, Musik, Theater, Film, Literatur.

**Nudel-Laden und Bistro Pasta Fantastica**, Marktplatz/Ecke Böhmische Straße, Zittau, Tel. 01 51/56 96 03 23, Schauproduktion-Laden-Bistro, Frauenstr. 20, Tel. 0 35 83/51 41 95, www.pasta-fantastica.de. Frische Nudeln, Ravioli, Pesto, regionale Erzeugnisse und Bio-Produkte.
**Möve Frottana**, Waltersdorfer Str. 54, Großschönau, Tel. 0 35 41/82 45, www.frottana.de; Mo-Fr 9–18, Sa 9–16 Uhr. Fabrikverkauf von Frotteewaren wie Handtücher, Bademäntel, Badaccessoires. Betriebsführungen Di 10 Uhr.

**Oberlausitzer Bergweg**, Wanderweg über 118 Kilometer von Neukirch bis Zittau, in 6 Etappen zu erwandern. Infos Tel. 0 35 83/75 22 00.

Rund 300 Kilometer ausgeschilderte Radwanderwege und 14 Radwandertouren auf verkehrsarmen Straßen, Radwegen und gut befahrbaren Feld- und Waldwegen durch das Oberlausitzer Bergland, das Spreequellland bis zum Zittauer Gebirge. Infos in den Tourist-Informationen.

Fernradwege: Oder-Neiße-Radweg von Zittau bis Ueckermünde am Stettiner Haff über 465 Kilometer, Spreeradweg vom Zittauer Gebirge bis nach Berlin über 370 Kilometer.

**Freizeit-Oase Olbersdorfer See**, www.olbersdorfer-see.com. Herzstück der Freizeit-Oase ist ein 60 Hektar großer Badesee mit 300 Meter langem Sandstrand, großem Wasserspielplatz, Sport- und Fitnesshalle mit Schwimmbad und Sauna (www.westparkcenter.de), Bootsverleih, Surfschule (www.fun-activ-point.de) und Beachvolleyballanlage sowie einem Erlebnisrestaurant (www.captain-hook.de).
**Trixi-Park Zittauer Gebirge**, Jonsdorfer Str. 40, Großschönau, Tel. 0 35 41/63 10, www.trixi-park.de; **Freizeitbad** tägl. geöffnet, **Waldstrandbad** Mai-Aug. tägl. geöffnet. **Tropisches Freizeitbad** mit vielen Attraktionen, Sauna-Wellness-Landschaft mit Beauty-Programm. Sport und Spiel im Freien. Auch ganzjährig bewohnbare Ferienhäuser vorhanden.

**Rodelbahn Oberoderwitz**, Spitzbergstr. 4a, Oderwitz, Tel. 0 35 42/262 73, www.rodelbahn-sachsen.de; tägl. 10–18 Uhr, Juli/Aug. 10–22 Uhr. Freizeitspaß für Jung und Alt, im Sommer wie im Winter.

## Kurort Oybin

Kurort Oybin (1500 Einwohner) ist das touristische Zentrum des Zittauer Gebirges. Den Ort beherrscht der **Berg Oybin** (514 Meter), ein riesiger Sandsteinfelsen, der aussieht wie ein Bienenkorb, den man mitten im Ort abgestellt hat. Der Aufstieg zum Berg Oybin führt vorbei an dem kulturhistorisch wertvollen **Dorfkirchlein** (1707–1734) mit einem Rokoko-Kanzelaltar (1773). Da die Tür meist offen steht, sollte man hineinschauen und sich an den reichen Malereien an Decke und Emporen erfreuen. Allgemein heißt die Kirche nur ›Hochzeitskirche‹, weil hier besonders viele

# Kurort Oybin [ 409 ]

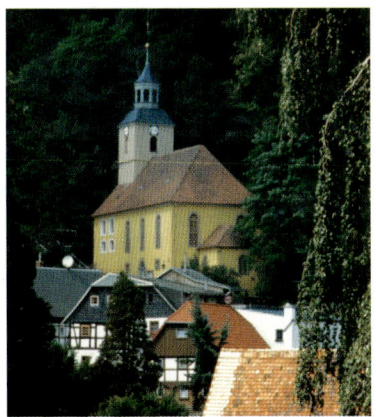

*Bergkirche in Oybin*

Trauungen stattfinden. Anfang des 14. Jahrhunderts begann der Bau einer Burg auf dem Oybin, 1365 der eines Klosters. 1577 brannten Klosterkirche und Burg durch Blitzschlag aus und verfielen langsam. Bereits 1829 wurden die Gebäudereste der Öffentlichkeit zugänglich gemacht. Im Schiff der Kirchenruine finden im Sommer Konzerte statt. Sehenswert wegen seiner Lage ist der Friedhof von Oybin: Er wurde in den Felsen an der Klosterkirchenruine angelegt, die ältesten Grabsteine stammen aus dem 16. Jahrhundert.

## Wanderungen in die Umgebung

Die Umgebung von Oybin lädt zu zahlreichen Wanderungen ein, beispielsweise zum **Töpfer** (580 Meter) mit bizarren Felsbildungen und der Berggaststätte ›Töpferbaude‹ auf dem Gipfel. Hat man das Felsentor bestiegen und steht auf der Aussichtsplattform, befindet man sich exakt 580,4 Meter über dem Meeresspiegel. Die Sandsteine in dieser Gegend, von der Natur phantasievoll geformt, nennen sich Schildkröte, Küken und Brütende Henne.

Ein anderer Wanderweg führt von Oybin zum Berg **Hochwald** (749 Meter) an der Grenze zu Tschechien. Unterwegs ist das Klopfen von Schwarz- und Buntspecht zu hören, auch der Mäusebussard kreist noch über den Felsen des Zittauer Gebirges. Vom Aussichtsturm auf dem Hochwald hat man einen weiten Blick, in der Berggaststätte bekommt man Oberlausitzer und böhmische Gerichte serviert.

## Luftkurort Jonsdorf

Sommers wie winters ist Jonsdorf ein beliebter Ferienort. Der **Kurpark** in der Ortsmitte wirkt im Winterkleid romantisch, doch sein schönstes Gesicht zeigt er während der Rhododendronblüte. Aus Sandstein errichtet wurde die Jonsdorfer **Kirche**, ein einfacher Barockbau von 1731 mit einer sehenswerten Innenausstattung aus der Erbauungszeit. Herrlich ist die Wald- und Felsenkulisse der **Waldbühne**, die sich die Einwohner durch fleißige und freiwillige Arbeit oh-

*Der Berg Oybin*

*Felsentor auf dem Gipfel des Töpfers*

ne Bezahlung in den Jahren 1952 und 1953 schufen. Am 1. Juli 1953 fand mit der Oper ›Hans Sachs‹, gespielt vom Stadttheater Zittau, die festliche Einweihung statt. Heute stehen in den Sommermonaten Schauspiel, Musical und Volkskunst-Veranstaltungen auf dem Programm.

In die Tropen entführt das **Schmetterlingshaus**. Inmitten von Palmen, Efeu und Bananenstauden tummeln sich bei mehr als 25 Grad und hoher Luftfeuchtigkeit rund 300 exotische Schmetterlinge aus vier Kontinenten. Eine historische Schauwerkstatt im 200 Jahre alten Umgebindehaus Lindenweg 9 ist die **Weberstube Jonsdorf**. Vorgeführt wird das Handspinnen, und man erfährt viel über den Flachsanbau, die Flachsaufbereitung sowie die Bauweise eines Umgebindehauses. Die **Sparkassen Arena** ist Treffpunkt für Eisläufer, Eishockeyspieler, Kletterer sowie in den Sommermonaten für Musikveranstaltungen.

Die Felsen um Jonsdorf tragen solche Namen wie Orgel, Bernhardiner und Löwe. Beliebtes Ausflugsziel sind die **Mühlsteinbrüche**. Von 1560 bis 1922 wurde hier der harte, feinkörnige Sandstein zu Mühlsteinen mit einem Durchmesser bis 2,70 Meter gebrochen. Die schickte man in viele europäische Länder. In der Steinbruchschmiede von 1825 erfolgte das Schleifen der Werkzeuge. Am Ende des Zweiten Weltkrieges brannte das Bauwerk bis auf die Grundmauern nieder, wurde aber originalgetreu wieder aufgebaut und museal eingerichtet. Auf organisierten Wanderungen ist ein Blick in die Schmiede möglich. Durch die Mühlsteinbrüche und die sich anschließende **Jonsdorfer Felsenstadt** führt ein **Naturpfad** mit über 70 Nummernschildchen, die auf Sehens- und Wissenswertes hinweisen. Die Nummern nutzen aber nur demjenigen etwas, der das von der Tourist-Information Jonsdorf herausgegebene Heftchen ›Naturpfad durch die Mühlsteinbrüche und Felsenstadt‹ bei sich hat.

## Waltersdorf

Der Ort am westlichen Rand des Zittauer Gebirges gehört zu den beliebtesten Ausflugszielen. Auffallend in dem Dorf sind die formenreichen **Sandsteintürstöcke** (18./19. Jahrhundert), mit denen sich viele der etwa 200 **Umgebindehäuser** schmücken. Bis 1920 wurde in dem Ort Sandstein gebrochen. In der **Kirche** mit ihrem barocken Aussehen von 1766 befindet sich ein sehenswerter Rokoko-Orgelprospekt von 1766. Die 1615 erbaute Mittelmühle ganz in der Nähe, die als Sägewerk sowie Getreidemühle mit Bäckerei diente, ist heute **Volkskunde- und Mühlenmuseum.** Vom Parkplatz am südlichen Ortsende führen Wanderwege zum 629 Meter hohen **Sonneberg** und zur 793 Meter hohen **Lausche**, der höchsten Erhebung des Zittauer Gebirges, von der man bei guter Fernsicht sogar das Riesengebirge sehen kann.

### Oybin und Umgebung

**Vorwahl**: 03 58 44.
**Tourist-Information Oybin-Lückendorf**, Hauptstr. 15, 02797 Kurort Oybin, Tel. 733-11, Fax -23, info@oybin.com, www.oybin.com.
**Tourist-Information Jonsdorf**, Auf der Heide 11, 02796 Kurort Jonsdorf, Tel. 706 16, Fax 700 64, tourist@jonsdorf.de, www.jonsdorf.de.
**Tourist-Information Erholungsort Waltersdorf**, Hauptstr. 28, 02799 Großschönau OT Waltersdorf, Tel. 03 58 41/21 46, Fax 35477, info@erholungsort-waltersdorf.de, www.erholungsort-waltersdorf.de.

**Hotel Haus Hubertus**, Hubertusweg 10, Kurort Oybin, Tel. 78 30, www.hotel-haushubertus.de; 50 Zi., DZ ab 58 Euro. Hotel am Wald, ideale Anbindung an Wanderwege. Im Restaurant regionaltypische Gerichte und Wild.
**Dammschenke**, Großschönauer Str. 65, Kurort Jonsdorf, Tel. 727 77, www.dammschenke.de; 18 Zi., DZ ab 65 Euro. Historischer Gasthof mit nostalgischen Zimmern mit viel Holz. In der Wellnesslandschaft ist Baden im Holzzuber möglich. Frisch zubereitete Gerichte im Restaurant (tägl. geöffnet, Hauptgerichte 9–14 Euro).
**Quirle-Häusl**, Hauptstr. 45, 51, 52, Waltersdorf, Tel. 03 58 41/60 60 60, www.quirle.de; 21 Zi., DZ ab 79 Euro. Wohnkomfort in einem originalen Umgebindehaus.

**Töpferbaude**, Tel. 723 31, www.toepferbaude.de; April–Okt. Di geschl., Nov.–März do–So geöffnet. Rustikale Gaststätte in 580 Meter Höhe mit deftiger Hausmannskost. Zwei Ferienzimmer, Übernachtung für zehn Personen möglich. Der Gebirgsexpress (ab Bahnhof Oybin) fährt bis zur Baude.
**Hochwald-Turmbaude**, Tel. 702 22, www.hochwald-turmbaude.de; Mai–Okt. tägl., sonst Mo geschl. Deftiges für Wanderer, Kaffee und Kuchen. Einfache Übernachtungsmöglichkeiten. Mit dem Gebirgsexpress (ab Bahnhof Oybin) erreichbar.
**Sonnebergbaude**, Hauptstr. 154, Waltersdorf, Tel. 03 58 41/33 00, www.sonnebergbaude.de; 20 Zi., 4 App., DZ ab 52 Euro. Wanderunterkunft in einem Umgebindehaus von 1666. Skilift an der Lausche direkt vor der Tür.

**Ausflugsgaststätte Gondelfahrt**, Großschönauer Str. 38, Kurort Jonsdorf, Tel. 73 60, www.hotel-gondelfahrt.de; tägl. geöffnet, Hauptgerichte 7 Euro. Seit 1890 ein beliebtes Ausflugsziel im Zittauer Gebirge mit Blick auf den Gondelteich am Nonnenfelsen. Forellen und Karpfen aus eigener Fischzucht.

**Café Meier**, Hauptstr. 1, Kurort Oybin, Tel. 71 40, www.hotelcafemeier.de. Wiener Kaffeehaus-Charme im Zittauer Gebirge. Hauseigene Konditorei.

**Burg- und Kloster Oybin**, Hauptstr. 15, Kurort Oybin, Tel. 73 30, www.burgundkloster-oybin.de; tägl. April–Okt. 9–18, Nov.–März 10–16 Uhr.
**Museum zur Geschichte der Schmalspurbahn**, am Bahnhof Oybin, Tel. 704 46; Mai–Okt. Di–So 13–16, Sa/So 10–12, 13–16, Nov.–April Mi, Sa/So 13–15 Uhr.

**Schmetterlingshaus Jonsdorf**, Zittauer Str. 24, Kurort Jonsdorf, Tel. 76420, www.schmetterlingshaus.info; tägl. 10–18 Uhr.

**Weberstube Jonsdorf**, Lindenweg 9, Kurort Jonsdorf, Tel. 72040, www.weberstube-jonsdorf.de; Mo 9–12, Di, Do 9–12, 14–17, Fr 14–18, Sa 9–12 Uhr.

**Volkskunde- und Mühlenmuseum Waltersdorf**, Dorfstr. 89, Waltersdorf, Tel. 035841/72872, www.volkskunde-muehlenmuseum.de; Di–Sa 10–12, 13.30–16.30, So 13.30–16.30 Uhr (in der Saison).

**Jonsdorfer Sommerfestspiele**, Mai–Sept., Tel. 035 83/77 05 36, www.theater-zittau.de. Theater, Unterhaltungsprogramme, Kabarett- und Operettenabende, Kindertheater und Konzerte auf der Jonsdorfer Waldbühne.

**Naturbühne Oybin**, Hauptstr. 23a, Tel. 035841/35638. Im Sommer mittelalterliche Ritterspiele.

40 Kilometer gut beschilderte und gespurte **Skiwanderwege** in den Kammlagen, Skiwanderweg von Waltersdorf nach Lückendorf über 19 Kilometer, **Skilifte** in Waltersdorf, Oybin und Jonsdorf. **Rodelmöglichkeiten** und Ausleihstationen in allen Orten.

Dichtes und gut markiertes Wanderwegenetz rund um Oybin und Jonsdorf. Geführte Wanderungen bietet die Tourist-Information Oybin an.

**Oberlausitzer Bergweg**, www.oberlausitzer-bergweg.de, www.zittauer-gebirge-tour.de, www.zittauer-gebirgslauf.de. Auch Wandern ohne Gepäck möglich.

**Sparkassen Arena Jonsdorf**, Zittauer Str. 20, Tel. 72277, www.jonsdorf.de. Eislaufen Aug.–April, 14 Meter hohe Kletterwand, Konzerte und Veranstaltungen.

**Felsklettern** auf den 115 offiziellen Sandsteinklettergipfeln mit unterschiedlichen Schwierigkeitsgraden. Infos: www.klettterninzittau.de, www.aktiv-touristik.de, www.kelchsteiner-oybin.de.

*Umgebindehaus in Oybin*

# Reisetipps von A bis Z

## Anreise mit dem Auto

Das Straßennetz ist dicht, jeder Ort mit dem Pkw zu erreichen. Auch das Autobahnnetz ist gut, so dass aus allen Teilen Deutschlands sowie aus dem Ausland die Anreise bequem möglich ist.

Die A 4 führt von West nach Ost, die A 13 von Nord nach Süd, die A 17 von Dresden nach Prag, die A 14 vom Dreieck Nossen (nahe Dresden) über Leipzig nach Halle (Saale). Die A 72 von Chemnitz nach Leipzig befindet sich in Bau.

## Anreise mit der Bahn

IC-/ICE-Verbindungen der Deutschen Bahn führen nur noch nach Leipzig und Dresden. Innerhalb Sachsens ist das Regionalbahnnetz dicht, wenngleich – wie überall in Deutschland – es durch Streckenstilllegungen großmaschiger wird. Auskunft: Telefon 08 00/15 07 09 0, www.bahn.de.

Vier dampfbetriebene Kleinbahnstrecken von 750 mm Spurweite haben im Personenverkehr noch Bedeutung:

Die **Lößnitzgrundbahn** (→ S. 301) von Radebeul Ost über Moritzburg nach Radeburg: Länge 16,5 Kilometer, Fahrdauer etwa 60 Minuten, Anschluss an die Normalspur in Radebeul Ost. Auskunft: Tel. 03 52 07/8 92 90, www.loessnitzgrundbahn.de.

Die **Zittauer Schmalspurbahn** (→ S. 403) dampft von Zittau nach Luftkurort Jonsdorf und Kurort Oybin, in Bertsdorf teilt sich die insgesamt 16,1 Kilometer lange Strecke. Die Fahrt dauert etwa 50 Minuten, Anschluss an die Normalspur in Zittau. Auskunft: Tel. 0 35 83/54 05 40, www.soeg-zittau.de.

Die **Weißeritztalbahn** (auch Osterzgebirgsbahn genannt, → S. 248) von Freital-Hainsberg über Dippoldiswalde nach Kurort Kipsdorf: Länge 26,3 Kilometer, Fahrdauer für die gesamte Strecke 97 Minuten, gegenwärtig ist nur der 15 Kilometer lange Abschnitt von Freital-Hainsberg bis Dippoldiswalde befahrbar. Anschluss an die Normalspur in Freital-Hainsberg. Auskunft: Tel. 03 52 07/8 92 90, www.weisseritztalbahn.com.

Die **Fichtelbergbahn** (→ S. 233) fährt von Cranzahl nach Oberwiesenthal: Länge 17,3 Kilometer, Fahrdauer für die gesamte Strecke etwa 55 Minuten, täglich acht Fahrten in beiden Richtungen, Anschluss an die Normalspur in Cranzahl. Auskunft: 03 73 48/15 10, www.fichtelbergbahn.de.

In Dresden und Leipzig sind von der City Ausflugsziele und umliegende Städte wie Radebeul und Meißen von Dresden aus und Halle von Leipzig aus schnell mit der **S-Bahn** erreichbar. **Straßenbahnen** verkehren in den Städten Chemnitz, Dresden, Görlitz, Leipzig, Plauen und Zwickau.

## Anreise mit dem Flugzeug

Sachsens internationale Flughäfen befinden sich in Dresden und Leipzig/Halle, beide sind gut in das deutsche und europäische Flugnetz eingebunden.

Der **Dresdner Flughafen Klotzsche** liegt etwa neun Kilometer nördlich des Stadtzentrums. Die S-Bahn-Linie S2 verbindet den Flughafen mit den Bahnhöfen Dresden-Neustadt und Dresden-Hauptbahnhof. Die Fahrzeit bis zum Hauptbahnhof beträgt 21 Minuten. Auskunft: Tel. 03 51/881 33 60, www.dresden-airport.de.

Der **Flughafen Leipzig/Halle** liegt in Schkeuditz in der Nähe des gleichnamigen Autobahnkreuzes. Vom Flughafenbahnhof verkehren Nahverkehrszüge zum Leipziger Hauptbahnhof, die Fahrzeit beträgt 14 Minuten. Auskunft: Tel. 0341/2241135, www.leipzig-halle-air port.de.

## Anreise mit dem Schiff

Wenn das Urlaubsziel in der Sächsischen Schweiz oder in der Meißner Gegend liegt und man über viel Zeit verfügt, fährt oder fliegt man bis Dresden und reist von dort mit einem der **Schaufelraddampfer** weiter. Auskunft: Tel. 0351/866090, www.saechsische-dampfschiffahrt.de.

## Auskunft

Die in den Informationskästen dieses Reiseführers genannten Tourist-Informationen und Kurverwaltungen haben ganzjährig montags bis freitags geöffnet, in den Sommermonaten – zumindest in größeren Orten – meist auch am Wochenende.

Prospekte werden kostenlos verschickt, fast immer liegt jedoch ein Überweisungsträger bei mit der freundlichen Bitte, sich an den Unkosten zu beteiligen.

Zentrale Informationsstellen:
**Tourismus Marketing Gesellschaft Sachsen mbH**
Bautzner Str. 45–47
01099 Dresden
Tel. 0351/491700
Fax 496906
info@sachsen-tour.de
www.sachsen-tourismus.de
**Tourismusverband Erzgebirge e. V.**
Adam-Ries-Str. 16
09456 Annaberg-Buchholz
Tel. 03733/188 00-0, Fax -20
info@tourismus-erzgebirge.de
www.tourismus-erzgebirge.de

**Tourismusverband Sächsisches Burgen- und Heideland e.V.**
Niedermarkt 1
04736 Waldheim
Tel. 034327/966-0, Fax -19
info@saechsisches-burgenland.de
www.saechsisches-burgenland.de
**Tourismusverband Sächsisches Elbland e.V.**
Fabrikstr. 16
01662 Meißen
Tel. 03521/76350
Fax 763340
info@elbland.de
www.elbland.de
**Tourismusverband Sächsische Schweiz**
Bahnhofstr. 21
01796 Pirna
Tel. 03501/47014-7, Fax -8
info@saechsische-schweiz.de
www.saechsische-schweiz.de
**Tourismusverband Vogtland e.V.**
Friedrich-Ebert-Str. 21a
08209 Auerbach
Tel. 03744/188865-4, Fax -9
info@vogtlandtourist.de
www.vogtlandtourist.de
**Marketing-Gesellschaft Oberlausitz-Niederschlesien mbH**
Tzschirnerstr. 14a
02625 Bautzen
Tel. 03591/4877-0, Fax -48
info@oberlausitz.com
www.oberlausitz.com
**Sächsischer Heilbäderverband e.V.**
Budapester Str. 31
01069 Dresden
Tel. 0351/897593-0, Fax -9
info@sachsenkur.de
www.sachsenkur.de

## Baden

Als Badereviere beliebt sind die **Talsperren Bautzen**, **Malter**, **Pöhl** und **Pirk**, der **Greifenbach-Stauweiher** bei Ehrenfrie-

*Die Fichtelberg-Schwebebahn*

dersdorf/Geyer und der Filzteich bei Schneeberg. Viele Stauseen dienen der Trinkwasserversorgung und sind somit für Wassersport und Badefreuden gesperrt. Viele neue Bademöglichkeiten sind an den Seen im **Leipziger Neuseenland** und in der **Lausitzer Seenplatte** entstanden oder im Entstehen. Viele Ferienorte haben ihre Freibäder modernisiert, zum Teil mit langen Rutschen ausgestattet, die viel Badespaß bieten.

## Banken/Post

Alle großen Banken sind in Sachsen vertreten, Geldautomaten vorhanden. Die Postämter in kleinen Städten und in Gemeinden haben oft nur stundenweise geöffnet.

## Bergbahnen

**Fichtelberg-Schwebebahn**: Die älteste 1924 eröffnete Kabinen-Pendelbahn Deutschlands überwindet eine Höhe von 303 Metern. Für die 1173 Meter lange Strecke werden acht Minuten benötigt. Die Talstation liegt fünf Minuten zu Fuß vom Schmalspurbahnhof Oberwiesenthal entfernt, die Bergstation in 1214 Meter Höhe auf dem Fichtelberg. Auskunft: Tel. 03 7 34/127 61, www.fichtelberg-schwebebahn.de. → S. 232.

**Standseilbahn Augustusburg**: Die 1911 eröffnete Bahn hat eine Streckenlänge von 1200 Metern, die in acht Minuten bewältigt werden. Die Talstation befindet sich gegenüber dem Bahnhof Erdmannsdorf, die 168 Meter höher gelegene Bergstation am Fuße des Schlossberges der Stadt Augustusburg. Tel. 03 71/400 08 85, www.drahtseilbahn-augustusburg.de. → S. 189.

**Dresdner Standseilbahn**: Die 1895 eröffnete Bahn ist die letzte ihrer Art in Europa. Die Talstation befindet sich am Körnerplatz im Stadtteil Loschwitz, die Bergstation in der Bergstraße auf dem Weißen Hirsch. Drei Minuten braucht die Bahn für die 547 Meter mit einem Höhenunterschied von 95 Metern. 1993/94 wurde die Standseilbahn umfassend modernisiert, seitdem verkehren die Wagen ohne Personal. Tel. 03 51/857 10 11, www.dvb.de. → S. 287.

**Dresdner Bergschwebebahn**: Für die 274 Meter mit einem Höhenunterschied von 84 Metern von der Talstation an der Pillnitzer Landstraße bis zur Loschwitzhöhe benötigt die älteste Bergschwebebahn der Welt drei Minuten. Die umfassend sanierte Bahn steht unter Denkmalschutz. Auskunft: Tel. 03 51/ 857 10 11, www.dvb.de. → S. 287.

## Burgen und Schlösser

Über 1000 Burgen und Schlösser kann Sachsen vorweisen – eine imponierende Zahl! In viele von ihnen zogen Museen, so in Augustusburg, Meißen, Moritzburg, Rochlitz, Schwarzenberg, Stolpen, Torgau. Hinter den dicken Mauern werden oft Kunstschätze von internationaler Bedeutung präsentiert, wie in der Albrechtsburg von Meißen. Die Burgruinen – so in Elsterberg und Tharandt – sind fast immer ohne zeitliche Begrenzung zugänglich, über die Öffnungszeiten der museal genutzten Rittersitze und Schlösser geben die Tourist-Informationen Auskunft.

*Schloss Wolkenburg*

## Feiertage

Neujahr, Karfreitag, Ostermontag, 1. Mai (Tag der Arbeit), Himmelfahrt, Pfingstmontag, 3. Oktober (Tag der Deutschen Einheit), 31. Oktober (Reformationstag), Buß- und Bettag, 1. und 2. Weihnachtsfeiertag.

## Grenze

Seit Dezember 2007 gibt es an den Übergängen zu Tschechien und Polen keine Passkontrollen mehr, die Grenze kann überall und jederzeit überschritten werden. Beide Länder gehören zum Bereich des Schengener Abkommens.

## Kirchen

Im Sommer erklingen in zahlreichen Kirchen, so im Freiberger Dom, die berühmten Silbermannorgeln. In der Kreuzkirche in Dresden ist der traditionsreiche Kreuzchor zu hören, in der Thomaskirche zu Leipzig der nicht minder bekannte Thomanerchor. In der kleinen barocken Bergkirche von Oybin wird im Sommer zu Abendmusik bei Kerzenschein geladen. Eine Besonderheit stellt der Petridom in Bautzen dar, den seit der Reformation Protestanten und Katholiken gemeinsam für Gottesdienste nutzen.

Die katholischen Kirchen sind meist ständig geöffnet, in evangelischen – das ist der überwiegende Teil im Land – hat man oft nur zu den Gottesdiensten Zutritt. Im Sommer stehen aber auch hier, vor allem in größeren Städten und Touristenzentren, die Türen offen. Wenn nicht, ist man im Pfarramt fast immer bereit, die Kirchentür für Besucher aufzuschließen.

## Klettern

Bei Kletterern ist die Sächsische Schweiz beliebt. Über 1000 freistehende Felsen mit etwa 14 000 Aufstiegen in verschiedenen Schwierigkeitsgraden bieten viele Herausforderungen. Geklettert wird nach den 1913 aufgestellten ›Sächsischen Kletterregeln‹. Die verbieten Hilfsmittel wie Magnesia oder ähnliche chemische Mittel sowie Klemmkeile. Geklettert werden darf nur an freistehenden Felsen, Kletterverbot besteht an nassen und feuchten Felsen. Auch das Zittauer Gebirge sowie das Greifensteingebiet werden von Kletterfreaks gern besucht, Informationen über die einzelnen Regionen unter www.derbergvagabund.de.

## Kuren
In Sachsen wird schon seit langer Zeit gekurt, Sachsens Könige blieben meist im eigenen Land, sie fuhren nach Bad Elster, das heute neben Bad Brambach, Bad Düben, Bad Gottleuba, Bad Lausick, Bad Muskau, Bad Schandau und Berggießhübel zu den anerkannten Kurorten gehört. Behandelt werden nahezu alle Leiden. Auskunft: Tel. 03 51/897 59 30, www.sachsenkur.de.

## Kurtaxe
In vielen Ferienorten wird bei der Anmeldung in der Unterkunft Kurtaxe kassiert, Kinder sind meist davon befreit. Beim Vorzeigen der Kurkarte werden oft Preisermäßigungen gewährt.

## Medizinische Versorgung
Wo sich der nächste Arzt oder das nächste Krankenhaus befindet, weiß man in den Tourist-Informationen, auch ist es an den Rezeptionen der Hotels oder Campingplätze zu erfahren. Die lokalen Zeitungen veröffentlichen regelmäßig die Adressen von Ärzten, die außerhalb der üblichen Sprechstunden dienstbereit sind. Apotheken sind flächendeckend vorhanden.

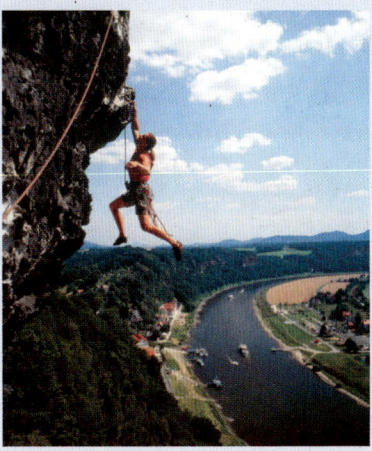

*Kletterer in der Sächsischen Schweiz*

## Mietfahrzeuge
Von den großen Autovermietungen sind vertreten:
**Avis Autovermietung**
Tel. 01 80/555 77 55
www.avis.de
**Hertz Autovermietung**
Tel. 0 18 05/33 35 35
www.hertz.de
**Holiday Autos**
Tel. 0 18 05/17 91 91
www.holidayautos.de
**World of TUI Cars**
Tel. 0 18 05/08 01 18
www.tuicars.com
**Sixt AG**
Tel. 01 80/525 25 25
www.sixt.de.

## Mobiliätseingeschränkt
Im gesamten Bundesland gibt es Hotels und Pensionen für Menschen mit Behinderungen, auch immer mehr Freizeiteinrichtungen sind für mobilitätseingeschränkte Menschen geeignet. Bei der Tourismus Marketing Gesellschaft Sachsen mbH kann die Broschüre ›Sachsen

barrierefrei‹ kostenlos bestellt werden: Tel. 03 51/49 17 00, info@sachsen-tour.de. Auf der Website www.sachsen-tourismus.de sind auf einer Karte alle barrierefreien Unterkünfte sowie barrierefreie Kultur-, Freizeit- und Aktivangebote verzeichnet.

## Museen/Gedenkstätten

Mit mehr als 500 Museen gehört Sachsen zu den museumsreichsten Bundesländern. In Dresden reiht sich ein Kunsttempel an den anderen, aber auch Leipzig kann kostbare Sammlungen vorweisen. Technisch Interessierte dürften nach Chemnitz fahren.

In vielen Regionen darf in die ehemaligen Wohn- oder Arbeitsstätten großer Geister geschaut werden: In Zwickau kann den Spuren von Robert Schumann und August Horch, in Leipzig den von Bach und Mendelssohn-Bartholdy und in Hohenstein-Ernstthal und Rabebeul denen von Karl May gefolgt werden. Zwischen Dresden und der Sächsischen Schweiz bieten sich Besuche im Richard-Wagner-Museum und im Carl-Maria-von-Weber-Museum an.

Besonders viele technische Museen gibt es im Erzgebirge. Einblicke in die einstige schwere Arbeit unter Tage bieten zahlreiche Schaubergwerke. Für Untertageführungen wird Schutzbekleidung gestellt, das Mindestalter für die Teilnahme an Führungen beträgt oft zehn oder zwölf Jahre. Bei den Schaubergwerken sollte man sich vorher nach den Führungszeiten erkundigen, um längere Wartezeiten zu vermeiden.

Die Museen haben meist am Montag geschlossen, der letzte Einlass erfolgt oft 30 Minuten vor der angegebenen Uhrzeit, auf dem Lande gibt es vielfach eine Mittagspause. Nicht wenige Museen ermöglichen nach Voranmeldung Besuche auch außerhalb der Öffnungszeit. Auskunft: Tel. 03 71/262 12 30, www.sachsens-museen-entdecken.de.

## Pannenhilfe

**ADAC-Pannenhilfe**: Rund um die Uhr Tel. 01802/22 22 22. Mobilfunk-Teilnehmer wählen (ohne Vorwahl) 22 22 22. **ACE-Pannendienst**: Tel. 01802/34 35 36.

## Parken

Parkhäuser sind in allen größeren Städten vorhanden. Wer die Gebühr für das Parkhaus sparen möchte und auch nicht darauf erpicht ist, ewig lange nach einem gebührenfreien Parkplatz zu suchen, sollte das Auto möglichst am Stadtrand abstellen und mit öffentlichen Verkehrsmitteln weiterfahren. Die Hotels haben fast alle eigene Parkplätze, die Neubauten in den Stadtzentren oftmals Tiefgaragen.

## Radfahren

Sachsen ist als Radfahrland beliebt, auch, weil das Netz an Radwanderwegen gut ausgebaut ist. Allein in der Region Oberlausitz-Niederschlesien haben

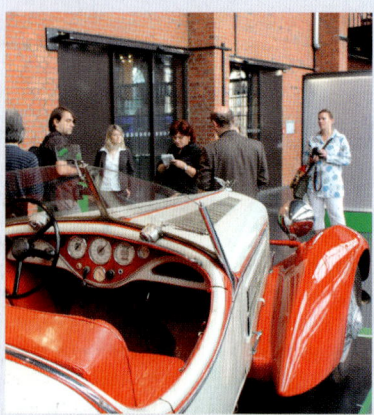

*Im Museum für sächsische Fahrzeuge in Chemnitz*

# Radfahren [ 419 ]

*Radler in der Oberlausitz*

die Radwege eine Länge von mehr als 3000 Kilometern. Mit Mountainbikes lassen sich auch die höchsten Berge des Erzgebirges und des Zittauer Gebirges bezwingen. Fahrräder stehen in den meisten Ferienorten zum Mieten bereit. Einer der schönsten und beliebtesten Radwege ist der 860 Kilometer lange **Elberadweg**, von dem 180 Kilometer durch Sachsen führen. Der Schwierigkeitsgrad ist leicht, Gepäcktransfer bieten mehrere Unternehmen an. Wer sich mehr zutraut und über die entsprechende Kondition verfügt, startet die **Kammtour Erzgebirge-Vogtland**, die 115 Kilometer auf sächsischem Gebiet verläuft. Sie führt entlang der sächsisch-böhmischen Grenze auf idyllischen Waldwegen. Von November bis April sind einige Strecken nur Skiwanderern zugänglich, Gepäcktransfer wird auch angeboten.

## Reiten

Immer mehr Menschen finden Freude daran, für ein paar Tage mit 1 PS die Landschaft zu erkunden. Mehr als 30 Reiterhöfe dürfen das Qualitätssiegel ›Sachsen mit Pferd‹ tragen. Das Reitwegenetz wird immer weiter ausgebaut, gegenwärtig gibt es 6800 Reitwege. Auskunft: Tel. 03 57 96/97 10, www.sachsen-mit-pferd.de.

## Restaurants/Cafés

Das gastronomische Angebot reicht von schicken, stylischen Restaurants bis zu rustikalen Ausflugslokalen, in denen man auch mit Radlerhosen, Wanderschuhen und Rucksack gern gesehen ist. Eine kulinarische Wüste ist Sachsen nicht mehr, was man bei einem Blick in die namhaften Restaurantführer feststellt. Vielfach wird sächsische Küche angeboten, weil sie von der Mehrzahl der Gäste gewünscht wird. Beachtet werden sollte: Essens- und Öffnungszeiten sind häufig nicht identisch, die Küche schließt oft früher. Über die Ruhetage, die vor allem in den Feriengebieten jahreszeitlich differieren, informieren die Tourist-Informationen.

*Restaurant auf der Burg Scharfenstein*

## Rundfunk/Fernsehen

Der **Mitteldeutsche Rundfunk** (MDR) hat seinen Sitz in Leipzig und produziert für die drei Länder Sachsen, Sachsen-Anhalt und Thüringen ein Fernsehprogramm sowie die fünf Hörfunkprogramme MDR 1 Radio Sachsen, MDR Figaro, Jump, MDR Info, MDR Sputnik und MDR Klassik über UKW und Satellit. Das Angebot an kommerziellen und nicht-kommerziellen privaten Hörfunk- und Fernsehangeboten ist vielfältig. Es gibt mehr als 22 lokale und regionale Hörfunkveranstalter sowie etwa 60 Fernsehveranstalter.

## Souvenirs

Die Palette ist umfangreich: **Blaudruck** aus der Lausitz oder von Hand geformte **keramische Gegenstände** aus einem der traditionsreichen Töpferorte. Etwas Besonderes hat hier die Oberlausitz mit der Schwämmeltechnik zu bieten. Das Dekor wird nicht mit dem Pinsel, sondern mit kleinen Schwämmen aufgetragen. An erster Stelle aller sächsischen Souvenirs rangieren handgefertigte **Lichterengel**, **Schwibbögen**, **Nussknacker** und **Räuchermännchen** aus dem Erzgebirge. Die Auswahl ist riesengroß. Gefragt sind ebenfalls **Klöppeldecken** aus dem Erzgebirge, für die meist tiefer in die Geldbörse gegriffen werden muss. Wer weiß, dass eine versierte Klöpplerin rund 600 Stunden am Klöppelsack sitzt, bis sie eine Decke für den Wohnzimmertisch fertig hat, wird den verlangten Preis ohne Murren zahlen. Was in Plauen an **Spitze** angeboten wird, das ist wirklich die echte Plauener. Wer gut bei Kasse ist, wird aus dem reichen Sortiment der **Porzellanmanufaktur Meissen** wählen. Beliebte Mitbringsel sind ebenfalls wunderschön dekorierte und bemalte **sorbische Ostereier**. Das Verzieren von Eiern hat sich zum Kunsthandwerk entwickelt, mit einfachen Werkzeugen sowie Wachs und Farben verwandeln sich die Eier in kleine Kunstwerke.

Mitbringsel anderer Art sind **Pulsnitzer Pfefferkuchen**, in denen sich jedoch kein Körnchen Pfeffer befindet. Den Geschmack verfeinern vielmehr Gewürze wie Zimt, Vanille, Muskat und Nelken.

Dresdner **Christstollen** oder **Kräuterlikör** aus Altenberg, Oybin, Lauterbach oder Bockau sind ebenso beliebt wie Meißner Wein. Musikfreunde dürften zu CDs mit dem Gesang des Kreuz- oder Thomanerchores und Freunde der Volksmusik zu denen der ›Randfichten‹ greifen. Die Auswahl an Bildbänden ist beachtlich.

Die Geschäfte in den kleineren Städten und in Dörfern haben meist eine ein- bis zweistündige Mittagspause, die nicht einheitlich ist.

## Tageszeitungen

In Chemnitz und Umgebung erscheint die auflagenstärkste deutsche Regionalzeitung, die **Freie Presse** (Auflage rund 300 000). In Dresden und Umgebung ist es die **Sächsische Zeitung**. Die **Dresdner Neuesten Nachrichten**, die **Torgauer Zeitung** und die **Muldenzeitung** übernehmen den überregionalen Teil von der Leipziger Volkszeitung. Die einzige Tageszeitung in sorbischer Sprache, **Serbske Nowiny**, kommt in Bautzen heraus. In Plauen erscheint der **Vogtland-Anzeiger**, der seinen Hauptteil von der bayerischen Frankenpost bezieht. In Dresden und in Chemnitz gibt es im Straßenverkauf die **Morgenpost**, die ihren Hauptteil vom Berliner Kurier bezieht und mit der Bild-Zeitung konkurriert.

## Theater

Kleine und große Bühnen erwarten ihre Gäste, den Höhepunkt eines Theaterbesuches bildet die **Semperoper** in Dresden, aber auch die **Opernhäuser in Leipzig und Chemnitz** sowie die **Staatsoperette in Dresden** warten mit hohem Niveau auf. Anspruchsvolles Theater bieten auch die **Schauspielhäuser in Dresden, Leipzig und Chemnitz**. Das **Theater Zwickau/Plauen** bespielt die Bühnen in Zwickau und Plauen, das **Mittelsächsische Theater** die in Freiberg und Döbeln. Das **Gerhart-Hauptmann-Theater** in Zittau ist eine Sprechbühne, das **Europera** in Görlitz ein Musiktheater, beide wirken zusammen. In Dresden wird sogar auf einem Elbschiff gespielt, der **Theaterkahn Dresdner Brettl** bietet Kabarett, Musik und Literatur. Der 1912 erbaute 70 Meter lange Kahn liegt am Elbufer vor Anker. In Bautzen gibt es mit dem **Deutsch-Sorbischen Volkstheater** die einzige zweisprachige Bühne in Deutschland. In den großen Städten bieten kleine Alternativtheater Experimentelles an.

Zu den schönsten Naturbühnen gehören die **Felsenbühne Rathen**, die **Oberlausitzer Waldbühne** in Luftkurort Jonsdorf und das **Greifensteintheater** im Erzgebirge, in dem das Eduard-von-Winterstein-Theater aus Annaberg-Buchholz – Teil der Erzgebirgischen Theater und Orchester GmbH – gastiert. Die politischen Kabaretts **Herkuleskeule** in Dresden sowie **Pfeffermühle** und **academixer** in Leipzig sind nach wie vor gute Adressen.

*Lausitzer Keramik*

## Übernachten

**Hotels/Pensionen**: Das Hotelangebot reicht von Luxus bis einfach. Fast alle Hotels und Pensionen wurden nach der Einheit restauriert und modernisiert, die Hotellerie in Sachsen gehört somit zur modernsten in Deutschland. Wer die höheren Preise in den Zentren der großen Städte nicht zahlen will oder kann, sollte in die Umgebung ausweichen. Dort wohnt man oft keinesfalls schlechter als in der City, meist jedoch ruhiger. Unbedingt sollte man sich nach Sonderangeboten erkundigen. Schlecht stehen allerdings die Chancen, wenn ein Kongress oder eine große Veranstaltung stattfindet und zu den Feiertagen. Haustiere sind nicht in jedem Quartier erwünscht, um sich Ärger zu ersparen, empfiehlt es sich, vor der Anreise anzufragen.

**Jugendherbergen**: Preisgünstige Übernachtungsmöglichkeiten bieten Jugendherbergen. Wer an ihre Tür klopfen möchte, muss einen gültigen Ausweis des Deutschen Jugendherbergswerkes (DJH) für Junioren (bis 26 Jahre) oder Senioren (ab 27 Jahre) vorweisen. Jugendherbergen gibt es in Sachsen in allen Regionen. Auskunft: Tel. 0351/49 42 11, www.djh-sachsen.de.

**Privatunterkunft**: Privatquartiere werden in allen Städten und Ferienorten angeboten. Sie sind bedeutend preiswerter als Hotels und Pensionen. Mancher nimmt sich auch ein Privatquartier, weil er so die Einheimischen besser kennenlernt. Die Zimmer, Ferienwohnungen und Ferienhäuser sind fast alle in den letzten Jahren modernisiert worden. Wenn an den Häusern keine Schilder ›Zimmer zu vermieten‹ angebracht sind, erteilen die Tourist-Informationen oder Kurverwaltungen Auskunft oder nehmen sogar die Buchung vor.

**Camping**: Sachsen ist als Campingland beliebt, auch, weil mancher schlichte Platz zu einer komfortablen Freizeitanlage wurde. Am beliebtesten sind die Anlagen in der Oberlausitz und in der Sächsischen Schweiz.
Auskunft: Telefon 03 7606/27 87, www.camping-sachsen.de.

*Hotel in Höfgen*

## Telefon

Sachsen besitzt, wie alle neuen Bundesländer, eins der modernsten Telefonnetze Deutschlands. Fast alle Hotelzimmer haben Telefon. In den öffentlichen Telefonzellen gibt es meist Kartentelefone – doch wer nutzt die heutzutage noch? Handybesitzer haben nur kleine Funklöcher zu beklagen, so in einigen Bereichen der Sächsischen Schweiz.

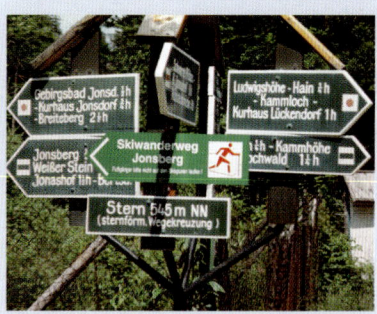

*Ein Verlaufen ist unmöglich*

## Wandern

Die Wanderwege sind in allen touristischen Regionen gut markiert, das Netz der Gaststätten verhältnismäßig dicht. Man sollte sich allerdings vorher nach den Ruhetagen erkundigen, um nicht vor verschlossenen Türen zu stehen.

Der **Oberlausitzer Bergweg**, einer der beliebtesten Wanderwege, führt auf einer Länge von 118 Kilometern durch das Oberlausitzer Bergland, er beginnt in Neukirch und endet in Zittau. Die Tourist-Informationen bieten oft organisierte Wanderungen an, dort sind meist auch Wanderkarten zu haben, auf jeden Fall aber in den örtlichen Buchhandlungen. Die beste Wanderzeit ist von Ende Mai bis Anfang Oktober.

## Wassersport

Flüsse wie Elbe, Mulde und Zschopau, Talsperren und viele Teiche bieten Wassersportfreunden zahlreiche Möglichkeiten, die vom Surfen, Segeln und Angeln über Kanufahren bis Baden und Schwimmen reichen. Im Leipziger Neuseenland und im Lausitzer Seenland haben sich mehrere der aus Braunkohletagebauen entstandenen Seen zu Wassersportparadiesen entwickelt.

## Wetter

Sachsen weist, bedingt durch die unterschiedlichen Höhen, vielfach extremes Klima auf. Während auf dem Fichtelberg im Mai oft noch Schnee liegt, blühen im warmen Elbtal längst die Bäume. Die höchste Tagestemperatur Sachsens wurde mit 39,0 Grad Celsius am 20. April 1943 in Dresden gemessen, die tiefste mit minus 35,5 Grad Celsius am 1. Februar 1956 in Marienberg. Die höchste Lufttemperatur auf dem Fichtelberg betrug 30,6 Grad Celsius (am 7. Juli 1957), die niedrigste Minus 30,4 Grad Celsius (am 9. Februar 1956), die größte Schneehöhe 335 Zentimeter (am 24. und 29. März 1944). Frostfreie Tage gibt es in Oberwiesenthal lediglich 137, wenige hundert Meter weiter auf dem Fichtelberg sogar nur 117. In den höheren Lagen ändert sich das Wetter innerhalb kurzer Zeit, Nebel oder Sturm ziehen rasch auf.

## Wintersport

Auf den Kammlagen bestehen in normalen Wintern von Ende November bis in den März hinein gute Schneeverhältnisse. Zentren des Wintersports sind im Erzgebirge Altenberg, Carlsfeld, Holzhau, Jöhstadt, Johanngeorgenstadt und Kurort Oberwiesenthal, im Vogtland Klingenthal-Mühlleiten sowie Schöneck, im Zittauer Gebirge Kurort Oybin und Luftkurort Jonsdorf. Gespurte Loipen

*Langläufer in Oberwiesenthal*

und präparierte Pisten stehen zur Verfügung, Skischulen und Skiausleihen sind in den Wintersportorten vorhanden, insgesamt gibt es über 100 Schlepplifte. Einen Pisten- und Loipenplan für das Fichtelberggebiet hält die Kurverwaltung Oberwiesenthal kostenlos bereit.

Zu den besonders schönen Langlaufstrecken gehört die **Erzgebirgs-Kammloipe**, die auf einer Länge von 36 Kilometern das Vogtland mit dem westlichen Erzgebirge verbindet. Sie beginnt in Schöneck am Parkplatz beim IFA-Ferienpark ›Hohe Reuth‹ und verläuft über Mühlleithen und Carlsfeld nach Johanngeorgenstadt, wo sie an der ›Waldpension Am Schwefelbach‹ endet. Die mit blauen Schildern markierte Kammloipe führt überwiegend durch dichte Nadelwälder und ist somit weitestgehend windgeschützt. Die Anschlussloipen sind an orangefarbenen Schildern zu erkennen. Ein Plan mit dem Verlauf der Kammloipe, Skiwanderwegen und zahlreichen Hinweisen liegt kostenlos in Informationsstellen und Hotels aus. Highlights für Sportler – und für Touristen zum Zuschauen – sind in Altenberg die Rennschlitten- und Bobbahn sowie die Sprungschanzen in Oberwiesenthal und Klingenthal.

# Glossar

**Abteufen** Einen Schacht senkrecht nach unten bauen.

**Barock** Stil der europäischen Kunst von etwa 1600 bis 1750, typisch ist die Fülle bewegter, ineinander greifender Formen.

**Benediktiner** Der älteste Orden der katholischen Kirche. Benannt wurde er nach dem heiligen Benedikt, der von etwa 480 bis 550 nördlich von Rom lebte.

**Bergfried** Turm der mittelalterlichen Burg, diente der Beobachtung und der letzten Zuflucht der Burgbewohner bei Belagerungen.

**Chor** Altarraum einer Kirche, der Geistlichkeit vorbehalten; liegt einige Stufen höher als der Gemeinderaum, in der Regel im Osten, weil nach der damaligen Vorstellung die heilige Stadt Jerusalem im Osten liegt.

**Drallewatsch** Sächsischer Begriff, bedeutet: ausgehen, von Kneipe zu Kneipe schlendern.

**Fahren** Das Fortbewegen des Bergmanns unter Tage.

**Faktor** Leinwandhändler, die den Hauswebern die Rohstoffe lieferten und deren Erzeugnisse vertrieben.

**Findling** Mächtige Steinblöcke, die die Eiszeiten aus Skandinavien mitgebracht haben.

**Gezäh** Arbeitswerkzeug des Bergmanns.

**Gotik** Stil der europäischen mittelalterlichen Baukunst, im deutschen Raum etwa 1230 bis 1500. Gotische Bauten sind durch durch plastisch gegliederte Bauformen gekennzeichnet.

**Herkomer Fahrt** 1905 erstmals durchgeführtes Autorennen, benannt nach seinem Initiator, dem deutsch-englischen Porträtmaler Hubert von Herkomer, gilt als die erste Tourenwagen-Rallye der Welt.

**Historismus** Vereint die verschiedensten Kunst- und Baustile vergangener Epochen mit Auffassungen der eigenen Zeit.

**Hunt** Förderwagen unter Tage.

**Huthaus** Zentrales Verwaltungsgebäude eines Bergwerks, auch Materiallager, Gezähkammer, Werkstatt.

**Jugendstil** Deutsche Bezeichnung für einen Stil der europäischen Kunst von etwa 1895 bis 1905. Typisch sind florale und geometrische Ornamente, geschwungene Linien und flächenhafte Malerei.

**Kaue** Wasch- und Umkleideraum.

**Klassizismus** Stil der europäischen Kunst von etwa 1770 bis 1830. Der Klassizismus lehnte sich an die einfachen Formen der antiken Bauwerke an.

**Knappe** Bergmann.

**Louis-seize** Stil des französischen Rokoko mit klassizistischen Einschlägen unter König Ludwig XVI. von etwa 1760 bis 1792.

**Mausoleum** Bezeichnung für monumentalen Grabbau; der Name kommt vom Grabmal des Königs Mausolos II. (um 360 vor Christus) im kleinasiatischen Halikarnassos.

**Neogotik** Wiederaufnahme gotischer Formen im 19. Jahrhundert.

**Pinge** (auch Binge) Durch Grubeneinsturz entstandener Trichter.

**Rautenspitzbiber** Halbrund geformter Dachziegel, erinnert in der Form an den Schwanz des Bibers.

**Renaissance** Stil der europäischen Kunst, die in der Architektur die Formensprache der Antike wiederbelebte, im deutschen Raum vorherrschend etwa 1500 bis 1650.

**Romanik** Stil der europäischen frühmittelalterlichen Baukunst, verbindet römische, fränkisch-karolinische und arabische Bauformen, erkennbar am typischen Rundbogen, in Deutschland etwa von 1000 bis 1250.

**Sakral** Geheiligt, geweiht, den Gottesdienst betreffend.

**Seccomalerei** (Sekkomalerei) Trockenmalerei, die nicht auf den frischen, feuchten Kalkputz, sondern auf das schon trockene Mauerwerk aufgebracht wird.

**SED** Sozialistische Einheitspartei, 1946 in der Sowjetischen Besatzungszone aus der Zwangsvereinigung der KPD mit der SPD entstanden. War laut Verfassung die führende Kraft in der DDR.

**Stalagmit** Vom Höhlenboden in die Höhe wachsender Tropfstein.

**Stalaktit** Von der Höhlendecke herabwachsender Tropfstein.

**Stapelrecht** Vorüberziehende Kaufleute wurden gezwungen, ihre Waren für eine bestimmte Zeit in der Stadt zum Verkauf auszustellen.

**Steiger** Aufsichtsbeamter im Bergbau.

**Tambouriernadel** Eine Nadel mit einem feinen Häkchen am Ende.

**Teufe** Abstand von der Tagesoberfläche bis zum untersten Gang.

**VEB** zu DDR-Zeiten Abkürzung für ›Volkseigener Betrieb‹.

**Wetter** Die Luft in der Grube.

**Zeche** Bergwerk.

**Zisterzienser Mönchsorden**, 1098 in Citeaux in Burgund gegründet. Die Mitglieder des Ordens hatten körperliche Arbeit zu leisten, es war verboten, Abgaben von Bauern zu erheben. Die Konversen, die nicht Mönche werden konnten, verrichteten die schwere Arbeit.

*Silbermannorgel im Freiberger Dom*

# Literaturhinweise

Wer sich umfangreicher mit Sachsen – vor allem mit bestimmten Regionen oder Themen – beschäftigen möchte, dem steht eine große Literaturauswahl zur Verfügung. Manche Titel sind nicht mehr im Handel zu erwerben, meist können sie aber über die Fernleihe durch öffentliche Bibliotheken bestellt werden.

## Belletristik

**Brezan, Jurij**: Krabat oder die Bewahrung der Welt, Domowina Verlag 1993. Menschen auf der Suche nach Glück, Hoffnung und Wahrheit.

**Bräunig, Werner**: Rummelplatz, Aufbau Verlag, 2007. Hauptschauplatz des Romans – der in der DDR nicht erscheinen durfte – ist der Uranbergbaubetrieb Wismut.

**Ebert, Sabine**: Das Geheimnis der Hebamme, Die Spur der Hebamme, Die Entscheidung der Hebamme, Der Fluch der Hebamme, Droemer-Knaur 2006–2010. Spannung und Sachsens Geschichte: Unterhaltsame Lektüre garantieren die inzwischen auf vier dicke Wälzer angewachsenen Hebammen-Romane. Die Zeit des Beginns des Silbererzbergbaus rund um Freiberg bildet den historischen Hintergrund für das opulente Historiendrama.

**Ebert, Sabine**: Blut und Silber, Droemer-Knaur 2010. Die Nachfahren der Hebamme Marthe stehen rund 100 Jahre später im Mittelpunkt des neuen Bestsellers um die reiche Silberstadt Freiberg.

**Günther, Ralf**: Der Gartenkünstler, List 2009. Ein unterhaltsamer Kriminalroman über den Gartenkünstler Hermann Fürst von Pückler-Muskau, der Dichtung und Wahrheit vermischt.

**Heym, Stefan**: Schwarzenberg, btb Verlag 2004. Der Roman über die ersten Wochen nach Ende des Zweiten Weltkrieges in Schwarzenberg basiert auf einem realen Hintergrund.

**Kästner, Erich**: Als ich ein kleiner Junge war, Deutscher Taschenbuch Verlag 2003. Die Kindheitserinnerungen des Schriftstellers in seiner Heimatstadt Dresden.

**Körner, Matthias**: Tödliches Wasser, Gustav Kiepenheuer Verlag 2003. Auseinandersetzungen zwischen Gegnern und Befürwortern des Braunkohlebergbaus.

**Loest, Erich**: Nikolaikirche, Deutscher Taschenbuch Verlag 1997. Ein Roman über die Lebenswelt in der Endphase der DDR.

**Tellkamp, Uwe**: Der Turm, Suhrkamp 2008. Das Leben und Handeln der Bewohner eines Dresdener Villenviertels in den späten 1980er Jahren der DDR.

## Sachbücher

**Blaschke, Karlheinz**: Geschichte Sachsens im Mittelalter, Verlag C. H. Beck 1990. Die Geschichte der Territorien, die als Sachsens mittelalterliche Vorgänger gelten.

**Blechschmidt, Manfred/Walther, Klaus**: Vogtlandbilder, Greifenverlag 1975. Miniaturen einer Landschaft.

**Böhner, Regina**: Der sächsische Prinzenraub, Chemnitzer Verlag und Druck 1993. Ein historisches Ereignis der sächsischen-thüringischen Geschichte.

**Czok, Karl**: August der Starke und seine Zeit: Kurfürst von Sachsen, König in Polen, Piper 2010. Ein Porträt des sächsischen Herrschers.

## Literaturhinweise

**Delling, Ingeborg**: Holundersuppe und saure Schwamme. Chemnitzer Verlag und Druch 1993. Das kleine Kochbuch der Erzgebirgler und Vogtländer.

**Ellrich, Hartmut**: Dresden 1933–1945, Chr. Links Verlag 2008. Hitlers Pläne für die Umgestaltung Dresdens und die Hinterlassenschaften der NS-Herrschaft.

**Frenzel, Alfons**: Osterreiten, Domowina Verlag 2005. Reich illustriertes Büchlein über den alten sorbischen Volksbrauch.

**Georgi, Christoph**: Fichtelberggebiet, VEB F. A. Brockhaus Verlag 1975. Bild-Text-Buch rund um den höchsten Berg Sachsens.

**Hocquél, Wolfgang**: Leipzig – Baumeister und Bauten, Tourist Verlag 1990. Die Baugeschichte von der Romanik bis zur Gegenwart.

**Hoffmann, Gabriele**: Constantia von Cosel und August der Starke, Bastei Lübbe 1988. Doppelbiografie über den sächsischen Kurfürsten und seine Mätresse.

**Jesse, Eckhard/Schubert, Thomas** (Hrsg.): Zwischen Konfrontation und Konzession, Chr. Links Verlag 2010. Bürgerrechtler, Repräsentanten des untergegangenen DDR-Systems und Wissenschaftler erinnern an die Voraussetzungen, den Verlauf und die Folgen der ›friedlichen Revolution‹ sowie die der deutschen Einheit in Sachsen.

**Löffler, Fritz**: Das alte Dresden, E. A. Seemann 1999. Standardwerk zur Baugeschichte Dresdens.

**Nitzschke, Katrin** (Hrsg.): Dresden. Ein Reise-Lesebuch, Insel Verlag 2003. Die Stadtgeschichte in literarischen Texten.

**Pattis, Mario**: Unsere sächsische feine Küche, Rhino Verlag 1995. Wiederentdeckte Menüfolgen des sächsischen Hofes.

**Schreiber, Hermann**: August der Starke, Bechtermünz Verlag 1997. Biographie über den berühmtesten Wettiner.

**Stumpf, Wolfgang/Weiß Norberg**: Sächsische populäre Irrtümer, be.bra verlag 2009. Was man über Sachsen und seine Bewohner wissen sollte.

**Wurlitzer, Bernd**: Vogtland, VEB F. A. Brockhaus Verlag 1983. Bild-Text-Buch über die südwestlichste Landschaft Sachsens.

**Wurlitzer, Bernd**: Historische Werkstätten, Verlag Die Wirtschaft 1989. Das Klöppeln wird ebenso vorgestellt wie die Blaudruckerei und das Reifendrehen. Das Buch mit 306 teilweise ganzseitigen Fotos des Autors wurde als ›Kompendium des Handwerks‹ im Osten Deutschlands bezeichnet.

# Sachsen im Internet

**Alles über den Freistaat:**
www.sachsen.de
**Sachsen touristisch:**
www.sachsen-tourismus.de
**Das Wetter in Sachsen:**
www.wetteronline.de/Sachsen.htm
**Touristische Informationen über die einzelnen Ferienregionen:**
www.erzgebirge-tourismus.de
www.sachsisches-burgenland.de
www.elbland.de
www.saechsische-schweiz.de
www.vogtlandtourist.de
www.oberlausitz.com
**National-, Naturparks und Biosphärenreservate:**
www.nationalpark-saechsische-schweiz.de
www.naturpark-erzgebirge-vogtland.de
www.naturpark-duebener-heide.com
www.biosphaerenreservat-oberlausitz.de
**Wissenswertes und Aktuelles zum Klettern in Sachsen:**
www.derbergvagabund.de
**Urlaub auf dem Land:**
www.landurlaub-sachsen.de
**Reiten:**
www.sachsen-mit-pferd.de
www.freizeitreiten-sachsen.de
**Wanderweg durch die Sächsische Schweiz:**
www.malerweg.de
**Ein großer Teil des Elberadweges führt durch Sachsen:**
www.elberadweg.de
**Der Verband Erzgebirgischer Kunsthandwerker und Spielzeughersteller:**
www.erzgebirge.org
**Fast alles über die Sorben:**
www.sorben.org
**Die Museen in Sachsen:**
www.sachsens-museen-entdecken.de
**Sächsischer Landesverband der Bergmanns-, Hütten- und Knappenvereine:**
www.oberlausitzer-sechsstaedtebund.de
**Landesverband der Bergmanns-, Hütten- und Knappenvereine e.V.:**
www.bergbautradition-sachsen.de
**Veranstaltungskalender für Sachsen:**
http://sachsen-net.com/freizeit/feste

## Die Autoren

**Bernd Wurlitzer** (www.tourismus-journalisten.de) in Zwickau geboren, Lehre als Großhandelskaufmann, danach in Berlin Redakteur, Ressortleiter und Mitglied der Redaktionsleitung einer Wochenzeitung für Handel und Gastronomie, im Fernstudium Journalistik und später Foto-Design. Seine kunstgeschichtlichen und länderkundlichen Bild- und Textbücher sowie Reiseführer – unter anderem über Polen, Zypern, Jemen – erlebten insgesamt rund 250 Auflagen. Als freier Journalist ist Wurlitzer seit Jahrzehnten überwiegend auf den Gebieten Tourismus, Hotellerie und Gastronomie tätig, seit der Einheit auch Reiseführer über die neuen deutschen Bundesländer und die angrenzenden Regionen Polens und Tschechiens.

**Kerstin Sucher** (www.tourismus-journalisten.de) in Mittweida (Sachsen) geboren und in Meißen aufgewachsen. Das Studium an der Universität Leipzig beendete sie als Diplom-Sprachmittler. Nach mehrjährigen Auslandsaufenthalten in Algerien und Tunesien war sie rund ein Dutzend Jahre in der Kulturstadt Weimar für das touristische Auslandsmarketing zuständig und bereiste die Welt von London über Paris bis Tokio. Heute lebt sie als freischaffende Reisejournalistin in Berlin und arbeitet mit Bernd Wurlitzer zusammen, mit dem sie zahlreiche Reiseführer über Städte und Regionen im Osten Deutschlands geschrieben hat. Im Trescher-Verlag ist von ihr, gemeinsam mit Bernd Wurlitzer, ›Mecklenburg-Vorpommern‹ erschienen.

*Bernd Wurlitzer*

*Kerstin Sucher*

## Danksagung

Dieser Reiseführer ist eine Neufassung des Goldstadt-Reiseführers ›Sachsens‹. Unser Dank gilt den Touristikern, die uns mit Hinweisen unterstützt haben, der Landesvertretung des Freistaates Sachsen beim Bund, die uns zu vielen Veranstaltungen eingeladen hat, sowie all jenen, die uns gute Bilder zur Verfügung gestellt haben.

# Ortsregister

## A
Adorf 169
Albrecht, Herzog (der Beherzte) 123
Altenberg 253
Altkötzschenbroda 69
Altranstädt 100
Altzella 137
Amselsee 317
Annaberg 72
Annaberg-Buchholz 38, 55, 223–232
Aschberg 165
Auerbach 85, 154
Auersberg 220
Augustusburg 189, 415

## B
Bad Brambach 174
Bad Düben 109
Bad Elster 25, 173
Bäderdreieck 173
Bad Lausick 120
Bad Muskau 53, 354
Bad Schandau 320
Bad Schlema 71, 213
Barbarine 318
Bärenstein 233
Bärnsdorf 301
Bärwalder See 351
Basteifelsen 317
Bautzen 368–378
Belantis 103
Belgern 345
Berbisdorf 301
Bertsdorf 403
Berzdorfer See 391
Blankenhain 199
Bockwitzer See 21
Borna 104, 105
Breitenfeld 110
Brühl 334
Burgen- und Schlösserland 122–140
Burg Mildenstein 138

## C
Carlsfeld 220
Chemnitz 33, 47, 180–193
Collm 109
Cospudener See 21, 102, 103
Coßmannsdorf 248
Cranzahl 233
Cunewalde 382
Czorneboh 382

## D
Dahlener Heide 21, 108
Delitzsch 98
Diesbar-Seußlitz 68, 72, 335
Dippoldiswalde 246, 248
Döbeln 137
Dorf Wehlen 313
Drebach 230
Dresden 33, 46, 47, 56, 70, 71, 72, 74, 75, 262–295
  *Albertinum* 276
  *Alte Festung* 276
  *Altes Landhaus* 263
  *Altmarkt* 263
  *Altstadt* 263
  *Augustusbrücke* 271
  *Bergbahnen* 287, 416
  *Blaues Wunder* 287
  *Brühlsche Terrasse* 274
  *Buchmuseum* 281
  *Dreikönigskirche* 284
  *Elbschlösser* 286
  *Frauenkirche* 51, 278
  *Fürstenzug* 278
  *Gemäldegalerie Alte Meister* 271
  *Gläserne Manufaktur* 281
  *Großer Garten* 281
  *Grünes Gewölbe* 266
  *Hauptbahnhof* 280
  *Hellerau* 289
  *Hygiene-Museum* 282
  *Japanisches Palais* 283
  *Kathedrale St. Trinitatis* 272
  *Kreuzkirche* 263, 264
  *Kupferstichkabinett* 265
  *Militärhistorisches Museum* 286
  *Münzkabinett* 265
  *Neues Rathaus* 264
  *Neues Ständehaus* 274

*Neumarkt* 277
*Neustadt* 282
*Panometer* 281
*Pfunds Molkerei* 285
*Pillnitz* 288
*Prager Straße* 280
*Raddampferflotte* 275
*Rechtes Elbufer* 282
*Residenzschloss* 265
*russisch-orthodoxe Kirche* 280
*Rüstkammer* 266, 272
*Sekundogenitur* 274
*Semperoper* 272
*Stallhof* 278
*Taschenbergpalais* 273
*Theaterplatz* 270
*Türckische Cammer* 267
*Verkehrsmuseum* 278
*Weißer Hirsch* 288
*Yenidze* 280
*Zoo* 282
*Zwinger* 269
Dübener Heide 21, 24, 108

# E
Ebersbach 23
Ehrenfriedersdorf 228
Eibau 64, 405
Eibenstock 220
Eich 156
Eilenburg 110
Eisenberg 152
Elbe 23
Elberadweg 306
Elbsandsteingebirge 23, 24, 306-327
Elster 34
Elsterberg 153
Erdmannsdorf 189
Erzgebirge 23, 24, 35, 37, 59, 73, 179-259

# F
Falkenstein 157
Fichtelberg 21, 23, 63, 232
Fichtelbergbahn 233, 413
Frauenstein 252
Freiberg 202-210
Freiberger Mulde 23, 122

Freital-Coßmannsdorf 248
Freital-Hainsberg 248
Friedewald 301
Frohburg 38, 120
Frohnau 227

# G
Geising 255
Geisingberg 253
Georgenfelder Hochmoor 257
Gerbisdorf 98
Geyer 229
Glashütte 29, 250
Glastener Forst 125
Glauchau 198
Gleesberg 210
Gnandstein 118
Gneisenaustadt Schildau 114
Göltzsch 34, 154-160
Göltzschtalbrücke 162
Görlitz 47, 75, 385-396
Grabschützer See 21, 98
Graupa 311
Greifensteingebiet 229
Grimma 122
Großbothen 62, 124, 125
Großer Zschirnstein 23
Großröhrsdorf 22
Großschönau 405
Großsedlitz 312
Grünhain 218
Güldengossa 102
Guttau 359

# H
Hainichen 136
Hammerbrücke 154
Hammerunterwiesenthal 234
Hartenstein 215
Hartmannsdorf 33
Hebelei 335
Heinrich I. 42
Heinrichsort 200
Herrnhut 382
Hilbersdorf 185
Hinterhermsdorf 323
Hochmoor Kranichsee 220

## Ortsregister [ 433 ]

Hochwald 397, 409
Höfgen 123
Hohenstein-Ernstthal 61, 187
Hohnstein 325
Holzhau 25
Hoyerswerda 349
Hubertusburg 116
Hutberg 361

### J

Jocketa 153
Johanngeorgenstadt 74, 219
Jonsdorf 404, 409

### K

Kahleberg 246
Kahnsdorfer See 21
Kamenz 361–368
Keilberg 210
Kipsdorf 249
Kirnitzschtal 323
Kleinbobritzsch 252
Kleinwelka 376
Klingenthal 37, 164
Kloster St. Marienstern 364
Knappenrode 350
Knappensee 351
Koberbachtalsperre 199
Kockisch 135
Kohlhaukuppe 255
Kohrener Land 118
Kohren-Sahlis 38, 118
Königstein 317
Kössern 125
Kottmar 22, 23
Kottmarsdorf 382
Krenitz 340
Kretscham-Rothensehma 233
Kriebstein 135
Kromlau 356
Krusné hory 23
Kulkwitzer See 21, 100
Kulturinsel Einsiedel 394

### L

Landeskrone 22, 391
Landwüst 174
Lauenstein 255
Lausche 397, 410
Lausitzer Seenland 348–353
Leipzig 30, 42, 58, 64, 70, 71, 75, 78–98
 *Alte Nikolaischule 83*
 *Asisi-Panometer 91*
 *Auerbachs Keller 83*
 *Augustusplatz 81*
 *Bachmuseum 88*
 *Bundesverwaltungsgericht 89*
 *Deutsche Nationalbibliothek 90*
 *Drallewatsch 85*
 *Gohliser Schlösschen 93*
 *Grassi-Museum 90*
 *Hauptbahnhof 79*
 *Karl-Heine-Kanal 93*
 *Königshaus 85*
 *Krochhaus 81*
 *Mädler-Passage 83*
 *Markt 85*
 *Mendelssohn-Haus 89*
 *Museum der bildenden Künste 87*
 *Naschmarkt 85*
 *Neue Gewandhaus 81*
 *Neues Rathaus 88*
 *Nikolaikirche 82*
 *Opernhaus 81*
 *Paulinum 82*
 *Plagwitz 93*
 *Riquethaus 83*
 *Russische Gedächtniskirche 90*
 *Schillerhaus 93*
 *Specks Hof 83*
 *Thomaskirche 87*
 *Völkerschlachtdenkmal 91*
 *Zoo 92*
 *Zum Arabischen Coffe Baum 87*
Leipziger Neuseenland 98–107
Leipziger Tieflandsbucht 21
Leisnig 138
Lengefeld 239
Lengenfeld 159
Lichtenhainer Wasserfall 323
Lichtenstein 199
Lichtenwalde 190
Liebstadt 250

**Ortsregister**

Lilienstein 318
Löbau 379
Lorenzkirch 340
Lößnitzgrund 301
Lößnitzgrundbahn 301, 413
Lunzenau 128
Luzicke hory 22

**M**

Machern 114
Malerweg 306
Malter 248, 250
Marienberg 237
Markersdorf 393
Markkleeberg 100
Markkleeberger See 102
Markneukirchen 37, 71, 166
Markranstädt 100
Meißen 36, 42, 57, 68, 329-337
Mittleres Erzgebirge 223-245
Mittweida 134
Morgenröthe-Rautenkranz 166
Moritzburg 71, 297
Möschwitz 153
Mühlleithen 165
Mühlwand 161
Musikwinkel 37, 164-172
Mylau 161

**N**

Nationalpark Sächsische Schweiz 24
Naturpark Erzgebirge/Vogtland 25
Neiße 23
Neschwitz 364
Neudorf 233
Neugersdorf 23
Neuhausen 244
Neukirch 38
Neusalza-Spremberg 383
Niederlommatzsch 335
Niederschlag 233
Niederschlema 214
Niesky 47, 358
Nimbschen 124
Nischwitz 112
Nochten 351
Nossen 137

**O**

Obercarsdorf 249
Obercunnersdorf 382
Oberlausitz 22
Oberlausitzer Bergland 22, 368-396
Oberlausitzer Heide- und Teichlandschaft 22, 24, 353-368
Oberwiesenthal 63, 75, 232, 234
Oderwitz 405
Oederan 208
Oelsnitz (Erzg.) 200
Oelsnitz/Vogtl. 149
Olbernhau 243
Olbersdorf 403
Oschatz 115
Osterzgebirge 246-258
Ostritz 393
Oybin 404, 408

**P**

Paulsdorf 250
Pausa 148
Penig 131
Pfaffenstein 318
Pirna 306-315
Plauen 29, 37, 144-151
Pleiße 21, 23, 89
Plohn 159
Pobershau 239
Pöhla 219
Pöhlbachtal 233
Pöhlberg 224
Pulsnitz 22, 38, 365

**R**

Rabenauer Grund 248
Radebeul 61, 299, 301
Radeburg 301
Rahmenberg 136
Rammenau 365
Rathen 315
Reichenbach 160, 393
Riesa 337
Rietschen 357
Rittersgrün 219
Rochlitz 126
Rochsburg 129

Rodewisch 157
Rosenthal 364
Rüdigsdorf 118

**S**
Sachsenring 187
Sächsische Schweiz 23, 306-327
Sächsische Weinstraße 329
Scharfenstein 238
Schellerhau 254
Schladitzer See 98
Schleife 357
Schlettau 228
Schloss Kuckuckstein 251
Schloss Wackerbarth 299
Schloss Wildeck 187
Schmiedeberg 249
Schmilka 323
Schneckenstein 165
Schneeberg 72, 74, 210
Schneehübel 165
Schönberg 176
Schönborn-Dreiwerden 135
Schöneck 37, 156, 166
Schrammsteine 323
Schwartenberg 242
Schwarzenberg 217
Sebnitz 22, 324
Seifersdorf 248, 250
Seiffen 241
Seilitz 39
Senftenberger See 351
Silbersee 351
Silberstraße 25
Sonneberg 410
Spechtritz 248
Spiegelwald 219
Spree 23
Stadt Wehlen 313
Stolpen 57, 303
Störmthaler See 102
Strehla 339, 340
Syratal 148
Syrau 148

**T**
Tal der Göltzsch 154-163

Talsperre Malter 250
Talsperre Pirk 149
Talsperre Pöhl 152
Talsperre Quitzdorf 358
Talsperre Weiterswiese 220
Tharandter Wald 296
Tiefensee 110
Töpelberg 125
Töpfer 409
Torgau 340, 342-345
Triebtal 152

**U**
Ulberndorf 249
Unterwiesenthal 234

**V**
Valtenberg 22
Vogtland 23, 73, 74, 142-177
Vogtländische Schweiz 152-154
Vogtland-Zentrum 144-151

**W**
Wachtelberg 112
Waldenburg 38, 198
Waltersdorf 410
Wechselburg 127
Weesenstein 312
Weiße Elster 21, 23, 144, 149, 152, 153, 169
Weißenberg 376
Weißeritztalbahn 248, 413
Weißwasser 356
Werbelinsee 98
Wermsdorf 116
Wermsdorfer Wald 108, 109
Westerzgebirge 210-222
Wirtsberg 174
Wolkenburg-Kauffungen 131
Wolkenstein 238
Wurzen 112
Wyhra 105

**Z**
Zinnwald-Georgenfeld 257
Zittau 397-402, 403
Zittauer Gebirge 22, 25, 397-410

Zittauer Schmalspurbahn 413
Zschopau 33, 122, 187
Zschopautal 135
Zwenkauer See 21, 103
Zwickau 33, 60, 62, 194–202, 214
Zwickauer Mulde 122
Zwochauer See 98

# Personen- und Sachregister

### A

Abratzky, Sebastian 317
Agricola, Georgius 198
albertinische Linie 42, 207, 215, 262
Albrecht (der Beherzte) 215, 332
Albrecht von Preußen 286
Altranstädter Konvention 100
Angermann, Clara 220
Anreise 14, 413
Apitzsch, Sophia Sabina 128
Architektur 51
Ardenne, Manfred Baron von 288
Arnold, Christian Friedrich 157
Arnold von Westphalen 51, 129
Asisi, Yadegar 281
August 44, 189
August der Starke, Kurfürst (Friedrich August I.) 39, 41, 44, 56, 57, 100, 116, 266, 269, 272, 273, 283, 284, 288, 297, 312, 329, 350, 381
August III., Kurfürst 137, 271
Auskunft 14, 414
Autobau 33, 62, 194

### B

Bach, Johann Sebastian 49, 50, 58, 87, 325
Baden 414
Bähr, George 220, 249, 255, 278, 325, 335
Bahro, Rudolf 374
Banken 415
Barthel, Oswald 229
Bartholdy, Felix Mendelssohn 49, 50, 58, 81, 87, 89
Bebel, August 318
Beckmann, Max 87
Beethoven, Ludwig van 58
Beier, Volker 126
Bellotto, Bernardo (siehe Canaletto) 54
Bergbahnen 415
Bergbau 31, 214
Bevölkerung 25
Biedenkopf, Kurt 47
Bildende Kunst 54
Blaudruck 38
Bleyl, Fritz 54
Böhme, Jacob 388, 390
Bora, Katharina von 124, 344
Börner, Emil Paul 334
Böttger, Johann Friedrich 28, 39, 57, 318, 329
Brandis, Marcus 42
Brandt, Heinz 374
Braunkohlebergbau 21, 22, 98
Bredig, Georg 61
Breithaupt, Friedrich August 205
Breuer, Peter 120, 182, 196
Brockdorff, Anna Constantia von (siehe Cosel)
Brühl, Heinrich Graf von 112, 274
Bruno II., Bischof 379
Burgen und Schlösser 416
Bykowski, Waleri 166

### C

Canaletto (Bernardo Bellotto) 54, 309, 310
Carus, Carl Gustav 397
Casparini, Eugenio 389
Chiaveri, Gaetano 273
Christian II., Kurfürst 266
Corvinus, Matthias 372
Cosel, Anna Constantia Gräfin von 56, 273, 277, 288, 303, 350
Cotta, Heinrich von 296
Cranach der Ältere, Lucas 185, 212, 333, 343

### D

Dauer, Adolf 224
Die Brücke 54, 185
Dietrich, Anton 264

## Personen- und Sachregister

Diez, Robert 284
Dimitroff, Georgi 89
Dinglinger, Johann Melchior 55, 266
Dix, Otto 183
Domowina 45, 46
Dornspach, Nikolaus von 400
Dreißigjähriger Krieg 110, 311, 370, 388
Dresdner Maiaufstand 45
Dresdner Philharmonie 263
Duba, Hinko Berka von 325

### E

Eck, Johannes 44
Eisenbahn 34
Emmerich, Hans-Georg 390
ernestinische Linie 42, 215
Ernst Heinrich, Prinz von Sachsen 297
Ernst, Kurfürst 215, 332
Erster Weltkrieg 45
Esche, Herbert 184
Essen und Trinken 64
Eyckhout, Albert 299

### F

Feiertage 416
Ferdinand II., Kaiser 400
Feste 70
Fetzer, Friedrich Paul 157
Feuerriegel, Kurt 120
Fichte, Johann Gottlieb 365
Findeisen, Kurt Arnold 59
Fink, Johann 246
Fleming, Paul 215
Fossatio, Giovanni Maria 371
Foster, Normann 280
Frank, Patty 300
Frieden von Posen 45
Friedrich August III., Kurfürst 45, 299
Friedrich August II., Kurfürst 44, 269, 283, 311, 400
Friedrich August I., König 205
Friedrich, Caspar David 54, 275, 397
Friedrich III., Kurfürst (der Weise) 227
Friedrich II., König von Preußen 44, 116, 317
Friedrich II., Kurfürst (der Sanftmütige) 333
Friedrich, Kurfürst (der Steitbare) 42, 333
Friedrich Ludwig, Herzog von Württemberg-Winnental 365
Friedrich Wilhelm I., König in Preußen 269, 317
Fröbe, Gert 213

### G

Gattert, Christian 123
Gedenkstätten 418
Geigenbau 168
Gellert, Christian Ehregott 205
Gellert, Christian Fürchtegott 136, 332
Gelsdorf, Wilhelm 356
Geographie 21
Georg, Herzog (der Bärtige) 333
Georg, Kronprinz von Sachsen 273
Giraud, Henri 317
Glaß, Harry 27, 164
Gleisberg, Jutta Ida 124
Gneisenau, August Neidhardt Graf von 114
Göbel, Bernd 205
Goethe, Johann Wolfgang von 53, 78, 83, 148, 173, 213, 238, 262, 271
Göschen, Georg Joachim 78, 93, 122
Graff, Anton 54, 306
Grenze 416
Grohmann, Nickel 51, 343
Guhr, Richard 264, 311
Gummel, Margitta 26
Günther, Andreas 362
Gunzenhauser, Alfred 183
Gustav II. Adolf, König von Schweden 110

### H

Hanisch, Carl 214
Hans Walther II 321
Harbig, Rudolf 26
Hauptmann, Gerhart 46
Heckel, Erich 54
Heinrich, Herzog (der Fromme) 207, 237

Heinrich I., Graf 42
Heinrich I., König 329
Heinrich, Markgraf (der Erlauchte) 306, 335
Heisig, Bernhard 54, 87
Hennecke, Adolf 46
Henze, Robert 275
Herder, Johann Gottfried 262
Herrmann, Gottlieb Friedrich 120
Hesse, Hans 38, 183, 224, 225
Heym, Stefan 217
Hiller, Johann Adam 49
Höhne, Christoph 26
Horch, August 62
Höroldt, Johann Gregorius 55
Humboldt, Alexander von 208

**I**
Iccander 271
Immendorff, Jörg 339
Internet 14

**J**
Jackson, Allen 340
Jacob, Max 325
Jahn, Helmut 181, 183
Jähn, Sigmund 47, 166
Jahrhunderthochwasser 2002 48, 248, 276, 313, 320
Janka, Walter 374
Jenisius, Paulus 37
Johann Friedrich, Kurfürst (der Großmütige) 342
Johann Friedrich, Kurprinz 342
Johann Georg III., Kurfürst 56
Johann Georg II., Kurfürst 72, 230, 303
Johann Georg I., Kurfürst 110, 115, 169, 220
Johann Georg IV., Kurfürst 207, 297
Johann, König von Sachsen 270, 312, 333
Johann VI. von Saalhausen, Bischof 112
Joseph I., Kaiser des Heiligen Römischen Reiches 44, 100

**K**
Kaendler, Johann Joachim 55, 333
Karl IV., König des Heiligen Römischen Reiches 42, 161
Karl XII., König von Schweden 100
Kästner, Erich 50, 262, 284
Kauffungen, Kunz von 205, 215
Keller, Friedrich Gottlob 136
Kerbel, Lew 182
Kirchen 416
Kirchner, Ernst Ludwig 54
Kleist, Heinrich von 23, 50, 109
Klengel, Wolf Caspar von 265
Klettern 416
Klima und Reisezeit 15
Klinger, Max 54, 87
Klöppeln 37, 226
Knöffel, Johann Christoph 114
Kogure, Joichi 242
Kollhoff, Hans 181, 183
Kollwitz, Käthe 297
Konferenz von Jalta 46
Konrad von Wettin, Markgraf 42
Körner, Theodor 208, 320, 391, 393
Kotzebue, Albert 340
Kozik, Gregor-Torsten 134
Krämer, Ingrid 26
Krebs, Konrad 343
Kreuzchor (Kruzianer) 49, 264
Kuhnau, Johannes 49
Kunsthandwerk 35
Kuren 417
Kursachsen 42
Kurtaxe 417

**L**
Landwirtschaft 41
Lange, Ferdinand Adolf 250
Lassalle, Ferdinand 45
Leipziger Messe 29, 30, 78, 86
Lessing, Gotthold Ephraim 50, 332, 361, 362
Libeskind, Daniel 286
Lindenau, Carl Heinrich August Graf von 114
Lingner, Karl August 282, 287
Lippe, Georg Prinz zur 69
Liszt, Franz 60, 87
Loest, Erich 50, 82, 135, 374

Long, Lutz 26
Lorenz, Hans 198
Lotter, Hieronymus 53, 85, 189
Luther, Martin 44, 110, 342

## M

Mädler, Anton 83
Maidburg, Franz 224
Marten, Norbert 146
Marx, Karl 182
Maschinenbau 32
Masur, Kurt 47, 81
Mattheuer, Wolfgang 54, 87
Maximilian I., Kaiser des Heiligen Römischen Reiches 42
May, Karl 51, 61, 187, 300
Meckau, Melchior von 332
Medizinische Versorgung 417
Meissner Porzellan 28, 36, 39, 57
Melanchthon, Philipp 194
Mende, Pauline 81
Milbradt, Georg 48
Mobilitätseingeschränkt 417
Montagsdemonstration 47
Moritz, Kurfürst 41, 123, 187, 207, 297
Mosen, Julius 73
Müller, Jutta 27
Museen 418
Musikinstrumente 29, 37, 164
Musik und Theater 49

## N

Napoleon Bonaparte 45, 148, 205, 251, 309, 317, 387, 393, 400
Nationalsozialisten 46
Neuber, Friederike Caroline 50, 160
Nikolaus II., Zar von Russland 161
Nordischer Krieg 44, 100
Novalis (Friedrich von Hardenberg) 208

## O

Ostwald, Wilhelm 61, 124
Otto, Kristin 26
Otto, Markgraf (der Reiche) 42, 205, 327
Otto, Sylke 27, 254

Otto Viktor I. 198

## P

Panitz, Hans 246
Pannenhilfe 418
Parken 418
Pech 156
Permoser, Balthasar 54, 269, 273, 335, 371
Peter I., Zar von Russland 317
Pflüger, Conrad 343
Pfund, Paul Gustav 285
Plauener Spitze 29, 37, 146
Plinius 26
Pohl-Ströher, Dr. Erika 207, 227
Pöppelmann, Matthäus Daniel 51, 123, 125, 269, 288, 297, 299
Post 415
Postmeilensäulen 381
Pötzsch-Rauschenbach, Anett 27
Prager Frieden 44, 398
Preisniveau 15
Pückler-Muskau, Hermann Fürst von 53, 59, 67, 354

## R

Radfahren 418
Rebentrost, David 230
Recknagel, Helmut 165
Reclam, Anton Philipp 45
Redam, Ewald 264
Reformation 44
Reimann, Brigitte 349
Reiten 419
Restaurants/Cafés 419
Richter, Adrian Ludwig 54, 323
Riedel, Lars 27
Ries, Adam 55, 226, 227
Rietschel, Ernst 136, 149, 270, 275, 366
Ringelnatz, Joachim 112
Röhrscheid der Jüngere, Wenzel 372
Roon, Albrecht Graf von 393
Rosemeyer, Bernd 194
Rötschke, Friedrich Hermann 356
Rundfunk/Fernsehen 420

## S

Sächsisch 130
Sauer, Wilhelm 82
Saxones 41
Scharoun, Hans 380
Schiller, Friedrich 93, 287
Schilling, Johannes 134, 270
Schinkel, Karl Friedrich 270, 400
Schmalspurzüge 34
Schmidt, Johann George 312
Schmidt, Karl 289
Schmidt-Rottluff, Karl 54, 185
Schönberg, Carl 59
Schönlebe der Ältere, Jonas 205
Schramm, Johann Jacob 128
Schubert, Johann Andreas 34, 45, 162
Schulze-Delitzsch, Dr. Franz Hermann 98
Schulz, Leopold 118
Schumann, Clara 195
Schumann, Robert 49, 50, 60, 87, 195
Schütz, Heinrich 49
Schwela, Gotthold 45
Schwenke, Michael 256
Schwind, Moritz von 118
Scultetus, Bartholomäus 389
Sechsstädtebund 42
Seffner, Carl 88
Segedin, Justine 287
Seifert, Gaby 27
Semper, Gottfried 45, 53, 115, 272, 373
Seume, Johann Gottfried 123
Siebenjähriger Krieg 44, 116, 398
Silber 42, 202
Silbermann, Gottfried 161, 167, 198, 205, 207, 252, 273
Simonetti, Giovanni 344
Sophie von Mecklenburg 344
Sorben 25, 42, 72, 354, 357, 364, 368, 373, 375
Souvenirs 420
Sport 26
Steinbrück, Johann Melchior 333
Stein, Heinrich Friedrich Karl Freiherr vom und zum 208
Stromer, Heinrich 83
Stuck, Hans 194
Stülpner, Karl 58, 229, 238, 239

## T

Tacitus 26
Tageszeitungen 421
Tanka, Susetscha 61
Telefon 423
Teschen, Ursula Katharina von 350, 365
Tetzel, Johannes 310
Textilindustrie 32
Theater 421
Thomae, Benjamin 249, 371
Thomanerchor 49, 87
Tillich, Stanislaw 29, 48
Tourismus 40
Trabant 194, 197
Traditionen und Events 70
Tschirnhaus, Ehrenfried Walther von 28, 39, 57
Tübke, Werner 54, 87

## U

Übernachten 422
Umgebindehäuser 53, 368
UNESCO 24, 48, 210, 262, 354, 359
Unterkünfte 14
Uthmann, Barbara 226

## V

Velde, Henry van de 184
Vertrag von Eger 42
Völkerschlacht bei Leipzig 45, 91

## W

Wagler, Karl 138
Wagner, Richard 45, 49, 87, 263, 311
Wallenstein 370
Walther, Wilhelm 278
Wandern 423
Wäntig, David 406
Wassersport 423
Weber, Carl Maria von 49, 206
Wedekind, Frank 318
Wehling, Ulrich 27
Wein 64, 68, 327
Weißflog, Jens 27, 63, 165, 232
Westfälischer Frieden 44

**Personen- und Sachregister** [ 441 ]

Westphalen, Arnold von 343
Wettiner 41, 42, 43, 137, 207, 262, 272, 273, 278, 297, 299, 333
Wieck, Clara 60
Wiener Kongress 45
Wilhelm II., Kaiser des Deutschen Reiches 29
Wilhelm I., Kaiser des Deutschen Reiches 45
Wintersport 423
Wirtschaft und Gesellschaft 28
Witten, Hans 185, 206, 224
Witt, Katharina 27
Wohlgemut, Michael 196
Wolf, Hans 65
Wrba, Georg 112, 126
Wustmann, Erich 321

**Z**

Zaschwitz, Günther von 109
Zietz, Hugo 280
Zingg, Adrian 306
Zinzendorf, Nikolaus Ludwig Graf von 383
Zürner, Adam Friedrich 381
Zuse, Konrad 350
Zweiter Weltkrieg 46, 53, 339, 343

## Bildnachweis

Titelbild: Kerstin Sucher, 152 Fotos von Kerstin Sucher und Bernd Wurlitzer sowie von:
August-Horch-Museum Zwickau: S. 62, 194
Benediktinerkloster Wechselburg: 127 u.
Burg Mildenstein: S. 138 u., 139 (A. Engel);
Burg Stolpen: S. 56, 57 o., 187 (H. Gräbner), 305 (K. Schieckel)
Burg Scharfenstein: S. 239 o., 420
Deutsche Nationalbibliothek: S. 91
Dresdner Molkerei Gebrüder Pfund: S. 285
Dresdner Verkehrsbetriebe: S. 287
Förderverein Schloss Schlettau: S. 228 u. (H. Schmidt)
Gästeinformation Oberwiesenthal: S. 424
Gläserne Manufaktur Dresden: S. 281
Grulich, Corinna: S. 264 (2), 266
Heinz, Marlis: S. 430
Hygiene-Museum Dresden: S. 282
Klein-Erzgebirge Oederan: S. 208 o. (C. Drichelt)
Klosterpark Altzella/Nossen: S. 137
Kulturhotel Bad Muskau: S. 67
Landesbühnen Sachsen: vordere Umschlagklappe
Lausitzer und Mitteldeutsche Bergbau-Verwaltungsgesellschaft mbH: S. 349, 391 (beide P. Radke)
Marketing-Gesellschaft Oberlausitz / Niederschlesien: S. 65, 346/347, 364 (R. Ledschbor), 365 (R. Große), 366, 380 (Neumann), 419 (G. Hanke);
Messe Leipzig: S. 30
Meissner Porzellanmanufaktur: S. 36, 39, 54 (K. Tänzer), 334
Museum Energiefabrik Knappenrode: S. 350 u. (W. Wittchen)
Nationalarchiv USA: S. 340
Riesa Information: S. 337
Sächsische Dampfschiffahrt: 275, 286 (2)
Semperoper Dresden: S. 40, 49, 51 (alle M. Creutziger), 272
SDG Sächsische Dampfeisenbahngesellschaft mbH: S. 178/179, 234 (J. Klose), 249 (K. Schmidt), 301
Stadt Annaberg-Buchholz: S. 224, 225
Stadt Bautzen: S. 368, 372, 373, 374
Stadt Borna: S. 104
Stadt Chemnitz: S. 193
Stadt Döbeln: S. 138 o., 141
Stadt Freiberg: S. 204 (Wegelt), 207, 208 u.
Stadt Görlitz: S. 386 (A. Römisch), 389, 390 o. (R. Schäfer), 390 u. (S. Wenzel);
Stadt Kamenz: S. 73, 363

Stadt Marienberg: S. 237 (Aerobild 2000-04509)
Stadt Pirna: S. 306
Stadt Plauen: 146 u., 147
Stadt Schneeberg: S. 212 (Goldene Sonne)
Stadt Schwarzenberg: S. 218 o.
Stadt Torgau: S. 344
Stadt Zwickau: S. 72, 196
Stadt Zittau: S. 398 (2; R. E. Pech), 405 (R. E. Pech)
Sucher, Romy: S. 289
TG Silbernes Erzgebirge: S. 241, 250, 255
TV Erzgebirge: S. 17, 34, 35, 188, 213 (W. Schmidt), 215, 219, 220, 221, 223, 228 o., 232, 238, 239 u., 243, 251, 254 o., 256, 426
TV Leipziger Neuseenland: S. 22, 103
TV Sächsische Schweiz: S. 315 (F. Richter), 318 (H. Bowank), 417 (S. Richter)
TV Vogtland: S. 142/143, 149, 155, 157 o.
Tourist. Gebietsgemeinschaft Naturpark Zittauer Gebirge/Oberlausitz e. V.: S. 379 u., 383, 410 (alle R. E. Pech)
Touristinformation Ehrenfriedersdorf: S. 229, 259
Tourismusmarketinggesellschaft Sachsen: S. 12 (Dittrich), 73, 126 (Lohse), 162 (Lohse), 260/261, 271 (Dittrich), 312, 343, 388

Via Sacra: S. 371 ( R. Pech), 401 (Abegg-Stiftung);
Wikimedia: S. 57 u.
Wikipedia: S. 24, 42, 46, 48, 60 u., 93, 116 (A. Kaiser), 265 (Kolossos)
Wintersport Altenberg GmbH: S. 27, 254 u.
Winzergenossenschaft Meißen:S. 69
Zoo Leipzig: S. 92
Archiv Wurlitzer: S. 55, 59, 60 o.
Archiv Jens Weißflog: S. 63

**Titel**: Albrechtsburg und Dom in Meißen
**Vordere Umschlagklappe**: Konzert im Dresdner Zwinger
**Hintere Umschlagklappe**: Elbe bei Schmilka
S. 4: Haus in Höfgen
S. 18/19: Die Elbe bei Stadt Wehlen
S. 76/77: Markleeberger Park mit Weißem Haus
S. 142/143: Vogtland-Landschaft bei Erlbach
S. 178/179: Fichtelbergbahn bei Oberwiesenthal
S. 260/261: Dresden, Blick auf die Brühlsche Terrasse und die Frauenkirche
S. 346/347: Bautzen mit Alter Wasserkunst und Michaeliskirche

# Trescher Verlag

*Der Spezialist für den Osten*

## Auswahl

**Baden in und um Berlin**
Die schönsten Badestellen in Berlin und
Brandenburg
12.95 Euro

**Brandenburg**
Unterwegs zwischen Oder und Elbe
14.95 Euro

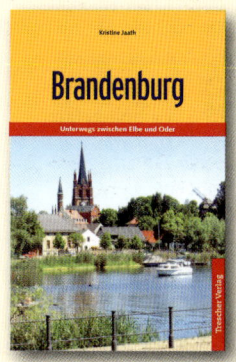

**Dresden**
Mit Meißen, Radebeul und
Sächsischer Schweiz
11.50 Euro

**Lausitz**
Unterwegs zwischen Spreewald und
Zittauer Gebirge
16.95 Euro

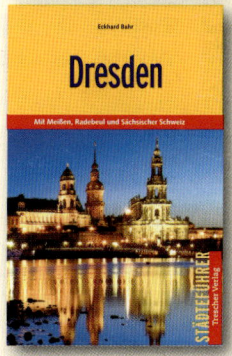

**Mecklenburg-Vorpommern**
Mit Rügen, Usedom, Rostock
und Stralsund
14.95 Euro

**Riesengebirge**
Mit Isergebirge, Jelenia Góra, Hostinné,
Jablonec und Trutnov
13.95 Euro

**Tschechien**
Unterwegs in Böhmen und Mähren
15.95 Euro

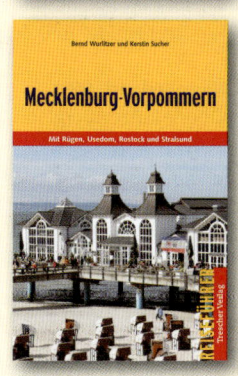

Trescher Verlag im Internet unter www.trescherverlag.de
mit ausführlichen Infos über alle unsere Bücher und Onlineshop

## Kartenlegende

- 🚉 Bahnhof
- 🍸 Bar
- ⛲ Brunnen
- 🏰 Burg/Schloss
- 🚌 Busbahnhof
- ☕ Café
- ⛺ Campingplatz
- 🗼 Denkmal
- ✈ Flughafen
- 🛒 Geschäft
- ⚓ Hafen
- 🏨 Hotel
- ⛪ Kirche
- ✝ Kloster
- 🗼 Leuchtturm
- 🎭 Oper
- ✉ Post
- 🚴 Radweg
- 🍴 Restaurant

- ⚱ Ruine/Ausgrabungsstätte
- ✡ Synagoge
- ★ Sehenswürdigkeit
- 🎭 Theater
- ℹ Touristeninformation
- ♜ Turm
- 🦁 Zoo

- Autobahn
- Autobahn im Bau
- sonstige Straßen
- 243 Straßennummern
- Eisenbahn
- ⊖ Grenzübergang
- Staatsgrenze
- Hauptstadt
- Stadt/Ortschaft

## Kartenregister

### Übersichtskarten
Burgen- und Schlösserland 119
Rund um Chemnitz und Zwickau 186
Dresden, Umgebung 296
Dübener Heide 108
Lausitzer Seenland und die Oberlausitzer Heide- und Teichlandschaft 348
Neuseenland 99
Oberlausitzer Bergland 369
Osterzgebirge 247
Sachsen, Übersicht vordere Umschlagklappe
Vogtland 145
West- und Mittleres Erzgebirge 211
Zittauer Gebirge 397

### Stadtpläne
Bautzen 370
Chemnitz 180
Dresden, Innenstadt hintere Umschlagklappe
Dresden, Neumarkt 274
Dresden, St. Trinitatis 273
Dresden, Zwinger 267
Freiberg 203
Görlitz 387
Leipzig 80
Meißen 328
Meißen, Burgberg 331
Pirna 310
Torgau 342
Zittau 399